Zur Rolle der Beherrschten in der mittelalterlichen Herrschaftslegitimation

d|u|p

Studia Humaniora

Düsseldorfer Studien zu Mittelalter und Renaissance

Herausgegeben von

Ricarda Bauschke-Hartung, Vittoria Borsò, Wilhelm Busse, Heinz Finger, Barbara Haupt, Hans Hecker, Rudolf Hiestand, Andrea von Hülsen-Esch, Gert Kaiser, Christoph Kann, Hans Körner, Achim Landwehr, Roger Lüdeke, Eva Schlotheuber, Josef Semmler und Jürgen Wiener

Band 45

Zur Rolle der Beherrschten in der mittelalterlichen Herrschaftslegitimation

Christian Vogel

d|u|p

Bibliografische Information
der Deutschen Nationalbibliothek
Die Deutsche Nationalbibliothek verzeichnet diese Publikation in der Deutschen Nationalbibliografie; detaillierte bibliografische Daten sind im Internet über http://dnb.d-nb.de abrufbar.

D 61

http://www.dupress.de
Einbandgestaltung: düsseldorf university press
Satz: Friedhelm Sowa, LaTeX
Herstellung: Ruhrstadt Medien AG, Castrop-Rauxel
Gesetzt aus der Linux Libertine und der URW Classico
ISBN 978-3-940671-88-2

Vorwort

Diese Arbeit ist im Wintersemester 2010/2011 als juristische Dissertationsschrift an der Juristischen Fakultät der Heinrich-Heine-Universität angenommen worden. Sie ist im Rahmen des gleichnamigen DFG-Projektes – das auch unter dem Kurztitel „Demokratietheorie" im Mittelalter firmierte – entstanden. Von der DFG wurde auch ein Teil der Druckkosten übernommen.

Ich bedanke mich in erster Linie bei Herrn Prof. Dr. Martin Morlok, der mich mit diesem Thema als Doktoranden angenommen und während der Entstehung dieser Arbeit mit Interesse und guten Ratschlägen begleitet hat. Herr Prof. Christoph Kann war mir immer ein aufgeschlossener, interessierter und hilfsbereiter Gesprächspartner, wofür auch ihm mein aufrichtiger Dank gebührt.

Für eine spürbare Arbeitserleichterung bedanke ich mich bei meinem Mitarbeiter Tim Stritzel, und schließlich sei auch Herrn Heinz Thelen, der sich der Mühe einer abschließenden und sehr gründlichen Korrektur unterzogen hat, ganz herzlich gedankt, ebenso wie Raffaela Berger, Jens Schäfer, Isabelle Vinzent und Anne Pfeifer die mir bei den letzten Korrekturen vor der Drucklegung zur Hand gegangen sind.

Stellvertretend für FIMUR, sei dessen Sprecher Herrn Prof. Wiener für die Aufnahme der Arbeit in die Reihe Studia humaniora gedankt.

Christian Vogel
Saarbrücken, im Mai 2011

Inhaltsverzeichnis

I Allgemeine Einleitung

1 Fragestellung

Die folgende Untersuchung gilt der Rolle, welche die Beherrschten gegenüber den Herrschenden in der politischen Theorie insbesondere in der theoretischen Herrschaftslegitimation im Mittelalter eingenommen haben. „Demokratietheorie des Mittelalters" wäre eine zwar griffige Kurzformel, gleichwohl aber ein missverständlicher Anachronismus. Vielmehr geht es darum, herauszufinden, welchen Platz mittelalterliche Autoren, seien es Juristen, Philosophen oder Theologen, den Bevölkerungskreisen, die nicht unmittelbar Herrschaft ausübten, zugewiesen haben. Ferner sollen verschiedene Elemente, die wir heute unter dem Stichwort „Demokratietheorie" zusammenfassen würden, zurückverfolgt und mittelalterliche Ansätze aufgezeigt werden, auch wenn kaum ein mittelalterlicher Autor eine ausreichende Zahl solcher Elemente in einer Weise miteinander verbunden hat, dass sein Gedankengebäude das Etikett „Demokratietheorie" verdient hätte. Zur Erläuterung sind zunächst einige Überlegungen zur Demokratie und zur politischen Theorie im Mittelalter vonnöten.

1.1 Demokratie und Mittelalter

a) Zum Demokratiebegriff

Die Demokratie wird oftmals als eine Erfindung des klassischen Altertums, insbesondere Athens unter Solon und Kleisthenes sowie des republikanischen Roms angesehen – einer Zeit, welche in der marxistischen Geschichtstheorie als Sklavenhaltergesellschaft charakterisiert wird. Das „dunkle" Mittelalter hingegen wird mit Demokratie selten in Verbindung gebracht.

Ausgehend von unserem heutigen Verständnis von Demokratie muss sowohl die Suche nach demokratischen Vorformen in der Antike wie auch im Mittelalter als anachronistische Rückprojektion erscheinen. Demokratie bedeutet dem Wortsinne nach „Herrschaft des Volkes", wobei die „repräsentative Demokratie" in Europa die vorherrschende Form darstellt. Dabei „herrscht" das Volk, indem es in regelmäßigen Abständen bei Wahlen seine Stimme abgibt und diejenigen Personen aus seinen Reihen bestimmt, welche die konkreten Herrschaftsfunktionen wahrnehmen und gesellschaftlich relevante Entscheidungen treffen.

Ein kurzer Blick in die „Politik" des Aristoteles macht bereits deutlich, dass der Begriff „Demokratie" einen Bedeutungswandel im Laufe der Zeiten, der theoretischen Diskurse und mehr noch der Phasen praktischer Erprobung erfahren hat. Kennzeichen nämlich der Demokratie, so Aristoteles, sei das Los, die Wahl hingegen charakterisiere die Aristokratie,[1] ein Begriff wiederum, den wir heute eher mit Erbadel assoziieren. Ferner zählte Aristoteles die Demokratie neben der Oligarchie und der Tyrannis zu den drei schlechten Formen der Herrschaft. Ausgehend von den Partizipationsmöglichkeiten, den Regelungserfordernissen und der Gesellschaftsstruktur der damaligen Stadtstaaten Griechenlands und Kleinasiens bildete Aristoteles ein Dreierschema aus, nach dem die Herrschaft von einem (Monarchie, Tyrannei), von einigen (Aristokratie, Oligarchie) oder von vielen (Politie, Demokratie) ausgeübt wird, wobei es nicht darauf ankam, wie die Herrschenden in ihre Position gelangten. Dieses Dreierschema wurde nochmals geteilt, je nachdem, ob die Herrschenden zu ihrem eigenen Nutzen (Tyrannei, Oligarchie, Demokratie) oder zum Nutzen aller (Monarchie, Aristokratie, Politie) regierten.

Überträgt man dieses Modell auf heutige parlamentarische Systeme, müsste man vermutlich zugestehen, dass im Parlamentarismus nicht die Demokratie das vorherrschende Element ist, sondern, dass es sich vielmehr um gemischt monarchisch-oligarchische Systeme (Regierungschef=Monarch; Regierung/Parlament=Aristokraten) handelt, mit der Wahl als demokratischem Element. Anders als im antiken Stadtstaat ist eine unmittelbare Beteiligung aller an den Regierungsgeschäften in den Flächenstaaten der Gegenwart weder praktisch durchführbar noch wünschenswert. Der Blick richtet sich heute daher in erster Linie auf die Art und Weise, wie die „Monarchen" und „Aristokraten" in ihre Ämter gelangen und wie sie diese auszuüben haben. Als demokratisch gilt ein System dann, wenn die Übertragung von Regierungsgewalt oder Gesetzgebungskompetenz entweder direkt (Parlament, ggf. auch das Staatsoberhaupt) oder zumindest indirekt (meist Regierung) durch eine Volkswahl übertragen wird. Die Ausübung der Staatsgewalt ist dabei an bestimmte Vorgaben (Verfassung, Gesetzesbindung von Judikative und Exekutive) gebunden, welche eine zusätzliche Rückbindung an den in Form von Verfassungen und Gesetzen verbindlich fixierten Volkswillen sicherstellen sollen. Dieser Aspekt kommt am besten in einer Frage zum Ausdruck, die gerade auch von mittelalterlichen Autoren gestellt wurde: Soll der beste Mann oder das beste Gesetz regieren? Im späten – anders als im frühen – Mittelalter wurde nicht mehr nur über die Qualitäten des Regenten nachgedacht, sie wurden vielmehr in den Hintergrund gedrängt. Das Gesetz sowohl als Mittel von Herrschaft wie auch als Regel für Herrschaft gewann an Bedeutung. Gesetzgebung wurde zu einer Frage der Zuständigkeit und des Verfahrens.

[1] Aristoteles, Politik IV. 9 (1294b).

Diesen Veränderungen, die im Mittelalter zu beobachten sind, soll im Weiteren nachgegangen werden.

Als wesentliche Elemente einer demokratischen Verfassung gelten ebenfalls Kontrollmöglichkeiten gegenüber den Regierenden und in Zusammenhang damit eine institutionell verankerte Gewaltenteilung zwischen Exekutive, Judikative und Legislative. Die Absicht des Regierenden, ob dieser nun zum eigenem Nutzen oder dem der Allgemeinheit seine Aufgaben wahrnimmt, spielt nur noch eine Rolle, soweit sie objektiv anhand formaler Kriterien feststellbar ist und gegen klar formulierte Rechtssätze verstößt. Allgemein lässt sich aber sagen, dass formale Kriterien (Verfahren) solche eher subjektive (Absicht des Regierenden) verdrängt haben, wie auch die Qualitäten des Regenten als Herrschaft legitimierende Faktoren rein formalen Merkmalen (Verfahren der Personalauswahl und der Amtseinsetzung) gewichen sind. Genau diese Entwicklung vom Idealbild des Herrschenden als wichtigster Frage hin zu einer formalisierten Personalauswahl und einer regulierten Ausübung von Herrschaft lässt sich im späten Mittelalter beobachten. Diese Veränderung der Denkweise nachzeichnen zu können rückt die genannte Epoche in den Mittelpunkt des Interesses.

Ein geschlossenes Theoriegebäude, welches all diese Elemente in sich vereinigt, findet man weder im Mittelalter noch im Altertum. Betrachtet man jedoch die Elemente einzeln, so finden sich durchaus Ansätze bei mittelalterlichen Theoretikern. Wahlen beispielsweise waren im kirchlichen Bereich verbreitet, auch wenn man diese oft nur – wenn überhaupt – im weitesten Sinne als demokratisch bezeichnen konnte. Es muss jedoch darauf hingewiesen werden, dass deutliche Bestrebungen erkennbar sind, den Vorgang der Wahl zu „demokratisieren“, beispielsweise wenn die Geheimhaltung der Wahl gefordert wird, um dem Wähler eine freie Willensentscheidung zu ermöglichen. Auch im weltlichen Bereich wurde gewählt, selbst wenn der Vorgang meist nur zeremoniellen Charakter trug. Das allerdings war ausreichend für mittelalterliche Autoren, sich mit der Wahl zu befassen, oder ihr einen Platz in der Theorie zu geben. Ebenso findet man Ideen zur Gesetzesbindung und Kontrolle von Herrschaft, auch Gewaltenteilung findet sich in Ansätzen, wenn auch zwischen Exekutive und Judikative (als Formen der Gesetzesanwendung) in der Regel nicht unterschieden wurde.

Insgesamt erscheint es lohnenswert, den mittelalterlichen Wurzeln der verschiedenen Elemente moderner Demokratietheorie nachzugehen und nach der Rolle zu fragen, welche den Beherrschten in Theorien zur Herrschaftslegitimation zugedacht wurde. Dies gilt insbesondere für die Zeit nach der Aristoteles-Rezeption, als eine „politische Theorie“ zu entstehen begann, gleichzeitig mit dem Kampf zwischen weltlicher und geistlicher Macht, in dessen Verlauf eine Vielzahl von Traktaten entstand, in denen die verschiedenen Formen von Herrschaft zu begründen versucht wurden. Doch war die Aristote-

les-Rezeption keine Revolution, sondern hat, so eine von Ullmann begründete, aber nicht unbestritten gebliebene Forschungsmeinung, lediglich einer ohnehin schon in der mittelalterlichen Mentalität verankerten Herrschaftskonzeption zum Durchbruch verholfen, die im 14. Jahrhundert zu demokratischen Modellen geführt habe, was jedoch erst mit Marsilius von Padua klar zum Vorschein trat,[2] während Thomas von Aquin und andere seiner Zeitgenossen noch vergeblich versucht hätten, die aristotelische Konzeption mit der kirchlich-hierarchischen zu vereinigen.[3]

b) Zur Herangehensweise

Welche Elemente demokratischer Konzepte in welcher Form bereits im mittelalterlichen Denken angelegt waren, soll in der folgenden Untersuchung ausgearbeitet werden. Bezugspunkt bei der Suche ist dabei die Rolle der Beherrschten in mittelalterlichen Schriften. Tritt der Beherrschte als bloßes Herrschaftsobjekt in Erscheinung oder etwa als Subjekt, das durch eigene Willensentscheidungen der Herrschaft in irgendeiner Form Legitimität verleiht oder gar an ihr teilhat? Während in der Literatur bislang zumeist der Herrscher – sei es allein, oder sei es im Verhältnis zu Konkurrenten um die Herrschaft – im Blickpunkt des Interesses stand, soll hier ein Perspektivwechsel versucht werden, der es ermöglicht, Anknüpfungspunkte an Denkweisen zu finden, die in späteren Jahrhunderten zu umfassenden Gedankengebäuden verwoben wurden, welche als Demokratietheorien bezeichnet werden können.

Methodisch birgt dies einige Schwierigkeiten. Zum einen besteht bei einer Rückschau, ausgehend von einem bekannten Ergebnis, immer die Gefahr eines Anachronismus. Schnell interpretiert man Aussagen vergangener Zeiten in einer Weise, wie man es nur tun kann, wenn man die daraus resultierende Gegenwart kennt. Damit unterstellt man dem Autor Gedanken und Ideen, die nicht zu seiner Vorstellungswelt passen können. So sieht man eine Wurzel mit anderen Augen, wenn man weiß, wie die Baumkrone aussieht. Keiner der mittelalterlichen Theoretiker, die hier zu Wort kommen sollen, hat beabsichtigt, die Grundlage für unser heutiges Demokratieverständnis zu legen, genauso wenig übrigens wie die Denker der Antike. Gleichwohl haben sie es getan, jeder auf seine Weise und begleitet von den sich verändernden wirtschaftlichen, sozialen und religiösen Umständen ihrer Zeit.

---

[2] Doch gerade bei Marsilius ist Vorsicht geboten. Eine demokratische Konzeption, die ein moderner Leser zu gerne in seine Theorie hineininterpretieren möchte, will beispielsweise Hofmann nicht erkennen. Er verweist darauf, dass die Existenz von Hörigen und die Lebendigkeit des Standesdenkens bei Marsilius zu ausgeprägt seien, um ihn als Demokraten bezeichnen zu können. Vielmehr wird das marsilianische Denken von der städtischen Vorstellungswelt einer gegliederten und gestuften Ordnung einer Bürgerschaftskorporation mit zünftigen Sondergemeinden geprägt (Hofmann, Repräsentation, S. 196).

[3] Ubl, Engelbert von Admont, S. 91, dort ausführlich zur Forschungsdiskussion.

Die verschiedensten Ideen aus unterschiedlichen Zusammenhängen sind im Laufe der Zeit zusammengeflossen, sind interpretiert und weiterentwickelt worden und konnten schließlich den Boden bereiten für die Gegenwart. Ist eine Idee erst einmal in der Welt, kann sie Wirkungen erzielen, wie sie von ihrem Urheber weder beabsichtigt noch vorhergesehen wurden, oftmals losgelöst von dem ursprünglichen Zusammenhang, in dem sie einmal gestanden hatte. Viele Veränderungen, die sich aus der Wirklichkeit ergeben oder gezielt herbeigeführt werden, rufen bei den Zeitgenossen das Bedürfnis nach einer Rechtfertigung dieser Veränderung hervor. Dieses Bedürfnis senkt wiederum die Hemmschwelle, den Zusammenhang zu ignorieren, in dem ein Gedanke steht, der die erhoffte Rechtfertigung zu liefern scheint. Eigene Ideen und Vorstellungen, für die man eine Stütze sucht, mögen eine ähnliche Wirkung haben und den Suchenden das Gefundene anders interpretieren lassen, als es der Urheber sich vorgestellt hat.

Als Beispiel mag die *quod omnes tangit*-Formel dienen. Ursprünglich galt dieser Satz (*quod omnes similiter tangit, ab omnibus comprobetur*)[4] aus dem *Corpus iuris civilis* des byzantinischen Kaisers Justinian (527–565) der Rechtsbeziehung mehrerer Vormünder eines Mündels. Aus diesem begrenzten privatrechtlichen Bereich wurde die Formel herausgelöst und als Merksatz auch auf andere Sachverhalte angewandt. Sie wurde zur Grundregel bei der Entscheidungsfindung in Korporationen. Ein anderes Beispiel ist William Langland. (1330–1387) Roman „Piers Plowman", der Roman, der die älteste namentliche Erwähnung Robin Hoods enthält. Langland prangert die Verfehlungen der Gesellschaft seiner Zeit so hart an wie kaum ein anderer Schriftsteller des Mittelalters. Dennoch ist Langland. worauf Gerd Dose hinweist, in seinen gesellschaftlichen Anschauungen äußerst konservativ und verspricht sich eine Beseitigung der Missstände nicht aus einer Veränderung der Ordnung, sondern aus deren Straffung.[5] Dose geht auch davon aus, dass Langland seinen Roman nach dem Bauernaufstand in England nochmals überarbeitet hat und sich damit von den Rebellen distanzieren wollte. Die Aufständischen jedoch bezogen den Roman in ihre Agitationen mit ein und legten ihm dadurch eine Tendenz bei, welche der Autor nicht intendiert hatte, die seinen gesellschaftspolitischen Anschauungen vielmehr zuwiderlief.[6]

Diese Beispiele mögen veranschaulichen, wie eine Idee ihre Wirkung erst losgelöst aus ihrem ursprünglichen Zusammenhang zu entfalten vermag. Damit soll auch eine Rechtfertigung des im Folgenden gewählten Vorgehens unternommen werden. Bisherige Darstellungen mittelalterlicher politischer Theorien haben in der Regel einzelne Autoren zu Gruppen geordnet, aber

[4] C 5.59.2; eine andere aus dem Mittelalter stammende Formulierung (eine aus zahlreichen Variationsmöglichkeiten) lautet: *quod omnes tangit, omnibus tractari et approbari debet.*

[5] Dose, Adel und Gemeinwesen, S. 50 f.

[6] Dose, Adel und Gemeinwesen, S. 51.

dann doch das Werk jedes Autors im Ganzen dargestellt.[7] Dagegen werden bei dem hier gewählten Ansatz einzelne Aspekte beleuchtet, für die sich bei unterschiedlichen Autoren Ansätze finden lassen. Diese werden dadurch notwendig aus ihrem vom Autor intendierten Sinnzusammenhang gerissen und mit anderen, ebenfalls aus ihrem Kontext entlehnten Ideen in Beziehung gebracht, auch wenn zwischen ihnen mehrere Jahrhunderte liegen und die außer der manchmal nur scheinbaren Gleichartigkeit der inhaltlichen Aussage keine Gemeinsamkeiten oder Zusammenhänge aufweisen. Ein solches Vorgehen bedarf bei einer historischen Untersuchung natürlich einer Rechtfertigung, doch sollte gerade das Beispiel der *quod omnes tangit*-Formel zeigen, dass der Fortbestand des Kontextes, aus dem eine Idee entnommen wurde, nicht entscheidend für ihre Wirkung sein muss. Da es schließlich verschiedene Ideen und Entwicklungen waren, die im Laufe der Zeit zu immer neuen Theorien und Entwürfen führten, die heute unter dem Begriff „Demokratietheorie" subsumiert werden, scheint es lohnenswert, diese Ideen nachzuvollziehen, auch unabhängig davon, wie das Gesamtwerk des jeweiligen Autors konzipiert war, wiewohl gelegentlich auch darauf hinzuweisen sein wird.

1.2 Entwicklung politischer Theorie

Die Entwicklung politischer Theorie ist ein seit der Antike andauernder stetiger Prozess, der auch im Mittelalter nicht abbrach und dessen mittelalterliche Spuren auch heute noch nachwirken. Einige Elemente heutiger politischer Systeme haben ihre Wurzeln nicht – oder zumindest nicht unmittelbar – im Altertum, sondern vielmehr in Ideen und Strukturen, die im Mittelalter entstanden sind oder theoretisch erfasst wurden. Die westlichen Demokratien sind laut Black mit ihrem auf Konsens und Wahl statt auf unmittelbarer Partizipation beruhenden System fest im germanischen Erbe des Mittelalters verwurzelt.[8] Das scheinbar traditionslose System, welches nach der Unabhängigkeit der Vereinigten Staaten im 18. Jahrhundert in Amerika geschaffen wurde, hat möglicherweise ebenfalls Vorbilder im mittelalterlichen Europa. So jedenfalls vermutet es Gilby, da Benjamin Franklin seinen Aufenthalt in Paris genutzt haben soll, die Ordnungsstrukturen des Dominikanerordens zu studieren.[9] Dieser hatte sich einen verfassungsmäßigen Aufbau jenseits des Feudalsystems gegeben, in dem gewählte Ämter auf Zeit vergeben wurden. Hofmann weist auf die Bedeutung hin, welche der Dominikanerverfassung gelegentlich für die Entwicklung des englischen Parlamentarismus beigemessen wird. Den Generalkapiteln der ein Jahrhundert älteren (um 1100) Orden

[7] Miethke, Politische Theorie im Mittelalter; Böckenförde, Geschichte der Rechts- und Staatsphilosophie; schon mit spezieller Fragestellung: Töpfer, Urzustand und Sündenfall.

[8] Black, Guilds, S. 109.

[9] Gilby, Principality and Polity, S. 290.

der Zisterzienser und der Prämonstratenser schreibt er eine Brückenfunktion zu, da sie institutionengeschichtlich (zumindest innerhalb ihres jeweiligen Ordens) die Lücke geschlossen hätten, welche sich zwischen der ersten (Spätantike/Frühmittelalter) und zweiten Serie (15. Jahrhundert) gesamtkirchlicher Konzilsversammlungen aufgetan hatte.[10]

a) Strukturen

Die politischen Theorien sind jeweils eng mit den tatsächlichen Gegebenheiten verbunden. Oftmals werden Vorbilder aus der Realität in Gedankengebäuden verarbeitet, verallgemeinert und auf andere Sachverhalte übertragen. Mit Begriffen wie tatsächliche Gegebenheiten oder politische Strukturen ist gemeint, wenn man Moraws Verfassungsbegriff zugrunde legt, „das Gefüge und Kräftespiel des Gemeinwesens samt den Rahmenbedingungen seiner Existenz und den Wandel dieser Faktoren."[11] Das Kräftespiel und die Rahmenbedingungen, welche auf dem Boden des Römischen Reiches nach dessen Zusammenbruch entstanden, basierten auf römischen und germanischen Wurzeln und ließen das Feudalsystem entstehen, das Herrschaft auf persönliche Bindungen und auf den Besitz von Grund und Boden gründete. In der Theorie verbanden sich nun die tatsächlichen Gegebenheiten mit christlichen Vorstellungen. Die „mittelalterliche Weltanschauung", so Kern, habe dabei keinen bestimmten Verfassungstyp gekannt, sondern sich darauf beschränkt, die „grundsätzliche Erhabenheit und Unabhängigkeit der Herrschergewalt gegenüber dem Untertanen als allgemein gültig" zu verkünden.[12] Diese Erhabenheit ging mit einer bestimmten Vorstellung ihrer Würde einher, deren Vorbild im Alten Testament gesucht wurde. Das biblische Königsideal, wie es sich im 8./9. Jahrhundert noch bei Smaragdus von St. Mihiel findet, wurde mit der fortschreitenden Verchristlichung des Herrschergedankens und dem neu erwachenden geistlichen Selbstbewusstsein bei den Pariser Konzilsvätern des Jahres 829, insbesondere bei Jonas von Orléans, zu einer christlichen Staatslehre.[13] Doch zwischen dem Herrscher und dem Untertanen standen die Vasallen und Dienstleute, die mit Grund und Boden belehnt worden waren und dem Herrscher durch persönliche Eidesleistungen verpflichtet waren, auf die der Herrscher seinerseits allerdings ebenso angewiesen war. So mag die Staats- und Gesellschaftsform des Frühmittelalters vielleicht theoretisch als unbeschränkter Absolutismus beschrieben werden können (Hannig),[14] doch ihre Begrenzung fand sie in der politischen Schwäche und dem mangelnden Durchsetzungsvermögen der Herrschaftsträger an der Spitze der gesellschaftlichen Pyramide. Erst als dieses Unvermögen seit

[10] Hoffmann, Repräsentation, S. 254.

[11] Moraw, Von offener Verfassung zu gestalteter Verdichtung, S. 20.

[12] Kern, Gottesgnadentum, S. 10.

[13] Anton, Fürstenspiegel, S. 216.

[14] Hannig, *Consensus fidelium*, S. 41.

Ludwig dem Frommen (814–840) chronisch wurde, musste das Königtum den Mitherrschaftsanspruch des Adels als „zwar mehr faktische denn rechtliche, aber wirksame Schranke seiner eigenen Herrschaft anerkennen.“[15]

Jedoch muss angemerkt werden, dass ein Herrschaftssystem, welches auf gegenseitigen persönlichen Bindungen aufbaut, allein dadurch seine Begrenzung erfährt. Ullmann sieht durch das Lehnswesen die Vorbedingungen für die modernen Rechte des Einzelnen gegeben und geht sogar so weit zu sagen, dass es die Grundlage für die Entwicklung einer Verfassung lieferte.[16] Herrschaftsträgern auf verschiedenen Ebenen, die ihrerseits über persönliche Bindungen in beide Richtungen der Hierarchie verfügen, erwächst so eine eigene Machtbasis. Auch wenn die Ausübung dieser Macht nicht rechtlich, sondern nur tatsächlich fundiert sein mag, so bieten sie mindestens der Spitze und dem Mittelbau eines hierarchischen Systems Möglichkeiten, auf informellem Wege durch persönliche Kooperation und Interaktion Einfluss auf Entscheidungen sachlicher und personeller Art zu nehmen. Diese informellen Herrschaftsstrukturen stellen eine eigenartige Konstante dar, eine Konstante, die sich system- und zeitunabhängig beobachten lässt. Die Art und Weise, wie man diese informellen Strukturen zu formalisieren versucht, kennzeichnet das System. Ansatzpunkte für eine Formalisierung sind die Bezeichnung des Personenkreises, welcher zu bestimmten Entscheidungen berufen sein soll, ferner die Regelung des Verfahrens der Entscheidungsfindung und die Bindungswirkung, welche die getroffenen Entscheidungen entfalten sollen. So werden im Parlamentarismus die Personen und deren Auswahl definiert, sowie das Beratungs- und Entscheidungsverfahren und die Verbindlichkeit der im Parlament getroffenen Entscheidungen. Dies hindert jedoch nicht die Entstehung informeller Zirkel auch in parlamentarischen Systemen, die zu formalisieren in Form von politischen Parteien und Fraktionen versucht wurde, was wiederum nicht die Entstehung informeller Kreise innerhalb dieser Parteien hinderte. Motivation, die formalisierten Entscheidungswege zu verlassen, ist meist der Wunsch nach Eintracht und Einheit, wohingegen durch die in der offenen Diskussion und der zur Entscheidung notwendigen, nicht selten in kontroversen Abstimmung zu Tage tretenden, zumindest anfänglichen Uneinigkeit diesem Ziel nicht ausreichend Rechnung getragen zu werden scheint. Dieses Ideal der Eintracht ist ebenso wie der informelle Annex eines jeden politischen Systems eine Konstante, die sich in der gesamten Geschichte im menschlichen Denken und politischen Handeln findet. Darin steckt auch eine gewisse Scheu, die informellen Strukturen sichtbar zu machen und zu formalisieren.

---

[15] ebd.

[16] Ullmann, Individuum und Gesellschaft, S. 49f., und S. 67; vgl. auch ders., Schranken der Königsgewalt, S. 1.

Das parlamentarische System lässt im Mittelalter seine Ursprünge in genau einer solchen Formalisierung ursprünglich informeller Entscheidungsmechanismen erkennen. Waren es weitgehend undefinierte Beraterkreise, welche der König konsultieren musste, wollte er sich der Unterstützung seiner Gefolgsleute weiterhin sicher sein, so wurden diese Beratergremien zu klar definierten Körperschaften. Am deutlichsten ist diese Entwicklung in der Kirche zu beobachten. Waren um 1200 noch kaum nationale Repräsentativversammlungen vorhanden, ging die gesamte westliche Kirche um 1400 dazu über, die päpstliche Macht durch konziliare Strukturen zu begrenzen. Auch die Königreiche Westeuropas experimentierten mit Repräsentativversammlungen und der Bindung des Herrschers an deren Beschlüsse. Tierney bezeichnet dieses „vielleicht einzigartige“ Phänomen als „mittelalterlichen Konstitutionalismus“.[17]

Beschränkungen des theoretisch unbeschränkten Königtums wurden klar formuliert. Thomas von Aquin war einer der Ersten, der unter dem Einfluss des Aristoteles über moralische Einschränkungen hinausgehend, die auf biblischen Vorbildern gründend als Mahnungen an den Herrscher ausgesprochen wurden, formale Bedingungen ausarbeitete. In seinem Fürstenspiegel nennt er vier Sicherungsmechanismen, die ein Abgleiten der Monarchie in eine Tyrannis vermeiden sollen. Die Wahl des Königs soll sicherstellen, dass nur jemand zur Herrschaft gelangt, der charakterlich nicht zur Gewaltherrschaft neigt. Zweitens soll die Verfassung so eingerichtet sein, dass der König keine Gelegenheit zur Errichtung einer Tyrannis erhält, drittens muss seine Macht entsprechend beschränkt werden, und viertens soll dem Volk das Recht zur Abwahl des Herrschers verbleiben.[18]

Gleichwohl ging die Entwicklung nicht nur in eine Richtung. Sofern ein König seine Macht so weit festigen konnte, dass er sich nicht mehr auf die Unterstützung anderer angewiesen glaubte, tat er genau das, wogegen Thomas das Gemeinwesen absichern wollte. Als Friedrich II. im Jahre 1220 seine Konstitutionen erließ, berief er sich anders als bis dahin üblich nicht auf den *consensus* oder *assensus* des Volkes oder wenigstens seiner Ratgeber. Friedrich II. trat damit wie kein anderer seiner Vorgänger als „Souverän des Rechts“ hervor (Gagnér) und knüpft damit an den Absolutismus der justinianischen Gedankenwelt an, die mit der Rezeption des römischen Kaiserrechts

[17] Tierney, Church Law and Constitutional Thought, XV, 6.

[18] Thomas von Aquin, *De regimine principum*, I, 6 (ed. Mathis, S. 7): *Primum autem est necessarium ut talis conditionis homo ab illis, ad quos hoc spectat officium, promoveatur in regem, quod non sit probabile in tyrannidem declinare ... Deinde sic disponenda est regni gubernatio, ut regi iam institutio tyrannidis subtrahatur occasio. Simul etiam sic eius temperetur potestas , ut in tyrannidem de facili declinare non possit. ... Demum vero curandum est, si rex in tyrannidem diverteret, qualiter posset occuri*; vgl. Riklin, Machtteilung, S. 98.

dem Abendland wieder gegenwärtig wurde.[19] Diese Idee der Gesetzgebungsmacht des Herrschers hielt sich bis in die Neuzeit und lieferte eine Säule des Absolutismus.[20]

b) Ideen

Die strukturellen Entwicklungen gesellschaftlicher und politischer Systeme schlugen sich auch in der Ideengeschichte des Mittelalters nieder. Zwar stellt Jellinek fest, das Mittelalter habe „eine an politischen Erörterungen reiche, an selbständigen theoretischen staatswissenschaftlichen Untersuchungen und Resultaten arme Literatur“ hervorgebracht.[21] Doch muss hier berücksichtigt werden, dass die schriftlichen Zeugnisse politischer Theorie des Mittelalters meist aus einem bestimmten Anlass geschrieben wurden. Politische Theorie im Mittelalter war ohnehin zumeist ekklesiologische Theologie und behandelte Fragen, die in erster Linie die Kirche betrafen, was mit dem Bildungsmonopol der Kirche zusammenhängt.[22] Die Theorie der Herrschaft im weltlichen Bereich war somit ebenfalls von der Kirche dominiert, doch sind für die folgenden Untersuchungen die kirchliche Hierarchie und die geistliche Herrschaft ebenso interessant wie die weltliche. Daher werden Betrachtungen beider Bereiche berücksichtigt, die sich häufig gegenseitig beeinflusst haben. Die bereits erwähnte fortschreitende Verchristlichung des Herrschergedankens führte schon in der Karolingerzeit zusammen mit dem stärker werdenden geistlichen Selbstbewusstsein dazu, dass aus dem christlich-biblischen Königsideal eine christliche Staatslehre wurde.[23]

Doch letztlich blieben diese Ansätze auf eine Literaturgattung beschränkt. Eine selbständige politische Theorie im heutigen Sinne gab es nicht, wohl aber Fürstenspiegel, die den Fürsten nahe legten, wie sie sich bei der Ausübung ihrer Herrschaft zu verhalten hätten.[24] Allerdings ging der Einfluss der Kirche im Laufe der Jahrhunderte über mahnende Worte nicht hinaus. Es waren aber gerade die Ideen der Kirchenleute, die laut Gilby die politischen Strukturen „humanisiert“ haben, da sie aus der Tradition der altkirchlichen Strukturen heraus die Bedeutung allgemeiner Übereinkünfte betonten und vor allem in der Wahl die richtige Methode sahen, Autorität zu begründen.[25] Ab etwa dem 11. Jahrhundert hielt zudem eine neue Tendenz Einzug in die abendländische Geisteswelt. Kirche und Gesellschaft wurden immer weniger in mystischen oder sakramentalen Formen begriffen, sondern mehr und mehr in rechtlichen Kategorien gedacht, was auf den Einfluss des kanonischen,

[19] Gagnér, Studien, S. 310.
[20] Vgl. auch Gagnér, Studien, S. 293.
[21] Jellinek, S. 57.
[22] Sigmund, Nicholas of Cusa, S. 119.
[23] Anton, Fürstenspiegel, S. 216.
[24] Monahan, Consent, S. 49f.
[25] Gilby, Principality and Polity, S. 42.

nicht zuletzt des römischen Rechts zurückgeht.[26] Die auf Paulus zurückgehende Vorstellung von der Kirche als *corpus mysticus* (sic), als lebendiger Leib Christi, verliert ihre mystische Komponente zugunsten der Bemühungen von Kanonisten, die Gestalt der Kirche korporationsrechtlich umzudeuten. Aus dem *corpus mysticus* wird eine *persona repraesentata.*[27]

Die Entfaltung des kanonischen Rechts war der eine Impuls, der die politische Theorie im Hochmittelalter zu beflügeln vermochte. Der andere war die Aristoteles-Rezeption, doch beide trafen auf eine institutionelle Voraussetzung, welche die Entwicklung und Verbreitung neuer Ideen ungemein beförderte. Um die Wende vom 12. zum 13. Jahrhundert begann die europäische Universitätslandschaft zu wachsen, womit Bildung und Wissenschaft ein neuer Nährboden und ein neues Forum geboten wurden.[28] Damit änderten sich auch die Bedingungen theoretischer Bemühungen, und die politische Reflexion trat in eine neue Phase ein.[29]

Die Veränderungen und neuen Impulse des Spätmittelalters sind vielfältig. Gesetz und Gesetzgebung wurden schließlich als theoretisches Feld ein Monopol der Rechtswissenschaft, welche philosophisch-moralische Überlegungen zu diesem Thema verdrängte,[30] wobei die politische Wissenschaft allerdings nicht allein die Gesetze behandelt, sondern auch die Art und Weise, in der Gesetze erlassen werden.[31] Thematisch tritt spätestens seit dem Pontifikat Bonifaz' VIII. das Verhältnis von geistlicher und weltlicher Gewalt in den Vordergrund. Davon losgelöste Überlegungen zur Herrschaft werden von dieser Thematik im Allgemeinen weitgehend verdrängt.[32] In England spiegelte die politische Literatur den Machtkampf zwischen Königtum und Adel wider. König und Volk wurden stärker aufeinander bezogen, um die Krone gegenüber dem Adel zu stärken.[33] Schließlich trägt die Veränderung der Wirtschafts- und Gesellschaftsstruktur zu einer Differenzierung der gesellschaftlichen Schichten und zu einer Vertiefung der Besitzunterschiede bei, was einerseits zu einer bewussteren Akzeptanz der Staats- und Eigentumsordnung, andererseits auch zu einer Radikalisierung kritischer Standpunkte führt (Töpfer).[34] Das Spätmittelalter kannte das frühmittelalterliche Vertrauen in den „guten König" kaum noch. Aus dem Untertanen wurde allmählich der Bürger, und in den Städten bahnten sich veränderte Artikulationsformen

[26] Sigmund, Nicholas of Cusa, S. 67.
[27] Vgl. Hofmann, Repräsentation, S. 118 ff.
[28] Vgl. dazu Miethke, Politische Theorien, S. 845f.
[29] Miethke, De potestate papae, S. 1.
[30] Vgl. Scherz, Naturgesetz, S. 33.
[31] Flüeler, Rezeption, Bd. 1, S. 7.
[32] Vgl. Miethke, De potestate papae, S. 55.
[33] Vgl. zur politischen Literatur im spätmittelalterlichen England: Gerd Dose, Adel und Gemeinwesen, Frankfurt a.M. 1977, passim.
[34] Töpfer, Urzustand und Sündenfall, S. 577.

den Weg in eine neue Zeit, die von entsprechenden Wertverschiebungen in der politischen Theorie begleitet wurde.[35]

c) Der Mensch

Im Zentrum politischer Theorien und Strukturen steht der Mensch oder zumindest ein bestimmtes Menschenbild. Für Theoretiker, insbesondere für Theologen, kann der Mensch und seine Beziehung zum politischen System nicht außer Betracht bleiben. Innerer und äußerer Frieden des Menschen bedingten einander und waren Aufgaben der Herrschaft. Daher waren Ethik und Politik für mittelalterliche Denker untrennbar miteinander verbunden.[36]

Bezeichnend für den Menschen als Zentrum politischer Theorie ist der Begriff des *animal sociale*, der durch die Aristoteles-Rezeption wieder ins Bewusstsein der Theoretiker kam. Dempf schreibt Thomas von Aquin daher die „gewaltige philosophische Wiederentdeckung des politischen Menschen" zu, der seit Plato und Cicero aus dem Bewusstsein verschwunden sei.[37] Dempf schätzt diese Wiederentdeckung so hoch ein, dass er hierin den „wirklichen Anfang der Neuzeit und die entscheidende Vorstufe zur politischen Renaissance" sieht.[38] Demgegenüber hebt Nederman hervor, dass neben dem Aristotelismus, der die Ausrichtung des Menschen auf die politische Gemeinschaft als in seiner Natur verankert sieht, auch Cicero eine antike Autorität war, auf die sich christliche Denker berufen konnten, um die Sündhaftigkeit des Menschen in ihr Gedankengebäude aufzunehmen.[39] Gleichwohl stellt die Aristoteles-Rezeption einen gewaltigen Umbruch in der mittelalterlichen Denkweise dar. Sah man zuvor die menschliche Ordnung in der göttlichen allein begründet, so wurde nunmehr das Volk zum Fundament legitimer Herrschaftsausübung, der Mensch selbst zur Quelle der Legitimität.[40]

Die Rolle des Menschen in der Herrschaftstheorie tritt am deutlichsten bei Ockham hervor. Der Franziskaner weist auf die ursprüngliche Gleichheit aller Menschen hin und folgert daraus, dass ein König seine Untertanen als Freie, nicht als Knechte behandeln müsse, denn es gehöre zur naturrechtlich gegebenen Freiheit, dass niemand freie Menschen für seinen eigenen Nutzen missbrauchen dürfe.[41] Dies widerspräche der Würde des Menschengeschlechts.[42]

---

[35] Schreiner, Correctio principis, S. 255.

[36] Vgl. Zimmermann, La valeur, S. 38.

[37] Dempf, S. 381.

[38] Dempf, S. 340f.

[39] Nedermann, The Ciceronian Tradition, S. 14f.

[40] Vgl. Meier, Mensch und Bürger, S. 19.

[41] Wilhelm von Ockham, III. Dial. 1,2, c.6: *et ideo sibi non sunt servi sed naturali libertate gaudent; quia ad naturalem libertatem spectat ut nullus possit uti liberis propter utilitatem utentis*; vgl. Töpfer, Urzustand und Sündenfall, S. 458.

[42] Wilhelm von Ockham, III. Dial. 2,2, c.20: *Dignitati enim humani generis derogaret, si omnes essent serui imperatoris*; vgl. Miethke, De potestate papae, S. 295.

Es brauchte jedoch Zeit, bis sich diese Denkweise verfestigt hatte. Noch Nikolaus von Kues (1401–1464) geht von natürlichen Ungleichheiten aus und reserviert die Knechtschaft für die Dummen, womit er von modernen Demokratiekonzepten noch weit entfernt ist[43]

1.3 Demokratie und Kirche

Nikolaus von Kues hatte sich mit beiden Formen der Herrschaft befasst; der weltlichen und der geistlichen. Für den mittelalterlichen Menschen, erst recht natürlich für den Theoretiker, der in aller Regel Kleriker war, galt es als selbstverständlich, sowohl die weltlichen Potentaten als auch die kirchliche Hierarchie im Zusammenhang mit Herrschaft und Politik zu behandeln. Dies hatte zur Folge, dass politische Theorien gleichermaßen für beide Bereiche der menschlichen Gesellschaft angewandt und entwickelt wurden. Strukturen und Ideen aus dem kirchlichen Bereich wurden für den weltlichen Bereich genutzt und weiterentwickelt. Die Kirche lehnte sich mit ihrer Ämterstruktur an die entsprechenden Vorstellungen und Traditionen des Römischen Reiches an und erhielt diese auch in den folgenden Jahrhunderten. Von Bedeutung sind vor allem das Wahlrecht und das Vorhandensein repräsentativer Versammlungen. Wegen des Ausschlusses der Erbfolge in geistliche Ämter wurden traditionell die meisten kirchlichen Ämter durch Wahl besetzt. Ferner waren Versammlungen, von der Gemeindeversammlung bis zur Bischofssynode von Beginn an fester Bestandteil der kirchlichen Verfassungsstrukturen. Gerade die Konzilien erlebten zum Ende des Mittelalters hin eine neue Hochphase. Der Vorbildcharakter für Ständeversammlungen und den sich daraus entwickelnden Parlamenten ist unverkennbar. Nicht umsonst betont Tierney die Bedeutung der kirchlichen Verfassungsgeschichte für die Entstehung des abendländischen Konstitutionalismus insbesondere für die Entwicklung des Parlamentarismus.[44] Die Kirche hat die staatlichen Verfassungen in vielfacher Hinsicht beeinflusst, indem sie für den eigenen Bereich die unterschiedlichsten Konzepte und Organisationsformen entwickelt hat, die mit Begriffen wie Körperschaft, Repräsentation oder Souveränität verbunden sind, außerdem hat sie eine umfassende Rechtsordnung geschaffen, ebenso wie Verwaltungsapparate oder ein Gerichtswesen.[45]

In den weiteren Untersuchungen werden daher beide Bereiche behandelt. Eine Unterscheidung ist meist nicht notwendig, da auch die mittelalterlichen Autoren beispielsweise die aristotelischen Begrifflichkeiten unterschiedslos auf Kirche und Staat anwandten. Differenziert wurde allenfalls nach dem

[43] Nikolaus von Kues, *De Concordantia Catholica*, III, praef., §§ 271–272 (ed. Kallen, S. 315–316); vgl. Sigmund, Nicholas of Cusa, S. 132.

[44] Vgl. dazu die verschiedenen Abhandlungen im Sammelband Tierney, Church Law and Constitutional Thought in the Middle Ages.

[45] Vgl. Prodi, Der Eid in der europäischen Verfassungsgeschichte, S. 16.

Ziel der Herrschaft; auch wurde beispielsweise von Marsilius von Padua eine Trennung beider Gewalten gefordert, doch in der Binnenstruktur jeder dieser beiden, erkannte man Verfassungsstrukturen und entwickelte man Verfassungsprinzipien nach den gleichen Grundsätzen, seien diese dem Kirchenrecht, dem weltlichen Recht, der Heiligen Schrift oder antiken philosophischen Schriften entnommen.

1.4 Demokratie oder Absolutismus

Trotz des Vorhandenseins demokratischer Ansätze im mittelalterlichen Denken, der unvergessenen germanischen Tradition des Konsensprinzips und einer Kirche, die für ihre Personalauswahl nur die Wahl und nicht die Erbfolge kannte, folgte dem Mittelalter keineswegs unmittelbar eine Phase der Demokratie in Europa. Zwar gewannen die Landstände und Ständeversammlungen vielerorts an Bedeutung und stellten ihrerseits als institutionalisierte Regierungsbeteiligung eines über den Monarchen und seinen Hof hinausgehenden Personenkreises eine Vorform parlamentarischer oder repräsentativer Herrschaftsformen dar. Dennoch begann in der Neuzeit zunächst der Absolutismus im Abendland Fuß zu fassen, und zur endgültigen Überwindung des Feudalsystems und seiner absolutistischen Fortentwicklung bedurfte es einer Revolution (1789) und von dieser nach Europa hinausgetragener Kriege.

Zwar waren die gedanklichen Wurzeln für eine demokratisch organisierte Gesellschaft im Mittelalter bereits grundgelegt, ohne dass man darin schon eine solche hätte erkennen können. Doch auch die Wurzeln des Absolutismus finden sich im mittelalterlichen Denken, und häufig sind es nur Feinheiten der Argumentation, die in die eine (demokratische) oder andere (absolutistische) Richtung weisen.

Ein Beispiel für eine frühe absolutistische Theorie stellt ein für die innerkirchlichen Herrschaftsstrukturen geschriebenes Werk aus dem Jahre 1302 dar. Krüger sieht in dem Traktat *De ecclesiastica potestate* des Aegidius Romanus über die päpstliche Macht eine geistig-ideologische Grundlage des Absolutismus.[46] Gleichwohl folgt er einer einschränkenden Interpretation des Absolutismus-Begriffs, den er für die „absolut-papalistische Herrschaftskonzeption" des Aegidius nochmals relativiert. Auch der absolute Monarch sei an Naturrecht und Herkommen gebunden, so dass es sich bei dem Absolutismus der Neuzeit eher um einen programmatischen Anspruch als um eine historische Realität handele.[47] Zu Recht weist Krüger auf das Vorhandensein von Landständen und Städten hin, welche dem Verwaltungsapparat eines absolutistischen Regierungssystems gegenübertraten.[48]

[46] Krüger, Der Traktat, S. 1.
[47] Krüger, Der Traktat, S. 457f.
[48] Krüger, Der Traktat, S. 458.

Gleichwohl sah die Theorie einen von Gesetzen losgelösten Monarchen vor, dessen Willen zum Gesetz für andere wird. Schon Johannes von Salisbury trat dafür ein, den Monarchen nicht nach den Gesetzen zur Rechenschaft zu ziehen, da dies den Herrscher in seinen Handlungsmöglichkeiten einschränken würde, wenn er aus Angst vor Rachegelüsten nicht mehr in der Lage wäre, Gerechtigkeit zu üben, sondern sich stattdessen auf die Großen und Mächtigen stützt, die er eigentlich in die Schranken hätte weisen müssen. Neben diesen pragmatischen Aspekten stützten sich absolutistische Theorien aber auch auf das Römische Recht. Das gleiche Recht, das mit der *quod omnes tangit*-Formel einen Beitrag zu Formen der Mitbestimmung und der Entwicklung demokratischer Grundsätze geleistet hat, lieferte ebenso das theoretische Fundament für absolute Monarchien. Unter dem Stichwort der *lex regia* wird das Volk zur Quelle der Legitimation für den Monarchen, dem es seine Macht dereinst übertragen haben soll. Doch der demokratische Ton, der in dieser Theorie mitzuschwingen scheint, verblasst sogleich, wenn diese Übertragung als auch für künftige Generationen unwiderruflich angesehen wird. Ursprünglich vom Volk eingesetzt, erhebt sich der Monarch über dieses und wird von jeder Rechenschaftslegung losgelöst.

Ein anderer Weg in den Absolutismus besteht in der übersteigerten Identifikation des Monarchen mit dem Volk oder dem Staat, dem er vorsteht, was in dem bekannten Ausspruch des sog. „Sonnenkönigs" Ludwigs XIV. (König von Frankreich 1643–1715) „L'état c'est moi" zum Ausdruck kommt. Der Monarch wird als Verkörperung der Staatsidee, als alleiniger Repräsentant des ihm unterstehenden Untertanenverbandes angesehen, dessen Handeln automatisch als Handeln der Gemeinschaft gilt, dessen Willen mit dem Willen aller identisch sein soll. Der Wille des gesetzgebenden Königs erhält einen Eigenwert, der ihn vom Konsens aller loslöst, da der Wille des Monarchen ja mit dem des Staates übereinstimmt. In dieser Variante des Voluntarismus wird der Wille des einzelnen Herrschers in den Mittelpunkt gerückt, der die vielen konkurrierenden Einzelwillen seiner Untertanen völlig absorbiert. Der Individualismus wird auf eine mit der Gesamtheit identische Person konzentriert.

All diese Gedanken waren auch bei mittelalterlichen Autoren grundgelegt und lieferten der Neuzeit das Fundament sowohl für demokratische als auch absolutistische Theorien. Absolutistische Gedanken gingen im Wesentlichen auf die Legisten zurück, die im 13. Jahrhundert für die unumschränkte Macht des Regenten optierten, was damals nicht unwidersprochen blieb. Der Theologe Thomas von Aquin sympathisierte eher mit der althergebrachten Lehre, nach der ein Regent mit dem Konsens seines Volkes sprach und einer ungeschriebenen Verfassung diente.[49] Auch die Kanonisten vertraten mit ihren korporativen Vorstellungen den absolutistischen Ideen entgegengesetzte

[49] Gilby, Principality and Polity, S. 132.

Theorien.[50] Die Legisten hingegen übernahmen mit dem fast ein Jahrtausend alten Rechtscorpus die Prinzipien des spätantiken Dominats, die sie weitertradierten.[51] Gleichwohl unterstreicht Tierney einen Unterschied zwischen mittelalterlichen Legisten und neuzeitlichen Theoretikern. Accursius beispielsweise habe keine absolutistische Theorie vertreten. Seine Auffassung von der Loslösung des Herrschers vom Gesetz beschränke sich darauf, dass es keine gesetzlich verankerten Verfahrensweisen gäbe, mit deren Hilfe er zur Verantwortung gezogen werden könne.[52] Dennoch vermochte sich aus diesen und ähnlichen Anschauungen die Vorstellung eines *rex legibus solutus* zu entwickeln. Schon den spätmittelalterlichen holländischen Juristen Philipp von Leyden (ca. 1320–1382) bezeichnet Wilfert als Vertreter einer Staatsauffassung, die man vorsichtig als „aufgeklärten Absolutismus in mittelalterlichen Formen" bezeichnen könne.[53]

Aus alledem wird deutlich, dass politische Theorie, wohin sie auch führen mag, immer im Zusammenhang mit dem Zweck zu sehen ist, den sie oder die von vertretenen Mechanismen in einer ganz bestimmten gesellschaftlichen Situation erfüllen können oder sollen.

2 Quellen und Inhalt

Die zu befragenden Quellen sind vielfältig. Was die Menschen des europäischen Mittelalters über Herrschaft und Beherrschte gedacht haben, findet sich in Rechtstexten, Glossen, Fürstenspiegeln, Streitschriften, philosophischen oder theologischen Kommentaren und Traktaten, aber auch in Volksdichtung oder in Predigten, sofern diese überliefert sind.[54]

Die letztere Quellengattung wird hier allenfalls gestreift. Die juristischen, philosophischen und theologischen Quellen hingegen können grob in zwei Gruppen eingeteilt werden, für die man etwa im 13. Jahrhundert eine Trennlinie ziehen kann.

Zeitlich wird der Schwerpunkt nach dem 13. Jahrhundert liegen, da weitgreifende Veränderungen im politischen und wirtschaftlichen Bereich mit dem Anwachsen der Produktion politischer Schriften korrespondierten. Die theoretische Literatur, welche diese Entwicklungen begleitet und ab dem 13. Jahrhundert an Umfang und Bedeutung zunimmt, stammt hauptsächlich aus dem Bereich der von den Veränderungen betroffenen Mächte, dem Reich einschließlich Reichsitalien, der Kirche und auch Frankreich.[55]

---

[50] Vgl. Sigmund, Nicholas of Cusa, S. 112f.

[51] Miethke, Politiktheorie im Mittelalter, S. 12f.

[52] Tierney, Church law . . . , III, 390.

[53] Wilfert, Philipp von Leyden, S. 42.

[54] Vgl. auch Couloubaritsis, La tradition, S. 403.

[55] Wilfert, Philipp von Leyden, S. 6.

2.1 Früh- und Hochmittelalter

Die dominierende Weltanschauung des westlichen Europa, welches auf den Ruinen des untergegangenen in der Idee aber durch das gesamte Mittelalter hindurch fortlebenden Römischen Reiches entstand, war das Christentum lateinischer Prägung mit dem sich allmählich zum monokratischen Haupt aufschwingenden Rom als Zentrum. Das Christentum beherrschte sowohl das alltägliche Leben als auch das Denken der Menschen allgemein und insbesondere auch das Denken der Intellektuellen oder beanspruchte zumindest, dies zu tun. Da die verfallende Schriftkultur über Jahrhunderte fast ausschließlich vom Klerus bewahrt wurde, der damit wissenschaftliche und geistesgeschichtliche Entwicklungen der Zeit allein bestimmte, blieb es auch Theologen und Klerikern vorbehalten, Denkansätze zu bewahren oder zu verbreiten, die – wenn auch dazu oftmals ein beträchtliches Maß an Phantasie erforderlich sein mag – der politischen Theorie zugerechnet werden können. Die politische Theorie, welche die Kirche ausarbeiten konnte, war natürlicherweise noch lange von den ersten Jahrhunderten ihrer Existenz, also der Zeit der Verfolgung, geprägt.

Seit Irenäus (135–202) haben alle Kirchenväter Herrschaft als Folge des Sündenfalls interpretiert, aber nach dem Ende der Verfolgung verstärkt auch als Akt der göttlichen Fürsorge. Herrschaft sollte nunmehr Gottes Ordnung unter den Menschen verwirklichen.[56] Doch auch nachdem das Christentum zur vorherrschenden und schließlich zur Staatsreligion im Römischen Reich geworden war, blieb die Skepsis der Theologen. Chrysostomus (349–407) führt die mangelhafte Stabilität der Herrschaftsordnungen auf ihre Herkunft aus der Sünde zurück, weltliche Gewalt vermag allein durch Zwang zu wirken und könne sich nur um die äußeren Güter sorgen.[57] Die Wirren der Zeit ließen das Vertrauen in die Staatsgewalt schwinden, zugleich wird aber deutlich, dass die Kirchenväter naturgemäß mehr um das Seelenheil besorgt waren als um irdische Belange, die allein Schutzobjekt des Staates, so wie sie ihn bis dahin erfahren hatten, sein können.

Den ersten nachhaltigen Ansatz zu politischem Denken lieferte einer der lateinischen Kirchenväter. Augustinus (354–430), der erst spät zum Christentum bekehrte frühere Anhänger des Manichäismus, schrieb als Bischof des nordafrikanischen Hippo einige bedeutende Schriften, so auch den hier besonders interessierenden „Gottesstaat" (*De civitate Dei*), welche einen noch Jahrhunderte fortdauernden Einfluss auf die mittelalterliche Philosophie und Theologie ausübten. Augustinus selbst stand unter dem Einfluss der Ereignisse seiner Zeit (Wende vom 4. zum 5. Jahrhundert), die geprägt war vom Dahinschwinden der alten Ordnungsmacht des Römischen Reiches, das sich im Inneren erst vor kurzem dem Christentum zugewandt, zwischenzeitlich

[56] Vgl. Stürner, Peccatum und Potestas, S. 64f.

[57] Stürner, Peccatum und Potestas, S. 56.

aber wieder abgewandt hatte, und das sich nach außen hin den eindringenden Germanenstämmen nicht mehr dauerhaft gewachsen zeigte. Augustins Heimatprovinz Africa wurde bereits zu seinen Lebzeiten von den Vandalen attackiert und schließlich auch erobert. In dieser Zeit schrieb Augustin über den „Gottesstaat", wobei er weniger den irdischen Staat im Auge hatte. Das Verfolgung gewohnte Christentum hielt keine politische Theorie bereit, im Gegenteil, die politische Gemeinschaft war schon für Origines (185–254) eine relative Größe, und so sah es auch Augustinus im Angesicht des Untergangs des Römischen Reiches.[58] Und obwohl *De civitate Dei* keine politische Theorie im eigentlichen Sinne, sondern nur einige Grobbausteine für eine solche enthielt, ging von diesem Werk der größte Einfluss auf das politische Denken der folgenden Jahrhunderte aus.[59] Mit der eschatologischen Sichtweise Augustins wandelte sich der Begriff der Herrschaft in den liebenden Dienst an Gott und den Menschen, während die Unterordnung zum freudigen Gehorsam wurde.[60] Es war mehr der Geist Augustins als der Buchstabe seiner Schriften, der das christliche Denken des Abendlandes dominierte bis zur „großen aristoltelisch-thomistischen Synthese" (Beyer de Ryke) des 13. Jahrhunderts.[61] Mit einigen Neuerungen durch Gregor den Großen (540–604, Papst ab 590), Alkuin (735–804), Hinkmar von Reims (810?–882) und Gregor VII. (1020–85, Papst ab 1073) bildete die augustinische Tradition eine Kontinuität des moralischen und politischen Denkens bis ins hohe Mittelalter hinein.[62] Noch Aegidius von Rom (1243–1316) bezieht sich auf Augustin und stützt seine These von der Vorherrschaft des Papsttums auf *De civitate Dei*.[63]

Etwa zwei Jahrhunderte später schrieb Isidor von Sevilla (560–636) im spanischen Westgotenreich seine *Etymologiae*. Isidor war einer der Ersten, der das Königtum als eine Art gemischte Verfassung darstellte, in welcher die königliche Gesetzgebung unter Beteiligung der Aristokratie und des Volkes vonstatten ging.[64] Isidor ist zweifelsohne geprägt von den politischen Verhältnissen seiner Heimat, wo die westgotischen Könige gewählt wurden und nicht in der Lage waren, Dynastien zu begründen, die sich über mehr als drei Generationen halten konnten. In der Ausübung der Herrschaft brauchten sie den Rückhalt der regelmäßig abgehaltenen Reichsversammlungen und Konzilien. Isidors Etymologien sind mithin das maßgebliche Nachschlagewerk, auf das auch Autoren wie Thomas von Aquin noch zurückgriffen, und so stellt Isidor auch für das politische Denken neben Augustin eine zweite Säu-

58 Cattin, L'anthropologie politique, S. 105.

59 Monahan, Consent, S. 29.

60 Stürner, Peccatum und Potestas, S. 83f.

61 Beyer de Ryke, L'apport augustinien, S. 43.

62 Leonardi, La philosophie morale et politique, S. 99.

63 Beyer de Ryke, L'apport augustinien, S. 64.

64 Vgl. Blythe, Ideal Government, S. 30.

le des frühen Mittelalters dar, die über ihre Zeit hinaus ein Gewicht behielt. Isidor von Sevilla, wie auch Papst Gregor der Große zeichnen ein deutlich positiveres Verhältnis zur Herrschaft als Augustinus, was sich aus der unterschiedlichen historischen Situation erklären lässt. Isidor und Gregor sind fest in die Machtstrukturen christlicher Reiche eingebundene Bischöfe, während Augustinus in der Zeit der Völkerwanderung wenig Vertrauen in staatliche Strukturen aufbringen konnte.[65]

Die Fürstenspiegel der Karolingerzeit schließlich, wie derjenige des Jonas von Orléans, aber auch des Smaragdus von St. Mihiel oder Konzilsfürstenspiegel der Zeit propagieren eine an der Moral orientierte und von der Moral kontrollierte Politik und tragen damit den politischen Augustinismus ins 9. Jahrhundert hinein. Diese Staats- und Herrscherkonzeption ist in der Zeit Ludwigs des Frommen zumindest im westlichen Karolingerreich im Vordringen.[66] Dabei sind Fürstenspiegel an den Fürsten gerichtete Ratgeber, welche diesem eine Anleitung für eine gute Regierung bieten wollen, naturgemäß aber die grundsätzliche Legitimität der fürstlichen Herrschaft nicht in Frage stellen. Im Mittelpunkt steht bis zum 13. Jahrhundert jedoch nicht der große Gesetzgeber, sondern das Ideal des rechtskundigen und friedliebenden Fürsten, ausgehend jeweils von den bestehenden, aber idealisierten Verhältnissen.[67] Doch schon im Frühmittelalter finden sich Überlegungen, wann oder warum eine Herrschaft legitim ist, die über den Verweis auf den Sündenfall hinausgehen. Hinkmar von Reims unterscheidet in einer anlässlich des Ehestreits Lothars II. verfassten Schrift zwischen Herrschaftsformen, die allein durch Gott oder von Gott durch die Menschen (*a Deo per homines*), wie dies bei David der Fall gewesen sei, legitimiert seien, oder auch solchen, die von Gott nur geduldet werden bis hin zur Tyrannis.[68]

Ein später Fürstenspiegel ist der des Johannes von Salisbury (1115–1180). Er schlug mit seinem *Policraticus*[69] von 1159 neue Wege ein und beginnt sich von den alten patristischen Vorstellungen zu lösen.[70] Ganz im Sinne antiker römischer Staatsauffassung[71] gründete Johannes von Salisbury die Legitimation von Herrschaft auf ein organologisches Modell.[72] Ausgangs-

---

[65] Vgl. Stürner, Peccatum und Potestas, S. 101.

[66] Anton, Fürstenspiegel, S. 218.

[67] Vgl. Berges, Fürstenspiegel, S. 14 f. Dazu passt auch, dass beispielsweise die Via regia des Smaragdus mit einem Erbauungsbuch, das er für seine Mönche schrieb, gemein hat (vgl. Booz, Fürstenspiegel, S. 6).

[68] Vgl. Ottmann, Bd. 2,2, S. 55.

[69] Johannes von Salisbury, *Policraticus*, hrsg. von C.C.I. Webb, 2 Bände, Oxford 1909.

[70] Berman, S. 443–463, der Johannes als Begründer der westlichen Politikwissenschaft bezeichnet (S. 443).

[71] Vgl. Tilmann Struve, Entwicklung der organologischen Staatsauffassung, S. 124.

[72] Wolfgang Stürner, Die Gesellschaftsstruktur und ihre Begründung bei Johannes von Salisbury, Thomas von Aquin und Marsilius von Padua, in: Albert Zimmermann, Soziale Ordnungen im

punkt ist dabei die metaphorische Gleichsetzung des Gemeinwesens mit dem menschlichen Körper. Die Herrschenden sind das Haupt und lenken den Körper, dessen übrige Glieder zu folgen haben, aber gleichwohl unverzichtbarer Bestandteil des Ganzen sind. Dies sei die gottgewollte Ordnung, welche das Heil aller zu fördern geeignet ist. Zu diesem Zweck müssen diejenigen die Leitung übernehmen, die Gottes Gebote am besten kennen und verinnerlicht haben, also die Priester, welche das „*gladius sanguinis*" an die Fürsten übertragen. Eine aktive Rolle in Bezug auf die Herrschaftslegitimation wird hier nur der Kirche, nicht aber dem Volk zugedacht. Die Untertanen sind Objekt der Herrschaft, tragender Bestandteil der Gemeinschaft, dessen Wohl der Regent zu fördern hat. Immerhin geht Johannes davon aus, dass die Entstehung eines solchen Gemeinwesens der Natur des mit Vernunft begabten Menschen zu verdanken sei. Es ist also zunächst ein gewollter und zielgerichteter Zusammenschluss notwendig, bzw. er wird fingiert.

2.2 Spätmittelalter

Das Spätmittelalter brachte Veränderungen mit sich, die sich auch auf die politische Theorie auswirkten. In der Philosophie bildete sich nach der Übersetzung der aristotelischen Werke, insbesondere der „Politik", eine neue Richtung in Gestalt der politischen Theorie als zur praktischen Philosophie zugehörigen Wissenschaft heraus. Die politische Theorie eines Albertus Magnus (1200–80) und eines Thomas von Aquin (1225–74) war jeweils noch in ein philosophisches Gesamtsystem integriert, während sie schon bei Wilhelm von Ockham (1285–1347) als verselbständigte Teildisziplin erscheint. Somit steht Albertus Magnus am Beginn der Vollendung des aristotelischen Paradigmas, während Ockham den Anfang eines neuen Paradigmas der politischen Philosophie markiert, das von Hobbes vollendet wurde (Pierpauli).[73]

Die Juristen hingegen entdeckten das römische Recht wieder und bauten darauf ebenfalls mit staatstheoretischen Überlegungen auf. Eine Synthese dieser beiden Denkweisen blieb aber weitgehend aus, die Juristen blieben, wie Walther anmerkt, weitgehend „aristoteles-resistent".[74]

Dennoch griff zumindest der Jurist Baldus de Ubaldis auf Aristoteles zurück. Für Baldus ist der Mensch ein *animal sociale*, eine Erkenntnis, für die er ausdrücklich Aristoteles als Quelle angibt.[75]

Selbstverständnis des Mittelalters, Berlin 1979, 1. Halbband, S. 162–178, S. 163 ff. Vgl. dazu Töpfer, S. 197; Struve, S. 123.

[73] Pierpauli, *Ordo naturae*, S. 330.

[74] Walther, Aegidius Romanus und Jakob von Viterbo, S. 152.

[75] Canning, The Political Thought, S. 166. Canning merkt an, dass Baldus Aristoteles falsch zitiert habe (1. Buch der Politik). Ein ebensolcher Verweis finde sich auch bei Thomas von Aquin (S.Th. I-II, qu. 72, art. 4), weshalb Canning vermutet, Baldus habe die *Summa Theologica* benutzt und das dortige Aristoteles-Zitat übernommen.

Seit der Mitte des 12. Jahrhunderts entstanden „führende Schichten", welche die politische Urteilsfähigkeit für sich beanspruchten. Dabei sprachen sich Juristen und Philosophen gegenseitig jede Kompetenz in Angelegenheiten der Politik und der Politikberatung ab.[76] Voll Verachtung erklärt der Jurist Philipp von Leyden in der Mitte des 14. Jahrhunderts: „Nichtig und hinfällig sollen sein die Urteilsfindungen derjenigen, die im Fürstenrat, in der Justiz [...] die Naturphilosophen zu Hilfe rufen, weil sie aus Ethik und Moralphilosophie ihre Urteile fällen und Staaten lenken wollen."[77]

Inhaltlich taten sich ebenfalls Unterschiede zwischen den Epochen auf. Waren es im Frühmittelalter Ermahnungen an die Herrschenden, welche in Fürstenspiegeln kundgetan wurden, so stand im späten Mittelalter nicht mehr allein das persönliche Verhalten der Personen an der Spitze eines Gemeinwesens im Vordergrund politiktheoretischer Erörterungen. Vielmehr wuchs das Interesse an und überhaupt erst das Bewusstsein für Verfassungsstrukturen und Verfahren im politischen Getriebe eines Staatswesens.

a) Philosophische und theologische Quellen

Außer Juristen waren es in aller Regel Kleriker, die zur Feder griffen und Schriften verfassten, die man der politischen Theorie zuordnen könnte. Doch war es keineswegs so, dass Kleriker ausschließlich im Interesse der Kirche oder aus religiösen Motiven schrieben. Eine breite Vielfalt an Meinungen und Auffassungen über die Ordnung der menschlichen Gesellschaft bieten Traktate, die in unterschiedlichsten Absichten verfasst wurden. Die zunehmende Differenzierung der spätmittelalterlichen Gesellschaft, die Widerstände gegen den päpstlichen Zentralismus und die immer wieder aufflammenden Spannungen zwischen weltlicher und geistlicher Gewalt sorgten dafür, dass Angehörige des Klerus die Meinungen der verschiedensten Interessengruppen artikulierten bzw. niederschrieben.[78] Im Wesentlichen lassen sich im späten Mittelalter drei Typen von Schriften unterscheiden. Neben die Fürstenspiegel, die wie schon im Frühmittelalter weiterhin verfasst wurden, traten Kommentare zur „Politik" des Aristoteles und Gelegenheitswerke, die sich mit einem bestimmten Thema befassten, oftmals mit dem Verhältnis von Kirche und weltlicher Gewalt.[79] Nur selten sind rein wissenschaftliche Werke anzutreffen, wie die Schrift *De ortu* des Admonter Abtes Engelbert, der wohl

[76] Berges, Fürstenspiegel, S. 62.

[77] Philipp von Leyden, *De Cura Reipublicae*, cas. 43, 25, ed. Molhuysen, S. 178: *Cassa igitur sint et irrita iudicia illorum, qui ad consilia principum ad iustitiam exhibendam et discussiones litium, et ad inferendas poenas vel mulctas, philosophos advocant naturales, volentes ex ethica et morali philosophia iudicia reddere et universitates gubernare*; vgl. Berges, Fürstenspiegel, S. 253 (Übersetzung nach Berges).

[78] Töpfer, Urzustand und Sündenfall, S. 574.

[79] Vgl. Monahan, Consent, S. 159.

ohne konkreten Anlass, also auch ohne Parteinahme in einem damals aktuellen Streit Überlegungen zum Staatswesen anstellte.

Nicolas de Oresme übersetzte im Auftrag des französischen Königs im 14. Jahrhundert die aristotelische Politik ins Französische und kommentierte einige Passagen. In diesen Kommentaren spiegeln sich die Umwälzungen dieses Jahrhunderts in Kirche und Staat wider, seien es Zentralisierungstendenzen, Änderungen in der Gerichtsbarkeit oder die Beseitigung feudaler und lokaler Bindungen.[80] Der Kommentar von Oresme war eine Auftragsarbeit für einen König, der das Erbe des Aristoteles beim Aufbau eines monarchischen Nationalstaates nutzen wollte. Reales politisches Leben und klassische politische Theorie treffen sich hier (Babbit).[81] Die ersten Kommentare entstanden jedoch auf der Grundlage der lateinischen Übersetzung Moerbeckes im 13. Jahrhundert. Albertus Magnus (1200–80) und sein Schüler Thomas von Aquin (1225–74) verfassten jeweils einen Kommentar zur Politik, wobei auch der Fürstenspiegel (*De regimine principum*) des Thomas stark auf Aristoteles aufbaute und daher an dieser Stelle mit zu nennen ist.

Ein später Fürstenspiegel mit starkem juristischen Einschlag stammt von Philipp von Leyden. Nach Auffassung des Editors markiert dieses Werk (*De cura reipublicae*) eine Zeitenwende und ist für die Geschichte des Untergangs des Lehnswesens das, was Macchiavellis *Il principe* für den Beginn der Neuzeit darstellt, und gibt uns vor allem Auskunft über die Veränderungen des Rechts, welche durch die Wandlungen der Zeit erforderlich wurden.[82] Auf die weite Verbreitung einer Variante der Fürstenspiegelliteratur im spätmittelalterlichen England weist Dose hin. Eine unter dem Namen *Secretum Secretorum* ins Lateinische übersetzte anonyme arabische Enzyklopädie enthält eine Kompilation politischer Lehren und Herrschertugenden nach Art eines Fürstenspiegels.[83]

Albertus Magnus war einer der Ersten, der einen Kommentar zur Politik des Aristoteles geschrieben hat. Hinzu kommen seine anderen Werke, die ebenfalls Bezugspunkte zu seiner politischen Theorie enthalten. Allerdings wird nicht recht klar, welchen Standpunkt er vertritt (Schmidt). Er kommentiert dahingehend, dass Freiheit ein Ziel der Volksherrschaft sei, ausgehend von der Gleichheit aller Bürger. Dabei kommt er zum Ergebnis, bzw. er gibt Aristoteles in dieser Weise wieder, die Volksherrschaft sei für das Glück aller am besten.[84] Auch hielt er Widerstand gegen einen Tyrannen für legitim, gleichwohl lehnte er die Volksherrschaft doch wieder ab, da Überordnung

80 Vgl. Babbit, Oresme's *Livre de Politiques*, S. 98.

81 Babbit, Oresme's *Livre de Politiques*, S. 32.

82 Fruin, in: Philippus de Leyden, ed. Molhuysen (Inleiding), S. XVII.

83 Dose, Adel und Gemeinwesen, S. 56.

84 Schmidt, Politische Theorien, S. 350. Albertus Magnus, *Commentarius*, VI, 1 (Opera Omnia 8, ed. Borgnet, S. 564): *Et concludit ulterius quod sequitur . . . , quod nullus alii subjiciatur, sed omnes sint aequalis libertatis*; (S. 560): *Unde in hoc libro dicit propria uniuscujusque, et*

und Knechtschaft notwendig seien, was, so Hans-Joachim Schmidt, die Widersprüchlichkeit seiner Überlegungen, die vielfach deutbar seien, zeigt.[85]

Auch Thomas von Aquin hat den bereits erwähnten Politikkommentar und einen Fürstenspiegel verfasst, der auch sein wichtigstes politiktheoretisches Werk darstellt. Daneben enthalten auch seine Ausführungen in der *Summa Theologica* zum Thema Gesetz wichtige Gedanken für die Verfassung einer staatlichen Gemeinschaft. Der Thomas-Schüler Tolomeo de Lucca (gest. 1327) schrieb die Fortsetzung des unvollständig gebliebenen Fürstenspiegels seines Lehrers und verfasste um 1300 einen Traktat über die päpstlichen Machtansprüche (*Determinacio compendiosa*), dem eine kurialistische Theorie zugrunde lag. Ubl neigt dazu, Tolomeo de Lucca, wenn man ihn denn überhaupt als Anhänger einer bestimmten Verfassungsform bezeichnen kann, als Verfechter der Demokratie (im Gegensatz zu Monarchie und Aristokratie) zu charakterisieren.[86]

Der Logiker Wilhelm von Ockham (ca. 1288–1348) widmete sich nach seiner Flucht aus Avignon ausschließlich dem Verfassen theoretischer Traktate mit politischer Thematik. Der englische Franziskaner war gemeinsam mit seinem Ordensgeneral Michael von Cesena anlässlich des Armutsstreits mit Johannes XXII. aus Avignon geflohen und hatte beim ebenfalls mit dem Papst im Streit liegenden deutschen König Ludwig dem Bayern in München Zuflucht gesucht. Die beiden wichtigsten Traktate sind zweifellos der *Dialogus*, ein dreiteiliges Werk, das sich mit den Kompetenzen von Papst und Kaiser befasst und das – wie der Name schon sagt – kurz gefasste *Breviloquium*, welches sich der gleichen Thematik widmet.

Marsilius von Padua (ca. 1275 – ca. 1342), der aus Paris ebenfalls an den Hofe Ludwigs des Bayern geflohen war, vertrat mit seinem Hauptwerk *Defensor Pacis* eine radikale Auffassung im Hinblick auf das Verhältnis von geistlicher und weltlicher Gewalt. Die Kirche wollte er der staatlichen Gemeinschaft, die er nach dem Vorbild italienischer Stadtstaaten organisiert sehen wollte, völlig unterwerfen und zu einem Bestandteil neben anderen machen. Ein radikaler Demokrat war er hingegen nicht, was Hofmann nachdrücklich betont, da sein Begriff von Volk keineswegs von Freiheit und Gleichheit der Individuen bestimmt wird.[87] Marsilius ist Aristoteliker. Neben der Heiligen Schrift, wird häufig Aristoteles, vor allem dessen Politik, aber auch die Nikomachische Ethik zitiert und als Beleg der dargestellten Thesen angeführt.

---

maxime democratiae, quae prima est omnium politiarum, secundum quod competit unicuique ad electionem politiae, quae sibi magis competit ad felicitatem vitae de qua tractaturus est in septimo et octavo hujus scientiae.

[85] Schmidt, Politische Theorien, S. 352f. Albertus Magnus, *Commentarius*, I, 3 (Opera Omnia 8, ed. Borgnet, S. 28): *naturale est unum principari, et alterum subjici.*

[86] Ubl, Engelbert von Admont, S. 102.

[87] Hofmann, Repräsentation, S. 196.

Bei Johannes Quidort von Paris (ca. 1255–1306) ist die Trennung geistlicher und weltlicher Gewalt radikal durchgeführt. Laut Bleienstein ist er damit der erste bedeutende Theologe des Mittelalters, der den inneren Zusammenhang zwischen Staat und Kirche konsequent aufgibt und einen Schritt zur Säkularisierung der Staatsidee gemacht hat.[88] Hofmann sieht in ihm den ersten Vertreter eines kirchlichen Konstitutionalismus.[89]

Einen Kontrastpunkt zu Marsilius und Quidort bildet der Augustinereremit und Thomas-Schüler Aegidius Romanus (1243–1316), der für die Allgewalt des Papstes eintrat. So nimmt Aegidius Romanus eine radikal papalistische Position ein. Die weltliche Gewalt folge aus der geistlichen Gewalt, sie ist ein logisch in der päpstlichen Vollmacht enthaltenes Moment.[90] Sie existiert nur aus Nützlichkeitserwägungen heraus.[91] Die geistliche Gewalt hat Vorrang vor der weltlichen, während der Papst innerhalb der Kirche eine nahezu absolutistische, monarchische Stellung innehat. In seinem Traktat über die kirchliche Gewalt (*De ecclesiastica potestate*) propagiert er einen päpstlichen Universalismus.[92] Bezeichnenderweise bevorzugt er dort Augustinus als Quelle gegenüber dem zu seiner Zeit in Mode gekommenen Aristoteles,[93] was auf die eschatologische Ausrichtung des Kirchenvaters zurückzuführen sein dürfte.

Das Werk des Abtes Engelbert von Admont (ca. 1250–1331) sticht insofern unter den mittelalterlichen Werken heraus, als es keine Kampfschrift war, sondern ein wissenschaftliches Werk. Da es allerdings weder aktuell noch programmatisch war, blieb es in seiner Zeit ohne nennenswerte literarische Wirkung.[94]

Nikolaus von Kues (1401–1464) greift ebenfalls auf Aristoteles zurück. Möglicherweise hat er die Aristoteles-Zitate aber nur von Marsilius von Padua übernommen und eine nur indirekte Kenntnis der aristotelischen Werke gehabt.[95] Der Cusaner schrieb in einer Zeit, als Konzil und Papst um die Vorrangstellung in der Kirche stritten. Die Reform der Kirche, aber auch die des ebenso reformbedürftigen Reiches waren seine Hauptanliegen. Im Zusammenhang mit den großen Konzilien des 15. Jahrhunderts entstanden weitere Traktate, wie der des Dietrich von Niem, welche stark von Marsilius abhingen.[96]

---

[88] Bleienstein, Johannes Quidort, S. 40 f.

[89] Hofmann, Repräsentation, S. 253.

[90] Francesco Bertelloni, Die Anwendung von Kausalitätstheorien im Politischen, S. 97.

[91] Ebd., S. 100.

[92] Vgl. dazu Krüger, Der Traktat " *De ecclesiastica potestate*" des Aegidius Romanus.

[93] Stürner, Peccatum und Potestas, S. 210f.

[94] Schmidinger, *Romana regia potestas*, S. 15.

[95] So jedenfalls Watanabe, The political Ideas, S. 35f.

[96] Sieben, Traktate, S. 27.

b) Juristische Quellen

Zwar waren auch die Philosophen den Juristen nicht unbedingt wohlgesinnt, doch so kritisch sie den Juristen auch gegenüberstanden, kaum ein Politiktheoretiker des Mittelalters verzichtete darauf, sich Anregungen aus juristischen Texten zu holen, kanonistische Sammlungen zu nutzen und auf die Begrifflichkeiten, welche in juristischen Glossen entwickelt worden waren, zurückzugreifen.[97]

Hauptquellen sind der Codex Justiniani für das römische Recht, sowie der Corpus Juris Canonici für das Kirchenrecht, jeweils mit einer Vielzahl von Glossen im Schlepptau. Hinzu kommen einzelne Dekrete, aber auch der Sachsenspiegel und andere vergleichbare Aufzeichnungen. Zu den juristischen Quellen gehören auch Gesetzestexte und Gesetzessammlungen, Kommentare von Legisten und Kanonisten sowie Aufzeichnungen von Gewohnheitsrechten.

Von den einzelnen Autoren sind hier beispielsweise Bartolus de Sassoferrato und Baldus de Ubaldis zu nennen, welche den Codex Iustiniani kommentierten.

Ein ganz anderer Literaturtyp ist die staatsrechtliche Abhandlung eines Bamberger Bischofs. Lupold von Bebenburg hatte in seinem Traktat mit einer Kombination von kanonistischen und historischen Überlegungen zur Herrschaft in Deutschland erstmals einen Grundstein für eine staatsrechtliche Theorie der deutschen Reichsverfassung gelegt. Er schrieb, so Jürgen Miethke in seinem Nachwort zur Edition, gewissermaßen „Prolegomena zu einem deutschen Staatsrecht aus fundamentalen Prinzipien der Kanonistik".[98] Man bezeichne seinen Traktat, so auch Hofmann, nicht zu Unrecht als ersten Versuch eines systematischen deutschen Staatsrechts.[99]

Philipp von Leyden hat versucht, für die Grafschaft Holland eine Staatsrechtslehre zu verfassen. Die dabei entstandene Mischung aus Fürstenspiegel und Staatsrechtslehre gibt einen Einblick in die Verhältnisse eines spätmittelalterlichen Reichsterritoriums, wie sie waren und nach den Vorstellungen des Theoretikers sein sollten.[100]

Der Engländer Fortescue verfolgte mit seinem Werk über die Regierung seines Heimatlandes die in der dortigen zeitgenössischen Literatur üblichen Zielvorstellungen. Die Position der Krone sollte entschieden gefestigt werden, was mit einer verstärkten Einbindung in verfassungsrechtliche Strukturen einhergehen müsse. Vor allem aber habe sich die Krone um den Schutz und die Verbesserung der Lebensbedingungen der *commons* zu kümmern.[101]

---

[97] Vgl. Miethke, *De potestate papae*, S. 301.

[98] Miethke, Lupold von Bebenburg, S. 313.

[99] Hofmann, Repräsentation, S. 229.

[100] Wilfert, Philipp von Leyden, S. 6.

[101] Dose, Adel und Gemeinwesen, S. 127.

3 Literatur- und Rezeptionsgeschichte

Dass neuzeitliche konstitutionalistische Ideen ihre mittelalterlichen Wurzeln haben, wird gerne durch die Theoretiker der Renaissance und der späteren Jahrhunderten verdeckt, die es vorzogen, sich auf die Antike zu beziehen und die mittelalterlichen Scholastiker lieber nicht beim Namen zu nennen.[102]

Doch mittelalterliche Autoren wie Marsilius von Padua und Wilhelm von Ockham blieben keine Randfiguren der Geistesgeschichte. Die Verbreitung ihrer Texte noch im 15. und 16. Jahrhundert macht deutlich, dass sie für die Zukunft zentrale Gedanken in die Debatte einbrachten.[103] Die bedeutendsten, auch in der Nachwelt gewürdigten Denker und ihre Thesen hat Miethke in seinem zusammenfassenden Werk „Politiktheorie im Mittelalter"[104] vorgestellt, mit dem Schwerpunkt auf dem kaiserlich-päpstlichen Dauerkonflikt. Neben Ockham und Marsilius behandelt er auch Thomas von Aquin, der in erster Linie als Theologe Bedeutung erlangt hat, oder auch Tolomeo (Ptolemäus) de Lucca oder Aegidius Romanus. Ähnlich aufgebaut sind auch die Darstellungen von Böckenförde über die Entwicklung der Rechts- und Staatsphilosophie und Ottmanns Geschichte der politischen Theorie.[105] Der letztgenannte der mittelalterlichen Autoren war auch in seiner Zeit schon von Bedeutung und kann auf eine beeindruckende Rezeptionsgeschichte zurückblicken. Aegidius Romanus genoss im 14. Jahrhundert als politischer Denker ein fast kanonisches Ansehen (Krüger). Seine Spuren finden sich noch unter Ludwig XIV.[106] Eine breite Aufnahme in der interessierten Öffentlichkeit fand auch Alvarus Pelagius, von dem immerhin vierzig Handschriften überliefert sind.[107]

Auf eine beachtliche Rezeptionsgeschichte kann Marsilius von Padua verweisen. Hofmann referiert diese nicht unkritisch und zitiert vor allem Gierke, der Marsilius für seine „Konsequenz des demokratischen Radikalismus" hochgejubelt und zum Vorläufer Rousseaus erklärt hat.[108] Auch hier zeigt sich wieder, welches Eigenleben die einst fest in der mittelalterlichen Denk-

[102] Blythe, Ideal Government, S. 306 f.

[103] Miethke, Politiktheorie im Mittelalter, S. 55.

[104] Titel der ersten (textgleichen) Auflage: De potestate papae.

[105] Böckenförde, Geschichte der Rechts- und Staatsphilosophie, 2. Aufl. 2006; Ottmann, Geschichte des politischen Denkens, Bd. 2,2: Das Mittelalter.

[106] Krüger, Der Traktat, S. 3f.

[107] Miethke, Politiktheorie im Mittelalter, S. 179.

[108] Hofmann, Repräsentation, S. 192 f. Gierke nennt das System des Marsilius in seinem 3. Band zum Genossenschaftsrecht (S. 579) tatsächlich „entschieden republikanisch" und leitet mit obigem Zitat zur Volkssouveränität über, als deren Vertreter er Marsilius aber auch Cusanus sieht. Einige Kapitel zuvor aber (ebd. S. 533 f.) macht Gierke auf die „staatsabsolutistischen" Tendenzen bei Marsilius aufmerksam, was zwar kein Gegensatz zum Republikanismus sein muss, aber schon die Gefahren andeutet, die einer solch radikalen Konzeption wie der des Marsilius innewohnen.

weise verwurzelten Gedanken in der Hand späterer Autoren zu entwickeln vermögen, wenn sie einmal losgelöst von ihrem zeitgeschichtlichen Hintergrund in der Perspektive der eigenen Zeit interpretiert werden. Noch in den ersten Jahren des 20. Jahrhunderts galt Marsilius als Demokrat, erst nach einer korrekteren Neuedition seiner Texte änderten sich die Einschätzungen hin zu Traditionalist, Aristokrat oder Monarchist, bis Gewirth in den 1950er Jahren in Marsilius wieder einen Unterstützer der Volkssouveränität sah.[109]

Abschließend sei noch auf die für die politischen Theorien des Mittelalters grundlegenden Werke der Gebrüder Canning sowie über Gierkes Werk über das „deutsche Genossenschaftsrecht" hingewiesen.[110]

4 Zeitgeist und Mentalität

Da während des späten 13. und des 14. Jahrhunderts Änderungen in der politischen Theorie eintraten, die Überlieferungen mithin nicht nur zahlreicher wurden, sondern auch neue Themen bearbeiteten, andere Schwerpunkte setzten und auch in den Ansichten Verschiebungen deutlich zu Tage traten, wird ein Blick auf den zeitgeschichtlichen Hintergrund umso interessanter. Es stellt sich die Frage, welche realen Einflüsse, welche Veränderungen der natürlichen Umwelt und der menschlichen Gesellschaft zeitgleich mit der Entwicklung der Theorien einhergegangen sind und welche Wechselwirkungen eine Rolle gespielt haben könnten.

Es stellt sich also, kurz gesagt, die Frage nach dem Zeitgeist. Mit diesem unbestimmten Begriff wird etwas umschrieben, das sich eher erfühlen als erklären lässt. Doch schon Voltaire schickte sich an, nach ihm zu suchen: „Ich bin stets bestrebt, den Geist der Zeiten zu beobachten; er ist es, welcher die großen Ereignisse der Welt leitet."[111] Dieser große Geist und Zeitenlenker, keine Person oder Ereignis und im Grunde nicht konkret zu fassen, gleichwohl mächtig und allgegenwärtig, ist entweder aufzuspüren oder als Legende zu entlarven, immer wenn Historiker Periodisierungen vornehmen, die Geschichte in Epochen einteilen und sich Gedanken darüber machen, warum dieses Jahrhundert oder jenes Jahrzehnt nun dem Frühmittelalter oder der Spätantike, dem Feudalismus oder dem Frühkapitalismus, dem späten Mittelalter oder der frühen Neuzeit zuzurechnen ist. Einen Zeitgeist als „reale, monopsychistische Größe" gibt es nicht, wie Dempf festgestellt hat, um sogleich zuzugestehen, dass der „überraschend einheitliche Sinn der Geschichtsbewegungen" suggeriert, dass gleichwohl eine „relative Einheit des

[109] Blythe, Ideal Government, S. 193 f.

[110] R.W. und A.J.Carlyle, A History of Mediaeval Political Theory in the West, 6 Bände, Edinburgh 1903/36; Otto von Gierke, Das deutsche Genossenschaftsrecht, 4 Bände, 1868–1913, Nachdruck Graz 1954.

[111] Voltaire, Über den Geist und die Sitten der Nationen (Kap. 80), 3. Teil, S. 192.

Bewusstseins und des Gemeinschaftswillens existiert“, die über den „Einzelgeistern und Einzelwillen“ steht.[112] Demzufolge geht es um eine Zusammenschau unterschiedlichster Ereignisse und Entwicklungen aus verschiedenen Bereichen der Gesellschaft einer bestimmten Zeit und weiter darum, diese in einer vergleichenden Zusammenschau einem gemeinsamen Leitgedanken zuzuordnen, gewissermaßen ein fiktives Programm zu entwerfen, das die Geschichte gesteuert, „die Zeiten gelenkt“ hat. Natürlich ist ein solcher hinter der Geschichte stehende Steuerungsmechanismus Fiktion, doch beschreibt ein solcher Zeitgeist eine aus dem Verlauf von Ereignissen und Entwicklungen entstehende Dynamik, welche durchaus den Eindruck einer zielbewussten Steuerung zu vermitteln vermag.

Bei der Untersuchung der politischen Theorie des Mittelalters sollen hier schwerpunktmäßig vier Aspekte hervorgehoben werden, die, wenn man sie mit den Veränderungen in der Theorie in Beziehung setzt, am ehesten geeignet erscheinen, einen wie auch immer gearteten Zeitgeist sichtbar zu machen. Zunächst sei dabei ein Blick auf die Veränderungen im wirtschaftlichen Bereich geworfen, des Weiteren ist der Armutsstreit der Franziskaner zu beleuchten, der in gewisser Weise eine Gegenbewegung zu dem entstehenden Frühkapitalismus darstellt. Ferner bedürfen das Städtewesen und die politischen Entwicklungen einer eingehenden Betrachtung. Den zeitlichen Schwerpunkt bildet das Spätmittelalter, welches in diesem Bereichen deutliche Änderungen hervorgebracht hat.

4.1 Das späte Mittelalter als Wendezeit

Insbesondere im Verlauf des 13. Jahrhunderts hat sich das Lebensumfeld des Menschen politisch, ökonomisch und sozial derart umgestaltet, dass dieser Zeitraum als Scheidelinie zwischen Feudalismus und dem Beginn des modernen Staates angesehen werden kann.[113] Der Wandel der Zeit wurde von den Zeitgenossen allenfalls dort bemerkt, wo Konflikte mit der Tradition auftraten. Die Gesellschaft ging über von der Natural- zur Geldwirtschaft und Städte mit bürgerlicher Autonomie entstanden.[114] Zu den zahlreichen Veränderungen gehörte auch die Gesetzgebungsideologie des Nationalstaates, im Gegensatz zu den Zeiten, als eine königliche Gesetzgebung kaum vorhanden war und stattdessen nach dem alten Herkommen geurteilt wurde.[115] Parallel zu politischen, wirtschaftlichen und sozialen Veränderungen machten auch Weltanschauung, Wissenschaft, Kunst und Sprache im 13. Jahrhundert einen Umwandlungsprozess durch.[116] Die tägliche Erfahrung mit dem Zustand der

[112] Dempf, S. 5.
[113] Gagnér, Studien, S. 356.
[114] Dempf, S. 442.
[115] Vgl. Gagnér, S. 356.
[116] Gagnér, Studien, S. 290 f.

Gesellschaft war der Hintergrund für die Beschäftigung mit Problemen der politischen Theorie.[117] So lässt sich am Werk des Marsilius von Padua erkennen, welche Eindrücke seiner Zeit er verarbeitet hat, um dieses Werk zu schaffen, das oftmals als modern bezeichnet wurde. Seine oberitalienische Heimat zeigte ihm die Möglichkeit der Befreiung des Bürgertums gegenüber Adel und Klerus, in Paris und München erfuhr er das zunehmende Selbstbewusstsein der Laien gegenüber der Papstkirche und die Lektüre des Aristoteles lieferte ihm das Rüstzeug für seine philosophische Arbeit.[118]

So ist nach De Lagarde das Bild des Menschen seit dem Beginn des 13. Jahrhunderts von „Personalität und Individualität" geprägt.[119] Der Bürger als vollgültiges, selbständiges Wesen begann den Untertanen zu ersetzen, womit die „*renovatio civis*" in der Politik mit der „*renovatio hominis*" in der Ethik einherging, wie Ullmann bemerkt.[120] Bedeutung erlangte das Individuum auch in der Kunst, wo eine Entwicklung von der rein symbolhaften zur individuellen Darstellung von Menschen mit ihren charakteristischen Zügen erkennbar ist. Zum Ende des 13. Jahrhunderts gewann in der Philosophie eine Denkrichtung an Boden, die ebenfalls eine Hinwendung zum Individuellen bedeutete. Im Universalienstreit dominierte lange Zeit die Auffassung, dass den Universalien, also Begriffen bzw. Ideen, die eine Gesamtheit von Dingen bezeichnen, eine eigene Realität zukomme (Universalienrealismus). Der radikale Nominalismus hingegen, mit Ockham als seinem bedeutendsten Vertreter, negierte die Existenz von Gesamtheiten im Unterschied zum real existierenden Einzelding bzw. – wesen.[121] Kennzeichen der Epoche war eine verstärkte Hinwendung zum Individuellen und zum Individuum, was sich auch, aber nicht nur, im aufkommenden Nominalismus bemerkbar machte, dessen Vertreter dem Individuellen und nicht mehr dem Ganzen ihre Aufmerksamkeit schenken. Der Einzelne, bis dahin nur als Teil einer Gesamtheit, einer Sippe, einer Gefolgschaft, eines Standes, eines Ordens, einer Stadt wahrgenommen, bekommt gegenüber der Gruppe, der er zugerechnet wird, eine neue Eigenwertigkeit. War die Zugehörigkeit zu einer Gruppe für das rein physische Leben und Überleben tatsächlich und für das ewige Leben in der Vorstellungswelt der Menschen notwendig, so ermöglichen die vielfältigen Änderungen in der Lebenswelt des späten Mittelalters mehr und mehr individuelle Lebensentwürfe, Karrieren und Lebensläufe, die das Individuum von der Gruppe zu lösen beginnen. Die Theologie und die Philosophie zeichnen diese Entwicklung nach durch die nominalistische Sichtweise, welche den Einzelnen und das Einzelding erkennt, die Gesamtheit aber negiert

[117] Vgl. Tierney, Religions, Laws, …, S. 38.

[118] Segall, Der „*Defensor Pacis*", S. 56.

[119] Lagarde, La naissance de l'ésprit laïque, Bd. 2, S. 25 f.

[120] Ullmann, Scholarship and Politics, VIII, S. 104.

[121] Vgl. Blythe, Ideal Government, S. 165.

oder ignoriert. Daran schließt sich nun mit dem Voluntarismus seit Johannes Duns Scotus (1266–1308) eine weitere Richtung an, die den individualistischen Zeitgeist in einer anderen Weise aufnimmt. Der Wille gewinnt gegenüber der Vernunft ein stärkeres Gewicht. Überhaupt wird der Wille als handlungsleitendes Element wahrgenommen, was gegenüber der bloßen Vernunft wiederum ein individualisierendes Merkmal darstellt.

In der Staatstheorie kam die Wende, als mit der Aristoteles-Rezeption die augustinische Sündenfall-Theorie abgelöst wurde. Das Staatswesen bzw. die vorstaatlichen Herrschafts- und Gewaltverhältnisse wurden nicht mehr als Folge des Sündenfalls und als ein für ein einigermaßen friedliches Zusammenleben der Menschen notwendiges Übel angesehen, sondern vielmehr als Ergebnis einer in der Natur des Menschen wurzelnden Entwicklung.[122] Bezieht man jetzt die philosophischen Entwicklungen zum Nominalismus und Voluntarismus, schließlich zu einer Art Individualismus auf die politische Theorie, so ergeben sich auch hier klar erkennbare Elemente, die mit diesen Entwicklungen korrespondieren. Je mehr ein Staatswesen von der Vernunft geleitet wird, umso unbedeutender sind Individuen und individuelle Entscheidungen, da richtig und falsch keine relativen Größen sind, sondern sich durch die Vorgaben der Vernunft objektiv bestimmen lassen. Eine stärkere Betonung des Einzelnen und dessen Willens führt damit auch zu einer neuen Auffassung über die staatliche Gemeinschaft und die innerhalb dieser zu treffenden Entscheidungen. Willensbildung innerhalb der Gesamtheit hat anders vonstatten zu gehen, wenn nicht ein durch die Vernunft bestimmbarer und vom heilsgeschichtlichen Endziel vorgegebener einheitlicher Wille des Ganzen postuliert wird, sondern dieser als eine Übereinkunft gesehen wird, die sich aus den Einzelwillen der einzelnen Mitglieder speist.

Diese Individualisierung ergibt sich aus den veränderten Notwendigkeiten zur Existenzsicherung, die bislang nur in der Gruppe möglich war, aber bedingt durch die veränderte Wirtschaftswelt des späten Mittelalters neue Perspektiven schuf, die nicht mehr so fest an Rollenbilder und Gruppendenken gebunden war wie einige Jahrhunderte zuvor.

4.2 Ökonomie

Die Wirtschaftswelt des späten Mittelalters folgte zahlreichen Veränderungen der damaligen Zeit. Zwischen dem 11. und dem 14. Jahrhundert nahm die Bevölkerung deutlich zu, was von wirtschaftlichen Fortschritten begleitet wurde ebenso wie von Rodungen, wodurch zusätzliches Siedelland gewonnen werden musste.[123] Allerdings mussten fortan auch schlechte Böden bewirtschaftet werden. Sinkende Realeinkommen und ein Verarmungsprozess für breite Schichten der Bevölkerung begleiteten die europäische Geschichte

[122] Vgl. z. B. Monahan, Consent, S. 35 f.

[123] Vgl. zur Entwicklung: Dirlmeier, Die hochmittelalterliche Expansionsphase, S. 17.

bis ins 14. Jahrhundert, als Katastrophen wie die große Hungersnot von 1316 oder die Pestwelle in der Mitte des Jahrhunderts das Abendland heimsuchten. Somit prägten vielfache Veränderungen der mittelalterlichen Lebenswelt das späte Mittelalter und wirkten sich unmittelbar auf das Wirtschaftgefüge der damaligen Zeit aus.

Die Veränderungen im Wirtschaftsleben markierten den Übergang von der agrarisch dominierten Feudalgesellschaft hin zu einem durch Handel und Geldwirtschaft geprägten Wirtschaftssystem, in dem man den Frühkapitalismus bereits erkennen konnte. Diese Entwicklung schlägt sich auch in theoretischen Schriften nieder. Für Jean Quidort von Paris (1255–1306), so Dempf, sei der Normalmensch der Wirtschaftsmensch. Quidort, der in der zeitgeschichtlichen Situation der Entstehung des geldwirtschaftlichen Nationalstaates schreibe, baue seine Staatskonstruktion auf dem naturhaften Individualismus des *homo oeconomicus* auf.[124] Die Epoche des echten Lehnswesens endete im 13. Jahrhundert (bzw. sie begann, sich zu wandeln) und wurde abgelöst durch eine städtisch-fürstliche Periode (Huizinga), in der die Handelsmacht des Bürgertums und die auf ihr beruhende Geldmacht der Fürsten die herrschenden Faktoren in Staat und Gesellschaft werden sollten.[125] Die Krise des Feudalsystems, deren Beginn Irsigler erst mit dem Jahr 1350 ansetzt, stelle sich somit als eine wirtschaftliche und funktionale Legitimitätskrise dar, was zu Veränderungen in der Adelswelt führt.[126] Doch wird gerade in dieser Zeit die Kritik an den herrschenden Verhältnisse artikuliert.[127]

Die Probleme der kapitalistischen Wirtschaftsweise haben laut Hofmann die Gesellschaft erst in Bewegung gebracht und die Nationalstaatsidee entstehen lassen, was mit einer gewissen „Abschüttelung" des Aristoteles zugunsten des stoischen Humanismus einherging.[128] Im „naturhaften Individualismus des *homo oeconomicus*" (Dempf, s.o.), wie bei Quidort, zeigt sich die Parallelität philosophischer und wirtschaftlicher Entwicklungen. Geldmacht der Fürsten wird das staatstragende Fundament und beginnt die auf persönliche Bindungen und Gruppensolidarität bauenden Strukturen des Feudalsystems abzulösen. Handel und Bürgertum bringen neue städtische Eliten hervor, welche sich von den einfachen Dorfgesellschaften des frühen Mittelalters unterscheiden. Am unteren Ende der sozialen Hierarchie entstehen städtische Proletariate, Sammelbecken für entwurzelte Individuen, welche oft vom Land abgewandert waren und aus materiellen Gründen die Sozialstrukturen, in die sie hinein geboren waren, verlassen mussten. Es ist in dieser Zeit

[124] Dempf, S. 423.

[125] Huizinga, Herbst des Mittelalters, S. 73.

[126] Irsigler, Spätmittelalter und frühe Neuzeit, S. 26.

[127] Vgl. Töpfer, Urzustand und Sündenfall, S. 546 über das Werk eines anonymen Verfassern um 1320.

[128] Hofmann, Repräsentation, S. 201.

ein Aufbrechen der althergebrachten Gruppen- und Sippenzugehörigkeiten zu beobachten, das sich auch in einem stärkeren Gewicht des Individuums in der politischen Theorie widerspiegelt.

4.3 Armutsstreit

Kaum war der Weg in den Frühkapitalismus beschritten, setzten bereits Gegenbewegungen ein. Die althergebrachte Gesellschaftsordnung mit ihren Standes- und Besitzunterschieden wurde in Frage gestellt und attackiert. Eigentum und Herrschaft wurden abgelehnt. Das Auftreten freigeistiger Häretiker, so Töpfer, welche die kirchliche und gesellschaftliche Ordnung radikal verneinten, könnte als Symptom der spannungsgeladenen Situation des 14. Jahrhunderts gewertet werden, wenn diese Freigeister auch keinen realen Veränderungen den Weg zu weisen vermochten.[129] Es waren aber keineswegs nur häretische Gruppen, die sich von vornherein außerhalb der kirchlichen Gemeinschaft stellten, die Gegenbewegung begann bereits am Beginn des 13. Jahrhunderts mit dem Aufkommen der Minoriten und gipfelte schließlich ein Jahrhundert später im Armutsstreit, den die Franziskaner sowohl untereinander als auch mit dem Papsttum austrugen. „Es ist bezeichnend", so Ockham-Biograph Kölmel, „dass in dem Augenblick, da die neuzeitliche Arbeits- und Wirtschaftswelt aufzusteigen beginnt, man so explizit sich die Frage der Verfügung der Welt stellt; und dass dabei radikal der verfügungsfreie Verzicht verkündet wird. So geschehe die Auseinandersetzung im Wetterleuchten extremer Möglichkeiten vor dem Horizont einer neuen Zeit."[130] Neu waren derartige Gegenbewegungen nicht. Bereits um 1100 hatte eine Rückbesinnung auf die Werte des benediktinischen Mönchtums eingesetzt. Reformorden wie Zisterzienser oder Prämonstratenser entstanden und breiteten sich über Europa aus. Der große Zulauf bedingte wachsenden Reichtum und steigende Bedeutung der neuen Orden und provozierte wiederum eine Gegenbewegung. Die Bettelorden, Dominikaner und Franziskaner traten zu Beginn des 13. Jahrhunderts auf den Plan. Mit ihrem Konzept der radikalen Armut in der Nachfolge des Herrn stellen sie sich in krassen Gegensatz zu den Werten des kommenden Kapitalismus.

Dabei waren die Franziskaner nicht von Beginn an gegen die bestehende Ordnung zu Felde gezogen, Revolutionäre waren sie schon gar nicht. Die Franziskaner Gilbert von Tournai, der 1259 einen Fürstenspiegel verfasste, und Berthold von Regensburg, dessen Predigten überliefert sind, beschränkten sich darauf, zu fordern, auch Angehörige der untersten Gesellschaftsschichten zu achten und gut zu behandeln. Eine Infragestellung der Ordnung als solcher blieb jedoch aus.[131] Ganz andere Ansichten vertrat Petrus Johan-

---

[129] Töpfer, Urzustand und Sündenfall, S. 566.

[130] Kölmel, Ockham, S. 61.

[131] Vgl. Töpfer, Urzustand und Sündenfall, S. 306 f.

nis Olivi, ebenfalls Franziskaner, der in seiner Apokalypsenpostille zumindest gegen die kirchliche Ordnung zu Felde zog und diese ebenso wie Marsilius von Padua in seinem *Defensor Pacis* radikal beseitigen und durch eine neue ersetzen wollte.[132] Doch es ging über die kirchliche Ordnung hinaus. Denn das Armutsideal der Bettelorden barg sehr wohl sozialrevolutionäres Potential.[133] Nicht nur das Eigentum wird neubewertet, sondern auch die auf Besitzunterschieden aufbauende und entsprechend gestaffelte Gesellschaft mit ihrem sie stützenden Normensystem wird kritisch gesehen.[134] Auch für Petrus Johannis Olivi muss sich die irdische Gewalt auf die neue von evangelischer Vollkommenheit geprägte Zeit einstellen. Diese Überlegungen deuten bereits eine Vorstellung von Obrigkeit an, die nur soviel an Macht besitzt, als unbedingt notwendig erscheint, so jedenfalls Kölmel.[135] Ausgehend von der Herrschaft von Menschen über Sachen, schlägt Ockham die Brücke vom Armutsideal hin zur Analyse der Herrschaft überhaupt und zur politischen Theorie.[136] Als Ockham, der sich im Armutsstreit für seinen Ordensgeneral Michael von Cesena mit theoretischen Arbeiten engagierte, sich nach seiner Flucht aus Avignon der politischen Theorie zuwandte, gründete er das Aufkommen der Herrschergewalt unter den Menschen auf jene Eigentumslehre, die er in der Diskussion des Armutsstreits formuliert hatte.[137] Dass Eigentumsordnung und Herrschaftsordnung parallel betrachtet werden, liegt schon wegen der Wortgleichheit nahe, denn das lateinische *dominium* konnte ebenso „Herrschaft“ wie auch konkret „Eigentum“ bedeuten.[138] Ockham jedenfalls hat die Herrschaftssetzung explizit in Analogie zur Eigentumsbildung verstanden.[139]

4.4 Städtewesen

„Die franziskanische Bewegung selbst erwuchs bekanntlich auf dem Boden der sich entfaltenden städtischen Wirtschaftsweise“. Daher vermutet Töpfer, dass es die städtische Entwicklung und der damit verbundene Aufschwung der Warenwirtschaft waren, die nicht nur die Unterschiede von Arm und Reich beförderten, sondern, als Reaktion darauf, auch die Eigentumsproblematik wieder ins Zentrum der Diskussion rückten.[140]

Städte, die vor allem im Mittelmeerraum verbreitet waren und ab dem 12/13. Jahrhundert im Zuge der Kreuzzüge und dem damit zunehmenden Le-

[132] Segall, Der „*Defensor Pacis*“, S. 39.
[133] Vgl. Dempf, S. 288; Berges, Fürstenspiegel, S. 192.
[134] Berges, Fürstenspiegel, S. 192.
[135] Kölmel, *Regimen christianum*, S. 456f.
[136] Vgl. Miethke, *De potestate papae*, S. 282.
[137] Stürner, Peccatum und Potestas, S. 227.
[138] Vgl. Ottmann, Bd. 2,2, S. 175.
[139] Miethke, Ockhams Weg zur Soziallehre, S. 549; vgl. auch Homann, *Totum posse*, S. 151.
[140] Töpfer, Urzustand und Sündenfall, S. 570.

vantehandel einen erneuten Aufschwung nahmen, gewannen auch nördlich der Alpen, vor allem natürlich in den vom Handel geprägten Regionen (Flandern, sowie entlang der Wasserstraßen) an Bedeutung. Sowohl mit ihrem auf Handel und Handwerk aufbauenden Wirtschaftssystem als auch mit den andersartigen politischen Strukturen, die von der neuentstehenden Gesellschaftsschicht der Bürger getragen wurden, bildeten die Städte einen Kontrast zu dem traditionellen auf Grundbesitz und Naturalwirtschaft fußenden Feudalsystem der ländlichen Regionen, welches noch lange den größten Teil der Bevölkerung erfassen sollte.

Die Herrschaftsstrukturen vieler Städte waren geprägt von regelmäßigen Wahlen der Amtsträger und Wahrnehmung von Mitspracherechten durch das Volk, zumindest aber durch die wichtigsten Bürgerfamilien. Eine Stadt (*civitas*) begriff sich als Gemeinschaft (*communitas*) freier Menschen, die ihre wehrhafte Friedensordnung nach innen und außen zu verteidigen imstande war.[141] Philosophie und Entwicklung des Städtewesens gingen Hand in Hand, beide auf dem Boden der abendländischen Christenheit und deren Werteordnung.[142] So nimmt es nicht wunder, dass der Beitrag zur „philosophischen Renaissance“ (Dempf) vor allem vom städtischen Milieu (Dempf nennt Paris, Nordfrankreich und die Niederlande, hinzuzufügen ist aber sicherlich auch Norditalien, wo Marsilius von Padua, Tolomeo von Lucca und Dante Alighieri herstammten) geleistet wurde.[143] Insbesondere Theologen ließen sich unmittelbar von den korporativen Strukturen der Stadtgemeinschaften mit ihren Gilden, Zünften und Räten beeinflussen, was sich vor allem in der aristotelisch-thomistischen Schule niederschlug.[144] Für einen Thomas von Aquin, der aus Unteritalien stammte und in Paris studiert hatte, konnten die vielfältigen Formen von Demokratie und Oligarchie, wie sie Aristoteles schildert, als Abbild des ihm vertrauten mittelalterlichen Zunft- und Korporationswesens erscheinen. Und auch Albertus Magnus, der seine Jugend in Venedig und Padua verbrachte und später in Paris und Köln wirkte, hatte trotz seiner und seiner Zeitgenossen Vorliebe für das Königtum als ideale Herrschaftsform deutliche Sympathien für Demokratie und Mitbestimmung des Volkes, möglicherweise beeinflusst von den ihm bekannten kommunalen Strukturen.[145] Geheime Abstimmungen und Vorstellungen von Repräsentation fanden sich in den Stadtverfassungen wieder.[146] Dennoch haben spätmittelalterliche Autoren die aristotelische „Politik“ selten als Grundlage ei-

[141] Vgl. Meier, Mensch und Bürger, S. 17.
[142] Vgl. Black, Guilds, S. 59.
[143] Dempf, S. 355.
[144] So jedenfalls Lagarde, Bd. 2,2 (1958), S. 311, S. 320 f.
[145] Meier, Mensch und Bürger, S. 84.
[146] Monahan, Consent, S. 148 ff.

ner Untersuchung der Stadtgesellschaften ihrer Zeit genutzt.[147] Andererseits kann ein Blick in die Stadtverfassungen der damaligen Zeit sehr wohl die Ideen und Theorien der Philosophen und Juristen verstehen helfen. Geht man beispielsweise der Frage nach, was Marsilius von Padua in seinem *Defensor Pacis* mit *valencior pars* gemeint haben könnte, so finden sich in vielen Kommunen Oberitaliens Gremien und Institutionen, an welche der Paduaner gedacht haben könnte, wenn er den Begriff des „gewichtigeren Teils" gebrauchte, um den entscheidungstragenden Teil der Bevölkerung zu umschreiben.[148] Der „regierende Bestandteil" eines Staatswesens nach Marsilius wird den *Podestà*, den für eine kurze Amtszeit bestellten Verwaltungschef italienischer Kommunen, zum Vorbild gehabt haben.[149]

Rechtlich gesehen unterschied sich die Stadt von ihrer durch Lehnsabhängigkeiten geprägten Umwelt dadurch, dass die dort lebenden Bürger sich als Freie gegenüberstanden, zwar auch durch gegenseitige Eide verbunden waren, nicht aber in Form der Über- und Unterordnungsverhältnisse schaffenden Lehnseide, sondern in Gestalt der Schwurgemeinschaft. Die Stadtgemeinde bildete eine *universitas*, eine korporative Einheit,[150] welche durch den Konsens ihrer Mitglieder sich verband und handelte. Tragende Säulen dieser Gemeinschaft waren wiederum Gemeinschaften kleineren Zuschnitts in Form der Gilden, einem „Saatbeet von Brüderlichkeit als politischer Größe", die als solche zu den Vorbildern gehörten, aus denen die moderne Demokratie entstanden ist.[151]

Die Kenntnis einer so gearteten kommunalen Lebensform ermöglichte es mittelalterlichen Autoren, in ihren Theorien korporative Elemente einzubauen, zwischen Herrschen und Teilhabe an der Herrschaft zu unterscheiden und Vorstellungen von sozialem Aufstieg und gesellschaftlicher Integration zu entwickeln sowie den Bürgerbegriff auf ganze Reiche zu übertragen.[152] Kanonisten und Theologen hatten die tägliche Praxis des politischen Lebens in den italienischen Stadtstaaten vor Augen, selbst wenn sie über die Position eines Königs in einem Feudalstaat diskutierten. Dadurch haben vor allem

---

[147] Meier, Mensch und Bürger, S. 66.

[148] Segall, Der *Defensor Pacis*, S. 53 f; zum Begriff der *valencior pars* vgl. Hofmann, Repräsentation, S. 210 f. Für Hofmann ist die *valencior pars* ziemlich genau bestimmt, „insofern der bestimmende Teil der Mitglieder eines Gemeinwesens absolut zahlenmäßig gesehen in aller Regel eine Minderheit ist, die sich lediglich nach diesen oder jenen Auswahlkriterien an irgendeinem Punkt des Prozesses öffentlicher Willensbildung als (relative) Mehrheit qualifiziert hat." Es sind aber gerade „diese oder jene Auswahlkriterien", die Marsilius nicht näher erläutert, so dass eine genaue Definition der *valencior pars* nicht möglich ist, allein mögliche Vorbilder des damaligen Städtewesens vermögen näherungsweise Aufklärung zu geben.

[149] Segall, Der *Defensor Pacis*, S. 54; vgl. auch Syros, Rezeption, S. 219.

[150] Vgl. zum Begriff: Black, Guilds, S. 50.

[151] So jedenfalls Black, Guilds, S. 31.

[152] Meier, Mensch und Bürger, S. 126.

Kanonisten, welche politische Strukturen an der städtischen Organisation, der kirchlichen Korporationsstruktur oder dem Römischen Recht maßen, das mittelalterliche politische Denken um neue Ideen bereichert.[153]

4.5 Politische Entwicklungen

Im Bereich der politischen Entwicklungen sind die vielfältigsten Aspekte und Ereignisse zu berücksichtigen. Es entstehen Adelshöfe, Verwaltungsstrukturen und Vorformen moderner Staatlichkeit und Nationenbildung. Die Machtfrage zwischen geistlicher und weltlicher Gewalt klärt sich zugunsten der weltlichen. Im 13. Jahrhundert setzt die Wendung vom mittelalterlichen zum modernen Staat ein.[154] Das 14. und das 15. Jahrhundert sind denn auch geprägt vom Aufbau von Bürokratien, aber auch von zahlreichen Bauernaufständen und ungewöhnlich vielen und heftigen Kriegen.

Das Aufblühen einer höfischen Kultur und die damit einhergehende ständische Absonderung des Adels lässt die immer schon vorhandene Anschauung von der ursprünglichen Gleichheit aller Menschen an Bedeutung gewinnen.[155] Je mehr eine erbliche Adelsschicht unter immer weitergehenden Ausschluss sozialer Mobilität im Entstehen begriffen war, umso lauter wurde die Kritik. Auf der anderen Seite fanden sich auch Befürworter einer erblichen Klasse von Reichen und Mächtigen, wie Engelbert von Admont, der den Aufstieg zeitgenössischer Familien in den norditalienischen Städten beobachtet hatte und dies offenbar einer Pöbelherrschaft vorzog, die nach gängiger Ansicht im Despotismus von Demagogen enden müsse.[156] Zudem erweckten die zeitweise anarchischen Zustände, die sich während des Spätmittelalters im weltlichen, vor allem aber im kirchlichen Bereich (Abendländisches Schisma 1378–1415) ausbreiteten, die Sehnsucht nach starken Monarchen, unangreifbaren und durchsetzungsfähigen Königen und Päpsten.[157]

Bei dem Begriff der Monarchie jedoch ist zu bedenken, dass das zeitgenössische Vorverständnis der Monarchie im Mittelalter keineswegs von einer absolutistischen Form beherrscht wird. Die Monarchien des Mittelalters waren in der Regel – zumindest theoretisch – keine Erb-, sondern Wahlmonarchien, deren Könige sich beraten ließen und Gesetze nur unter Mitwirkung ihrer Berater erließen und an solche gemeinsamen Beschlüsse gebunden waren. [158]

Doch die staatlichen und gesellschaftlichen Strukturen änderten sich gegenüber der Zeit des Frühmittelalters. Verwaltungsstrukturen wurden zuerst in der Kirche aufgebaut.[159] Der staatliche Bereich folgte diesem Beispiel bald

---

[153] Tierney, Church Law and Constitutional Thought, I, 620.

[154] Vgl. Wilfert, Philipp von Leyden, S. 5.

[155] Vgl. Töpfer, Urzustand und Sündenfall, S. 569.

[156] Blythe, Ideal Government, S. 121.

[157] Vgl. Blythe, Ideal Government, S. 243.

[158] Riklin, Machtteilung, S. 101.

[159] Vgl. Monahan, Consent, S. 57 f.

unter Zuhilfenahme des wiederentdeckten römischen Rechts nach, und so ergibt sich ein Bild der spätmittelalterlichen Gesellschaft, das von Differenzierungen, komplexer werdenden Lebensverhältnissen und stärkerer hoheitlicher Durchdringung des gesellschaftlichen Lebens geprägt ist.[160] Peter Moraw hat für diesen Prozess, den Begriff der „Verdichtung" eingeführt.[161] Diese Verdichtung und vor allem die intensiver werdende staatliche Kontrolle und Machtkonzentration spielte sich auf der Ebene dessen ab, was man in späteren Jahrhunderten als Nationalstaaten zu bezeichnen pflegt. Die abendländische Christenheit als Einheit löste sich auf. Der Konziliarismus des 15. Jahrhunderts war die letzte „gesamtabendländische Diskussion um den christlichen Universalismus"[162] und kennzeichnet den Übergang von der von Einheitsdenken geprägten Welt des Mittelalters zu der pluralistischen Staatenwelt der Neuzeit.[163] In der gleichen Zeit ändert sich auch die Auffassung von der Gesetzgebung. Zwar wird das Gesetz immer mehr als über dem König stehend angesehen, doch ist das Gesetz nicht mehr allein gottgegeben, es gründet sich auf Konsens und ist eine änderbare Rechtssetzung des Gesetzgebers.[164] Von 1300 an ist daher eine steigende gesetzgeberische Aktivität zu verzeichnen, die zugleich vom Aufbau bürokratischer und zentralisierter Regierungssysteme begleitet wird. Damit korrespondiert die wachsende Bedeutung von „konstitutionellen Theorien und Praktiken" (Tierney). Laut Tierney ist damit der Wendepunkt erreicht, an dem die damaligen Verwaltungsstrukturen bereits als Staaten bezeichnet werden können, auch wenn von Verfassungsstaaten noch keine Rede sein kann.[165]

Welche Wirkungen Praxis und Theorie aufeinander gehabt haben mögen, ist schwer auszumachen. In der praktischen Politik lassen sich gleichwohl Beispiele finden, dass in philosophischen Schriften erhobene Forderungen auf fruchtbaren Boden fielen. Oresme hat versucht, praktische Ratschläge zu geben, und es scheint, als habe der französische König diese 1372 beherzigt, als er damit begann, einige hohe Positionen durch Wahlen zu besetzen.[166] Auch das Vorgehen Ludwigs des Bayern und der deutschen Fürsten im Jahren 1338 (Kurverein von Rhense) scheint sich mit den Anschauung seiner Theoretiker teilweise zu decken und damit wenn nicht auf eine unmittelbare Beeinflussung hinzuweisen, so doch durch diese Gemeinsamkeit Ausdruck eines Zeitgeistes zu sein.[167] In England mit seiner langen parlamentarischen

---

[160] Vgl. Schlinker, S. 349 f.

[161] Peter Moraw, Von offener Verfassung zu gestalteter Verdichtung. Das Reich im späten Mittelalter 1250 bis 1490.

[162] Seibt, Geistige Reformbewegung, S. 34.

[163] Ottmann, Bd. 2,2, S. 298.

[164] Vgl. Blythe, Ideal Government, S. 31.

[165] Tierney, Church, Law and Constitutional Thought, XV, 5.

[166] Blythe, Ideal Government, S. 204.

[167] So Segall, Der *Defensor Pacis*, S. 17.

Tradition scheinen diese Entwicklungen greifbarer. Blythe zufolge hatte hier Burley einen wichtigen Schritt getan und das beste Beispiel für eine Einbeziehung aristotelischen Gedankenguts in die politische Realität gegeben.[168] Doch gerade in England bahnten sich Unzufriedenheit mit der bestehenden Ordnung gewaltsam Bahn. Gleichwohl war der Aufstand von 1381 bis zum Ende des 14. Jahrhundert die einzige große Volksbewegung, deren Rädelsführer sich ausdrücklich auf die Gleichheit aller Menschen beriefen.[169] Unter dem Einfluss des Klerikers John Ball wandten sich die Aufständischen nicht nur gegen die unmittelbaren Belastungen und Bedrückungen der bäuerlichen Bevölkerung, sondern zielten auf eine Überwindung der feudalen Ständehierarchie und eine völlige Entmachtung der Kirche.[170] Ebenso radikal wurde die bestehende gesellschaftliche Ordnung durch ein anderes Phänomen des ausgehenden Mittelalters in Frage gestellt: Savonarola in Florenz, etwa ein Jahrhundert später. Meier sieht in der vom Dominikanermönch Savonarola initiierten Verfassung die Vision einer totalen, eschatologisch-republikanischen Lebensordnung nach dem Bilde der aristotelischen Mischverfassung.[171] Savonarola hatte sich als Mönch auf reine Predigttätigkeit beschränkt und dabei aber großen Zulauf erhalten. Die kurzfristigen gesellschaftlichen und politischen Umbrüche wurden von seinen Anhängern umgesetzt und gehen auf seine Ideen zurück.[172]

[168] Blythe, Ideal Government, S. 187.

[169] Töpfer, Urzustand und Sündenfall, S. 555 f.

[170] Töpfer, Urzustand und Sündenfall, S. 565.

[171] Meier, Mensch und Bürger, S. 59.

[172] Vgl. zu Savonarola: Pierre Antonetti, Savonarola. Die Biographie.

II Geistige Ursprünge und Entwicklungen

Die mittelalterlichen Theorien, die vor dem beschriebenen Kontext entstanden, lassen sich auf unterschiedliche geistesgeschichtliche Wurzeln zurückführen. Es ergibt sich dabei ein regional unterschiedliches Gemisch von Quellen, das sich aus der patristischen Theologie, stoischer Philosophie, römischem Recht sowie germanischen Volksrechten und Gewohnheiten speiste.[173] Germanische Wurzeln werden sowohl für das Genossenschaftswesen und die angebliche individuelle Freiheit des Einzelnen innerhalb der Gesellschaftsordnung angeführt,[174] als auch für die Wahl bzw. das Konsensprinzip im Allgemeinen ebenso wie für Widerstandsrechte gegen die Herrschaft.[175] Germanische Traditionen vom „Volk als rechtsbildender Kraft" werden jedoch in der Forschung inzwischen nur noch selten als Ursprung für demokratische Mitspracherechte der Bevölkerung ins Feld geführt.[176] Ohnedies verschob sich während des Mittelalters die Grundlage der Gesellschaftsordnung, die nun nicht mehr allein auf einer althergebrachten germanischen Sippen- und Stammesverfassung beruhte, sondern sich auf den rationalen Geist positiver Rechtssatzungen wie des römischen Rechts, der germanischen Rechte, des kanonischen Rechts, aber auch der Rechts- und Staatsphilosophie des im 13. Jahrhundert wiederentdeckten Aristoteles und der Stoiker stützen konnte.[177] Neben die juristisch-philosophische Säule trat die Lehre der Kirche, und beide Quellen boten jeweils zwei Interpretationen in der theoretischen Auseinandersetzung um die Herrschaft. Die römischrechtliche Sichtweise konnte den

[173] Gilby, Principality and Polity, S. xvi; vgl. auch Mohr, Unitas Christiana, S. 190, der derart gemischte Einflüsse konkret zur Stützung einer Vertragstheorie bei Engelbert von Admont, Lupold von Bebenburg und Wilhelm von Ockham zu erkennen glaubt. Bleienstein konstatiert bei Johannes Quidort verschiedene Quellen wie Thomas von Aquin, Aristoteles, das kanonische und das römische Recht sowie fränkische Überlieferung. Ein ähnlich vielfältiges Quellengemisch sieht Winterswyl, Das neue Recht, S. 58, als Wurzel für die frühmittelalterliche Rechtsauffassung an. Diese finde ihre Grundlage inhaltlich und terminologisch im römischen Recht, der stoischen und neuplatonischen Philosophie und der Patristik. Außerdem nennt sie die genossenschaftliche Auffassung von Recht und Rechtsträger bei den Germanen.

[174] Hintze, Weltgeschichtliche Bedeutung, S. 24 f; vgl. auch Black, Guilds, S. 41.

[175] Monahan, Consent, S. 52 – 56.

[176] Vgl. Hannig, *Consensus fidelium*, S. 40.

[177] Hintze, Weltgeschichtliche Bedeutung, S. 25.

Konsens betonen oder mit der *Lex-regia*-Theorie zu einer absolutistisch angehauchten Auffassung führen, während aus christlich-kirchlicher Sicht die Herrschaft als gottgegeben oder eben als Folge des Sündenfalls betrachtet werden konnte.[178]

Demgemäß sieht Hintze den geistigen Nährboden für die ständischen Verfassungen des späten Mittelalters und der frühen Neuzeit in einem Synkretismus aus verschiedenen Quellen. Zunächst habe die kirchliche Doktrin die germanische Rechtsstaatsidee aufgenommen und mit den kirchlichen Vorstellungen vom *ius divinum* und naturrechtlich-stoischen Gedanken verbunden, auf dass sie nach der Aristoteles-Rezeption zu einem umfassenden Lehrsystem ausgestaltet werden sollte.[179] Zweifellos hat die Institution Kirche zur Verbindung von römischem und kanonischem Recht beigetragen.[180] Aristoteles hingegen hat ein neues Vokabular für eine entstehende politische Wissenschaft bereitgestellt.[181] Sigmund sieht bei Nikolaus von Kues eine Mischung von Hierarchie und Konsensprinzip, ausgehend von der neuplatonischen Tradition einerseits und einer rechtlichen auf Gleichheit bauenden Überlieferung andererseits, ohne allerdings das germanische Element in gleicher Weise zu betonen, wie Hintze dies tut.[182]

Der *Defensor Pacis* des Marsilius von Padua bietet ein anschauliches Beispiel für die Vielzahl von Einflüssen, aus welchen die politische Theorie ihr Fundament bezog. Marsilius nutzte Theologie und Philosophie zur Untermauerung seiner Thesen und griff auf Kampfmittel gleich welcher Herkunft zurück, die er aus der Bibel, den Schriften der Kirchenväter und den Schriften des Aristoteles zusammenstellte.[183] Auch Juristen wie Baldus de Ubaldis griffen auf verschiedene Quellen aus dem römischen und kanonischen Recht sowie aus dem Neuen Testament zurück.[184]

So wie das Mittelalter auf verschiedene ältere Quellen zurückgriff, so bildeten die politischen und insbesondere auch kirchlichen bzw. ekklesiologischen Theorien des Mittelalters die Grundlage für neue Konzepte, welche in den ersten Jahrhunderten der Neuzeit entstanden sind. Viele der dort aufgegriffenen Ideen waren im Mittelalter sehr wohl präsent und stellen einen unverzichtbaren Baustein in der Geschichte der politischen Ideen dar.[185]

---

178 Gough, The Social Contract, S. 22.

179 Hintze, Weltgeschichtliche Bedeutung, S. 12.

180 Monahan, Consent, S. 77 f.

181 Vgl. Blythe, Ideal Government, S. 32.

182 Sigmund, Nicholas of Cusa, S. 37 f, S. 125.

183 Segall, Der *Defensor Pacis*, S. 30.

184 Canning, The Political Thought of Baldus de Ubaldis, S. 26.

185 Vgl. Tierney, Church law …, XIII, 254.

1 Römisches Recht

Das Recht des Mittelalters war geprägt durch das römische und das kanonische Recht, verstärkt noch seit dem 12. Jahrhundert mit dem Beginn der Rezeption des justinianischen Rechts, das unmittelbar zum Gegenstand juristischer Ausbildung gemacht wurde. Doch auch die Rechtsauffassung des frühen Mittelalters war von vielerlei Einflüssen beherrscht. Neben germanischen Traditionen haben auch die platonische Philosophie und die Patristik ihre Rolle gespielt (so jedenfalls Winterswyl), ebenso wie das römische Recht,[186] das in die Rechtstexte der Völkerwanderungszeit Eingang gefunden hatte.

1.1 Entwicklungen und Einflüsse

Der eben angeführte *Defensor Pacis* greift auch auf rechtliche Quellen zurück, teils ausdrücklich, teils lässt sich dies vermuten. So führt Schlinker die von Marsilius postulierte Beteiligung aller an der Gesetzgebung, welche „dem Werk einen sehr demokratischen Beigeschmack verleihe", auf den Codex Justinians zurück.[187] Sigmund zieht die gleiche Stelle der Digesten (Dig. 1.1.4pr) heran, um die Grundlage für die Konsenstheorie des Cusanus zu ermitteln.[188] Den Haupteinfluss auf die Konsenstheorie sieht er eher beim römischen und beim kanonischen Recht als bei der Philosophie und macht einzig Duns Scotus als Ausnahme (vor 1400) aus.[189] Hinsichtlich der Herrschaftsstrukturen in der Stadt wurden die Juristen ungleich konkreter als die Philosophen, unterschieden wahl- und kontrollberechtigte Gremien und wiesen der *civitas* umfangreiche Gesetzgebungs-, Jurisdiktions- und Herrschaftsrechte zu.[190]

Etwa ein Jahrhundert vor der Aristoteles-Rezeption hatte sich zu den Klerikern bereits eine neue Schicht gesellt. Legisten und Kanonisten, Kenner des römischen und des kirchlichen Rechts, verfassten Kommentierungen zum *Corpus iuris civilis* und sorgten damit für eine Wiederbelebung des römischen Rechts.[191] Dabei darf der Ideologietransfer vom weltlichen zum kanonischen Recht nicht unterschätzt werden. Vertreter beider Disziplinen waren oft die gleichen Personen oder behandelten zumindest die gleichen Probleme.[192]

Ob die Juristen wirklich demokratische Tendenzen befördert haben, kann kaum einheitlich beantwortet werden. Zwar hat Bulgarus die Gesetzgebungsgewalt beim Volk (gemeint ist das römische) gesehen, doch Irnerius, Placen-

[186] Winterswyl, Das neue Recht, S. 58.

[187] Schlinker, S. 320, bezieht sich u. a. auf Dig. 1,1,4pr. (... *cum naturali omnes liberi nascerentur ... et cum uno naturali nomine homines appellaremur...*).

[188] Sigmund, Nicholas of Cusa, S. 141.

[189] Ebd., S. 138 f.

[190] Meier, Mensch und Bürger, S. 215.

[191] Ottmann, Bd. 2,2, S. 11.

[192] Monahan, Consent, S. 170 f.

tius und Rogerius gingen davon aus, dass dieses seine Gewalt unwiderruflich auf den Kaiser übertragen habe. Azo und Hugolinus haben immerhin noch angenommen, dass dabei weder die gesamte Macht übertragen wurde, noch dass dies unwiderruflich geschehen sei.[193] Der französische Kommentator des römischen Rechts, Jakob de Ravannis, sah den Ursprung der Machtbefugnisse des Volkes in dessen Souveränität über den Kaiser, dessen Gewalt es demzufolge zurückfordern könne.[194] Kritisch muss allerdings angemerkt werden, dass Juristen viel eher als Philosophen oder Theologen vom Boden des Bestehenden ausgehen und demzufolge weniger zu innovativen Ideen neigen. Treffend hat Canning dies über Baldus de Ubaldis geschrieben. Er habe sich nicht als jemanden gesehen, der eine neue politische Theorie erarbeitet, vielmehr wolle Baldus einfach nur die politische Realität seiner Gegenwart in rechtliche Formeln fassen.[195]

1.2 *Quod omnes tangit*

Ein Element des römischen Rechts hatte zweifelsohne das Potential, zum Grundstein für eine theoretische Grundlegung der Demokratie zu werden. Der Satz *quod omnes similiter tangit ab omnibus comprobetur* verweist auf ein basisdemokratisches Postulat, nach dem jeder über all das mitzuentscheiden hat, das ihn betrifft.

Auf die Rezeptionsgeschichte dieser Formel wurde bereits eingegangen; sie entstammte dem privatrechtlichen Bereich.[196] Es handelt sich um eine Bestimmung aus dem Vormundschaftsrecht, für den Fall, dass mehrere Vormünder bestellt sind.[197]

Dieser Grundsatz wurde nicht nur von Juristen aufgenommen. Losgelöst aus seinem ursprünglichen Zusammenhang wurde er zitiert, um den Konsens aller zum konstitutiven Merkmal einer Entscheidungsfindung zu erhe-

[193] Azo, *Summa* (*Summa aurea*, ed. Lyon 1557, fol. 7vb; *Summa super Codicem*, ND Turin 1966, S.9), C.I,14; vgl. Meier, Mensch und Bürger, S. 138.

[194] Canning, Baldus, S. 56.

[195] Canning, Baldus, S. 114.

[196] Zusammenhängend heißt es im Codex Justiniani, C 5.59.5.2: *Tunc etenim, sive testamentarii sive per inquisitionem dati sive legitimi sive simpliciter creati sunt, necesse est omnes suam auctoritatem praestare, ut, quod omnes similiter tangit, ab omnibus comprobetur.*

[197] Vgl. dazu die Einleitung zu dem entsprechenden Abschnitt, C. 5.59.5pr: *Veterem dubitationem amputantes, per quam testamentarii quidem vel per inquisitionem dati tutoris et unius auctoritas sufficiebat, licet plures fuerant, non tamen diversis regionibus destinati, legitimi autem vel simpliciter dati omnes consentire compellebantur, sancimus, si plures tutores fuerint ordinati, sive in testamento paterno sive ex lege vocati sive a iudice vel ex inquisitione vel simpliciter dati, et unius tutoris auctoritatem omnibus tutoribus sufficere, ubi non divisa est administratio vel pro regionibus vel pro substantiae partibus: ibi etenim necesse est singulis pro suis partibus vel regionibus auctoritatem pupillo praestare, quia in hoc casu non absimiles esse testamentariis et per inquisitionem datis legitimos et simpliciter datos iubemus eo, quod fideiussionis onere praegravantur et subsidiariae actionis adminiculum speratur.*

ben. Jakob von Viterbo beispielsweise berief sich auf den *quod-omnes-tangit*-Grundsatz, „damit das im Konsens aller geschehe, was allen Zukunft ist.“[198] Ockham hat ebenso davon Gebrauch gemacht wie Nikolaus von Oresme, der „das demokratische Potential von *quod omnes tangit* voll ausgeschöpft“ hat. Als er 1370 die „Politik“ des Aristoteles ins Französische übersetzte, „schmuggelte“ (Ottmann) er die Formel unversehens in den Text ein. Wird ein Gesetz verabschiedet oder geändert, müsse das Volk beteiligt sein, denn *ce qui touche tous, doit être approve de tous.*[199] Im Original des Aristoteles findet sich dieser Zusatz nicht. Allerdings ist es übertrieben, Oresme zu unterstellen, er habe seine Auffassung in die Übersetzung eingeschmuggelt, denn seine französische Variante der Formel findet sich nicht in seiner Politikübersetzung, sondern in einem kommentierenden Absatz dazu. Diese Formel, welche später auch in den *Liber Sextus* aufgenommen wurde, wurde zur Grundlage, um den Vorsteher einer Gemeinschaft an den Konsens ihrer Mitglieder zu binden.[200] Zu Beginn des 14. Jahrhunderts war der Grundsatz *quod omnes tangit* bereits als allgemeines Prinzip anerkannt.[201] Wilhelm von Ockham begründet damit die Berechtigung von Laien, an einem allgemeinen Konzil teilzunehmen. Wenn sie, die Laien, es wollten, so führt der Franziskaner aus, sollten sie teilnehmen können, denn, so die Begründung, was alle berührt, soll von allen verhandelt und entschieden werden.[202]

1.3 Römisches Recht und Absolutismus

Doch die Rezeption des Römischen Rechts wies für die Zukunft in zwei Richtungen. Es konnte nicht nur als Grundlegung der Demokratie herangezogen werden; es konnte auch so interpretiert werden, dass es den Weg hin zum Absolutismus ebnete. Die Gesetzgebungsgewalt lag ursprünglich beim Volk von Rom; so jedenfalls die durchweg vertretene, historisch begründende Prämisse, ausgehend von der Intention der Juristen, den bestehenden Zustand zu legitimieren. Davon ausgehend wurde nun angenommen, das Volk habe diese Gewalt an den Kaiser übertragen. Zwar hatte noch Hugolinus festgestellt, diese Übertragung sei nicht in der Weise vonstatten gegangen, dass die dem Kaiser übertragene Gewalt dauerhaft bei ihm verbliebe, sondern dass der Kaiser vom Volk nur als Verwalter bzw. Vertreter (*quasi procuratorem*)

---

198 Meier, Mensch und Bürger, S. 11; dort zitiert: Jakob von Viterbo, *De regimine civitatum*, 260b: *... ut id consensu omnium fiat, quod est omnibus profuturum.*

199 Ottmann, Bd. 2,2, S. 291.

200 Sigmund, Nicholas of Cusa, S. 71 f.

201 Monahan, Consent, S. 108.

202 Wilhelm von Ockham, I. Dial. VI, 2, c.85: *et per consequens licite possunt laici (si voluerint) consiliis generalibus interesse. Quod etiam ratione videtur posse probari: que talis est, quod omnes tangit ab omnibus tractari et approbari debet.*

eingesetzt sei.[203] So konnte das römische Recht auch Inspiration für Theorien sein, die bereits eine deutliche demokratische Tendenz erahnen ließen. Der *Defensor Pacis* des Marsilius von Padua ist mit seinem Prinzip von Repräsentation und Delegation (Quillet) möglicherweise von römisch-rechtlichen Ideen beeinflusst.[204] Doch die Ansicht, dass der Kaiser mit der Machtübertragung damit hinsichtlich der Gesetzgebungskompetenz auf Dauer an die Stelle des Volkes getreten sei, gewann unter Juristen immer mehr an Boden. Es war die romanistisch-kanonistische Theorie, die das Volk entweder in die repräsentierende Rolle des Königs hinein verlegt oder das Königsrecht als Erzeugnis des Volksrechts hingestellt hat, was dem germanischen Wesen, so Jellinek, anfänglich fremd gewesen sei.[205] Dem „germanischen Wesen" wurde von Autoren in den ersten Jahrzehnten des 20. Jahrhunderts das Konsensprinzip und das Prinzip der Volksbeteiligung zugeschrieben. Das mag vielleicht nicht völlig von der Hand zu weisen sein, doch entspringt es hauptsächlich einem Wunschdenken des im 19. Jahrhundert erwachenden Patriotismus und des neuentstehenden Nationalstolzes, der sich mit den Ideen des Konstitutionalismus vereint.

Die Legisten hingegen nahmen zwar auch das Volk als ursprüngliche Quelle an, doch aufgrund einer Ermächtigung zu unbeschränkter Herrschaft führte diese wenigstens im Ansatz demokratische Legitimation schließlich zur Rechtfertigung einer vom Gesetz losgelösten Autorität, zum Absolutismus. Hier zeigt sich eine geradezu paradoxe Kennzeichnung des Herrschers, dessen Absolutismus seine Legitimation dem Volk verdankt (Ottmann).[206] Der Kaiser ist Gesetzgeber, ja sogar selbst „beseeltes Gesetz (*lex animata*)". Damit ist das kaiserliche Recht nichts anderes als positiviertes Naturrecht.[207] Dem Herrscher wird die fehlerlose Erkenntnis in die Staatsnotwendigkeit zugetraut, er wird gegenüber der auf Gewohnheitsrechten basierenden Rechtsordnung absolut. Damit „lieferte die *princeps-lex-animata*-Theorie dem nationalstaatlichen Königtum", dessen Stern im späten Mittelalter bereits aufzusteigen begann, „eine Waffe gegen den Gedanken der volksgemäßen Rechtsfindung".[208] Nikolaus von Oresme hat sich noch entschieden dagegen gewehrt, den Herr-

---

[203] Lange, Römisches Recht, S. 273; Hugolinus, dist. CXLVII, ed. Hänel, S. 585:*Sed certe non transtulit sic, ut non remaeret apud eum, sed constituit eum quasi procuratorem ad hoc.* Er widerspricht damit ausdrücklich einer gegenteiligen Auffassung, die er zitiert: *Secundum P(lacentium) per consuetudinem numquam legi scriptae derogatur … intelligendum est secundum vetera iura; sed postquam transtulit omne ius in imperatorem non – potuit.*

[204] Quillet, Universitas populi, S. 201, vgl. auch ebd. S. 190.

[205] Jellinek, S. 319.

[206] Ottmann, Bd. 2,2, S. 75.

[207] Vgl. Berges, Fürstenspiegel, S. 123.

[208] Berges, Fürstenspiegel, S. 49 f. Auch Berges verweist auf das „germanische Denken", dem die skizzierte Entwicklung fremd gewesen sei.

scher als über den Gesetzen stehend anzuerkennen. Aristoteles würde eine solche Herrschaft nicht als königlich, sondern als tyrannisch bezeichnen.[209]

Die Lehre der Glossatoren schlug jedoch die Brücke von der absolutistischen Staatsauffassung des Dominats zur mittelalterlichen Rechtswirklichkeit.[210] Die Fürsten, die durch den Ausbau von Verwaltungsstrukturen begannen, einen neuen Machtapparat zu schaffen, nahmen die legistischen Theorien gerne in ihren Dienst. Das römische Recht hat sich so in späteren Jahrhunderten „als Rüstkammer einer absolutistischen inneren Politik gegenüber dem germanischen Gewohnheitsrecht erwiesen."[211] Die Wiederentdeckung des römischen Rechts gab somit den Anstoß für die Ausformung hierarchischer Strukturen und die Schaffung einer einheitlichen obersten Gewalt, welche allen anderen Herrschaften übergeordnet war und in der zweiten Hälfte des 14. Jahrhunderts eine neue Form der Territorialherrschaft begründete.[212] Gleichwohl stieß auch diese Form der Herrschaft in der Wirklichkeit an Grenzen und Einschränkungen durch die Stände und die Städte, welche sich regelmäßig Freiheiten und Mitspracherechte zu erkämpfen oder zu bewahren wussten.

Doch die Rezeption des römischen Rechts stieß zumindest vereinzelt auf Widerstand. Der Aristoteliker Oresme warnte davor, das wiederentdeckte römische Recht, also letztlich Kaiserrecht, mit dem Naturrecht gleichzusetzen.[213] Die Konkurrenz zwischen Philosophen und Juristen kommt hier wieder zum Vorschein.

2 Kanonisches Recht

Unmittelbar beeinflusst vom römischen Recht war auch das kanonische Recht, das nach der Zusammenstellung des Gratian in der ersten Hälfte des 12. Jahrhunderts seinen Aufschwung nahm. Beeinflusst vom weltlichen Recht war das kirchliche Recht übrigens auch in Bezug auf seine Verachtung für die Philosophen, denn ebenso wie die legistische Schwesterwissenschaft finden sich bei den Kanonisten entsprechende ablehnende oder gar verachtende Tendenzen. Bereits im *Decretum Gratiani* selbst wird der „Missbrauch" philoso-

---

[209] Nicolas Oresme, Le Livre de Politiques d'Aristote, V, 25 (ed. Menut, S. 243): *... la fausse opinion et malvese suggestion de telz adulateurs et flateurs ... Et quia princeps est solutus legibus, et quia principi placuit, legis habet vigorem. Laquelle chose est contre la doctrine de ceste science en plusieurs lieu ... Et dient que le prince peut planter et esracher, edifier et destruire, promovoir et deposer, instituer et destituer, transmuer ou translater, condempner et pardonner tout a sa pleine volenté. Lesquelles choses Aristote diroit estre non pas royals mes tyranniques* ;vgl. Blythe, Ideal Government, S. 208 f.

[210] Schlinker, S. 346.

[211] Kern, Gottesgnadentum, S. 214.

[212] Schlinker, S. 345.

[213] Blythe, Ideal Government, S. 213.

phischer Schriften verurteilt, womit ihre Verwendung zur Interpretation der *canones* gemeint ist.[214]

Auf dem Felde der politischen Theorie hatten die Kirchenrechtler aber nicht nur mit der Philosophie, sondern auch mit den Legisten zu konkurrieren. Da aber das Kirchenrecht schon wegen der in seinen Quellen behandelten Gegenständen den Konflikten des Hoch- und Spätmittelalters näher stand als ihr weltliches Pendant, hatten die Kanonisten zunächst einen stärkeren Anteil an politisch brauchbaren Theorieansätzen, so jedenfalls Miethke.[215] Auch haben sowohl Theologen als auch Philosophen auf das Kirchenrecht zurückgegriffen. So hat Ockham in seinen Werken häufig das *Decretum Gratiani* zitiert, wenngleich die kanonistischen Einflüsse in seinem Werk gegenüber theologischen oder philosophischen zurückstehen.[216] Gleichwohl stellte das *Decretum Gratiani* für das konstitutionelle Denken im westlichen Europa einen wichtigen Beitrag dar und bot Anknüpfungspunkte für die Moderne, auch wenn diese vordergründig auf die Antike zurückgriff.[217]

Wichtig für den Bereich der politischen Theorie, insbesondere dann, wenn man nach vordemokratischen Elementen sucht, ist der Gemeinschaftsgeist, der, aus den Zeiten der frühen Kirche stammend, im *Decretum* tradiert wurde. Denn die Prälaten suchten immer den Konsens der Gemeinde, da sie selbst nur Repräsentanten der Gemeinde waren, und das Vorhandensein eines Konsenses zeigte die Führung durch den Heiligen Geist.[218] Das Leben der frühen Christenheit war geprägt von Gemeindetreffen, gemeinschaftlichen Entscheidungen und Wahlen der Vorsteher. Von diesem Gemeinschaftsbewusstsein hat sich noch einiges bis ins 12. Jahrhundert ins *Decretum Gratiani* hinübergerettet.[219] Das damit zusammenhängende Konsensprinzip war grundlegend für die Frage der Gesetzgebungskompetenz. Denn wenn aus dem Konsens der Bürger Gewohnheitsrecht hervorgeht, so gilt dies auch für jede andere Form des Rechts, mit der Folge, dass jedem Volk und jeder Stadt erlaubt ist, sich selbst Recht zu setzen. [220] Die ältere Kanonistik und die politische Philosophie des Mittelalters haben über den Konsens als Grundlage der Beziehung zwischen Herrscher und Beherrschtem nachgedacht und ihre Konsenstheo-

---

[214] Lange, Römisches Recht im Mittelalter, S. 117. *Decretum Gratiani*, d. XXXVII, c.4 (Corpus Iuris Canonici, ed. Friedberg, I, Sp. 135): *Vino inebriantur, qui scripturas sanctas male intelligunt atque perverterunt: sicera, qui abuntur seculari sapientia et dialecticorum tendiculis, que non tam vincula sunt appellanda quam fantasmata, id est umbrae quedam et imagines, que cito pereunt et solvuntur*; c.6 (137): *Sed non in dialectica complacuit Deo salvum facere populum.*

[215] Miethke, *De potestate papae*, S. 14 f.

[216] Tierney, Ockham, the conciliar theory, S. 41.

[217] Tierney, Church Law ..., XIII, 254–256.

[218] Tierney, Religion, Laws, ..., S. 14.

[219] Tierney, Church Law ... , XV, 9.

[220] Meier, Mensch und Bürger, S. 139 f.

rien auf verschiedene politische Gebilde übertragen.[221] Auch in der Frage der Übertragung von Amtsgewalt waren die Kirchenrechtler demokratischen Tendenzen zumindest näher als ihre weltlichen Kollegen. Als Ursprung von Amtsgewalt gaben die Kanonisten in aller Regel die Wahl an.[222] So enthalten die Dekretalen Gregors IX. in Bezug auf die Amtseinsetzung eines Erzbischofs den an die *omnes tangit*-Formel erinnernden Satz *oportet autem, ut ipse, qui illis omnibus praeesse debet, ab omnibus illis eligatur* (Wer allen vorstehen soll, muss auch von diesen gewählt werden).[223] Auf der anderen Seite war ein anderes Element, die Anerkennung von Korporationen, lange vom Kirchenrecht vermieden worden. Das Konzil von Chalcedon hatte derartige Gemeinschaften noch als Verschwörungen verdammt, was auch Eingang ins *Decretum* gefunden hatte.[224] Doch vom 11. Jahrhundert an erhielten Kathedralkapitel immer mehr Vollmachten, vor allem bei der Wahl der Bischöfe, so dass diese Entwicklung schließlich zur Anerkennung solcher und anderer Korporationen führte und diese mit Rechten, insbesondere dem der Wahl ihrer Vorsteher und der eigenständigen Regelung ihrer Angelegenheiten, ausgestattet wurden.[225] Was in dieser Weise über die unteren Einheiten innerhalb der Kirche gesagt wurde, übertrug Nikolaus von Kues später auf die Gesamtkirche und schuf damit die Grundlage für seine konziliaristische Theorie.[226]

Die Kanonistik schlug letztlich eine Brücke zwischen der reinen Theorie und der wirklichen Welt, weil die kirchenrechtliche Denkweise sich konkret und realistisch gab und sich an der Wirklichkeit und tatsächlichen Ereignissen orientierte. Zudem waren Kirchenrechtler meist Praktiker, die in führenden Leitungspositionen von Kirche und Staat tätig waren.[227]

3 Theologie

Es ist für das Mittelalter wenig verwunderlich, dass auch die Theologie nachhaltigen Einfluss auf politische Theorien und die Sicht von der Gesellschaft und ihrer Ordnung hatte. So bildeten die Anschauungen des Augustinus, Gregors des Großen und Isidors von Sevilla die Grundlagen späterer konziliarer Konzepte. Schon im 9. Jahrhundert war der politische Augustinismus stärker

[221] Sieben, Traktate, S. 104.
[222] Tierney, Rights, Laws, . . . , XII, 648.
[223] *Decretales Gregorii IX*, I.11.6. (ed. Friedberg, Bd.2, Sp. 119).
[224] *Decretum Gratiani*, c.11.21 (*Corpus Iuris Canonici*, ed. Friedberg, I, Sp. 632):*Coniurationum et conspirationum crimen, quod apud Grecos dicitur fratria, publicis etiam legibus certum est penitus inhiberi.*
[225] Vgl. Black, Guilds, S. 19.
[226] Sigmund, Nicholas of Cusa, S. 182.
[227] Tierney, Church law . . . , I, 624.

verbreitet als gemeinhin angenommen (Anton), was besonders auf Jonas von Orléans zurückgeht.[228]

Quelle der Erkenntnis war für nahezu alle Themen die Bibel und auf dieser aufbauend die Schriften der Kirchenväter. Der für die politische Theorie besonders wichtige Augustinus wurde bereits mehrfach erwähnt. Strukturell wurde die Dominanz der Theologie dadurch untermauert, dass der Klerus bis weit ins Spätmittelalter hinein das Bildungsmonopol behielt. Gelernt und gelehrt wurde an Kloster- und Domschulen, seit dem Hochmittelalter an Universitäten, deren Lehrer in aller Regel noch Kleriker waren. Dieses Bildungsmonopol der Kirche zerbricht endgültig erst während der Reformationszeit. Der Einfluss von Kirche und Theologie beginnt erst allmählich während des Hoch- und Spätmittelalters zu schwinden, als Universitäten entstanden, die zwar noch eng mit der Kirche verbunden waren, gegenüber den Kathedralschulen der Vergangenheit aber selbständige Körperschaften darstellten. Inhaltlich wird das alleinige Fundament der Bibel ab dem 12. und 13. Jahrhundert durch das römische Recht einerseits und die Schriften des Aristoteles andererseits ergänzt und erweitert. Der christliche Einfluss bleibt jedoch weiterhin spürbar und macht sich vor allem beim Menschenbild der verschiedenen Theorien bemerkbar.

Papst Gregor der Große, aber auch Erzbischof Hinkmar von Reims gingen davon aus, dass alle Menschen zwar ursprünglich gleich geschaffen wurden, doch nach dem Sündenfall eine durch die menschliche Schuld entstandene Unordnung herrschte, der Gott als Mittel die Herrschaft entgegensetzte.[229] Wie viele andere vor ihm[230] so hat auch Ockham die Entstehung des Staates bzw. der staatlichen Gemeinschaft auf die Natur des Menschen, die es infolge des Sündenfalls zu bändigen galt, zurückgeführt.[231] Nach dem Sündenfall war es notwendig geworden, das Zusammenleben der Menschen zu regeln, was mit Erlaubnis oder zumindest mit Duldung Gottes geschah. Die Regierung, die Existenz von Herrschaft ist somit eine Folge der Sünde, Gehorsam gegenüber der staatlichen Autorität damit gleichbedeutend mit Gehorsam gegenüber Gott, auch in Zeit der Verfolgung.[232] Frühe christliche Denker sahen sich denn auch als Teil eines eroberten und unterdrückten Volkes, weswegen sie für den staatlichen Bereich ein Konsens-Konzept gar nicht erst in

[228] Anton, Fürstenspiegel, S. 244.

[229] PL 126, 327–328: *Liquet, inquit beatus Gregorius, quod omnes homines natura aequales genuit, sed variante meritorum ordine, alios aliis culpa postponit. Ipsa autem diversitas, quae accessit ex vitio, divino judicio dispensatur, ut quia omnis homo aeque stare non valet, alter regatur ab altero*; vgl. Anton, Fürstenspiegel, S. 292.

[230] Töpfer, Urzustand und Sündenfall, passim.

[231] Vgl. Pleuger, S. 25. Zu Augustinus und den Aufgaben der Herrschaft nach dem Sündenfall, vgl. auch Stürner, Peccatum und Potestas, S. 77.

[232] Monahan, Consent, S. 28 f.

Betracht zogen.[233] Dabei müssen die Zeitumstände der frühen Kirche berücksichtigt werden. Die ersten Jahrhunderte bedeuteten für viele Christen eine Zeit der Verfolgung, in der sie staatliche Gewalt nicht ausübten, sondern von dieser verfolgt und bekämpft wurden. Dementsprechend interpretierte das frühchristliche Denken die weltlichen Gewalten nicht etwa als Werkzeuge zur Vollendung einer innerweltlichen christlichen Gesellschaftsordnung, sondern als Strafe oder Prüfung Gottes, die es zu erdulden galt. Gehorsam war daher das einzige, was der Untertan der Obrigkeit entgegenzubringen hatte.

Außerdem entwickelten Theologen hierarchische Modelle für Himmel und Erde, welche ihr Denken über die Ordnung der menschlichen Gemeinschaft mitprägte. Vorbildfunktion hatte Augustinus mit seiner Vorstellung vom geordneten Universum, dem mittelalterliche Theologen und Philosophen lange folgten.[234] Eine bedeutende Referenz war Pseudo-Dionysius, der mit der Ausarbeitung einer streng hierarchisch abgestuften Hierarchie des Himmels ein Modell schuf, das auf den weltlichen Herrschaftsapparat übertragen werden konnte und zur Rechtfertigung hierarchischer Strukturen herangezogen wurde.[235] Der Regent wird mit Gott verglichen, denn wie Gott den Menschen Gebote gegeben hat, um die Menschen zu einem Leben in Tugend zu führen, so ist auch der König Gesetzgeber auf Erden.[236]

Die Theologie hielt aber auch eine neue Sichtweise bereit, welche auf die Freiheit des Einzelnen abzielt. Denn waren die Israeliten als Volk aus Ägypten befreit worden, so hat Christus die Menschheit insgesamt wie auch jeden Einzelnen von der Schuld befreit. Gottes Geschenk an die Menschen war der freie Wille, die Freiheit zu wählen, denn ohne die Möglichkeit der Wahl zwischen Gut und Böse wäre der Weg zur Tugend und zum Seelenheil nicht zu beschreiten gewesen,[237] wie Johannes von Salisbury in seinem *Policraticus* zu verstehen gibt.[238] Der freie Wille des Menschen wurde etwa hundert Jahre nach Johannes von Salisbury zum Kernthema der philosophischen Richtung des Voluntarismus, der mit einer sich verstärkenden Individualisierung der Gesellschaft einherging.

Zudem enthielten Altes und Neues Testament Beispiele, auf die politische Theorien gestützt oder an denen Modelle ausgerichtet werden konnten. Die vielgerühmte Mischverfassung mit Elementen von Monarchie, Aristokratie und Demokratie findet Thomas von Aquin bereits im Buch Exodus.[239] Moses habe nicht allein als Monarch das Volk geführt, je sechs Vertreter wurden

[233] Monahan, Consent, S. 44 f.

[234] Vgl. Sigmund, Nicholas of Cusa, S. 43.

[235] Vgl. Miethke, *De potestate papae*, S. 10 f.

[236] Hamilton Bleakley, S. 595 f.

[237] Vgl. Black, Guilds, S. 41.

[238] Johannes von Salisbury, *Policraticus*, VII, 25, (ed.Webb, II, S. 217–218).

[239] Ex 18,21; Deut 1,13; Numeri 11,24; vgl. Thomas von Aquin, *Summa Theologica*, I–II, qu. 105,1 (Deutsche Thomas-Ausgabe, Bd. 13, S. 418 ff.

aus jedem der zwölf Stämme gewählt und bilden so das aristokratische Element mit einer demokratischen Legitimation.[240] Wesentlich grundsätzlicher argumentiert Nikolaus von Kues für den Respekt vor dem freien Willen eines jeden Menschen. Konsens war für ihn unabdingbare Voraussetzung zur Errichtung jeder politischen Autorität. Sogar Gott habe menschliche Zustimmung eingeholt, denn Christus wurde von Maria mit ihrem Einverständnis geboren.[241] Deswegen sei auch nur der zu wahrer Herrschaft berufen, der aus einem reinen Konsens der Kirche oder einer menschlichen Gemeinschaft hervorgeht ohne irgendwelche Gewalt oder Korruption, so wie auch Christus durch die Liebe in die Welt gekommen sei.[242] Nur der Gewählte sei daher gemäß dem Beispiel Christi Herrscher.[243]

4 Philosophie

Ebenso wie die Juristen den Philosophen die Kompetenz absprachen, in Fragen des Staatswesens als Ratgeber der Fürsten zu fungieren oder als schreibende Experten beachtenswerte Traktate zu verfassen, so glaubten auch umgekehrt die Philosophen an ihre Überlegenheit gegenüber den Juristen auf diesem Gebiet. Mit Hilfe der „Politik" des Aristoteles schließlich hofften Theologen und Philosophen das einträgliche Monopol, das Juristen in der politischen und rechtskundigen Beratung der Fürsten hatten, zu unterlaufen. Roger Bacon schätzte die Kompetenz der Philosophen in Fragen des Staatswesens deshalb höher ein, weil den Juristen mit dem *Corpus Juris Civilis* lediglich eine Quelle positiver Gesetze zur Verfügung stand, während die Philosophen auf die aristotelische „Politik" zurückgreifen konnten, welche geeignet war, über die Ursachen von Recht, Gerechtigkeit und Frieden Auskunft zu geben und mit deren Hilfe man ein vollkommenes Gemeinwesen errichten konnte.[244] An dieser Sichtweise wird deutlich, welche Bedeutung die Wiederentdeckung der aristotelischen Schriften für die damalige Wissenschaft hatte. In erster Linie war es nicht Wissen, das man sich aus der Lektüre

---

[240] Vgl. Mikat, Gesetz und Staat, S. 455 f.

[241] Nikolaus von Kues, *De Concordantia Catholica*, III, praef.,§ 290 (ed. Kallen, S. 326): *Est etiam ab homine, ut Christus verus virginis Mariae filius. Unde ex incorrupta et intemerata Virgine eius liberali consensu interveniente, dum diceret: «Fiat mihi secundum verbum tuum», Christus nascitur, deus et homo*; vgl. Watanabe, The Political Ideas, S. 45.

[242] Nikolaus von Kues, *De Concordantia Catholica*, III, praef.,§ 290 (ed. Kallen, S. 326): *Ad instar huius ex unica incorrupta ecclesia sive congregatione hominum ex purissimo consensu prodire debet verus principatus, non ex aliqua violentia, non ex ambitione aut pravitate simoniaca, sed ex puritate, qua Christus in mundum per amorem salutis populi dignatus est venire.*

[243] Nikolaus von Kues, *De Concordantia Catholica*, III, praef.,§ 290 (ed. Kallen, S. 326): *Et dum sic per Christum, qui est ostium verum, ad principatum quis eligitur et vocatur et secundum Christi exemplum cum humilitate acceptatur* … .

[244] Meier, Mensch und Bürger, S. 127.

aneignen konnte, vielmehr war es eine Methode und ein neues Vokabular als Handwerkzeug, dessen sich die mittelalterlichen Rezipienten bedienten. Auf diese Weise beeinflussten auch die mittelalterlichen Kommentare zur aristotelischen Ethik die Entwicklung der politischen Theorie. Sie lieferten keine politischen Positionen, sondern Begriffe, Definitionen und Argumente, welche der einzelne Autor angesichts konkreter Konflikte zu einem besonderen Zweck verarbeiten konnte.[245] Doch dem Interesse der Auftraggeber kamen die Juristen im späten Mittelalter eher entgegen, da sie imstande waren, mit ihren auf alte Gesetze gestützten Argumentationen der Realität den Anschein von Legitimität zu verleihen.

4.1 Antike Wurzeln

Neben Aristoteles gab es auch weitere in die klassische Antike zurückreichende Wurzeln, welche die politische Theorie des Mittelalters beeinflussten. In der islamischen Welt und bei jüdischen Autoren beispielsweise rezipierte man ebenfalls die Werke des Aristoteles. In Fragen der politischen Philosophie folgte man indes Platon, wohingegen die aristotelische „Politik“ bei muslimischen und jüdischen Theoretikern keine Rolle spielte.[246] Auch im Westen hatte sich schon vor der Aristoteles-Rezeption eine Konzeption von königlicher Herrschaft etabliert, die auf Isidor von Sevilla, Augustinus und auf der antiken stoischen Staatsphilosophie aufbaute.[247] Mit der Rezeption der Werke des Aristoteles im 13. Jahrhundert rückten auch andere Modelle vorchristlichen Ursprungs ins Blickfeld der Theoretiker. Aufbauend auf Zweckmäßigkeitsüberlegungen und dem häufigen Vergleich eines Staatswesens mit dem menschlichen Organismus[248] werden ideale Herrschaftsstrukturen abgeleitet und zu den entsprechenden entarteten Formen abgegrenzt.

a) Griechische und römische Tradition

Nicht nur im Orient, auch in der lateinischen Christenheit des Abendlandes blieb nicht nur Aristoteles, sondern auch die auf Platon und Cicero zurückgehende griechisch-römische Überlieferung lebendig.[249] So konstatiert Hamilton Bleakly auch für einen der ersten Aristoteles-Kommentatoren, Thomas von Aquin, einen starken römischen Einfluss. Seine Diskussion von Eintracht und Einheit sei eine Zusammenführung griechischer und römischer Traditionen. Ein Beispiel dafür sei seine Betonung von Frieden und der Tugend des Herrschers in *De regimine principum*.[250] Sigmund sieht auch bei Marsilius

[245] Lambertini, Politische Fragen, S. 127.
[246] Fortin, Politique et Philosophie, S. 149 f.
[247] Hannig, *Consensus fidelium*, S. 215.
[248] Vgl. *Tilman Struve*, Die Entwicklung der organologischen Staatsauffassung im Mittelalter, Stuttgart 1978.
[249] Vgl. dazu passim: Nederman, The Ciceronian Tradition.
[250] Hamilton Bleakly, Aquinas *De regimine principum*, S. 593.

von Padua starke Elemente des platonischen Rationalismus und nennt als Beispiele die Überlegenheit der Wahlmonarchie und die völlige Unterwerfung des Regenten unter den Gesetzgeber.[251] Seit etwa 1300 hatte sich das Nebeneinander von aristotelischem Naturalismus und stoischem Konventionalismus verfestigt.[252] Die Rechtsgeschichte des hohen Mittelalters war wegen der Abneigung der Juristen gegen Aristoteles ohnehin eng mit Geschichte der platonischen Philosophie in dieser Zeit verbunden.[253] Watanabe spricht sich ebenfalls gegen die gängige Interpretation aus, das Mittelalter sei die Zeit des Aristoteles, während die Renaissance die Zeit Platos gewesen sei. Im Gegenteil sei weder Plato im Mittelalter noch Aristoteles während der Renaissance vergessen gewesen.[254] Wie von Sigmund nachgewiesen, bildet der Neuplatonismus einen der Traditionsströme für Nikolaus von Kues, der die platonischen Theorien über die hierarchische Struktur der Welt ebenso verarbeitet wie die Kirchenrechtsüberlieferung von Konsens und Repräsentation.[255] Neben Platon als Vertreter der griechischen Tradition ist Cicero als Vertreter der römischen zu nennen, dessen Werke (*De officiis* und *De inventione*) im abendländischen Mittelalter weit verbreitet waren.[256] Seine politische Theorie wurde während des 11. und 12. Jahrhunderts aufgenommen und seine Auffassung vom Staat als freiwilligem Zusammenschluss der Menschen unter dem Gesetz wurde schon von Petrus Abaelardus geteilt.[257] Cicero war somit für das Mittelalter ein Mittler, durch den das platonische Denken in die abendländische Philosophie Eingang fand. In der Spätantike und im Frühmittelalter waren es die Kirchenväter, die auf Cicero aufbauten.[258] Außerdem sind Dionysius Areopagita und Eriugena zu nennen, vor allem aber Boethius.[259] Später finden sich Zitate aus seinen Werken noch bei Alkuin und Otto von Freising.[260] Dabei steht die auf Cicero zurückgehende Tradition keineswegs im Gegensatz zur aristotelischen. Der aus der Vernunft geborene

[251] Sigmund, Nicholas of Cusa, S. 194.

[252] Tierney, Religion, Laws, ..., S. 35.

[253] Luscombe, Ethics and Politics, S. 83.

[254] Watanabe, The Political Ideas, S. 34.

[255] Sieben, Traktate, S. 65; Sigmund, Nicholas of Cusa, passim.

[256] Nederman, Ciceronian Tradition, S. 6 f.

[257] Luscombe, Ethics and Politics, S. 81. Petrus Abaelardus, Theologia Christiana II, 43 (ed. Bytaert, S. 149), Z. 585–592: *Quod si post fidem ac moralem doctrinam philosophorum finemque seu intentionem recte uiuendi ab eis assignatum, uitam quoque ipsorum inspiciamus, et quam diligenter rei publicae statum instituerint atque ipsorum ciuium simulque conuiuentium uitam ordinauerint, reperiemus ipsorum tam uitam quam doctrinam maxime euangelicam seu apostolicam perfectionem exprimere, et a religione Christiana eos nihil aut parum recedere*; auf Plato und Sokrates nimmt Abaelard in den folgenden Abschnitten mehrfach ausdrücklich Bezug.

[258] Vgl. Sigmund, Nicholas of Cusa, S. 39.

[259] Vgl. ebd., S. 46 und S. 52 f.

[260] Stürner, Peccatum und Potestas, S. 187.

Zusammenschluss der Menschen und die aristotelische Auffassung von der natürlichen Veranlagung des Menschen zum Zusammenleben schließen einander nicht aus. Engelbert von Admont begreift den Menschen als *animal rationale*, der zwar seinen natürlichen Bedürfnissen bei der Staatsgründung folge, doch geschehe dies nicht ohne Mitwirkung der Vernunft, welche die Menschen zu diesem Zweck einen Gesellschaftsvertrag schließen lässt, wie schon bei Cicero.[261] Engelbert vermengt damit die Traditionen Ciceros und des Aristoteles, ohne allerdings auf die dritte im Mittelalter gebräuchliche Theorie der Staatswerdung nach dem Sündenfall einzugehen. Er begreift die Menschen als aufgeklärte Subjekte, die sich durch den Antrieb der Natur und der Vernunft zusammenschlössen und aus ihrer Mitte den Besten zum Herrscher bestimmten.[262]

b) Die Aristoteles-Rezeption

Ein einschneidendes Ereignis der mittelalterlichen Philosophiegeschichte, welches für die politische Theorie von großer Bedeutung ist, stellt die Rezeption der Werke des Aristoteles dar. Da dessen Werke nicht durchgehend im Mittelalter rezipiert wurden, wirkte ihre Wiederentdeckung wie eine Neuerung, nicht wie die Weiterführung einer Tradition. In der zweiten Hälfte des 13. Jahrhunderts übersetzte Wilhelm von Moerbeke die „Politik" des Aristoteles ins Lateinische. Andere Werke, wie die „Nikomachische Ethik" waren bereits kurz zuvor bekannt und aus dem Griechischen übertragen worden. Sogleich begannen führende Gelehrte diese Werke zu bearbeiten, Albertus Magnus und sein Schüler Thomas von Aquin waren die ersten, die Kommentare zur aristotelischen „Politik" schrieben. Thomas von Aquin hat die aristotelische Philosophie mit dem christlichen Glauben verbunden und so die Grundlage geschaffen für das kirchliche Denken der kommenden Jahrhunderte.[263] So bezieht sich Thomas auch in seinem Fürstenspiegel ausführlich auf Aristoteles, weshalb dieses Werk kaum zur klassischen Fürstenspiegelliteratur gezählt werden kann, sondern eher in die Nähe der Aristoteles-Kommentare rückt. In *De regno principum* wird erstmalig im 13. Jahrhundert in systematischer Absicht die aristotelische „Politik" auf die zeitgenössische mittelalterliche Welt angewandt. Thomas will hier nicht einfach eine Liste von Verhaltensregeln liefern, sondern die Verfassung der menschlichen Gesellschaft systematisch erfassen.[264] Ebenso hat Marsilius von Padua den *philosophus* (Aristoteles) auf seine Gegenwart angewandt und dessen wissenschaftliche Methode zur politischen Analyse seiner Zeit benutzt.[265] Er hat seine Frage nach dem Frie-

[261] Vgl. Ubl, Engelbert von Admont, S. 165.
[262] Ubl, Engelbert von Admont, S. 132 f.
[263] vgl. Watanabe, The Political Ideas, S. 42.
[264] Miethke, *De potestate papae*, S. 30 f.
[265] Miethke, *De potestate papae*, S. 207.

den in der politischen Organisation ganz nach den aristotelischen Prinzipien und Begriffen zu beantworten versucht.[266]

Die Werke des Aristoteles waren ab etwa 1270 an den Universitäten bekannt und verfügbar. Dies war das entscheidende Element, die politische Theorie als Wissenschaftszweig an den mittelalterlichen Universitäten zu etablieren.[267] Für die politische Wissenschaft war die Wiederentdeckung des Aristoteles eine Befreiung und eine Hinwendung zum vernunftbegründeten Staat.[268] Dennoch waren ältere Theorien damit keineswegs in Vergessenheit geraten, wenn auch die große Bedeutung der Aristoteles-Rezeption nicht unterschätzt werden darf.[269]

Doch mit Aristoteles wurde nicht etwa nur ein antiker Autor gelesen und seine Ideen und Methoden aufgenommen und angewandt. Wird ein Autor, noch dazu aus einer fernen Zeit, gelesen, interpretiert und in einer bestimmten Art und Weise reflektiert, so wird das Denken dieses Menschen in die Gegenwart der Rezipienten übertragen, wie es der Autor womöglich nicht vermutet hätte. Er wird als Autorität herangezogen, auf deren Schultern die Nachfolger weiterdenken können.[270] Dabei wird Aristoteles auch gerne als Stütze für Theorien herangezogen, die bei ihm selbst nicht zu finden sind. Marsilius von Padua beispielsweise und der ihm folgende Nikolaus von Kues haben Konsenstheorien in die aristotelischen Schriften hineingelesen, wo sie nicht vorhanden waren.[271]

Die ersten sieben Kommentare zur „Politik" hatten jedoch kaum eine andere Bestimmung, als die aristotelischen Texte im literarischen Sinne zu erklären.[272] Doch schon bei Albertus Magnus zeigen sich Bedeutungsverschiebungen gegenüber der aristotelischen „Politik". Für ihn ist der Stadtherr nicht nur Herrscher gegenüber den Bürgern, sondern auch Untertan gegenüber dem König.[273] Hier werden die veränderten Herrschaftsverhältnisse seit der Zeit des Aristoteles deutlich. Während Aristoteles den antiken Stadtstaat mit dem Staat gleichsetzt, ist die Stadt in der Zeit des Albertus Magnus ihrerseits Teil eines übergeordneten Herrschaftsverbandes. Probleme bereitete den mittelalterlichen Interpreten des Aristoteles allerdings dessen Sklaventheorie, die für die christlichen Interpreten zum Problem werden musste. Es wurde sogar teilweise versucht, diese konsequent als natürliche Herrschaftstheorie umzudeuten.[274] Oresme löst das Problem auf der definitorischen Ebene. Er beginnt

[266] Miethke, *De potestate papae*, S. 212.
[267] Vgl. Lagarde, Bd. 2, S. 15.
[268] Gilby, Principality and Politics, S. 78.
[269] Watanabe, The Political Ideas, S. 44.
[270] Vgl. Cattin, L'anthropologie politique, S. 15.
[271] So jedenfalls Sigmund, Nicholas of Cusa, S. 194.
[272] Fortin, Politique et Philosophie, S. 150.
[273] Meier, Mensch und Bürger, S. 69.
[274] Flüeler, Rezeption, S. 78.

mit der Feststellung, dass ein Mensch, der seinen Verstand benutzen könne, von Natur aus frei sei, da sein Wille keinem Geschöpf, sondern nur Gott untertan sein könne.[275] Einerseits sei bei der Schöpfung noch keine naturgegebene Knechtschaft vorhanden gewesen. Andererseits erfordere die zwischenmenschliche Interaktion auch die Unterordnung von Menschen unter andere. So kommt er schließlich dazu, dass es vor der gesetzlichen Knechtschaft, deren Vorhandensein er konstatiert, eine natürliche geben müsse,[276] allerdings keine totale, insbesondere keine Knechtschaft des Körpers, wohl aber eine der Güter, gewissermaßen schuldrechtliche Abhängigkeiten, als die er Tributverpflichtungen bzw. Steuerpflicht beispielhaft nennt.[277]

Die Juristen jedoch blieben im Gegensatz zu Theologen und Philosophen weitgehend „Aristoteles-resistent".[278] Einzig Bartolus von Sassoferrato hat in einem seiner Werke (*De Regimine Civitatis*) versucht, römisches Recht mit der politischen Philosophie des Aristoteles zusammenzubringen. Er wandte das sechsteilige Schema der Staatsformen auf die ihn umgebende Wirklichkeit an und fragte nach der dem Gesetz gemäßen besten Staatsform.[279] So sehr die Wiederentdeckung der Werke des Aristoteles im späten Mittelalter für die damaligen Gelehrten als eine Neuerung erschienen sein mag, so waren damit noch keineswegs die althergebrachten Vorstellungen von Herrschaft und Gesellschaft Vergangenheit. Die aristotelischen Thesen eröffneten neue Wege der Argumentation, doch die alten Modelle verloren nicht ihre Gültigkeit. Vielmehr versuchten mittelalterliche Autoren den alten und den neuen Ansatz zu berücksichtigen und beide zu verbinden.[280] Die vorgefundene Wirklichkeit wurde mit den Worten und Begriffen des Aristoteles beschrieben.

4.2 Grundlagen der staatlichen Gemeinschaft

Die politische Philosophie des Mittelalters, ob sie nun in der neuplatonischen oder der aristotelischen Tradition verwurzelt war oder sich aus beiden speiste, befasste sich mit der Basis, welche das Fundament der menschlichen Ge-

[275] Nicolas de Oresme, *Livre de Politiques* I, 6 (ed. Menut, S. 59a): *Et en ceste maniere tout homme qui a usage de raison est franc par nature, car sa volenté ne est subjecte ne serve a quelcunque creature mes seulement a Dieu.*

[276] Nicolas de Oresme, *Livre de Politiques* I, 6 (ed. Menut, S. 60a): *Et par ce que dit est appert que servitute naturele est premier et devant servitute legale ou de lay ou qui vint de jure gencium. Car sans servitute naturel ne peut estre communication humaine.*

[277] Nicolas de Oresme, *Livre de Politiques* I, 6 (ed. Menut, S. 60a): *Item, encor mettray je une autre distinction, car aucun peut estre serf du tout, de corps et de beins et a tousjours, et aucun non pas du tout, mes seulement de biens ou de tous ou de partie, si comme par tribut, ou a certain temps ou a certaine œuvre, et par louage, etc.Et selon ce peut estre un homme simplement serf ou simplement franc ou moiennement. Et le moyen peut estre varié en moult de manieres, tant en servitute naturel comme en servitute legal.*

[278] Walther, Aegidius Romanus und Jakob von Viterbo, S. 152.

[279] Blythe, Ideal Government, S. 172.

[280] Stürner, Peccatum und Potestas, S. 234.

sellschaft bildete. Man darf dabei nicht vergessen, dass Philosophiegeschichte nicht losgelöst von der politischen Geschichte betrieben werden kann. Denn die Einflüsse antiker Philosophen oder neuartiger Konzepte wurden nicht selten überlagert von persönlichen Erlebnissen, politischen oder wirtschaftlichen Krisen oder der Parteistellung eines Denkers in einem konkreten Konflikt. Ein Beispiel ist Wilhelm von Ockham. Tierney stimmt Kölmel darin zu, dass Ockhams Naturrechtstheorie eher von den Zeitumständen, insbesondere dem Streit mit dem Papsttum, beeinflusst wurde als von seinem Voluntarismus.[281] Nicht zufällig entstanden die politischen Werke Ockhams ausnahmslos nach seiner Flucht aus Avignon, während er zuvor als eher unpolitischer Philosoph und Theologe, insbesondere als Logiker tätig war.

a) Metaphysik

Die Suche nach der besten Staatsform wurde oftmals bei der grundsätzlichen Betrachtung der Natur und des Universums begonnen. Die Sicht vom Universum als einer hierarchischen Ordnung stammte aus der mystischen Theologie und dem Neuplatonismus.[282] Der nächste Schritt war getan, wenn man die Ordnung des Universums mit der Herrschaftsordnung der menschlichen Gesellschaft gleichsetzte. Eine solche metaphysische Herrschaftsbegründung findet sich als eines von vielen Beispielen bei Petrus von Alvernia. In der gesamten Natur finde sich Herrschendes und Beherrschtes, Bewegendes und Bewegtes, und je mehr Bewegendes und Bewegtes voneinander getrennt seien, umso mehr ließe sich der Grund der Herrschaft finden. Der erste Beweger im Universum entspricht dem Hausherrn in seinem Haus.[283] Dies entspricht einer traditionellen Sichtweise, die auch Hinkmar von Reims und Gregor der Große schon vertreten hatten. Da das gesamte Universum, mithin die ganze Schöpfung, einschließlich der Engel, die vom Sündenfall nicht betroffen waren, hierarchisch geordnet sei, gingen mittelalterliche Autoren davon aus, dass ohne Hierarchie keine Kreatur bestehen könne.[284] Ebenfalls mit einem Verweis auf das Universum und seine Hierarchie begründet Dante seine Forderung nach der Weltmonarchie, die mit der einen Menschheitsseele einhergehe, die sich wiederum an der Lehre des Averroes von der Einheit der menschlichen Vernunft anzulehnen scheint.[285]

Die Vernunft ist auch der Ansatzpunkt für Albert den Großen. Für ihn ist die menschliche Vernunft die *causa efficiens* der Struktur einer politischen

[281] Tierney, Rights, Laws, …, XIV, 15.

[282] Sigmund, Nicholas of Cusa, S. 309. Sigmund nennt den Neuplatonismus als eine der Quellen, aus der Nikolaus von Kues geschöpft habe. Hofmann, Repräsentation, S. 311, Anm. 141, hält Sigmunds Ausführungen in diesem Punkt für übertrieben.

[283] Flüeler, Rezeption, S. 61 f.

[284] Stürner, Peccatum und Potestas, S. 114.

[285] Vgl. Ottmann, Bd. 2,2, S. 155.

Ordnung. Die Vernunft ist ihrerseits nicht autonom, sondern in die Weltordnung einbezogen und bedeutet in ihrem vollkommenen Zustand den Besitz eines Verständnisses des Guten und Rechten.[286]

Doch war es gerade auch die Abkehr von der vernunftorientierten neuplatonischen Lehre, welche einen Wendepunkt in der Geistesgeschichte markierte. Die Auffassung vom Abbild der Himmelshierarchie als Vorbild für die menschliche Ordnung und die Betonung der Vernunft sah konsequenterweise auch das Recht als vorgegeben und durch die Vernunft erfassbar an. Erst die Aufgabe dieser Sichtweise unterstellte das Recht der menschlichen Verfügbarkeit und verlieh so der staatlichen Gemeinschaft Gesetzgeberqualität.[287]

b) Die Natur des Menschen – *animal sociale*

Aristoteles hingegen hatte die Grundlegung des Staates nicht im Universum gesucht, sondern mit der Natur des Menschen argumentiert. Dieser sei ein soziales Wesen, das die Gemeinschaft mit den Artgenossen suche und sich in einer arbeitsteiligen Gesellschaft organisiere, in der sich die einzelnen Glieder gegenseitig ergänzten. Kurz gesagt: der Mensch ist ein Herdentier. Diese Lehre vom Menschen als einem *animal sociale* hat Thomas von Aquin rückhaltlos übernommen. Die Gesellschaft, so interpretiert ihn Cattin, sei gewissermaßen im Innern des Menschen, sie ist Bestandteil seiner selbst und Ausdruck seiner Menschlichkeit. In der Einsamkeit könne der Mensch nicht vollständig Mensch sein.[288] Daraus folge die Natur der politischen Gewalten. Denn der Staat erscheint als eine Erweiterung der menschlichen Essenz, als eine sichtbare Form dessen, was der Mensch in sich trägt. Der Staat und die Gesellschaft insgesamt bilden als Ganzes eine Verallgemeinerung der natürlichen Lebensweise eines Wesens, dessen Natur es ist, in Kontakt mit anderen zu treten.[289] Dem Menschen sei eine natürliche Dynamik eigen, die ihn zur Gemeinschaft dränge, ebenso wie er einen natürlichen Drang zur Tugend habe.[290] Schon sein Lehrer Albertus Magnus hatte sich die aristotelische Sichtweise zu Eigen gemacht. Die Menschen lebten nicht aus Zufall, sondern aus Notwendigkeit in einer politischen Gemeinschaft. Dies ist eine Wesensbestimmung, die den Menschen definiere, weil sich das Maximum dessen, was den Menschen auszeichne, in der Stadt verwirkliche.[291] Ohne die Ge-

---

286 Pierpauli, *Ordo naturae*, S. 328.

287 Vgl. Homann, *Totum posse*, S. 9.

288 Cattin, L'anthropologie politique, S. 95.

289 Ebd. S. 118.

290 Thomas von Aquin, *Sententia libri politicorum*, I,1 (lect.32): … *concludens ex praemissis, quod in omnibus hominibus inest quidam naturalis impetus ad communitatem civitatis sicut et ad virtutes*; Cattin, L'anthropologie politique, S. 192.

291 Albertus Magnus, *Commentarius*, I, 1 (Opera Omnia 8, ed. Borgnet, S. 13): *Prima est, quod finis omnium quae sunt ad finem, naturalissimus est illi cujus finis est: civilis communicatio finis est omnium communicationum quae sunt ad finem hominis secundum hominis naturam* … (S. 15): *unde si homo communicans isti civitati, optimus est, non communi-*

setze und die Gerechtigkeit der Gemeinschaft sei der Mensch hingegen das schlimmste aller Lebewesen.[292] Das politische Zusammenleben der Menschen sei dem Menschen in natürlichster und vollkommenster Weise eigen.[293] Politische Theoretiker erkannten im Zusammenleben der Menschen nicht nur die Wirklichkeit der menschlichen Gesellschaft, sondern erhoben diese Erkenntnis in der Nachfolge des Aristoteles zum Ideal, das sie weiterentwickelten und mit Forderungen für die Wirklichkeit oder mit idealisierenden Interpretationen verbanden. In Stadt und Land (*regio*) lebten die Menschen zusammen, so Johannes Quidort. Wegen des Gemeinwohls begäben sie sich unter die Herrschaft eines Königs, eine Regierungsweise, die sich aus dem Naturrecht ableite, weil der Mensch von Natur aus bürgerliches, politisches und soziales Wesen sei.[294] Keine Folge des Sündenfalls, sondern, so ist es auch bei Nikolaus von Kues oder Engelbert von Admont zu lesen, mit der Schöpfung bereits gegeben sei die soziale Ordnung des Menschen.[295] Der Mensch wurde in der Vorstellung christlich geprägter Aristoteliker als ein von Gott als soziales We-

---

cans, malus est, et mnus communicans pejor est, et nullo modo communicans pessimus est; Super Ethica,V, lect.4, c.6, (Opera Omnia 14,1, ed. Kübel, S. 326): *Praeterea, dicit Philosophus, quod homo est politicum animal natura; ergo illud quod perficit ipsum in civilitate, perficit ipsum in bonitate sua naturali; sed ex hac dicitur bonus vir; ergo idem est utrumque dictorum*; vgl. Schmidt, Politische Theorie, S. 348.

292 Albertus Magnus, *Commentarius*, I, 1 (Opera Omnia 8, ed. Borgnet, S. 15): *Perfectum autem est, quod attingit ultimam perfectionem communicatione civili, quae optima est et naturalissima. Sic e contrario, separatum a lege et justitia civili acceptum animal homo, pessimum est omnium animalium.*

293 Albertus Magnus, *Commentarius*, I, 1 (Opera Omnia 8, ed. Borgnet, S. 14): *Ergo communicatio politica et oeconomica naturalissimae sunt homini. Sic ergo habentur duae conclusiones, quod politica communicatio naturalissima et perfectissima est hominis.*

294 Johannes Quidort, *De regia potestate*, cap. 1 (ed. Bleienstein, S. 77): *Ex quibus praedictis patet homini necessarium et utile in multitudine vivere et maxime in multitudine quae sufficere potest ad totam vitam, ut est civitas vel regio, et praecipue sub uno principante propter bonum qui rex dicitur. Et patet etiam quod hoc regimen derivatur a iure naturali, ex eo scilicet quod homo naturaliter est animal civile seu politicum et sociale in tantum …*
.

295 Mohr, Unitas Christiana, S. 170. Nikolaus von Kues, *De Concordantia Catholica*, III, prooemium § 268 (ed. Kallen, S. 313): *Si quis ab exordio fundamenta nostro proposito non tam utilia quam necessaria investigare curaret, essent petenda illa ipsa principia, in quibus vel Aristotelis, Platonis, Tullii ac aliorum omnium sapientum, dum de ordinatis politicis, oeconomicis aut monarchicis regiminibus scripsere, radices posuerunt. Naturalia quidem iura cunctas humanas considerationes et antecedunt et ad omnia illa principia sunt*; Engelbert von Admont, *De ortu*, cap. 2 (ed. Baum, S. 16–17): *Primus itaque ortus regnorum et principatum secundum hunc ordinem et modum naturae ab initio talis fuit, quod homines primae aetatis mundi quasi natura instigante et ratione ac experientia naturalis indigentiae compellente in locis et terminis securioribus, in quibus sub conformitate linguae et vitae ac morum simul in unum congregati cohabitant multitudinem regendam, salvandam ac conservandam omnibus praeficiebant et ita sub pacto vinculo subiectionis ad se ergendos, salvandos et conservandos oboediebant et intendebant sicut Tullius praeclare scribit.*

sen konzipiertes Geschöpf begriffen, womit antik-philosophische sowohl mit biblischen Elementen wie auch mit Beobachtungen der Wirklichkeit vereint wurden.

Demgegenüber sah man seit Augustinus die Errichtung der staatlichen Ordnung und die Einführung von Herrschaft als unmittelbare Folge des Sündenfalls.[296] Bereits mit der Schöpfung sind staatliche Ordnung und die politisch orientierte Wesenhaftigkeit des Menschen in dieser Vorstellung noch nicht intendiert. Die Tradition Ciceros verschiebt den Blickpunkt und bildet einen Mittelweg zwischen der augustinischen Sündenfall-Theorie und der aristotelischen Lehre von der Natur des Menschen. Es sei zwar keine naturgegebene Notwendigkeit für die Menschen, sich zusammenzuschließen, doch hätten die Menschen einen gewissen Hang dazu, letztlich erfolge der Zusammenschluss aus freiem Willen.[297] Der oben zitierte Johannes Quidort beispielsweise verbindet die aristotelische Naturrechtslehre mit der auf Cicero zurückgehenden rationalistischen Vertragstheorie.[298] Ausdrücklich zitiert er sowohl Cicero als auch Aristoteles, als er das Gemeinschaftsleben vernunftbegabter Menschen von dem Leben der Tiere unterscheidet.[299] Die Sündenfallproblematik hingegen und die aristotelische Sichtweise von der Natur des Menschen weiß Thomas von Aquin durchaus miteinander zu verbinden. Aus der Sozialnatur des Menschen folgt nämlich die Notwendigkeit einer Autorität. Infolge des Sündenfalls aber sei diese Autorität durch eine *potestas coactiva*, eine Zwangsgewalt, zu verschärfen.[300] Dies ergibt sich aus der Zweckbestimmung staatlicher Gewalt, deren Zusammenhang mit dem Leben der Menschen Thomas in seinem Politikkommentar streift. Der Mensch solle

---

[296] Vinzenz von Beauvais und Wilhelm Peraldus sind spätmittelalterliche Beispiele für Vertreter der Sündenfall-Theorie, vgl. Ubl, Engelbert von Admont, S. 62 f.

[297] Vgl. Nederman, Ciceronian Tradition, S. 6.

[298] Bleienstein, Johannes Quidort, S. 31 f.

[299] Johannes Quidort, *De regia potestate*, cap. 1 (ed. Bleienstein, S. 77–78): … *Et Tullius consimilia dicit in principio Veteris Rhetoricae, et Philosophus dicit de talibus in Politicis quod non vivunt ut homines sed ut dii vel bestiae. Et cum per verba communia ad vitam communem naturaliter eis convenientem, ut visum est, a vita bestiali non possent homines huiusmodi revocari, homines magis ratione utentes, eorum compatientes errori, ad vitam communem sub uno aliquo ordinatam rationibus persuasoriis revocare conati sunt, ut dicit Tullius, et ita revocatos certis legibus ad vivendum communiter ligaverunt, quae quidem leges hic ius gentium dici possunt. Et sic patet quod huiusmodi regimen a iure naturali et gentium derivatur.*

[300] Thomas von Aquin, II. Sent. dist. 44, qu.1, art.3 (Opera Omnia 8, ed. Fretté/Maré, Paris 1873, S. 587a):*Et ideo talis praelatio hominis ad hominem ante peccatum non fuisset; sed prima praelatio, quae ordinatur ad utilitatem subditorum, fuisset ibi quantum ad aliquem usum, non quantum ad omnes. Est enim praelatio, ad dirigendum subditos in his quae agenda sunt, et ad supplendum defectus, ut quod populi a regibus defendantur; et iterum ad corrigendum mores, dum mali puniuntur, et coacte ad actus virtutis inducuntur*; vgl. Mohr, Unitas Christiana, S. 181.

nicht einfach nur leben, er solle gut leben und durch die Gesetze der Gemeinschaft bzw. des Staates zur Tugend gelenkt werden.[301] Da aber die Gemeinschaft bzw. der Staat (*civitas*) nichts anderes sei als eine Versammlung von Menschen, folge daraus, dass der Mensch von Natur aus ein Gemeinschaftswesen (*animal civile*) sei,[302] womit er die von ihm kommentierte Ansicht des Aristoteles bekräftigt. Er geht sogar weiter und verlegt die Entstehung der *civitas* vor den Sündenfall, ja sogar vor die Erschaffung des Menschen. Da der Mensch nicht ohne die staatliche Gemeinschaft leben könne, so müsse diese Gemeinschaft der Natur nach dem einzelnen Menschen vorausgehen.[303] Sein Schüler Tolomeo de Lucca ist ihm darin gefolgt, und auch er sieht den Menschen natürlicherweise als soziales Wesen, das schon im Zustand der Unschuld Vorsteher gekannt habe, auch wenn dies damals noch nichts mit Herrschaft und Knechtschaft zu tun gehabt hätte. Der Mensch solle, da er *animal sociale* und auf sein Gegenüber hingeordnet sei, eine Lenkung des Ratens und Leitens erstreben, wie es sie bei den Engeln gäbe,[304] womit Tolomeo zugleich die Brücke zum Himmelsabbild geschlagen hat.

Die aristotelische Idee von der sozialen Natur des Menschen findet sich im späten Mittelalter außer bei Thomas von Aquin bei verschiedenen anderen Autoren. Jakob von Viterbo, ein Parteigänger Bonifaz' VIII., sieht in den staatlichen Gewalten zwar Einrichtungen menschlichen Rechts, die aber ihren Ursprung in der Natur haben. Es liege in der Natur des Menschen, mehr als bei Tieren, in Gemeinschaft zu leben, und zudem habe der Mensch ei-

[301] Thomas von Aquin, *Sententia in libri politicorum*, I, 1, lect.23 (Opera Omnia 48, 77–78): ... *set ex eius esse provenit quod homines non solum uiuant, set quod bene uiuant in quantum per leges ciuitatis ordinatur uita hominum ad uirtutem.*

[302] Thomas von Aquin, *Sententia in libri politicorum*, I, 1, lect.26 (Opera Omnia 48, 78): ... *et cum ciuitas non sit nisi congregatio hominum, sequitur quod homo sit animal naturaliter ciuile.*

[303] Thomas von Aquin, *Sententia in libri politicorum*, I, 1, lect.31 (Opera Omnia 48, 79): ... *ita nec unus homo est per se sufficiens ad uiuendum separatus a ciuitate. Relinquitur ergo ex premissis quod ciuitas est prius secundum naturam quam unus homo.*

[304] Tholomeo de Lucca, *Determinatio compendiosa*, XVII (ed. Krammer, S. 36): *Licet enim in hominibus etiam in statu innocentiae fuisset prelatio, sed alio intuitu et secundum aliam rationem, quia non in quantum dominium opponitur servituti, quia hoc est penale, sed offitio consulendi et dirigendi, sicut in angelis, quod quidem homini competebat, in quantum homo naturaliter est animal sociale, quem oportet ad invicem ordinare. In hiis autem, que ad invicem sunt ordinata, oportet semper aliquid esse principale et dirigens, ut philosophus dicit in I Pol.*; Thomas von Aquin, Summa Theologica I, qu. 96, 4 (Deutsche Thomas-Ausgabe, Bd.7, S. 131): *Tunc vero dominatur aliquis alteri ut libero, quando dirigit ipsum ad proprium bonum eius qui dirigitur, vel ad bonum commune. Et tale dominium hominis, ad hominem in statu innocentiae fuisset, propter duo. Primo quidem, quia homo naturaliter est animal sociale, unde homines in statu innocentiae socialiter vixissent. Socialis autem vita multorum esse non posset, nisi aliquis praesideret, qui ad bonum commune intenderet, multi enim per se intendunt ad multa, unus vero ad unum*; vgl. auch Stürner, Peccatum und Potestas, S. 207.

ne Neigung zu staatlich organisiertem Gemeinschaftsleben.[305] Dadurch ist göttliche Einwirkung bei der Errichtung königlicher Gewalten keineswegs ausgeschlossen. Diese vermittelt sich nämlich durch die menschliche Natur und durch die menschlichen Aktivitäten, weshalb eine wahre, von Gott berufene königliche Gewalt zugleich menschlich und natürlich genannt werden könne.[306] Nach Stürner war jedoch erst Marsilius von Padua der erste Theoretiker, in dessen Theorie sich die neue, die Natur des Menschen in den Mittelpunkt stellende Begründung der staatlichen Existenz gegenüber der frühchristlichen Sündenfalltheorie durchsetzte.[307]

Eine wie auch immer geartete Theorie von der Natur des Menschen liegt jeder politischen Theorie zugrunde. So war das Menschenbild, wie es in der Kirche entwickelt wurde, entscheidend für die katholisch geprägte politische Theorie.[308] Selbst in die eher aristoteles-scheue Rechtswissenschaft hat die Theorie vom Menschen als sozialem Wesen Eingang gefunden. Baldus de Ubaldis hatte die aristotelische These übernommen. Sein Beitrag zum politischen Denken bestand darin, dass er die aristotelische Vorstellung vom Staat als einem Zusammenschluss natürlicherweise politischer Menschen zu verbinden wusste mit der juristischen, in Korporationen denkenden Sichtweise.[309]

c) Konsens als Grundlage

Der Mensch schließt sich somit aus einer freien Willensentscheidung mit anderen Menschen zusammen und sucht mit diesen einen Konsens, eine gemeinsame Basis, welche die Grundlage für die Übereinkunft zu der Vereinigung darstellt. Der Staat ist nicht allein das Ergebnis eines natürlichen Impulses, sondern eines Prozesses, der vom Konsens aller Beteiligten getragen wird.[310] Dieses aus der ciceronischen Tradition stammende Element mischt sich nun mit dem aristotelischen Gedankengebäude und erhält seinen Platz in den mittelalterlichen Theorien. Jakob von Viterbo erkennt einen natürlichen Impuls als Triebfeder für ein Gemeinschaftsleben durchaus an, doch bei ihm ist es der allgemeine Konsens, welcher das weltliche Königtum als Herrschaftsorganisation begründet. „Nur“ der allgemeine Konsens sei es bei den

---

305 Jakob von Viterbo, *De regimine Christiano* II, 3 (ed. Arquillère, S. 176–177): *Multo magis igitur in hominibus, quibus naturale est in societate vivere, magis quam cuilibet animali, naturalis inclinatio est ad institutionem regiminis et huiusmodi regimen dicitur esse a iure humano, quod a natura oritur.*

306 Jakob von Viterbo, *De regimine Christiano* II, 3 (ed. Arquillère, S. 177): *Quedam vero potestas regia est ex institutione divina vel a iure divino, quod procedit a gratia. … Quia prima est a Deo, mediante natura hominum, que ad hanc inclinat et, mediante humana institutione, que inclinationem nature perficit, et ideo dicitur potestas humana et naturalis.*

307 Stürner, Peccatum und Potestas, S. 207.

308 Watanabe, The Political Ideas, S. 37.

309 Canning, The Political Thought of Baldus, S. 208.

310 So zustimmend zu Nederman: Hamilton Bleakly, Aquinas' *De regimine principum*, S. 589 f.

Heiden, beim Volk Israel hingegen, dessen Königtum er regelmäßig als biblisches Beispiel heranzieht, komme noch die besondere göttliche Anordnung hinzu.[311]

Diese Sichtweise von der allgemeinen Zustimmung des Volkes, auch als Grundlage für Gesetze, war in den Städten bereits ansatzweise praktiziert. Es wurde bereits erwähnt, dass dieses Element des Konsenses im 19. und beginnenden 20. Jahrhundert als germanisches Erbe angesehen wurde. Das war es jedoch keineswegs. Neben die angebliche germanische Tradition muss als zweite Wurzel Cicero ergänzt werden.[312] Hofmann weist zudem auf die Wirkung der griechischen Aufklärung hin, die, vermittelt über die Formel *quod omnes tangit*, den Gedanken erhalten hat, dass unter von Natur aus Freien Rechtsverbindlichkeit nur aus freiwilliger Unterwerfung herrühren könne.[313] Auch der Einfluss der altkirchlichen Tradition wurde bereits erörtert. Nikolaus von Kues gebührt schließlich das Verdienst, die Konsenslehre in konsequenter Weise auf das gesamte kirchliche und staatliche Leben angewandt zu haben und diese seine Synthese zudem auf das gottgegebene Naturrecht und das theozentrische Weltbild des Mittelalters gegründet zu haben.[314]

4.3 Das Individuum und die Gemeinschaft

a) Gemeinschaftsinteresse

In der einmal errichteten Gemeinschaft treten die Interessen der einzelnen Mitglieder hinter dem Interesse der Gesamtheit zurück. Augustinus folgte schon Cicero in diesem Postulat und später griff auch Johannes von Salisbury auf den Denker des alten Rom zurück.[315] Cicero unterstrich die Bedeutung von Frieden und Eintracht für das allgemeine Wohl, welches das Überleben der Gesellschaft sichert. Parteibildung und Zersplitterung waren dabei nicht erwünscht.[316] Das Wohl des Volkes ist auch ein wichtiges Element der Gesetzesherrschaft bei Cicero, der eben dieses allgemeine Wohl zum obersten Gesetz erhebt, die Gesetze aber über den Regierenden stehen sieht, welche wiederum über dem Volke stehen.[317] Albertus Magnus leitet die Bedeutung des Gemeinschaftsinteresses vom Einzelnen ab. Das *bonum*, das „Gute“, ist Voraussetzung für eine gottgefällige Regierung. Zunächst obliegt es jedem

---

[311] Jakob von Viterbo, *De regimine Christiano* II, 3 (ed. Arquillère, S. 179): *Potestas autem regia temporalis, que est ex iure humano, communicata est quibusdam hominibus, qui sunt instituti rectores aliorum, vel ex ordinatione solum et communi consensu alicuius communitatis hominum, sicut in populis gentium, vel interveniente, cum hoc, speciali ordinatione seu concessione divina, sicut in populo Israel.*

[312] Vgl. Black, Guilds, S. 52.

[313] Hofmann, Repräsentation, S. 303 f.

[314] Mohr, Unitas Christiana, S. 200.

[315] Monahan, Consent, S. 41 f.

[316] Hamilton Bleakley, Aquinas' *De regimine principum*, S. 578.

[317] Vgl. Riklin, Machtteilung, S. 86.

Menschen, sich selbst zu regieren nach dem, was das Gute des Menschen (*bonum hominis*) ausmache. „Göttlich" (*divinus*) sei, wenn eine Stadt regiert werde gemäß dem für eine Stadt Guten (*bonum civitatis*), und am „göttlichsten" (*divinissimus*) sei es schließlich, wenn ein Volk gemäß dem *bonum gentis*, dem Wohl des Volkes, regiert werde, was eine *res publica* sei.[318]

b) Nominalismus

Eine weitere philosophische Strömung und ihr Einfluss auf die politischen Theorien bedarf noch einer Erwähnung. Während des hohen Mittelalters wurde unter den Philosophen der sogenannte Universalienstreit ausgetragen. Man stritt sich über die Frage, ob Allgemeinbegriffen, welche reale Dinge zu einer Gruppe oder eine Gesamtheit zusammenfassen, eine eigene Realität zukomme oder ob nur die tatsächlich vorhandenen und erfahrbaren Einzeldinge wirklich existierten. Ockham, seines Zeichens Nominalist, d. h. Vertreter der Theorie von der ausschließlichen Realität der Einzeldinge, lehnte die Existenz von Sachgesamtheiten ab. Auf die politische Philosophie hatte diese Sichtweise insofern Einfluss, als hier auch mit Gesamtheiten operiert wurde. Die bisher als *universitas* verstandene Gesellschaft wurde unter dem Einfluss des Ockham'schen Nominalismus nach und nach als eine *societas*, eine Vereinigung von Individuen, gesehen, deren Basis die Willensentscheidungen der einzelnen Mitglieder war.[319] Soziale Gruppen und Institutionen waren in dieser Sichtweise nichts anderes als „isolierte Anhäufungen isolierter Individuen" (Miethke).[320] Johannes Duns Scotus, ein weiterer prominenter Vertreter des Nominalismus, übernimmt für den Menschen nicht einmal die Kategorisierung als *animal sociale*. Für ihn ist die *civitas* nichts als eine *communitas aggregationis*, eine Summe von Einzelnen, zwischen denen kein natürlicher Zusammenhang besteht.[321]

Als Konsequenz aus einer solchen Betrachtungsweise folgt die Ablehnung von Kollegialorganen und repräsentativen Körperschaften. Ockham hat daher wenig Sympathien für die Ansätze von Parlamentarismus gezeigt, die in seiner Zeit bereits erkennbar waren.[322] Ein Repräsentationsorgan ist nach Ockham nicht mit der Gesamtheit gleichzusetzen, vielmehr sind es nur die

---

[318] Albertus Magnus, Super Matthaeus, c.5, ed. Colon., Bd. 21,1, S. 104, Z. 15–20: *Est enim divinum quidem gubernare seipsum in bono hominis, divinus qutem est, quod est gubernare civitatem secundum bonum civitatis, divinissimum autem est, quod est gubernare gentes secundum bonum gentis, quod est res publica.*

[319] Renaut, Les deux christianismes, S. 36.

[320] Miethke, Repräsentation, S. 172.

[321] Johannes Duns Scotus, Quaestiones Sent. IV, dist. 46, qu.1, Nr.11 (Opera Omnia 20, ed. Paris 1894, S. 427): *Deus simpliciter determinatur ad iustum publicum communitatis, non ut communitate aggregationis, sicut i civitate; sed communitate eminentis continentiae ...* ; vgl. Stratenwerth, Naturrechtslehre, S. 100.

[322] Tierney, Rights, Laws, ..., XV, 651.

Individuen, die vertreten werden. Dennoch kann man Ockham keine Totalopposition gegen Repräsentationsformen unterstellen, denn das Konzil als Organ für die Gesamtkirche hat er durchaus anerkannt.[323] Hofmann weist mit Blick auf Ockham darauf hin, dass die Verneinung allgemeiner Wesenheiten nicht notwendigerweise die Leugnung konkreter Ganzheiten einschließe, da eine Gesamtheit wie ein Orden oder die Kirche aus einander zugeordneten, geeinten Individuen bestehe.[324]

Eine parallele Diskussion entspann sich auch in der Juristerei, dort konkret auf Korporationen und ihre Stellung im Recht als *persona fictiva* bezogen. Bartolus von Sassoferrato und Baldus de Ubaldis erkannten dem Volk als einer solchen fiktiven Person mit juristischen Argumenten die Fähigkeit zu, Rechtssubjekt zu sein und durch seine Mitglieder zu handeln.[325] Hofmann wirft allerdings die Frage auf, ob die Denkfigur der *persona repraesentata* eine nominalistische Fiktionstheorie sei oder überhaupt in irgendeinem Zusammenhange mit dem Universalienstreit stehe.[326] Er beantwortet die Frage schließlich ablehnend. Die in Frage stehenden, zu repräsentierenden Verbände seien *communitates collectivae* und nicht *communitates logicae*. Die Einzelnen seien keine Unterarten der Gesamtheit oder konkrete Erscheinungsformen der abstrakten Korporation, der sie zugehören.[327] Auswirkungen haben diese Überlegungen letztlich auf das Problem der Stellvertretung. Eine Betonung des Eigenwertes des Einzelnen zieht keine automatische Repräsentation der Gesamtheit durch ein Gremium oder eine Person nach sich, sondern eine Vertretung mittels Delegation.

Homann stellt den Willensprimat als Folge des Nominalismus heraus. Die Kritik an der *res universalia*, nach der nur Einzeldinge (*singularia*) existierten, verlege den Grund des Rechts in den Willen. Somit sei der Gesetzespositivismus des 19. Jahrhunderts die konsequente Fortführung des Voluntarismus und des Nominalismus.[328] Rückt der Einzelne gegenüber einer als Gesamtheit gedachten Menge von Individuen in den Vordergrund, dann wird auch der Wille der Einzelnen gegenüber einem doch eher hypothetischen Willen der Gesamtheit zum Anknüpfungspunkt für von allen gemeinsam zu treffende Entscheidungen.

c) Gleichheit

Da Cicero und seine Rezipienten den Willen der einzelnen Mitglieder einer Gemeinschaft als konstitutiv voraussetzten, mussten sie von der Gleichheit

[323] Monahan, Consent, S. 240 ff.
[324] Hofmann, Repräsentation, S. 142 f.
[325] Vgl. Canning, The Political Thought, S. 191 f.
[326] Hofmann, Repräsentation, S. 136 ff.
[327] Hofmann, Repräsentation, S. 143.
[328] Homann, *Totum posse*, S. 10.

der Menschen ausgehen. Die Kirchenväter hatten diesen Gedanken von Cicero und Seneca übernommen. So sprach Papst Gregor der Große von der natürlichen Gleichheit aller Menschen. Doch auch wenn dies im Mittelalter später noch mehrfach wiederholt wurde, so war das wichtigste die Gleichheit nach dem Tode. Eine Absicht, die irdische Ungleichheit zu beseitigen, war im frühen und hohen Mittelalter hingegen kaum erkennbar.[329]

Gleichwohl war es die Idee der politischen Gleichheit, wie sie schon bei Albertus Magnus anklingt, und wie sie aus der Vermischung des antiken griechischen und stoisch-christlichen Gedankengutes entstanden war, die zeigte, dass ein Ideal von Demokratie geboren wurde oder geboren werden konnte.[330] Die Begrifflichkeiten dürfen dabei jedoch nicht über die Realität hinwegtäuschen, noch darf man allein deshalb jeden Zusammenhang leugnen, weil die Vorstellungen von Freiheit und Gleichheit nicht in jeder Epoche deckungsgleich waren. Das Altertum, welches gerne als Wiege der Demokratie gesehen wird, trug in der marxistischen Geschichtstheorie nicht ohne Grund die Bezeichnung „Sklavenhaltergesellschaft“, denn gleich waren nur die Bürger, welche nur einen Teil der Gesamtbevölkerung ausmachten, die eben zu einem Teil auch aus rechtlosen Sklaven oder Besitzlosen ohne volle Bürgerrechte bestand. Tradiert aber wurden theoretische Schriften, in denen derlei Ungerechtigkeiten nicht ins Auge stachen oder sich interpretatorisch überdecken ließen. Dementsprechend wurden im christlichen Mittelalter die Ausführungen des Aristoteles zur Sklaverei nicht rezipiert, wohl aber die auf Gleichheit und Freiheit bauenden Theorien antiker Autoren, die nun in der Zeit der „Feudalgesellschaft“ ihre Fortsetzung finden konnten.

Das christliche Mittelalter benötigte trotz erkennbar bestehender tradierter Ungleichheiten Theorien, um die Wirklichkeit mit christlichen Idealvorstellungen in Einklang zu bringen. Freiheit und Gleichheit blieben jedoch Werte, die von christlichen Autoren nicht nur geschätzt wurden, sondern deren Erfüllung immer weniger ins Jenseits verlagert wurde. Am Ende des Mittelalters war es Nikolaus von Kues, der seine staatsphilosophischen Überlegungen auf Freiheit und Gleichheit baute. Herrschaft war für ihn „Dienstleistung unter aus Freiheit Gleichen“. Die Unterwerfung unter eine solche Herrschaft erfolgt ausschließlich auf freiwilliger Basis.[331]

329 Huizinga, Der Herbst des Mittelalters, S. 81.

330 Black, Guilds, S. 83.

331 Krieger, Vom *charisma* zur *ratio*, S. 420.

III Legitimation

Bei allen Theorien von Herrschaft stellt sich zunächst die grundsätzliche Frage nach der Legitimation von Herrschaft unabhängig von deren konkreter Ausgestaltung und den unterschiedlichen denkbaren Übertragungsmodalitäten. Die Herrschaft ist also von der Anarchie abzugrenzen.

1 Allgemeine Legitimationsmodelle

Mittelalterliche Autoren griffen zu diesem Zweck vor allem auf die Bibel zurück. Die Aussage Jesu Christi in Mt 22, 21 schien passend für die einer weltlichen und einer davon verschiedenen geistlichen Gewalt unterstehenden lateinischen Christenheit zu sein: Gebt dem Kaiser, was des Kaisers ist, und gebt Gott, was Gottes ist. Damit gab es zwei von Christus selbst anerkannte legitime Gewalten, gegen die folglich jeder Widerstand unzulässig war.[332] Die Herrschaft wurde als gottgewollt angesehen und auch von den konkurrierenden Gewalten in dieser Weise anerkannt, wie die Päpste Innozenz III. und Honorius III. in ihren Schreiben mit Äußerungen über die königliche Gewalt deutlich machten.[333] Doch wurde die Problematik der Herrschaftslegitimation bereits im Mittelalter differenzierter gesehen. Wie andere auch unterschied beispielsweise Durandus a S. Porciano zwischen der Herrschaft an sich und deren Erlangung und Gebrauch. Die Herrschaft selbst sei aus einer Notwendigkeit heraus von Gott eingerichtet worden. Dies gilt aber nicht immer in gleicher Weise für die Erlangung der Herrschaft oder deren

[332] Vgl. Monahan, Consent, S. 18 f.

[333] Vgl. Töpfer, Urzustand und Sündenfall, S. 317–320. Honorius III., *Ad extollenda*, 2. Jahreshälfte 1218, ed. Emmy Heller, Zur Frage des kurialen Stileinflusses, in: DA 19 (1963), S. 446–448, S. 447: *Porro non ob hoc solum dominos subditis sententia divina prefecit, ut eis dominando preessent, sed ut ipsis pacis et iustitie copiam ministrando prodessent, ut appensis in statera iudicii meritis singulorum condignis dignos prosequantur favoribus et in facinorosos exerceant debite gladium ultionis.* Der Hintergrund solcher päpstlicher Äußerungen waren oft diplomatische Hilfestellungen für Königreiche, die beispielsweise durch Minderjährigkeitsregierungen in schwierige Situationen geraten waren, um diese der guten Beziehungen wegen durch ideologische Unterstützung zu stärken, vgl. Töpfer, S. 320.

Gebrauch, welche durchaus schlecht sein können.[334] Eine solche Unterscheidung findet man auch bei Thomas von Aquin oder Engelbert von Admont. Engelbert nennt eine korrekt erlangte Herrschaft dann nicht mehr gerecht, wenn sie schlecht ausgeübt wird, eine von Beginn an ungerecht erworbene Herrschaft bleibe auch bei gutem Gebrauch ungerecht.[335] Thomas trifft diesbezüglich erneut eine Unterscheidung. Lag der Mangel bei der Erlangung der Herrschaft in der Person des Herrschers, so sei sie gleichwohl als von Gott verliehen anzusehen. War aber die Art und Weise der Herrschaftsübernahme widerrechtlich, also beispielsweise durch Gewalt, so bleibt eine solche Herrschaft abzulehnen.[336]

Eine weitere Einschränkung erfährt die Gottesunmittelbarkeit der Herrschaft durch Legitimationselemente, welche auf die Menschen zurückgeführt werden. So hat der Papst nach Wilhelm von Ockham seine Macht von Gott und den Menschen. Unmittelbar von Christus (*immediate ex ordinatione Christi*) habe er die Lehrgewalt (*potestas docendi*), weitere Macht aber, insbesondere außerhalb des Bistums Rom, habe er von den Menschen.[337] Aber auch Ockham macht die gleiche Unterscheidung wie Durandus. Die Frage der Legitimität einer Herrschaft ist streng zu unterscheiden von der Frage, ob sie gerecht und gut ausgeübt wird. Auch wenn eine ursprünglich legitime

[334] Durandus a S. Porciano, ed. Vanderjagt, S. 62–3: *Dicendum est, quod potestas et dominium regendi populum est a Deo quantum ad debitum, non autem semper quantum ad acquisitionem vel usum, quando videlicet male acquiritur vel post acquisitionem homo male utitur.*

[335] Engelbert von Admont, *De ortu* cap. 11 (ed. Baum, S. 48–51): *Quod patet ex eo, quod quamvis aliquis iuste adeptus sit regnum, si non bene regit, aut intolerabilis est in regendo, malitia ipsius iuste deicitur et de regno deponitur ... Restat ergo videre ... videlicet, utrum dici potest rex iustus, qui iniuste adeptus est regnum, licet iuste bene regat et principatum administret. Et videtur, quod non, quia dicit lex, quod id, quod a principio non valuit, ex tempore non convalescit.*

[336] Thomas von Aquin, Sent. II., dist. 44, qu. 2, a.2 (ed. Fretté/Maré): *Quantum ad primum contingit dupliciter: aut propter defectum personae, quia indignus est; aut propter defectum in ipso modo acquirendi, quia scilicet per violentiam vel per simoniam, vel aliquo illicito modo acquirit. Ex primo defectu non impeditur quin jus praelationis ei acquiratur; et quoniam praelatio secundum suam formam semper a Deo est (quod debitum obedientiae causat); ideo talibus praelatis, quamvis indignis, obedire tenentur subditi. Sed secundus defectus impedit jus praelationis: qui enim per violentiam dominium surripit non efficitur vere praelatus vel dominus; et ideo cum facultas adest, potest aliquis tale dominium repellere: nisi forte postmodum dominus verus effectus sit vel per consensum subditorum, vel per auctoritatem superioris.*

[337] Wilhelm von Ockham, *Breviloquium*, I, 7 (ed. Offler, S. 105): *Videtur autem distinguendum, quia papa aliquam habet potestatem ex iure divino et immediate ex ordinatione Christi, sicut illam, que ordinis est, et potestatem docendi et potestatem exigendi temporalia propter spiritualia, que seminat in populo Dei. Aliquam autem potestatem habet ex iure humano et ab hominbus.*

Herrschaft schlecht gebraucht wird, bleibt sie legitim.[338] Ockham hat keine Zweifel daran, dass eine Herrschaft unter Menschen notwendig ist. Eigentum und Herrschaft sind für ihn Institute, welche nach dem Sündenfall für die menschliche Gemeinschaft unverzichtbar geworden sind. Sowohl die *potestas appropriandi* wie auch die *potestas instituendi rectores*, also die Befugnis, Personen mit herrschaftlichen Befugnissen auszustatten, sind gewissermaßen Anpassungen des göttlichen Rechts an den Zustand der Menschen nach dem Sündenfall.[339]

Legitimationsgrundlage sind Gott oder die Notwendigkeit, so sieht es auch Flüeler bei Petrus de Alvernia, der eine Gesellschaft nicht als vom Willen ihrer Mitglieder abhängend betrachtet und schon gar keinen gemeinsamen Vertrag als Grundlage annimmt, vielmehr sei die *potestas* durch die soziale Notwendigkeit legitimiert.[340] Bei Marsilius von Padua jedoch verschiebt sich bereits die Argumentation. Zwar greift auch er auf Gott zurück, doch gibt es für ihn eine Alternative. Keine Person und kein Kollegium nämlich komme eine Regierungsgewalt über jemanden zu, außer wenn ihm die Befugnis dazu der göttliche Wille oder aber der menschliche Gesetzgeber unmittelbar übertragen haben.[341]

Vergleichbar mit der Notwendigkeit taucht bei Thomas von Aquin und Albertus Magnus auch eine Rechtfertigung von der Wirkung der Herrschaft her auf. Allerdings geht es hierbei um die Herrschaftsteilung unter mehrere Herrschaftsträger. Die Beteiligung aller an der Herrschaft in Form einer gemischt monarchisch-demokratischen Verfassung wird durch ihre stabilisierende Wirkung gerechtfertigt.[342]

Die erwähnten Einzelaspekte mögen als Orientierung dienen. Grundsätzlich lässt sich das durchaus vielfältige mittelalterliche Denken in Bezug auf die Herrschaftslegitimation grob in zwei Kategorien einordnen, die allerdings nicht strikt zu trennen sind und sich keineswegs als Gegensätze gegenüberstehen, wie dies auf den ersten Blick nahe zu liegen scheint. Es handelt sich

[338] Pleuger, S. 48; *Octo Quaestiones* I, 10 (Z. 62–64), Opera Politica (ed. Offler) I, S. 43: *Sed abusus utentis et legitima potestas habentis in nullo sibi obviant aut repugnant, sed simul et in eodem tempore in eundem hominem cadere possunt ...* . Ockham macht sich eine formale Sichtweise zu eigen. Im Dialogus spricht er eine bösen Absicht beim Erlangen der Herrschaft jede Bedeutung für deren Rechtmäßigkeit ab, wenn die Herrschaft mit Zustimmung des Volkes erworben wurde: III. Dial. 2,1, c.27: *Respondetur quod non obstante corrupta intentione romanorum imperium acquisitum de consensu populorum fuit verum imperium: quia corrupta intentio non impedit acquisitionem veri dominii.*

[339] Töpfer, Urzustand und Sündenfall, S. 452.

[340] Flüeler, Rezeption, Bd. 1, S. 99.

[341] Marsilius von Padua, *Defensor Pacis*, I, 17, § 13 (ed. Kusch, Bd. I, S. 218–219): *... nulli persone singulari, cuiuscumque dignitatis aut status existat, neque collegio cuipiam convenire principatum seu iurisdiccionem aliquem cuiusquam in hoc seculo coactivam, nisi per legislatorem divinum aut humanum immediate sibi tradita fuerit auctoritas ista.*

[342] Ubl/Vinx, Die Monarchie, S. 65.

dabei um ein eher hierarchisch strukturiertes Modell einerseits und um ein Legitimationsmodell, das hier mit den gebotenen Einschränkungen der Einfachheit halber als „demokratisch“ bezeichnet werden soll.

1.1 Hierarchische Modelle

Ein gängiges Argumentationsmuster war während des Mittelalters der Vergleich mit der Natur, da man glaubte, aus der Struktur der Schöpfung den göttlichen Weltenplan ablesen zu können. Die Natur aber, so liest man beispielsweise in der Bulle *Unam Sanctam*,[343] ähnlich auch bei einem der mutmaßlichen geistigen Väter dieser Bulle, Aegidius Romanus,[344] sei hierarchisch auf eines hingeordnet.[345] Die Welt und das All werden monarchisch von Gott geleitet. Da man jede irdische Regierung als verkleinertes Abbild der göttlichen Weltregierung betrachtete, wurde die hierarchisch organisierte und legitimierte Monarchie, deren Haupt seine Herrschaft von Gott ableitete, als die nahe liegende und meist geforderte Grundform der Herrschaftsausübung angesehen.[346] Diese „Deszendenztheorie“, wie Ullmann sie nennt, sah für den Einzelnen keine Rechte und keine autonome Stellung im öffentlichen Leben vor. Der Glaube an Gott und seine Gesetze hat laut Ullmann das frühere Erfordernis der Zustimmung ersetzt.[347] Der Herrscher legitimierte sich über Gott und verkörperte die göttlichen Gesetze, die er durchzusetzen hatte. Dieser Konzeption wohnte dabei ein pastorales Element inne, welche dem Monarchen, dem Vorbild Gottes folgend, nicht nur eine richtende, sondern auch eine moralisch leitende Funktion zuerkannte.[348] Dieses hierarchische Modell galt sowohl für den geistlichen wie für den weltlichen Bereich. Girald von Wales stellt dies in aller Deutlichkeit heraus und stellt die Hierarchien vom Kaiser bis zum Grafen einerseits und vom Papst bis zum Leutpriester andererseits auf.[349]

Dante geht sogar so weit, dass er eine Weltregierung für die gesamte Menschheit fordert. Zwar bestand die Idee eines die gesamte Christenheit umfassenden Römischen Reiches durchaus auch während des Mittelalters fort, doch hatten sich die meisten Zeitgenossen Dantes mit der Zersplitterung in voneinander unabhängige Königreiche bereits abgefunden. Dante

---

343 Potth. 25189; Registres Boniface VIII (ed. Digard, S. 888–890), III, Nr. 5382; *Corpus Iuris Canonici* (ed. Friedberg), II, Sp. 1245–1246.

344 Vgl. zum Unitätsprinzip bei Aegidius, Krüger, Der Traktat, S. 40.

345 So auch bei Thomas von Aquin oder Pseudo-Dionysius, vgl. Tierney, Religion, Laws, …, S. 42–44.

346 Vgl. Kern, Gottesgnadentum, S. 7 f.

347 Ullmann, Individuum und Gesellschaft, S. 13 ff., S. 27.

348 Vgl. Couloubaritsis, La tradition, S. 412 f.

349 Berges, Fürstenspiegel, S. 150, verweist auf Girald von Wales, De principis instructione, I, 19 (ed. G. Warner, S. 103–114), wo die Bedeutung der Amtsbezeichnungen und Titel erläutert wird.

jedoch pochte auf das *imperium*, welches eine *monarchia mundi* sei. Denn die Menschheit sei aus dem Himmel entstanden und solle daher dem Vorbild des Himmels folgen. Demzufolge werde der ideale Staat von einem einzigen Regenten und einem einzigen Gesetz regiert.[350] Daher müssten alle Teile unterhalb der Ebene der Königreiche selbst, die Königreiche ihrerseits aber auch einem *princeps* (König, bzw. für die Könige der Kaiser) untergeordnet sein.[351]

In einem hierarchischen System leitet sich die Herrschaftsbefugnis von Gott ab und wird in einer absteigenden Legitimationskette weitergegeben, ohne dass dabei der Konsens der Beherrschten erforderlich wäre.[352] Papst Gregor I. (590–604) sieht das Königtum als ein Amt, das der König im Auftrag Gottes als dessen Stellvertreter verwaltet. Die Könige erhielten ihre Macht von Gott und nur dieser könne sie ihnen wieder nehmen.[353] Die Annahme, dass alle Herrschaft in der Welt von Gott stamme, sodass eine Auflehnung gegen die Herrschaft zugleich eine Auflehnung gegen Gott bedeutet, wie dies beispielsweise bei Thietmar von Merseburg zu lesen ist,[354] war eine im frühen und hohen Mittelalter verbreitete, auf den Apostel Paulus zurückgehende Haltung.[355] Der König müsse sich ständig vor Augen halten, dass er seine Herrschaft allein Gott verdanke, so ermahnt Alkuin den König von Northumbrien. Deshalb solle er auch gegenüber den Mahnungen der Geistlichen gehorsam sein.[356] Alle Macht kommt von Gott, so zitiert Hinkmar von Reims im 9. Jahrhundert den Apostel Paulus und, so sagt es im 12. Jahrhundert Johan-

---

[350] Dante, *Monarchia*, I, 9: *Ergo optime se habet humanum genus cum vestigia celi, inquantum propria natura premictit, ymitatur. Et cum celum totum unico motu, scilicet Primi Mobilis, et ab unico motore, qui Deus est, reguletur in omnibus suis partibus, …, quando ab unico principe tanquam ab unico motore, et unica lege tanquam unico motu, in suis motoribus reguletur.*

[351] Dante, *Monarchia*, I. 6.

[352] Vgl. Sigmund, Nicholas of Cusa, S. 64.

[353] Schmidt, Verfassungslehren, S. 9–10.

[354] Thietmar von Merseburg Chronik V, 32 (ed. Holtzmann, S. 257): *Nulla in hoc seculo est dominacionis potestas, nisi a Deo, et qui se contra eam erigit, divine maiestatis offensam incurrit.*

[355] Römer 13, 1–2.

[356] Anton, Fürstenspiegel, S. 93. Alkuin, MGH Ep. IV Nr. 108, S. 155: *Esto semper memor et gratus tam maximorum in te Dei donorum; in eo maxime, ut, quantum intellegere valeas, illius in toto corde facias voluntatem et sis oboediens servis Dei, qui te de mandatis eius ammoneant.* Alkuin betont nochmals die Abhängigkeit der Herrschaft von Gott: … *qui [Deus] gratuita pietate istam tibi concessit dignitatem.* Außerdem fordert er Barmherzigkeit und Gerechtigkeit vom König und beruft sich dabei auf das im frühen und hohen Mittelalter vielzitierte Vorbild König Salomons: *Serva diligenter in animo tuo misericordiam et iustitiam; quia, Salomone dicente ac magis Deo concedente, misericordia et iustitia firmabitur solium regni.* Dabei habe der König nach dem Willen Gottes zu handeln, um das Wohlergehens seines Volkes willen, womit auch Alkuin bereits den Aspekt des Allgemeinwohls anspricht und mit dem Seelenheil des Königs verknüpft: *operare omni intentione in Dei voluntate salutem animae tuae et prosperitatem patriae et populi tibi commissi* … .

nes von Salisbury, bleibt auch bei ihm. Sie wird nur an seiner Stelle von den Fürsten benutzt.[357] Noch im Spätmittelalter sah Aegidius Romanus den Legitimitätsgrund jeder Herrschaft in Gott, was sich formal in der Anerkennung durch die Kirche äußere, wobei er als ein inhaltliches Kriterium zur Rechtfertigung der Herrschaft hinzufügt, die Herrschaft müsse der Gerechtigkeit dienen.[358] Der interessante Punkt ist nun, wie die Amtseinsetzung konkret erfolgt. Mag sich auch die Herrschaft von Gott ableiten, so muss sie doch von Personen ausgeübt werden, die regelmäßig – spätestens mit ihrem Lebensende – ausgetauscht werden. So stellt der Franziskaner Alvarus Pelagius fest, dass auch wenn alle Gewalt letztlich von Gott stamme, diese Herleitung eine Mitwirkung der Menschen nicht ausschließe.[359] Petrus Bertrandus stellt in ähnlicher Weise fest, dass Gott zwar die Herrschaft an sich eingerichtet habe, keineswegs aber Einzelne durch eine besondere Ermächtigung über andere eingesetzt habe.[360] Für den kirchlichen Bereich wird Pierre d'Ailly konkreter. Christus habe eine Hierarchie in der Kirche mit dem Papst als Spitze eingerichtet, doch die Ämterbesetzung erfolge durch eine Wahl.[361] Die Wahl wird somit zu dem Akt, in dem sich der göttliche Wille äußert. Auf diese Weise erhält die hierarchische auf Gott beruhende Struktur eine unerwartete, aber notwendige irdische und fast schon – je nach konkreter Ausgestaltung – demokratische Komponente. Wie die Wahl durchgeführt wird, ist oft nicht klar ausgeführt, wie bei Jean Quidort, der sich wenig zu den institutionellen Verfahrensweisen äußern, durch welche das Volk handelt. Allerdings, so Blythe, sei es klar, dass Gott eigentlich keine Rolle spielt. Er habe dem Menschen eine politische Natur eingepflanzt, damit die Menschen geeignete Regenten wählen. Gott mag die Menschen bei der Wahl inspirieren, doch werde die Wahl

---

[357] Johannes von Salisbury, *Policraticus*, IV, 1 (ed. Webb, I, S. 236): *Omnis etenim potestas a Domino Deo est, et cum illo fuit semper, et est ante euum. Quod igitur princeps potest, ita a Deo est, ut potestas a Domino non recedat, sed ea utitur per subpositam manum*, dabei wird der Fürst auf Gottes Gnade und Gerechtigkeit verpflichtet: *in omnibus doctrinam faciensclementiae aut iustitiae suae*. Zu Hinkmar von Reims vgl. Schmidt, Verfassungslehren, S. 45.

[358] Krüger, Der Traktat, S. 227 f., S. 342.

[359] Alvarus Pelagius, *De statu et planctu ecclesiae* I, 59 (ed. Lissabon, Bd. 2, S. 590): *Ad id quod obiicitur quod imperiumest a solo a Deo, dicendum est quod si intelligatur esse a solo Deo / non mediante cooperatione creaturae, sic non est uerum; immo est a Deo mediante institutione humana, cuius natura inclinat ad regimen sicut ad socialem uitam. Unde potest dici esse a Deo mediante cooperatione naturalis inclinationis et institutionis. Est enim introductum regimen in hominibus ex iure humano, quod a natura oritur*; vgl. Töpfer, Urzustand und Sündefall, S. 471.

[360] Petrus Bertrandus, *De origine iurisdictionum* I, 1 (fol. 29v): *Non est ergo intelligendum quod auctoritas iurisdictionis seu regiminis secularis sit a Deo hoc modo, quasi Deus a principio quo creauit genus humanum, commisserit alicui hominum regimen aliorum, aut quod dederit speciale preceptum, seu fecerit specialem ordinationem, quis praeesset aliis. Sed solum auctoritas iurisdictionis seu regiminis sic est a Deo.*

[361] Sigmund, Nicholas of Cusa, S. 104.

von den Menschen getroffen und von Gott unterstützt, sofern sie vernünftig ist.[362] Als Gegenposition muss auch hier Aegidius Romanus angeführt werden, der die Personalhoheit innerhalb der Kirche dem Papst zuerkennt, der die Wahlen beispielsweise der Bischöfe durch seine eigenen Entscheidungen ersetzen könne.[363] Erst mit einer solchen Forderung entsteht ein echt hierarchisches Modell.

Jenseits Demokratie-ähnlicher Vorstellungen griffen auch Juristen auf das Modell der von Gott verliehenen Herrschaft zurück. Baldus de Ubaldis argumentiert zur Legitimation der kaiserlichen Herrschaft mit der *Lex regia*, wonach das römische Volk einst seine Herrschaftsbefugnisse auf den Kaiser übertragen habe. Den Konflikt mit dem in seiner Zeit geforderten göttlichen Ursprung löst er dahingehend, dass er den Erlass der *Lex regia* auf einen göttlichen Befehl zurückführt und daher schlussfolgert, das Imperium sei unmittelbar von Gott.[364] Bei dem radikalen englischen Theologen John Wyclif verbleibt Gott ebenfalls als einzige Quelle der Legitimation, doch spielt bei Wyclif auch das Volk noch eine Rolle. Hat sich dieses einen durch seine Tugend hervorragenden Mann erwählt, so bedarf dieser der Bestätigung durch Gott, um seine Herrschaft antreten zu dürfen.[365]

1.2 „Demokratische" Modelle

Der vorgenannte Aspekt mag zwar schon gewisse demokratisch anmutende Anwandlungen enthalten, doch ist die dahinter stehende Sichtweise von der Herrschaftslegitimation immer noch hierarchisch. Gleichwohl hält das Mittelalter auch Legitimationsmodelle bereit, welche sich nicht in ein solches hierarchisches Schema einordnen lassen. Zabarella begründet die göttliche Verleihung der päpstlichen Vollmacht durch die Wahl der Kardinäle, welche die Kirche repräsentieren, womit die Zustimmung der Gesamtheit fingiert wird.[366] Vinzenz von Beauvais benennt gleich vier rechtmäßige Herrschaftssetzungen. Neben den göttlichen Anordnungen nennt er die Approbation der Kirche, welche man als mittelbare göttliche Einsetzung ebenfalls in das hierarchische Modell einordnen könnte. Weiterhin führt er das „Gewohnheitsrecht" an, welches der Glaube langer Generationen als Recht gebilligt habe. Gemeint ist hiermit offenbar die Erbfolge auf dem Königsthron, allerdings mit dem Element der Billigung durch die Beherrschten, ohne die eine rechtlich verfestigte Gewohnheit nicht hätte entstehen können. Als vierte Form der Herrschaftsübertragung nennt Vinzenz schließlich die Zustimmung oder

362 Blythe, Ideal Government, S. 144.

363 Krüger, Der Traktat, S. 187.

364 Canning, The Political Thought of Baldus de Ubaldis, S. 26.

365 John Wycliff, *De civili dominio* (ed. Poole, S. 126/127): *Nam in quorumque manus devenerit, quomodocunque essencia transmutata fuerit, semper servatur Christo dominio ... Deus non potest donando a se abdicare dominium*; vgl. Stürner, Peccatum und Potestas, S. 243 ff.

366 Vgl. Hofmann, Repräsentation, S. 268 f.

die Wahl des Volkes, den *consensus populi*, um den zu finden, der als König sein Herrscheramt im Sinne des evangelischen Liebesgebotes verwalten muss.[367] Die Zustimmung des Volkes muss die Herrschaft tragen. Auf die Frage, wie diese verbreitete Auffassung sich in der Praxis manifestieren soll, bleiben die meisten mittelalterlichen Vertreter die Antwort schuldig. Wilhelm von Villana macht ebenfalls die Herrschaft eines Königs vom Konsens seines Volkes und dessen schweigender oder ausdrücklicher Zustimmung abhängig, doch ohne dies konkreter auszuführen.[368]

Es ist schon einigermaßen erstaunlich, dass in einer Zeit, in der es in großen Flächenstaaten aus praktischen Gründen noch nicht denkbar war, den Volkswillen durch Wahlen zu erfragen, dennoch die Zustimmung des Volkes als wesentliches Merkmal der Herrschaft vorausgesetzt wird, ohne dass nähere Überlegungen zur Umsetzung dieses Erfordernisses angestellt werden. Soweit die jeweiligen Autoren den bestehenden Zustand nicht ernstlich in Frage stellen, handelt es sich folglich mehr um eine Fiktion, eine Unterstellung, als um eine wirklich den Weg zur Demokratie weisende Idee. Gleichwohl muss festgehalten werden, dass die Vorstellung, der Konsens der Beherrschten sei unabdingbare Voraussetzung für die Rechtmäßigkeit der Herrschaftsausübung, während des Mittelalters vorhanden war und weiterhin tradiert und lebendig erhalten wurde. Eine solche Herrschaftsauffassung unterscheidet sich deutlich von den orientalischen Despotien der Antike oder auch des Absolutismus, worauf noch näher einzugehen sein wird.

Die Berufung auf den Konsens des Volkes war keinesfalls die Idee einiger weniger Theoretiker. Für das Mittelalter kann man zwar nicht auf Meinungsumfragen oder ähnliches zurückgreifen. Doch ist aus dem frühen 15. Jahrhundert die Diskussion in einer Versammlung überliefert, der man mit gewissen Einschränkungen die Qualität eines Repräsentativorgans für die lateinische Christenheit zusprechen kann: das Konzil von Konstanz. Einer der dortigen

---

[367] Vinzenz von Beauvais, *De morali principis*, cap. 4 (ed. Schneider, S. 22, Z. 5–9): *Ad hoc autem quatuor concurrunt que in manu eorum eadem regna iure stabiliunt, uidelicet ordinacionis diuine dispensacio, populi consensus uel electio, ecclesie approbatio, longissimi temporis cum bona fide prescripcio*; später betont er nochmal die Stabilität der auf Konsens beruhenden Verfassung (S. 23, Z. 28–35): *Si qui tamen etiam infidelium de communi consensu populorum in reges assumuntur et fines proprios non excedunt, illorum regna iure stabilita sunt*; vgl. Berges, Fürstenspiegel, S. 194.

[368] Wilhelm von Villana, *Reprobatio errorum* (ed. Fhionnbhairr), S. 30, Z. 856–863: *Rex enim vel imperator, si legitimus est, incoepit esse per electionem a populo vel a deo. … Et quia electio est voluntaria, princeps non habet ius in rebus subditorum ex natura dico veri et boni et iusti regiminis, nisi inquantum accepit ex voluntate populi ipsum eligentis, nec est verus princeps nisi de eorum voluntate tacita vel expressa.* Die Wahl aber lässt Wilhelm wie die meisten seiner Zeitgenossen auch für eine Dynastie gelten, akzeptiert also faktisch die Erbfolge: (Z. 865ff): *Et sicut est de primo rege sive electo, sic etiam est de omnibus sequentibus regibus, sive sint per electionem sive per naturalem successionem*; Miethke, *De potestate papae*, S. 107.

Konzilsteilnehmer ergriff das Wort und erklärte, gemäß dem Naturrecht könne niemand über freie Menschen herrschen, außer durch die Zustimmung des Volkes.[369] Bereits seit etwa 1300 kann man bei jedem bedeutenden Werk über Recht oder politische Theorie eine Bezugnahme auf den Konsens der Betroffenen ausmachen.[370]

Kommt man nun wieder zum Ausgangspunkt zurück, der Legitimation von Herrschaft an sich, unabhängig von der Ausübung oder der Amtseinsetzung, so finden sich auch hier Autoren, welche die Basis für Herrschaftsstrukturen nicht in erster Linie in Gott oder Parallelkonstruktionen zu Kosmos und Natur sehen, sondern den gemeinschaftlich geäußerten Willen der Menschen, die sich der Herrschaft unterwerfen, als konstitutives Merkmal annehmen. Marsilius von Padua beispielsweise gründet die staatliche Gemeinschaft primär auf dem Willen der beteiligten Individuen, nicht als automatische Folge des Sündenfalls und zwangsläufiges Ergebnis der Natur des Menschen, sondern als einen bewussten Zusammenschluss.[371] Auch Johannes Duns Scotus sieht den gemeinschaftlichen Konsens als einzige Legitimation für politische Macht.[372] Trotz eines Vergleichs mit der väterlichen Autorität lehnt Duns Scotus eine Parallele zur politischen Macht ausdrücklich ab. Die *patriapotestas* beruhe auf dem Naturrecht, sie beziehe sich auf Personen, die durch Abstammung natürlich verbunden seien. Demgegenüber sei die politische Autorität auf eine beliebige Vielzahl von Personen gerichtet, die zwar in einer Gemeinschaft zusammen leben, aber durch keine Verwandtschaft verbunden seien, womit auch keine naturgegebene Autorität vorausgesetzt werden kann. Diese Menschen könnten sich auf eine Person einigen, welche die Herrschaft übernimmt.[373] Daher kann die politische Herrschaft nur dann gerecht sein, wenn sie auf allgemeiner Zustimmung und der Wahl durch die Gemeinschaft beruhe.[374] Allerdings kommt auch für Duns Scotus die Einsetzung einer Dynastie in Betracht.[375] Nikolaus von Kues hebt darauf ab, dass alle Menschen die gleichen natürlichen Rechte besäßen und folgert daraus,

369 Tierney, Church, Law, …, XIII, 251.

370 Tierney, Religion, Law, …, S. 42.

371 Töpfer, Urzustand und Sündenfall, S. 389.

372 Lagarde, Bd. 2, S. 254.

373 Johannes Duns Scotus, *In lib. IV Sententiarum* (Opera Omnia IX), dist.15, qu. 2, Nr. 7 (S. 156): *Secunda respicit cohabitantes, quantumcunque nulla consanguinitate, vel habitanduam occurrerent extranei aliqui videntes se non posse bene regi sine aliqua auctoritate, poterant concorditer consentire, ut vel uni personae, vel communitati committerent illam communitatem: et uni, vel pro se tantum, et successor eligeretur sicut ipse* … .

374 Johannes Duns Scotus, *In lib. IV Sententiarum* (Opera Omnia IX), dist.15, qu. 2, Nr. 7 (S. 156): *Auctoritas vero politica, quae est supra extraneos* [d. h. über die Familie hinaus], *sive in una persona resideat, sive in communitate, potest esse iusta ex communi consesnu, et electione ipsius communitatis*, Stratenwerth, Naturrechtslehre, S. 100.

375 Johannes Duns Scotus, *In lib. IV Sententiarum* (Opera Omnia IX), dist.15, qu. 2, Nr. 7 (S. 156): *et uni, vel pro se tantum, et successor eligeretur sicut ipse: vel pro se, et tota sua posteritate.*

dass eine erlaubte Herrschaft nur aus der freiwilligen Unterwerfung der Beherrschten herrühren könne.[376]

Auch Juristen (beider Rechte) suchten die Legitimationsgrundlage für Herrschaft in der Zustimmung des Volkes, wenngleich hier eindeutig mit Fiktionen gearbeitet wurde, welche die bestehenden Herrschaftsordnungen nicht anzugreifen beabsichtigten. Der Kanonist Richard Anglicus verglich das Königreich mit der Stadt. Da in einer Stadt die Gerichtsbarkeit und Befehlsgewalt von der Gemeinschaft übertragen wird, so gelte dies auch für das Königreich.[377] Herveus sieht die Zustimmung des Volkes geradezu als einzige Quelle politischer Herrschaft.[378]

Die natürliche Gleichheit diente als Begründung dafür, dass die Menschen ihre Zustimmung geben müssen, um einer Regierung anderer Menschen unterworfen zu werden. So stellt auch Ockham fest, dass alle frei geborenen Menschen von Gott und der Natur die Befugnis haben, Vorgesetzte nach ihrem Willen einzusetzen.[379] Auch der Dominikaner Jean Quidort legte Wert auf das Element der Königswahl und verlangte die bewusste Wahl durch die einzelnen Untertanen, um die Herrschaft zu rechtfertigen.[380] Für Thomas von Aquin kommt in Bezug auf die Herrschaftsunterworfenen noch der Aspekt der bürgerschaftlichen Teilhabe hinzu. Thomas schreibt, so Mikat, dem Bürger die Eigenschaft zu, dass er aktiv am Gemeinwesen durch Rat und Urteil teilnimmt und sich in zu treffende Entscheidungen mit einbringt.[381] Einschränkend ist allerdings anzumerken, dass Thomas lediglich den Typus des Vollbürgers definiert, aber diese Eigenschaften nicht jedem Menschen zuschreibt. Personen, welche diese Eigenschaften nicht haben, existieren ebenfalls. Als solche werden Kinder, Greise und Personen niederen Standes genannt.[382] Von einer Demokratie im modernen Sinne kann hier natürlich nicht

[376] Nikolaus von Kues, *De Concordantia Catholica*, III, 4, § 331 (ed. Kallen, S. 348): *... quomodo omnis superioritas ordinata ex electiva concordantia spontaneae subiectionis exoritur, et quod populo illud divinum seminarium püer communem omnium hominum aequalem nativitatem et aequalia naturalia iura inest ...*; vgl. Tierney, Religion, Laws, ..., S. 67.

[377] Meier, Mensch und Bürger, S. 136 f.

[378] Tierney, Rights, Laws, ..., XII, 649.

[379] *Breviloquium*, IV, 10 (ed. Offler, S. 214): *A Deo enim et a natura habent omnes mortales, qui nascuntur liberi et iure humano nequaquam alteri sunt subiecti, quod sponte possunt sibi rectorem preficere*; Töpfer, Urzustand und Sündenfall, S. 456.

[380] Nederman, Ciceronian Tradition, S. 19.

[381] Mikat, Gesetz und Staat, S. 457.

[382] Thomas von Aquin, *Summa Theologica*, I–II, qu. 105,3, ad 2 (Deutsche Thomas-Ausgabe, Bd. 13, S. 456–457): *... duplicitur aliquis dicitur esse civis: uno modo, simpliciter; et alio modo, secundum quid. Simpliciter quidem civis est qui potest agere ea quae sunt civium: puta dare consilium vel judicium in populo. Secundum quid autem civis dici potest quicumque cicitatem inhabitat, etiam viles personae pueri et senes, qui non sunt idonei ad hoc quod habeant potestatem in his pertinet ad commune.*

die Rede sein. Auch Thomas bleibt der mittelalterlichen Ständelehre verhaftet.

Die Zustimmung der Untertanen zur Herrschaft, welche über sie ausgeübt wird, findet sich schon bei Aristoteles als konstitutives Merkmal. Für ihn war die Zustimmung des Volkes der entscheidende Unterschied zwischen einer Monarchie und einer Tyrannis. Entzieht das Volk dem König seine Zustimmung, so wird dieser dadurch automatisch zum Tyrannen.[383] In dieser von Thomas von Aquin weitergeführten Perspektive hört der Fürst auf, ein „Meister" oder „Vater" (Lagarde) zu sein, sondern wird zu einem Repräsentanten oder einfachen Delegierten der Gemeinschaft.[384]

Vorsicht ist jedoch geboten bei der Interpretation solcher „demokratischer" Elemente in mittelalterlichen Herrschaftslegitimationen. Wie andere auch führt Wilhelm von Cremona die Gewalt des Kaisers auf eine freiwillige Wahl durch das Volk zurück, doch werden solche Thesen im Grunde nur genutzt, um die Rechte des Herrschers nicht allein durch die übergeordnete geistliche Gewalt, sondern auch durch die Rechte der Untertanen einzugrenzen.[385] Der Wahlakt selbst bleibt meist nur Fiktion.

1.3 Gleichheitsmodelle

Eines der angeführten Begründungsmuster wurzelte in der Idee von der natürlichen Gleichheit aller Menschen. Es erscheint demzufolge unangebracht, wenn unter Gleichen einer als Herrscher die anderen als Untertanen überragt.[386] Petrus de Alvernia fordert aus dieser Überlegung heraus sogar eine demokratische, d. h. eine Volksregierung für Städte, deren Bürger gleiche Freiheit besitzen.[387] Das Postulat der Gleichheit gilt hier nur für die Städte, welche in der damaligen Wirklichkeit bereits eine von der sie umgebenden Feudalgesellschaft verschiedene Gesellschaftsstruktur ausgebildet haben. Die außerstädtischen feudalen Strukturen, welche bis in die Neuzeit hinein über 90% der Bevölkerung erfassen, werden dagegen nicht hinterfragt. Immerhin existiert mit der Stadt bereits eine Gesellschaftsform, die theoretisch auf Gleichheit aufbaut. Demgegenüber bleibt Thomas von Aquin ganz auf der Linie des Aristoteles und hält eine auf Ungleichheit beruhende Regierungsform für besser, da die Menschen, schon im Zustand vor dem Sündenfall, unterschiedlich seien und insbesondere unterschiedliche geistige Fähig-

[383] Ubl/Vinx, Die Monarchie, S. 52.

[384] Lagarde, Bd. 2, S. 190.

[385] Töpfer, Urzustand und Sündenfall, S. 404.

[386] Vgl. z. B. Thomas von Aquin, *Sententia Libri Politicorum*, I. 10.6 (Opera Omnia 48; ed. Dondaine/Bataillon, S. 114): ... *quia si competit seruis habere huiusmodi uirtutes sicut et liberis*; Blythe, Mixed Constitution, S. 551.

[387] Petrus de Alvernia, *In libros Politicorum*, 4,10. (ed. Spiazzi, S. 224): ... *sicut si in civitate aliqua cives sint aequales in libertate, melius est eis regi populari, quam republica media*; vgl. Blythe, Ideal Government, S. 90.

keiten besäßen.[388] Für ihn ist nicht die Frage entscheidend, ob Herrschaft auf Gleichheit oder Ungleichheit, freiem Willen oder Zwang beruht, sondern einzig zu welchem Ziel die Untertanen hingeführt werden.[389] Herrschaft hat es für ihn schon vor dem Sündenfall gegeben, darin folgt ihm auch sein Schüler Tolomeo de Lucca.[390]

a) Theorie der natürlichen Gleichheit

Die radikale Forderung nach Gleichheit aller Menschen war auch dem Mittelalter nicht fremd. „Als Adam grub und Eva spann, wo war da der Edelmann". In diesem kurzen Satz kommt diese Forderung am deutlichsten zum Ausdruck. Er wurde im England des 14. Jahrhunderts zur Parole während des Bauernaufstandes, ist aber auch in lateinischen und volkssprachlichen Versionen in anderen europäischen Ländern überliefert.[391] Man kann daraus ersehen, dass die Gleichheitsforderungen zumindest im als Krisenzeit geltenden 14. Jahrhundert verbreitet waren und wurden und dabei offensichtlich auf Resonanz trafen.

Vertreter einer Theorie der natürlichen Gleichheit fanden sich das ganze Mittelalter hindurch. Die Gleichheit aller Menschen vor Gott und auf Erden wurde mit unterschiedlicher Intention, in zunehmender Schärfe und mit Nachdruck vorausgesetzt und zum Ende des Mittelalters hin immer mehr propagiert.

Erster Ansatz für die Forderung nach Gleichheit aller Menschen ist der christliche Glaube und die Bibel. Durch das Christentum hatte das Individuum eine Aufwertung erhalten, da die Seele dem Menschen von Gott eingehaucht worden war und diese Eigenschaft alle Menschen miteinander teilen und damit zu Brüdern und Schwestern werden. Vor Gott sind daher alle Menschen gleich.[392] Auch für die Juristen findet sich ein Ansatz für die Gleichheit

---

[388] Thomas von Aquin, *Summa Theologica*, I, qu.96, a.3 (Deutsche Thomas-Ausgabe, Bd. 7, S. 127): *Sed et secundum animam diversitas fuisset, et quantum ad iustitiam et quantum ad scientiam. Non enim ex necessitate homo operabatur, sed per liberum arbitrium; ex quo homo habet quod possit magis et minus animum applicare ad aliquid faciendum vel volendum vel cognoscendum. Unde quidam magis profecissent in iustitia et scientia quam alii*; Sententia in libros Politicorum, II, 1, lect.15 (Opera Omnia 48, ed. Dondaine/Bataillone, S. 123): *sed quando hoc non est possibile eo quod omnes cives fere sunt aequales secundum naturalem industriam et virtutem, tunc iustum est quod omnes participent principatu, sive principari sit quoddam bonum, sive malum; quia et communibus bonis et communibus oneribus iustum est ut aequaliter participent qui sunt aequales in civitate*; vgl. Hamilton Bleakley, Aquinas *De regimine principum*, S. 585.

[389] Hamilton Bleakley, Aquinas *De regimine principum*, S. 586.

[390] Tholomeo de Lucca, Determinatio, cap. 17 (ed. Krammer, S. 36): *Licet enim in hominibus etiam in statu innocentie fuisset prelatio*; vgl. Stürner, Peccatum und Potestas, S. 190 und S. 207.

[391] Dose, Adel und Gemeinwesen, S. 35.

[392] Vgl. Renaut, Les deux christianismes, S. 34.

der Menschen. In den Institutionen Justinians wird unmissverständlich festgestellt, dass aufgrund des Naturrechts alle Menschen frei geboren sind.[393] Als dritte Quelle der Idee der Gleichheit sei noch die Stoa angeführt, insbesondere auch Seneca.[394] So hatten schon die Kirchenväter den allgemeinen Aussagen der Bibel die Begründung für ihre Vorstellungen von der ursprünglichen Form und Entwicklung der menschlichen Gesellschaft entnommen. Mit stoischem Gedankengut verbindend entwickelten sie daraus eine Konzeption, nach der alle Menschen von Natur aus frei und gleich sind, wohingegen erst der Sündenfall zu Knechtschaft in der Welt geführt habe.[395]

Die ursprüngliche Gleichheit aller Menschen verbot dem Regenten eine Willkürherrschaft und verpflichtete ihn stets auf das christliche Ethos.[396] Albertus Magnus, der als Aristoteliker die Menschen nach ihren Fähigkeiten als ungleich betrachtet, akzeptiert gleichwohl eine eingeschränkte Gleichheit. In einer Stadt will er das Regiment in den Händen tugendhafter Männer wissen, während beispielsweise Handwerker von politischer Teilhabe ausgeschlossen bleiben. Immerhin in den Belangen des täglichen Umgangs sollen alle Bürger einander als Gleiche begegnen.[397] In seinem Kommentar zur Politik des Aristoteles jedoch geht er von der natürlichen Gleichheit aller Menschen aus.[398]

Der Franziskaner Ockham sieht alle Menschen als von Natur aus gleich (*equales et pares*) an,[399] ebenso wie sein Ordensbruder Duns Scotus, der die Knechtschaft (*servitus*) durch das positive Recht bestimmt sieht, diese also ausdrücklich nicht aus dem Naturrecht ableiten will.[400] Die Gleichheit wurde im späten Mittelalter auch in Schriften, welche auch Laien erreichen sollten, nachdrücklich betont. Der Dominikaner Guillelmus Peraldus weist ähnlich wie sein Ordensbruder Stephan von Bourbon oder Dante Alighieri darauf hin, dass, wenn denn die Herkunft für den Stand des Menschen entscheidend sein sollte, alle Menschen gleichermaßen adlig oder nichtadlig sein müssten, je nachdem, ob die gemeinsamen Vorfahren, Adam und Eva, adlig oder nichtadlig waren.[401] Nikolaus von Kues diente die Idee einer ursprünglichen

---

393 *Corpus Iuris Civilis*, Inst. I, 2, c.2 (ed. Behrends u. a., Bd. I, S. 3): *iure enim naturali ab initio omnes homines liberi nascebantur* (Dig. 1,1, c.4 [Bd. II]): *… utpote cum iure naturali omnes liberi nascerentur nec esset nota manumissio, cum servitus esset incognita: sed posteaquam iure gentium servitus invasit*; vgl. Sigmund, Nicholas of Cusa, S. 69 f.

394 Monahan, Consent, S. 34 f.

395 Anton, Fürstenspiegel, S. 362.

396 Hannig, *Consensus fidelium*, S. 216–217.

397 Meier, Mensch und Bürger, S. 46.

398 Albertus Magnus, *Commentarius* VI, 1 (Opera Omnia 8, ed. Borgnet, S. 564): *Et concludit ulterius quod sequitur ex isto, …, id est, quod nullus alii subjiciatur, sed omnes sint aequales libertatis*; vgl. Black, Guilds, S. 83.

399 Wilhelm von Ockham, *Breviloquium*, IV, 9.

400 Flüeler, Rezeption, S. 76.

401 Töpfer, Urzustand und Sündenfall, S. 300.

Gleichheit zur Begründung seiner Forderung nach der Wahl und dem Erfordernis, die Staatsgewalt auf die freiwillige Zustimmung aller zu gründen.[402]

b) Gleichheitsforderungen und Feudalgesellschaft

In der Feudalgesellschaft des Mittelalters, die allmählich in die vom Adel beherrschte Ständegesellschaft der Frühen Neuzeit überging, scheinen Gleichheitsforderungen realitätsfremd gewesen zu sein, denn das Bild, das wir uns heute vom Mittelalter machen, ist sicherlich nicht das einer egalitären Gesellschaft, deren Mitglieder sich als Gleiche und Gleichberechtigte gegenüber standen. Man ist eher geneigt, Aussagen wie die des Juan Manuel in seinem Infantenbuch als typisch für diese Zeit zu nehmen. Die ständische Rangordnung sei ohne unser Zutun Werk der Natur, gewissermaßen Geschichte gewordene Natur. Hohe Geburt – er selbst gehörte der Königsfamilie an – berechtige darum zur Führerschaft.[403] Ein norwegischer Königsspiegel aus dem Jahre 1260 lässt Ähnliches verlauten, wenn dort zu lesen ist, dass Gott dem König seine Würde verliehen und bestimmt habe, dass er die göttliche Ordnung erhalte und dafür sorge, dass jeder in dem Stand bleibt, für den er bestimmt ist.[404] Auch Raimundus Lullus ist anders als viele seiner franziskanischen Ordensbrüder bestrebt, in seinem Buch über den Ritterstand die Existenz des Adels glorifizierend zu rechtfertigen, jeden Hinweis auf die gemeinsame Natur aller Menschen weist er als Missachtung der Vorzüge des Adels entschieden zurück.[405] Bestimmte Kreise fühlten sich offenbar von dieser Schrift angesprochen, denn sie wurde im 15. Jahrhundert ins Französische und im 16. ins Englische übersetzt.[406] Tolomeo von Lucca hielt die Knechtschaft unter einer Königsherrschaft ebenfalls für die beste Regierungsform für die meisten Völker. Erst später haben andere den Schritt zur Ablehnung einer solchen Herrschaft gemacht, weil diese nicht mit der Freiheit in Einklang zu bringen war.[407] Die mittelalterliche Gesellschaft war keine, deren Mitglieder sich als Gleiche begegneten. Die Bevölkerung war in der „Munt", also unter einer Art Vormundschaft des Königs. Standesgrenzen wurden beachtet und waren auch gesetzlich festgelegt.[408] Gleichwohl waren es im frühen Mittelalter durchaus auch die herrschenden Schichten, die – zumindest theoretisch – das Gleichheitsprinzip anerkannt haben. Ludwig der Fromme bekannte sich

[402] Nikolaus von Kues, *De Concordantia Catholica*, II, 14, § 127 (ed. Kallen, S. 162): *Unde cum natura omnes sint liberi, tunc omnis principatus … est a sola concordantia et consensu subiectivo. … Nam si natura aeque potentes et aeque liberi homines sunt, vera et ordinata potestas unius communis atque potentis naturaliter non nisi electione et consensu aliorum constitui potest*; vgl. Mohr, Unitas Christiana, S. 179.

[403] Berges, Fürstenspiegel, S. 241.

[404] Berges, Fürstenspiegel, S. 171.

[405] Töpfer, Urzustand und Sündenfall, S. 298 f.

[406] Töpfer, Urzustand und Sündenfall, S. 298.

[407] Blythe, Ideal Government, S. 107 f.

[408] Ullmann, Individuum und Gesellschaft, S. 17 (Ungleichheit) und S. 21 f. (Munt).

dazu, ebenso wie seine Bischöfe auf einer Synode des Jahres 829, auf welcher sie den Herzögen und Grafen einschärften, das ihnen untergebene Volk als von Natur aus gleich zu achten und nicht auszubeuten.[409] Das allerdings war nur Theorie. Auch muss beachtet werden, dass die Aufgaben und die Entscheidungsspielräume, welche Gegenstand einer Mitbestimmung hätten sein können, aufgrund der damaligen feudal-agrarischen Gesellschaftsstruktur mit dem heutigen Politikverständnis nicht erfasst werden können. Die angesprochenen Grafen und Herzöge waren keine Politiker im heutigen Sinne, sondern *bellatores* mit einem eng begrenzten Aufgabenbereich.

Es darf auch nicht der Fehler begangen werden, worauf U. Meier nachdrücklich hinweist, dass man in städtischen vom Zunftwesen geprägten Strukturen, in denen jeder seinen ihm zugewiesenen Rang hatte, egalitäre Elemente hineininterpretiert, welche dem mittelalterlichen Standesdenken nicht eigen waren.[410]

Doch in einigen, auf das Alte Testament zurückgreifenden Erklärungen zur Entstehung des Adels, lässt sich die Ablehnung einer ständischen Einteilung des Menschen deutlich spüren. Der Dominikaner Nikolaus von Gorran merkt bei der Kommentierung des Turmbaus zu Babel an, dass unter Nimrod der Adel, die Herrschsucht sowie „Raub und Jagd, die bis jetzt die Tätigkeiten der Adligen sind", begonnen hätten.[411] Der wahre Adel ist ein Adel der Tugend und der inneren Werte, nicht der Herkunft. Dieser Gedanke war schon im 12. Jahrhundert in der lateinischen Poesie ebenso heimisch wie in der Dichtung der Troubadours, was zeigt, dass es in breiteren Bevölkerungsschichten, nicht nur unter Gelehrten, eine verbreitete Ansicht war. Doch blieb es lange eine rein moralische Betrachtung, die keine sozialaktive Wirkung entfaltete.[412] Die natürliche Gleichheit aller Menschen wurde bereits seit dem Frühmittelalter eingefordert, doch wer immer diese Forderung aufstellte, rechtfertigte meist zugleich die bestehende Herrschaftsordnung.[413] Die Bejahung der feudal geprägten Ständeordnung dominiert bis ins 13. Jahrhundert selbst bei Autoren wie Jacob van Maerlant und Jans Enikel, die sich weder von Argumenten für die Existenz der Unfreiheit überzeugen ließen, noch auf kritische Posi-

[409] Anton, Fürstenspiegel, S. 368. Ludwig der Fromme hatte die übrigen Sterblichen, die er selbst durch seine Herrschaft an Würde überragt, allerdings nur in einem Nebensatz als gleich bezeichnet (MGH Cap. I, Nr. 137, S. 274). Die Synode ist in MGH Conc.II, S. 654 ff. auf 839 datiert und befasst sich mit den Rechten der Kirche gegenüber den weltlichen Herren.

[410] Meier, Mensch und Bürger, S. 57.

[411] Töpfer, Urzustand und Sündenfall, S. 301; Schreiner, *Correctio principis*, S. 219; vgl. auch Borst, Der Turmbau von Babel, Bd. II,2, S. 792f., der Nimrod als Adelsbegründer ebenfalls erwähnt.

[412] Huizinga, Herbst des Mittelalters, S. 81.

[413] Vgl. dazu Töpfer, Urzustand und Sündenfall, Kap. II, S. 59–92; für die Zeit von 800 bis 1200: S. 120.

tionen gegenüber den höheren Ständen verzichteten.[414] Im späten Mittelalter zeichnete sich eine Spaltung der vertretenen Meinungen ab. Einseitigere Stimmen, die entweder die staatliche Herrschafts- und Eigentumsordnung ohne Einschränkung bejahen oder aber solche, welche die Ungerechtigkeiten der Herrschenden, die Mängel der staatlichen Ordnung und die Besitzunterschiede deutlich kritisieren, gewinnen mehr und mehr an Gewicht.[415] Die Idee der naturrechtlichen Freiheit und die Verwerfung der Leibeigenschaft ist vor allem eine Erscheinung, die im 13. und 14. Jahrhundert aufzutreten beginnt.[416]

Als Neuerung wurden Gleichheitsforderungen dabei nicht begriffen. Raoul de Presles hat in der Mitte des 14. Jahrhunderts gefordert, die Verfassung wieder in ihre Rechte einzusetzen, nämlich die Wiederherstellung der Gleichheit und Gleichberechtigung aller Bürger mit einem starken Königtum als Garant dieser Freiheit.[417] Die Absicht war also eine reformatorische, keine revolutionäre.

Neue Impulse kamen seit dem 13. Jahrhundert von den Bettelorden. Franziskaner und Dominikaner wandten sich einem Armutsideal zu, welches im Gegensatz zur innerweltlichen Eigentumsordnung stand. In dieser Haltung bekämpften sie zwei Gegner, einerseits die juristische Kirchenauffassung, in welcher der Sinn für den *ordo perfectionis* und die *fraternitas spiritualis* verlorengegangen war, und andererseits das „asoziale" Denken der *nobiles*, welche den Unterschied der Stände und Klassen nach Blut und Besitz heiligen und darüber die *fraternitas naturalis* vergessen (Berges).[418] Die bestehende Gesellschaftsordnung wird nicht anerkannt, die wirtschaftliche, rechtliche und moralische Degradierung der breiten Volksmassen und die dafür Verantwortlichen werden angeprangert und die Forderung nach Rechtsgleichheit aller, moralischer Gleichwertung des „kleinen Mannes" und der Vorrang der sittlichen Leistung vor Herkunft und Vermögen wird erhoben.[419] Es waren die sich verschärfenden gesellschaftlichen Widersprüche im krisenhaften 14. Jahrhundert und die von zunehmenden inneren Widersprüchen erfüllte städtische Gesellschaft, die zu einer Zuspitzung der Kritik an der kirchlichen Ordnung und zu einem Infragestellen der gesamten feudal geprägten Ständeordnung jener Zeit führten.[420] Im Laufe des 14. Jahrhunderts waren es nicht mehr nur Persönlichkeiten wie Marsilius von Padua oder John Wycliff, welche die bestehende Ordnung in Frage stellten sondern auch der Dichter des Renart

[414] Töpfer, Urzustand und Sündenfall, S. 314.
[415] Töpfer, Urzustand und Sündenfall, S. 352.
[416] Töpfer, Urzustand und Sündenfall, S. 261–289.
[417] Berges, Fürstenspiegel, S. 272.
[418] Berges, Fürstenspiegel, S. 192.
[419] Berges, Fürstenspiegel, S. 80.
[420] Töpfer, Urzustand und Sündenfall, S. 529.

le Contrefait oder der Volksprediger John Ball, der zu einem der Rädelsführer eines Volksaufstands wurde, in welchem die gesamte Ständeordnung und insbesondere die Vorrangstellung des Adels angegriffen und verneint wurde.[421]

Mit John Ball und dem Aufstand von 1381 war ein Punkt erreicht, an dem sich das revolutionäre Potential des lange gepflegten Gleichheitsideals in einer Rebellion entladen konnte, die tatsächliche im Hier und Jetzt stattfindende gesellschaftliche Umwälzung zum Ziel hatte. John Ball drückte die Forderung nach der Gleichheit aller Menschen deutlicher aus, als die Theoretiker und Gelehrten vor ihm. Die Menschen seien alle gleich geschaffen, die Knechtschaft durch ungerechte Unterdrückung sei gegen den Willen Gottes eingeführt worden. Jetzt, so John Ball bei seiner Predigt am 12. Juni 1381, jetzt sei nach dem Willen Gottes die Zeit gekommen, das Joch der Knechtschaft abzuwerfen.[422] Allerdings waren die Lollarden im England dieser Zeit und die Taboriten laut Schreiner die einzigen Gruppierungen des späteren Mittelalters, welche ihre Gleichheitsforderungen und ihre Königskritik so weit zuspitzten, dass sie sogar die Abschaffung von Adel und Königtum überhaupt anstrebten.[423]

Bereits im 12. Jahrhundert war die Gleichheit aller Menschen als für die Gegenwart gültige Norm zur Idee einer Volksbewegung geworden.[424] Die Gleichheitsforderungen und die Kritik an den bestehenden Zuständen verschärften sich dann zunehmend im Spätmittelalter. Der Spruch „Als Adam grub und Eva spann, wo war da der Edelmann" hatte sich weit in Europa verbreitet und ist in mehreren europäischen Sprachen nachweisbar, was deutlich macht, dass in den unteren Gesellschaftsschichten bereits eine bewusste Systemkritik laut wurde, die über das bloße Lamentieren über die eigene Notlage hinausging.

2 Herrschaftsziel als Legitimation

Freiheit und Gleichheit unter den Menschen herzustellen war nach Cusanus ein über die bloße Existenzsicherung hinausgreifendes Ziel des Zusammenlebens und damit ein Auftrag für die jeweiligen mit Herrschaftsfunktionen betrauten Personen.[425] Grundsätzlich wurde Herrschaft im Mittelalter nicht

---

[421] Töpfer, Urzustand und Sündenfall, S. 566.

[422] Thomas Walsingham, Historia Anglicana, (ed. Riley, S. 33): ... *ab initio omnes pares creatos a natura, servitutem per injustam oppressionem nequam hominum introductam, contra Dei voluntatem ... Considerarent igitur jam tempus a Deo datum eis, in quo, deposito servitutis jugo diutinae, possent, si vellent, libertate diu concupita gaudere.* Ebenso: *Chronicon Angliae*, (ed. Thompson, S. 321); vgl. Töpfer, Urzustand und Sündenfall, S. 558.

[423] Schreiner, Correctio principis, S. 219.

[424] Töpfer, Urzustand und Sündenfall, S. 263.

[425] Krieger, Vom *charisma* zur *ratio*, S. 421.

als etwas verstanden, das um seiner selbst willen existiert. Eine Herrschaftsordnung musste auf ein Ziel hin ausgerichtet sein, das zu erfüllen ihre vorrangige Aufgabe war. Als geradezu klassisch kann das Bild des Königs, der Armen und Wehrlosen Schutz bietet, bezeichnet werden. Die Vorstellung des gesalbten Königs als *vicarius Christi*, die sich dahinter verbirgt, entstand bereits im Frühmittelalter als Herrscherethik, wie sie sich im Fürstenspiegel des Smaragdus von St. Mihiel wiederfindet.[426] Der Jurist Bartolus setzte die Zielerfüllung höher an als metaphysische und theoretische Rechtfertigungen der Herrschaft. Eine Regierung war für ihn eine menschliche Einrichtung, die, selbst wenn sie nicht die beste sein sollte, in erster Linie für das menschliche Wohlergehen Sorge zu tragen hat.[427] Doch es war nicht nur die Förderung des Allgemeinwohls, welche durch die staatliche Ordnung zu besorgen war. Nicht nur die Zügelung des Bösen, sondern die Förderung des Nutzens aller war die Aufgabe der Regierung und darüber hinaus, wie insbesondere Thomas von Aquin betont, die Entwicklung der moralischen Tugenden der Menschen.[428] Das gute Leben, welches den Menschen ermöglicht werden soll, sieht Thomas Aristoteles folgend nur dann als gut an, wenn es der Vernunft entsprechend geführt wird. Schließlich sei die gesellschaftliche Verfasstheit des Menschen als eines *animal sociale et politicum* Ausdruck und Folge der menschlichen Vernunftbegabung, weshalb auch die politische Ordnung der Vernünftigkeit des Menschen entsprechen muss.[429] Der Staat ist die Gemeinschaft der Menschen und als solcher der konkrete Ausdruck der Vernunft der Gesamtheit.[430]

Durch die Ausrichtung auf ein Ziel erhielt die staatliche Ordnung im Mittelalter erst ihren Sinn, ihre Existenzberechtigung. Dies gilt sowohl für das bloße Vorhandensein einer Staatsordnung als auch für die konkrete Form und Verfassung einer solchen. Die Bestimmung des Ziels ist für die Legitimation von Macht unabdingbar, ebenso wie die Ausübung der Macht an der Erfüllung dieser Zielbestimmung gemessen werden muss. Welche Bedeutung der Zweck eines Staates für dessen Legitimation hat, bringt Engelbert von Admont deutlich zum Ausdruck. Wenn der Zweck aufhört, hört auch das auf, was wegen des Zweckes besteht. Wie man nun das Königtum erlangt haben mag, ist ohne Bedeutung, wenn es keine Wirkung mehr hat.[431]

---

[426] Vgl. Anton, Fürstenspiegel, S. 178.

[427] Blythe, Ideal Government, S. 176.

[428] Töpfer, Urzustand und Sündenfall, S. 576.

[429] Miethke, *De potestate papae*, S. 213.

[430] Cattin, L'anthropologie politique, S. 202.

[431] Engelbert von Admont, *De ortu*, cap. 11 (ed. Baum, S. 49): *Ad hoc autem solvendum et sciendum est considerandum, quod cum cessante fine cessent etiam ea, quae sunt propter finem, et regni seu principatus adeptio fit propter ipsius regni vel principatus regimen et administratione nihil faciet adeptio tamquam vacua et inanis carensque suo fructu et effectu.*

2.1 Funktionen von Herrschaft

Mit der Zielerfüllung ist die wichtigste Herrschaftsfunktion bereits angesprochen. Das Ziel kann dabei mit Allgemeinwohl umschrieben werden, wobei je nach Autor die konkrete Ausgestaltung verschieden sein kann. Für Hinkmar von Reims waren es vor allem zwei Aufgaben, die ein König zu erfüllen hatte. Er musste die Tugend durchsetzen und sein Reich erhalten und leiten. Der Tugend wird mittels der Gesetze Geltung verschafft, Strafen sollen der Gerechtigkeit zum Durchbruch verhelfen.[432] Auf Augustinus zurückgreifend, benannte eine fränkische Provinzialsynode im Jahre 909 die Ziele der Herrschaft, die auch in späteren Jahrhunderten noch Gültigkeit hatten: Sicherheit und Frieden für das ganze Volk, Förderung der Guten und Bestrafung der Schlechten, Schutz der Wehrlosen und eine gerechte Rechtsprechung.[433] Fast das gesamte gesellschaftliche Leben zu ordnen sieht Jakob von Viterbo Jahrhunderte später als Aufgabe weltlicher Herrschaft an. Dazu gehören die Organisation der Arbeitswelt genauso wie die Friedenssicherung nach innen und außen.[434] Auch bei Aegidius Romanus und Engelbert von Admont ist eine radikale Ausweitung der staatlichen Aufgabenbereiche gegenüber ihren Vorläufern festzustellen, was Ubl auf die Lektüre von Aristoteles zurückführt.[435] So zählt Engelbert eine Vielzahl von Aufgabenbereichen auf, welche er dem Staat zuschreibt, die von Ackerbau über Finanzen, Warenverkehr, Städtebau, Gesetzgebung bis hin zur Entscheidung über Krieg und Frieden reichen.[436] Allgemein formuliert es Albertus Magnus, wenn er den König als Stellvertreter Gottes dazu berufen sieht, zu entscheiden, zu befehlen und zu bestrafen.[437] Für die Funktion und die Aufgaben von Herrschaft findet sich bei Marsilius von Padua eine ebenso knappe wie präzise Definition: Die Regierung ist die Seele, sie basiert auf dem Gesetz, fällt Urteile,

---

[432] Vgl. Schmidt, Verfassungslehren, S. 52.

[433] Anton, Fürstenspiegel, S. 243. Mansi XVIII, Sp. 268 A/B: *Tunc vere rex dici, et alios digne poterit regere, cum ipse improbissimis dominis dedecori aut turpitudini parere defierit: post haec, de pace populi, et quiete ac securitate totius regni convenit eum solicitum esse. Sit bonis amabilis, malis terribilis: sit relevator oppressorum, consolator pauperum, viduarum et pupilorum defensor.* Es folgt die im frühen Mittelalter übliche Bezugnahme auf Salomon. Anton, Fürstenspiegel, S. 271 f. zitiert Sedulius Scottus, der vermutlich für Lothar II. schrieb, mit ähnlichen Gedanken.

[434] Jakob von Viterbo, *De regimine Christiano* II,4 (ed. Arquillière, S. 191): *Pertinet autem ad eos versimiliter distributio, sive bonorum exteriorum ut divitiarum et honorum, sive laborum et onerum, sive officiorum, que ad ordinem et perfectionem rei publice requiruntur. Unde regis est disponere et ordinare per omnia multitudinem cui preest.*

[435] Ubl, Engelbert von Admont, S. 75.

[436] Engelbert von Admont, *De regimine Principum.* III, c.4–9.

[437] Albertus Magnus, *Postilla super Isaiam*, cap. 49 (Opera Omnia 19, ed. Ostlender), S. 486, Z. 22–25: *... officium autem regum ut multum in ore est, officium scilicet decernendi, imperandi, mandandi, sententiandi et in omnibus aliis huiusmodi*; vgl. Pierpauli, Ordo naturae, S. 340.

erlässt Vorschriften und vollstreckt Entscheidungen über das Nützliche und Gerechte.[438]

Bei Marsilius, der sich im Streit zwischen der Kurie in Avignon und Ludwig dem Bayern auf die Seite des umstrittenen Kaisers gestellt hatte, da er aufgrund der anti-päpstlichen Tendenz seines *Defensor pacis* aus Paris fliehen musste, findet sich zudem die Besonderheit, dass er die Kirche und damit auch den gesamten Klerus wie jeden anderen Berufsstand auch vollständig der staatlichen Kontrolle unterwerfen will. Daher verlangt er sogar für die Kompetenz eines Bischofs, Exkommunikationen auszusprechen, die Vollmacht des „gläubigen menschlichen Gesetzgebers", dem es auch zukomme, Konzile einzuberufen und Ämter zu vergeben.[439] Selbst über die Einsetzung in Benefizien und sogar über den Ritus wie auch die Glaubenseinheit soll der menschliche Gesetzgeber, im Fall des Ritus alternativ auch das Konzil, entscheiden.[440] Auch die Exemtion des Klerus von der weltlichen Gerichtsbarkeit lehnt Marsilius ab. Da jeder, auch ein Kleriker, Böses tun könne, will der Paduaner alle dem Richter unterstellt sehen, und der Richter ist der weltliche Herrscher.[441]

Als eine weitere Konkretisierung des Allgemeinwohlbegriffs, weist Marsilius der Regierung eine rein weltliche Aufgabe im wirtschaftlichen Bereich zu. Die einzelnen Bestandteile des Staates sind die verschiedenen Berufsgruppen. Dem Regenten fällt hierbei die Aufgabe zu, die Einteilung zu diesen Gruppen vorzunehmen.[442] Marsilius sticht mit seiner radikalen Staatskonzeption aus seinen Zeitgenossen heraus. Der Staat wird bei ihm zur absoluten Größe, dessen Regierung auf konkrete, das gesamte gesellschaftliche Leben umfassende Aufgaben verpflichtet ist. Zumindest die Aussage, dass ein König, also die Regierung, für den Staat, die Gemeinschaft da sei und nicht etwa umgekehrt der Staat für den Herrscher, diese Ansicht findet sich bereits bei Johannes von Salisbury und späteren Autoren wie Dante, Tolomeo von Lucca, Bonaventura oder Heinrich von Gent.[443] So äußert sich auch Engelbert

[438] Marsilius von Padua, *Defensor Pacis*, I, 15, § 6.

[439] Marsilius von Padua, *Defensor Pacis*, II, 21.

[440] Marsilius von Padua, *Defensor Pacis*, II, 18, § 8.

[441] Marsilius von Padua, *Defensor Pacis*, II, 8, § 7.

[442] Marsilius von Padua, *Defensor Pacis*, I, 17, § 12.

[443] Tholomeo de Lucca, *De regimine principum* (*continuatio*, ed. Mathis, S. 61): *Item, quod regnum non est propter regem, sed rex propter regnum: quia ad hoc Deus providit de eis, ut regnum regant et gubernent et unumquemque in suo iure conservent; et hic est finis regiminis. Quod si ad aliud faciunt, in se ipsos commodum retorquendo, non sunt reges sed tyranni*; Bonaventura, Hexaemeron V, 19 (Opera omnia 5, ed. Quaracchi, S. 357): *Tertia est norma praesidendi, id est qualiter princeps ad populum debet se habere, et e converso. Et haec emanat a veritate prima: quiapopulus debet assistere ounienti et vindicanti; princeps non debet suam utilitatem quaerere, sed reipublicae*; Heinrich von Gent, *Quodlibeta* 8, 22: *Principes enim sunt non domini rerum subditorum nisi essent servi, sed tutores ac defensores habentes propria stipendia sibi deputata in prima institutione, non natura, sed*

von Admont, der daraus folgert, dass der Fürst auf das Ziel seiner Herrschaft, die Sicherstellung des Glücks seiner Untertanen, hinarbeiten muss.[444]

Unter Bezugnahme auf Dante weist Ullmann auch auf eine interessante Verschiebung in der Denkweise hin. Die Selbstverwirklichung des Menschen innerhalb der Gesellschaft sei ein Grundthema bei Dante gewesen.[445] Die Aufgabe jeder Herrschaft sei es, dafür Sorge zu tragen, dass die Menschen um ihrer selbst willen existieren.[446] Die bis ins Hochmittelalter immer auftretende heilsgeschichtliche Komponente der Herrschaft ist in den Hintergrund getreten, um nicht zu sagen verschwunden. Auch bei anderen Autoren, vornehmlich Aristoteles-Rezipienten, ist eine eindeutig diesseitige Ausrichtung der Herrschaft zu erkennen, wenn auch Theologen wie Thomas von Aquin oder Wilhelm von Ockham das Seelenheil der einzelnen Menschen wie auch der gesamten Menschheit nicht aus den Augen verlieren. Gleichwohl wird die Herrschaft offenbar zunehmend in ihrer diesseitigen Dimension wahrgenommen und theoretisch erfasst, ebenso wie mehr und mehr der Einzelne ins Blickfeld rückt, wo er bislang immer hinter der Gemeinschaft zurücktreten musste.[447] Ullmann führt die „Auferstehung" des „natürlichen Menschen", der als Einzelner vollwertiges konstitutives Mitglied der Staatsgemeinschaft sei, auf die Aristoteles-Rezeption zurück, während vorher nur der Gläubige als Teil der Christengemeinschaft beachtet wurde.[448]

2.2 Ausrichtung auf das Allgemeinwohl

Die Verpflichtung der Regierungstätigkeit auf das Allgemeinwohl war im Mittelalter die gängige Sichtweise. Schon Augustinus äußert sich in ähnlicher Weise. Für ihn ist die politische Gemeinschaft „eine Verbindung rationaler Wesen, die durch die einträchtige Gemeinschaft der von ihr geliebten Dinge

de populi voluntate; Vgl. Babbit, Oresme's *Livre de Politiques*, S. 77. Ähnlich Dante, De Monarchia I,12, (ed. Shaw, S. 32); zu Dante vgl. auch Ullmann, Individuum und Gesellschaft, S. 104.

[444] Engelbert von Admont, *Speculum virtutum*, XII, 21 (ed. Ubl, S. 455): *Ut ergo huic dubitationi et per consequens toti huic operi finem, quem a principio proposuimus, imponamus, advertendum est, quod, cum naturali ordine rex sit propter regnum et princeps propter principatum et non econverso, per consequens idem finis esse debet in regis et principis intentione circa officium regendi et principandi, qui est finis regni et principatus in ipsorum constitutione et ordinatione.*

[445] Ullmann, Individuum und Gesellschaft, S. 96.

[446] Dante, Monarchia, I, 12 (ed. Shaw, S.32): *Et huiusmodi politie recte libertatem intendunt, scilicet ut homines propter se sint. Non enim cives propter consules nec gens propter regem, sed e converso consules propter cives et rex propter gentem; quia quemadmodum non politia ad leges, quinymo leges ad politiam ponuntur, sic secundum legem viventes non ad legislatorem ordinantur, sed magis ille ad hos … .*

[447] Vgl. zur Thematik des Einzelnen im Verhältnis zur Gemeinschaft: Ullmann, Individuum und Gesellschaft, dort zur verstärkten Wahrnehmung des Menschen als individuelle Persönlichkeit seit dem Spätmittelalter: S. 35 f.

[448] Ullmann, Individuum und Gesellschaft, S. 88.

verbunden ist".[449] Auch am Ende des Mittelalters sind es Gemeinwohl und Frieden, die von der weltlichen und der geistlichen Herrschaft sichergestellt werden sollen.[450]

Die Ausrichtung einer solchen Gemeinschaft erfolgt auf das *bonum commune* oder die *utilitas publica*. Lupus von Ferrières gründet seine Herrscherethik in seinen Mahnschreiben an Karl den Kahlen auf die aus dem antiken *Respublica*-Ideal entwickelte *utilitas publica*, welche zu den in Fürstenspiegeln üblichen Belehrungen tritt.[451] So ist Jahrhunderte später auch für Quidort eine als Königreich organisierte Gemeinschaft eine „vollkommene", da sie von einem zum allgemeinen Guten geführt wird.[452] Welchen Sinn dieses allgemeine Wohl hatte, das den Menschen ein „Gutleben" ermöglichen sollte, erklärt Marsilius von Padua damit, dass jemand, der in einer staatlichen Ordnung lebt, gut lebt, um frei zu sein für die edlen Lebensaufgaben.[453]

Johannes von Salisbury stützte seine Allgemeinwohldefinition hingegen auf die Gerechtigkeit. Jeder soll die Früchte ernten, die er verdient, niemand nehme das Gut eines anderen, auf diese Weise diene alles der *utilitas publica*.[454] Die Republik, also das Gemeinwesen, handelt dabei wie eine rational gelenkte Körperschaft.[455] Entscheidend ist hier, wie es für organologische Gesellschaftsmodelle, welche den Staat als einheitlichen Organismus begreifen, typisch ist, nicht das Wohl des Einzelnen, sondern das der Gesamtheit, in der jeder Einzelne aufgeht und um deretwillen der Einzelne überhaupt nur existiert.[456] Der etwas defensiv wirkende Blick von Johannes von Salisbury auf das Gemeinwohl gleicht dem einiger spätmittelalterlicher Fürstenspiegel. Vinzenz von Beauvais, Wilhelm von Peraldus und Gilbert von Tournai sahen im Fürsten jemanden, der als Stellvertreter Gottes ein Amt ausübe, das auf das Gemeinwohl ausgerichtet sei. Dabei habe er in erster Linie für die Bestrafung von Übeltätern zu sorgen.[457]

Ockham nennt die irdische Wohlfahrt (*bene et politice vivere*) seiner Bürger als Ziel des Staates und erhebt das Gemeinwohl (*bonum commune*) zur

---

[449] Ottmann, Bd. 2,2, S. 30 f.

[450] Vgl. Stürner, Peccatum und Potestas, S. 242 ff., zu John Wyclif, Dietrich von Nieheim, Jean Gerson, Nikolaus von Kues und Enea Silvio Piccolomini.

[451] Anton, Fürstenspiegel, S. 254.

[452] Johannes Quidort, *De regia potestate*, cap. 24 (ed. Bleienstein, S. 75): *regnum est regimen multitudinis perfectae ad commune bonum ordinatum ab uno*; vgl. Dempf, S. 424.

[453] Marsilius von Padua, *Defensor Pacis*, I, 4, § 1.

[454] Johannes von Salisbury, *Policraticus*, I, 3.

[455] Johannes von Salisbury, *Policraticus*, V, 2

[456] Vgl. Ullmann, Individuum und Gesellschaft, S. 34.

[457] Gilbert von Tournai, *Eruditio regum et principum*, II, 1, c.1 (ed. Anton, S. 348): *Usus ergo regiae potestatis est, ut malum timore coherceat, ne simulando vel dissimulando crimina, non recte regendo nomen regis amittat, et cum eis, quos cohercere debuit, reatum incurrat*; vgl. Ubl, Engelbert von Admont, S. 62.

Norm allen staatlichen Handelns.[458] Der Staat muss handeln, wenn das Gemeinwohl es gebietet, und er darf nicht handeln, wenn das Gemeinwohl es verbietet. Damit wird die Allgemeinwohlverpflichtung nach Ockham gleichzeitig zur Einschränkung und zur Erweiterung der Staatsgewalt.[459] Selbst der Kaiser darf nicht beliebig über seine Macht verfügen, darf sie aber im Interesse seiner Nachfolger und einer dauerhaft zu gewährleistenden Funktionstüchtigkeit seiner Herrschaft auch nicht schmälern.[460] Ockham weist unter Bezugnahme auf den 2. Korintherbrief ausdrücklich darauf hin, dass das Gemeinwohl dem privaten Wohl Einzelner vorzuziehen sei.[461] In gleicher Weise wendet sich auch Heinrich von Gent an die Fürsten, die sich ganz auf das Wohl der Gemeinschaft konzentrieren sollten, ohne dass die Untertanen dagegen Proteste aus ihren persönlichen Interessen heraus vorbringen könnten.[462] Doch es war vor allem Ockham, der mit seiner Lehre von der *necessitas* und der *utilitas* das Weltbild veränderte und zur Emanzipierung des Staates beitrug, was in späterer Zeit zur Entwicklung des Begriffs der Staatsraison führte.[463]

Was nun das Allgemeinwohl beinhaltet, ist nicht eindeutig festgelegt. Engelbert von Admont fordert daher vom Vorsteher eines Reiches ein, dass dieser sich darüber im Klaren ist, was nun dem Glück seines Reiches zuträglich ist und was nicht. Engelbert sieht hier verschiedene Möglichkeiten vor (Ausweitung der Größe des Reiches oder deren maßvolle Beschränkung), von denen der Herrscher die jeweils für sein Reich passende auszuwählen hat. Unter Hinweis auf die Ethik des Aristoteles führt der Admonter Abt aus, warum es mehrere Möglichkeiten gibt, das Gemeinwohl zu definieren, und greift dabei auf das Wohl des Einzelnen zurück. Während die einen das Glück in der Tugend suchen, so glauben es die anderen in der Lust zu finden.[464] Letztlich gibt

[458] Wilhelm von Ockham, *Breviloquium* III, 7 (ed. Offler, S. 180): ... *quia iurisdictio temporalis est de numero illorum, quae sunt necessaria et utilia ad bene et politice vivere* ... . vgl. Pleuger, S. 71.

[459] Pleuger, S. 72.

[460] Wilhelm von Ockham, *Octo Quaestiones* VIII, 4 (Opera politica I, ed. Offler, S. 194); vgl. Pleuger, S. 50 f.

[461] Wilhelm von Ockham, *Breviloquium*, II, 5 (ed. Offler, S. 117): ... *bonum enim commune praeferendum est bono privato.*

[462] Heinrich von Gent, Quodlibet XIV, 8 (fol. 567v): *subditi tenentur obedire superiori in eis quae non pertinent ad speciale votum eorum nisi sint de necessitate salutis*; vgl. Lagarde, Bd. 2, S. 192.

[463] So jedenfalls Pleuger, S. 134.

[464] Engelbert von Admont, *De ortu*, c.7 (ed. Baum, S. 36/37): ... *quia, sicut patet per Philosophum in principio „Ethicorum", feicitatem humanam alii posuerunt in virtute, alii in voluptate ... Propterea reges et principes cupientes feliciter regere et regnare necesse est diligenter considerare et scire, utrum iuste vel iniuste regere et regnare faciat ad felicitatem regni vel principatus vel ad eius contrarium, et utrum regni et principatus dilatatio et magnitudo aut eius moderata limitatio faciat felix regnum et felicem principatum.*

Engelbert der maßvollen Regierungsweise den Vorzug.[465] Diese Unterscheidung in der Zielbestimmung nach Tugend und Lust hatte auch Thomas von Aquin schon in seinem Politikkommentar aufgegriffen. Thomas ging der Frage nach, wie der Mensch am ehesten seiner Bestimmung gemäß leben könne. Zunächst müsse dem Willen der Menschen gefolgt werden, der ja auf das Ziel des Lebens hin ausgerichtet sei. Auch Thomas lässt zwei Zielrichtungen zu (Tugend oder Ruhm, Reichtum und Ehre), wobei auch er das tugendhafte Leben vorzieht. Welcher Meinung man auch immer folge, so Thomas, das Staatswesen müsse so organisiert sein, dass der Mensch seiner Bestimmung gemäß leben könne.[466]

2.3 Frieden

Wenn auch im Rückgriff auf antike Vorstellungen Ruhm und Ehre noch als erstrebenswerte Ziele zumindest angesprochen wurden, was für ein Königreich letztlich Krieg und Eroberung bedeutet hätte, so wurden derartige Zielsetzungen doch von den christlichen Autoren des Mittelalters zugunsten eines anderen Ideals beiseite geschoben. Thomas stellte die Tugend in den Vordergrund, Engelbert von Admont umschreibt das „Glück“ eines Königreiches genauer und stellt dabei den Frieden in den Vordergrund. Man möge mit seinem Besitz zufrieden sein, die eigenen Untertanen nicht bedrücken und auch die Nachbarn nicht ungerechtfertigt angreifen.[467]

Der Friede, die *pax*, ist als absolute Ruhe und Ordnung in Gott das Ziel, die Hinordnung auf die Erfüllung der Heilsgeschichte.[468] Bei Autoren, die

[465] Engelbert von Admont, *De ortu*, c.8.

[466] Thomas von Aquin, *Sententia in libros politicorum*, II,2 (Opera Omnia 48, S. 120): *Notandum est autem quod ad optimam politiam pertinere dicit, ut homines vivant quam maxime ad votum, id est secundum hominum voluntatem; quia voluntas hominis principaliter est de fine humanae vitae, ad quem ordinatur tota politica conversatio. Unde secundum quod homines diversimode existimant de fine vitae humanae, secundum hoc diversimode homines existimant de conversatione civitatis. Qui enim finem humanae vitae ponunt delectationes vel potentiam aut honores, aestimant illam civitatem esse optime dispositam, in qua homines possunt vivere delitiose vel acquirere multas pecunias, aut consequi magnos honores vel etiam multis dominari. Qui vero finem praesentis vitae ponunt in bono quod est praemium virtutis, aestimant illam civitatem esse optime dispositam in qua homines maxime pacifice et secundum virtutem vivere (possunt). Unde simpliciter verum est quod optima dispositio civitatis est secundum quorumlibet opinionem, prout in civitate potest vivere homo ad votum.*

[467] Engelbert von Admont, *De ortu*, c.8 (ed. Baum, S. 40/41): *A simili itaque illud regnum et ille principatus in veritate poterit dici felix, cuius rex vel princeps se et suos recte regens suis honoribus, iuribus, rebus ac terminis est contentus, illis bene providens et ipsis bene utens, suos in suis non laedens, alienos iniuste non invadens, pacificus cum vicinis, gratus et gratiosus suis, qui per consequens semper erit animo serenus, mente tranquillus, ubique tutus et semper securus, vita incolumis, fama laudabilis et laudatus et in sua gloria delectabilis et incundus.*

[468] Winterswyl, Das neue Recht, S. 64.

in stürmischen und unruhigen Zeiten lebten, wie beispielsweise Augustinus, findet sich immer wieder der Frieden (*pax*) oder die Ruhe (*tranquillitas*) als oberstes Staatsziel, an dem sich auch die Ausgestaltung der Staatsform und die Aufteilung der Herrschaft auszurichten hat. Auch Dante erklärt die Friedenssicherung im Königreich zur Aufgabe des Königs. Wenn Dinge auf ein Ende gerichtet seien, so müsse einer lenken und die anderen folgen. Streiten aber mehrere um die Führung, so störe dies die ganze Gemeinschaft. Bei Dante führt dieses Konzept zur Forderung nach einer die gesamte Menschheit umfassenden Weltmonarchie (*mundi Monarchia temporalis*) und einem Kaiser (*imperator*).[469] Auch Marsilius von Padua folgt Augustinus mit seiner Forderung nach Ruhe, anders als der von ihm so häufig zitierte Aristoteles, für den noch die Gerechtigkeit im Vordergrund stand.[470] Unter Berufung auf Cassiodor, Hiob und Jesus selbst, erklärt er Ruhe und Frieden zu den Zielen der staatlichen Gemeinschaft, in welcher die Bedürfnisse der Völker beachtet werden.[471] Für Augustinus war der Frieden wesentlicher Bestandteil der gottgewollten Ordnung, die an sich gut sei.[472] Der Friede unter den Menschen wird dabei als „geordnete Eintracht" beschrieben und zum höchsten Gut der irdischen Gesellschaft erklärt.[473] Der Friede, so äußert sich eben auch der oben zitierte Engelbert von Admont, ist das höchste und letzte Ziel aller menschlichen Gemeinschaften.[474] Konkret definiert Engelbert den Frieden als unerschütterliche Ruhe und Ordnung der Gerechtigkeit, als Ende aller Zwietracht und Streitigkeit.[475] Eine Gemeinschaft, so auch Jakob von Viterbo, könne nur in Frieden und Einheit erhalten werden, weshalb es die Aufgabe des Königs sei, den inneren und äußeren Frieden für seine Untertanen sicherzustellen.[476]

---

469 Dante, *Monarchia*, I, 5.

470 Ottmann, Bd. 2,2, S. 262 f.

471 Marsilius von Padua, *Defensor Pacis*, I, 1, § 1; vgl. Segall, Der "*Defensor Pacis*", S. 20.

472 Augustinus, *De civitate Dei*, 19,13: *pax civitatis ordinata imperandi atque oboediendi concordia civium, pax caelestis civitatis ordinatissima et concordissima societas fruendi Deo et invicem in Deo, pax omnium rerum tranquillitas ordinis*; vgl. Beyer de Ryke, L'apport augustinien, S. 62.

473 Ottmann, Bd. 2,2, S. 34 unter Bezugnahme auf *De civitate Dei*, XX, 12.

474 Engelbert von Admont, *De ortu*, c. 14 (ed. Baum, S. 68/69): *Omnia tamen ista sub una ratione et sub uno nomine pacis includuntur, quae est finis ultimus et principalis, ad quem tendunt omnes hominum communitates*; vgl. Zimmermann, La valeur de la personne, S. 38.

475 Engelbert von Admont, *De ortu*, c.14 (ed. Baum, S. 68/71): *Pax itaque generaliter sumendo sic describi potest, quod pax est ordinis iustitiae tranquillitas inconcussa, vel sic, quod pax est omnis discordiae et disconvenientiae finis cum tranquillo et securo statu in propriis.*

476 Jakob von Viterbo, *De regimine Christiano* II,4 (ed. Arquillière, S. 191): *Quia vero, per unitatem et pacem, communitas quelibet conservatur, ideo pertinet ad regem pacis unitatem in subiecta sibi multitudine procurare et fovere. Pertubatur autem pax multitudinis aliquando quidem ab intra, … aliquando vero ab extra, per violentiam impugnationem; et ideo ad regem pertinet et subiectorum intrinsecas iniusticias tollere, et contra exteriores adversarios regni communitatem protegere et defendere.*

Um den Guten unter den Menschen ein ruhiges und geordnetes Leben in Frieden zu ermöglichen, sind die Schlechten von den Herrschaftsträgern in Schranken zu halten.[477] Der Frieden ist also Voraussetzung für ein Leben, in dem sich der Einzelne entfalten kann. Bei Ockham ist dies näher ausgeführt. Die Wahrung des Friedens gewährt dem Menschen Gerechtigkeit und Freiheit, und infolge des harmonischen Zusammenlebens können sich die moralischen und intellektuellen Tugenden voll entfalten, die friedlich vereinigte Menschheit kann auch die volle Entfaltung des für Vollkommenheit und Glückseligkeit erforderlichen menschlichen Wissens realisieren (Töpfer).[478] Der irdische Frieden schafft damit die Grundlagen für die Entwicklung des Menschen hin zu dem von Gott gesetzten Ziel des ewigen Seelenheils, so die weitverbreitete Sichtweise. Der Staat wird also als nützlich und notwendig angesehen, um den durch den Sündenfall gefährdeten irdischen Frieden zu sichern, welcher dann zum himmlischen Frieden führen soll.[479]

2.4 Ökonomie

Mit dem Aufblühen des Wirtschaftslebens und einer differenzierter werdenden ökonomischen Verfassung der Gesellschaft rückten auch ökonomische Fragen im späten Mittelalter ins Blickfeld der Theoretiker. Der Umgang mit Warenverkehr und Berufsständen wird zum Thema innerhalb der politischen Theorie, insbesondere was die Rolle der Herrschaftsträger innerhalb des Wirtschaftsgefüges angeht.

Schon Thomas von Aquin will nicht dem Handel die Verteilung der lebensnotwendigen Güter überlassen und fordert stattdessen eine entsprechende Kompetenz der politisch verfassten Gemeinschaft, wenn Thomas auch selbst noch in der Wirtschaftsstruktur der Feudalgesellschaft verhaftet bleibt.[480] Für Marsilius von Padua dient die von der staatlichen Ordnung herzustellende Ruhe ausdrücklich dem wechselseitigen Verkehr der Bürger, dem Austausch ihrer Erzeugnisse und der von außen nicht gehemmten Möglichkeit jedes Einzelnen, seine Aufgaben zu erfüllen.[481] Die Gewährleistung der für eine lebendige Wirtschaft notwendigen Strukturen wird damit zur erklärten staatlichen Aufgabe, und auch lenkende Eingriffe in Handel und Gewerbe werden in der politischen Theorie zu Kompetenzen der Regierung.

2.5 Heilsgeschichtliche Ansätze

Nicht verlorengegangen ist dabei die heilsgeschichtliche Ausrichtung des christlichen Staates. Die heilsgeschichtliche Konzeption des Staatswesens

---

[477] Wilhelm von Ockham, III. Dialogus 2.1, c. 16; Pleuger, S. 58.

[478] Töpfer, Urzustand und Sündenfall, S. 382.

[479] Monahan, Consent, S. 37 mit Bezug auf Augustinus (*De civitate Dei*, 19,17); vgl. konkret Dante, *Monarchia*, I, 4,2.

[480] Cattin, L'anthropologie politique, S. 148.

[481] Marsilius von Padua, *Defensor Pacis*, I, 19, § 2.

geht auf Augustinus zurück. Die Geschichte der Menschheit wird in der christlichen Geschichtsschreibung des Mittelalters insgesamt als Heilsgeschichte begriffen, an deren Ende das Jüngste Gericht steht. Dem Römischen Reich kam in dieser eschatologisch geprägten Vorstellung die Rolle des letzten Weltreichs zu, dessen gesellschaftliche Ordnung und staatliche Führung die Menschheit auf die Ewigkeit vorzubereiten und für das Seelenheil jedes Einzelnen Sorge zu tragen hatte. Dem Menschen ist damit ein Ziel vorgegeben, an dem sich auch die Organisation der Gemeinschaft messen lassen musste.[482] Die Gedanken des Augustinus begegnen in der Politik erstmals in einem Breifwechsel zwischen Papst Gelasius (492–96) und Kaiser Anastasius. Gelasius sieht Papst und Kaiser gleichberechtigt an der Spitze der Weltordnung stehen und die Menschen zum Heil führen.[483] Augustinus folgend hatte auch Gregor der Große (Papst 590–604) festgestellt, dass die Macht vergeben werde, um den Menschen den Weg zum Himmel zu weisen, und dass ein irdisches Reich im Dienste des himmlischen stehe.[484] Doch für Gregor gehört die Herrschaft nicht mehr wie noch für Augustinus oder Tertullian wesensmäßig zum Bereich des Bösen. Er sieht die Obrigkeit vielmehr als etwas an, das Gott bereits von Anfang an als ein Instrument zur Hilfe und zur Rettung eingerichtet hatte.[485] Für Isidor von Sevilla schließlich wird die Schutzfunktion gegenüber der Kirche für die weltlichen Herrscher essentiell; die Kirche wird zum Zweck des Staates (Schmidt).[486]

Bei Thomas von Aquin (13. Jahrhundert) war der heilsgeschichtliche Ansatz ebenfalls unverkennbar. Bei Thomas, so Cattin, könne man nicht zwischen dem Ziel des Einzelnen, bzw. dessen Seelenheil, und dem Ziel der Gesellschaft unterscheiden. Beide bedingten sich gegenseitig.[487] So ist die natürliche Wesensvollendung des Menschen das Prinzip der Staatsgesetze (Berges). Der Mensch sei das Beste aller Lebewesen, wenn er sich zur Tugend hin fortentwickelt, zu der er eine natürliche Neigung habe. Doch ist er ohne Gesetz und Gerechtigkeit, so sei der Mensch das schlechteste Lebewesen.[488] Jeder Zweck, den Thomas von Aquin in seinem Fürstenspiegel angibt (*conservatio in esse / vita secundum virtutem / perfectio supernaturalis*), stellt sich als Grundnorm für alle diejenigen dar, die ihrem Wesen nach auf ihn

---

[482] Vgl. Mohr, Unitas Christiana, S. 169–170.

[483] Schmidt, Verfassungslehren, S. 6–8.

[484] Beyer de Ryke, L'apport augustinien, S. 71 f.

[485] Stürner, Peccatum und Potestas, S. 89. Relativierend dazu ebd., S. 49. Tertullian erkannte im Staat immer noch eine Gottes Willen entsprechende Einrichtung, wie Stürner es ausdrückt, das „in gebrochener und entstellter Form gebliebene Gute".

[486] Schmidt, Verfassungslehren, S. 11.

[487] Cattin, L'anthropologie politique, S. 97.

[488] Thomas von Aquin, *Sententia in libri politicorum*, I, 1, lect. 33 (Opera Omnia 48, 79): *Homo enim est optimum animalium, si perficiatur in eo uirtus ad quam habet inclinationem naturalem; set si sit sine lege et iustitia, homo est pessimum omnium animalium.*

hingeordnet sind.[489] Wenn die politische Ordnung den Menschen hilft, ihr gottgewolltes Ziel zu erreichen, so hat sie darin ihre eigenständige Berechtigung und bedarf keiner weiteren Legitimation. Zunächst ist das Überleben zu sichern, darüber hinaus hat ein Herrscher seine Untertanen auch zu einem Leben in Tugend und Tüchtigkeit zu führen.[490]

Die Schwierigkeit bei der heilsgeschichtlichen Rechtfertigung von Herrschaft, quasi der heiligmäßigen Überhöhung von Herrschaftsausübung, bestand nun darin, dass für die christliche Tugendlehre die Ausübung von Herrschaft eine Gefährdung des Seelenheils darstellte, weil damit offenbar Blutvergießen ebenso notwendig verbunden war, wie die Sünde des Hochmuts.[491] Mit neuen, aus der Antike stammenden organologischen Modellen[492] zur Erklärung des Staatswesens verschwand allmählich die Heilslehre ohnehin aus dem Bereich des Politischen, worin Berges ein Kennzeichen der „antikisierenden“ Entwicklung des 13. Jahrhunderts zu sehen glaubt, wenn er auch unter Verweis auf Johannes von Salisbury (ca. 1115–1180) zugesteht, dass Organologie und Heilslehre einander nicht ausschließen.[493] Auch Töpfer sieht eine Säkularisierungstendenz seit der Wende vom 13. zum 14. Jahrhundert, die durch die Aristoteles-Rezeption gefördert wurde und mit einer weiteren Zuspitzung des Investiturstreits einhergeht. Die irdischen Zielsetzungen der staatlichen Ordnung erhielten eine höhere Eigenwertigkeit, zumal die aristotelische Ansicht übernommen werde, der Mensch sei von Natur aus ein politisches Lebewesen. Die staatliche Gemeinschaft erscheine als ein positiv zu wertendes Mittel zur Erreichung einer irdischen *felicitas*, zur Vervollkommnung der moralischen Tugenden der Menschen, so dass säkulare Zielsetzungen unübersehbar ein größeres, teilweise sogar autonomes Eigengewicht erhielten.[494] Dennoch blieben heilsgeschichtliche Interpretationen der staatlichen Gemeinschaft weiterhin lebendig. So gründet Engelbert von Admont seine Vorstellung einer Stufenordnung der Staatenwelt, die im universalen Reich gipfelt, auf göttliches Recht und auf die Vorsehung. Das Imperium ist auch für ihn durch die göttliche Vorsehung bestimmt, den Glauben zu verteidigen und Frieden und Eintracht auf Erden sicherzustellen.[495] Auch in der

[489] Berges, Fürstenspiegel, S. 207.

[490] Miethke, *De potestate papae*, S. 40.

[491] Ubl / Vinx, S. 54.

[492] Vgl. dazu passim: Struve, Entwicklung der organologischen Staatsauffassung.

[493] Berges, Fürstenspiegel, S. 43.

[494] Töpfer, Urzustand und Sündenfall, S. 415.

[495] Schmidinger, Romana regia potestas, S. 11. Engelbert von Admont, *De ortu*, cap. 15 (ed. Baum, S. 18/19) stützt sich vor allem auf Augustinus und folgert: *Ergo ex divinae providentiae ordinatione erit de necessitate aliqua una potestas et dignitas suprema et universalis in mundo, cui de iure subesse debent omnia regna et omnes gentes mundi ad faciendam et conservandam concordiam gentium et regnorum per totum mundum*; cap. 18 (ed. Baum, S. 94/95): *His igitur praesuppositis et praenotatis quaestionem istam respondendo dicimus, quod melius*

Zeit des Konziliarismus blieb die Jenseitsausrichtung der Herrschaft noch erhalten. Nach Jean Gerson (1352–1420) hat der Fürst seine Untertanen durch Gesetze zum irdischen Glück und zu Gott hinzuleiten.[496] Ähnliches gilt auch für Nikolaus von Kues. Frieden und Gerechtigkeit zu schaffen war für ihn die Pflicht des Herrschers, jedoch nur als Vorstufen zum höchsten menschlichen Ziel, dem ewigen Glück in Gott.[497]

Die heilsgeschichtliche Auffassung des Mittelalters besagte in Bezug auf die politische Ordnung, dass alle weltliche Gewalt von Gott komme und einem göttlichen Plan folge.[498] Nach Böckenförde sah die Aufgabenteilung zwischen der politischen Gemeinschaft und der Kirche zwecks Erreichung des einheitlichen Ziels der ewigen Glückseligkeit vor, dass dem Staat die Sorge für ein Leben in der Tugend oblag, der Kirche die Hinführung zum ewigen Heil.[499] Diese Übereinstimmung in der Zielsetzung führte einige Autoren zur Einordnung des Staates in die kirchliche Hierarchie. Nach Gilbert von Tournai (OFM, Mitte 13. Jahrhundert) ist der Fürst neben Gott auch dessen irdischen Stellvertretern als denen verantwortlich, die den Heilsprozess der Menschheit leiten.[500]

Aber auch für einen Marsilius von Padua, der sich wesentlich auf Aristoteles stützte und die Überordnung des Staates über die kirchliche Hierarchie zur Grundlage seiner Staatstheorie machte, blieb der jenseitige Aspekt nicht ohne Bedeutung. Der Staat solle, so Marsilius, durch entsprechende Maßnahmen dem Umstand Rechnung tragen, dass nach göttlicher Verheißung dem zeitlichen Leben ein ewiges folgen werde. Er habe daher die Aufgabe, nicht nur die materiellen Interessen der Bevölkerung zu fördern, sondern auch deren religiöse Angelegenheiten, nicht zuletzt deswegen, weil die Pflege des Glaubens auch für das irdische Leben von Nutzen sei.[501]

Auch hier wirken augustinische Vorstellungen nach, welche der nordafrikanische Bischof Augustinus mit seinem Werk *De civitate Dei* grundgelegt hatte. Die antiken Vorstellungen wurden abgelöst von einem Pfeil der Geschichte, der eine Ausrichtung auf ein Ende symbolisierte und alles irdi-

---

et iustius est semperque erit, quamdiu secundum provisum a Deo cursum rerum mundi ipsi Deo placuerit omnia regna et omnes reges subesse uni imperio et imperatori Christiano ...

[496] Stürner, Peccatum und Potestas, S. 247ff.

[497] Stürner, Peccatum und Potestas, S. 252.

[498] Vgl. Monahan, Consent, S. 20 f.

[499] Böckenförde, Geschichte der Rechts- und Staatsphilosophie, S. 269 f.

[500] Berges, Fürstenspiegel, S. 156. Gilbert von Tournai, *Eruditio regum*, II, 1, c. 2 (ed. Anton, S. 350–352): *Rex in re publica locum obtinet capitis, qui nulli subicitur nisi Deo et eis propter Deum qui vices ipsius aut ministeria dicuntur exercere in terris. Sicut in corpore phisico corpus ab anima vegetatur et regitur, sic in corpore mistico per Christi vicarios et ministros ecclesiae res publica monitis et exemplis salutaribus informatur.*

[501] Segall, Der „*Defensor Pacis*", S. 62 f.

sche Leben zu einer Pilgerschaft zu einem transzendenten Ziel machte.[502] Der Staatszweck der christlichen Weltanschauung bedingte eine Bindung des Herrschers an eine immer erst zu schaffende Ordnung, nicht an das überlieferte Gewohnheitsrecht, sondern an das ewig zu erstrebende göttliche Vernunftrecht, welches der Staat achten und zur Geltung bringen soll.[503]

Jakob von Viterbo unterscheidet sich von Marsilius von Padua insofern, dass er der geistlichen Gewalt den Vorrang einräumt. Dabei sei die geistliche Gewalt für alle Belange der Seele, die weltliche für die des Körpers zuständig. Doch durchbricht er diese strikte Trennlinie sogleich wieder, da auch die weltliche Gewalt in erster Linie zum Ziel habe, zu einem Leben in Tugend zu führen, was eigentlich eine Angelegenheit der Seele sei.[504] Für Jakob, der Papst Bonifaz VIII. unterstützt, sind weltliche und geistliche Gewalt aufeinander bezogen. Priester- und Königtum gehören zusammen.[505] Da der Glaube die Natur forme, so sei auch die weltliche Gewalt nur dann vollkommen, wenn sie durch die geistliche berufen und bestätigt werde.[506] Petrus Bertrandus sieht es als Aufgabe der bürgerlichen bzw. weltlichen Gewalt an, die Menschen zum Guten zu führen und vom Schlechten abzuhalten,[507] was in erster Linie Erhalt des inneren Friedens einer Gemeinschaft und die Bekämpfung von Verbrechen bedeutet, darüber hinaus aber sicherlich auch eine transzendente Komponente in sich birgt.

---

502 Ottmann, Bd. 2,2, S. 17.

503 Kern, Gottesgnadentum, S. 124.

504 Jakob von Viterbo, *De regimine Christiano* II,6 (ed. Arquillière, S. 224): *Nam secularis potestas, si recta et ordinata sit, intendit principaliter et finaliter subditos dirigere et inducere ad vitam virtuosam, que principaliter ad animam pertinet. … secundum hoc ergo videtur, quod secularis potestas principaliter debeat dici spiritualis, accipiendo spirituale modo predicto, cum vita virtuosa pertineat ad animam que spiritualis est.*

505 Jakob von Viterbo, *De regimine Christiano* II,4 (ed. Arquillière, S. 192): *Vere igitur sunt sacerdotes et reges, quibus conveniunt actus utriusque potestatis.*

506 Jakob von Viterbo, *De regimine Christiano* II,7 (ed. Arquillière, S. 233–234): *Nulla igitur potestas secularis est vera et perfecta nisi per spiritualem ratificetur, approbetur et confirmetur. Quia ergo fides naturam format: ideo temporalis potestas formando instituitur et instituendo formatur per spiritualem, et per eam approbatur et ratificatur.*

507 Petrus Bertrandus, *De origine iurisdictionum* II,2 (fol. 30r): *Quantum ad primum sciendum est, quod potestas iurisdictionis ad hoc ordinat, ut homines arceantur a malis, et inducantur ad bonum.*

IV Herrschaft

Herrschaft kann verschiedene Funktionen beinhalten. Thomas von Aquin differenziert in seinem Politikkommentar zwischen unterschiedlichen Bedeutungen, die er unter den Herrschaftsbegriff fassen will. Neben der Ausübung von Herrschaft im engeren Sinne fallen für ihn auch Beratertätigkeiten (bei Gericht) oder die Teilnahme an Wahlen unter sein Verständnis von Herrschaft. Zumindest letztere Funktionen will er allen Bürgern eines Gemeinwesens zukommen lassen.[508] Eine wesentliche Aufgabe von Herrschaftsträgern ist die Ordnung des Gemeinwesens. Streitigkeiten sind zu schlichten und auszuräumen, generelle Regeln sind zu überwachen und zu erlassen. Dies berührt die Frage der Gesetzgebung. Recht und Gesetz zu sprechen und zu setzen war und ist Aufgabe jeder staatlichen Ordnung.

Das Recht jedoch hat sich dem Staatszweck unterzuordnen und ist auf höhere Prinzipien hingeordnet.[509] Im Rahmen dessen, was oben als Staatszweck beschrieben wurde, bewegt sich der Umgang mit den Gesetzen im Mittelalter. Gegenüber der Gegenwart sind allerdings einige Besonderheiten zu beachten. Zunächst ist das Gesetz im Mittelalter zu beleuchten im Hinblick auf Sinn und Zweck, Verbindlichkeit und die Wesensmerkmale des mittelalterlichen Rechtssystems sowie die Hierarchie der Gesetze.

Weiterhin stellt sich die Frage nach dem Verhältnis von Gesetz und Herrschaft. Für Demokratien der Gegenwart ist es wesentlich, dass die staatlichen Funktionsträger und Organe in ihren Handlungen an Gesetze gebunden sind, so dass ihr Verhalten gegenüber den Untertanen oder Bürgern in gewissem Maße gesteuert und berechenbar gemacht wird. Diese Grundidee des modernen Rechtsstaates hat ihre Wurzeln in früheren Zeiten. Schon im Mittelalter wurde dieses Problem erkannt, was zu einer Diskussion darüber führte, ob der beste Mann oder das beste Gesetz regieren solle.

Im Umgang mit Gesetzen sind zwei Aspekte zu unterscheiden: die Gesetzgebung einerseits und die Gesetzesanwendung (Exekutive und Judikative) andererseits. Anders als die neuzeitlichen Theoretiker haben mittelalterliche

---

[508] Thomas von Aquin, *In libros Politicorum*, II, 7 (ed. Spiazzi, S.80); Meier, Mensch und Bürger, S. 88. Meier schreibt die angegebene Textstelle bereits Petrus de Alvernia zu, der aber erst ab lib. 3, cap. 7 mit der Kommentierung fortfährt.

[509] Pleuger, S. 105, zu Ockham.

Autoren, die sich mit politischer Theorie im Allgemeinen oder mit Gesetzen im Besonderen befassten, noch keine Theorie der Gewaltenteilung in drei voneinander unabhängige Gewalten entwickelt, wenn auch eine Trennung von Gesetzgebung und Gesetzesanwendung bereits gefordert wurde. Für die Gesetzgebung stellt sich jedoch angesichts des hohen Stellenwerts von göttlichem und Gewohnheitsrecht die Frage nach den Kompetenzen irdischer Herrschaftsträger, Gesetze zu erlassen oder zu verändern.

1 Gesetz

Die traditionelle Aufgabe des mittelalterlichen Fürsten bestand in der rechten *iurisdictio*, dem guten Stand der Herrschaftsausübung schlechthin. Thomas von Aquin erweiterte diese Aufgabe um die im 13. Jahrhundert noch recht junge Funktion der Gesetzgebung.[510] Recht wurde bis dahin nicht gesetzt, sondern gefunden.[511] Vorrangig vor dem von Menschen gesetzten Recht blieben auch bei Ockham Anfang des 14. Jahrhunderts weiterhin das göttliche Recht und das Naturrecht, welche die in Gott wurzelnde Grundlage des Staates darstellten.[512] Ockhams Zeitgenosse Marsilius von Padua unterscheidet zwischen göttlichen und menschlichen Gesetzen und differenziert nach Geboten und Verboten.[513] Er gesteht dem menschlichen Gesetzgeber die Kompetenz zu, Recht zu setzen, ohne jedoch den Vorrang und die Existenz des immer schon da gewesenen göttlichen Rechts in Abrede zu stellen. Der Stellenwert, den Marsilius auch den menschlichen Gesetzen zubilligt, ist dabei keineswegs gering. Denn ohne die Anweisung des menschlichen Gesetzgebers habe niemand Macht über fremde persönliche oder staatliche Akte.[514]

1.1 Sinn und Zweck von Gesetzen

Der Sinn der Gesetze zielt auf die Erfüllung dessen ab, was oben als Staatsziel bzw. Ziel jeder irdischen Herrschaft beschrieben wurde. Gesetze haben die Grundlage dafür zu schaffen, dass Ruhe und Frieden herrschen und das Gemeinwohl zur Geltung kommt, besser noch den Einzelnen Hilfestellung im Hinblick auf ihre jenseitige Zukunft zu geben. So ist der Gesetzestraktat in der *Summa Theologica* des Thomas von Aquin kein eigenständiges Kapitel,

[510] Miethke, *De potestate papae*, S. 30.

[511] Grundlegend dazu Kern, Recht und Verfassung im Mittelalter, HZ 120 (1919), S. 1–79, insbes. S. 3 und 6, dessen These vom guten, alten und vor allem unveränderbaren Recht lange unwidersprochen blieb. Zur These Kerns und deren Kritik vgl. Köbler, Recht im frühen Mittelalter, S. 29. Zur Veränderbarkeit ausführlich: Klinckenberg, Die Theorie der Veränderbarkeit des Rechts, passim, insbes. S. 159.

[512] Pleuger, S. 43.

[513] Marsilius von Padua, *Defensor Pacis*, II, 12.

[514] Marsilius von Padua, *Defensor Pacis*, III, 2, (Nr. 13).

sondern wird im Zusammenhang mit der Gnade und den Tugenden abgehandelt, die den Menschen zu seinem letzten Zweck hinführen.[515] So sind es nach Marsilius von Padua zwei Zielrichtungen, denen die Gesetzesanwendung zu folgen hat. Jedes Gericht urteile nämlich nach Gesetz oder Gewohnheitsrecht entweder für Zwecke dieser Welt oder für Zwecke der künftigen Welt.[516] Auch der als modern geltende Marsilius ist also kein reiner Positivist; für ihn bleibt das Gesetz auf das allgemeine Wohl bezogen, eine reine Verfahrensgerechtigkeit reicht auch für ihn nicht aus.[517] Allerdings verschiebt sich bei ihm der Blick von dem, was gewollt wird, hin zu dem, was der Gesetzgeber bewirken kann.[518] Das Ziel, das Marsilius dabei im Auge hat, ist die Herstellung von Ruhe und Frieden, die für einen Austausch der Bürger untereinander erforderlich ist. Das Mittel hierzu ist das Gesetz, welches damit zur Grundlage des Staates wird.[519] Um die Menschen zu einem tugendhaften Leben anzuleiten, so auch Jakob von Viterbo, seien die Gesetze das Mittel. Die Gesetze müssen, um wirkliche Gesetze genannt werden zu können, so beschaffen sein, dass durch sie die Menschen gut und tugendhaft werden.[520] Gesetze haben für den mittelalterlichen Denker also immer eine pädagogische Komponente. Sie sollen Richtschnur hin zu einem bestimmten Handeln sein und dabei den Menschen nicht nur äußerlich leiten, sondern vielmehr auch auf seinen Charakter und seine innere Einstellung wirken.

Dies geschieht durch Verbote, welche die Handlungsweise der Menschen einschränken sollen und damit die Freiheit des Einzelnen begrenzen, was von Ockham als Problem angesprochen wird. Für die durch Gesetze eingeschränkte Freiheit bleibt bei dem Franziskaner aber immer noch der vergleichsweise weiteste Spielraum. Die *lex evangelica*, das Naturrecht, das die Grundlage der christlichen Welt bildet, sei das Gesetz der Freiheit, und diese Freiheit dürfe, so Ockham, nur insoweit eingeschränkt werden, wie es für den Einzelnen oder den Staat notwendig oder nützlich ist.[521]

Die Nützlichkeit für den Staat war zwei Generationen vor ihm für Thomas von Aquin noch die selbstverständliche Vorgabe, welcher der Fürst mit der Gesetzgebung zu folgen hatte.[522] Darin folgte Thomas ganz Aristoteles, der

---

[515] Scherz, Das Naturgesetz, S. 44.

[516] Marsilius von Padua, *Defensor Pacis*, II, 8, § 1.

[517] Ottmann, Bd. 2,2, S. 269 f.

[518] Ebd., S. 264.

[519] Black, Guilds, S. 94.

[520] Jakob von Viterbo, *De regimine Christiano* II,4 (ed. Arquillière, S. 190): *Leges autem posite tales esse debent, ut per eas fiant homines boni et virtuosi; alias non sunt leges sed corruptiones legum. Unde intentio regis, iudicis et legis latoris esse debet, ut subditi secundum virtutem vivant, ad quod multum valet doctrina et eruditio; et ideo ad reges pertinet docere, sicut de Salomone dicitur …* .

[521] Pleuger, S. 41–43.

[522] Cattin, L'anthropologie politique, S. 166.

den Sinn der Gesetzgebung darin gesehen hatte, das Gemeinwohl zu fördern, indem die Bürger durch die Gesetze zu richtigem Handeln angeleitet werden. Gesetzgebung war für Aristoteles die Kunst, welche die Natur vervollständigt.[523]

1.2 Gesetz im Mittelalter: Struktur, Wesen, Rolle

Recht und Gesetz wurden im Mittelalter keineswegs in gleicher Weise wie heutigentags als durch einen hoheitlichen Akt hervorgebrachte Regelungen verstanden. Zwar ist kaiserliche Gesetzgebung aus der Antike bekannt und wurde von den Germanenherrschern auf dem Boden des ehemaligen Reiches fortgeführt bis hin zur Kapitulariengesetzgebung der Karolinger. Auch für die im vorigen Abschnitt zitierten Theoretiker war Gesetzgebung eine Aufgabe der Fürsten. Doch der Vorrang wurde althergebrachtem Gewohnheitsrecht und natürlich dem religiös untermauerten göttlichen Recht eingeräumt.

Den Aufbau des mittelalterlichen Rechtssystems finden wir beispielsweise bei Ockham als Dreigliederung in die *lex aeterna*, das ewige Gesetz, den göttlichen Weltenplan, die *lex naturalis*, das Naturrecht, welches ebenfalls göttlichen Ursprungs ist, und die *lex temporalis*, das menschliche Gesetz, das aber nur in Übereinstimmung mit dem Naturrecht gilt.[524] Das *ius divinum* (oder *lex aeterna*) ist Recht göttlichen Ursprungs und zumindest nach Ockham die Verwirklichung eines absoluten freien göttlichen Willens.[525] Das Naturrecht kann wiederum in drei Kategorien eingeteilt werden. Erstens umfasst es jedes Recht, das der natürlichen Vernunft entspringt, zweitens das, was von jenen zu beachten ist, die allein natürliche Billigkeit gebrauchen, drittens das, was alle Völker gebrauchen.[526] Marsilius von Padua sieht das Naturrecht als Teil des menschlichen Rechts und definiert es als das, was alle als gut befolgen,[527] gibt aber zu, dass einige das Naturrecht dem göttlichen Recht unterstellen.[528] Aber auch Marsilius stellt klar fest, dass göttliches Recht dem menschlichen immer vorgehe, wenn Abweichungen oder Widersprüche auftauchen.[529] Der Begriff des Naturrechts darf jedoch nicht dazu verleiten, im Naturrecht eine

[523] Hamilton Bleakley, Aquinas' *De regimine principum*, S. 582.

[524] Pleuger, S. 35 f.

[525] Wilhelm von Ockham, I. Dial. 1, cap. 9, *Opera plurima* I, fol. 4r°: *Cum igitur in naturali iure nihil aliud percipiatur quam quod Deus vult fieri nihilque vetetur quam quod Deus prohiberi fieri*; vgl. Pleuger, S. 36.

[526] Wilhelm von Ockham, III. Dial. II, 3, cap.6, *Opera plurima* I, fol. 263r°: ... *distingitur propter tres modos iuris naturalis. Uno enim modo dicitur ius naturale illud quod est conforme rationi naturali ... Aliter ius naturale est quod servandum est ab illis qui sola equitate naturali absque omni consuetudine vel constitutione utuntur ... Tertio modo dicitur ius naturale illud quod ex iure gentium vel aliquo facto humano euidenti ratio ne colligitur nisi de consensu illorum quorum interest ...* . (Übers. Miethke, S. 178–185)

[527] Marsilius von Padua, *Defensor Pacis*, II, 12, § 7.

[528] Ebd., § 8.

[529] Ebd., § 9.

kosmische Größe zu sehen. Schon bei Thomas von Aquin kommt zum Ausdruck, dass es sich hierbei um eine durch Vernunft bestimmte menschliche Größe handelt.[530] Das Naturrecht war im Verhältnis zum göttlichen Recht die tragende Vernunft, welche jeder politischen Aktivität zugrunde lag und der Anteil am ewigen, göttlichen Recht, welcher den Menschen zuteil wurde.[531] Bereits für Isidor von Sevilla war es die menschliche Vernunft, welche die Vermittlung zwischen dem göttlichen und dem menschlichem Gesetz vollzieht.[532]

Es ergibt sich für die mittelalterliche Rechtsauffassung eine klare Hierarchie, an deren Spitze das göttliche Recht steht, gefolgt vom Naturrecht, welches entweder als Teilgebiet des göttlichen Rechts oder als Sonderfall des menschlichen gesehen wird. Diese Rangfolge ist ausdrücklich von Gratian in seiner Kirchenrechtssammlung festgehalten worden. Das unwandelbare *ius naturale* bleibe nach Gratian, so Gagnér, die absolute Norm dafür, was Menschen auf kirchlichem oder weltlichem Gebiet als Recht aufstellten. Nicht nur die *canones* und die *leges saeculares*, sondern auch das Gewohnheitsrecht dürften nur dann befolgt werden, sofern sie nicht vom Naturrecht abwichen.[533] Diese Bindung des menschlichen Rechts an das göttliche, die Gründung der Rechtsordnung auf dem Willen des Allmächtigen wurde auch von den Juristen des späten Mittelalters noch rezipiert. Nach Baldus de Ubaldis kann das menschliche Recht das göttliche allenfalls in einigen Fällen modifizieren, doch grundsätzlich steht auch für ihn fest, dass menschliches Recht nicht vernünftig ist, wenn es nicht mit dem göttlichen Willen übereinstimmt.[534]

Das Gewohnheitsrecht hat dabei in der Regel den Status menschlichen Rechts. Seit der Spätantike entwickelte sich unter Juristen eine Theorie des Gewohnheitsrechts, welches die *consuetudo* mit der *lex* gleichstellte und weiter im Hochmittelalter und der Neuzeit tradiert wurde.[535] Bei Gratian verschwindet die *lex* als gesetztes Recht und geht im Gewohnheitsrecht auf. Für ihn sind Naturrecht und Gewohnheitsrecht die beiden Gruppen rechtlicher

530 Scherz, Das Naturgesetz, S. 55.

531 Vgl. Gilby, Principality and Polity, S. 115.

532 Scherz, Das Naturgesetz, S. 38.

533 Decretum Gratiani D. VIII.2 (*Corpus Iuris Canonici*, ed. Friedberg, I, Sp. 13–14): *Adversus naturale ius nulli quicquam agere licet*; D. IX.11 (Sp.18): *Cum ergo naturali iure nichil aliud principatur, quam quod Deus vult fieri, nichilque vetetur, quam quod Deus prohibet fieri; denique cum in canonica scriptura nichil aliud, quam in divinis legibus inveniatur, divine vero leges natura consistant: patet, quod quecumque divinae voluntati, seu canonicae scripturae contraria probantur, eadem et naturali iuri inveniuntur adversa*; vgl. Gagnér, Studien, S. 184.

534 Canning, The Political Thought, S. 155 f. Text zu Baldus ad C.9.1.Rubr. bei Canning, S. 259 (Appendix I): *Nam ius divinum est ius naturale create.*

535 Gagnér, Studien, S. 27.

Regeln, die das Leben der Menschen normieren. Das Gesetz ist, wenn es nicht dem Naturrecht zuzurechnen ist, eigentlich nur eine *consuetudo in scriptis redacta.*[536]

Im hohen und späten Mittelalter begannen die Städte ihre Rechtssatzungen niederzuschreiben, ebenso wie die Gesetzgebungstätigkeit der Könige (z. B. Friedrich II. in Sizilien) zunahm – entsprechend dem Regelungsbedürfnis einer sich immer stärker verändernden Gesellschaft. Im Unterschied zu den frühmittelalterlichen Rechtsaufzeichnungen wurde Gesetzgebung im Spätmittelalter bereits als Gestaltungsmittel begriffen und als solches genutzt. Gesetzgebung wurde zu einer Aufgabe der Herrschaftsträger, je mehr dies als Handlungsmöglichkeit erkannt und genutzt wurde. Die Idee vom Gesetz als Wille wurde zur Basis einer neuen Rechtsphilosophie, die spätestens mit Marsilius und Hobbes mit dem klassischen und dem christlichen Erbe brach (Black).[537] Doch schon in der *Summa Theologica* des Thomas von Aquin finde sich, so Gagnér, eine Ideologie des Gesetzespositivismus. Bei ihm werde die Gratianische Lehre des menschlichen Rechts als *mores, consuetudines in scriptis redactae*, die in gleichem Maße wie das Naturrecht von der biblisch-theologischen Geschichte abgeleitet wurden, durch eine Lehre der Gesetzgebung abgelöst.[538] Cattin zufolge ist auch das Naturrecht bei Thomas letztlich vom menschlichen Willen abhängig oder zumindest beeinflusst, denn der menschliche Wille lehne sich an den göttlichen an und das Naturrecht, welches auf ein Ziel hingeordnet sei, erhalte an unterschiedlichen Orten und Zeiten auch verschiedene Ausformungen.[539]

1.3 Änderbarkeit und Rechtsfindung

Aus demokratietheoretischer Sicht ist am mittelalterlichen Rechtssystem in erster Linie interessant, welche Rechtsformen durch menschliches Handeln veränderbar sind. Das Recht folgte der oben beschriebenen Unterteilung, die auch das römische Recht in abgewandelter Form nachvollzog. Auch die Juristen kannten Naturrecht (*ius naturale*), also ein Recht, das immer gerecht und gut ist, und ein sog. Bürgerliches Recht (*ius civile*), welches auf menschliche Satzungen zurückgeht und veränderlich ist. Hinzu kam das sog. Völkerrecht (*ius gentium*), das teilweise auch zum Naturrecht hinzugerechnet wurde.[540]

---

[536] Decretum Gratiani D. I.5 (*Corpus Iuris Canonici*, ed. Friedberg, I, Sp. 2): *Cum itaque dicitur: „non differt, utrum consuetudo scriptura, vel ratione consistat," apparet, quod consuetudo partim est redacta in scriptis, partim moribus tantum utentium est reservata. Quae in scriptis redacta est, constitutio sive ius vocatur; quae vero in scriptis redacta non est, generali nomine, consuetudo videlicet appellatur*; vgl. Gagnér, Studien, S. 216.

[537] Black, Guilds, S. 55.

[538] Gagnér, Studien, S. 279 f.

[539] Cattin, L'anthropologie politique, S. 141 f.

[540] Vgl. Ottmann, Bd. 2,2, S. 76.

Das heutige internationale Recht, welches unter dem Begriff Völkerrecht firmiert, ist dabei vom *Ius gentium* zu unterscheiden. Das *Ius gentium* bezeichnet vielmehr Normen, welche bei allen Völkern gleichermaßen gelten und daher als Ausdruck eines für alle Menschen gültigen Grundsatzes angesehen wurden.

Immer aber bleibt, bei Theologen, Philosophen, Kanonisten oder Legisten, ein Restbestand an menschlichem Recht, welches menschengemacht und veränderbar ist.[541] Dieses ist allerdings gegenüber dem unveränderlichen göttlichen Recht oder dem Naturrecht nachrangig. Doch gibt es neben den ersten, unwandelbaren Prinzipien, die überall bekannt und allgemeingültig sind, immer noch sekundäre Prinzipien, deren Anordnung zeitbedingt ist.[542] Der Jurist Philipp von Leyden erkannte oberste Normen an, deren zeitgemäße Modifikationen von Menschen (hier: dem Fürsten) vorgenommen werden können.[543] Nach Ockham ist der Maßstab, an dem sich das gesetzte Recht zu orientieren hat, die Offenbarung.[544] Über das Neue Testament hinaus dürfen keine Neuerungen eingeführt werden, jedenfalls keine, die größere Knechtschaft bedeuten.[545] Auch Marsilius von Padua macht die Gebote der Evangelien zum Maßstab und erkennt die Verbindlichkeit des so offenbarten göttlichen Rechtes an. Allerdings sind es allein die Evangelien, nicht aber das Alte Testament, deren Gebote und Anordnungen zu befolgen sind.[546] Von Gottes Verboten könne nicht entbunden werden; was nach dem göttlichen Gesetz erlaubt ist, kann zwar durch Menschen verboten werden, doch nur von dem *legislator humanus* oder einem allgemeinen Konzil.[547] Dennoch bricht Marsilius nicht aus der mittelalterlichen Tradition aus. Das Gesetz ist bei ihm, so jedenfalls Dempf, aufzufassen als die Lehre von dem, was gerecht und unge-

[541] Vgl. dazu auch Klinckenberg, Die Theorie der Veränderbarkeit des Rechts, S. 159, der Kern widersprechend darauf hinweist, dass die Veränderbarkeit des Rechts (bzw. eines Teils desselben) während des gesamten Mittelalters hindurch anerkannt war, lediglich „das vorgestellte Maß der Veränderbarkeit" habe sich gewandelt.

[542] Scherz, Das Naturgesetz, S. 54.

[543] Wilfert, Philipp von Leyden, S. 11.

[544] Wilhelm von Ockham, I. Dial. 6, 2, c.100 (*Opera plurima* I, fol. 110r°): *Et ob hoc necessaria est interpretatio sive expositio et declaratio intellectus legum principalissime spectat ad peritos in iure divino et philosophia morali intantum: quod si institutor legis non sufficienter fuerit instructus in scriptura divina et philosophia morali interpretatio talis ab eo condite legis: principaliter spectat ad aliquos eruditos quam ad ipsum immo ipse posset et deberet in casu interpretationem legis sue ab eis recipere*; vgl. Pleuger, S. 40 f.

[545] Wilhelm von Ockham, *Breviloquium*, II, 17 (ed. Offler, S. 146): ... *ut non maioris servitutis sit lex nova quam vetus.*

[546] Marsilius von Padua, *Defensor Pacis*, III, 2.

[547] Marsilius von Padua, *Defensor Pacis*, III, 2, Nr. 5: ... *permissa vero prohibere, obligando ad culpam aut penam ... solum posse generale concilium aut fidelem legislatorem humanum, nullumque aliud parciale collegium vel singularem personam*; mit Verweis auf I, 12, § 9; II, 9, § 1 und II, 21, § 8.

recht ist. Recht wird nicht durch einen Einzelnen gefunden, sondern entsteht aus dem Zusammenwirken Vieler und vieler Generationen.[548] Diese Sichtweise, dass Gesetze über eine längere Zeitspanne hinweg entstehen, findet sich auch bei Thomas von Aquin. Die menschlichen Gesetze hält er für veränderbar und begründet dies damit, dass es immer ein Fortschreiten vom Unvollkommenen hin zum Vollkommenen gibt. Dies betrifft auch die Gesetze, welche im Laufe der Zeit aufgrund von Erfahrungen und neuer Erkenntnisse zum Besseren verändert werden müssen.[549]

2 Gesetz und Herrschaft

Das Gesetz war einerseits ein Mittel der Herrschaftsträger, ihre Herrschaft auszuüben und gestaltend auf ein Gemeinschaftswesen einzuwirken. Die Beziehungen der Herrschaft zu ihren Untertanen sowie der Untertanen untereinander wurden durch Gesetze nach den Vorstellungen des Gesetzgebers geregelt. Das Gesetz war aber auch umgekehrt ein Mittel, welches die Herrschaftsträger verpflichtete, einschränkte und lenkte. Herrschaft war an Recht und Gesetz gebunden, zumindest wurde das Stichwort der Gesetzesbindung zum theoretisch diskutierten Topos. Dieser Aspekt erhält umso mehr Gewicht, wenn Herrschaftsträger und Gesetzgeber nicht identisch sind.

Im Folgenden sollen die Fragen der Wirkung der Gesetze, schließlich die mit der Gesetzesbindung zusammenhängenden Aspekte behandelt werden.

2.1 Wirkung und Wirksamkeit

Die Frage nach der Wirkung der Gesetze wurde auch von mittelalterlichen Autoren gestellt. Die Wirkung hängt zum einen von den angedrohten Sanktionen ab. Marsilius von Padua unterscheidet die Regeln, die für menschliche Handlungen erlassen worden sind, danach, ob keine Strafe festgesetzt wurde, wie dies bei den Regeln für die praktischen Berufe der Fall sei, oder ob eine Strafe angedroht wurde. Die Strafe könne in der Welt wie bei Gesetzen oder dem für das bürgerliche Leben gültige Gewohnheitsrecht erfolgen oder erst in der künftigen Welt, wie dies für das göttliche Gesetz und die religiösen Lehren gelte.[550] Gebote, welche eine Strafandrohung gegen Zuwiderhandlungen androhen, hält Marsilius für das befriedigende Dasein in dieser Welt

---

[548] Dempf, S. 435.

[549] Thomas von Aquin, *Summa Theologica*, I–II, qu. 97,1, (Deutsche Thomas-Ausgabe, Bd. 13, S. 130–133): *... hoc duplex causa potest esse quod lex humana juste mutetur: una quidem ex parte rationis; alia vero ex parte hominum, quorum actus lege regulantur. Ex parte quidem rationis, quia humanae rationi naturale esse videtur ut gradatim ab imperfecto ad perfectum perveniat ... ex parte vero hominum, ..., lex recte mutari potest propter mutationem conditionum hominum, quibus secundum diversas eorum conditiones diversa expediunt.*

[550] Marsilius von Padua, *Defensor Pacis*, II, 8, § 4.

für notwendig.[551] Solche innerweltlichen Strafen will Marsilius aber nicht für göttliche Gesetze verhängt sehen, da diese erst im Jenseits abgeurteilt würden.[552]

Auf ein anderes Element neben der Strafe hat Thomas von Aquin hingewiesen, das der Publizität. Eine Zwangsgewalt hält Thomas gleichwohl für notwendig. Gesetz definiert er als Ordnungsnorm, die von der zuständigen Autorität mit Zwangsgewalt erlassen wird.[553] Damit aber ein Gesetz seine Wirkung entfalten kann und Beachtung findet, ist es notwendig, dass es promulgiert wird. Seine Verpflichtungskraft könne es schließlich nur dann entfalten, wenn es allen, die es angeht, auch bekannt ist.[554] Marsilius wiederum weist in Anlehnung an Aristoteles darauf hin, dass ein Gesetz nicht mehr respektiert wird, wenn es häufig geändert wird. Damit seine Kraft nicht geschwächt werde, dürfe man das Gesetz nicht wegen geringer, wenn auch verbesserungswürdiger Einzelheiten ändern. Denn nach Aristoteles habe das Gesetz seine Kraft, welche den Gehorsam erzeuge, nur aus der Gewohnheit.[555] Bekanntheit und Beständigkeit von Gesetzen stärken also deren Wirksamkeit. Bei dem von Thomas eingeführten Publizitätsgebot handelt es sich wohl um eine praktische Überlegung, weniger um eine aus rechtsstaatlichem Denken entsprungene Forderung. Ähnliches gilt auch für Marsilius, der hier eher praktische Überlegungen zur Psychologie anstellt, als dass er die Rolle der Gewohnheit im Sinne eines demokratischen Korrektivs hervorheben will.[556]

2.2 Gesetzesbindung von Herrschaft

Eine entscheidende Rolle kommt dem Gesetz, welcher der skizzierten Kategorien es auch angehören mag, im Verhältnis von Herrscher und Beherrschtem dann zu, wenn man eine Bindung der Herrschaft an die Gesetze postuliert. Wenn der Herrscher nicht nur an unveränderliches Recht (göttliches oder Naturrecht), sondern auch an menschliches Recht gebunden ist, so gewinnt der Gesetzgeber eine größere Bedeutung und wird zum eigentlichen Souverän, der Herrscher zum ausführenden Organ. Sofern dann die Gesetze bzw. die Gesetzgebung auf den Willen des Volkes zurückgeführt werden, liegt ein Element vor, das man als wesentliches Merkmal der Demokratie, wie wir sie

[551] Marsilius von Padua, *Defensor Pacis*, II, 8, § 5

[552] Marsilius von Padua, *Defensor Pacis*, III, 2, Nr. 3.

[553] Scherz, Das Naturgesetz, S. 46.

[554] Thomas von Aquin, *Summa Theologica*, I–II, qu. 90, 4 (Deutsche Thomas-Ausgabe, Bd. 13, S. 14–15): *Unde ad hoc lex virtutem obligandi obtineat, quod est proprium legis, oportet quod applicetur hominibus qui secundum eam regulari debent. Talis autem applicatio fit per hoc quod in notitiam eorum deducitur ex ipsa promulgatione. Unde promulgatio necessaria est ad hoc quod lex habeat suam virtutem.*

[555] Marsilius von Padua, *Defensor Pacis*, I, 18, § 6.

[556] s.u. zum Gewohnheitsrecht (Kap. 3.3)

heute begreifen, verstehen kann. Zumindest in rudimentärer Form war eine solche Vorstellung dem mittelalterlichen Denken nicht fremd. Gleichwohl muss man zugestehen, dass die Rückführung des Gesetzes auf den Volkswillen, wie sie von mittelalterlichen Autoren vorgenommen wurde, heutigen demokratischen Ansprüchen nicht genügt und nicht selten zur Fiktion in der Theorie erstarrt. Einige der Theorien, welche sich aus Aristoteles, dem Römischen Recht und christlichen Quellen speisten, waren zudem weit entfernt von einem auf Gesetzesbindung fußenden Staatsaufbau. Die Praxis war nicht besser. Manchmal scheint die Beachtung der Gesetze durch den König freiwillig und selektiv gewesen zu sein,[557] wobei es je nach Land und Zeit Unterschiede gegeben haben mag. Trotz dieser notwendigen Einschränkungen wird man nicht umhin können, hier die Wurzeln moderner Vorstellungen zu suchen.

Schon Hinkmar von Reims (gest. 882) geht auf das Verhältnis des Königs zu den Gesetzen ein.[558] Wenn er gerecht sei, falle er nicht unter das Gesetz, da dieses für die Ungerechten geschaffen sei. Doch sei er persönlich und in seiner Amtsführung an die Gesetze gebunden.[559] Einmal erlassene Gesetze seien zu beachten, so Hinkmar, der sich in der weiteren Ausführung auf Augustinus beruft. Für Aristoteles und in seiner Nachfolge Thomas von Aquin waren Gesetzesbindung und Ämterrotation zwei sich wechselseitig bedingende Aspekte der bürgerlichen Herrschaftsform.[560] Der *principatus politicus et regalis* war für Thomas die Herrschaftsform, die eine Herrschaft über Freie und eine strenge Bindung an die Gesetze einschloss.[561] Die Gesetzesbindung des Herrschers reichte also aus, um eine Verfassung als „politisch“ zu qualifizieren, sie also von der Tyrannei abzugrenzen. Die Idee des Rechts blieb weiterhin Kern aller mittelalterlichen Auffassungen vom Gemeinwesen.[562] Recht war laut Kern in der mittelalterlichen Tradition die lebendige Überzeugung der Gesamtheit, die zwar nicht ohne den König gelte, aber doch insofern über

[557] Babbit, Oresme's *Livre de Politiques*, S. 43 f.

[558] Hinkmar von Reims, *De ordine palatii*, cap. III, (ed. Gross/Schieffer, S. 46, Z. 143 – S. 48, Z. 147): *Habent enim reges et reipublicae ministri leges, quibus in quacunque provincia degentes regere debunt, habent capitula christianorum regum ac progenitorum suorum, quae generali consensus fidelium suorum tenere legaliter promulgaverunt.*

[559] Vgl. Schmidt, Verfassungslehren, S. 47.

[560] Ubl / Vinx, S. 60.

[561] Thomas von Aquin, *Summa Theologica* I, qu. 81, 3, ad2 (Deutsche Thomas-Ausgabe, Bd. 6, S. 213): *Principatus autem politicus et regalis dicitur, quo aliquis principatur liberis*; I–II, qu. 9, 2, ad 3: *sed principatu regali seu politico, sicut liberi homines reguntur a gubernante, qui tamen possunt contra movere*; *Sententiae libri politicorum* I, 1 (Opera Omnia 48, S. 72): *Civitas autem duplici regimine regitur: scilicet politico et regali. Regale quidem est regimen, quando ille qui civitati praeest habet plenariam potestatem. Politicum autem regimen est quando ille qui praeest habet potestatem coarctatam secundum aliquas leges civitatis*; vgl. Töpfer, S. 234.

[562] Vgl. Meier, Mensch und Bürger, S. 86.

dem König sei, als er die Gemeinüberzeugung nicht missachten könne, ohne als Tyrann angesehen zu werden.[563]

Dabei ist zu berücksichtigen, dass die Gesetzesbindung nicht bei all ihren Befürwortern die Ausformung und vor allem nicht die gleiche Verbindlichkeit erhält. Johannes von Salisbury mahnt den Herrscher wie den Richter an seine Vorbildfunktion. Er soll sein Handeln am Willen der Guten ausrichten und seine Urteile sollen an die Gesetze gebunden sein.[564] Er muss bei allem das Gesetz Gottes immer vor Augen haben und sich beraten lassen, statt einsame Entscheidungen zu treffen.[565] Der Fürst sei nach dem göttlichen Gesetz, dem Gesetz der Gerechtigkeit, Untertan,[566] denn so sagt es Johannes an anderer Stelle noch deutlicher, wer Macht von Gott erhält, sei Sklave von Recht und Gerechtigkeit, wer aber Macht usurpiert, unterdrücke die Gerechtigkeit und setze seinen Willen über das Gesetz.[567] Gemeint ist bei derlei Aussagen in der Regel das göttliche Gesetz bzw. die Aussagen der Heiligen Schrift.

Der Franziskaner Bonaventura betont die Rolle eben dieses göttlichen Gesetzes. Das Evangelium ist ein Gesetz der Freiheit, und an innerweltliche Gesetze seien Christen nur insoweit gebunden, als diese nicht gegen Gott gerichtet sind. Über- oder Unterordnungsverhältnisse akzeptiert er dennoch.[568] Sein Ordensbruder Ockham bejaht eine Gesetzesbindung des Fürsten, wobei er in erster Linie einen Kirchenfürsten im Auge hat, den Papst, den Hauptgegner seiner politischen Schriften. Diesem bestreitet er die beanspruchte *plena potestas* und beschränkt ihn auf die geistlichen Angelegenheiten, bei deren Regelung er an das göttliche Recht und an das Naturrecht gebunden sei. Die Besonderheit bei Ockham liegt darin, dass er grundsätzlich für den Notfall Ausnahmen zulässt.[569] Kaum umstritten war unter seinen Zeitgenos-

---

[563] Kern, Gottesgnadentum, S. 127.

[564] Johannes von Salisbury, *Policraticus*, V, 11, (ed. Webb, I, S. 330): *De oculis auribus et lingua potestatum, et de officio praesidis, et quod iudicem oportet habere iuris et aequi notitiam, voluntatem boni, et potestatem exequendi, et quod iuramento debet esse legibus alligatus ....*

[565] Johannes von Salisbury, *Policraticus*, IV, 6, (ed. Webb, I, S. 250): *Quod debet legem Dei habere prae mente et oculis semper, et peritus esse in litteris, et litteratorum agi consiliis.*

[566] Johannes von Salisbury, *Policraticus*, IV, 4, (ed. Webb, I, S. 244): *Quod divinae legis auctoritate constat principem legi iustitiae esse subiectum.*

[567] Johannes von Salisbury, *Policraticus*, III, 15, (ed.Webb, I, S. 232): *Utique qui a Deo potestatem accipit, legibus seruit et iustitiae et iuris famulus est. Qui uero eam usurpat, iura deprimit et uoluntati suae leges summittit.*

[568] Bonaventura, *Commentaria in IV libros Sententiarum*, II, dist. 44, art. 3, qu.1 (S. 1011): *Et ideo concedendum est, quod Christiani sunt terrenis dominis obligati, non tamen in omnibus, sed in his solum, qui non sunt contra Deum, ... sed in his quae secundum rectam consuetudinem rationabilite statuta sunt ... sed etiam secundum dispensationem inter Christianos sunt reges et principes, domini et servi – et secundum distinctionem potestatis ei subiiciuntur et tenentur secundum plus et minus.*

[569] Wilhelm von Ockham, III. Dial. I, 1, c.16.

sen allerdings die Bindung des Papstes an göttliches und Naturrecht. Eine Einschränkung durch positives, von Menschen gemachtes Recht wurde hingegen bestritten, nachdrücklich beispielsweise von Papst Innozenz III., der eigens von Ockham als Vertreter dieser Position zitiert wird.[570] Ockham sieht jedoch in seiner Gegenwart die Bindung des Papstes an das göttliche Recht verletzt. Der Papst dürfe keine Gesetze gegen das göttliche oder natürliche Recht erlassen,[571] alle seine Anordnungen müssten auf die Heilige Schrift zurückgeführt werden können, doch seien oftmals Verstöße zu beobachten, insbesondere dann, wenn der Papst seine auf geistliche Angelegenheiten beschränkte Kompetenz überschreite.[572]

Ockham steht mit seiner Forderung nach einer strengen Gesetzesbindung des Papstes nicht allein. Vor ihm hatte bereits Wilhelm Durandus (gest. 1296) die Unterordnung des Papstes unter das Kirchenrecht, wie es vom allgemeinen Konzil verabschiedet wurde, gefordert.[573] Ähnlich äußert sich auch Ockhams Zeitgenosse Marsilius von Padua, der die Vollmachten des Papstes durch göttliches und auch durch menschliches Recht begrenzt sieht.[574] Auch wenn es Ockham und Marsilius in erster Linie darum geht, den Papst zu bekämpfen und ihm seine Machtfülle aus diesem Grunde soweit als möglich abzusprechen, scheint hier die Idee der gesetzesgebundenen Herrschaft bereits auf. Die Gesetzesbindung als Grundsatz taucht bei anderen Autoren ebenfalls auf, bezogen sowohl auf den Papst wie auch auf weltliche Herrscher. Der Engländer Berley beispielsweise plädiert für eine Gesetzesherrschaft, ähnlich wie schon Cicero. Grundsätzlich solle das Recht regieren, König und Recht sollten sich die Herrschaft teilen.[575] Tolomeo von Lucca will die Gesetzesbindung eines Herrschers soweit reichen lassen, dass dieser nicht einmal um der Gerechtigkeit willen über die Gesetze hinaus gehen kann.[576] Weitreichend ist auch die Vorstellung von Aegidius Romanus, der einem monarchisch regierenden Herrscher möglichst wenig Entscheidungsspielraum belassen will.

---

570 Wilhelm von Ockham, *Breviloquium* II, 2.

571 Wilhelm von Ockham, *Breviloquium* II, 6 (ed. Offler, S. 121): *Praeterea, papa non habet potestatem condendi leges in omnibus, quae neque sunt contra ius divinum nec contra ius naturale* … .

572 Wilhelm von Ockham, *Breviloquium* II, 8.

573 Sigmund, Nicholas of Cusa, S. 86.

574 Marsilius von Padua, *Defensor Pacis*, II, 23, § 4.

575 Blythe, Ideal Government, S. 184 f.

576 Tholomeo de Lucca, *De regimine principum* (*continuatio*) IV, 1 (ed. Mathis, S. 66): … *quia legibus astringuntur rectores politici, nec ultra possunt procedere in prosecutione iustitiae: quod de regibus et aliis monarchis principibus non convenit, quia in ipsorum pectore sunt leges reconditae, prout casus occurrunt: et pro lege habetur quod principi placet, sicut iura gentium tradunt: sed de rectoribus politicis non sic reperitur, quia non audebant aliquam facere novitatem, praeter legem conscriptam*; ähnlich ebd. (Thomas von Aquin), II, 8 (S. 28): *Et inde sequitur in regimine politico diminutio, quia legibus solum rector politicus iudicat populum*; Black, Guilds, S. 80.

Soviel wie möglich solle durch Gesetze geregelt werden, so dass so wenige Dinge wie möglich der freien Willensentscheidung des Regierenden überlassen blieben.[577]

Theologisch argumentiert Nikolaus von Kues, der darauf hinweist, dass Jesus Christus selbst nicht gekommen sei, das Gesetz zu zerstören, sondern es zu erfüllen. In dessen Nachfolge habe jeder Regent gemäß dem Gesetz zu regieren und es nach Sinn und Zweck umzusetzen.[578]

2.3 Sinn der Gesetzesbindung

Der Forderung nach der Bindung von Herrschaft an Gesetze liegt ein gewisses Misstrauen gegenüber den herrschenden Individuen zugrunde. Ockham spricht dieses Misstrauen und den Zielkonflikt im Hinblick auf die Erwartungen an die Herrschaft aus. Eigentlich sei ein starker Herrscher für die Friedenssicherung notwendig, wobei eine eidliche Bindung des Herrschers an menschliche Gesetze hinderlich sei. Nur sei es leider so gewesen, dass Monarchen, besonders in heidnischer Zeit oftmals das Gemeinwohl missachtet hätten. Einen *principatus regalis* hat es laut Ockham in seiner Idealform wohl nie gegeben.[579] Die Forderung nach der Bindung des Herrschers an menschliche Gesetze stellt sich demnach als ein Zugeständnis an die Realitäten dar, vor allem an die Unvollkommenheit der menschlichen Natur, der man auch nicht durch die Auswahl des bestmöglichen Kandidaten und dessen Berufung zur Herrschaft begegnen kann.

a) Bindung zwischen Herrscher und Beherrschten

Durch die Bindung an die Gesetze wird eine Verbindung zwischen Herrscher und der Gemeinschaft der Herrschaftsunterworfenen hergestellt. Der Herrscher ist für das Gemeinwohl verantwortlich und muss gleichzeitig einer Vorbildfunktion gerecht werden. Dies wird Johannes von Salisbury vorgeschwebt haben, der den Fürsten die Lasten der ganzen Gemeinschaft tragen sieht. Der Fürst suche immer die besten Bedingungen für die menschliche Gemeinschaft und handele niemals gegen die Gerechtigkeit. Er habe die Macht über die Untertanen und halte sich an die Gesetze.[580] Letzteren Aspekt betont Marsilius von Padua und macht deutlich, dass damit eine Rückbindung des

---

577 Blythe, Ideal Government, S. 70.

578 Nikolaus von Kues, *De Concordantia Catholica*, III, praef. § 290, (ed. Kallen, S. 326) *Christus enim sub lege erat, non venit solvere legem, sed adimplere, humilis et mitis corde, medicus mansuetissimus*; Watanabe, The Political Ideas, S. 59.

579 Wilhelm von Ockham, Dial. III, 1,2, c.6: *Et ideo forte his diebus non est in universo orbe talis principatus*. Töpfer, Urzustand und Sündenfall, S. 459.

580 Johannes von Salisbury, *Policraticus*, IV, 1 (ed. Webb, I, S. 235–236): *Est ergo tiranni et principis haec differentia sola uel maxima, quod hic legi obtemperat et eius arbitrio populum regit cuius se credit ministrum … Recte quidem, quia populo nichil utilius est quam ut principis necessitas expleatur; quippe cum nec uoluntas eius iustitiae inueniuntur aduersa.*

Regierungshandelns an den Volkswillen beabsichtigt ist. Zwar habe der erste Bestandteil, wie Marsilius die Regierung nennt, allein die Befugnis, Vorschriften zu erlassen und nach den Gesetzen zu bestrafen, doch dürfe er nichts Ungesetzliches tun und nichts Wichtiges verfügen, ohne sich der Zustimmung des Volkes vergewissert zu haben, denn die Autorität der Regierung beruhe auf dem klar ausgesprochenen Volkswillen.[581]

Sein Zeitgenosse Wilhelm von Ockham jedoch befürwortet die eidliche Bindung des Herrschers an Naturrecht und Gemeinwohl, begründet dies aber mit der modern klingenden Feststellung, dass es zur natürlichen Freiheit gehöre, dass niemand freie Menschen gebrauchen dürfe, allein zum Nutzen dessen, der sie gebraucht.[582] Der Herrscher ist den Untertanen in seiner Würde als Mensch gleichgestellt. Er ist seinen Untertanen verpflichtet, und diese Verpflichtung will Ockham noch ganz in den traditionellen Formen des Lehnswesens durch einen Eid bekräftigt sehen. Allerdings wird der Eid auf Recht und Gemeinwohl gefordert und gewinnt damit eine neue Qualität.

Die Bindung der Herrschenden an die Gesetze kann auch als Hilfsmittel verstanden werden, die Herrschaft an den Volkswillen rückzukoppeln. Da nicht alle gleichzeitig herrschen können, müssen diejenigen, welche die Herrschaft konkret ausüben, mittels der Gesetze im Sinne aller gewissermaßen gesteuert werden. Bei Oresme klingt diese Überlegung an, wenn er schreibt, die täglichen Regierungsgeschäfte sollten wenigen übertragen werden, welche diese entsprechend den Gesetzen wahrnähmen.[583]

b) Übermaßverbot

Mit der Verpflichtung eines Herrschers auf das gemeine Wohl und die Gesetze der Gemeinschaft geht eine Beschränkung der Herrschaftsbefugnisse einher. In einem zivilisierten Staat, so Albertus Magnus, regiert Einer über Menschen, die genauso frei sind wie er selbst und denen er nur gemäß der verfassungsmäßigen Ordnung Befehle erteilen darf.[584] Die für alle gleicher-

---

581 Marsilius von Padua, *Defensor Pacis*, III, 3 (ed. Kusch, Bd. 2, S. 1102–1103, Z.13–16): … *soli sibi convenire auctoritatem precipiendi subiecte multitudini communiter aut divisim; et unumcumque arcere, si expediat, secundum positas leges et nil preter has, arduum presertim, agere absque multitudinis subiecte seu legislatoris consensu.*

582 Wilhelm von Ockham, III. Dial. I,2, c.6: … *sed principans in principatu regali praedicto potest uti subiectis et bonis eorum qualitercumque sibi placet propter bonum commune sed non potest uti eis ut sibi placet propter bonum proprium, et ideo sibi non sunt servi sed naturali libertate gaudent; quia ad naturalem libertatem spectat ut nullus possit uti liberis propter utilitatem utentis* … .

583 Nicolas de Oresme, *Livre de Politique* 3,17 (ed. Menut, S. 142a): *Item, se la multitude est raisonable et honorable, encor me semble que il ne entent pas qu'elle doie tenir le princey et le gouvernement cotidian quant a distribution d'offices et quant as jugemens, mes doit estre un souverain ou pluseurs qui tiennent le princey et l'excercent selon les lays* (Verweis auf 3,14).

584 Gilby, Principality and Polity, S. 288.

maßen postulierte Freiheit, in die eine Herrschaft potentiell einzugreifen vermag, stellt damit eine Begrenzung der Herrschaft dar, insofern deren Eingriffe dadurch beschränkt werden, als die Freiheit gegenüber der Herrschaft den höheren Stellenwert zugesprochen bekommt. Der Herrscher darf seine Untertanen nicht übermäßig bedrängen und muss immer die Verhältnismäßigkeit seiner Handlungen beachten und gegen das Wohl und die Freiheit seiner Untertanen abwägen. Ein solches Übermaßverbot hat Ockham für den Papst in Übereinstimmung mit seiner allgemeinen Forderung dahingehend formuliert, dass man nicht schwierig machen soll, was auch einfach geht.[585] Auch die *plenitudo potestatis* lehnte der Franziskaner deswegen ab, weil dies dem Herrscher, in diesem Fall dem Papst, die Möglichkeit gäbe, seine Untertanen in ihren Rechten zu beschränken, diese sogar zu Sklaven herabzudrücken.[586] Weniger grundsätzlich, aber an die persönlichen Charaktereigenschaften des Herrschers appellierend, hatte Johannes von Salisbury anderthalb Jahrhunderte zuvor vom Fürsten Milde und Gerechtigkeit zum Wohle des Staates verlangt.[587] Anders als bei Albertus Magnus und Wilhelm von Ockham, für die Freiheit und Gleichheit Grundprinzipien ihres politischen Denkens gewesen zu sein scheinen, wird man bei Johannes von Salisbury noch davon ausgehen müssen, dass er beim Herrscher die Fürsorgepflicht für seine Untertanen sah, welche man seit dem Frühmittelalter von einem christlichen König erwartete. Diese fürsorgliche Vaterfigur unterscheidet sich deutlich von dem Herrschertyp, der freien und gleichen Untergebenen gegenübersteht und sein Verhalten nicht nur nach ihren Bedürfnissen ausrichten muss, sondern auch durch eigene Rechte der Untertanen in der Ausübung seiner Herrschaft eingeschränkt wird.

Auch bei Thomas von Aquin finden sich bei verschiedenen Gelegenheiten Verweise darauf, dass Herrschaft ihre Grenzen einhalten muss und auf übermäßige Beschränkungen und Belastungen der Herrschaftsunterworfenen verzichten soll. Ein Beispiel sind seine Ausführung zur Bestrafung von Verbrechen. Die Strafe als Heilmittel darf nicht aus Hass vollzogen werden

---

585 Wilhelm von Ockham, *Breviloquium*, II, 18 (ed. Offler, S. 149): … *ut scilicet Romanus pontifex in hiis, quae potest de iure iuxta illa verba Christi: Quodcumque ligaveris etc., modum non excedat, ne videlicet illud, in quo sibi debent obedire Christiani, quod potest leviter fieri, ipse faciat eis nimis difficile.*

586 Wilhelm von Ockham, *Octo Quaestiones*, Opera politica I (ed. Offler, S. 32), I, 6: *Sed si papa haberet talem plenitudinem potestatis, principatus ipsius non esset propter bonum commune, sed propter bonum proprium ipsius papae … quia si haberet talem plenitudinem potestatis, quamvis ipse omnes Christianos extra casum necessitatis extremae universis rebus et libertatibus spoliaret ac laboribus, servitutibus, oneribus et periculis immensis subiceret, non liceret eis papae resistere, sed tenerentur de necessitate parere, quod eis pericolosum existeret.*

587 Johannes von Salisbury, *Policraticus*, IV, 8 (ed. Webb, I, S. 262–266): *De moderatione iustitiae et clementiae principis, quae debent in eo ad utilitatem rei publica contemperari.*

und muss sich daran orientieren, dass der Sünder gebessert wird oder die Gemeinschaft vor ihm geschützt wird. Nur wenn sie darüber nicht hinausgeht, ist sie erlaubt.[588] Auch bei der Todesstrafe, die er befürwortet, weist er auf Grenzen hin. Wenn sichergestellt ist, dass sie ohne Gefahr für die Guten, sondern nur zu deren großen Nutzen verhangen werden kann, so sei sie erlaubt.[589]

c) Kontroll- und Sicherungsinstrument

Eine der wichtigsten und naheliegendsten Funktionen der Gesetzesbindung von Herrschaft ist sicherlich die Kontrolle der Regierung. Die Gesetzesbindung wird damit zum Sicherungsinstrument gegen ungerechte oder tyrannische Herrschaft. Ebenso wie Ockham glaubte, die Natur des Menschen lasse eine ideale Regierung in der Wirklichkeit nicht zu, so sah sich schon Thomas von Aquin gezwungen, Zugeständnisse an die menschliche Unvollkommenheit zu machen und lehnte eine absolute, von allen Bindungen an irdische Gesetze und Verpflichtungen freie Herrschaft ab. Eine Regierung nach dem Willen [des Herrschers] muss demnach hinter einer Regierung nach dem Gesetz zurückstehen.[590] Damit wird ein aus der Erfahrung begründetes Misstrauen gegenüber der menschlichen Natur und dem handelnden Individuum zum Ausdruck gebracht, welches durch die Bindung an Gesetze gesteuert und berechenbar gemacht werden soll. Herrschen soll also nicht der möglicherweise wechselhafte und unvorhersehbare, schlimmstenfalls vom Allgemeinwohl abweichende Wille einer Einzelperson, sondern das bekannte und entweder von Gott oder von allen so gewollte Gesetz, womit die Allgemeinwohlbezogenheit der Herrschaft gesichert wird. Auch Marsilius von Padua scheint der Aspekt der Sicherung von Herrschaft wichtig gewesen zu sein, wenn er die Gesetzesbindung des Monarchen fordert und dabei ausdrücklich hervorhebt, dies gelte insbesondere für den Erbmonarchen, dessen Auswahl nicht auf eine Entscheidung des Volkes unmittelbar zurückgeführt werden könne.[591] Da das Sicherungsinstrument der Auswahl des Besten durch das Volk ausfällt, so tritt an dessen Stelle die Bindung des durch Erbfall zur Herrschaft gelangten Monarchen an die Gesetze. Für Oresme ist die Bindung an das Gesetz ein Mittel, die Herrschaft zu begrenzen und maßvoll zu halten, wie es der

[588] Thomas von Aquin, *Summa Theologica* II-II, qu. 108,1 (Deutsche Thomas-Ausgabe, Bd. 20, S. 105–106): *Si vero intentio vindicantis feratur principaliter ad aliquod bonum, ad quod pervenitur per poenam peccantis, puta ad emendationem peccantis, vel saltem ad cohibitionem ejus et quietem aliorum, et ad justitiae conservationem et Dei honorem, potest esse vindicatio licita, aliis debitis circumstanciis servatis.*

[589] Thomas von Aquin, *Summa Theologica* II-II, qu. 108,3 ad 1 (Deutsche Thomas-Ausgabe, Bd. 20, S. 113): *Sed quandoque possunt eradicari mali per mortem non solum sine periculo, sed etiam cum magna utilitate bonorum. Et ideo in tali casu potest poena mortis peccatoribus infligi.*

[590] Vgl. Blythe, Ideal Government, S. 56.

[591] Marsilius von Padua, *Defensor Pacis*, I, 11, § 5.

Natur einer gemäßigten Königsherrschaft entspricht.[592] Oresme verweist auf das Beispiel des alten Roms. Nachdem die Römer ihren Fürsten zum Kaiser erhoben und über das Gesetz gestellt hatten, begann der Verfall des Reiches. Eine unter Juristen, die sich auf römisches Kaiserrecht beziehen, verbreitete Ansicht, der Fürst sei von den Gesetzen gelöst, denn was immer ihm gefalle, habe Gesetzeskraft, verurteilt der Franzose. Oresme hält diese Meinung für falsch (*fausse opinion et malvese suggestion*), da sie gegen die Lehren des Aristoteles verstoße.[593] Es ist hier weniger ein Streit zwischen Konstitutionalisten und Absolutisten, sondern vielmehr die beiläufig erwähnte Rivalität zwischen Philosophen und Juristen, die der Argumentation Oresmes zugrunde liegt. Als Philosoph misst er Aristoteles eine hohe Autorität bei, welche die Juristen, welche die Werke des Aristoteles weitgehend unbeachtet ließen, nicht anerkannten.

Die Bindung an die Gesetze ist auch bei Oresme letztlich ein Sicherungsinstrument, das der menschlichen Natur geschuldet ist. Oresme weist darauf hin, dass ein Mensch sündigt und Fehler macht, aus welchen Motiven auch immer, und sei es auch nur aufgrund von Fehlinformationen. Das ist der Grund, warum stattdessen besser Gesetze die Herrschaft über Menschen haben sollten.[594] Nur die Dinge, welche nicht durch Gesetz geregelt seien, verblieben danach der Entscheidung nach dem Willen der Fürsten.[595] An anderer Stelle erläutert Oresme die Aussagen des Aristoteles dahingehend, dass es sicherer sei, nach Gesetzen und beständigen Gewohnheiten zu richten als nach dem Willen. Möglichst wenig solle dem Willen des Menschen überlassen bleiben und stattdessen möglichst viel durch Gesetz geregelt werden, denn je mehr dem Willen des Fürsten zur Entscheidung verbleibe, um so näher rücke die Verfassung an eine Tyrannei heran.[596]

---

[592] Nicolas de Oresme, *Livre de Politique* 5,25 (ed. Menut, S. 242b): … *la posté du roy selon la nature de princey royal est en tel maniere moderee et amesuree que elle est mendre sus son peuple que ne est la posté du peuple. Et ovec ce, le roy est sous la lay.*

[593] Nicolas de Oresme, *Livre de Politique* 5,25 (ed. Menut, S. 243a): *Item, par la fausse opinion et malvese suggestion de telz adulateurs et flateurs ont esté faites ou temps passé aucunes lays lesquelles attribuent as princes qu'il sunt par desus les lays: Et quia princeps est solutus legibus, et quia principi placuit, legis habet vigorem. Laquelle chose est contre la doctrine de ceste science en plusieurs lieus, et especialment ou XIIII chapitre du tiers* (3,14).

[594] Nicolas de Oresme, *Livre de Politique* 3,24 (ed. Menut, S. 160b): *Item, en ce present chapitre est determiné que miex est estre gouverné par bonne lay que par bon prince*; 5,25 (ed. Menut, S. 243b): *Mes ce est un homme mortel qui peut pechier par desordenance, affection ou estre deceu par malvese suggestion ou par fausse information. Et pour ce, selon Aristote la lay doit seigneurier et non pas homme.*

[595] Nicolas de Oresme, *Livre de Politique* 5,25 (ed. Menut, S. 243b): … *que seulement les choses qui ne pevent estre determinees par lay demeurent en l'arbitration ou volenté du prince et non autres.*

[596] Nicolas de Oresme, *Livre de Politique* 3,24 (ed. Menut, S. 159a): *il* [Aristoteles] *veult dire que jugier selon les lays ou regles escriptes et non conformees par coustume est plus seure chose*

2.4 Relativität der Gesetzesbindung

Die Bindung des Herrschers an Gesetze kann verschiedene Ausprägungen erfahren. Die Bandbreite der im Mittelalter vertretenen Auffassungen reicht weit. Je nach Epoche, persönlicher Parteinahme des jeweiligen Autors in einer bestimmten Konfliktsituation oder auch je nach den Grundüberzeugungen finden sich Vertreter absolutistischer Tendenzen, Forderungen nach strikter Gesetzesbindung an alle Gesetze oder nur eine Bindung an das Naturrecht, nicht aber an menschliche Gesetze. Dabei spielen verschiedene Traditionen und Intentionen eine Rolle.

a) Freie und gebundene Herrschaft

Ein Gegensatzpaar bildet einerseits die völlig freie und andererseits die gebundene Herrschaft, wobei die Argumentationen diesen Gegensatz nicht selten zu verwischen scheinen. So ist der König bei Aegidius Romanus ein absoluter, der alles aus einer autoritären Machtfülle anordnet, während den Untertanen nur bleibt zu gehorchen, allenfalls noch den König zu beraten.[597] Nach Aegidius ist der König aber keineswegs völlig losgelöst vom Naturrecht. Er sei im Gegenteil dem Naturrecht näher als jeder andere und verkörpere gleichsam ein „lebendiges Gesetz (*lex animata*)“, welches die innerweltliche Ordnung aufrecht erhalte.[598] Ähnlich klingt es schon bei Johannes von Salisbury, der klar sagt, der Fürst sei von den Fesseln des Gesetzes gelöst, denn sein Urteil weiche von der *aequitas* nicht ab. Der Fürst, der die Gerechtigkeit liebe und für das Staatswohl Sorge zu tragen habe, indem er den Vorteil der anderen über seinen Willen stelle, solle nicht an die Gesetze gebunden sein, damit er die Strafen nicht fürchten müsse. Daher bedeute seine Lösung vom Gesetz auch keine Ungleichheit.[599] Der Fürst sei vielmehr Diener nicht des Gesetzes, sondern des Gemeinwohls bzw. des öffentlichen Nutzens (*utilitas publica*), in dessen Interesse er als *persona publica* handele und alle

---

que jugier selon volenté, mes encor est plus seur jugier selon lays escriptes et conformees par coustume, et moins seur en tele maitiere jugier selon volenté. Or appert donques clerement par cest chapitre comme ce ne est pas bien de lessier en volenté de homme chose qui puisse estre determinee par lay. Et pour ce, de tant comme pluseurs de teles choses demeurent en la volenté des princes, de tant est la policie moins bonne et plus proceine a tirannie et a qu'est en ceste science appellé potentat et reprouvé souvent.

[597] Berges, Fürstenspiegel, S. 227.

[598] Ebd., S. 218 f. Aegidius Romanus, *De regimine principum*, I, 2, cap. 12 (S. 79): *Nam lex est quidam inanimatus Princeps: Princeps vero est quaedam animata lex*, III, 2, cap. 29 (ed. Rom 1607, S. 531): … *quod Rex debet esse quasi organum & instrumentum legis* … (S. 533): … *quare positiva lex est infra principantem, sicut lex naturalis est supra* … .

[599] Johannes von Salisbury, *Policraticus*, IV, 2 (ed. Webb, I, S. 238): *Princeps tamen legis nexibus dicitur absolutus, non quia ei iniqua liceant, sed quia is esse debet, qui non timore penae sed amore iustitiae aequitatem colat, rei publicae procuret utilitatem, et in omnibus aliorum commoda priuatae praeferat uoluntati*; vgl. Berges, Fürstenspiegel, S. 140.

Verbrechen und Schädigungen mit gleicher Billigkeit zu strafen habe.[600] Die Verantwortlichkeit des Regenten vor dem Gesetz wird von Johannes als Problem gesehen, da diese Verantwortlichkeit von den Herrschaftsunterworfenen eingefordert werden könne, was aber mit Revanchegelüsten verbunden sein könnte und damit den Regenten seinerseits dazu veranlassen könnte, sich aus Angst zu unangemessener Rücksichtnahme zu entscheiden. Um ihn von derartigen sachfremden Erwägungen zu befreien, solle er von den Bindungen des Gesetzes befreit sein.

Diese scheinbare Freiheit vom Gesetz, die bis ins hohe Mittelalter hinein nicht unüblich war, kann gleichwohl nicht mit dem Absolutismus der Neuzeit gleichgesetzt werden. Dieser praktische Absolutismus, so Kern, nahm im frühen Mittelalter niemals die Färbung theoretischer Unumschränktheit an. Die Übereinstimmung mit dem Willen des Volkes wurde zumindest theoretisch immer aufrechtzuerhalten versucht, die Lehre von der Rechtsgebundenheit des Herrschers blieb dabei bestehen.[601] So sieht Monahan auch den oben erwähnten Johannes von Salisbury als Gegner der römisch-rechtlichen Maxime des Absolutismus an. Der König habe zwar keinen irdischen Herrn über sich, sei aber an Gesetze gebunden, aber – um den Widerspruch zum oben Gesagten aufzulösen – gebunden ist der Herrscher mehr an die Billigkeit (*aequitas*) als an die Buchstaben des Gesetzes.[602] Tolomeo von Lucca hingegen misst den Buchstaben des Gesetzes mehr Bedeutung bei. Auch im Interesse der Gerechtigkeit, so schreibt der Dominikaner und Thomasschüler, könnten die politischen Führer nicht über die geschriebenen Gesetze hinausgehen.[603] Eine andere Argumentation verfolgt Baldus, als er die römischrechtliche Aussage zu interpretieren hat, nach der alles, was dem Kaiser gefällt, zum Gesetz erhoben sei. Der Kaiser nämlich könne nichts tun, was unmöglich sei. Da aber göttliches Gesetz und Naturrecht notwendig seien, könnten diese unmöglich abgeschafft oder geändert werden. Was also der Kaiser wolle, Gott aber nicht, könne keine Gesetzeskraft erlangen.[604]

600 Ebd.: *Publicae ergo utilitatis minister et aequitatis seruus est princeps, et in eo personam publicam gerit, quod omnium iniurias et dampna sed et crimina omnia aequitate media punit.*

601 Kern, Gottesgnadentum, S. 141.

602 Monahan, Consent, S. 61–63.

603 Tolomeo de Lucca, *De regimine principum (continuatio)*, IV, 1 (ed. Mathis, S. 66): … *quia legibus astringuntur rectores politici, nec ultra possunt procedere in prosecutione iustitiae: quod de regibus et aliis monarchis principibus non convenit, quia in ipsorum pectore sunt leges reconditae, prout casus occurrunt: et pro lege habetur quod principi placet, sicut iura gentium tradunt: sed de rectoribus politicis non sic reperitur, quia non audebant aliquam facere novitatem, praeter legem conscriptam*; vgl. Blythe, Ideal Government, S. 96.

604 Canning, The Political Thought of Baldus, S. 76. Baldus de Ubaldis, Ad D.1.4.1 (fol. 25v/26r): *Princeps non potest contra ius naturale, divinum, & gentium.* Canning, Baldus, Appendix, S. 239 (Baldus ad D 1.4.1): *Et ideo si principi placet quod Deo non placet, non habet legis vigorem.*

Die unter den Philosophen gängigste Ansicht scheint nach der Aristoteles-Rezeption die gewesen zu sein, dass es an sich besser sei, wenn der beste Mann regiere, *per accidens* aber, in der innerweltlichen Wirklichkeit und angesichts der menschlichen Natur, sei der Herrschaft durch die Gesetze der Vorzug zu geben.[605] Buridanus hält es in seiner Zeit für besser, wenn das Gesetz regiert, doch müsse im Zweifel dem Fürsten eher gehorcht werden als dem Gesetz, das selbst keine Kraft habe. Dies schränkt er sogleich zugunsten des Gesetzes wieder ein. Wenn sich der Fürst nämlich als schlechter Mensch herausstellen sollte und die Untertanen wüssten, dass er gegen geschriebenes Recht verstößt, dann solle dem Gesetz gehorcht werden.[606] Siger von Brabant verschiebt den Schwerpunkt in Richtung Gesetzesherrschaft. Seiner Ansicht nach sei der Staat besser von gerechten Gesetzen zu regieren als von tüchtigen Männern.[607] Diese Verschiebung findet sich ebenso bei Marsilius von Padua, der eine absolute Bindung an das Gesetz in Anlehnung an Aristoteles befürwortet.[608] Auch Oresme sieht die Regierung in den Händen weniger oder eines einzelnen Souveräns, doch dieser sterbliche Souverän solle unter dem Gesetz stehen, was ihn zu der Aussage führt, das Gesetz sei wie ein souveräner Fürst.[609] Nur ein Tyrann handhabe die Gesetzgebung nach seinem Gutdünken und stelle sich über die Gesetze und über die Menge (des Volkes).[610]

b) Reichweite der Gesetzesbindung

Die Forderung nach einer Gesetzesbindung konnte also eine unterschiedliche Reichweite haben. Unterschieden wurde nach der Kategorie der Gesetze, welche zu befolgen waren. Ebenso wurden die radikalen Positionen einer strikten Gesetzesbindung wie auch einer völligen Loslösung vertreten. Auch ist das Instrument der Gesetzesbindung zu unterschiedlichen Zeiten je verschieden ausgestaltet gewesen. Nicht nur spätmittelalterliche Aristoteles-Rezipienten haben sich mit diesem Thema befasst, auch in der frühmittelalterlichen theokratischen Verfassung war die Souveränität des Königs durch das göttliche

[605] Flüeler, Rezeption, Bd.1, S. 128 f.

[606] Johannes Buridanus, *Quaestiones super libros Politicorum*, III, qu. 4 (fol. 34 rb): *Utrum melius sit civitatem regi bono principe sine lege quam bona lege sine principe? Hoc est utrum sit melius quod civitas regatur per bonum principem quam per bonas leges? … temporis modernis simpliciter melius est civitatem regi bona legi sine principe quam quocumque principe sine lege. … magis obediendum est principi quia lex non habet vigorem …* (fol. 35ra) … *si princeps appareat malus homo et iniquus et subditus sciat tale editum esse contra legem scriptam debet obedire legi.*

[607] Flüeler, Rezeption, Bd.1, S. 128.

[608] Marsilius von Padua, *Defensor Pacis*, I, 11, § 2.

[609] Babbit, Oresme's Livre de Politiques, S. 63.

[610] Nicolas de Oresme, *Livre de Politiques* 6,12 (ed. Menut, S. 274b): *Et comme souvent dit est, ce est une difference entre roy et tirant; car le tirant est sus la multitude et sus la lay, et mue les lays et en use quant il veult ou de pleine posté …* .

Recht stark eingeschränkt. So stark, dass Ullmann schon nicht mehr von einer Souveränität des Königs sprechen will.[611]

Aegidius Romanus wurde mit seiner Interpretation des Königs als Verkörperung des Naturrechts bereits zitiert. Für ihn war es besser, vom besten König regiert zu werden als von Gesetzen. Der König solle nicht an das positive Recht, wohl aber an das Naturrecht gebunden sein.[612] Die kirchenrechtliche und legistische Wissenschaft verfolgte im späten Mittelalter ebenfalls diese Linie. Der Herrscher stehe zwar unter dem Naturrecht, aber über dem positiven Recht.[613] Auch Ockham vertritt diese Position für die Kompetenzen des Kaisers in zeitlichen Dingen. Der Kaiser dürfe alles, was nicht gegen göttliches Recht oder das Naturrecht verstoße, an die menschlichen Gesetze aber sei er, so zitiert Ockham die damalige Rechtswissenschaft, nicht gebunden.[614] Nicht das Gesetz bestimme sein Regierungshandeln, sondern sein Wille. Da der Herrscher in seiner Regierung die Forderung des Naturgesetzes verwirkliche, liege sein Wille in dem gleichen wie den positiven Gesetzen vorgegebenen Raum.[615] Zugleich aber ist hier wiederum die in der Philosophie gestiegene Bedeutung des individuellen Willens erkennbar. Auf die Bedeutung des Nominalismus und des Voluntarismus und die damit korrespondierende Wirklichkeit einer Individualisierung der Gesellschaft wurde bereits eingegangen. Sie hat auch an dieser Stelle ihren Niederschlag in der politischen Theorie gefunden.

Da dem Regierenden in der Regel auch die Gesetzgebungskompetenz zugesprochen wurde, ergab sich im Falle der strikten Gesetzesbindung das Problem, dass der Herrscher solchen Gesetzen unterworfen sein müsse, die er selbst erlassen hatte und vor allem, die er selbst jederzeit ändern könne, was die Unterwerfung unter diese ad absurdum führte bzw. die Gesetzesbindung zu einer rein verfahrenstechnischen Hürde degradierte. Johannes Duns Scotus hat dieses Problem beschrieben. Nur wer nicht selbst Gesetzgeber sei, könne gegen ein Gesetz verstoßen. Wenn aber das Gesetz in der Macht des Handelnden stehe, wenn es Recht sei, weil es von ihm festgelegt wurde, kann er nicht dagegen verstoßen. Denn an seiner Stelle könne er ein richtiges Gesetz schaffen, dem gemäß er handeln würde.[616] Petrus de Alvernia hatte in

---

611 Ullmann, Schranken der Königsgewalt, S. 9.

612 Flüeler, Rezeption, Bd.1, S. 128.

613 Kern, Gottesgnadentum, S. 125.

614 Wilhelm von Ockham, III.Dial., II, 2, c.26: *Pro ista opinione potest multipliciter allegari. Qui enim nulla lege humana astringitur sed solummodo lege diuina et lege naturali obligatur: omnia potest que non sunt contra aliquam legem predictarum … quia imperator legibus solutus est.*

615 Wilhelm von Ockham, III.Dial., II, 2, c.26–28; Pleuger, S. 95.

616 Johannes Duns Scotus, Ordinatio I, d.44 qu. unica, n.1 (ed. Vat. VI, S. 364–365): *Sed quando in potestate agentis est lex et rectitudo legis, ita quod non est recta nisi quia statuta, tunc potest aliter agens ex libertate sua ordinare quam lex illa recta dictet; et tamen cum hoc*

seiner Fortsetzung des Fürstenspiegels von Thomas von Aquin ähnlich argumentiert. Regiert werden müsse immer nach einem Gesetz, doch in einer Monarchie bestehe dieses Gesetz in dem Willen und der Vernunft des Monarchen.[617] Doch lehnt Thomas, so Dempf, den spätantiken Absolutismus gleichwohl ab. Der *princeps* sei nämlich nur dem Zwangscharakter der Gesetze gegenüber *legibus solutus*, da niemand durch sich selber gezwungen werden könne. Verpflichtet sei er aber der inhaltlichen Bestimmung des Gesetzes. Das Recht, bemerkt Dempf abschließend, stehe unbedingt höher als die Macht, es rechtfertige erst die Macht.[618]

An den Inhalt des Gesetzes ist der Herrscher gebunden; das Gesetz auch tatsächlich einzuhalten, dazu kann er nur durch sich selbst gezwungen werden. Eine Bindung an menschliche Gesetze, in letzter Konsequenz auch an das Naturrecht, besteht damit zwar theoretisch, ist aber faktisch nicht durchsetzbar. Einzige Garantie für die Einhaltung der Gesetze durch den Herrscher ist also dessen guter Wille. Ockham formuliert seine Auffassung von der Gesetzesbindung denn auch realitätsnah als Mahnung oder Empfehlung an den Herrscher. Dieser sei an göttliches und natürliches Recht gebunden. An das menschliche Recht sei er zwar nicht gebunden, doch er sollte es nicht ohne Notwendigkeit übertreten.[619] Auch ein Verfechter eines päpstlichen Absolutismus wie Aegidius Romanus, der den Papst nicht an Gesetze gebunden sehen will, folgt Innozenz IV. in der Empfehlung, der Papst solle sich möglichst an die eigenen Gesetze halten.[620]

Aber auch die Vertreter einer strikten Gesetzesbindung müssen der Realität Tribut zollen. Dies betrifft die praktische Unmöglichkeit einer ausschließlichen Gesetzesherrschaft und die Notwendigkeit der menschlichen Einzelfall-

potest ordinate agere, quia potest statuere aliam legem rectam secundum quam agat ordinate. Nec tunc potentia … Ita potest exemplificari de principe et subditis, et lege positiva; vgl. Stratenwerth, Naturrechtslehre, S. 48.

617 Antoniades, S. 28 f., der den Text noch Thomas von Aquin zuschreibt. Petrus de Alvernia unterscheidet allerdings verschiedene Regierungsformen in IV, 1 (*De regimine principum*, ed. Mathis, S. 66): *Et primo quidem in quo differt a regali, sive imperiali, sive monarchico, quod ex supra dictis in primo et tertio libro aliqualiter videri potest; sed nunc etiam differentia est addenda, quia legibus astringuntur rectores politici, nec ultra possunt procedere in prosecutione iustitiae: quod de regibus et aliis monarchis principibus non convenit, quia in ipsorum pectore sunt leges reconditae, prout casus occurrunt: et pro lege habetur quod principi placet, sicut iura gentium tradunt: sed de rectoribus politicis non sic reperitur, quia non audebant aliquam facere novitatem, praeter legem conscriptam.*

618 Dempf, S. 390 f.

619 Pleuger, S. 82 f.; Wilhelm von Ockham, III.Dial.II,2, c.28: *Imperator nequaquam astringitur de necessitate licet deceat eum uiuere secundum leges suas, seruatis legibus que spectant ad ius gentium, pro eo omes gentes et potissime rationales et ratione uiuentes tali iure utuntur prout imperator ad idem astringitur, nec licet sibi eas irregulariter transgredi nisi in casu in quo viderit eas derogare utilitati communi.*

620 Krüger, Der Traktat, S. 206.

entscheidung als Ergänzung zu Gesetzen, die nicht im Voraus alle Lebenssachverhalte regeln können. So tritt Petrus de Alvernia zwar für eine Gesetzesherrschaft ein, doch muss auch er berücksichtigen, dass es Fälle gibt, in denen ein Gesetz keine Entscheidung treffen kann, da eine besondere Handlung vollzogen werden muss, die nicht auf ein Gesetz zurückgeführt werden kann. Wenn also das Gesetz allein keine Entscheidung ermöglicht, dann solle in diesen besonderen Fällen der beste Mann herrschen.[621] Nikolaus von Oresme fordert mit ähnlicher Radikalität, dass so viel als irgend möglich durch Gesetze geregelt und nicht dem Willen des Regenten überlassen werden solle. Je mehr dem Willen des Herrschers überlassen bliebe, umso näher rücke die Regierungsform in Richtung Tyrannis.[622] Engelbert von Admont bleibt hingegen traditionell. Ein allgemein formuliertes Gesetz könne in Einzelfällen nicht angewandt werden, ein tugendhafter Herrscher entscheide stets richtig, weshalb die Herrschaft des besten Mannes der des besten Gesetzes vorzuziehen sei, denn die sicherste Richtlinie des Regierens sei, so hatte Engelbert seine Argumentation eingeleitet, die Vernunft.[623] Engelbert verlegt die Problematik der richtigen Regierungsentscheidungen in den Charakter des handelnden Regenten, wie dies letztlich seit dem frühen Mittelalter gängige Ansicht war und erst allmählich formalen Kriterien gewichen ist.

c) Ausnahmen: Notwendigkeit und Gerechtigkeit

Ausnahmen von einer Gesetzesbindung, in welcher Form sie auch immer vertreten wurde, wurden nicht nur von Ockham zugelassen, der grundsätzlich im Falle der Notwendigkeit für Sonderfallregelungen offen war. Thomas von Aquin erkennt die Gesetze als generelle Regelungen, deren buchstäblicher Sinn im Einzelfall gegen die Gerechtigkeit oder das Gemeinwohl ausschlagen kann, so dass ein gewisser Ermessensspielraum für die Gesetzesanwender verbleiben muss.[624] Den Notfall als Rechtfertigung der Ausnahme anerkannten auch Kanonisten und Legisten. In einer Krisensituation war es den Herrschaftsträgern erlaubt, die Gesetze zum öffentlichen Wohl ausnahmsweise zu missachten.[625] Dies war als Grundsatz im Kirchenrecht festgeschrieben: Was nicht durch das Gesetz erlaubt ist, wird durch die Notwendigkeit erlaubt.[626] Gratian anerkannte damit eine weitverbreitete Ansicht seiner Zeitgenossen,

[621] Flüeler, Rezeption, Bd. 1, S. 130.

[622] Blythe, Ideal Government, S. 207.

[623] Engelbert von Admont, *De regimine Principum* I, c.11; vgl. Ubl, Engelbert von Admont, S. 108.

[624] Vgl. Bayley, Pivotal Concepts, S. 200.

[625] Bayley, Pivotal Concepts, S. 201.

[626] *Corpus Iuris Canonici*, V, 41, c.4, (ed. Friedberg, Bd. 2, S. 927): *quod non est licitum lege, necessitas facit licitum.*

dass zwar die Gewohnheit rechtsbildend wirke, die *necessitas*, die Notwendigkeit, Rechtsveränderungen aber rechtfertige.[627]

3 Gesetzgebung

Vor der Frage, ob ein Herrscher an menschliche Gesetze gebunden ist, stellt sich die Frage, wie diese zustande kommen. Sofern nicht nach altem Herkommen gerichtet wurde, bestand die Möglichkeit, Recht zu setzen, Gesetze neu zu verabschieden. Derlei Gesetzgebungstätigkeit ist die Hauptaufgabe heutiger Parlamente. Im Mittelalter waren es die Könige allein oder im Verein mit ihren Großen oder mit Zustimmung des Volkes, die meist nur fingiert wurde. Die Zustimmung des Volkes bestand oftmals in der Gewohnheit, einem Gesetz Folge zu leisten, gewissermaßen einer ständigen Ratifikation (Gilby).[628] Im kirchlichen Bereich waren es die Konzilien, und auch Marsilius von Padua scheint die Gesetzgebungskompetenz einem vergleichbaren Gremium zuzuweisen. Eine andere Form der „Gesetzgebung" war das schon erwähnte „alte Herkommen", meist Gewohnheitsrecht. Recht wurde nicht gesetzt, sondern gefunden. Es hatte sich im Laufe von Generationen eingebürgert. In der Überspitzung dieser Sichtweise kann ein Staat kein Recht setzen, weil es schon vorhanden ist.[629] Ebenfalls dem Zugriff staatlicher Autoritäten entzieht sich das Naturgesetz. Doch da dieses sehr allgemein gehalten ist, muss es durch menschliche Gesetze vermittelt bzw. umgesetzt werden.[630]

Demokratische Elemente finden sich sowohl beim Gewohnheitsrecht, das sich aus der übereinstimmenden Übung Vieler entwickelt und insofern auf den Willen der Gesamtheit zurückgeführt werden kann, aber auch bei der Rechtssetzung durch Beschluss. Sei es, dass dieser Beschluss von einem Gremium gefasst wird, das tatsächlich oder wenigstens der Theorie nach für das Volk handelt, oder sei es, dass der Gesetzgeber als Einzelperson seine Gesetzgebungskompetenz auf das Volk zurückführt.

3.1 Historische Entwicklung

Nach der traditionellen, von Fritz Kern begründeten Sichtweise folgte man im Mittelalter dem guten, alten Recht, wobei alt und gut gleichbedeutende Attribute waren. Gesetztes Recht gab es nicht.[631] Jede tatsächlich dennoch erfolgte Rechtserneuerung wurde als Reform, als Wiederherstellung des guten, alten Rechts begriffen.[632] Diese Auffassung gilt in ihrer Radikalität als überholt.

[627] Klinckenberg, Die Theorie der Veränderbarkeit des Rechts, S. 181.

[628] Gilby, Principality and Polity, S. 61.

[629] Vgl. Wilfert, Philipp von Leyden, S. 4.

[630] Scherz, Das Naturgesetz, S. 139 f.

[631] Kern, Recht und Verfassung, S. 3.

[632] Kern, Recht und Verfassung, S. 6.

Die Veränderbarkeit von Recht sei im Mittelalter nicht grundsätzlich in Frage gestellt worden, so Klinckenberg, der während des Mittelalters eine Veränderung in der Gesetzgebung als Herrschaftsinstrument feststellen zu können glaubt. Es habe eine Entwicklung gegeben von „der repressiven über die präventive zur produktiven Rechtsveränderung".[633] Köbler widersprach Kern bereits dahingehend, dass die Vorstellung vom guten, alten Recht nicht spezifisch germanisch sei.[634] Nicht das germanische Gemeinwesen sei ein „Rechtsbewahrerstaat", allenfalls „der in der christlichen Staats- und Rechtstheorie ausgebildete Modellstaat".[635]

Tatsächlich war das Mittelalter keine Zeit ohne aktive Gesetzgebungstätigkeiten der Herrschenden, die in der theoretischen Auseinandersetzung durchaus unterschiedlich reflektiert wurde. Zudem änderte sich die Bedeutung notwendiger gesetzlicher Neuschöpfungen während des Mittelalters. Veränderungen in Wirtschaft und Gesellschaftsstruktur forderten neue rechtliche Regelungen. Diese zu treffen oblag den jeweils Herrschenden.

Gesetzgebung als herrschaftliche Aufgabe entwickelte sich während des Mittelalters erst langsam. Zwar gab es in den Germanenreichen der Völkerwanderungszeit Gesetzeskodifikationen wie den Codex Euricianus im Westgotenreich oder ähnliche Sammlungen bei den Burgundern, doch hat sich für diese Art von Gesetzen der Begriff Rechtsaufzeichnungen eingebürgert, weil es hierbei eher um die Niederschrift von Gewohnheiten ging als um gestaltende Gesetzgebung, obgleich auch dies durch bewusste Neuerung – vor allem bei den Westgoten – geschah. Letzteres trifft am ehesten auf die Kapitulariengesetzgebung der Karolingerzeit zu, mit deren Hilfe Karl der Große seinen Untertanen Befehle erteilte, insbesondere im landwirtschaftlichen Bereich. Diese Art der Gesetzgebung wurde nie so umfassend für alle gesellschaftlichen Bereiche angewandt und auch in den folgenden Jahrhunderten nicht mehr so intensiv praktiziert, dass dabei eine Abkehr von der althergebrachten Rechtsfindung konstatiert werden könnte. Rechtsaufzeichnungen blieben lange Zeit nichts weiter als Niederschriften von Gewohnheiten oder sonst als bereits vorhanden gedachtem Recht, oder es waren Übereinkünfte zwischen dem König und seinen Gefolgsleuten. Im Hochmittelalter gibt es vereinzelte Beispiele dafür, dass ein Monarch Gesetzgebungskompetenz für sich in Anspruch nahm und in nennenswertem Umfang davon Gebrauch machte. Genannt seien die Assisen Heinrichs II. in England, die Verordnungen der Könige von Sizilien 1140 und 1231 oder die Dekretalen der Päpste, wenigstens seit dem Pontifikat Alexanders III. (1159–1181) Die traditionelle Sichtweise vom König als Partei eines Vertrages mit der herrschenden Klas-

[633] Klickenberg, Die Theorie der Veränderbarkeit des Rechts, S. 159.

[634] Köbler, Das Recht im frühen Mittelalter, S. 221.

[635] Ebd., S. 224.

se wird dadurch verdrängt vom gesetzgebenden Monarchen, dessen Willen Gesetzeskraft beigemessen zu werden beginnt.[636]

Des Herrschers Wille als Gesetz war eine Vorstellung, die dem Altertum keineswegs fremd war. Auch die volksrechtliche Gesetzgebungstechnik des Westgotenreiches bewegte sich vorwiegend in den Gleisen tradierter römischer Rechtsvorstellungen.[637] Aus dem Spannungsfeld des monarchischen, aus göttlichem Auftrag abgeleiteten Machtanspruchs und dem Streben von Episkopat und Adel nach Mitsprache entstand die für das Mittelalter typische Begründung des Rechts und der Gesetze auf dem Willen der Gesamtheit (Hannig).[638] Als entscheidend wurde damals noch der Wille der Gesamtheit, des Volkes angesehen, nicht etwa der von Einzelpersonen. Im Gegensatz zum Individualismus späterer Zeiten stand noch die Gruppe im Vordergrund, die für alle handelte, während das Individuum nur als ein Teil derselben begriffen wurde. Der westgotische Bischof Isidor von Sevilla koppelte daher die Gesetzgebung auch an den Konsens des Volkes. Ein halbes Jahrtausend später folgte ihm Gratian bei seiner Kompilation des Kirchenrechts in dieser Ansicht.[639] Demzufolge enthielt das kanonische Recht Elemente einer Theorie, die dem Volk eine Rolle bei der Gesetzgebung zuwies.[640] Danach seien Gesetze erst durch die gewohnheitsmäßige Befolgung derer, die sie gebrauchen, bestätigt.[641] Gesetze entfalten ihre Bindungswirkung also mittels dem durch die Gewohnheit gesprochenen Urteil des Volkes, was allerdings auch für ungeschriebene Gesetze gilt, wie auch im römischen Recht (*Corpus Iuris Civilis*) zu lesen ist.[642] Auch Thomas von Aquin bezieht sich auf Isidor. Nach Isidor war das Gesetz eine Festsetzung des Volkes, d. h. der Vornehmen gemeinsam mit den anderen. Eine Beteiligung aller war damit aber nicht gemeint. Darauf antwortend schreibt Thomas in seiner *Summa Theologica*, dass ein Gesetz die Hinordnung auf das Gemeingut betrifft. Das aber ist Sache aller oder dessen, der die Stelle aller vertritt. Daher, so folgert Thomas, stehe die Gesetzgebung allen zusammen zu oder der Amtsperson (*persona publica*),

---

636 Luscombe, Ethics and Politics, S. 79.

637 Hannig, *Consensus fidelium*, S. 53.

638 Ebd., S. 54.

639 Monahan, Consent, S. 84 f.

640 Vgl. Sigmund, Nicholas of Cusa, S. 72.

641 *Decretum Gratiani* (*Corpus Iuris Canonici*), dist. 4, cap. 3 (ed. Friedberg, I, Sp. 5–6): *De legibus tunc est indicandum, cum instituuntur, non cum institutae fuerint … Leges instituuntur, cum promulgantur, firmantur, cum moribus utentium approbantur. Sicut enim moribus utentium in contrarium nonnullae leges hodie abrogatae sunt, ita moribus utentium ipsae leges confirmantur.*

642 *Corpus Iuris Civilis*, Dig. 1.3.32 (ed. Behrends u. a., I, S. 115): … *nam cum ipsae leges nulla alia ex causa nos teneant, quam quod indici populi receptae sunt, merito et ea, quae sine ullo scripto populum probavit, tenebunt omnes: nam quid interest suffragio populus voluntatem suam declaret an rebus ipsis et factis?*; vgl. Black, Guilds, S. 52.

welcher die Sorge aller obliegt.[643] Sein Lehrer Albertus Magnus formuliert es umgekehrt und erklärt den König zum Gesetzgeber, weil er *persona publica* sei. Ledigleich in der Staatsform der *timocratia* sei unmittelbar das Volk zur Gesetzgebung berufen, da es dort die *virtus coactiva* besäße.[644]

Für Thomas war die so beschriebene Gesetzgebung die wichtigste Herrschaftsfunktion.[645] Thomas lebte in einer Zeit, in der die Gesetzgebungstätigkeit der Monarchen bereits zugenommen hatte. Insbesondere die Aktivitäten im normannischen und staufischen Sizilien (Friedrich II.) werden dem Aquinaten präsent gewesen sein.

Die Berechtigung wurde im Allgemeinen noch weitgehend dem Volk und dessen Vertretern zugeschrieben, so dass jedenfalls eine wenn auch nur theoretisch-fiktive Rückbindung an den Volkswillen gewahrt und anerkannt wurde. Deutlich drückt sich in diesem Sinne auch Albericus de Rosato aus. Statuten zu erlassen berechtigt sind das Volk eines Territoriums oder einer Stadt bzw. in dessen Auftrag die Magistrate. Gesetzeskraft erhalte ein Statut aber erst durch die Zustimmung aller Stadtbürger.[646]

Sofern Monarchen als zur Gesetzgebung berechtigt angesehen wurden, wurden diesen in der Regel Beschränkungen und Zielvorgaben auferlegt. Ockham beispielsweise will dem Kaiser nur zugestehen, Gesetze zu erlassen, die im Rahmen des *bonum commune* erlassen werden sowie mit dem göttlichen und dem natürlichen Recht übereinstimmen. Begünstigungen dürfen mittels Gesetzen nur dann vergeben werden, wenn dies dem Allgemeinwohl dient, persönliche Motive hält Ockham für unzulässig.[647] Laut Jakob von Viterbo ist der Gesetzgeber identisch mit dem König, welcher die Gesetze erlässt und bekannt macht. Doch muss seine Absicht darin bestehen, die Untertanen mittels der Gesetze gemäß der Tugend leben zu lassen.[648] Marsilius von Pa-

---

643 Thomas von Aquin, *Summa Theologica*, I-II, qu. 90, a.3 (Deutsche Thomas-Ausgabe, Bd. 13, S. 11–13): … *lex proprie, primo et principaliter respicit ordinem ad bonum commune. Ordinare autem aliquid in bonum commune est vel totius multitudinis, vel alicujus gerentis vicem totius multitudinis. Et ideo condere legem vel pertinet ad totam multitudinem, vel pertinet ad personam publicam quae totius multitudinis curam habet.*

644 Lambertini, Politische Fragen, S. 123 f.

645 Thomas von Aquin, *Summa Theologica*, II-II, qu. 50, 1 (Deutsche Thomas-Ausgabe, Bd. 17, S. 270); vgl. Riklin, Machtteilung, S. 95.

646 Schlinker, S. 259.

647 Pleuger, S. 74 f. Wilhelm von Ockham, Dial. III,2,2, c.28: … *ideo illud ad bonum commune poterit redundare et ordinare ualebit. Quare si imperator concedendo specialia privilegia aliquibus personis uel collegiis particularibus ratione non errante contra bonum commune priuilegia iusta sunt et ad bonum commune spectantia si autem non intendit modo predicto bonum commune, sed concedit huiusmodi priuilegia ex amore priuato uel alia causa minus iusta priuilegia illa non sunt iusta sed iniqua et iniusta* … .

648 Jakob von Viterbo, *De regimine Christiano* II,4 (ed. Arquillière, S. 190): … *ideo ad reges quorum est iudicare, pertinet leges ponere vel positas ab aliis accipere et promulgare, et ad earum observationem inducere et admonitione verbi et metu supplicii et promissione*

dua hingegen betont die Gesetzgebungskompetenz aller. Die Freiheit der Gesetzgebung sei für ihn, so Miethke, die denknotwendige Voraussetzung für die Lebensfristung des Einzelnen und für die notwendigen befriedigenden Wirkungen des Gemeinwesens sowie seiner gesetzlichen Normen.[649] Marsilius geht so weit, die Dekrete des Papstes oder des Episkopats für nicht verpflichtend zu erklären, wenn sie nicht die Genehmigung des *legislator humanus* hätten.[650] Nikolaus von Oresme beruft sich auf Aristoteles mit der Feststellung, der Fürst stehe unter, nicht über dem Gesetz, weshalb der Fürst das Gesetz ohne Zustimmung des Volkes weder ändern noch außer Kraft setzen könne.[651] Die von Juristen seiner Zeit zitierte Rechtfertigung für die kaiserliche Gesetzgebungsgewalt, das römische Volk habe seine legislativen Befugnisse auf den Kaiser übertragen, lässt Oresme nicht unwidersprochen gelten. Ein solches Volk hätte Aristoteles als eine *multitude bestial* bezeichnet, also als eine unvernünftige und ohnehin nicht herrschaftsfähige Menge.[652] Wiederum ist es sicherlich keine zutiefst demokratische Gesinnung, die Oresme zu dieser Aussage bewogen hat. Vielmehr dürfte sein Widerspruch gegen die Juristen einmal der zeittypischen Rivalität zwischen Juristen und Philosophen, zwischen Legisten und Aristotelikern geschuldet sein.

3.2 Auslegung und Interpretation

Im Schrifttum der Legisten, die sich auf spätantikes Kaiserrecht stützten, blieb die Rechtssetzungstätigkeit folgerichtig auf den Kaiser beschränkt. Erst Azo weitet den Kreis derer aus, denen Gesetzgebungsmacht zukam. Auch *populus* oder *senatus* könnten Recht setzen, wenn es sich nicht gegen die kaiserlichen Gesetze richte. Das Recht, Gesetze auszulegen und zu interpretieren, gesteht er auch Richtern und der Gewohnheit zu.[653] Es ist auch bei ihm wieder die Gewohnheit, also das im Volk gelebte Recht, das eine Rückbindung der hoheitlich ausgeübten Gewalt an den Volkswillen ermöglicht. Bei dem Juris-

premii. Unde reges dicuntur legis latores. … Unde intentio regis, iudicis et legis latoris esse debet, ut subditi secundum virtutem vivant … .

649 Miethke, *De potestate papae*, S. 218.

650 Marsilius von Padua, *Defensor Pacis*, III, 2, Nr. 7 (ed. Kusch, Bd. 2, S. 1090–1091, Z. 22–27): *Decretales vel decreta Romanorum aut aliorum quorumlibet pontificum communiter aut divisim absque concessione legislatoris humani vel generali concilii constituta, neminem obligare pena vel supplicio temporali nec spirituali.*

651 Nicolas de Oresme, *Livre de Politiques* 3,14 (ed. Menut, S. 137b–138a): … *selon Aristote, le prince ne est pas sus la lay, mes la lay est sus le prince. … Et donques appert que, selon Aristote, puisque le prince est sous la lay et par ce que dit est devant en cest chapitre, il ne peut la lay enfeindre ne muer sans l'assentement du peuple.*

652 Nicolas de Oresme, *Livre de Politiques* 3,14 (ed. Menut, S. 138a): *Et pour ce, quant le peuple de Romme translata ou donna au prince toute la puissance sus teles choses, Aristote diroit que tele multitude fist comme une multitude bestial.*

653 Azo, *Summa* (ed. Lyon 1557, fol. 7v/8r), I, 14; Schlinker, S. 243

ten Azo genießt jedoch das kaiserliche Recht den Vorrang. Das Volk vermag durch seine Gewohnheiten die Gesetze lediglich auszulegen.

Anders gestaltet sich der praktische Umgang mit Gesetzen bei Ockham. Die Gesetzesauslegung stehe dem Gesetzgeber zu, aber auch den Universitätslehrern. Typisch für den Franziskaner ist wieder die Möglichkeit einer Ausnahme. Wer eine Ausnahme von einer gesetzlichen Bestimmung geltend machen will, müsse dies aufgrund höherer Gesetze beweisen.[654] Einen interessanten Aspekt bringt Buridanus in die Diskussion. Das Gesetz könne man in vielen Fällen auch gegen dessen Wortlaut auslegen, in keinem Fall aber darf es gegen die Absicht des Gesetzgebers gehen.[655]

Nikolaus von Kues betont ein Jahrhundert später die Alleinkompetenz der Versammlung aller Fürsten und Würdenträger des Reiches, ohne deren Zustimmung der König keine Gesetze erlassen, aufheben oder ändern könne. Ledigleich den Sinn eines Gesetzes im Einzelfall klarzustellen verbleibt als Kompetenz beim König, der ansonsten die von der Versammlung beschlossenen Gesetze zu vollziehen hat.[656] Die richterliche Tätigkeit hatte auch Oresme schon Einzelpersonen zugewiesen, nämlich den Fürsten oder Richtern. Diese haben Einzelfälle nach dem Gesetz zu richten. Für den Fall, dass ein Gesetz für den konkreten Sachverhalt keine klare Bestimmung trifft oder der Gesetzgeber diesen nicht berücksichtigt hat, muss der Richter auf eine Tugend zurückgreifen, die Oresme unter Rückgriff auf Aristoteles (Ethik 5, 21) *epyeyke* (=epikeia) nennt.[657] Enthält das Gesetz jedoch klare Bestimmungen, so muss der Fürst sich daran halten und kann nicht nach seinem eigenen Willen richten.[658] Zum Erlass und zur Änderung der Gesetze braucht er, abgesehen davon, dass eine Notwendigkeit dazu bestehen muss, die Zustimmung des Volkes.[659]

---

654 Wilhelm von Ockham, I. Dial. VI, c. 100: ... *Si dicit in tali casu verba legum non sunt seruanda, oportet quod hoc ostendat per legem superiorem uel per rationem euidentem.* Übers. bei Miethke, Dialogus, S. 59.

655 Johannes Buridanus, *Quaestiones super libros Politicorum*, II, qu. 3 (fol. 29ra): *In multis casibus licitum est ire contra verba legis legem interpretando ... in nullo casu licitum est contra intentionem legislatoris veri ire..*

656 Nikolaus von Kues, *De concordantia catholica*, I, 12, § 376.

657 Nicolas de Oresme, *Livre de Politiques* 3, 24 (ed. Menut, S. 158a): *Les princes ou juges doivent cognoistre des fais particulairs et de jugier selon la lay. Item, de ce de quoy la lay ne peut determiner ou de quoi le legislateur ne se peut aviser, il doivent jugier par une vertu appellee epyeyke, de laquelle il fu dit ou xxi.e chapitre du quint d'Ethiques.*

658 Nicolas de Oresme, *Livre de Politiques* 3, 24 (ed. Menut, S. 158a): *Apres il preuve que ce que peut estre determiné par la lay, le prince doit jugier selon la lay et non pas selon sa propre volenté.*

659 Nicolas de Oresme, *Livre de Politiques* 3, 24 (ed. Menut, S. 158a): *Apres il peut muer les lays du consentement du peuple, ... Mes ce ne doit pas estre sans necessité contraignant ou sans evidente utilité.*

3.3 Gewohnheitsrecht

a) Gesetz als *Consuetudo in scriptis redacta*

Auch wenn es Gesetzgebungstätigkeit in der Antike und im Mittelalter gab, herrschte lange die Auffassung vor, bei diesen Gesetzen habe es sich nicht um neu eingeführtes Recht gehandelt, sondern lediglich um Gewohnheiten, die in Gesetzesform niedergeschrieben und vom Gesetzgeber erlassen worden waren, also von dem Monarchen allein oder im Verein mit den Großen seines Landes. Das Gesetz verliert damit seinen kreativen Charakter, der Gesetzgeber seine Kompetenz zur Ausübung von Herrschaft durch Gesetzgebung. Das Gesetz wird zu einer Bestandsaufnahme bestehenden, nicht gegebenen, sondern gefundenen Rechts, der Gesetzgeber zum Redakteur und Kompilator. Die Rechtssetzung durch einen menschlichen, willentlich gesteuerten Akt wird verneint. Das Recht ergibt sich aus der an der Lebenspraxis abzulesenden Grundüberzeugung der Gesamtheit, deren einzelne Tätigkeiten nicht auf die Schaffung eines Gesetzes bestimmten Inhalts ausgerichtet sind, aus deren Summe man aber den Willen aller im Hinblick auf eine gesetzliche Regelung eines Lebenssachverhalts abzulesen versucht.

Gratian scheint demzufolge gar eine Theorie vertreten zu haben, nach der es neben dem Naturrecht nur noch das Gewohnheitsrecht gab. Während das göttliche Recht auf der Natur beruhe, baue das menschliche auf die Gewohnheit. Das Gesetz als *constitutio* stelle eine *consuetudo in scriptis redacta*, eine niedergeschriebene Gewohnheit dar.[660]

Es galt also keineswegs als selbstverständlich, dass dem Gesetzgeber mit der Rechtssetzungskompetenz zugleich ein Gestaltungsspielraum zum Zweck der Herrschaftsausübung eingeräumt wurde. Die Gesetze waren dem Inhalt nach durch das alte Herkommen und die Gewohnheiten und Gebräuche vorgegeben. Der Herrscher hatte die Gesetze anzuwenden und nach ihnen zu richten. Damit steht die Gesetzesbindung des Monarchen in engem Zusammenhang mit dem *consensus fidelium* als Basis für die Gültigkeit des Rechts.[661] Dieses Bild änderte sich erst im Laufe des Hochmittelalters, als auch die Gesetzgebung im Sinne eines gestaltenden Aktes zu den Aufgaben des Herrschers gezählt wurde.[662] Doch Konsens und Zustimmung wa-

660 *Decretum Gratiani* (*Corpus Iuris Canonici*), dist.1,c.1 (ed. Friedberg, I, Sp.1): *Divinae leges natura, humanae moribus constant. Omnes leges aut divinae sunt, aut humanae. Divinae natura, humanae moribus constant, ideoque he discrepant, quoniam aliae aliis gentibus placent … nomine vero legis humanae mores iure conscripti et traditi intelligantur*; Gagnér, Studien, S. 296; vgl. auch Watanabe, The Political Ideas, S. 50 f. ; Kern, Recht und Verfassung, S. 15.

661 Watanabe, The Political Ideas, S. 50 f.

662 Nach Klinckenberg, Die Theorie der Veränderbarkeit des Rechts, S. 172, verlor die Gewohnheit im Zuge des aufkommenden Rationalismus an Argumentationskraft. Klinckenberg stellt Bezüge zur mittelalterlichen Geschichtstheorie her und konstatiert eine wachsende Dynamik, welche auch die Rechtstheorie unmittelbar beeinflusst habe.

ren auch noch für den im 15. Jahrhundert schreibenden Nikolaus von Kues notwendige Voraussetzung für die Gültigkeit eines Gesetzes.[663] Die Zustimmung aber kann auch stillschweigend, also durch Gewohnheit erfolgen.[664] Somit besteht der Unterschied zwischen gesetztem Recht und Gewohnheitsrecht letztlich nur in der Art und Weise, durch die der Konsens ausgedrückt wird. Für die Legisten waren daher Gesetze ein offen ausgedrückter Konsens, Gewohnheiten hingegen nichts anderes als stillschweigender Konsens.[665] Die Gewohnheit wird daher bei Bartolus und bei Baldus zum *tacitum statutum*, zum schweigenden Gesetz.[666] Diese Sichtweise des *tacitum statutum*, die in gewisser Weise die Kehrseite der *consuetudo in scriptis redacta* darstellt, legt den Akzent etwas anders. In dem einen Fall ist die Gewohnheit die Norm, in dem anderen das Gesetz. Die eine Ansicht spiegelt die germanische, die andere die römische Rechtstradition wider. Es ist sicherlich nicht übertrieben, zu sagen, das Bild von der stillschweigenden Gesetzgebung betone stärker die Bindung der Gesetzgebung an den Konsens des Volkes, wenigstens der Theorie nach.

b) Die Gewohnheit in der mittelalterlichen Gesetzeshierarchie

Das Gewohnheitsrecht hatte einen festen Platz in der mittelalterlichen Rechtswirklichkeit und Rechtstheorie, sei es als einzige Form des menschlichen Rechts neben dem Naturrecht, oder sei es als eine mögliche Form der menschlichen Rechtssetzung neben der Beschlussfassung durch Versammlungen oder Monarchen.

Nikolaus von Kues stellt die Gewohnheit im Bereich des Kirchenrechts neben Heilige Schrift und Konzilsbeschlüsse. Ein bindendes Kirchengesetz muss entweder in der Heiligen Schrift enthalten, von den Bischöfen im Konzil beschlossen worden oder Gewohnheit in der gesamten Kirche sein.[667] Die Gewohnheit ist als menschliches Recht ebenso wie menschliche Rechtssetzungen in der Form von geschriebenen Gesetzen dem Naturrecht untergeordnet. Bei Gratian werden Gewohnheiten und menschliche Gesetze für null und

---

663 Nikolaus von Kues, *De Concordantia Catholica*, II, 9 (ed. Kallen, S. 137–138): *Sed dico quod statutorum obligatorialis virtus cum hoc requirit consensum per usum et acceptationem*; vgl. Watanabe, The Political Ideas, S. 55.

664 Nikolaus von Kues, *De Concordantia Catholica*, II, 9–12, 34 (ed. Kallen, S. 135–145, S. 290 ff.); vgl. Mohr, Unitas Christiana, S. 192.

665 Canning, Baldus, S. 95.

666 Bartolus de Saxoferrato, *In Digestum vetus*, I, 1, 9 Nr. 19 (ed. Lyon 1563, fol. 10va): ... *quero qualiter explorabitur talis voluntas populi; Etiam videlicet, quod requiratur expressus consensus verbis: ... cum in hoc differant statuta a consuetudine, quia unum venit ex consensu expresso, aliud ex consensu tacito.* Canning, Baldus, S. 102; ad. Anth., *Et qui iurat* (ad C.7.72.9) siehe Canning, Appendix I (S. 245): *Est enim consuetudo tacitum statutm.*

667 Sigmund, Nicholas of Cusa, S. 179.

nichtig erklärt, wenn diese dem Naturrecht zuwiderlaufen. Außerdem gehe die Gewohnheit keineswegs der Vernunft und der Wahrheit vor.[668]

Auch bei den Juristen war das Gewohnheitsrecht durchaus anerkannt, meist jedoch dem geschriebenen Recht untergeordnet, so beispielsweise bei Irnerius. Im 12. Jahrhundert heißt es bei einigen Juristen, dass in einzelnen Städten das dortige Partikularrecht auch in der Form des Gewohnheitsrecht beibehalten werden könne, wenn es mit dem Naturrecht übereinstimme und sogar Vorrang vor dem Kaiserrecht haben könne.[669] Hugolinus billigt die Möglichkeit, dass eine Gewohnheit, dort wo sie sich gebildet hat, dem geschriebenen Recht vorgehe.[670] Azo akzeptiert den Vorrang des Gewohnheitsrechts nur mithilfe eines argumentativen Kunstgriffs. Für die lombardischen Städte nahm er an, dass sich deren Gesetzgebungskompetenz auf Gewohnheit gründete, doch habe dies nur deshalb Gültigkeit, weil der Kaiser stillschweigend zugestimmt habe.[671] Die Unterstellung einer stillschweigenden Willensäußerung ist ein Baustein in der Argumentationsweise, der in unterschiedlichen Formen, vor aber allem bei der rechtlichen Beurteilung der Gewohnheit, eine Rolle spielt. In diesem Fall gelang es Juristen mit dieser Fiktion die Überordnung des Kaiserrechts gegenüber dem Gewohnheitsrecht zu postulieren, obwohl eine auf Konstantin zurückgehende Bestimmung des Codex Justiniani selbst einer solchen Annahme entgegenstand.[672]

Der hohe Stellenwert des Gewohnheitsrechts sticht sehr deutlich bei Oresme hervor, denn das Gewohnheitsrecht sei die einzige Form menschlichen Rechts, durch welche der König gebunden sei, das Gewohnheitsrecht gehe demzufolge dem gesetzten Recht vor.[673]

c) Der Volkswille und seine Bedeutung für den Rechtscharakter der Gewohnheit

Ein wichtiges Element des Gewohnheitsrechts ist der Volkswille, der in der Rechtswirklichkeit durch die ständige Übung manifestiert wird. Solch „demokratische Tendenzen“ (Hannig) haben sogar in die absolutistische Theorie des Dominats Eingang gefunden. Auch wenn dem Kaiser die volle und ausschließliche Gesetzgebungsgewalt zukam, so konnte ein Gesetz durch schlichte Nichtanwendung (*desuetudo*) als Ausdruck des *tacitus consensus*

---

[668] *Decretum Gratiani* (*Corpus Iuris Canonici*), dist.VIII, c.1 (ed. Friedberg, I, Sp.12–13): *Dignitate vero ius naturale simpliciter prevalet consuetudini et constitutioni. Quecunque enim vel moribus recepta sunt, vel scriptis comprehensa, si naturali iuri fuerint adversa; vana et irrita sunt habenda* … c.2 (Sp. 13–14): *Adversus naturale ius nulli quicquam agere licet*; vgl. Luscombe, Ethics and Politics, S. 79.

[669] Meier, Mensch und Bürger, S. 139.

[670] Lange, Römisches Recht, S. 272 f.

[671] Azo, *Quaestiones* (ed. Landsberg), S. 67. Canning, Baldus, S. 94.

[672] C. 8, 52, 2: *Consuetudinis ususque longaevi non vilis auctoritas est, verum non usque adeo sui valitura momento, ut aut rationem vincat aut legem.* Vgl. dazu auch Ullmann, Individuum und Gesellschaft, S. 45 f.

[673] Blythe, Ideal Government, S. 211.

omnium aufgehoben werden.[674] Die Gewohnheit war, wie es Azo klar formuliert, die Gesetzgeberin und -aufheberin: ... *quod consuetudo sit conditrix legis, abrogatrix et interpretatrix.*[675] Vor dem praktischen Hintergrund, dass sich die Richter im Mittelalter auch nach der Renaissance des römischen Rechts immer noch eher an das Gewohnheitsrecht hielten als an den *Corpus iuris civilis,* versuchten Legisten wie Bulgarus oder Johannes Bassianus eine Begründung dafür zu liefern, dass Gewohnheitsrecht das Gesetz derogiert. Zwar habe das Volk seine Gesetzgebungskompetenz an den Kaiser übertragen, doch sei dessen stillschweigendes Einverständnis zur *desuetudo* anzunehmen. Andere vertraten die Ansicht, das Volk könne seine Gesetzgebungskompetenz zurückfordern, was durch die *desuetudo* geschehe.[676] Guilelmus de Cuneo akzeptierte die Übertragung der Gesetzgebungsgewalt an den Kaiser durch die *lex regia,* doch hielt er die Möglichkeit des Volkes, durch stillschweigende Übereinkunft Gewohnheitsrecht zu schaffen, dadurch in keiner Weise für beeinträchtigt. Canning sieht hierin ein Zeugnis für die wachsende Anerkennug der Gesetzgebungskompetenz des Volkes.[677] Auf der anderen Seite ist die grundsätzliche Haltung der Juristen zu beachten, das Bestehende, dessen Rechtmäßigkeit es zu erweisen gilt, wegen seines Bestehens als rechtens zu betrachten. Ein interessantes Beispiel für die Anerkennung des Volkswillens bei gleichzeitiger Vereinbarkeit mit überkommenen juristischen Konstrukten und der Wirklichkeit gibt Baldus de Ubaldis ab. Für ihn stand fest, dass die Völker seiner Zeit das Recht hatten, ihre Könige zu wählen, was auf dem *ius gentium* beruhe, denn Völker, die ihre Existenz aus diesem *ius gentium* ableiteten, könnten auf dieser Grundlage ihre Regierung selbst bestimmen. Dadurch aber, dass die Völker von ihrem Wahlrecht tatsächlich Gebrauch machten, gäben sie zugleich einem tatsächlichen Konsens in Form einer Gewohnheit zu erkennen, welcher sie aus der Untertanenschaft des Kaisers befreie.[678] Mit einer Kombination aus *ius gentium* und Gewohnheit begründete Baldus so die Souveränität eines Volkes gegenüber dem Kaiser, dem es nach klassischem römischem Recht eigentlich untertan gewesen wäre. Dieses Ergebnis wird erreicht durch den in Form der Gewohnheit geäußerten Volkswillen. Das *de-facto*-Argument des sich manifestierenden Volkswillen führt so zur Legitimation des Volkswillens durch sich selbst.

Der Theologe Thomas von Aquin begründet die Gesetzkraft der Gewohnheit grundsätzlicher und losgelöst vom römischen Recht und der diesem zu-

[674] Hannig, *Consensus fidelium,* S. 43.

[675] Azo, Summa (Lyon 1557, fol. 224rb): *Quanta est consuetudinis authoritas: Et quidem videtur quod consuetudo sit conditrix legis, abrogatrix, & interpretatrix*; vgl. Lange, Römisches Recht, S. 257; Lange zitiert *imperatrix* statt *interpretatix.*

[676] Lange, Römisches Recht, S. 105; vgl. auch Winterswyl, Beiträge, S. 34.

[677] Canning, Baldus, S. 56.

[678] Vgl. Canning, The Political Thought, S. 210 f.

grundeliegenden spätantiken Dominatsverfassung. Wenn die Menge, in der sich eine Gewohnheit einbürgert, aus freien Menschen bestehe, so wiege der übereinstimmende Wille der ganzen Menge, etwas zu beobachten, welcher durch die Gewohnheit offenkundig werde, mehr als die Vollmacht des Herrschers, der nur als Stellvertreter der Menge gesetzgebende Gewalt besitze. Wenn auch die Einzelpersonen als solche nicht zur Gesetzgebung befugt seien, so könne doch das Volk als Ganzes ein Gesetz erlassen, was durch die Gewohnheit geschehe.[679] Das Volk wird damit zum Gesetzgeber; die Gewohnheit bezeichnet dabei das Verfahren, mit dem der Volkswille festgestellt wird. Gibt man dem so zustande gekommenen Gewohnheitsrecht den Vorrang vor Gesetzen, so schwächt man damit auch die Autorität des Gesetzgebers und die Souveränität des gesetzgebenden Monarchen, verlagert gewissermaßen die Souveränität und die gesetzgeberische Autorität in die Bevölkerung.[680] Aber auch Juristen haben ähnlich argumentiert wie Thomas von Aquin. Der Konsens als konstitutives Element war gesetztem Recht und der Gewohnheit gemein. Es wurde bereits angesprochen, dass mittelalterliche Legisten den Unterschied nur in der Art und Weise sahen, wie der Konsens zum Ausdruck gebracht wird. Der Wille des Volkes wird im Falle der Gewohnheit durch eine Vielzahl von Akten ausgedrückt, in denen sich jeweils eine bestimmte Rechtsauffassung manifestiert. Durch diese Vielzahl von Handlungen kommt der Konsens des Volkes zum Vorschein und verleiht der Gewohnheit ihre Rechtskraft.[681]

Gottfried von Fontaines (1250–1305) war ähnlicher Auffassung. Die Vernunft, welche hinter der Gesetzgebung steht und diese in Gang setzt, kann sich ebenso gut durch Handlungen äußern, die eine Gewohnheit begründend Gesetze ändern oder auslegen, sogar selbst Gesetzeskraft erlangen können, wenn es der Vernunft nicht widerspricht.[682] Sowohl Thomas als auch Gottfried unterwarfen das Gewohnheitsrecht, wie jedes andere Recht auch, dem Naturrecht und der Vernunft, sahen es dem geschriebenen, vom Fürst oder einer Versammlung erlassenen Gesetz gegenüber als mindestens gleichwer-

[679] Thomas von Aquin, *Summa Theologica*, I-II, qu. 97, a.3 (Deutsch Thomas-Ausgabe, Bd. 13, S. 138): *... omnis lex proficiscitur a ratione et voluntate legislatoris ... lex autem humana a voluntate hominis ratione regulata. ... Unde etiam et per actus, maxime multiplicatos, qui consuetudinem efficiunt, mutari potest lex, et exponi, et etiam aliquid causari quod legis virtutem obtineat: inquantum scilicet per exteriores actus multiplicatos interior voluntatis motus, et rationis conceptus, efficacissime declaratur ...* ad 3 (S. 139–140): *Si enim sit libera multitudo ... plus est consensus totius multitudinis ad aliquid observandum, quem consuetudo manifestat, quam auctoritas principis, qui non habet potestatem condendi legem, nisi inquantum gerit personam multitudinis*; vgl. auch Böckenförde, Geschichte der Rechts- und Staatsphilosophie, S. 249.

[680] Vgl. Ullmann, Scholarship and Politics, XIII, 85.

[681] Vgl. Canning, Baldus, S. 100 f.

[682] Godefroid von Fontaines, Quodlibets, 11, 17 (Bd. 5, S. 77); vgl. Lagarde, Bd. 2, S. 189.

tig an, da es nicht durch eine Handlung, sondern durch eine Vielzahl von Handlungen ins Leben gerufen wurde.[683]

3.4 Gesetzesänderung

Gesetze waren durch Naturrecht oder Gewohnheit vorgegeben, das Gesetz als Willensakt des Herrschers bzw. des Gesetzgebers trat hinzu. Für die Städte waren die örtlichen Gewohnheiten und die neugeschaffenen „gewillkürten" Statuten seit dem 12. Jahrhundert wichtige Pfeiler des kommunalen Rechtslebens und ihrer städtischen Autonomie geworden.[684] Die Zunahme der Rechtssetzungstätigkeit erklärt Kern mit dem Einfluss des gelehrten Rechts und verweist insbesondere auf das römische Recht und seine Rezeption ab dem 12. Jahrhundert.[685] Die Rechtswissenschaft musste mit den unterschiedlichen Erscheinungsformen des Rechts umgehen. Probleme ergaben sich, wenn Rechte unterschiedlicher hierarchischer Ebenen oder von verschiedenem Charakter sich widersprachen. Es stellte sich die Frage, welche Bestimmung Vorrang hatte und auf welchem Wege ein Gesetz geändert werden konnte. Mehrere Legisten vertraten die Ansicht, dass eine Gewohnheit, die ihre Kraft aus dem *consensus populi* bezog, nur durch ein Gesetz geändert werden könne, welches von derselben Autorität erlassen worden war.[686] Grundsätzlich kann aber zunächst gesagt werden, dass menschliches Recht im Unterschied zum Naturrecht geändert werden darf.[687]

Thomas von Aquin hat mit der Übernahme der aristotelischen Gesetzgebungsauffassung dem Gesetzgeber eine selbstherrliche Macht gegeben (Gagnér). Immerhin ist dies nicht mehr derjenige, der Gewohnheiten schriftlich zusammenfasst, also eine *consuetudo in scriptis redacta* herstellt, sondern er entscheidet über den Inhalt der Gesetze gemäß deren Zweckmäßigkeit für das Gemeinwesen und wird damit zum wirklichen Gesetzgeber.[688] Diese gesetzgeberische Autonomie wird von so verschiedenen Charakteren wie Marsilius und Bonifaz VIII. vertreten, die sich dadurch unterscheiden, wem konkret sie diese Autonomie zubilligen wollen. Der Papst hatte sie für sich und sein Amt in Anspruch genommen, als er den *Liber Sextus* promulgierte,[689] während sie Marsilius dem Papst und der Kirche nun gerade nicht zubilligen wollte. Gleichwohl war der Weg vom althergebrachten Gewohnheitsrecht hin zum gestaltenden Gesetzgeber vorgezeichnet.

---

683 Lagarde, Bd. 2, S. 308.

684 Meier, Mensch und Bürger, S. 143.

685 Vgl. Kern, Recht und Verfassung, S. 41.

686 Zulueta, The Liber pauperum, S. LXXVII.

687 So z. B.: Johannes Buridanus, *Quaestiones super libros Politicorum*, II, qu. 3 (fol. 28v): *Lex naturalis non est licite variabilis … lex humana seu positiva in multis casibus est licite mutabilis, probatur nam principium talis legis est mutabile licite.*

688 Vgl. Gagnér, Studien, S. 274.

689 Gagnér, Studien, S. 134.

Einschränkend muss auf die Auffassungen eines Petrus de Alvernia hingewiesen werden, der Thomas von Aquin folgend das positive Recht als Ableitung des Naturrecht gesehen hat, mit der Folge, dass ein solches Gesetz nicht Ausdruck des souveränen Willens der Menschen sei, sondern eine Anwendung unveränderlicher Normen auf die Bedingungen einer bestimmten Epoche.[690] Immerhin ist die grundsätzlich angenommene Ewigkeit und Unveränderlichkeit des Rechts in eine theoretische Ebene verlagert und lässt die anscheinend veränderlichen und von Menschen gemachten Gesetze als zeitbedingte Ableitungen eines ewigen Rechts erscheinen. Doch weniger zwingende, auf der praktischen Wirkung eines Gesetzes beruhende Überlegungen führen zur Forderung nach einer immerhin aber deutlich abgeschwächten Unveränderlichkeit von Recht und Gesetz. Wie andere auch mahnt Nikolaus von Oresme zur Vorsicht bei Gesetzesänderungen. Die Vor- und Nachteile seien gründlich abzuwägen, außerdem müsse die Änderung den Konsens des Volkes widerspiegeln.[691] Wie sich die Notwendigkeit ergeben kann, schildert Oresme an anderer Stelle konkret. Enthält ein Gesetz für einen abzuurteilenden Sachverhalt keine klare Bestimmung, so dass der Richter nach Billigkeit entscheiden muss, so kann der Fürst anschließend mit Zustimmung des Volkes ein Gesetz erlassen, da er nicht nach seinem eigenen Willen urteilen darf. Immer muss jedoch eine Notwendigkeit zur Gesetzesänderung oder -ergänzung bestehen.[692] Thomas von Aquin hatte sich ebenfalls gegen Änderungen ausgesprochen, wenn nicht die Beibehaltung eines Zustandes als völlig inakzeptabel erscheint, damit die Kraft eines Gesetzes nicht durch ständige Änderungen geschwächt werde. Petrus de Alvernia teilte diese Bedenken nicht. Er befürwortete im Gegenteil jede Änderung, die eine Verbesserung darstellte.[693]

Marsilius von Padua erkannte nur eine gesetzgebende Instanz an, den *legislator humanus*. Von menschlichen Gesetzen entbinden könne folglich

---

[690] Flüeler, Rezeption, Bd. 1, S. 98 f.

[691] Blythe, Ideal Government, S. 214; Babbit, Oresme's *Livre de Politiques*, S. 93 f. Oresme fordert eine unbedingte Notwendigkeit zur Gesetzesänderung und den offensichtlichen Nutzen derselben (*Livre de Politiques* 2,15, ed. Menut, S. 99a): *ce est assavoir que les malveses lays anciennes sunt a muer et les autres aussi ou cas que il s'ensuiroit plus grant bien que n'est le mal contraire a la fermeté et reverence des lays anciennes. Et convendroit que tel bien fust tres grant et aussi comme desire de tout le peuple et pour necessité ou pour evidente utilité.*

[692] Nicolas de Oresme, *Livre de Politiques* 3,24 (ed. Menut, S. 158a): *Les princes ou juges doivent cognoistre des fais particulairs et de jugier selon la lay. Item, de ce de quoy la lay ne peut determiner ou de quoi le legislateur ne se peut aviser, il doivent jugier par une vertu appellee epyeyke … Apres il peut muer les lays du consentement du peuple … Mes ce ne doit pas estre sans necessité contraignant ou sans evidente utilité … Apres il preuve que ce que peut estre determiné par la lay, le prince doit jugier selon la lay et non pas selon sa propre volenté.*

[693] Vgl. Blythe, Ideal Government, S. 87.

nur der Gesetzgeber oder ein Ermächtigter.[694] Ockham hingegen sah mehrere Möglichkeiten der Gesetzgebung, jedoch verschob sich auch bei ihm die Kompetenz dazu in Richtung Volk. Das menschliche Recht, so der Franziskaner in seinem 90-Tage-Werk, bestehe keineswegs ausschließlich aus von Königen erlassenen Gesetzen. Jede andere Gemeinschaft ohne Herrscher könne eigenes Recht setzen.[695] Um seiner heilsgeschichtlichen Bedeutung gerecht zu werden, muss der Herrschaftsträger einer menschlichen Gemeinschaft, sei es ein Monarch oder alle ihre Mitglieder gemeinsam, die Möglichkeit haben, auf das Heil der Menschen einzuwirken. Dies geschehe vor allem durch die Gesetzgebung. Insoweit tritt das Gesetz als ein Steuerungsinstrument hervor, das nicht das Ergebnis einer bloßen Gewohnheit sein kann, sondern aus bewusstem und zielgerichtetem Handeln entstanden sein muss. Aus dem heilsgeschichtlich begründeten Gesetzgebungsauftrag folgt damit, dass ein Gesetz das Handeln der Menschen steuern soll, nicht aber das Handeln der Menschen (Gewohnheit) das Gesetz. Das Gesetz hat neben der innerweltlichen Regelungsfunktion eine weitergehende auf das Seelenheil der Menschen gerichtete Bedeutung.

4 Gesetzesanwendung

Die Gesetzesanwendung ist Teil der Herrschaftsausübung. Dabei ist zunächst einmal der Begriff der Herrschaft zu erörtern. Im Frühmittelalter waren die militärische Friedenssicherung und die Rechtsprechung die wesentlichen Aufgaben eines Herrschers. Die Gesetzgebung kann man ohnehin nur mit Einschränkungen zu den Aufgaben von Herrschaftsträgern rechnen, insoweit Gesetze als feststehend angesehen werden. Sofern man die Gesetzgebung dem Volk oder dessen Vertretung zuweist, bleiben auch in diesem Fall nur die Exekutive und die Judikative auf der Grundlage der Gesetze für den Fürsten. Eine solche Zweiteilung begegnet bereits in mittelalterlichen Schriften, nach der man zwischen der Gesetzgebung und der Gesetzesanwendung differenzieren kann. Eine weitergehende Trennung von Exekutive und Judikative war noch nicht üblich. Zunächst ist also zu klären, welche konkreten Aufgaben der Herrschaft im Verlauf des Mittelalters zugewiesen wurden.

---

694 Marsilius von Padua, *Defensor Pacis*, III, 2, § 8 (ed. Kusch, Bd. 2, S. 1090–1091, Z. 28–29): *In humanis legibus solum legislatorem vel illius auctoritate alterum dispensare posse.*

695 Wilhelm von Ockham, *Opus Nonaginta Dierum*, c.88, (Opera politica 2, ed. Offler, S. 661), Z. 306–310: ... *humanum ius non semper fuerit in legibus regum, claret aperte. Quia unusquisque populus et civitas, ut habetur in decretis, ..., potest sibi ius proprium constituere; ergo absque regibus possunt populi et civitates ac aliae communitates sibi iura humana constituere*; Töpfer, Urzustand und Sündenfall, S. 446.

4.1 Auffassung von Herrschaft

Die Auffassungen vom Charakter und von der Ausübung der Herrschaft wurden im frühen und hohen Mittelalter in Fürstenspiegeln niedergeschrieben. Zur Zeit Karls des Großen und seiner Nachfolger erlebten die Fürstenspiegel ihre Hochkonjunktur. Doch an die Stelle der spätantiken Herrschaftsauffassung vom Strebens nach Ruhm und Ehre war das christliche Demutsideal getreten, das schon in der *via regis* des Smaragdus von St. Mihiel aufscheint. Herrschaft galt von nun an als *ministerium*, als Dienst.[696] Auch ein halbes Jahrtausend später findet man diese Gedanken bei Dante, der in seiner *Monarchia* für eine Weltmonarchie plädiert und den antiken Idealismus der Staatsauffassung mit dem mittelalterlichen Dienstgedanken verbindet (Dempf). Könige und Konsuln seien nicht die Herren, sondern die Diener der anderen. Als Gesetzgeber seien sie auf die hingeordnet, die nach den Gesetzen leben, nicht aber auf den eigenen Vorteil.[697]

a) Amtspflichten und Aufgaben eines Herrschers

Die Tätigkeiten und Aufgaben eines Herrschers werden unterschiedlich umschrieben. Allgemein soll der Herrscher Vorbild sein und zum Wohle seiner Untertanen regieren. Johannes von Salisbury ermahnt den König in seinem *Policraticus* zu verantwortungsvoller Regierung und bezieht sich dabei auf antike Vorbilder, anknüpfend an einen angeblichen Brief Plutarchs an Kaiser Traian.[698] Derjenige, der über Macht verfügt, dürfe den Untertanen kein schlechtes Beispiel geben, seine Macht nicht missbrauchen, in Luxus leben oder Stolz an den Tag legen.[699]

Welche Machtbefugnisse dem Herrscher zukommen, darüber gibt Ockham nähere Auskunft. Da die Untertanen frei seien, verfüge der Kaiser über keine Vollgewalt. Eine Begrenzung erfahre seine Gewalt durch seinen Herrschaftsauftrag, das *bonum commune* und das göttliche wie das natürliche Recht.[700] Die Aufgaben des Kaisers sind nach Ockham sowohl die Gesetzgebung als auch die Rechtsprechung und die Verwaltung der irdischen Güter.[701] Marsili-

---

[696] Ottmann, Bd. 2,2, S. 53.

[697] Vgl. Dempf, S. 477.

[698] Johannes von Salisbury, *Policraticus*, V, 1.

[699] Johannes von Salisbury, *Policraticus*, IV, 4.

[700] Pleuger, S. 73 f. Wilhelm von Ockham verweist (allerdings im Zusammenhang mit der Vollgewalt des Papstes) in III. Dial.1,1, c.5 auf die Freiheit der Christen: … *quod lex christiana est lex libertatis et per consequens christiani non fiunt serui cuiuscumque mortalis per legem christianam, sed liberi sunt quantum est de ratione euangelice legis.* Zur Begrenzung der kaiserlichen Macht, III. Dial.2,2, c.27: *Et quo infertur quod imperator auctoritate imperiali non potest omniaque non sunt contra ius diuinum, nec contra ius naturalem, sed solum illa que ad utilitatem communem proficiunt*; vgl. auch III. Dial.2,2, c.28.

[701] Wilhelm von Ockham, *Octo Quaestiones*, Opera politica I (ed. Offler, S. 109–110), III, 8: … *videlicet iura sua unicuique tribuere et servare, leges condere necessarias atque iustas, iudices inferiores et alios officiales constituere, quales artes et a quibus in communitate*

us wird etwas konkreter. Die Regierung müsse das Gerechte und das sittlich Gute vorschreiben und das Gegenteil verhindern, womit der Gesetzgebung als herrschaftlicher Aufgabe eine inhaltliche Bestimmung gegeben wird. Die Strafe soll dabei als Heilmittel gegen Verbrecher dienen, Opfer von Verbrechen sollen entschädigt werden.[702] Die Regierung führt ferner die Beschlüsse des Gesetzgebers aus, der zu diesem Zweck einige wenige als regierenden Bestandteil einsetzt.[703] So hat die Regierung die anderen „Bestandteile", also die verschiedenen Berufsgruppen bei der Erfüllung ihrer jeweiligen Aufgaben zu unterstützen.[704] Die Einteilung in die verschiedenen Bestandteile des Staates hat ebenfalls die Regierung entsprechend den Fähigkeiten der Einzelnen und aufgrund der Bestimmungen des Gesetzgebers vorzunehmen.[705] Ausdrücklich weist Marsilius auch die Zulassung zu kirchlichen Weihen dem Gesetzgeber oder einem von diesem Ermächtigten zu.[706] Marsilius erwartet, wie auch viele seiner Zeitgenossen, eine verstärkte staatliche Aktivität auf wirtschaftlichem Gebiet. Die Einteilung der Bevölkerung in Berufsgruppen, die damit verbundene Lenkung des Arbeitsmarktes und des gesamten Wirtschaftssystems markieren sehr starke regulative Eingriffe in das Wirtschaftsgefüge, welche dem Staat – in dieser Zeit besser: der Herrschaft – eine herausragende und aktive Rolle zuweisen und den Spielraum der „freien Kräfte des Marktes", welche damals als treibende Kräfte des Wirtschaftssystems weder erkannt noch anerkannt waren, deutlich begrenzen.

b) Beschränkungen des Herrschers

Beschränkungen der Herrschaft zugunsten der Freiheit und durch die Freiheit der Untertanen finden sich vor allem bei Ockham, der immer wieder nach-

sibi subiecta debeant exerceri, omnium virtutum actus praecipere et alia multa: tamen ad hoc videtur principalissime institutus, ut corrigat et puniat delinquentes; vgl. Pleuger, S. 74.

702 Marsilius von Padua, *Defensor Pacis*, I, 15, § 11.

703 Marsilius von Padua, *Defensor Pacis*, I, 15, § 4 (ed. Kusch, Bd. 1, S. 160–161, Z. 2–8): *Hanc autem primam [causam] dicimus legislatorem, secundariam vero quasi instrumentalem seu executiva dicimus principantem per auctoritatem huius a legislatore sibi concessam, secundum formam illi traditam ab eodem, legem videlicet, secundum quam semper agere ac disponere debet, quantum potest, actus civiles.*

704 Marsilius von Padua, *Defensor Pacis*, I, 15, § 12 (ed. Kusch, Bd. 1, S. 170–171, Z. 17–19): *Amplius conservat hec pars reliquas civitatis partes, ipsasque adiuvat in ipsarum operibus tam propriis quam communibus exercendis.*

705 Marsilius von Padua, *Defensor Pacis*, I, 15, § 8 (ed. Kusch, Bd. 1, S. 166–167, Z. 4–8): *Adhuc autem secundum iam dictam virtutem, legem scilicet, auctoritatemque sibi datam distingere debet principans atque statuere partes et officia civitates ex convenienti materia, hominibus siquidem habentibus artes seu habitus ad officia convenientes.*

706 Marsilius von Padua, *Defensor Pacis*, II, 17, § 9, (ed. Kusch, Bd. 2, S. 664–665, Z. 21–26): … *in communitatibus fidelium iam perfectis ad legislatorem humanum solummodo seu fidelium multitudinem eius loci, super quam intendere debet promovendus minister, pertineat eligere, determinare ac presentare personas promovendas ad ecclesiasticos ordines* … .

drücklich betont, dass alle Menschen frei seien und nach dem Evangelium als dem Gesetz der Freiheit lebten.

Konsequenterweise lehnt Ockham eine *plenitudo potestatis*, wie es die Päpste für sich in Anspruch nahmen, ab. Diese will er auch weltlichen Herrschern nicht zugestehen. Hätten die Könige Vollmacht über ihre Untertanen, so wären sie Despoten.[707] Die natürliche Freiheit darf den Untertanen nicht genommen werden, der Herrscher habe vielmehr die Freiheit seiner Untertanen zu achten.[708] Vorrangige Aufgabe des Herrschers ist auch für Ockham die Verwaltung der *temporalia*, der irdischen Dinge. Jedoch dürfe er sich dabei keinesfalls in die persönlichen Angelegenheiten der Untertanen einmischen. Die Untertanen seien daher auch nur verpflichtet, Anordnungen zu gehorchen, die notwendig für eine gerechte Regierung sind.[709] Einerseits wurde im späten Mittelalter also eine Ausweitung des Tätigkeitsfeldes vorgenommen, andererseits wurden zumindest von einzelnen Autoren Grenzen gezogen, welche von den Regierenden nicht überschritten werden durften. Abstrakte Grenzziehungen begegnen dabei ebenso wie konkrete Tatbestände, die einer herrscherlichen Regelung nicht zugänglich sind, wie die Belange der Privatsphäre, die Ockham dem Zugriff des Regenten entzogen wissen will.

4.2 Rechtsprechung

Die Gesetze benötigen einen Vollstrecker, so stellt es auch Marsilius von Padua fest, der im Richter das „beseelte Prinzip (*principium aliquod animatum*)“ sieht, das den Gesetzen zu ihrer Wirkung verhilft.[710] Die Kontrolle durch den Gesetzgeber will Marsilius aufrechterhalten, jedenfalls dann, wenn ein Priester oder Bischof zu Gericht sitzt. In solchen Fällen soll die Appellation an den Gesetzgeber oder die dazu ermächtigte Regierung offen stehen.[711] Es ist weniger eine demokratische Kontrolle, an die hier gedacht wird, als vielmehr die antipapalistische, ja antiklerikale Stoßrichtung des *Defensor Pacis*, die an solchen Forderungen sichtbar wird. Gleichwohl weisen Marsilius

---

[707] Wilhelm von Ockham, *Breviloquium*, II, 6 (ed. Offler, S. 121): *Iterum, reges et principes saeculares non habent in temporalibus huiusmodi plenitudinem potestatis; tunc enim principatus regalis esset principatus despoticus ...* .

[708] Wilhelm von Ockham, III. Dial., 2,2, c.20: *Dignitati enim humani generis derogaret, si omnes essent serui imperatoris. Et ideo derogaretur eidem, si imperator in omnibus posset tractatre liberos sicut seruos, quare cum imperator teneatur procurare ea que spectant ad dignitatem et utilitatem totius humani generis et nullomodo debet uelle liberos tractare sicut seruos ...* ; vgl. auch hinsichtlich des Papstes zu den übrigen (ihm untergebenen) Christen *Breviloquium*, II, 4.

[709] Wilhelm von Ockham, III. Dial.2,2, c.20: *Subditi imperatoris non in omnibus tenentur sibi obedire, sed in his tantum que spectant ad regimen populi. Hoc est in his que sunt necessaria ad regendum iuste et utiliter populum sibi subiectum;* Pleuger, S. 80.

[710] Marsilius von Padua, *Defensor Pacis*, II, 8, § 6.

[711] Marsilius von Padua, *Defensor Pacis*, III, 2.

und seine Zeitgenossen auch die weltlichen Richter in ihre Schranken, wie im Folgenden näher erläutert werden soll.

a) Ausübung und Handhabung

Wer immer zum Richter berufen ist, muss sein Amt zum Wohle der Allgemeinheit ausüben, wie dies zur Herrschaft im Allgemeinen bereits gesagt wurde. Das Gericht war eine der ureigensten Aufgaben der Herrschaft und war demzufolge in gleicher Weise auszuüben. Der Richter habe notwendige Bestrafungen grundsätzlich nicht an privaten Rachegelüsten auszurichten, sondern er habe aus Liebe zur Gerechtigkeit zu handeln, so verlangte es Hinkmar von Reims schon im 9. Jahrhundert.[712] Woran sich der richtende Fürst zu halten habe, wurde im 12. Jahrhundert schon genauer definiert. Der Fürst als Richter hatte sich an das Gesetz zu halten, noch wichtiger aber war die *aequitas*, die Billigkeit, deren Ausformung sich im Gesetz niedergeschlagen hat.[713] Außerdem solle der Richter nicht übertrieben gerecht sein, so schreibt Johannes von Salisbury in seinem *Policraticus*.[714] Ebenso will auch Ockham keine immer gleiche Strenge der Gesetzesanwendung. Der Richter soll manchmal Milde walten lassen, aber auch gelegentlich Strenge üben. Dabei spielt auch der Sinn der Bestrafung eine Rolle. Sie diene einerseits dem Schutz der Allgemeinheit, andererseits könne sie erlassen werden, wenn beim Verurteilten Besserung eingetreten sei. Ob aber der Kaiser in seiner Funktion als Richter die Strafarten willkürlich festlegen darf, dazu bestehen, wie Ockham anmerkt, durchaus unterschiedliche Ansichten.[715] Der Kaiser ist gleichwohl an das Recht gebunden und muss jeden gleich behandeln. Entscheidend ist, dass ein Urteil den Forderungen des Allgemeinwohls entspricht. Im Einzelfall können daher Milde und Härte gemäß der *aequitas naturalis* angewandt werden, oder im Fall der Besserung vom Begnadigungsrecht Gebrauch gemacht werden.[716] Eine zu verhängende Strafe ist also nicht als Racheakt zu verstehen, sondern dient der Besserung des Täters, den es schließlich – wie alle anderen Menschen auch – zum ewigen Heil zu führen galt. Daher ist nicht die bloße Anwendung des Gesetzes entscheidend für Ockham, sondern vielmehr die Einzelfallgerechtigkeit, die eine mal härtere, mal mildere Bestrafung erfordert.

---

[712] Hinkmar von Reims, *De regis persona*, cap. 18, PL 125, 845: *Quia etiam disciplinam exercendo in improbos et perversos, non odii sui rancore, vel vindictae suae livore, sed amore justitiae et divinae vindictae Christo serviat*; vgl. Anton, Fürstenspiegel, S. 315.

[713] Johannes von Salisbury, *Policraticus*, IV, 2: *Publicae ergo utilitatis minister aequitatis seruus est princeps, et in eo personam publicam gerit, quod omnium iniurias et dampna sed et crimina omnia aequitate media punit.*

[714] Johannes von Salisbury, *Policraticus*, IV, 9.

[715] Wilhelm von Ockham, III. Dial. 2,1, c.16.

[716] Vgl. Pleuger, S. 76.

Auch Marsilius erwartet vom richtenden Regenten eine wohlwollende Auslegung oder gar eine Milderung des Gesetzes im Sinne der Billigkeit. Aus diesem Grunde müsse der Richter über eine besondere Tugend verfügen, die ihn in seiner inneren Einstellung leite, immer dort, wo das Gesetz versagt. Vom Regenten werden daher besonders Liebe und wohlwollende Gesinnung verlangt.[717]

Thomas von Aquin setzt mit der Forderung nach Billigkeit einen Schritt früher an. Schon der Gesetzgeber habe bei der Formulierung und dem Erlass der Gesetze behutsam vorzugehen. Es sei keineswegs die Aufgabe des Gesetzgebers, alle Laster zu verbieten. Vielmehr sei darauf zu achten, dass ein Verbot verhältnismäßig, erforderlich und geeignet sei, eine Begründung, die zu einem klassischen Text der Rechtsphilosophie geworden ist (Böckenförde). Denn wenn Gesetze zu anspruchsvoll sind, so werden sie missachtet, was ein größeres Übel wäre.[718] Thomas weist darauf hin, dass die Gesetze den Lebensbedingungen der Menschen entsprechen müssten. Weiter zitiert er Isidor und sagt, Gesetze müssten erfüllbar sein. Das menschliche Gesetz sei für eine Menge von Menschen zusammengesetzt, deren Mehrzahl sich nicht durch vollkommen tugendhaftes Verhalten auszeichne. Daher würden nicht alle Vergehen verboten, sondern nur die schweren, die anderen Menschen schaden und ohne deren Verbot die menschliche Gesellschaft keinen Bestand haben könnte.[719]

Ein ganz anderer Aspekt klingt bei Nikolaus von Oresme an, als er auf das Verhältnis von geschriebenem Recht und Naturrecht eingeht. Ein Richter hat die Gesetze nicht in Zweifel zu ziehen, sondern so zu nehmen, wie sie ihm der Gesetzgeber präsentiert. Lediglich bei Verstößen gegen das Naturrecht ist er dazu aufgerufen, gegen solche Gesetze einzuschreiten.[720] Der Philosoph Oresme spart auch nicht mit harscher Kritik an den Juristen und ihrer Rezeption des Codex Justiniani. Dieses Gesetzeswerk wurde seit dem 12. Jahrhundert wieder verstärkt studiert, gelehrt und angewandt. Oresme stellt klar, dass es sich dabei nur um positives Recht handelt, menschliches Recht, das nur in dem Gebiet Gültigkeit hat, über das der Gesetzgeber herrscht. Keinesfalls aber ist es mit dem Naturrecht gleichzusetzen.[721]

---

[717] Marsilius von Padua, *Defensor Pacis*, I, 14, § 7.

[718] Böckenförde, Geschichte der Rechts- und Staatsphilosophie, S. 245–247, insbes. S. 245.

[719] Thomas von Aquin, *Summa Theologica*, I-II, qu. 96, art.2 resp.

[720] Nicolas de Oresme, *Livre de Politique* 5,25 (ed. Menut, S. 243b): *Et dient que ce est droit escript et que il ne le convient pas rappeller en doubte. 'Et en ce il dient bien aucunement; car il doivent recevoir les lays teles comme leur legislateur leur bailla, et en doivent user en leur escoles et en jugemens. Mes se par raison naturel, il leur apparoit que aucune tele lay ne fust pas juste ou expediente pour le bien publique, il le devroient monstrer par bonne prudence en lieu et en temps et en maniere licite.*

[721] Nicolas de Oresme, *Livre de Politique* 5,25 (ed. Menut, S. 243b): *Item … car communement nos legistes sunt introduiz es lays que Justinian compila et en autres lays romaines; et*

Während Oresme die strenge Bindung des Richters an das Gesetz betont, plädierten Marsilius und Ockham für eine wohlwollende und einzelfallbezogene Anwendung des Rechts. Ein Gegensatz muss dies nicht unbedingt sein. Oresme hat das Verhältnis des Königs gegenüber seinem Volk im Auge, also einen Aspekt der Verfassungsstruktur, bei der eine Kontrolle des Königs im Mittelpunkt steht, wohingegen Marsilius und Ockham den konkret abzuurteilenden Fall vor Augen haben, in dem Gerechtigkeit zu üben ist.

b) Zuständigkeit für die Rechtsprechung

Zuständig für die Rechtsprechung war die Regierung, da eine Trennung von Exekutive und Judikative im Mittelalter nicht bekannt und auch nicht in Erwägung gezogen wurde. Richten war die ureigenste Aufgabe von Herrschaft. Die Konfliktlinie verlief vielmehr zwischen der weltlichen und der geistlichen Gewalt. Denn anders als bei neuzeitlichen Theorien, die zwischen Exekutive, Judikative und Legislative unterschieden wissen wollen, trennte die mittelalterliche Spielart der Gewaltenteilung die geistliche (kirchliche) von der weltlichen (königlich/kaiserlichen) Gewalt. In diesem Spannungsfeld bewegen sich Marsilius und Ockham, wenn sie Grundsätze für die richterliche Zuständigkeit aufstellen. Beide treten jedoch für eine Trennung der Bereiche ein, wollen jedenfalls der geistlichen Gewalt keinerlei Befugnisse im weltlichen Bereich zugestehen.

In diesem Sinne ist auch die Folgerung des Marsilius zu verstehen, dass über jede Person nur der Herrscher kraft Ermächtigung durch den Gesetzgeber die zwingende Rechtsprechung in Angelegenheiten des Personen- und des Sachenrechtes innehabe.[722] Der Herrscher habe nach den Anweisungen des Gesetzgebers Ketzer und Verbrecher gleichermaßen abzuurteilen.[723] In Häresieprozessen solle also auch die weltliche Gerichtsbarkeit zuständig sein. Theologen seien dabei als Gutachter heranzuziehen, nicht als Richter.

Auch Ockham will Urteile nur vom zuständigen Richter anerkennen.[724] Es dürfe nur ein oberstes Gericht geben, da sonst die Gefahr von Zwietracht und Verwirrung entstünde. Eine Spaltung in weltliche und geistliche Gerichtsbarkeit könne demnach nur die Ausnahme bilden.[725] Der geistliche Richter könne die Strafverfolgung nur ersatzweise an sich ziehen, stattdessen solle

leur semble que il ne est nul autre droit escript et que il deust estre tenu partout, salvés les coutumes locaus etc. Mes combien que en leur livres soient aucuns droiz naturelz ou presque naturelz a communité humaine et qui sunt a tenir partout, toutesvoies la plus grande partie sunt droiz positis. Et combien que il soient raisonnables quant au plus, nientmoins nul ne est obligé a les tenir par la vertu ou auctorité du princey de Romme excepté ceulz qui sunt de cellui princey se il dure encore.

722 Marsilius von Padua, *Defensor Pacis*, III, 2, Nr. 15.

723 Marsilius von Padua, *Defensor Pacis*, III, 2, Nr. 30.

724 Wilhelm von Ockham, *Breviloquium*, II, 18; dort geht es allerdings nur um den geistlichen Bereich und die Abgrenzung der Jurisdiktion von Bischof – Erzbischof – Papst.

725 Vgl. Pleuger, S. 75 f.

der geistliche Richter beraten und belehren, nicht aber urteilen.[726] Ockham vertritt hier also eine ähnliche Ansicht wie sein Zeitgenosse Marsilius, lässt aber in der für ihn typischen Weise eine Ausnahme und die ersatzweise Vertretung durch den geistlichen Richter zu. Allerdings soll in Häresiefällen der Richter auch urteilen können, ohne Kleriker zu Rate zu ziehen, wenn es sich um einen offenkundigen Fall handelt.[727] Umgekehrt solle aber die Kirche keine Blutgerichtsbarkeit ausüben.[728]

726 Vgl. Pleuger, S. 76–80.

727 Wilhelm von Ockham, III. Dial. 6, c. 100.

728 Wilhelm von Ockham, *Breviloquium*, II, 19.

V Kontrolle und Widerstand

Eine wichtige Frage im Verhältnis von Herrschern und Beherrschten ist die der Kontrolle einerseits und die der Widerstandsmöglichkeiten, wenn die Herrschaft sich als untragbar erweist.

1 Gewaltenteilung und Kontrolle

Eine Möglichkeit der Kontrolle besteht darin, die Macht auf mehrere Schultern zu verteilen. Diese Montesquieu zugeschriebene Idee lässt sich in zumindest rudimentären Ansätzen schon bei mittelalterlichen Autoren finden, wenn auch in der Regel zwischen den drei Gewalten nicht so trennscharf unterschieden wurde, wie es in der heutigen politischen Theorie üblich ist.

1.1 Teilung der Macht als Kontrolle

Eine Teilung der Macht zwischen verschiedenen Personen oder Institutionen, wie sie von mittelalterlichen Autoren in Betracht gezogen wurde, sollte in erster Linie dem Zweck dienen, einen Monarchen oder eine Aristokratie zu kontrollieren. Der Monarch soll nicht nur durch Gesetze und Vorschriften eingeschränkt und dadurch daran gehindert werden, in eine Tyrannei zu verfallen, vielmehr soll ihm eine Kontrollinstanz zur Seite gestellt werden, die zumindest teilweise die gleichen Befugnisse hat wie er selbst. Der Monarch wird dadurch gezwungen, eine Einigung mit möglicherweise widerstreitenden Interessen zu suchen. Auch der englische Jurist John Fortescue, der ansonsten für eine starke Monarchie als dominierendes Verfassungselement eintritt, sieht wenigstens für die oberen Gesellschaftsklassen eine Machtbeteiligung vor. Um zu verhindern, dass der König zum Tyrannen wird, sollen sie bei der Gesetzgebung oder bei Gesetzesänderung mitwirken und die königlichen Handlungen einschränken. Für die Verwaltung und die Gesetzesanwendung will Fortescue es ausreichen lassen, wenn der König seine persönlichen Berater hinzuzieht. Doch für Gesetzgebung und Steuererhebung fordert er die Beteiligung des Parlamentes.[729] Das Parlament als solches ist eine englische Besonderheit, die Fortescue vor Augen hat. Doch gab es ähnliche Formen von Herrschaftsbeteiligung und -kontrolle auch anderswo. Beraterkreise oder

[729] Blythe, Ideal Government, S. 262.

Kontrollgremien wie das englische Parlament gab es in verschiedenen Varianten und sind historisch gewachsen. Abendländische Könige mussten zu nahezu allen Zeiten Zuspruch zumindest bei ihren Gefolgsleuten suchen. Die „Großen des Reiches", die Königsvasallen oder der Adel sind die Umschreibungen für die nicht immer klar definierbaren Gruppen, auf deren Konsens ein König angewiesen war. Diese Beraterkreise institutionalisierten sich in Parlamenten und Ständeversammlungen, wobei dies oft Kompromisse infolge von Machtkämpfen waren, bei denen sich einzelne Gruppen den Zugang zu diesen Berater- und Entscheiderkreis erkämpft hatten. Auf diese Weise wuchsen Machtzentren neben dem Monarchen heran, deren Machtfülle und Bedeutung nach Region und Zeit variieren konnten.

Bereits Thomas von Aquin trat für eine gemischte Verfassung ein. Die eigentlich ideale Monarchie soll durch andere Elemente gemäßigt, gezähmt werden. Thomas gibt neben der Kontrolle des Monarchen einen weiteren wichtigen Grund an. Wenn die Mächtigen und das Volk in irgendeiner Weise an der Regierung beteiligt sind, so sinkt die Gefahr von Aufständen und Unruhen. Eine gemischte Verfassung aus Elementen von Monarchie, Aristokratie und Demokratie mindert die Unzufriedenheit und gewährleistet am ehesten Stabilität.[730] Eine solche Mischverfassung sei die beste Regierungsform, da jedes Element das andere kontrolliere. Die Monarchie sichere die Einheit, die Aristokratie bringe die Weisheit und die Demokratie stehe für Freiheit.[731] Auch für Oresme barg die Kompetenz der Bürger, den Fürsten zu wählen oder zurechtzuweisen, eine Kontrollfunktion. Diese Autorität hat Aristoteles nach Ansicht Oresmes den Bürgern deswegen zugebilligt, damit die Regierenden das System nicht von einer Aristokratie in eine Oligarchie verwandeln.[732]

Ob diese Denkweise, nach der eine wie auch immer geartete Gewaltenteilung in erster Linie einer aus Misstrauen geborenen Kontrollfunktion genügen soll, eine angemessene Interpretation mittelalterlicher Gedanken ist, mag im Einzelfall zweifelhaft sein. So wird beispielsweise für Nikolaus von Kues

---

[730] Thomas von Aquin, *Sententia libri Politicorum*, II, 7 (Opera Omnia 48, S. 145): *Dicit ergo primo quodquidam dicunt optimum regimen ciuitatis est quod est quasi commixtum ex omnibus predictis regiminibus. Et huius ratio est quia unum regimen temperatur ex ammixtione alterius; et minus datur seditionis materia si omnes habeant partem in principatu ciuitatis, …* ; vgl. Blythe, Mixed Constitution, S. 557.

[731] Vgl. Tierney, Rights, Laws, …, XIII, 4.

[732] Nicolas de Oresme, *Livre de Politiques* 3, 14 (ed. Menut, S. 136b): *La raison devant dite supposoit que la multitude toute ensemble fust non sachant ou ignorant, et non est comme dit est. Et donques l'intention de Aristote est, ce semble, que tele multitude doit avoir l'election des princes et la correction de leur fais. Et parle en special de princey ou un petit nombre a la souveraine domination. Car peut estre qu'en tele policie c'est bien que les citoiens aient ceste auctorité afin que les princes ne evertissent et muent aristocracie en olygarchie.*

vertreten, er habe eher den Konsens im Auge gehabt, als eine Kontrolle durch Gewaltenteilung. Der Wunsch nach Einheit im Gemeinwesen wird bei ihm die dominante Größe auch bei der Frage der Kontrolle gewesen sein.[733]

1.2 Teilung der Macht nach Funktionen

Eine funktionale Gewaltenteilung in der Weise, dass einzelne Aufgabenfelder der Herrschaft voneinander abgegrenzt und verschiedenen Funktionsträgern zugewiesen werden, findet sich bei mittelalterlichen Denkern erst spät. Eine Gewaltenteilung nach Exekutive, Judikative und Legislative im neuzeitlichen Sinne ist weitgehend unbekannt. Erste Unterscheidungen werden zwischen Gesetzgebung und Gesetzesanwendung (Legislative und Judikative) gemacht. Nikolaus von Kues will rechtsprechende und gesetzgebende Befugnisse voneinander trennen. Der Richter interpretiere das Recht, doch sollten die Gesetze von jemand anderem gemacht werden, da sonst keine Stabilität gewährleistet sei.[734] Insbesondere für Kaiser und Papst stellt Nikolaus fest, dass es sich bei diesen beiden nicht um Gesetzgeber, sondern um Vollstrecker und Richter handele. Damit ist der Kusaner laut Blythe einer der ersten, der eine gemischte Verfassung mit dem Gesellschaftsvertrag und mit der Lehre von der Gewaltenteilung verbindet,[735] wenigstens, so drückt sich Sigmund etwas vorsichtiger aus, nimmt Nikolaus von Kues die Lehre von der Gewaltenteilung damit vorweg, wenn er fordert, dass der Papst die Gesetze nicht erlassen dürfe, die er selbst ausführen müsse.[736]

Der erste Autor jedoch, so jedenfalls Tierney, der die Regierung durch die drei Gewalten der Legislative, Judikative und Exekutive definierte, war der Jurist Herveus.[737]

1.3 Kontrolle

Doch sahen mittelalterliche Theoretiker auch eine Aufteilung gleicher Funktionen auf verschiedene Institutionen vor. Hintergedanke einer solchen Konstellation war die Kontrollfunktion. Die Möglichkeit zur Kontrolle der Regierenden galt als wichtiges Element eines guten Regierungssystems. Dies sahen mittelalterliche Denker ähnlich. Ockham begründet sogar seine Präferenz für die Monarchie mit den besseren Kontrollmöglichkeiten im Vergleich zu einer Oligarchie oder Aristokratie. Es sei einfacher, einen Einzelnen, der

[733] Lücking-Michel, Konkordanz und Konsens, S. 150.

[734] Nikolaus von Kues, *De Concordantia Catholica*, II,14, (ed. Kallen, S. 163, Z. 4–5):*Quoniam, si hoc ita foret, non posset iudex, si canonum condendorum potestatem per se haberet, umquam argui de iniusta sententia* ... (Z. 15–16) *et quod omnis lex sive canon supra quemcumque iudicem iudicantem exsistit.*; II, 20, (ed. Kallen, S. 208–10) ; vgl. Sigmund, Nicholas of Cusa, S. 180.

[735] Blythe, Ideal Government, S. 257.

[736] Sigmund, Nicholas of Cusa, S. 310.

[737] Tierney, Religion, Laws, ..., S. 45; Ders., Rights, Laws, ..., XII, 649.

sich irre, zurechtzuweisen, als mehrere, die entsprechend mehr Anhänger und Verteidiger finden und sich der Zurechtweisung umso leichter widersetzen könnten.[738] Die Zurechtweisung eines Herrschers war bis dahin keineswegs eine Selbstverständlichkeit. Noch Gratian sah die einzige Vorkehrung gegen Machtmissbrauch darin, gute Männer in die Ämter zu wählen. Ein Vorgehen gegen dennoch praktizierten Missbrauch war in seiner Theorie nicht vorgesehen.[739] Auch Thomas von Aquin hatte noch weitgehend präventive Maßnahmen im Auge, doch berücksichtigte er nicht nur die Persönlichkeit des Regenten und eine entsprechend verantwortungsvolle Auswahl derselben, sondern er dachte auch über strukturelle Vorkehrungen nach. Die Regierungsweise müsse so festgelegt werden, dass dem eingesetzten König die Gelegenheit zur Tyrannei entzogen werde. Eine gemischte Verfassung sei notwendig, die Herrschaftsbefugnisse müssten in das Recht eingebunden werden, die Machtbefugnisse des Königs seien so zu mäßigen, dass er nicht auf Tyrannei verfallen könne.[740] Der Jurist Bartolus wollte die Befugnisse des Monarchen beschränken, indem er dem im Parlament versammelten gesamten Volk gewisse Kontrollrechte einräumte, etwa in Form von Mitbestimmung bei Steuererhebungen, Kriegserklärungen und Gesetzesänderungen.[741]

Das Problem der Schranken der Königsgewalt im Mittelalter ist indes, wie Ullmann schreibt, nicht nur ein historisches. Es berührt auch moderne Verfassungsfragen, da deren Grundprobleme viel mit den mittelalterlichen gemeinsam haben.[742]

a) Verantwortlichkeit des Regenten

Wer Herrschaft ausübte, musste dies in einer bestimmten Weise tun und war einem Ziel verpflichtet. Dies begründet zugleich die Verantwortlichkeit des Regenten für sein Tun im Hinblick auf das, was man von ihm erwartete. Dabei ist zu unterscheiden zwischen der Frage, ob eine solche Verantwortlichkeit überhaupt besteht, und dem Verfahren, nach dem diese Verantwortung des Regenten eingefordert wird. Die Bejahung der ersten Frage begegnet schon im Mittelalter. Bei Ockham, so schreibt Miethke, muss sich Herrschaft auch von den Beherrschten an der Erfüllung ihrer Aufgaben messen lassen, sie muss sich prüfend messen lassen an ihren Leistungen für das gemeine Wohl.[743] Einerseits macht Ockham klar, dass überhaupt eine Verantwortlichkeit des Herrschers besteht, andererseits besteht diese Verantwortlichkeit den

[738] Wilhelm von Ockham, III. Dial., I,2, c.18: … *facilius potest corrigi unus, si orbitaverit, quam plures, quia plures haberent plures defensores quam unus.* Vgl. Blythe, Ideal Government, S. 183.

[739] Monahan, Consent, S. 96.

[740] Thomas von Aquin, *De regimine principum*, I, 6, und 14–18.

[741] Meier, Mensch und Bürger, S. 194.

[742] Ullmann, Schranken der Königsgewalt, S. 1.

[743] Miethke, Ockham, *Dialogus*, (Nachwort), S. 222.

Beherrschten gegenüber, nicht etwa nur gegenüber Gott. Die Beherrschten haben demzufolge einen Anspruch gegenüber dem König und können ihn zur Rechenschaft ziehen. Im Regelfall, so drückt es Ockham aus, stehe der König über seinem Reich. Dennoch sei er in besonderen Fällen seinem Reich unterworfen, da das Reich im Notfall seinen König absetzen könne, und zwar kraft Naturrechts.[744] Da die Herrschaft des Gemeinwohls wegen da sei, wäre der Herrscher sogar zum Schadensersatz verpflichtet, wenn er die Herrschaft zu seinem eigenen Vorteil missbrauchte.[745]

Auch Marsilius von Padua kennt die Verantwortlichkeit des Regenten, führt dies aber unspektakulär auf die menschliche Natur zurück. Wenn der Regent nur nach dem Gesetz handelt, ist für ihn alles in Ordnung, es bedarf keines Richters, welcher über den Herrscher urteilt.[746] Da aber auch der Regent nur ein Mensch mit Verstand und Begehren sei, könne es dazu kommen, dass er manchmal im Widerspruch zum Gesetz handele. Anders als die meisten seiner Zeitgenossen äußert sich Marsilius auch zum Verfahren in solchen Fällen. Je nach Vergehen müsse die Zurechtweisung durch den Gesetzgeber erfolgen oder durch diejenigen, die dazu eingesetzt worden sind. Falls nötig, müsse der Regent zeitweilig von seinem Amt suspendiert werden.[747]

b) Verfahren der Zurechtweisung

Doch neben repressiven Kontrollmaßnahmen kommen auch präventive in Betracht, wie die Wahl geeigneter Persönlichkeiten, was einer der am häufigsten geäußerten Vorschläge war, oder die verfassungsmäßige Verankerung von Beschränkungen. Thomas von Aquin, der eine solche Haltung vertreten hat, kommt gleichwohl zu dem Schluss, dass auch Fürsten dem Gesetz unterstehen und keineswegs frei von Sanktionen sind.[748] Ockham setzt dabei auf die Ratgeber des Regenten. Die beste Regierung sei eine solche, in der einer regiert und diesem viele Ratgeber zur Seite stehen. Dieser Rat, der sich um den Herrscher schart, hat aber nicht nur beratende Funktionen. Der Herrscher soll nach Ockham an den Rat gebunden sein. Einen ungehorsamen Regenten könne der Rat sogar bestrafen.[749] Petrus de Alvernia weist die Bestrafung

[744] Ebd.; Wilhelm von Ockham, *Octo Questiones*, II, 8 (Opera Politica I, ed. Offler, S. 83): *Rex enim superior est regulariter toto regno suo, et tamen in casu est inferior regno, quia regnum in casu necessitatis potest regem suum deponere et in custodia detinere. Hoc enim habet ex iure naturali, sicut ex iure naturali habet quod licet sibi vim vi repellere.*

[745] Pleuger, S. 56.

[746] Marsilius von Padua, *Defensor Pacis*, I, 18, § 2.

[747] Marsilius von Padua, *Defensor Pacis*, I, 18, § 3.

[748] Monahan, Consent, S. 165.

[749] Wilhelm von Ockham, III. Dial., 1,2, c. 18–19; vgl. Blythe, Ideal Government, S. 182. III. Dial.1,2, c.19: ... *tunc expedit multitudinem conuenire, non quidem ad principandum, sed ad deliberandum et inueniendum quid est toti comitati expediens et ad consulendum quid facere principans teneatur. Si principans nollet sequi eorum consilium et imineat periculum notabile, haberet corrigere ipsum* ... . Ein großes Reich könne, so stellt Ockham im vorher-

des Herrschers den Weisen als Richtern und dem Volk als Vollstrecker zu.[750] Grundsätzlich herrschte im Mittelalter, auch noch bis ins späte Mittelalter hinein, die Auffassung vor, es sei Aufgabe des Herrschers, das Volk zurechtzuweisen und auf den rechten Weg zu führen, während es den Untertanen umgekehrt keineswegs zukam, Könige zu kritisieren. Dies galt lange als ausschließliches Recht von geweihten und gesetzeskundigen Klerikern.[751]

Marsilius von Padua hat sich am eingehendsten mit der Frage beschäftigt, ob (und wenn ja) wie ein Herrscher zur Rechenschaft zu ziehen ist. Er unterscheidet dabei nach der Schwere der durch den Regenten begangenen Straftat und nach deren Häufigkeit. Hat der Regent eine schwere Straftat gegen den Staat oder gegen Personen begangen, die so schwer wiegt, dass dadurch ein Volksaufruhr hervorgerufen werden könnte, dann muss der Regent nach dem Gesetz zurechtgewiesen werden, im Zweifel durch den Gesetzgeber.[752] Auch wenn die Straftaten, deren sich der Regent schuldig gemacht hat, gering sind, der Herrscher diese aber häufig begeht, ist nach dem Gesetz gegen den Regenten vorzugehen und eine Strafe zu verhängen.[753] Dann aber, wenn es sich um geringe Verfehlungen handelt, die nur selten vorkommen, sollen diese vertuscht werden, damit der Regent nicht öffentlich verächtlich gemacht wird.[754] Marsilius versucht hier geschickt die Balance zu halten zwischen der notwendigen Kontrolle eines Monarchen, der an die Gesetze gebunden ist, und der zur Leitung eines Gemeinwesens notwendigen persönlichen Autorität, die durch ständige öffentliche Zurechtweisung Schaden nähme.

Für Ockham stehen die Handlungen im Mittelpunkt. Für den Papst gelte schlicht, wenn dessen Handlungen schlecht seien, müssten sie verdammt werden.[755] Diese Haltung erklärt sich aus Ockhams Verstrickung in den theo-

---

gehenden Kapitel (c.18) fest, nicht ohne den Rat der Vielen gut regiert werden: *... quod cum sine consilio multorum nulla possit bene regi magna comitas.*

750 Petrus de Alvernia, *Questiones*, III, 17 (ed. Flüeler, S. 216): *Hec autem sunt in multitudine, quia per sapientes habetur prudencia, per multitudinem potencia. ... Et ideo oportet, quod corrigatur per aliquos civitatis. Sed per paucos sapientes non potest, quia bene possunt sibi dicere et ordinare, que tenetur facere, sed non possunt ipsum compellere. Sed hoc potest facere tota multitudo. Ideo tota multitudo corrigere debet. ... Sed notandum, quod primus principans principatur secundum leges et quando iudicat secundum eas, tunc multitudo non debet eum corrigere. Quando non hoc est, vel quia legem contempnit vel ignorat eam, ideo in hoc causa racionem principantis non habet, et subditi, si habet, videant, debent ipsum corrigere*; Blythe, Ideal Government, S. 84.

751 Schreiner, Correctio principis, S. 208.

752 Marsilius von Padua, *Defensor Pacis*, I, 18, § 4 (ed. Kusch, Bd. 1, S. 222–225): *Si vero gravis fuerit principantis excessus, ..., ex quo per correpcionis omissionem posset versimiliter scandalum aut populi concitacio generari, ..., corrigi debet propter ipsum principans.*

753 Marsilius von Padua, *Defensor Pacis*, I, 18, § 7.

754 Marsilius von Padua, *Defensor Pacis*, I, 18, § 5.

755 Wilhelm von Ockham, *Breviloquium*, I, 11.

retischen Armutsstreit seines Ordens mit dem Papst, der dadurch zum besonderen Feindbild des Franziskaners avancierte.

Einen interessanten Aspekt bringt Marsilius ins Spiel. Er muss die Durchsetzbarkeit von Urteilssprüchen gegen den Regenten im Auge gehabt haben und beweist wieder einmal seinen Sinn für die praktischen Möglichkeiten einer Theorie. Der Regent muss eine bewaffnete Macht zur Verfügung haben, damit er sein Amt wahrnehmen und die Beschlüsse des Gesetzgebers um- und vor allem durchsetzen kann. Aber mit Blick auf die Kontrollierbarkeit des Regenten müsse der Gesetzgeber die bewaffnete Macht des Regenten begrenzen wie seine übrigen staatlichen Rechte auch.[756]

Auf einer anderen, informellen Ebene liegt ein Kontrollverfahren, auf das Schreiner hinweist. Während ständische Repräsentation eine institutionell verankerte Möglichkeit der Einflussnahme und Korrektur beinhalte, bestünde auch für die breite Masse eine gewisse Einflussmöglichkeit. Nicht umsonst wiesen Fürstenspiegler ihre Adressaten regelmäßig daraufhin, sich um die Gunst der Allgemeinheit zu bemühen. Durch Gerüchte, Mundpropaganda, die sog. *fama* oder das *gemain geschrey* tat die unterständische Stadt- und Landbevölkerung ihre Meinung kund, deren Missachtung Aufstandsgefahr in sich barg, weshalb sie von den herrschenden Schichten nicht ignoriert werden konnte, sondern in irgendeiner Weise berücksichtigt werden musste.[757]

2 Widerstand und Absetzung

2.1 Widerstandsrecht im Allgemeinen

Widerstand gegen Herrscher war, so lehrt es die Geschichte, zu allen Zeiten möglich und keineswegs aussichtslos. Ob der wie auch immer geübte Widerstand mit der jeweils vorherrschenden Rechtsauffassung in Einklang stand, ist eine andere Frage. Faktisch besteht und bestand grundsätzlich das Mittel des Tyrannenmordes oder des Aufstandes, einer gewaltsamen Auseinandersetzung also. Gegenstand theoretischer Erörterungen war nun die Frage, wann ein solches Vorgehen gerechtfertigt war. Denn auch rechtlich verankerte Verfahren, wie die Aufsagung des Lehnsverhältnisses, bei dem der Vasall dem Lehnsherrn die Treue aufkündigte, waren in der Wirklichkeit meist nur das Vorspiel einer kriegerischen Auseinandersetzung zwischen dem Lehnsherrn und dem Vasallen. Ob aber ein Untertan gegen seinen Herrn Widerstand üben durfte, war erst recht fraglich.[758]

---

[756] Marsilius von Padua, *Defensor Pacis*, I, 14, § 8 (ed. Kusch, Bd. 1, S. 150–153): *Debet autem hec armata potencia principantis determinari per legislatorem, veluti civilia reliqua … .*

[757] Schreiner, Correctio principis, S, 214.

[758] Vgl. auch Ullmann, Individuum und Gesellschaft, S. 48.

a) Existenz eines Widerstandsrechtes

Die Frage, ob einem ungerechten Herrscher Widerstand geleistet werden darf, dieser womöglich sogar abgesetzt werden kann, wurde kontrovers und wurde von verschiedenen mittelalterlichen Autoren unterschiedlich beantwortet. Dabei ist eine gewisse Tendenz erkennbar. Wenn im Frühmittelalter bis weit ins Hochmittelalter hinein die Ansicht überwog, dass Herrschaft eine von Gott eingerichtete Strafe für den sündigen Menschen sei, gegen die sich der gehorsame Untertan nicht auflehnen dürfe, so mehrten sich während des späten Mittelalters die Stimmen, welche ein wie auch immer geartetes Einschreiten gegen einen Tyrannen rechtfertigten. Anders, weniger religiös, aber mit einem ähnlichen Ergebnis argumentierte auch der spätmittelalterliche Jurist Baldus de Ubaldis. Ein König könne vom Volk nicht mehr zur Rechenschaft gezogen oder kontrolliert werden, da es ihm ja seine Souveränität übertragen habe. Nur unter außergewöhnlichen Umständen könne das Volk das Gesetz wieder in die eigenen Hände nehmen.[759]

Das frühe Christentum, das aus der Verfolgung kam, entwickelte eine Theologie, welche der Herrschaft distanziert und teilweise feindlich gegenüberstand. Origines rechtfertigte ausdrücklich den Widerstand gegen einen Herrscher, der Christen verfolge und damit seine Stellung missbrauche. Der Christ muss in einem solchen Fall Gott gegenüber gehorsam sein, nicht dem Herrscher.[760] Ungerechtigkeiten waren heldenhaft zu erdulden. Hinkmar von Reims (ca.810–882), der aber bereits unter einer christlichen Obrigkeit lebte, begann zu differenzieren. Da die Obrigkeit von Gott verordnet sei, dürfe man nicht gegen sie rebellieren oder auf ihren Sturz hinarbeiten. Aber wenn auch den Untergebenen der Widerstand gegen die Obrigkeit als Institution verwehrt bleibe, so haben sie immerhin ein Widerstandsrecht gegen die Anordnungen unwürdiger Amtsträger, da man Gott mehr gehorchen müsse als den Menschen.[761] Ähnlich äußert sich auch Agobard von Lyon (769–840), der die Gehorsampflicht gegenüber der Obrigkeit zwar als gottgewollt anerkennt, diese aber auf den äußeren Menschen, das *corporale ministerium*, beschränken will.[762] Der Herrscher wird also nicht beseitigt, sondern ignoriert. In der Zeit der Spätantike und des frühen Mittelalters, als die Herrscher selbst Christen waren, kamen zudem neue Aspekte ins Blickfeld. Nicht nur vom christlichen Untertanen, auch vom christlichen Herrscher wurde nun

---

[759] Vgl. Canning, The Political Thought, S. 220 f.

[760] Vgl. Stürner, Peccatum und Potestas, S. 49 ff.

[761] PL 126, 98: … *videlicet qui Regis regum obedit mandatis, et ejus custodit judicia. Alioquin ut sanctus Petrus dicit : Obedire oportet Deo magis quam hominibus … Sed fideles quique potestati aut a Deo collatae aut a Deo permissae non resistunt, cum juxta Petri vocem : Sub manu Dei humiliantur et de bonis principibus gratias referunt … Sicque non resistunt ordinationi Dei, qui novit, non mala facere, sed ordinare. Resistunt autem iniquis iniquorum operibus et mandatis*; vgl. Anton, Fürstenspiegel, S. 297.

[762] Stürner, Peccatum und Potestas, S. 107.

ein christliches Verhalten erwartet. Gehorsam war der Herrschaft geschuldet, so Isidor von Sevilla im 7. Jahrhundert, aber der König müsse auch gerecht sein.[763] Immerhin enthielt die germanische Tradition der Herrschaft als ein Geflecht von Treuebindungen und persönlichen Verpflichtungen einen Ansatz für Widerstand, wenn der König die ihm obliegenden Verpflichtungen nicht erfüllte. Der Grundsatz des Widerstandes und derjenige der duldenden Unterwerfung traten sich als gleichwertig gegenüber.[764] Eine grundlegend andere Sicht brachte erst die Rezeption der Werke des Aristoteles. Herrschaft war an Ämter gebunden und fügte sich in eine umfassende Verfassungskonstruktion ein, die mehr und mehr als von Recht und Gesetz getragen angesehen wurde.

Gleichwohl scheint der als revolutionär geltende Radikalreformer Wycliff (14. Jahrhundert), auf den sich Aufständische und Rebellen beriefen, noch fest in den Traditionen des frühen Mittelalters verwurzelt zu sein, gleichsam hinter die Entwicklungen der letzten Generationen vor ihm wieder zurückgefallen. Unter Berufung auf den Römerbrief des Apostels Paulus stellt er fest, dass jede weltliche Gewalt, sei es zur Belohnung oder zur Strafe, von Gott verordnet und Widerstand gegen sie nicht erlaubt ist.[765] Paulus wurde also auch im späteren Mittelalter noch gerne zitiert, wie auch vom Thomas-Schüler Tolomeo de Lucca, der jeden Widerstand gegen Herrschaft als Widerstand gegen Gott darstellt.[766] Auch Aegidius Romanus kennt als einzige Pflicht des Volkes dessen Gehorsam gegenüber seinem König. Für ihn ist es nur passives Objekt der Herrschaft.[767]

Wycliffs Landsmann Ockham ließ den Gehorsam der Untertanen mit der Kompetenzüberschreitung des Herrschers enden. In Bezug auf den Papst schreibt er, dass man in den Dingen, die zum Aufgabenbereich des Papstes gehören, dem Papst gehorchen müsse, solange dieser seine Macht nicht missbrauche.[768] Wenn der Papst seine Kompetenzen aber überschreite, seien seine Anordnungen nichtig, sogar Strafen könnte er unterworfen werden.[769]

---

[763] Isidor von Sevilla, Etymologiae, IX, 3, 5: *Regiae virtutes praecipuae duae: iustitia et pietas. Plus autem in regibus laudatur pietas; nam iustitia per se severa est.* Vgl. Monahan, Consent, S. 33 f.

[764] Kern, Gottesgnadentum, S. 178.

[765] Töpfer, Urzustand und Sündenfall, S. 510.

[766] Tholomeo de Lucca, *Determinatio compendiosa* cap. 20 (ed. Krammer, S. 42): *Non est potestas nisi a Deo, statim subdit: que autem sunt, a Deo ordinata sunt. Itaque qui potestati resistit, Dei ordinatione resistit, quia ad hoc Deus de eis huic mundo providit, ut uniuscuiusque statim prosequantur in debitum finem.*

[767] Aegidius Romanus, *De regimine principum*, III, 2, cap. 34 (ed. Rom 1607, S. 547): *Quod expedit populo cum magna reverentia obedire Regibus, & cum summa diligentia leges regias observare*; vgl. Ubl, Engelbert von Admont, S. 68 f.

[768] Wilhelm von Ockham, *Breviloquium*, II, 21.

[769] Wilhelm von Ockham, *Breviloquium*, II, 4 (ed. Offler, S. 116): … *sed nec etiam papa de plenitudine potestatis posset quemcumque Christianum ipso invito sine culpa sua et absque*

b) Rechtfertigung des Widerstandes

Die Idee des Widerstandsrechts war tief in den germanisch-rechtlichen Vorstellungen von gegenseitigen Treueverpflichtungen zwischen Herrscher und Beherrschtem verwurzelt. Im 11. Jahrhundert tritt dies bei Manegold von Lautenbach noch deutlich zutage. Bei ihm war es nicht das souveräne Belieben des Volkes, sondern die Verletzung einer Rechtspflicht durch den Herrscher, welche den Grund zur Ausübung des Widerstandsrechts gab.[770] Bei einem Bruch des *pactum*, das Herrscher und Untertan verbindet, sei auch der Untertan nicht mehr zur Treue verpflichtet. Einer Herrschaft ist keine Ehrfurcht oder Treue geschuldet, wenn sie die Grenze zur Tyrannei überschreitet.[771]

Auch Thomas von Aquin sieht im Widerstand keine Treuepflichtverletzung, wenn der Herrscher selbst untreu geworden ist. Doch gewinnt bei ihm das öffentliche Aufbegehren gegen eine Tyrannei eine andere Qualität. Es ist keineswegs mit einem individuellen Widerstandsrecht gleichzusetzen. Für die Ausübung kommen öffentliche Gewalten, wie übergeordnete Herrschaftsträger, oder Zwischengewalten wie Stände oder Städte in Betracht.[772] Grundsätzlich sei Abhilfe gegen eine ungerechte Herrschaft zuerst bei übergeordneten Herrschaftsträgern zu suchen, sofern es solche gibt, dann durch Gebet bei Gott.[773] Thomas steht dem Widerstandsrecht insgesamt skeptisch gegenüber, ebenso wie Heinrich von Gent, der nachdrücklich eine Bindung des Inhabers der Staatsgewalt an das Gemeinwohl betont, aber im Fall des Missbrauchs den Untertanen nur im Notfall ein Widerstandsrecht zugestehen will.[774]

Thomas unterscheidet zudem, ebenso wie Bartolus, zwischen dem Erwerb und dem Gebrauch von Herrschaft. Usurpatoren, die ohne Legitimation an die Macht gelangt sind, und rechtmäßig ins Amt berufene Monarchen, die erst später zu Tyrannen wurden, seien durchaus nicht gleich zu behandeln.[775] Derartige Differenzierungen finden sich auch bei Engelbert von Admont.[776]

---

causa tantae gravitatis caerimoniis onerare quantae fuerint caerimoniae veteris legis, et, si hoc de facto attemptaret, factum suum de iure non teneret, sed ipso iure divino esset nullum.

770 Kern, Gottesgnadentum, S. 218.

771 Manegold von Lautenbach, *Ad Gebehardum*, cap. 30 (ed. Francke, S. 365): *Atque, cum ille, qui pro coercendis pravis, probis defendendis eligitur, pravitatem in se fovere, bonos conterere, tyrannidem, quam debuit propulsare, in subiectos ceperit ipse crudelissime exercere, … , populum ab eius dominio et subiectione liberum existere, cum pactum, pro quo constitutus est, constat illum prius irrupisse?*

772 Thomas von Aquin, *De regno*, I, 6.

773 Thomas von Aquin, *De regimine principum*, I, 6.

774 Töpfer, Urzustand und Sündenfall, S. 247.

775 Ottmann, Bd. 2,2, S. 209.

776 Engelbert von Admont, *De ortu*, cap. 11.

Auch Oresme knüpft Bedingungen an die Ausübung des Widerstandsrechts. Eine Zurechtweisung des Fürsten könne nur im Namen des Gemeinwohls erfolgen und müsse von einer ehrenhaften und vernünftigen Menge ausgeführt werden.[777]

c) Praktische Probleme und pragmatische Einschränkungen

Bejaht man ein Widerstandsrecht, so tauchen Probleme bei der praktischen Umsetzung auf. Im Frühmittelalter hatten die meisten Autoren jeden Widerstand gegen die Herrschaft abgelehnt, da dieser geradezu zwangsläufig mit Gewaltanwendung und Rebellion verbunden gewesen wäre, was als sündhaft abgelehnt wurde. Gleichwohl gab es bereits in der Spätantike schon vereinzelte Stimmen, die dessen ungeachtet sogar eine heilige Pflicht zur Revolution annahmen, wie Bischof Lucifer von Cagliari.[778] Die Tatsache, dass eine Revolution oder ein bewaffneter Aufstand vonnöten waren, wurde als Problem empfunden. Der Friede, von vielen als ein herausragendes, wenn nicht das einzige Ziel der Gemeinschaft angesehen, wird durch einen sich so artikulierenden Widerstand nachhaltig gestört. „Demokratische" Verfahren für eine Zurechtweisung und in letzter Konsequenz für eine Absetzung eines Herrschers waren weitgehend noch nicht entwickelt. Lediglich Marsilius bietet ansatzweise Vorstellungen eines Verfahrens, das vom Gesetzgeber oder eigens dazu berufenen Personen durchgeführt wird. Auch bei anderen Autoren geht die Tendenz dahin, den Kreis derer einzuschränken, die Widerstand auszuüben berechtigt sind, damit nicht jeder Einzelne aus Unzufriedenheit den Frieden der Gemeinschaft stört.

Im *Epitaphium Arsenii* Radberts aus der Karolingerzeit liest man, dass in dem Fall, dass der Herrscher sein Amt vernachlässigt, von den Männern der Kirche und der Welt Widerstand geleistet werden muss, und zwar von denen, die wegen ihrer Abstammung, Ausbildung und ihrer Ämter zur Sorge für die *res publica* berufen sind.[779] Radbert beschränkt also den Kreis, derer die in Aktion treten sollen, um den Herrscher wieder auf den rechten Weg zu bringen oder zu ersetzen. Dies ist auch der Weg, den Jahrhunderte später Gottfried von Fontaine entwickelt. Die Kontrolle der Herrschaft obliege den *prudhommes*, erst wenn dies unzureichend sein sollte, sollen auch die übrigen Untertanen den Gehorsam verweigern.[780] Dies ist keineswegs blo-

---

777 Oresme, *Livre de Politiques*, 3, 17 (ed. Menut, S. 142a): *Item, se la multitude est raisonnable et honorable ... Mes tele multitude paut avoir domination quant a III choses ... quant a la correction des princes ou cas que il abuseroient de leur dignité et que il dissiperoient et destruiroient le bien publique ...* ; vgl. Babbit, Oresme's *Livre de Politiques*, S. 82 f.

778 Kern, Gottesgnadentum, S. 191; Lucifer von Cagliari, Opuscula § 7 (ed. Hartel, S. 224), Z. 27–31.

779 Hannig, *Consensus fidelium*, S. 284.

780 Lagarde, Bd. 2, S. 196 f.

ße Theorie, denn die realen Machtverhältnisse wurden von den Großen des Reiches mit dem König ausgehandelt.

In der *Magna Charta* sind es die Barone, welche den König suspendieren können, doch ist es hier schon die organisierte Gesamtuntertanenschaft, die in der theoretischen Fiktion dieses Vertragswerks handelt. Eike von Repgow geht noch einen Schritt weiter und geriert sich als Vertreter eines individuellen Widerstandsrechts jedes Einzelnen gegen das Unrecht der Obrigkeit, so jedenfalls Kern.[781]

Hierin einen „demokratischen" Fortschritt sehen zu wollen, wäre sicherlich verfehlt. Die Reserviertheit vieler Autoren gegen ein umfassendes Widerstandsrecht jedes Einzelnen ist durchaus begründet. Ein einzelner Aufrührer handelt nicht notwendigerweise im Auftrag der Gesamtheit und ist meistens auch charakterlich nicht geeignet den Herrscher zu ersetzen, wenn dieser sich eigenmächtig zu Gewalttaten hinreißen lässt.[782] Hinzukommen pragmatische Erwägungen hinsichtlich der Folgen einer weiteren Duldung einerseits und eines gewaltsamen Umsturzes andererseits. In seiner *Summa Theologica* führt Thomas von Aquin aus, dass ein Entzug des Gehorsams gegenüber einem Herrscher nur dann gerechtfertigt sein könne, wenn damit nicht noch größerer öffentlicher Schaden angerichtet werde. In bestimmten Fällen müsse daher der Widerstand gegen Unrecht zugunsten höherer Erwägungen ausgesetzt werden.[783] Eine Revolte ist für den Dominikaner also allerletztes Mittel, wenn anderweitige Abhilfe nicht möglich ist und darüber hinaus die Rebellion größeren Schaden, als durch den Aufstand selbst entstünde, abzuwenden in der Lage ist.[784] An diesen Überlegungen des Theologen wird deutlich, dass die Bindung der Herrschaft wie auch deren Verantwortlichkeit und Kontrollierbarkeit kein Selbstzweck ist, der um jeden Preis durchgesetzt werden muss. Letztlich hat immer noch eine Güterabwegung zu erfolgen, nach der zu entscheiden ist, ob ein Regent zur Rechenschaft zu ziehen ist oder nicht. In die Waagschaale fällt dabei nicht nur das Ausmaß der Verfehlung des Herrschers, sondern auch die „Kollateralschäden" einer mutmaßlich gewaltsam verlaufenden Absetzung. Mittelalterliche Herrschaftsstrukturen basierten auf militärischer Durchsetzungskraft immer noch mehr als auf rechtlich verbindlichen und geordneten Verfahren, und auch die Theoretiker vermochten über diese Grenzen, die ihnen die Wirklichkeit setzte, noch nicht hinauszugehen.

---

[781] Zu Magna Charta und Eike von Repgow, vgl. Kern, Gottesgnadentum, S. 144 f.

[782] Thomas vpn Aquin, *De regno principum*, I, 6.

[783] Thomas von Aquin, *Summa Theologica*, II-II, 104, 6, ad3 (Deutsche Thomas-Ausgabe, Bd. 20, S. 64): *Et ideo si non habeant justum principatum sed usurpatum, vel si injusta praecipiant, non tenentur eis subditi obedire: nisi forte per accidens, propter vitandum scandalum vel periculum*; Ubl / Vinx, Die Monarchie, S. 61.

[784] Vgl. Antoniades, Entstehung und Verfassung, S. 34.

2.2 Absetzung eines Herrschers

Die Absetzung eines Herrschers wird aber zumindest im späteren Mittelalter in bestimmten Fällen für rechtens erklärt. Beispiele in der historischen Realität lassen sich ebenso finden. Schon die Reichsordnung von 817 sah Absetzungsverfahren gegen die Teilkönige vor. Damit war die Möglichkeit eines Strafprozesses gegen Könige anerkannt.[785] Ludwig der Fromme wurde Jahre später tatsächlich abgesetzt, woraus aber keineswegs auf ein anerkanntes Widerstandsrecht zu schließen ist, zumal dieses Beispiel in den Fürstenspiegeln der Zeit aufgegriffen wurde.[786] Vorstufen rechtsförmlicher Absetzungsverfahren lassen sich aber bei späteren Herrscherabsetzungen beobachten, wie bei Heinrich IV., Alfons von Portugal oder Pedro III., in gewisser Weise kann man auch das Jahr 1066 (England) als Beispiel anführen.[787]

a) Praktische Möglichkeit einer Absetzung – machtpolitische Aspekte

Die grundsätzliche Möglichkeit der Herrscherabsetzung war im hohen und späten Mittelalter, anders als einige Jahrhunderte zuvor, nahezu allgemein anerkannt – zumindest in der Theorie. Wird der König zum Tyrann, muss man ihn auch loswerden können. Diese eher theoretische oder theologisch-philosophische Überlegung, die umso mehr nachvollziehbaren Unmut mit einem weit verbreitetem Gerechtigkeitsempfinden verbindet, spricht auch Heinrich von Gent aus. Ein Tyrann müsse nicht passiv ertragen werden, das Volk müsse im Gegenteil alles tun, um ihn abzusetzen.[788] Die Berechtigung dazu folgt aus der einfachen Tatsache, dass ein Volk, wenn es einen Herrscher einsetzt, ebenso zur gegenteiligen Entscheidung befugt sein müsse. Thomas von Aquin rechtfertigt in dieser Weise die Absetzung von Tyrannen. Wenn es einem Volk rechtlich zustehe, sich einen König einzusetzen, dürfe es den eingesetzten König abberufen oder in seiner Macht einschränken, wenn er die königliche Gewalt in der Weise eines Tyrannen missbraucht.[789] Selbst wenn ein Volk sich einem Herrscher zeitlich unbegrenzt unterworfen habe, handele es in einer solchen Situation nicht treuwidrig, wenn es den Tyrannen absetzt.[790] Thomas setzt für eine Absetzung aber immer noch

[785] Vgl. Kern, Gottesgnadentum, S. 193f.

[786] Schmidt, Verfassungslehren, S. 83.

[787] Vgl. Kern, Gottesgnadentum, S. 354 ff. / S. 365 ff.

[788] Heinrich von Gent, *Quodlibet*, IX, qu.31: *Quod si non sit omnino spes correctionis in isto, debent subditi agere ad depositionem superioris, potius quam tolerare ipsum et non obedire* ... ; vgl. Lagarde, Bd. 2, S. 195.

[789] Thomas von Aquin, *De regimine principum*, I, 6 (ed. Mathis, S. 7–8): ... *si ad ius multitudinis alicuius pertineat sibi providere de rege, non iniuste ab eadem rex institutus potest destrui vel refrenari eius potestas, si potestate regia tyrannice abutatur.*

[790] Thomas von Aquin, *De regimine principum*, I, 6 (ed. Mathis, S. 8): *Nec putanda est talis multitudo infideliter agere tyrannum destituens, etiam si eidem in perpetuo se ante subiecerat; quia hoc ipse meruit, in multitudinis regimine se non fideliter gerens ut exigit regis officium, quod ei pactum a subditis non reservetur.*

ein Fehlverhalten des Herrschers und seine Entartung zum Tyrannen voraus. Ockham formuliert einen ähnlichen Gedanken wie Thomas und geht ebenso von einem Fehlverhalten des Regenten aus. Das Römische Reich sei durch den Willen der Untertanen geschaffen und könne nur durch deren Willen wieder zerstört werden. Wem man aber die Herrschaft übertragen habe, dem könne man sie nicht gegen seinen Willen wieder entziehen, wenn der Herrscher sich nichts hat zuschulden kommen lassen.[791] Wenn die kaiserliche Macht auch von Gott übertragen wurde, so geschah dies mittelbar durch das Volk. Folglich stehe die Zurechtweisung, Gefangennahme und die Absetzung eines Regenten auch in erster Linie der Gemeinschaft zu, die zwar üblicherweise unter dem Herrscher stehe, aber bei Bedarf (*in casu necessitatis*) auch Gerichtsbarkeit über ihn ausüben könne.[792] Womöglich von Ockham beeinflusst, sprach auch Dietrich von Nieheim (1340–1418) den Untertanen das Recht zu, einen Herrscher, der zum Tyrannen geworden ist, abzusetzen.[793] Der Legist Baldus de Ubaldis geht diesen Schritt , anders etwa als Cynus oder Raynerius de Forli, ebenfalls Juristen, nicht mit. Ein Untergebener könne seinen Vorgesetzten nicht zurechtweisen, allenfalls der Papst könne gegen einen schlecht regierenden Kaiser einschreiten.[794] Baldus bleibt seinem hierarchischen Weltbild treu. Da das Volk den Kaiser nicht einsetzen könne, so könne es ihn auch nicht absetzen.[795] Baldus hat wie Thomas von Aquin die Absetzungskompetenz an die Einsetzungskompetenz gekoppelt, doch hat er, anders als der Dominikaner, letztere nicht dem Volk zugesprochen, bzw. er hat auf den tatsächlichen Einsetzungsakt statt auf eine Fiktion abgestellt.

Diese Argumentationen wurden in einer Zeit vertreten, als das römische Recht eine Wiederbelebung erfuhr und die *lex regia* Gegenstand der Interpretation wurde. Die Herrschergewalt stammt vom Volk und das Volk kann diese Gewalt wieder zurückfordern, wenn es will.[796] Eine Auffassung, die auch schon vorher im 11. Jahrhundert bei Manegold von Lautenbach anzutreffen

[791] Wilhelm von Ockham, *Breviloquium*, IV, 12–13. Hinsichtlich des fehlenden Einverständnisses stellt Johannes Quidort klar, dass es – zumindest im Falle des Papstes – nicht auf den entgegenstehenden Willen des Abzusetzenden ankommen kann, denn wenn der Papst gegen den Willen der Kirche abdanken, also das Band der geistlichen Ehe auflösen könne, dann muss es auch der Kirche erlaubt sein, den Papst gegen seinen Willen abzusetzen (*De regia potestate*, cap. XXV, ed. Bleienstein, S. 206): *..., quia cum papa praesit propter ecclesiam, si potest renuntiare nolente ecclesia, ..., quare non potest noluntarius deponi per ecclesiam, si causa subsit necessaria.*

[792] Wilhelm von Ockham, *Octo Quaestiones*, Opera politica I, (ed. Offler, S. 83), II, 8: *Rex enim superior est regulariter toto regno suo, et tamen in casu est inferior regno, quia regnum in casu necessitatis potest regem suum deponere et in custodia detinere*; vgl. Bayley, S. 207.

[793] Stürner, Peccatum und Potestas, S. 246.

[794] Canning, Baldus, S. 73.

[795] Canning, Baldus, S. 61.

[796] Sigmund, Nicholas of Cusa, S. 70.

war.[797] Auch Ockham nimmt an, das Volk könne die Gewalt zurückfordern. Das Recht der Herrscherabsetzung stehe dem Volk nach dem Naturrecht zu, demzufolge es die Macht zurückrufen könne.[798] Der Franziskaner verweist für dieses Prinzip, dass eine Gemeinschaft ihren Vorgesetzten zur Rechenschaft ziehen könne, auf ein Beispiel aus der Wirklichkeit seiner Zeit. In vielen Ordensgemeinschaften stünden die Prälaten über den Brüdern ihres Ordens, doch seien sie den Generalkapiteln unterworfen.[799] Für den kirchlichen Bereich, konkret für den Papst, sieht auch Johannes Quidort die Absetzbarkeit als gegeben an. Der Papst sei um des Gemeinwohls der Kirche willen gewählt und wenn er sich als unbrauchbar erweisen sollte, so müsste das Kardinalskollegium anstelle des gesamten Klerus und Volkes den Papst zum Rücktritt auffordern.[800]

Ausdrücklich und ohne Einschränkungen spricht Marsilius von Padua das Recht zur Absetzung dem Gesetzgeber, also der Gesamtheit der Bürger zu. Einzige Voraussetzung ist für ihn, dass diese Maßnahme für das Allgemeinwohl geboten sei.[801] Eine ähnlich geartete „demokratische" Gesinnung unterstellt Koch auch dem Verfasser eines Traktats *De legibus*, der fälschlich Durandus zugeschrieben wurde. Dieser Anonymus befürwortete die Wahl der Fürsten und die Absetzbarkeit des Kaisers, eine Haltung, für die Koch gar das Wort „Kommunismus" gebraucht, der aber „von dem heutigen durchaus verschieden" sei.[802]

Oresme bietet in seinem Aristoteles-Kommentar eine Erörterung theologischer und philosophischer Argumente für und gegen einen den Tyrannen beseitigenden Aufstand. Ein solcher Aufstand gegen einen Fürsten, der sein Volk unrechtmäßig unterdrückt, sei, so zitiert Oresme den Apostel Paulus

---

797 Vgl. Ottmann, Bd. 2,2, S. 209.

798 Wilhelm von Ockham, *Octo Quaestiones*, Opera politica I, (ed. Offler, S. 83), II, 8: *Hoc enim habet ex iure naturali, sicut es iure naturali habet quod licet sibi vim vi repellere.*

799 Wilhelm von Ockham, *Octo Quaestiones*, Opera politica I, (ed. Offler, S. 83–4), II, 8: *Sic etiam in multis religionibus praelati supremi sunt superiores cunctis fratribus ordinis sui; tamen in quibusdam casibus generalia eorum capitula sunt superiora praelatis supremis, ita quod ipsos possunt absolvere.*

800 Johannes Quidort, De regia potestate, cap. 24 (ed. Bleienstein, S. 200): *Ad hoc rationes adduci possunt ex parte quidem causae finalis, quia non eligitur aliquis in papam nisi propter bonum commune ecclesiae et gregis dominici. Ad hoc enim praeest et prosit. Si ergo postquam fuerit in papatum invenerit se seu inveniatur totaliter ineptus et inutilis vel superveniat impedimentum, ut insania vel aliquid consimile, debet petere cessionem a populo vel a collegio cardinalium quod in tali casu est loco totius populi et licentia obtenta vel non obtenta cedere tenetur.*

801 Marsilius von Padua, *Defensor Pacis*, I, 15, § 2 (ed. Kusch, Bd. 1, S. 156–157): ... *potestatem factivam institucionis principatus seu eleccionis ipsius ad legislatorem seu civium universitatem ... pertinere ..., quamlibet eciam deposicionem, si expediens fuerit propter commune conferens, eidem similiter convenire.*

802 Koch, Durandus, S. 178.

(Röm 13, 1–2), eine Sache Gottes, nicht die des Volkes. Doch unter Berufung auf Aristoteles wendet sich Oresme gegen diese Ansicht. Auch das Allgmeinwohl sei eine göttliche Sache. Jeder müsse sich gegen das Schlechte wenden, schließlich handele ein Tyrann gegen die Natur, wenn er Untertanen versklave, die von Natur aus frei seien.[803]

Am Ende des Mittelalters war die Absetzung ein allgemein anerkanntes Instrument, den Herrschenden zu drohen. Der König war nicht mehr in sakrale Höhen entrückt, sondern galt auch für den gemeinen Mann als absetzbar, wenn er seine Herrscherpflichten nicht erfüllte. Sowohl die Belange des gemeinen Mannes wie auch die Interessen der gelehrten Räte konnten nunmehr mit der Drohung von Absetzung oder Aufstand der niederen Stände geltend gemacht werden.[804] Damit war die reine Machtpolitik durch die Theorie legitimiert oder umgekehrt die Hemmschwelle in der Realpolitik durch die theoretische Untermauerung gesenkt. Während in einer ausschließlich auf Gefolgschaftsbindungen aufbauenden Gesellschaft des Frühmittelalters Königsabsetzungen von konkurrierenden Erben und Adligen militärisch durchgesetzt wurden, bedurfte es in einer mehr und mehr verrechtlichten Welt des späten Mittelalters, in der sich Verfassungsnormen aus komplexeren Gesellschaftstrukturen heraus entwickelt hatten, einer fundierten philosophischen oder juristischen Rechtfertigung, um die bestehenden Herrschaftsverhältnisse in Frage zu stellen. Gleichwohl war keine Rebellion um ihre Rechtfertigungsversuche verlegen.

b) Gründe der Absetzung

Die von Nikolaus von Kues angenommene Tatsache, das römische Volk könne dem Kaiser seine Gewalt nehmen, weil dieser sie von jenem erhalten habe,[805] ist bereits einer der Gründe, warum eine Absetzung in Betracht gezogen werden kann. Gleiches gilt im Übrigen für den Papst, der von den Kardinälen gewählt sei. Diese wiederum üben dieses Wahlrecht für das Volk aus, welches in letzter Instanz über dieses Wahlrecht verfügt. Durch die Wahl sei aber keine dauerhafte Bindung erfolgt, so dass ein Papst, aber auch der Kaiser oder jeder andere weltliche Fürst abgesetzt werden könne. Was den Cusaner von anderen Denkern der vorangegangenen Jahrhunderte unterscheidet, ist die Begründung, warum eine Absetzung erfolgen kann. Nicht

---

[803] Nicolas de Oresme, *Livre de Politiques* 5,1 (ed. Menut, S. 204): … *le bien commun est aussi comme une chose commune divine. Et donques chescun doit tendre a soy emender et se purger de mal; et ce peut estre par sedition contre les malvés princes ou contre leur malvés conseillers. Item, les tirans tiennent contre nature par leur force et par violence en servitute leur subjects, qui sunt naturalement francs.*

[804] Schreiner, Correctio principis, S. 247.

[805] Nikolaus von Kues, *De concordantia catholica*, III, 4, § 339: *Et hoc est commune omnium peritorum dictum potestatem condendi leges populum Romanum ab imperatore tollere posse, quoniam ab ipsis potestatem habet.*

nur wegen schlechter Regierung, auch aus rein politischer Motivation ohne Fehlverhalten des Regenten könne eine Absetzung vorgenommen werden.[806] Schon Johannes Quidort ließ ähnlich unbestimmte Gründe ausreichen. Für den Bereich der geistlichen Fürsten benutzte er das Bild der Ehe. Ebenso sei zwischen Wähler und Gewähltem eine Vereinbarung getroffen, die bei Unstimmigkeiten wieder gelöst werden könne.[807] Für den Papst erweitert er den Katalog der damals anerkannten Absetzungsgründe (Häresie) um jedes ernste Ärgernis wegen physischer, psychischer und moralischer Mängel.[808]

Thomas von Aquin nennt hingegen konkrete Gründe, die vorliegen müssen, um eine Absetzung zu rechtfertigen. Der Gehorsam der Untertanen gegenüber dem Herrscher endet, wenn dieser Befehle erteilt, die sich entweder gegen das Gemeinwohl richten oder wenn es sich um einen Usurpator handelt, der durch Gewalt und ohne die Zustimmung seiner Untertanen an die Macht gekommen ist. Außerdem darf keine übergeordnete Instanz zuständig sein, bei der man um Abhilfe nachsuchen könnte.[809] Für den Dominikaner ist

806 So interpretiert ihn jedenfalls Blythe, Ideal Government, S. 256. Ausdrücklich schreibt Nikolaus dies jedoch nicht, verweist in *De Concordantia Catholica*, II, 4, § 339 nur auf das Beispiel der Römer, die ihre Könige durch Konsuln mit einjähriger Amtszeit ersetzt hatten. Für eine erleichterte Absetzbarkeit von Prälaten, allerdings aufgrund schlechter Regierung, scheint Nikolaus in II, 18, § 161 zu plädieren: *Dum enim praelatus eligitur, eligitur, ut praeessendo prosit, ... Unde, quando inutilis est, tunc condicio tacita, secundum quam consensus intervenit, et cessante causa, propter quam electio facta est, praestant illam auctoritatem sic ipsi concilio a fortiori, quamquam seipsum in illo capitulo primo papa habere dicit. Et non habet aliquis ratione utens in hoc dubium, quin maior sit potestas ipsius concilii ecclesiam repraesentantis in papalitatem, ut secundum utilitatem ecclesiae materiale eius subiectum disponatur, quam in iudicio unius hominis in ipsam papalitatem sibi nomine ecclesiae et propter ipsam adiunctam.*

807 Sigmund, Nicholas of Cusa, S. 83.

808 Johannes Quidort, *De regia potestate*, XXV; vgl. Hofmann, Repräsentation, S. 253 f. Johannes spricht von *manifestus defectus* (ed. Bleienstein, S. 204, Z.9) oder auch davon, dass *manifeste apparet scandalum et incorrigibilitas praesidentis* (S. 207, Z.9–10). Wenn der Papst als unbrauchbar befunden wird oder sonst ein Hindernis hinzukomme, so muss man ihn auch gegen seine Willen wieder absetzen können (cap. XXIV, ed. Bleienstein, S. 200): *Si ergo postquam fuerit in papatum invenerit se seu inveniatur totaliter ineptus et inutilis vel superveniat impedimentum, ut insania vel aliquid consimile, debet petere cessionem ....*

809 Thomas von Aquin, *Scriptum super sententiis*, 44, qu.2,2: *...... qui enim per violentiam dominium surripit non efficitur vere praelatus vel dominus; et ideo facultas adest, potest aliquis tale dominum repellere: nisi forte postmodum dominus verus effectus sit vel per consensum subditorum, vel per auctoritatem superioris. Abusus autem praelationis potest esse dupliciter: vel ex eo quod est praeceptum a praelato, contrarium virtuti ad quam inducendam et conservandam praelatio ordinatur; et tunc aliquis praelato non solum non tenetur obedire, sed etiam tenetur non obedire ... ad quintum* [zitiert Cicero] *in casu illo quando aliquis dominium sibi per violentiam surripit, nolentibus subditis, vel etiam ad consensum coactis, et quando non est recursus ad superiorem, per quem judicium de invasore possit fieri: tunc enim qui ad liberationem patriae tyrannum occidit, laudatur, et praemium accipit*; vgl. Ubl / Vinx, Die Monarchie, S. 61. In seinem Fürstenspiegel *De regimine principum* I, 6 (ed. Mathis, S. 8) verweist Thomas auf die Abhilfe durch einen Vorgesetzten oder durch

also entscheidend, dass der Herrscher dem Zweck der Gemeinschaft zuwider handelt. Ungerechtigkeit war ein Jahrhundert vorher der Grund für Johannes von Salisbury, weswegen Gott den Königen und sogar ganzen Dynastien ihre Reiche nimmt.[810] In der Konsequenz ähnlich argumentiert auch Engelbert von Admont. Doch spielt für ihn die wechselseitig eingegangene vertragliche Verpflichtung von Herrscher und Volk eine Rolle, denn die Grenzen der Herrschaft sind durch einen Vertrag festgelegt, der die Untertanen zum Gehorsam verpflichtet, den Herrscher im Gegenzug aber zu Gerechtigkeit und zum Erhalt des Gemeinwesens. Wenn er sich daran nicht hält und zum Tyrannen wird, so kann er abgesetzt werden, selbst wenn er dereinst rechtmäßig zur Herrschaft gelangt sein mag.[811] Hier erfährt die Gemeinwohlbindung der Herrschaft und die ideellen Verpflichtungen, welche den Regenten treffen und schon aus frühmittelalterlichen Schriften bekannt sind, eine rechtlich verbindliche Verankerung in der Beziehung zwischen Herrscher und Untertan. Die vertragliche Beziehung, die hier eher als Herrschaftsvertrag denn als Gesellschaftsvertrag verstanden werden muss, ist ein Instrument, welches mittelalterliche Autoren aus der feudalen Wirklichkeit des Lehnswesens ableiten konnten, ebenso wie sie dafür Vorbilder in der antiken Literatur fanden.

Immer dann, wenn der Fürst dem Zweck der Gemeinschaft nicht mehr zuträglich ist oder deren Ziel nicht in geeigneter Weise verfolgt, so wird er für das Volk, das er führen soll, zur Belastung. Dies gilt umso mehr, als das transzendente Ziel in Gefahr gerät. Der Regent soll sein Volk zu einem Leben führen, welches jeden Einzelnen seinem Seelenheil näher bringt. Ist der Herrscher jedoch selbst ein Ketzer, so gefährdet er dadurch auch das ewige Heil seiner Untertanen. Ein Ketzer-Fürst muss daher abgesetzt werden.[812]

c) Verfahren der Absetzung

Die Frage nach dem Verfahren einer Königsabsetzung ist eine moderne Frage, weniger eine, die einen mittelalterlichen Menschen interessierte. Man kann sich diese Tatsache verdeutlichen, wenn man Engelbert von Admont folgt. Einen Herrscher könne man absetzen, wenn er seine Macht nicht mehr auf

Gott, äußert sich aber gegenüber der gewaltsamen Absetzung durch die Untertanen eher reserviert. Letztlich ist die Tyrannei eine Strafe Gottes für die Sünden des Volkes, daher schließt Thomas mit dem Satz: *Tollenda est igitur culpa, ut cesset a tyrannorum plaga.*

810 Johannes von Salisbury, *Policraticus*, IV, 12.

811 Engelbert von Admont, *De ortu*, c.11 (ed. Baum, S. 48/49): *Ergo quamvis iuste aliquis sit adeptus regnum vel principatum, si tamen utitur malo regimine et iniqua administratione regni, non erit neque dicetur rex iustus. Quod patet ex eo. Quod quamvis aliquis iuste adeptus sit regnum, si non bene regit, aut intolerabilis est in regendo, malitia ipsius iuste deicitur et de regno deponitur*; vgl. Ubl, Engelbert von Admont, S. 166.

812 Vgl. Kern, Gottesgnadentum, S. 183f.

der Grundlage der Gerechtigkeit übt, er also nicht mehr Fürst, sondern Tyrann ist. In diesem Fall erlischt der Herrschaftsauftrag des Volkes.[813] Allerdings bedarf es einer solchen Begründung, dem Herrscher seine Macht zu entziehen, denn die Herrschaftsgewalt ist kein Auftrag, der jederzeit widerruflich wäre. Andererseits ist der Herrscher bei Vorliegen der Voraussetzungen, wenn er also zum Tyrannen geworden ist, ipso facto abgesetzt. Einer Absetzung durch das Volk kommt daher keine konstitutive, nur noch eine deklaratorische Bedeutung zu.[814] Für mittelalterliche Politiktheoretiker war die Herrschaft nur insofern an den Volkswillen gebunden, als sie im Sinne des Allgemeinwohls zum Nutzen des Volkes auszuüben war. Diese Vorgabe wiederum stand nicht zur Disposition und schloss eine materielle Ziel- bzw. Zweckbestimmung der Herrschaft mit ein, deren Wegfall auch das Ende der rechtmäßigen Herrschaft bedeutete. Wie der Wegfall formal festzustellen war, beschäftigte mittelalterliche Autoren erst in zweiter Linie.

Die Verfahren, welche bei einer Herrscherabsetzung vorgesehen waren, bleiben daher bei vielen Denkern im Dunkeln oder muten noch etwas archaisch an. Das beste Beispiel für diese letzte Kategorie ist Johannes von Salisbury. In seinem *Policraticus* plädiert er für die radikalste Lösung für den Fall, dass ein Herrscher zum Tyrannen wird. Der Tyrann sei ein öffentlicher Feind, den zu töten nicht nur erlaubt, sondern auch recht und billig sei.[815] Eine gewaltlose Absetzung erwägt Johannes nur für den Fall einer kurzfristigen Abweichung vom rechten Pfad, für die Beendigung einer ungerechten Herrschaft hält er die physische Beseitigung für rechtens und ruhmreich.[816] Ähnlich sieht es auch Girald von Wales, der die Tyrannenmörder

[813] Engelbert von Admont, *De ortu*, c. 2 und c.11.

[814] Vgl. Schmidinger, Romana regia potestas, S. 9 f.

[815] Johannes von Salisbury, *Policraticus*, III, 15 (ed. Webb, I, S. 232): *Quod ei dumtaxat licet adulari, quem licet occidere; et quod tirannus publicus hostis est.*

[816] Vgl. Ottmann, Bd. 2,2, S. 117. Johannes von Salisbury bringt in Kap. VIII, 20 seines *Policraticus* Beispiele aus der römischen Geschichte und vor allem aus dem Alten Testament, mit denen er beweisen will, dass der Tyrannenmord legitim ist, es sei den, man ist dem Trannen gegenüber eine Treueverprflichtung eingegangen (*Quod auctoritate divinae paginae licitum et gloriosum est publicos tirannos occidere, si tamen fidelitate non sit tiranno obnoxius interfector aut alias iustitiam aut honestatem non amittat*). Bei einer kurzzeitgen Abweichung mahnt Johannes von Salisbury allerdings Geduld an, Johannes von Salisbury, *Policraticus*, V, 6 (ed. Webb, I, S. 300): *Si uero a uia paulisper defluxerint, non statim usquequaque deiciuntur, sed patienter corripitur iniustitia, donec fiat conspicuum eos pertinaces esse in malo.* Er verweist dabei auf das Beispiel Roabeams, des Sohnes Salomons: *Neque enim Roboam statim excussus est a solio patris, ex quo, seniorum contempto consilio, recessit a uia Salomonis, onus importabile uolens imponere in humeris filiorum Israel*, wenngleich er zugeben muss, dass sich zehn der zwölf Stämme gänzlich von ihm abgewandt haben: *Verumtamen cussum est regnum eius, recedentibus decem tribus post Hieroboam seruum Salomonis, fueruntque regna diuisa, dum regnum habuit Iuda et Israel.* Johannes von Salisbury bezieht sich dabei nicht auf den einzelnen Herrscher, sondern auf Dynastien, von denen man sich nicht allzuschnell abwenden darf.

nicht bestraft, sondern belohnt sehen will.[817] Thomas von Aquin hat ernsthafte Bedenken gegen den Tyrannenmord. Bedenklich sei vor allem, dass es dem Gutdünken eines jeden freistünde, die Regenten wegzuschaffen, weil eine solche Tat meist nur die Schlechten unternähmen, denen das Regiment eines gerechten Königs ebenso lästig erscheint, wie das eines Tyrannen.[818] Auch Oresme weist darauf hin, dass die meisten Aufstände nicht um des Allgemeinwohls willen angezettelt werden, sondern aus Rache und Eigennutz und daher zu einem schlechten Ende führten.[819] Sowohl bei Thomas als auch bei dem ein Jahrhundert später schreibenden Oresme sind die Gründe gegen die gewaltsame Beseitigung des Tyrannen weitgehend praktischer Natur. Wenn ein gewaltsames Vorgehen größere Gefahren in sich berge als die Tyrannei, so scheint es besser, diese eine Zeit lang zu ertragen.[820] Zunächst werde ein Aufstand regelmäßig von Raub und Totschlag begleitet,[821] was wie andere negative Begleit- oder Folgeerscheinungen gegen die Unbill der Tyrannei abgewogen werden müsse. Beide Autoren unterscheiden zunächst nach den Erfolgsaussichten eines Aufstandes, um die resultierenden Gefahren abzuschätzen. Schlägt die Rebellion fehl, könnte der Tyrann gereizt werden und infolgedessen das Volk noch mehr unterdrücken als zuvor.[822] Thomas befürchtet zudem im Falle des Erfolgs, dass der neue Machthaber

---

[817] Giraldus Cambrensis, *De principis instructione*, I, 16 (ed. G. Warner, S. 56): *Percussori vero tyranny non quidem poena, sed palma promittitur. Juxta illud, "Qui tyrannum occiderit, praemium accipiet."*

[818] Thomas von Aquin, *De regimine principum* I, 6 (ed. Mathis, S. 7): *Esset autem hoc multitudini pericolosum et eius rectoribus, si privata praesumptione aliqui attentarent praesidentium necem, etiam tyrannorum. Plerumque enim huiusmodi periculis magis exponunt se mali quam boni. Malis autem solet esse grave dominium non minus regem quam tyrannorum …* ; vgl. Antoniades, Entstehung und Verfassung, S. 36.

[819] Nicolas de Oresme, *Livre de Politiques* 5,1 (ed. Menut, S. 204a): *Et di premierement que se celui qui muet sedition tent a malvese fin, si comme au propre profit ou bonne de soy ou d'autres ou a venjance et non pas principalment au bien publique, ce est certain que tele sedition est tres malvese. Et presque toutes sunt teles.*

[820] Thomas von Aquin, *De regimine principum* I, 6 (ed. Mathis, S. 7): *Et quidem si non fuerit excessus tyrannidis, utilius est remissam tyrannidem tolerare ad tempus, quam contra tyrannum agendo multis implicari periculis, quae sunt graviora ipsa tyrannide.* Petrus von Auvergne und Nikolaus von Oresme folgten dieser Ansicht, an der erkennbar wird, dass die Diskussion um Aufstand und Herrscherabsetzung kein Konflikt zwischen heidnisch-antiken und christlichen Lehren war, vgl. Babbit, Oresme's *Livre de Politiques*, S. 83.

[821] Nicolas de Oresme, *Livre de Politiques* 5,1 (ed. Menut, S. 204a): … *encor fait il mal de mouvoir sedition se certain est ou vraisembable que en la sedition sera fait aucun grant mal, si comme seroit larrecin ou homicide.*

[822] Thomas von Aquin, *De regimine principum* I, 6 (ed. Mathis, S. 7): *Potest enim contingere, ut qui contra tyrannum agunt praevalere non possint, et sic provocatus tyrannus magis desaeviat*; Nicolas de Oresme, *Livre de Politiques* 5,1 (ed. Menut, S. 204a): *Item, se il tent a bonne fin, si comme a reformer la policie et il ne est seur de obtenir, il ne doit pas mouvoir sedition, car il met le peuple en peril de estre plus opprimé que devant et plus suppedité, et de estre mis en plus grande servitute.*

sich zu einem noch schlimmeren Tyrannen entwickeln könnte, oder dass sich die Aufständischen über die Zukunft zerstreiten und der Sturz des Tyrannen einen Bürgerkrieg nach sich ziehen könnte.[823]

Die wesentlich unblutigere Variante des Machtwechsels ist die Absetzung und Neuwahl des Herrschers, wie es von Marsilius und Ockham bevorzugt wird. Die Wahl sei laut Marsilius das probate Mittel, einen König zu finden, wenn kein Thronerbe vorhanden sei, aber auch dann, wenn ein Königsgeschlecht boshaft sei.[824] Ockham weist die Kompetenz von Wahl und Absetzung im Falle des Kaisers den Kurfürsten als Nachfolgern des römischen Senats zu, denen er ausdrücklich auch im Falle der Häresie das letzte Urteil vorbehalten will.[825]

Die Frage der Zuständigkeit hat sich Thomas von Aquin ebenfalls gestellt, obwohl bei ihm das Verfahren noch Raum lässt für den Tyrannenmord, den er zwar eigentlich ablehnt, im Notfall aber zu akzeptieren scheint.[826] Doch dürfe man gegen einen Tyrannen nur nach allgemeinem Beschluss vorgehen.[827] Am besten wende man sich an eine übergeordnete Instanz wie den Kaiser, der über den Königen stehe.[828] Thomas sieht eine ähnliche Lösung vor wie die Magna Charta, jedoch mit einem demokratischen statt einem aristokratischen Einschlag (Dempf). Es dürfen nämlich nicht Private, sondern nur die *auctoritas publica* einschreiten, da ja das Wahlrecht des Volkes auch ein

---

[823] Thomas von Aquin, *De regimine principum* I, 6 (ed. Mathis, S. 7): *Quod si praevalere quis possit adversus tyrannum, ex hoc ipso proveniunt multoties gravissimae dissensiones in populo: sive dum in tyrannum insurgitur, sive post deiectionem tyranni erga ordinatonem regiminis multitudo separatur in partes.*

[824] Marsilius von Padua, *Defensor Pacis*, I, 9, § 7 (ed. Kusch, Bd. 1, S. 88–89): *Nam omnes alios in hunc quandoque oportet reducere per necessitatem, non econverso, ut si generis successio defecerit, aut alia de causa fiat genus illud importabile multitudini ab excessu malicie sui regiminis, oportet tunc multitudinem se convertere ad eleccionem.*

[825] Wilhelm von Ockham, *Breviloquium*, VI, 2 (ed. Offler, S. 251): *In primo casu ventilatio et examinatio totius causae et sententia ac sententiae executio spectat ad Romanos, vocando Romanos qui de Romano habent imperio disponere et ordinare: cuiusmodi sunt principes electores imperatoris – si in eos huiusmodi est derivata potestas –, qui loco senatus successisse videntur.*

[826] In seinem Sentenzenkommentar (Super Sent. II,44, qu.2,2 ad 5) zitiert er Cicero für den Fall, dass kein Vorgesetzter etwas gegen eine Gewaltherrschaft unternehmen kann: *tunc enim qui ad liberationem patriae tyrannum occidit, laudatur, et praemium accipit.*

[827] Thomas von Aquin, *De regimine principum* I, 6 (ed. Mathis, S. 7): *Videtur autem magis contra tyrannorum saevitiam non privata praesumptione aliquorum, sed auctoritate publica procedendum.*

[828] Vgl. Ottmann, Bd. 2,2, S. 209. Thomas erwähnt den Kaiser nicht ausdrücklich (*De regimine principum* I, 6, ed. Mathis, S. 8): *Si vero ad ius alicuius superioris pertineat multitudini providere de rege, expectandum est ab eo remedium contra tyranni nequitiam.* Im Folgenden bringt er jedoch das Beispiel des Archelaus (Sohn des Herodes), den Kaiser Augustus auf Wunsch des jüdischen Volkes in seiner Macht beschränkte, bis Tiberius ihn schließlich ganz absetzte.

Absetzungsrecht mit einschließe.[829] Widerstand leisten darf dem Aquinaten zufolge also nur jemand, der öffentliche Autorität ausübt. Dies sei entweder dann der Fall, wenn der Herrscher gewählt ist und damit das Volk als letzte Instanz einschreiten dürfe, oder wenn an einen übergeordneten Herrscher appelliert werde, der für die Einsetzung des Monarchen zuständig sei (Kaiser, Papst).[830] Für Aegidius Romanus, der dem Volk ohnehin keine aktive Rolle zumisst, ist es in jedem Fall die geistliche Gewalt, welche bei Verfehlungen der weltlichen am Gemeinwohl ausgerichtet eingreifen darf.[831]

Oresme argumentiert anders als Thomas. Dies ist schon daraus erklärlich, dass er für den französischen König Karl V. (Kg. 1364–80) schreibt, welcher weder Papst noch Kaiser als ihm übergeordnete Autorität in weltlichen Dingen zu akzeptieren bereit ist. Die Menge oder ihre Vertreter könnten den König durchaus absetzen bzw. zurechtweisen. Das ist Oresme zufolge nicht einmal ein Aufstand, denn die Menge habe ja die souveräne Macht (*puissance souveraine*).[832] Lediglich wenn es keine Guten und Gerechten im Volk geben sollte, dürfte es nicht rebellieren, weil dies gegen die göttliche Ordnung wäre.[833] Gechickt begegnet er jedoch der damals immer noch häufigen Argumentation, die Tyrannei sei eine Strafe Gottes für das Volk, weswegen eine Auflehnung nicht gestattet sei. Eine gute Gemeinschaft sei, so Oresme, nicht von Rechts wegen einem schlechten Fürsten untertan. Ebenso wie das Volk mit einem schelchten Herrscher gestraft werden könne, so könne der Aufstand die Strafe für den Fürsten sein.[834]

Nach Ockham, der einer weltlichen Gewalt der Kirche ansonsten ablehnend gegenübersteht, kann auch der Papst für die Absetzung weltlicher Potentaten zuständig sein bzw. werden. Das Volk könne nämlich seine Gewalt auf den Papst übertragen, der damit zwar keine weltliche Jurisdiktionsgewalt aus eigenem Recht über Kaiser oder Könige besitze, wohl aber eine übertragene. Aufgrund dieser Vollmacht des Volkes könne der Papst dann einen weltlichen Herrscher absetzen. Dies könne in gleicher Weise auch ein Bischof.[835]

---

829 Dempf, S. 392.

830 Ubl / Vinx, Die Monarchie, S. 62.

831 Krüger, Der Traktat, S. 293.

832 Nicolas de Oresme, *Livre de Politiques* 5,1 (ed. Menut, S. 204b): *Car selon Aristote … toute la multitude ensemble a posté ordinaire de corrigier les princes. Et quant tous ensemble ou les deputés a ce funt teles corrections d'une volenté, ce ne est pas sedition et si ne resistent pas a la posté, car il ont puissance souveraine.*

833 Oresme zitiert als Beleg Hiob 34, 30.

834 Nicolas de Oresme, *Livre de Politiques* 5,1 (ed. Menut, S. 204b–205a): … *bonne communité ne est pas par droit subjecte a malvés prince; mes aussi comme le peuple est puni par le prince qui en ce fait mal, sembablement peut estre que le prince est puni par sedition laquele est mal.*

835 Miethke, Ockhams Weg zur Sozialphilosophie, S. 531.

Dass eine kirchliche Verurteilung und geistliche Bestrafung eines Königs zulässig war, wurde im Grunde auch von keiner Seite ernstlich bestritten. Problematisch war, ob eine geistliche Züchtigung staatsrechtliche Folgen nach sich zog und ob die Untertanen sich das kirchliche Urteil zueigen machen oder das Gericht womöglich selbst vollstrecken dürfen.[836] Für Ockham war die Sache klar. Selbst im Falle der Häresie durfte der Papst nur ermitteln, die Vollstreckung aber oblag den Kurfürsten als Vertretern des Volkes. Erst wenn die Kurfürsten ihre Pflicht vernachlässigten, sei es im Fall der Häresie oder der Tyrannei, konnte der Papst selbst unmittelbar eingreifen. Die Zuständigkeit für die Absetzung lag aber beim Volk bzw. den Kurfürsten als dessen Stellvertretern. Bei Säumnis dürfe auch das Volk selbst eingreifen, der Papst den Kaiser oder der Kaiser den Papst absetzen. [837]

[836] Kern, Gottesgnadentum, S. 189.

[837] Pleuger, S. 84 ff. Wilhelm von Ockham, *Octo Quaestiones*, Opera politica I, (ed. Offler, S. 82–86), II, 8–9, S. 84: *Si imperator committit crimen … Romani vel illi, quibus suam potestatem Romani dederunt, debent ipsum deponere, et non papa, nisi illi, ad quos spectat, sibi suam potestatem tribuerent, vel nisi illi, ad quos spectat, nollent vel non possent facere iustitiae complementum* …; es folgen Beispiele für Absetzungen des Kaisers durch den Papst. Vgl. auch Wilhelm von Ockham, *Breviloquium* VI, 2.

VI Einflussmöglichkeiten des Volkes

Die Einflussmöglichkeiten, die mittelalterliche Theoretiker dem Volk bei politischen Entscheidungen einräumten, waren vielfältig, oft aber auch unbestimmt und hinsichtlich des Verfahrens äußerst vage. Gleichwohl kannte auch die mittelalterliche Herrschaftspraxis kaum einsame Entscheidungen des Herrschers und bezog das Volk in die Regierung mit ein. Legt man heutige demokratische Maßstäbe an, so ist die mittelalterliche Volksbeteiligung, wie, wann und wo sie sich konkret darstellte, deutlich zu relativieren. Einerseits verkam die Zustimmung schnell zur Fiktion oder zum Ritual, das nicht mehr Ausdruck einer Entscheidungsfreiheit war, vor allem dann nicht, wenn diese Zustimmung von einem starken Herrscher eingefordert wurde. Andererseits war es in der Regel nicht das gesamte Volk, sondern eine kleinere Gruppe derjenigen, welche die Vertretung des Gesamtvolkes für sich in Anspruch nahmen, ohne dass es sich dabei um gewählte Repräsentanten gehandelt hätte.

1 Kollektive Willensbildung

Damit stellen sich zunächst drei Fragen. Einmal ist zu klären, wer bei der Entscheidungsfindung mitwirken konnte oder sollte, sodann wie dies vonstatten ging und schließlich welchen Charakter diese Mitwirkung hatte, also ob es sich um eine Mitentscheidung oder nur um eine mehr oder weniger unverbindliche Mitwirkung handelte.

In Bezug auf die päpstliche Herrschaft forderte der Franziskaner Petrus Johannis Olivi beispielsweise, dass in wichtigen Fällen um den Rat vieler und guter Ratgeber nachzusuchen sei. Denn wenn die Herrschaftsunterworfenen bei Wahlen und Versammlungen mitwirken könnten, dann sei die Herrschaft erträglicher und werde dadurch verantwortlicher, ehrenhafter und gewinne mehr an Autorität, da es für viele schwieriger sei, zu irren, als für einen alleine.[838] Beratung, die vor Irrtümern bewahren soll, war für Olivi ein entscheidender Punkt, ebenso wie die gesteigerte Akzeptanz der Herrschaft durch

[838] Petrus Iohannis Olivi, *De renuntiatione papae*, S. 354–355: *Eo vel ipso quo subditi cumparticipant in quibusdam electionibus et consiliis, est ipsum regimen eis acceptius et vel per hoc fit consultius et honorabilius et auctoritabilius; quia difficilius et incredibilius est unum cum pluribus simul errare, quam ipsum unum solum*; Blythe, Ideal Government, S. 151.

die Untertanen und das verstärkte Verantwortungsgefühl der Herrschenden gegenüber ihren Untergebenen. Die Bindung der Herrschaft an einen Konsens mit den Beratern war ein Grundprinzip mittelalterlicher Regierungsweise und entsprach den Herrschaftsgewohnheiten der damaligen Zeit. Ein Gebot des Herrschers konnte nur dann wahres Recht schaffen, wenn es mit der freien Überzeugung des Volkes übereinstimmte. Wie sich der Herrscher dessen versicherte, war seine Sache, aber auf irgendeinem Wege musste er diese Übereinstimmung suchen.[839] Das Recht war mit Konsens verknüpft.[840] Das Gesetz entstehe, so ist es in einer Kapitularie des westfränkischen Königs Karl II. zu lesen, durch den Konsens des Volkes und die Festsetzung des Königs.[841] Auch Hannig hat für die Karolingerzeit festgestellt, dass in den erzählenden Quellen die königliche Gewalt im politischen Handeln an den Konsens der Großen oder den fiktiven des *populus* gebunden ist.[842] Es war jedoch nicht das Volk, sondern nur die Großen als dessen Vertreter, welche an den königlichen Entscheidungen mitwirkten. Diejenigen, auf die der König angewiesen war oder, anders ausgedrückt, diejenigen, die der Königsherrschaft gefährlich werden könnten, wenn sie missachtet wurden, waren folglich auch die, welche an königlichen Entscheidungen, oftmals Gerichtsentscheidungen, mitwirken durften und konnten. Und selbst das war selten eine Einschränkung der königlichen Machtfülle, denn die Zustimmung zu den Entscheidungen des Königs mussten keine freien Willensentscheidungen sein.[843] Die Zustimmung war zunächst nur eine Anerkenntnis dessen, was recht ist, der Konsens letztlich nur eine Gehorsamserklärung. Doch schon in der Karolingerzeit setzte eine Entwicklung ein, die den Konsens zur frei erteilbaren und auch verweigerbaren Zustimmung werden ließen.[844] Welchen Stellenwert der Konsens hatte, hing in der jeweiligen Situation von den Machtbalancen zwischen König und Adel ab. Je stärker der Adel gegenüber dem König war, umso mehr konnten die Großen des Reiches eine Mitbestimmung durchsetzen, die sich zur Gewohnheit verfestigen konnte.

Im 13. Jahrhundert gewann der Konsens auch in theoretischen Konzepten zunehmend an Bedeutung. In dieser Zeit wurde auch die Frage nach der Repräsentation gestellt, um tatsächlich einen zumindest indirekten Konsens aller zu erzielen.[845]

---

[839] Kern, Gottesgnadentum, S. 130.

[840] Vgl. Monahan, Consent, S. 104.

[841] MGH, Cap. II, Nr. 273, S. 313: *Et quoniam lex consensu populi et constitutione regis fit.* Ottmann, Bd. 2,2, S. 50 fügt nach dem „Konsens“ wohlweislich noch den Zusatz „(der Großen)“ hinzu.

[842] Hannig, *Consensus fidelium*, S. 133.

[843] Vgl. Post, *Plena potestas*, S. 370.

[844] Hannig, *Consensus fidelium*, S. 4 f.

[845] Vgl. Monahan, Consent, S. 98.

1.1 *Quod omnes tangit*

Selbst Peter von Aragón, der ansonsten einer Mitbestimmung des Volkes eher ablehnend gegenübersteht, will die Herrschaftsträger immerhin dann an den Konsens des Volkes oder dessen Vertretern binden, wenn der status quo des gesamten Volkes grundlegend geändert wird, insbesondere bei Fragen von Krieg und Frieden.[846] Ein abgestuftes System der Volksbeteiligung findet sich bei Nikolaus von Oresme. Die alltägliche Herrschaftsausübung obliege nur einer kleinen Gruppe von Herrschaftsträgern.[847] Gleichwohl verbleiben der „vernünftigen Menge" Mitwirkungsrechte auf drei Ebenen. Die Wahl der Herrscher, das Recht ihrer Kontrolle und Zurechtweisung sowie die Gesetzgebung stehen dem Volk insgesamt zu, denn was alle angeht, soll von allen entschieden werden.[848] Nikolaus von Oresme bezieht sich damit auf einen aus dem römischen Recht bekannten Grundsatz, den er der Politik des Aristoteles in einer Glosse hinzugefügt hat. Dieser basisdemokratisch anmutende Grundsatz findet vor allem im späten Mittelalter breite Anerkennung und wird sogar von den Königen verwendet. Der *Liber extra* Bonifaz' VIII.[849] enthält ihn ebenso wie ein Writ des englischen Königs Eduards I. aus dem Jahre 1295 zur Einberufung des Parlaments oder Schreiben Philipps IV. (Frankreich) oder Kaiser Friedrichs II. u. a.m.[850] Die Formulierungen dieses Grundsatzes variieren in Wortlaut und im Kontext des Gebrauchs. Wahrscheinlich war es Innozenz III., der diese Maxime wiederentdeckte und ins Kirchenrecht einführte, wenngleich sie den Kanonisten und Juristen in Bologna bereits geläufig war.[851] Dieser Grundsatz, von dem bereits die Rede war, besagte, dass etwas, was alle angeht, auch von allen entschieden bzw. akzeptiert werden soll: *quod omnes (similiter) tangit, ab omnibus approbetur.*

Relevant war dieser Grundsatz besonders im städtischen Bereich, wo die praktische Möglichkeit einer Volksbeteiligung aufgrund der räumlichen Nähe gegeben war. Aber auch hier ging es nicht um Herrschaft und Regierung, sondern um die Einbindung einer möglichst breiten Bürgerschaft in die Belange

[846] Berges, Fürstenspiegel, S. 20.

[847] Nicolas de Oresme, *Livre de Politique* 3,17 (ed. Menut, S. 142a): *Item, se la multitude est raisonable et honorable, encor me semble que il ne entent pas qu'elle doie tenir le princey et le gouvernement cotidian quant a distribution d'offices et quant as jugemens, mes doit estre un souverain ou pluseurs qui tiennent le princey et l'excercent selon les lays.*

[848] Nicolas de Oresme, *Livre de Politique* 3,17 (ed. Menut, S. 142a): *Mes tele multitude peut avoir domination quant a III choses, ce est assavoir quant a l'election dez princes toutes foiz que tel election a lieu. Item, quant a la correction des princes ou cas que il abuseroient de leur dignité et que il dissiperoient et destruiroient le bien publique, ... Tiercement, quant a la constitution ou mutation et acceptation des lays, ... Car l'en dit que ce que touche tous doit estre approuvé de tous*; Meier, Mensch und Bürger, S. 102.

[849] *Codex Iuris Canonici*, ed. Friedberg, Bd.2.

[850] Vgl. Monahan, Consent, S. 99 f.

[851] Watanabe, The political Ideas, S. 53.

des Gemeinwesens und die Sicherung eines weitgefächerten Konsenses durch Partizipation, wie Meier festgestellt hat.[852] Anders als noch bei Aristoteles waren bei seinen spätmittelalterlichen Rezipienten nicht mehr Amtswechsel oder Wählbarkeit, sondern aktives Wahlrecht und politische Beteiligung an Willensbildungsprozessen der Herrschenden der politische Kern des Bürgerbegriffs und damit der Volksbeteiligung.[853]

1.2 Entscheidungsfindung

Im Wesentlichen waren es drei Gebiete, auf denen der Menge der Bevölkerung eine Rolle zugewiesen wurde. Wahl, Kontrolle und Gesetzgebung bildeten das weite Feld der Beteiligung an Herrschaft, aus dem lediglich das alltägliche Regierungshandeln und Verwaltungsaufgaben ausgenommen waren. Oresme übernahm dieses Konzept von Marsilius und übertrug es auf die Bevölkerung eines Königreichs als Erweiterung zur Stadt, die Marsilius noch vor Augen gehabt haben dürfte.[854] Die Gesetzgebung, auf die sich Oresme zunächst bezieht, obliege sowohl hinsichtlich der Gesetzesänderung, als auch der Neueinführung, der Abschaffung und der Bekanntmachung der Gesetze der Gemeinschaft oder deren gewichtigerem Teil.[855] Schließlich könne niemand besser wissen, was für die Allgemeinheit am geeignetsten ist, als die Menge insgesamt, was auch für die Wahl und die Zurechtweisung der Fürsten gelte.[856] Die hierarchische von Gott geschaffene Ordnung war damit keineswegs gestört. Für den kirchlichen Bereich weisen mittelalterliche Theoretiker meist darauf hin, dass die kirchliche Hierarchie zwar von Gott geschaffen ist und die Amtsträger ihre Vollmacht direkt von Gott erhalten haben, doch erfolgt die Auswahl einer konkreten Person für ein Amt durch die Wahl Gottes, wobei er sich der Menschen bedient, diese also wählen lässt. Doch Jean Gerson geht noch weiter und koppelt auch die päpstliche Gesetzgebung an den Konsens der gesamten Kirche, letztlich des Konzils.[857] Mar-

[852] Meier, Mensch und Bürger, S. 78.

[853] Vgl. Meier, Mensch und Bürger, S. 113.

[854] Vgl. Blythe, Ideal Government, S. 224.

[855] Nicolas de Oresme, *Livre de Politiques* 3, 14 (ed. Menut, S. 137a): *En un livre intitulé Defensor pacis ceste raison est allegue a monstrer que lays humaines positives doivent estre faictes, promulguees, corrigees ou muees de l'auctorité et consentement de toute la communité oou de la plus vaillant partie.*

[856] Nicolas de Oresme, *Livre de Politiques* 3, 14 (ed. Menut, S. 137a): *... quant a la correction ou mutation des lays et a la reformation de la policie, nul ne peut si bien savait que est expedient a touz comme peut toute la multitude ensemble. Et aussi peut l'en dire quant a la correction et election des princes.*

[857] Johannes Gerson, *De Auferibilitate Papae*, cons. 6 (Opera omnia 2, ed. Du Pin, Sp. 212): *Et ex his protinus inferter, quod Ecclesia vel Concilium eam repraesentans potest instituere vel eligere vel designare Summum Pontificem in sacra Sede Petri*; cons. 16 (Sp. 220): *... ita quod resolutio finalis hujus opinionis, quam nunc dicimus probabilem, stat in hoc, quod sicut nullus rite efficitur Papa, lege stante, & nisi fieret nova revelatio vel miraculosa insti-*

silius von Padua schließlich schreibt die Amtseinsetzungen aller denkbaren weltlichen und kirchlichen Ämter ohne Wenn und Aber dem menschlichen Gesetzgeber zu.[858]

Doch auch für Entscheidungen anderer Art wollten außer Marsilius auch andere Autoren das Volk beteiligt sehen. Oft bleibt die Rolle der Menge unklar wie bei Petrus de Alvernia, der ihr laut Blythe mehr zuweisen wollte als bloß passive Zustimmung zu bereits getroffenen Entscheidungen.[859] Bei der Erläuterung der Staatsform der Demokratie will Engelbert von Admont bei zweifelhaften Entscheidungen den Konsens der Mehrheit den Ausschlag geben lassen. Außerdem werden die Regierenden in einer solchen Verfassung von der Bevölkerung aus ihrer Mitte gewählt.[860]

Ockham differenziert nach der Bedeutung der zu treffenden Entscheidung. Ein Generalkonzil mit den weisesten und besten Personen aus allen Provinzen soll zusammenkommen.[861] Dies ist aber nur nötig bei Entscheidungen, die ein Einzelner oder wenige nicht angemessen fällen können, sonst reichen auch wenige Entscheidungsträger aus.[862] Denn, so fährt der Engländer fort, im Normalfall werde die Gemeinschaft besser durch Einen oder wenige regiert. Der Beste regiert im Idealfall mit Hilfe eines Rates an Stelle vieler gleichzeitiger Regenten.[863]

Die interessante Frage nach dem Verfahren, durch welches sich der Volkswille äußert, bleibt bei der Mehrzahl der Autoren jedoch unbeantwortet.

---

tutio; nullus, in quam, talis rite efficitur Papa, nisi per legitimam electionem Dominorum Cardinalium, aut aliorum, quibus haec potestas collata fuerit per Ecclesiam, aut per generalem Concilium; sic nullus talis rite electus definit esse Papa, nisi per destitutionem legitimam factam ab Ecclesia, vel Concilio, vel aliis quibus voluerit conferre Ecclesia vel Concilium hujusmodi potestatem, qualis nondum collata esse reperitur; siehe auch Gerson, *De potestate ecclesiastica*, cons. 9 (Opera Omnia 2, ed. Du Pin, Sp. 238C/D); vgl. Sigmund, Nicholas of Cusa, S. 115.

858 Marsilius von Padua, *Defensor Pacis*, II, 16, §1; II, 17, §9; III, 2.

859 Blythe, Ideal Government, S. 85.

860 Blythe, Ideal Government, S. 120 verweist auf Engelbert von Admont, *De regimine Principum* I, 5.

861 Wilhelm von Ockham, III. Dial. 1,2, c. 19: *Constant enim quod iudicium concilii generalis in quo convenire debent meliores et sapentiores de omnibus prouinciis et regionibus Christianorum, est certius melius quam iudicium unius uel paucorum qui in aliquo uno loco valent continue commode convocari.*

862 Wilhelm von Ockham, III. Dial. 1,2, c. 19: *Et tamen non expedit semper esse consilium generale pro comitate fidelium gubernanda, quamuis etiam quibusdam negociis specialibus, que per unum uel paucos non possunt congrue expediri, sit expediens concilium generale convocari ... Pro negociis autem que per unum uel pauciores possunt utiliter expediri, non expedit congregari generale.*

863 Wilhelm von Ockham, III. Dial. 1,2, c. 19: *Et ita regulariter magis expedit comitatem fidelium regi ab uno uel paucis quam a concilio generali. Sic etiam expedit magis comitati fidelium regi ab uno sufficienter optimo uel bono utente consilio quam a pluribus simul principantibus ... .*

Noch bei Dante sucht man ein solches Verfahren vergeblich.[864] Ebenso lässt Ockham genauere Angaben vermissen, wie der seiner Ansicht nach erforderliche Volkswille zu ermitteln ist.[865] Sein Zeitgenosse Marsilius von Padua hingegen gibt hierzu mehr Auskünfte und zeigt auch wieder mehr Sinn für die praktischen Fragen als die meisten anderen Theoretiker seiner Zeit. Konkret schildert er das Verfahren, das ihm für die Gesetzgebung oder sonstige Beschlussfassung vorschwebt. Einige wenige sollen einen Vorschlag ausarbeiten, denn nicht alle haben die Zeit und den Sachverstand dazu. Dieser ist dann der Menge zu erläutern, so dass alle anderen in die Lage versetzt werden, über den Vorschlag zu entscheiden.[866] Entschieden wird von allen und bei Marsilius ist keine fiktive Zustimmung gemeint, sondern Abstimmungen und Willensäußerungen, die in einer Versammlung aller während der Debatte zum Ausdruck gekommen sind.[867] Diese öffentliche und gemeinschaftliche Zustimmung fordert auch der Jurist Bartolus ein. Es reiche nicht aus, wenn jeder für sich in seinem Haus seine Zustimmung erteile. Vielmehr ist ein gleichzeitiger gemeinschaftlicher Konsens erforderlich.[868] Auf dieser Linie argumentiert auch Nikolaus von Kues. Das Wirken des Heiligen Geistes sei nur sichtbar, wenn in ehrlicher Aussprache Einmütigkeit erzielt wird. Ein solcher ungezwungener Konsens sei nur auf der Grundlage freier Meinungsäußerung möglich. Die Freiheit der Meinungsäußerung ist für den Cusaner unverzichtbare Bedingung, die er mit der Öffentlichkeit des Konzils verbindet, denn wo keine Freiheit herrscht, ist Konsens weder möglich noch feststellbar. Nikolaus verbindet hier ein theologisches Argument mit einem alten Grundsatz und zum konziliaren Motiv gewordenen Formel: Was alle angeht, muss von allen beraten werden.[869] In diesem Zusammenhang trägt

---

[864] Vgl. Monahan, Consent, S. 208.

[865] Vgl. Monahan, Consent, S. 233 f.

[866] Marsilius von Padua, *Defensor Pacis*, I, 12, §§ 2–3; I, 13, §§ 6–7.

[867] Marsilius von Padua, *Defensor Pacis*, I, 12, § 3 (ed. Kusch, Bd. 1, S. 120–121): … *per suam eleccionem seu voluntatem in generali civium congregatione per sermonem expressam.*

[868] Bartolus, *In Digestum vetus*, I,1,9, Nr. 18 (ed. Lyon 1563, fol. 9va): *Consensus omnium simul requiritur, et non sufficit quod separatim omnes consentiant, quando statuta conduntur.* (S. 10va) … *Quero quid si omnes de populo consentiunt separatim in domo sua, et hoc constat per publicam instrumentum, an valeat:* … *Prima in his que pertinent ad plures ut universos requiritur simul omnium consensus* … *Secunda regula est in his quibus consensus maioris partis periudicat minori, etiam si pertineat ad plures ad singulos* … ; vgl. Black, Guilds, S. 84.

[869] Nikolaus von Kues, *De Concordantia Catholica*, II, 3, § 76 (ed. Kallen, S. 101): *Item libertas talis in eo debet esse, ut quisque liberalem loquendi habeat facultatem*; II, 3, § 77 (S. 103): *Ecce nunc essentialia ad universale concilium, ubi universalia tractari debent, quod non secrete, sed publice omnibus liberrima detur audientia, et si tunc concordanti sententia aliquid fuerit diffinitum, per sanctum spiritum censetur inspiratum et per Christum in medio congregatorum eius nomine praesidentem infallibiliter iudicatum* … ; Mohr, Unitas Christiana, S. 142; vgl. Sieben, Traktate, S. 107.

Engelbert von Admont einem praktischen Problem Rechnung, welches sich ein Marsilius, der aus dem städtischen Milieu Norditaliens stammt, wahrscheinlich nicht vergegenwärtigt hat. Der Admonter Abt will das Volk zwar auch mitentscheiden lassen, doch unterscheidet er nach Stadt und Königreich. Während in einer Stadt tägliche Zusammenkünfte möglich seien, müssten für das ganze Reich jährlich Versammlungen ausreichen, wo über Krieg und Frieden sowie gemeinsame Gesetze beraten werden könne.[870] Hier wird deutlich, dass die Lebenswirklichkeit der mittelalterlichen Gesellschafts- und Siedlungsstrukturen demokratischen Ideen gewisse praktische Grenzen auferlegte. Eine Versammlung war in einer dichtbesiedelten Stadt möglich, nicht jedoch in einem größeren Gebiet, zumindest nicht unter Beteiligung größerer Teile der Bevölkerung. Dieses Problem haben die Zeitgenossen sehr wohl erkannt und auch die Lösung in Form von repräsentativen Versammlungen war angedacht. Die Kirche (*ecclesia universalis*) beispielsweise übe ihre Gewalt durch das Konzil aus (*per consilium ipsum representans*), so ein Teilnehmer des Frankfurter Reichstags von 1442, da eine Vollversammlung der Kirche nicht möglich sei.[871]

1.3 Mehrheitsprinzip

Wird eine Willensäußerung getan, so ist damit noch keine Entscheidung gefallen. War von einer Mehrzahl von Menschen eine gemeinschaftliche Entscheidung zu treffen, so war es im Mittelalter keineswegs klar, dass die numerische Mehrheit den Ausschlag zu geben hatte. Das Ideal des Konsenses, der Einstimmigkeit (*unanimitas*) war ein hohes Gut, und Mehrheitsentscheidungen, die ja die Existenz einer Minderheit voraussetzen, galten als Zeichen der Spaltung und wurden geradezu verteufelt. Immerhin ließ sich dieses Problem umgehen, indem sich die Minderheit nach erfolgter Abstimmung der Mehrheit anschloss und damit nachträglich noch eine einstimmige Entscheidung herbeiführte. Dieses Vorgehen empfiehlt Zabarella, einer der Theoretiker des Konziliarismus, in seinem Traktat der Minderheit im Konzil. Ein Konzil handele durch die Mehrheit, und so wie die Mehrheit denke, so sollten alle anderen denken, weil das vom Heiligen Geist gelehrt werde.[872] Die Folgepflicht der Minderheit, die Hofmann als germanische Vorstellung charakterisiert, wurde durch römische Rechtsauffassungen verdrängt. Danach wurde die Mehrheitsentscheidung juristisch mit der Gesamtheit gleichgesetzt, wobei die Folgepflicht zur Unterwerfungspflicht wurde.[873] Hofmann nennt als Beispiel den Kurfürstenrat, der als Kollegium, als Korporation begriffen wird.

---

[870] Engelbert von Admont, *De regimine Principum* III, c.22; vgl. Ubl, Engelbert von Admont, S. 75.

[871] Hofmann, Repräsentation, S. 269.

[872] Sigmund, Nicholas of Cusa, S. 111.

[873] Hofmann, Repräsentation, S. 224.

Seit 1338 wird nur noch eine bloße Mehrheitsentscheidung verlangt, ohne dass die Minderheit folgen müsste. Hat man lange Zeit Mehrheitsentscheidungen, also nicht einstimmige Entscheidungen, als zwiespältig angesehen, so bezeichnete die Goldene Bulle 1356 die Wahlentscheidungen konsequenterweise nicht mehr so.[874]

Ein anderes Problem war die Gewichtung der Stimmen. Traf die Mehrheit eine unkluge Entscheidung, so war das keine Situation mit der man sich abzufinden bereit war. Die Klugen sollten die Dummen regieren, und wenn die Dummen die Klugen überstimmten, so sollte gleichwohl den Stimmen der Klugen ein größeres Gewicht beigemessen werden. Wurde ein ungeeigneter Kandidat von einer Mehrheit für ein bestimmtes Amt gewählt, und plädierte die Minderheit für einen würdigeren Bewerber, so war die Minderheitsentscheidung vorzugswürdig. Eine solche Sichtweise wirft in der praktischen Umsetzung allerdings gewisse Schwierigkeiten auf, denn ob eine Entscheidung klug war, musste in irgendeiner Weise festgestellt werden.

Während des Mittelalters änderte sich die Handhabung von Entscheidungen, die nicht einstimmig gefasst wurden. Bei strittigen Wahlen konnte der jeweilige Vorgesetzte über den Ausgang entscheiden, so z. B. der Bischof bei einer Abtswahl oder der Papst bei einer Bischofswahl. Bei Papstwahlen allerdings waren oft mehrjährige Schismen die Folge und es setzte sich durch, wer über einen längeren Zeitraum die mächtigeren Unterstützer hinter sich wusste. Strittige Königswahlen konnten auch militärisch entschieden werden. Es war nicht grundsätzlich die zahlenmäßige Mehrheit, sondern die *maior et sanior pars*, welche die Wahl entschied, wobei die Entscheidung darüber, was denn im konkreten Fall die *sanior pars* darstellte, durchaus eine Frage des Standpunktes und nicht immer objektiv feststellbar war.

Noch Marsilius von Padua, der aus heutiger Sicht oftmals als so fortschrittlich erscheint, hat sich nicht zu einem Plädoyer für einen reinen Mehrheitsentscheid durchringen können. Entscheidend soll zwar die Mehrheit sein, doch unter Berücksichtigung nicht nur der Zahl, sondern auch der Bedeutung der Personen.[875] Die Mehrheit heißt bei Marsilius *valencior pars*, ein Begriff, den er aus der Aristoteles-Übersetzung Moerbekes übernommen hat und im griechischen Original κρειττον μερος lautet. Ebenso wie Aristoteles fasst Marsilius diesen Begriff sowohl quantitativ als auch qualitativ.[876] Was unter Mehrheit zu verstehen sei, richte sich nach der Gewohnheit der Staaten oder nach Aristoteles (Politik 6,2).[877] Die *valencior pars* des Marsilius dürften

---

[874] Hofmann, Repräsentation, S. 227 f.

[875] Marsilius von Padua, *Defensor Pacis*, I, 12, § 3 (ed. Kusch, Bd. 1, S. 118–121): … *valenciorem inquam partem, considerata quantitate personarum et qualitate* … .

[876] Ottmann, Bd.2,2, S. 265.

[877] Marsilius von Padua, *Defensor Pacis*, I, 12, § 4 (ed. Kusch, Bd. 1, S. 120–121): … *secundum policiarum consuetudinem honestam.*

die oberen Stände sein, was eine Parallelerscheinung in den oberitalienischen Kommunen finden würde.[878] Ein Jahrhundert zuvor hatte Papst Innozenz III. anlässlich der Doppelwahl im Reich (1198) darauf verwiesen, dass es nicht auf die Mehrheit im Sinne einer bloßen Zahl ankomme, sondern vielmehr gesunder Menschenverstand erforderlich sei.[879] Einige Jahre später legte das 4. Laterankonzil die *maior et sanior pars* als Entscheidungskriterium bei Bischofswahlen fest (can. 24).[880] Doch die Entwicklung ging in Richtung Mehrheitsprinzip, und zwar einer gezählten, nicht einer gewichteten Mehrheit. Bei Ockham klingt dies bereits an, wenn er sich auch nicht ganz von der Vorstellung der *maior et sanior pars* lösen kann. Wenn auch nicht immer die Mehrheit gelte, so Ockham, sondern zuweilen auch die Minderheit, so habe doch immer dann die Mehrheit zu gelten, wenn die Minderheit nicht klar beweisen kann, dass man der Mehrheit nicht folgen dürfe.[881] Der Widerspruch der Minderheit bedarf also des Beweises, wodurch die Mehrheitsentscheidung zu einer Festsetzung der Beweislast wird. Die Beweispflicht trifft die Minderheit, so dass diese Auffassung in der Praxis regelmäßig auf die Anerkennung der Mehrheitsentscheidung hinausläuft.

Die Entscheidungsfindung durch zählbare Mehrheit entstammt römischen und kirchlichen Quellen und findet sich bereits im 12. Jahrhundert in einigen Städten.[882] Im klassischen römischen Recht war das Mehrheitsprinzip anerkannt, wobei die Mehrheit für alle stehen sollte.[883] Barisch sieht es als Verdienst Lupolds von Bebenburgs, die Übereinstimmung dieses Prinzips mit römischem und kanonischem Recht bewiesen zu haben, und führt darauf die Anerkennung von Mehrheitsentscheidungen bei der deutschen Königswahl seit dem 14. Jahrhundert zurück.[884] Mehrheitsentscheid war der Endpunkt einer langen Entwicklung, an deren Anfang das Ideal der Einstimmigkeit stand und die Erkenntnis, dass die Mehrheit nicht automatisch ein Beweis für die Richtigkeit der Entscheidung ist. Die Erkenntnis, dass es zumeist unmöglich ist, Einstimmigkeit zu erreichen, bewog den Zisterzienserorden dazu, bei

[878] Ottmann, Bd. 2,2, S. 271.

[879] Register Innozenz' III., Nr. 29 (ed. Holtzmann, S. 46): *Cum enim in electionibus circa electores zelus, dignitas et numerus attendatur, et de zelo non sit facile iudicare, cum ipse a pluribus et dignioribus sit electus et adhuc plures et digniores principes sequantur eundem, iuste videtur electus, unde contra iustam et legitimam electionem non videtur licere venire*; Ottmann, Bd. 2,2, S. 272.

[880] Dekrete der ökumen. Konzilien, Lateran IV, can. 24 (ed. Wohlmuth, Bd. 2, S. 246, Z. 29–30): … *nullo prorsus appellationis obstaculo interiecto, ut is collatione adhibita eligatur, in quem omnes vel maior vel sanior pars capituli consentit*; Ottmann, Bd. 2,2, S. 271.

[881] Wilhelm von Ockham, III. Dial., I, 2, c.20: … *licet non sit semper standum maiori parti, sed aliquando minori, tamen semper standum maiori parti nisi a minori parte probetur aperte quod non est standum maiori parti.*

[882] Black, Guilds, S. 61.

[883] Barisch, Lupold von Bebenburg, S. 290 f.

[884] Barisch, Lupold von Bebenburg, S. 292.

internen Abstimmungen auf die Mehrheit zurückzugreifen. Bei kirchlichen Wahlen setzte sich zudem die Überzeugung durch, dass bei einer Mehrheit von zwei Dritteln davon auszugehen sei, dass damit nicht nur die *maior pars*, sondern auch die *sanior pars* erreicht sei.[885] Gregor X. stellte im *Liber Sextus* klar, dass eine Zweidrittelmehrheit beide Erfordernisse erfülle.[886]

Als entscheidendes Kriterium für die Anwendbarkeit des Mehrheitsprinzips galt im späten Mittelalter der Begriff des Kollegiums. Wurde eine Mehrzahl von Personen als Kollegium aufgefasst, so war der Wille der zahlenmäßigen Mehrheit mit dem Willen des Kollegiums als Einheit gleichzusetzen.[887] Lupold von Bebenburg erläutert dies für die Kurfürsten, welche deshalb mit Mehrheit entschieden, weil sie ein Kollegium bildeten und für die Gesamtheit wählten. Die Wahl ginge sie nicht als Einzelne an. Wenn ein Kollegium eine Entscheidung treffe, so Lupold weiter, reiche die Mehrheit aus.[888] Dass Kurfürstenkollegium sei nämlich anstelle aller anderen Fürsten eingesetzt, die ansonsten die Wahl vorzunehmen hätten. Es könne daher nicht gesagt werden, das Wahlrecht stehe ihnen als Einzelpersonen zu. Folglich handelten sie als Kollegium für die Gesamtheit aller Fürsten und des Volkes.[889] Schließlich bringt Lupold noch ein pragmatisches Argument, welches dem Ideal der Einstimmigkeit den Spiegel der Wirklichkeit vorhält. Was die Mehrheit entscheidet, soll man so ansehen, als wäre es durch die Gesamtheit geschehen. Dies, so Lupold, schreibe der natürliche Verstand bei allen Menschen vor, denn da Menschen von Natur aus leicht zum Widerspruch neigten, könnte von Gesamtheiten ohne Mehrheitsprinzip nichts vollbracht werden, was absurd wäre.[890] Sogar Wilhelm von Ockham, der als Nominalist Gesamtheiten ablehnend gegenübersteht, akzeptiert den Begriff des Kollegiums als einer

[885] Vgl. ausführlich zur Entwicklung: Monahan, Consent, S. 133 ff.

[886] *Liber Sextus*, lib. I, cap. 9 (*Corpus Iuris canonici*, ed. Friedberg. II. Sp. 951).

[887] Vgl. Hofmann, Repräsentation, S. 222.

[888] Lupold von Bebenburg, *Tractatus de iuribus regni*, cap. 6 (ed. Miethke, S. 102/5): *Electus in regem seu imperatorem Romanorum a principibus electoribus eciam in dicordia, dummodosit electus a maiori parte ipsorumnumero, potest ex tali electione licite nomen regis assumere ...* [S. 104/5] *Credo enim, quod ad eos pertineat talis electio tamquam ad collegium seu ad universitatem ...* .

[889] Lupold von Bebenburg, *Tractatus de iuribus regni*, cap. 6 (ed. Miethke, S. 104/5): *Ex quo ergo certi principes sunt instituti ad eligendum regem et imperatorem, ipsi censentur eligere vice et auctoritate universitatis principum et populi predictorum, ac proinde habenda est eorum electio, ... Non poterit igitur dici, quod electio talis pertineat ad eos ut ad singulares, sed pocius ut ad collegium sive ut ad universitatem omnium principum et populi antedicti, et hoc eciam interpretantur consuetudo verum esse.*

[890] Lupold von Bebenburg, *Tractatus de iuribus regni*, cap. 6 (ed. Miethke, S. 106/7): *In omni universitate id, quod fit a maiori parte illorum de universitate, valet et proinde habendum est, ac si factum esset per omnes de universitate; et hoc quasi dictat racio naturalis apud omnes, quia, cum homines ex natura sint faciles ad dissenciendum ..., nisi staretur in factis universitatum maiori parti, nichil posset per universitates perfici vel finiri, quod est absurdum ...* .

einheitlich handelnden Gesamtheit von mehreren Personen. Wenn aber mehrere Menschen ein Kollegium seien, genüge bei dem, was zu tun sei, dass es von der Mehrheit getan werde. Ockham will sogar alle Sterblichen als Körperschaft und Kollegium auffassen.[891] Doch war es gerade der Nominalismus, dessen individualistischer Geist den Weg ebnete zum Majoritätsprinzip, was aber noch nach Nikolaus von Kues (15. Jahrhundert) abzulehnen sei. Dieser hat damit die gleichwohl in seiner *Concordantia catholica* vorhandenen Mehrheitsbegriffe abgetan, denn für den Konsens dürfe nicht allein ein äußerliches, rechnerisches Maß entscheidend sein.[892] Demgegenüber argumentiert Johannes von Segovia, auf nominalistischer Grundlage von der Korporationslehre des kanonischen Rechts ausgehend, für ein rein arithmetisch verstandenes Majoritätsprinzip.[893] Diese Diskussion entstand im 15. Jahrhundert aus der Notwendigkeit heraus, mit einer neuen Situation umzugehen. Zwar hat es Konzilien seit der Anfangszeit der Kirche gegeben, doch war die Situation im ausgehenden Mittelalter in vieler Hinsicht eine andere. Das vorhergehende Schisma zeigte die Möglichkeit einer Spaltung und schwächte das Papsttum. Der Kaiser hatte seine politische Macht über die Christenheit längst verloren und war auf das Heilige Römische Reich, inzwischen „deutscher Nation", beschränkt und konnte selbst dort nicht als Vertreter einer starken Zentralgewalt agieren. Das Konzil war damit zum zentralen Organ der Kirche geworden. Zumindest bestand die Möglichkeit, und dies wurde von den Anhängern der Idee des Konziliarismus propagiert, dass künftig nicht mehr der Papst, sondern das Konzil die höchste Macht der Christenheit verkörperte. Die Perspektive eines „parlamentarischen Systems" für die Kirche wurde letztlich nicht Wirklichkeit, doch eröffnete eine solche Möglichkeit intensive Diskussionen über diverse Probleme im Zusammenhang mit der Entscheidungsfindung in größeren Versammlungen, die halfen, den theoretischen Rahmen für den Umgang mit parlamentarischen Versammlungen zu schaffen.

1.4 Einheit oder Partei

Die Einheit und Eintracht galt als hohes Gut, weshalb Parteibildungen im Mittelalter misstrauisch beäugt wurden. In can. 24 des Konzils von Orléans 538 wird der Gegensatz von partikularer und allgemeiner Caritas behandelt, und auch hier richtet sich die Kritik gegen jede Form von Partikularismus. Auch monastische Gruppen wurden diesbezüglich kritisiert (Oexle).[894]

---

[891] Wilhelm von Ockham, III. Dial. II,1, c. 27: ... *quoniam aliqui plures unum sunt collegium quantum ad illa qui sunt ex necessitate facienda sufficit quod a maiori parte fiant. Omnes autem mortales sunt unum corpus et unum collegium* ... .

[892] Mohr, Unitas Christiana, S. 194; so auch nachzulesen in den Deutschen Reichstagsakten (Bd. 16: 1441–1442), S. 425, Z. 21–22: ... *cum concilium non sit corpus mathematicum, sed ex membris peccabilibus unitum, ita quod concilium in ipsis habet deviabilitatem.*

[893] Vgl. Mohr, Unitas Christiana, S. 164.

[894] Oexle, Conjuratio und Gilde, S. 172.

Black verweist auf das Beispiel von Berwick, wo der Rat den Zusammenschluss aller Gilden zu einer Art Einheitsgilde verfügte.[895] Die Vielzahl der Partikularkörperschaften wurde als Gefahr für die Eintracht der Gemeinde und als mögliche Ursache von Streit und Zwietracht gesehen. Man ist unwillkürlich an die Einheitspartei moderner Diktaturen erinnert.

Eine grundsätzliche Ablehnung jeglicher Parteibildung gibt bei Oresme letztlich den Ausschlag für seine Entscheidung gegen eine Wahlmonarchie zugunsten einer Erbfolgeregelung, die er gleichwohl als eine Mischvariante bezeichnet, weil der jeweils Erste einer Dynastie zu wählen sei. Bei regelmäßig, also bei jedem Generationswechsel, durchzuführenden Wahlen sei die Gefahr zu groß, dass sich anlässlich der Wahl unterschiedliche Meinungen im Volke breit machten, so dass die Gefahr von Aufständen und Spaltungen bestünde.[896]

2 Volk und Herrschaft

Volk und Herrschaft stehen in einer Wechselbeziehung. Einerseits ist das Volk Herrschaftsobjekt, das, was beherrscht wird. Andererseits kann das Volk Legitimationsgrundlage für die Herrschaft sein. Nach heutiger freiheitlich-demokratischer Auffassung ist das Volk selbst Souverän und Herrschaftsträger, die handelnden Personen hingegen keine Herrscher, sondern nur Sachwalter des Volkes, die für das Volk tätig sind und in dessen Auftrag Herrschaftsfunktionen wahrnehmen. Vergleichbare Gedanken lassen sich im Mittelalter nur eingeschränkt und mit wohlwollender Interpretation finden. Immerhin sind bereits Vorläufer der Theorie von der Volkssouveränität erkennbar und auch Vertragstheorien sind in dieser Zeit bereits grundgelegt.

2.1 Begriff des Volkes

Bisher wurde weitgehend unkritisch vom „Volk“ gesprochen. Dieser Begriff ist äußerst problematisch, wenn man ihn für das Mittelalter gebraucht. Der Quellenbegriff *populus* ist vage und seine Bedeutung variiert von Autor zu Autor. Die mittelalterliche Gesellschaft bestand aus Freien, Halbfreien, Hörigen, zu einem geringen, aber seit dem hohen Mittelalter wachsenden Anteil auch aus Stadtbürgern. Nach dem klassischen Ständemodell soll sie zudem

---

[895] Black, Guilds, S. 58.

[896] Nicolas de Oresme, *Livre de Politiques* III, 23 (ed. Menut, S. 154a): *Et quant le roy doit estre esleu, ce est tres grant nouvelté, et est tout le peuple esmen et sunt en diverses opinions et devant l'elections et apres. … Item, se election estoit faicte par la multitude adonques seroit peril de sedicion et de division.* Oresme bringt dieses Argument mehrfach: (III, 14, S. 136b): *Item, posé que la communité fust de gens francs et souffisament raisonnables, encor en elections de princes et en corrections pevent avenir difficultés, descors et divisions perilleuses.*

eingeteilt gewesen sein in Adel, (Land-)Arbeiter und Kleriker (*bellatores, laboratores, oratores*). Welche dieser Bevölkerungsgruppen jeweils unter den Begriff *populus* zu fassen sind, ist nicht einheitlich zu beantworten. Noch weniger steht fest, wer sich hinter dem politisch handelnden Teil des Volkes verbirgt. Denn wenn die Großen eines Reiches einen Beschluss fassten, so war es nach deren Selbstverständnis theoretisch das gesamte Volk, das hier entschieden hatte.

Den weitesten denkbaren Volksbegriff prägte Wilhelm von Ockham. Volk ist das Reichsvolk, dem aufgrund der Universalität des Reiches alle Menschen, Christen wie Nicht-Christen angehören.[897] Tiefere Vorstellungen von der politischen Gemeinschaft hatte Ockham allerdings nicht. Wenn die Gemeinschaft der Bürger (*cives*) einen Vorsteher (*principans*) hat, sind für ihn die Bedingungen der „Politie" erfüllt (Pleuger).[898] Hier taucht ein zweiter Begriff auf, der des Bürgers. Thomas von Aquin und sein Lehrer Albertus Magnus waren noch mehr am mittelalterlichen Standesdenken orientiert und unterschieden zwischen dem *civis simpliciter* und dem *civis secundum quid*, der dem Untertanen nahe kam.[899] Albertus Magnus fasst die Bürger einer Stadtgesellschaft, die dort das wirtschaftliche und militärische Rückgrat bildeten, als *timocratia* zusammen, will diesen aber offensichtlich keinen Anteil am Stadtregiment zugestehen. Diesen Ausschluss von der politischen Mitbestimmung setzt auch Oresme voraus, der Geburt, Stand, Macht oder Besitz zu Definitionselementen des Bürgerbegriffs macht. Bürger sind für ihn die Führungsgruppen der Stadtgesellschaft.[900] Ähnlich klingt dies auch bei Marsilius von Padua, der zwar nicht ausdrücklich von einer Stadtgesellschaft spricht, eine solche aber offensichtlich vor Augen hat. Bürger ist, wer teilhat an der regierenden, beratenden und richterlichen Gewalt in der staatlichen Gemeinschaft je nach seinem Rang. Ausgenommen sind ausdrücklich Kinder, Knechte und Frauen.[901] Auch Marsilius hebt auf die politische Mitbestimmung ab, um den Bürger zu definieren. Doch für Blythe ist unbestritten, dass bei dem Paduaner auch die Armen von dieser Definition mitumfasst sind,[902] es sich also bereits um eine deutliche Ausweitung des Bürgerbegriffs gegenüber Oresme und den beiden Dominikanern handelt. Damit wiche Marsilius auch von Aristoteles ab, auf den er sich stützt.[903] Tatsächlich sind Bauern und Handwerker zwar nicht an den alltäglichen Regierungsgeschäften beteiligt, haben

897 Pleuger, S. 63.

898 Pleuger, S. 110 f.

899 Meier, Mensch und Bürger, S. 79 f.

900 Vgl. Meier, Mensch und Bürger, S. 104 f.

901 Marsilius von Padua, *Defensor Pacis*, I, 12, § 4 (ed. Kusch, Bd. 1, S. 120–121): ... *qui participat in communitate civile secundum gradum suum* ... .

902 Blythe, Ideal Government, S. 197.

903 Syros, Die Rezeption, S. 133 f.

aber sehr wohl eine Stimme in der Versammlung aller Bürger, die regelmäßig zur Beratung und Wahl zusammenkommen soll.

Baldus de Ubaldis definiert das Volk ähnlich wie Ockham, doch mit einer etwas klarer ausgesprochenen territorialen Bindung. Anders als der Nominalist Ockham schlägt er auch die Brücke zur Korporationstheorie. Laut Baldus besteht das Volk aus denjenigen, die innerhalb eines bestimmten Territoriums leben. Dadurch werden diese Menschen zu einer korporativen Einheit, dem Volk.[904]

2.2 Volkssouveränität

Wenn Bruni im Jahre 1428 erklärt, die Volksregierung, die *democratia*, verbleibe als einzig legitime Regierungsform,[905] so steht er damit an einem sehr späten Punkt in der Entwicklung der abendländischen politischen Theorie. Das Volk regiert sich selbst und ist sich selbst der Souverän. Der Jurist Baldus de Ubaldis sah die Selbstregierung eines Volkes (*regimen populi*) als Bestandteil seiner Existenz, der sich aus dem *ius gentium* herleite.[906] Auch früheren Denkern des Mittelalters wurde bereits unterstellt, sie träten für Volkssouveränität ein, oder doch wenigstens für etwas, das einer solchen nahe kommt. Da der Begriff als solcher noch nicht gebraucht wurde, ist die Frage, ob man bei dem einen oder anderen Autor schon die Idee der Volkssouveränität entdecken kann, schwer zu beantworten. Nikolaus von Kues beispielsweise wurde von Otto von Gierke als einer der Väter der Volkssouveränitätslehre angesehen.[907] Die Frage aber, ob die Übertragung dieses modernen Begriffs auf das Mittelalter möglich ist oder doch einen Anachronismus darstellt, ist wenig Ziel führend. Gleichwohl sind auch bei mittelalterlichen Denkern Ideen aufzuspüren, die an Volkssouveränität denken lassen, auch wenn diese in eine Gesamtkonzeption einbettet sein mögen, die sich wieder davon entfernt.

Das Volk als Gesetzgeber und Ursprung der Staatsgewalt ist als Idee im Mittelalter bereits vorhanden und kann sicherlich als Vorform einer Theorie von der Volkssouveränität diskutiert werden, ebenso wie die Vorstellung einer einheitlichen Gesamtheit von Menschen, die als Ganzes über jedem Einzelnen steht. Auch die Freiheit der Untertanen war als Postulat bereits vor-

---

[904] Vgl. Canning, The Political Thought, S. 130; vgl. dort S. 208. Text (Baldus ad D1.1.9) bei Canning, S. 252 (Appendix I): *Et videtur quod sic, quia intrinseci faciunt populum ... ex quo sunt expulsi desierunt esse de illa universitate et de illo corpore ... Et concedo quod iurisdictio remanet penes intrinsecos, quia coheret territorio, et intrinsecipossident territorium. Item intrinseci sunt universi ...* .

[905] Black, Guilds, S. 100.

[906] Canning, Baldus, S. 105 f. Text Baldus zu D.1.1.5 bei Canning, S. 248 (Appendix I): *Loquitur hic in populis et urbibus vel villis: nam illa sunt de iure gentium et possunt fieri absque auctoritate superioris.*

[907] Gierke, Deutsches Genossenschaftsrecht, III, S. 580 f.; vgl. Sieben, Trakte, S. 62.

handen.[908] Ein spezielles Problem ist schließlich die hohe Bedeutung des Allgemeinwohls als Leitgedanke der Staatsführung, welche das Volk zumindest mittelbar über die Regierung stellt und in gewisser Weise zum stillen Souverän erhebt. Bei der „gemeinen mittelalterlichen Volkssouveränitätslehre" (Mohr), wenn man sie denn so nennen will, handelt es sich um eine Mischung aus antiken Elementen der staatsphilosophischen Tradition und der römisch-rechtlich-kanonistischen Korporationslehre mit der germanischen Genossenschaftsidee, verbunden mit der Vorstellung einer göttlich-naturrechtlichen Ordnung.[909]

Bei alledem darf die christliche Prägung des lateinischen Abendlandes nicht außer Acht gelassen werden. Das Römische Reich, das im Bewusstsein der Menschen fortlebte, obwohl es faktisch in eine Vielzahl von Einzelherrschaften, den werdenden Nationalstaaten, gespalten war, blieb der Idee nach das Reich, welches die gesamte Welt umspannen sollte und die von Augustinus vorgegebenen Zielsetzung verfolgen sollte, die Menschen auf ein ewiges transzendentes Ziel hinzuführen. An der Spitze dieses Heilsgeschehen standen Papst und Kaiser, diese jeweils aber nur als Stellvertreter des Allmächtigen. Souverän waren also weder Papst oder Kaiser, Volk oder Christenheit, sondern Gott. Einen anderen Einschlag gewinnt die Theorie Zabarellas, der in Papst und Kaiser die Repräsentanten aller Menschen sieht, welche zur Einberufung des Konzils berechtigt sind.[910] Hier ist nochmals auf den eingangs erwähnten Juristen Baldus de Ubaldis zurückzukommen, der die Souveränität als eine Konzession begriff, welche von Papst oder Kaiser verliehen wurde. Doch Baldus akzeptiert neben dieser *de-iure*-Argumentation eine *de-facto*-Struktur, der zufolge Souveränität auf das *ius gentium* zurückgeht, welches der menschlichen Vernunft entspringe.[911] Für den Einzelnen sieht Baldus ein weites Spektrum an politischen Teilhabemöglichkeiten vor. Dies reicht über Beteiligung an der Regierung innerhalb eines republikanischen Staatswesens bis hin zur Untertanenschaft unter einem Feudalherren. Die Möglichkeit einer „Volkssouveränität" ist im ersten Fall bei Baldus also durchaus in Betracht gezogen.[912]

a) Das Volk als Gesetzgeber und Träger der Staatsgewalt

Nach Ockham ist das Volk Träger aller zu übertragenden ursprünglichen Gesamtrechte.[913] Denn, so Pleuger, alle Menschen seien nach Ansicht des Fran-

---

[908] Z. B. bei Nicolas de Oresme, *Livre de Politiques* 3,21 (ed. Menut, S. 149b): *Item, en vray royalme les subjecs sunt citoiens et francs, non pas sers … .*

[909] Mohr, Unitas Christiana, S. 217.

[910] Mohr, Unitas Christiana, S. 139.

[911] Canning, The Political Thought, S. 158.

[912] Canning, The Political Thought, S. 168.

[913] Wilhelm von Ockham, *Breviloquium*, III, 14 (ed. Offler, S. 189): *Ad cuius evidentiam est primo sciendum quod potestas condendi leges et iura humana primo et principaliter fuit*

ziskaners frei und gleich geboren. Ockham bezieht sich dabei ausgiebig auf Augustinus und zitiert ausdrücklich dessen Urteil, dass Königreiche, wenn ihnen die Gerechtigkeit fehle, nichts anderes seien, als große Räuberbanden, während die Natur alle Menschen gleich geschaffen habe.[914] Damit ist auch klar, wen Ockham unter den Volksbegriff fasst und wer zur politischen Partizipation berechtigt ist: alle Menschen. Der Engländer vertritt damit den weitest möglichen Volksbegriff und bietet eine Theorie, welche von allen mittelalterlichen politischen Ideen am ehesten als „Demokratietheorie" bezeichnet werden kann.[915] Doch die Auffassung von der ursprünglichen Gleichheit der Menschen war nicht neu, allenfalls die unmittelbare Ableitung politischer Forderungen aus dieser Erkenntnis. Schon vor Ockham gelangte Thomas von Aquin zu der Feststellung, dass alle Menschen von Natur aus gleich seien,[916] worin Tierney bereits einen Vorläufer einer Theorie der Volkssouveränität sehen will, wie sie später von Marsilius von Padua entwickelt worden sei.[917] Man muss allerdings vorsichtig sein, Thomas von Aquin bereits als Verfechter der Volkssouveränität zu vereinnahmen. Zwar stellt er fest, dass alle Menschen von Natur aus gleich seien, doch folgert er daraus nur, dass Menschen anderen Menschen nicht gehorchen müssten, wenn es um ihren eigenen Körper geht. Bei der Regelung menschlicher Handlungen und Angelegenheiten jedoch ist der Mensch seinem Vorgesetzten sehr wohl zum Gehorsam verpflichtet.[918] Dass dieser Gehorsam der Vorrangstellung geschuldet ist (*secundum rationem superioritas*), zeigt, wie sehr Thomas dem hierarchisch geordneten Weltbild des Mittelalters verbunden war, so dass die von ihm vorausgesetzte natürliche Gleichheit der Menschen vielleicht als unschein-

---

apud populum. … Ex hoc autem evidenter colligitur quod iura humana non solum fuerunt iura imperatorum et regum, sed etiam populorum et aliorum, qui potestatem condendi et constituendi iura a populis acceperunt … ; vgl. auch Stürner, Peccatum und Potestas, S. 230.

[914] Wilhelm von Ockham, *Breviloquium*, IV, 9 (ed. Offler, S. 211): *Nam secundum Augustinum De civitate Dei regna, si desit iustitia, sunt magna latrocinia. Natura autem omnes homines fecit pares et aequales; Romani igitur et alii mortales aequales erant et pares*; vgl. Pleuger, S. 62 f.

[915] Hofmann, Repräsentation, S. 234, weist allerdings darauf hin, dass sowohl bei Ockham als auch bei Lupold von Bebenburg der *populus* „noch eine wesentlich passive Bezugsgröße" sei. Ockham und auch Lupold sahen den Herrscher eben immer noch als Herrscher und nicht als Werkzeug des Volkes, das selbst Teil des Volkes ist und nur zeitweilig bestimmte Funktion stellvertretend ausübt.

[916] Thomas von Aquin, *Summa Theologica*, I, 109,2; II-II, qu. 104,5 (Deutsche Thomas-Ausgabe, Bd. 20, S. 59): *… quia omnes homines natura sunt pares.*

[917] Tierney, Rights, Laws, …, VI, 174.

[918] Thomas von Aquin, *Summa Theologica* II-II, qu. 104,5 (Deutsche Thomas-Ausgabe, Bd. 20, S. 59–60): *In quibus tamen secundum ea quae ad naturam corporis pertinent, homo homini obedire non tenetur, sed solum a Deo … Sed in his quae pertinent ad dispositionem actuum et rerum humanarum, tenetur subditus suo superiori obedire secundum rationem superioritas … .*

bare, dem Ideengeber selbst nicht bewusste Keimzelle der Volkssouveränität gewertet werden kann, mehr aber auch nicht.

Nikolaus von Oresme weist dem Volk, der *multitude*, Gesetzgebungskompetenzen zu und benutzt in diesem Zusammenhang Begriffe wie *souvereine domination.*[919] In einer *commune policie*, einer Aristokratie und, wie er anschließend feststellt, auch in einer *policie royale*, also der gemäßigten Königsherrschaft, komme die *souvereine domination* der Menge (*multitude*) zu. Gemeint sind nicht die Massen des Volkes (*la multitude non pas populaire*), sondern eine Versammlung von Vertretern der Menge (*congregation universele*). Die Versammlung besteht aus Amtsträgern und den wichtigen Bürgern. Ihre Aufgabe besteht vor allem in der Gesetzgebung.[920]

Wie kaum ein anderer hat hingegen der bürgerliche Autor Jan van Boendale mit Nachdruck den Standpunkt vertreten, jeder Inhaber staatlicher Gewalt sei ein vom Volk beauftragter und dem Gemeinwohl verpflichteter Amtsträger, der über keine eigenständige Herrschaftsgewalt verfüge.[921] Die Idee, dass die Herrschaftsgewalt vom Volk ausgehe, der jeweilige Regent nur ein Amtsträger, ein Beamter des Volkes sei, war zumindest in Ansätzen vorhanden und im Mittelalter durchaus verbreitet. Selbst Geistliche betonten diesen Aspekt und legten nicht mehr das ausschließliche Gewicht auf die Ableitung der Herrschaft allein von Gott, ohne irgendeine Art von Volksbeteiligung. Flüeler weist zudem auf Johannes Duns Scotus hin, der als politischer Denker und wichtiger Vertreter der Volkssouveränität bisher wenig gewürdigt worden sei.[922] Duns Scotus entwirft ein Bild, nach dem zu Anfang die Völker ohne Fürsten lebten und niemandem Gehorsam schuldeten. Des Friedens wegen hat sich die Menge einvernehmlich darauf verständigt, einen der Ihren zum Fürsten zu wählen, dem zu gehorchen sei.[923]

---

[919] Vgl. Babbit, Oresme's *Livre de Politiques*, S. 63.

[920] Nicolas de Oresme, *Livre de Politiques* 6,12 (ed. Menut, S. 274a): *Mes en commune policie et en aristocracie la multitude non pas la populaire mes la multitude et congregation universele de tous les princeys ou offices et des principalz citoiens a la correction ou alteration des particulaires princeys ou offices et le ressort ou cognoissance des tres grandes questions, et a elle appartient la reformation de la policie, et composer ou muer ou approver et accepter les lays … et monstrer evidemment par raison naturelle. Et quant est en policie royal, encor par aventure est il expedient que tele multitude raisonnable ou partie de elle ait ceste puissance.*

[921] Töpfer, Urzustand und Sündenfall, S. 534.

[922] Flüeler, Rezeption, Bd. 1, S. 75.

[923] Johannes Duns Scotus, *Reportata Parisiensia*, IV, dist. 15, qu. 4 (Opera Omnia 24, ed. Paris 1894), S. 235: *In civitate enim, vel terra, congregabantur primo multae gentes extraneae et diversae, quarum nulla tenebatur alteri obedire, quia nullus habuit auctoritatem super alium, et tunc ex multuo consensu omnium propter pacificam conversationem inter se habendem potuerunt eligere unum ex eis Principem, qui in omnibus solum, dum ille viveret, ut subditi obedirent, vel quod sibi et suis succedentibus legitimis subessent, secundum conditiones, quales vellent, sic vel sic, ut diversi modo tenent Principatum, quia quidam*

Auch bei Thomas von Aquin hängt die Herrschaft in ihrem Ursprung von allen ab, weil der Fürst aus der Reihe aller von allen gewählt werde.[924] Zudem stehe die Gesetzgebung entweder allen zu oder dem, der die Allgemeinheit vertritt.[925] Sämtliche Staatsgewalt ruht nach Thomas also im gesamten Volk.[926] Für die Gesetzgebungsgewalt folgt dies bereits aus der Festlegung dieser Gewalt auf das Wohl der Gemeinschaft. Daran ändert sich auch nichts, wenn die Gewalt nicht durch alle, sondern nur eine Einzelperson ausgeübt wird, da dieser Fürst definitionsgemäß mit der Gesamtheit identisch ist (Cattin).[927] Bei den meisten Aristotelikern führte die Einsicht in die Notwendigkeit eines einheitlichen Willens bei der Regierung zur Identifikation des Gesetzgebers mit dem Fürsten. Dass aber das Gesetz seine Wurzel im Volk selbst hat, sichert dem Volk eine Beteiligung und bereitet der Volkssouveränitätslehre den Weg.[928]

Wilhelm von Ockham erklärt an mehreren Stellen seiner politischen Werke, der Kaiser habe die Macht, Gesetze zu erlassen, selbst vom Volk, das sie dann an den Kaiser übertragen habe, ebenso wie dieser das Reich vom Volk erhalten habe.[929] Die Reichsgewalt bleibe ihrer Substanz nach immer beim Volk und falle *vacante imperio* an dieses zurück (Pleuger).[930] Damit, so Pleu-

---

tantum ad vitam quidam per successionem.

924 Thomas von Aquin, *Summa Theologica*, I-II, 105,1 (Deutsche Thomas-Ausgabe, Bd. 13, S. 421): *... et tamen talis principatus* [gemeint ist eine gemischte Verfassung] *ad omnes pertinet, tum quia ex omnibus eligi possunt, tum quia etiam ab omnibus eliguntur.*

925 Thomas von Aquin, *Summa Theologica*, I-II, 90,3 (Deutsche Thomas-Ausgabe, Bd. 13, S. 12): *Et ideo condere legem vel pertinet ad totam multitudinem, vel pertinet ad personam publicam quae totius multitudinis curam habet.*

926 Blythe, Mixed Constitution, S. 548.

927 Cattin, L'anthropologie politique, S. 165.

928 Watanabe, The Political Ideas, S. 51.

929 Wilhelm von Ockham, III. Dial. II,1, c.27: *Olim populus constituit leges, sed hodie transtulit hanc potestatem in imperatorem, ab illo autem est imperium, qui imperatori contulit potestatem condendi leges. Igitur a populo est imperium*; *Breviloquium*, III,14 (ed. Offler, S. 189): *Ad cuius evidentiam est primo sciendum quod potestas condendi leges et iura humana primo et principaliter fuit apud populum. Unde et populus [Romanus] potestatem condendi legem transtulit [in] imperatorem.* Die Übertragung der Macht sieht Ockham aber nicht nur zwischen Römern und Kaiser: *Sic etiam populi, tam Romani videlicet quam alii, potestatem condendi leges transtulerunt in alios, et quandoque in reges, quandoque in alios minoris et inferioris dignitatis et potestatis.* Die Formulierung *imperium transferre* stammt aus dem *Corpus iuris civilis* und wird regelmäßig zitiert, wenn das Problem der Volkssouveränität und Herrschergewalt auf der Grundlage des römischen Rechts diskutiert wird, so jedenfalls Goez, Translatio imperii, S. 390.

930 So jedenfalls Pleuger, S. 63; Ockham lässt sich an den von Pleuger zitierten Stellen darüber aus, wem das Wahlrecht zum Kaiser zustehe und begründet, wie das ursprünglich beim römischen Volk (bzw. Heer) liegende Recht vermittelt über die *successio generis* zu Zeiten Karls des Großen schließlich auf die deutschen Kurfürsten übergegangen sei. Einen Rückfall dieses Rechtes sieht er nur für den Fall vor, dass eine Vakanz dadurch entsteht, dass der Kaiser nicht rechtzeitig für die Nachfolge gesorgt hat: Wilhelm von Ockham, *Octo Quaestiones*, Opera

ger, sei das Volk bei Ockham Träger der Staatsgewalt und bleibe auch trotz der Gründung der Staatsgewalt in Gott im Kern stetiger Träger aller Souveränität. Hierin sieht Pleuger zudem eine Stärkung der Rechte des Einzelnen.[931] Zur gleichen Zeit wies auch Marsilius die Gesetzgebung der Gesamtheit der Staatsbürger zu, grenzt den Kreis aber ein, Gesetzgeber sei das Volk (*populus*), oder die Gesamtheit der Bürger (*civium universitas*), die mit dem *populus* nicht identisch zu sein scheint, oder aber deren bedeutenderer Teil (*valencior pars*),[932] was man wohlwollend als Mehrheit deuten kann, was wahrscheinlich aber auch eine qualitative Komponente einschließt. Grundsätzlich kann man auch dem Paduaner unterstellen, alle Staatsgewalt beim Volke zu sehen, was ihn mit einer gewissen Berechtigung zu einem der ersten Vertreter einer Theorie der Volkssouveränität werden lässt. Immerhin ist für ihn der Konsens ein, wenn nicht das wichtigste Kriterium zur Rechtfertigung der Staatsform.[933] Doch einerseits schließt er ausdrücklich Knechte und Frauen von der politischen Mitbestimmung aus, was Ockham beispielsweise nicht explizit macht, andererseits ist der Begriff *valencior pars* nicht restlos zu klären, der wohl nicht alle Menschen bei der Ausübung der Mitbestimmung in gleicher Weise gewichtet. Nach Monahan ist in den Korporationstheorien, als die er die marsilianischen Ideen interpretiert, noch keine Volkssouveränität erkennbar.[934] Ockham schließlich gibt zu wenig Ausführungen zur praktischen Handhabung seiner Vorstellung von der Mitbestimmung des Volkes, das aus Gleichen bestehe, so dass der Verdacht aufkommt, er begnüge sich wie so viele andere mittelalterliche Autoren mit Fiktionen. Auch springt die Differenz seiner Ausführungen zur Wirklichkeit seiner Zeit ins Auge. Kritik an der Realität übt er aber nur für den kirchlichen Bereich und für das Verhältnis von geistlicher und weltlicher Gewalt. Das Prinzip der Volkssouveränität überträgt er mit seinen Vorstellungen vom Konzil auf die Kirche und eigentlich, so Dempf, gelte es nur für die Kirche.[935]

Die Kirche scheint mit ihren Konzilien und Kapiteln im Mittelalter am ehesten für demokratische Elemente offen zu sein. Im weltlichen Bereich kommt

---

politica I (ed. Offler, S. 187–196), VIII, 4: (S. 190) … *illius electionis, quae quondam fiebat per populum Romanum seu exercitum* … (S. 194) *Sicut autem imperator habuit ius eligendi imperatorem, ita potuit salvo iure suo dare aliis ius eligendi, quando ipsemet non eligeret. Si tamen, imperatore mortuo et nullo substituto per ipsum, imperator prius nulli vel nullis commisisset in speciali ius eligendi imperatorem, populus Romanus vel exercitus Romanus tanquam caput totius imperii haberet ius eligendi imperatorem* oder es werden Stellvertreter bestellt, *ut illi tunc tanquam repraesentantes universitatem mortalium habeant ius eligendi imperatorem, quando imperator nullum eligit.*

[931] Pleuger, S. 104.

[932] Marsilius von Padua, *Defensor Pacis*, I, 12, § 3.

[933] Vgl. Syros, Die Rezeption, S. 149 f.

[934] Monahan, Consent, S. 214 f.

[935] Dempf, S. 518.

aus rein praktischen Gründen die Stadt in Betracht, die wegen der räumlichen Nähe, in der sich die Menschen zueinander befinden, die Möglichkeit bietet, Demokratie zu leben. Marsilius hatte bei seiner Schrift eindeutig einen städtischen Hintergrund vor Augen, auch wenn er sein Modell nicht ausdrücklich für eine Stadt entwirft. In der Stadt ist es für den Rechtsgelehrten Bartolus das Volk, auf dem die herrschaftliche Verfassung ruht. Das ganze Volk (*totus populus*) handele als korporatives Ganzes, wenn es sich zum Parlament versammele, dessen wichtigste Aufgabe darin bestehe, den Rat zu wählen.[936] Das Parlament ist hier eine gesamtstädtische Versammlung, doch das Parlament als Delegiertenversammlung eines Landes war durchaus schon im Entstehen begriffen. Der Franzose Nikolaus von Oresme hält das Parlament für berufen, die wichtigsten Angelegenheiten zu regeln und Gesetze zu erlassen. Nicht einmal der König sei ihm übergeordnet.[937] Parlamente und Ständeversammlungen waren im damaligen Europa bereits ansatzweise vorhanden. In England kann dieses Organ seit der Magna Charta (1215) als institutionalisert gelten.

Das englische Parlament war bereits im Hochmittelalter mehr geworden als ein bloßes Beratungsgremium des Königs. In dem Moment, in dem das Parlament aufhörte, ein Rat und Gerichtshof zu sein, und der König sich dem Parlament nicht mehr widersetzen konnte, beginnt die *plena potestas*, die Generalvollmacht für die Abgeordneten, durch welche sie handlungsfähig werden, zum Kennzeichen der Volkssouveränität in England zu werden (Post).[938]

b) Das „Ganze“ als Souverän

Die Herrschaftsgewalt stammt von Gott, aber vermittelt durch die Menschen. Dies führt Ockham zu der Schlussfolgerung, dass die Gemeinschaft den Regenten kontrolliert und diesen auch absetzen kann. Dieser stehe zwar *regulariter* über den Untertanen, doch nötigenfalls (*in casu necessitatis*), also nur gelegentlich (*casualiter*) könne die Gemeinschaft Gewalt über den Regenten erlangen.[939] Ein ähnlicher Gedanke taucht in der Zeit des Konziliarismus auf. Allerdings wird hier nicht mehr nach der Notwendigkeit unterschieden.

---

936 Meier, Mensch und Bürger, S. 193, zitiert Bartolus, *In secundam atque tertiam Codicis partem*, fol. 16ra: ad C.10.31.2, Nr.8: *De decurionibus*): *Item nota quod de iure communi ad consilium ciuitatis spectat facere electiones officialium, et syndicorum... Et sic non erit opus arrenga vel adunantia generali: arrenga tamen illud, seu parlamentum, ubi non est aliquis superior, habet ab initio consilium eligere ... Istud consilium sic electum postea repraesentat totum populum ...* .

937 Blythe, Ideal Government, S. 232.

938 Post, *Plena Potestas*, S. 375.

939 Wilhelm von Ockham, *Octo Quaestiones*, Opera politica I, (ed. Offler, S. 82–84), II, 8 nennt als Beispiel die Generalkapitel von Ordensgemeinschaften, welche dem Ordensoberen übergeordnet sind, obwohl dieser allen einzelnen Ordensmitgliedern übergeordnet ist; vgl. Bayley, Pivotal Concepts, S. 207.

Vielmehr bestimmt sich der Rang eines Gremiums nicht mehr nach dem Rang der Einzelglieder. Die Teilnehmer des Konzils, so wird argumentiert, stünden unter dem Papst. Das Konzil als Ganzes jedoch sei diesem übergeordnet. Johannes Gerson argumentiert mehrfach dahingehend, dass die Gewalt der gesamten Kirche die Papstes einschließe.[940] Lupold von Bebenburg vertrat einen ähnlichen Gedanken in Bezug auf Kaiser und Reichsvolk. Das Volk des römischen Reiches habe die Gesetzgebungskompetenz und die Macht, über das Kaisertum zu verfügen, weil es größer zu sein scheine als sein Herrscher. Dabei stellt er den Gegensatz her zwischen römischem (Reichs-)Volk und dem (stadt)römischen Volk, von denen letzteres diese Kompetenzen nicht habe, vielmehr dem Kaiser untergeordnet sei.[941]

Das Ganze als Herrschaftsträger ist schon bei den Schülern des Aquinaten ein Leitgedanke. Die Souveränität komme dem Ganzen zu, nicht einzelnen Teilen.[942] Bei Thomas wurzelte die Staatsgewalt in der Gesamtheit, nicht in den Individuen, weshalb man die Idee der Repräsentation, also die Vertretung einer Vielzahl von Einzelpersonen, bei dem Dominikaner vergeblich sucht.[943] Diese Sichtweise geht auf den im 13. Jahrhundert aufkommenden Aristotelismus zurück. „Das Gemeinwohl wird so sehr als verschieden gedacht von der Summe der Privatwohlfahrt aller, dass man im Zweckverband des Staates eine ‚kollektive Persönlichkeit', nicht die bloße Summe der Individuen zum Träger der Entelechie erhebt und zuweilen gar zur Lehre der Volkssouveränität gelangt" (Berges).[944]

---

940 Johannes Gerson, *De potestate ecclesiastica* (Opera Omnia 2). Ähnlich klingt dies auch bei Konrad von Gelnhausen, *Epistola concordiae* (ed. Bliemetzrieder), S. 127, Z. 14–18: *Et racio huius est, si omnes persone ecclesiastice mundi essent congregate alicubi sine auctoritate pape, dumtaxat singuli per singulos subditos haberent auctoritatem et potestatem, sed nullus eorum super omnes, nec eciam omnes simul, quia sola Romana ecclesia hanc habet potestatem, scilicet, de omnibus iudicandi.* Gerson hebt in cons. 4 (De potestate, Sp. 231D) die Bedeutung der Geamtheit, der Vereinigung der gesamten Kirche als *congregatio* hervor, die anders als ihre zerstreuten Einzelteile über potestas verfügen kann: *Concluditur autem ex praemissis, quod si potestas praedicta sit Ecclesiae data; Concilium generale repraesentans Ecclesiam, habet illam; imo, videtur quod Ecclesia, ut sparsim considerata, non habet illam potestatem, nisi in quodam materiali seu potentiali: sed congregatio sua & unitio, quae sit in Concilio generali, dat quasi formam, sicut aliis communitatibus exemplum dari potest* (Für Gerson ist es also ein allgemeiner Grundsatz, der nicht nur für die Kirche gilt, aber für diese übernommen werden kann.).

941 Lupold von Bebenburg, *De iuribus regni et imperii*, cap. 12 (ed. Miethke, S. 199): *Posset tamen satis probabiliter dici, quod populus Romanus sumendo ipsum non tantum pro populo civitatis Romane sed pro toto populo imperio Romano subiecto … eciam hodie habeat presertim vacante imperio potestatem leges condendi ac imperium ex causa racionabili de una gente ad aliam transferrendi, cum talis populus maior ipso principe fore videatur …* .

942 Lagarde, Bd. 2, S. 114.

943 Cattin, L'anthropologie politique, S. 167.

944 Berges, Fürstenspiegel, S. 118 f.

Das Verhältnis des Fürsten als Vorsteher einer Gemeinschaft zu ebendieser beschreibt Oresme in typischer Weise. Die königliche Macht ist für ihn eine „mittlere“, da er mehr Macht habe als jeder Einzelne seiner Untertanen, doch weniger als die Menge oder deren wichtigster Teil (*vaillant partie*)[945].[946] Diese Konzeption des Herrschers, der als Einzelner über jedem Einzelnen steht, aber doch unter der gesamten Gemeinschaft aller ihm untergebenen Individuen, wurde auch von Legisten wie Azo vertreten.[947]

c) Gemeinwohlbestimmung und Souveränität

Wenn das Gemeinwohl eine so hohe Bedeutung hat, so stellt sich die Frage, ob die Souveränität von den realen Personen auf die Idee vom Gemeinwohl verlagert ist. Lagarde bemerkt daher, dass die Macht ihren Sitz nicht im Untertanenvolk habe. Träger sei vielmehr eine „personne sociale“, welche die Vielzahl der Individuen gewissermaßen transzendiere, indem sie einen Ausdruck für das Gemeinwohl bilde und die Gemeinschaft ihrem Ziel unterwerfe.[948] Im Schoße einer vereinigten Menge, so Lagarde, sei der eigentliche Souverän das „bien commun“. An der Souveränität haben demnach nur diejenigen Anteil, die das Gemeinwohl repräsentieren.[949] Auch Cattin stellt das Gemeinwohl in den Mittelpunkt, wenn er versucht, die Frage der Souveränität im politischen Denken des Thomas von Aquin zu beantworten. Wer die Macht hält, der besitze sie nicht in eigener Person, sondern weil er alle Personen repräsentiere, die zur Gesellschaft gehören. Er wird damit zum Diener einer Wirklichkeit, die über ihm steht, wie sie über jedem Individuum stehe. Das sei ein Dienst an der Gemeinschaft, der das Gemeinwohl zu befördern habe.[950] Die Trennung der Person von dem Amt, welches sie wahrnimmt, ist jedoch nicht neu. Schon Isidor hatte die Königsherrschaft zum Königsamt objektiviert (Anton). Dies kam letztlich in der Gründung der Gesetze auf die Gesamtheit und ihrer Ausrichtung auf die *communis utilitas*, vor allem aber in der Bindung des Herrschers an diese zum Ausdruck.[951] Das Allgemeinwohl war auch für eher absolutistisch gesinnte Autoren wie Aegidius Romanus ein Prinzip, dem sich die Herrschaft unterzuordnen hatte[952] und

[945] Vgl. *valencior pars* bei Marsilius von Padua.

[946] Nicolas de Oresme, *Livre de Politiques* 6,12 (ed. Menut, S. 274b): … *il fu dit que la puissance du roy doit estre moienne telement que elle soit plus grande que la puissance de chescun singulier et de pluseurs. Mes elle doit estre mendre que celle de toute la multitude ou de la plus vaillant partie.*

[947] Azo, *Summa super Codicem*, I, 14 (ND Turin 1966, S. 9); *Summa aurea* VIII, 52, Nr. 7 (ed. Lyon 1557/ND Frankfurt 1968, fol. 224va), dort im Zusammenhang mit dem Geltungsgrund des Gewohnheitsrechtes; vgl. Canning, Baldus, S. 56.

[948] Lagarde, Bd. 2, S. 81.

[949] Lagarde, Bd. 2, S. 80.

[950] Cattin, L'anthropologie politique, S. 116.

[951] Anton, Fürstenspiegel, S. 405.

[952] Vgl. Krüger, Der Traktat, S. 334.

das deutlich macht, dass für einen mittelalterlichen Menschen die inhaltliche Bindung der Herrschaft bw. der Art und Weise ihrer Handhabung wichtiger war als die Gründung der Regierungsgewalt auf formale Kriterien, wie den durch Abstimmungen manifestierten Willen des Volkes.

Ockham geht die Frage des Gemeinwohls und der Souveränität von einer anderen Seite her an. Nach Ockham beruht der Gehorsam der Untertanen gegenüber ihren Königen auf einer Vereinbarung der menschlichen Gesellschaft, den Königen in den Dingen zu gehorchen, die dem allgemeinen Wohl dienen. In anderen Dingen, welche dem allgemeinen Wohl abträglich sind, sei Gehorsam nicht zu leisten.[953] Autorität ist also nur anzuerkennen, wenn die Bindung an das Gemeinwohl beachtet wird. Abhängig ist die Herrschaft demnach direkt und indirekt von den Untertanen. Indirekt deshalb, weil die Gemeinwohlbindung den Herrscher auf die Interessen der Gesamtheit verpflichtet, so dass diese Zielrichtung sein Handeln bestimmt. Dadurch dass die Bevölkerung dem Herrscher aber auch den Gehorsam entziehen kann, hängt die Herrschaft auch unmittelbar von den Untertanen ab. Die Herrschaft von Kaiser oder Papst ist nach Ockham nicht unumschränkt, insbesondere dürfen sie ihre Untergebenen nicht in ihren Rechten beschränken.[954] Für Engelbert von Admont steht die Ausrichtung auf das Gemeinwohl ebenso im Vordergrund, während er die Wahl der Regierungsform (Monarchie, Aristokratie oder Politie/Demokratie) für nachrangig hält.[955] So wie für das Individuum das Glück das Lebensziel darstellt, so ziele der Staatszweck auf das gemeine Wohl. Da sich das Niedrigere dem Höheren unterordne, haben alle, auch der Herrscher, dem Gemeinwohl zu dienen.[956] Er führte allerdings einen wichtigen Aspekt in die Auffassung vom Gemeinwohl ein. Dieses hänge nämlich davon ab, welche Vorstellung die Bürger davon haben. Die Idee des Gemeinwohls machte so Platz für die Idee einer Souveränität, nach der das Volk das Recht habe, sich selbst zu regieren, auch unabhängig vom Gemeinwohl.[957]

953 Miethke, *De potestate papae*, S. 294 f.

954 Wilhelm von Ockham, *Octo Quaestiones*, Opera politica I, (ed. Offler, S. 32) I, 6: *Sed si papa haberet talem plenitudinem potestatis, principatus non esset propter bonum commune …; tum quia talis principatus esset pericolosus subiectis, quia si papa haberet talem plenitudinem potestatis, quamvis ipse omnes Christianos extra casum necessitatis extremae universis rebus et libertatibus spoliaret … Restat ergo quod papa non habet talem plenitudinem potestatis*; vgl. Bayley, Pivotal Concepts, S. 206.

955 Engelbert von Admont, *De regimine principum*, I, 5 und 14–15; vgl. Blythe, Ideal Government, S. 119 f.

956 Engelbert von Admont, *De ortu*, c.7,8,19; *Speculum virtutum* XI,15 (ed. Ubl, S. 392); in XII,21 (S. 455–456) betont er die Bedeutung von *tranquillitas, iocunditas* und *securitas* für die *felicitas* der Menschen, das schließlich, so fährt er fort, sei das Ziel der Herrschaft, dies zu gewährleisten (S. 456): *Ergo et iste debet esse finis intentionis regis et principis in quantum rex vel princeps, ut sub ipsorum potentate et regimine subditi vivant tranquille et iocunde ac secure*; vgl. Schmidinger, *Romana regia potestas*, S. 10.

957 Blythe, Ideal Government, S. 132.

Marsilius von Padua, der den Dienst für das Gemeinwohl wie die meisten seiner Zeitgenossen als Kriterium für die Beurteilung einer guten Regierung ansah, fügt diesem als zusätzliches und gewichtigeres Erfordernis den Konsens der Beherrschten hinzu.[958] Letztlich wird damit die Definitionsmacht, darüber zu entscheiden, was denn das Gemeinwohl beinhaltet, verlagert. Der Gemeinwohlbegriff ist keine feststehende Größe mehr, sondern unterliegt der Interpretation derjenigen, deren gemeinsames Wohl damit umschrieben werden soll. In einem zweiten, schon von mittelalterlichen Theoretikern diskutierten Schritt wird dann das inhaltliche Kriterium des die Herrschaft leitenden Gemeinwohls auf Dauer fallen gelassen und durch die rein formale Bedingung eines demokratischen Verfahrens der Entscheidungsfindung ersetzt.

Dem kommt Oresme schon recht nahe. Nicht das Gemeinwohl, sondern das Recht ist für Nikolaus von Oresme der souveräne Fürst.[959] Das Recht ist wiederum eine Übereinkunft aller. Dennoch wird dadurch eine unmittelbare Zuweisung der Souveränität an das Volk als Gesetzgeber vermieden, da Recht für alle mittelalterlichen Denker immer noch ein Gemisch aus göttlichem und menschlichem Recht bleibt. Somit kann der Mensch nur teilweise souverän werden.

d) Gott und Souveränität

Ein besonderes Problem der Souveränität ist demnach die religiöse Prägung des abendländischen Mittelalters. Die Einordnung allen Handelns in das Heilsgeschehen und die Gründung aller Staatlichkeit und menschlicher Ordnung, ja der Menschheit überhaupt in Gott lässt Zweifel daran aufkommen, ob irdische Gewalten und Herrschaftsträger im Verständnis eines mittelalterlichen Menschen überhaupt jemals Souveränität erlangen können. Die Abhängigkeit des Herrschers von Gott ließ die Abhängigkeit des Herrscher vom Willen der Gesamtheit insoweit bestehen, als in der Herrschaft neben dem göttlichem Mandat noch ein Volksmandat lag. Diesen Gedanken führt Kern zu der Schlussfolgerung, dass weder Volk noch der Monarch souverän seien, der einzige Souverän sei Gott.[960] Diese Ansicht teilt auch Dempf, der im mittelalterlichen Denken allein Gott als Souverän zu erkennen glaubt, weil nur er die absolute Person sei, die über alle Schwankungen einer „Volkspersönlichkeit“ erhaben sei. Geschickt, aber nach bekannten Mustern („von Gott, durch die Menschen“), hat Nikolaus von Kues die Konkurrenz zwischen

[958] Babbit, Oresme's *Livre de Politiques*, S. 75 verweist auf Marsilius von Padua, *Defensor Pacis* I, 9, § 5: *Participat autem quilibet dictorum modorum tanto amplius de vero regali, quanto magis est ad subditos voluntarios et secundum legem latam ad commune conferens subditorum; tanto vero amplius tyrampnidem sapiens, quanto magis exit ab hiis, consensu videlicet subditorum et lege ad ipsorum commune conferens instituta.*

[959] Nicolas de Oresme, *Livre de Politiques* 3, 24 (ed. Menut, S. 157–158): *Et ainsi la loy est aussi comme le souverain prince.* Vgl. Blythe, Ideal Government, S. 208.

[960] Kern, Gottesgnadentum, S. 11.

der Souveränität Gottes und der des Volkes aufgelöst. Für ihn war der Wille des Volkes in das Walten Gottes eingebettet. Gott bringt seinen Willen erst durch das Volk zur Geltung, so dass eine staatliche Ordnung dann als gottgewollt und rechtmäßig anzusehen ist, wenn sie auf einer Wahl oder sonstigem Einvernehmen, also dem sichtbar gewordenen Willen Gottes beruht.[961] In dieser Gott und Volk verbindenden Weise kann auch Ockham interpretiert werden. Die Herrschaft ist durch Gott gestiftet und durch menschliche Mitwirkung entstanden. Die Volkssouveränität wirke so als Gewohnheitsrecht weiter (Kys).[962]

e) Verwendbarkeit des Souveränitätsbegriffs

Nach alledem wird deutlich, dass die Übertragung des neuzeitlichen Souveränitätsbegriffs auf die Theorien und Gedanken des Mittelalters problematisch ist. Teilweise wird in der Forschung rundweg bestritten, dass es im Mittelalter überhaupt irgendetwas gegeben hätte, dem man das Attribut „Volkssouveränität" beilegen könnte. Die spätmittelalterliche Staatstheorie, so wird es auch vertreten, habe allein den Gedanken der Herrschersouveränität ausgebildet. Wilfert verweist hierzu auf die Erhöhung des Herrschers über das positive Recht (*legibus solutus*), welche bereits seit dem 12. Jahrhundert in der Diskussion war.[963] Auch die Tatsache, dass Herrscher wie Volk in eine theokratische Rechtsordnung eingefügt waren, wie oben beschrieben mit Gott als einzigem Souverän, lässt Zweifel an einer mittelalterlichen Souveränitätslehre aufkommen.[964]

Auch beim Blick auf einzelne mittelalterliche Autoren gehen die Meinungen auseinander. So widerspricht Töpfer in bezug auf Ockham ausdrücklich einer Aussage von De Lagarde, der in dem Franziskaner einen Vorläufer der Theorie der Volkssouveränität sehen wollte. Trotz der weitgehenden Herleitung staatlicher Gewalt aus der Wahl durch das Volk könne davon jedoch keine Rede sein.[965] Eine ähnliche Forschungskontroverse schildert Flüeler unter Bezugnahme auf Grignaschi. Dieser will bei Petrus de Alvernia keine Ansätze zu einer Volkssouveränität erkennen können, da Petrus dem Volk nur dann legislative Macht geben will, wenn dadurch ein Aufstand vermieden werden kann. Ohnehin sei bei den Aristoteles-Interpreten mit der einen Ausnahme des Marsilius von Padua die Beteiligung des Volkes von untergeordneter Bedeutung gewesen, insofern gebe Petrus de Alvernia durchaus eine allgemeine

[961] Mohr, Unitas Christiana, S. 184. Nikolaus von Kues, *De Concordantia Catholica*, II, 14 (ed. Kallen, S. 162): *Omnis potestas, quae principaliter a Deo sit, sicut et ipse homo, tunc divina censeatur, quando per concordantiam communem a subiectis exoritur.*

[962] Kys, Widerstandsrecht, S. 94.

[963] Wilfert, Philipp von Leyden, S. 20–21.

[964] Vgl. Mohr, Unitas Christiana, S. 216.

[965] Töpfer, Urzustand und Sündenfall, S. 461; vgl. demgegenüber De Lagarde, Bd. 4, S. 232.

Ansicht wieder.[966] So hatte Thomas von Aquin die Teilhabe des Volkes auf die Wahl einer Aristokratie beschränkt wissen wollen. Nach Ubl ist diese Art von Teilhabe keineswegs als Ausdruck individueller Rechte zu sehen, sondern schlicht das Ergebnis von Effizienzerwägungen,[967] was sich kaum als eine Lehre der Volkssouveränität begreifen lässt. Mit Thomas vergleicht Bleienstein Johannes Quidort, in dessen Theorie das demokratische Element gegenüber Thomas eine Verstärkung erfahre. Eine Gesamtkonzeption einer Volkssouveränitätslehre vermisst Bleienstein zwar auch bei ihm, doch glaubt er bei Quidort bereits die Grundgedanken dafür zu erkennen.[968] Quidorts Konzeption eines dem Papst übergeordneten Generalkonzils interpretiert Bleienstein immerhin als „Kirchenvolks-Souveränität" und sieht hier eine „merkwürdige Parallelität zur Volkssouveränität".[969] Was Bartolus de Sassoferrato angeht, kann von einer Lehre der Volkssouveränität wiederum keine Rede sein. Schlinker zufolge, geht es dem Juristen nicht um Unabhängigkeit im Sinne neuzeitlicher Souveränität, sondern um die Erkenntnis, dass die mittelalterlichen Gemeinwesen Freiräume hatten, die vom Herrscher nicht berührt wurden.[970] Wilfert will einen anderen Juristen, Philipp von Leyden, ebenfalls nicht zum Vertreter der Volkssouveränität stempeln, obwohl Philipp den Staat auf das Gemeinwohl verpflichtet, aus dem die Eintracht des Volkes entstehe, weil der Staat für das gesamte Volk sei.[971] Dempf erkennt hingegen bei Lupold von Bebenburg die naturrechtliche Idee von der Übertragung der Herrschaft durch das Gesamtvolk, in dem die Gewalt ruhe, und durch die Repräsentation des Volkes, das Kurfürstenkolleg, welches das Wahlrecht ausübe. Doch habe dies, so Dempf weiter, nichts mit Volkssouveränität zu tun, vielmehr sei dies „urdeutsche Volksstaatsauffassung". Zu Zeiten Dempfs war ein Rückgriff auf „urdeutsches" oder „germanisches" Denken üblich, aber gleichwohl oft an den Haaren herbeigezogen.

Differenzierter setzt sich Blythe mit dem Begriff der Volkssouveränität auseinander, als er von Oresme handelt. Oresme unterscheide zwischen zwei Elementen, denen Souveränität zukomme. Die Regierung sei souverän, weil sie die höchste Macht ausübe, zweitens sei auch die Menge souverän, weil sie die Regierung wähle.[972] Oresme schreibt dem Volk damit sehr wohl Sou-

---

966 Flüeler, Rezeption, Bd. 1, S. 99.

967 Ubl. Engelbert von Admont, S. 98.

968 Bleienstein, Johannes Quidort, S. 32 f.

969 Bleienstein, Johannes Quidort, S. 36.

970 Schlinker, S. 253.

971 Wilfert, Philipp von Leyden, S. 25. Philipp von Leyden, Tabula Tractatus rubr. I, 1: *[Res publica], quae nihil aliud videtur esse, nisi quaedam sancta et communis utilitas, ex qua decus, honor, ornatus, commudum, quies et concordia resultat populi. Et ideo res publica dicitur quasi populica, quia ad respectum est totius populi.*

972 Blythe, Ideal Government, S. 226.

veränitätsrechte zu und stellt es neben die Regierung, welche rein praktisch die Macht als Zeichen der Souveränität ausübte.

Dass es eine Gewaltenfülle gibt, deren Besitz man als Souveränität bezeichnet, war auch den Legisten bewusst, doch musste geklärt werden, wer darüber verfügte. Die mehrfach angesprochene Frage, ob das römische Volk seine Autorität an den Kaiser unwiderruflich abgegeben habe, wurde mithilfe der Souveränität unterschiedlich beantwortet. Jakob de Ravannis war der Ansicht, das Volk könne seine Macht nicht völlig an den Kaiser abgeben, da es souverän sei. Baldus de Ubaldis hingegen argumentierte, das Volk könne auch seine Souveränität verlieren, indem es einen Vorgesetzten wähle.[973] Souveränität in diesem Sinne bedeutet also Regierungsmacht. Ein anderes Problem war das Verhältnis des Kaiserreichs zu den zahlreichen mittelalterlichen Königreichen, die auf dem Boden des Römischen Reiches entstanden waren. Die Juristen unterschieden zwischen *de iure* und *de facto*-Souveränität, waren aber sehr wohl imstande, die Souveränität der Könige gegenüber dem Kaiser auch theoretisch zu untermauern. Die Souveränität der Königreiche entstamme dem *ius gentium*, welches älter sei als das *ius civile* der Römer. Daher besitzen die einzelnen Reiche ihre Souveränität aus eigenem, vom Kaiser unabhängigem Recht, das Kaiserreich ist damit ein Gebilde unter vielen.[974] Wenn auch Baldus de iure eine Hierarchie von Souveränitäten anerkennt, an deren Spitze der Kaiser steht,[975] so wird Baldus doch in der Wissenschaft zugute gehalten, dass sein Rückgriff auf das *ius gentium* zur Begründung der Souveränität einer Stadt oder eines Volkes einen bedeutenden juristischen Beitrag zur Entwicklung der Theorie von der Volkssouveränität geleistet habe.[976]

Hofmann sieht den Beitrag der Juristen zur Demokratietheorie im Vergleich zu scheinbaren Volkssouveränitätslehrern wie Marsilius von Padua durchaus positiv bzw. relativiert die Verbindung zwischen Volkssouveränitätslehren und demokratischen Theorien. Verlegt man die Anfänge der Volkssouveränität ins 14. Jahrhundert, so müsse man zwischen Volkssouveränität und Demokratie unterscheiden. Wenn Volkssouveränität nur noch der staatsphilosophische Gedanke von der Herrschaft im Dienste des Gemeinwesens sei, dann sei „die konkret juristische Korporationslehre eines Bartolus vergleichsweise demokratischer als die abstrakte Marsilianische Volkssouveränitätsdoktrin".[977] Dabei darf nicht nicht übersehen werden, dass die Idee einer

[973] Canning, Baldus, S. 58. Text (Baldus ad D.1.2.2. 11 und Baldus ad C.8.47.2) ebd., Appendix I, S. 236: *Unde si quis possit ponit sibi superiorem, ipse remanet inferior et subiectus, et perdit auctoritatem superioritatis* (ad C.8.47.2).

[974] Canning, Baldus, S. 68–70.

[975] Vgl. Canning, The Political Thought, S. 157.

[976] Canning, The Political Thought, S. 108. Canning verweist auch auf Walter Ullmann und Francesco Calasso.

[977] Hofmann, Repräsentation, S. 197f.

Volkssouveränität im Mittelalter nicht nur dem römischen Recht entnommen wurde, sondern auch aus der Bibel abgeleitet werden konnte. Dem kaiserlichen römischen Recht sei hingegen vor allem der Gedanke eines Herrschafts- oder Unterwerfungsvertrag abzugewinnen (Goez).[978]

2.3 Vertragstheorien

Erste Ansätze davon, dass ein Herrschaftsverhältnis zwischen dem Regenten und dem Volk auf einer vertraglichen Basis beruhen könnten, finden sich schon bei Augustinus. Königreiche, aber auch Räuberbanden, sind für den Kirchenlehrer Menschenscharen, die von einem Führer mit Herrschaftswillen geleitet und durch einen Gesellschaftsvertrag zusammengehalten werden.[979] Ab dem 12. Jahrhundert wird der Streit um den Herrschaftsvertrag zum Mittelpunkt der Kontroverse über Herrscher- und Volksrecht (Kern).[980] Black hingegen will erst mit Mario Salamonio (gest. 1532) die ersten Anfänge der Vertragstheorie erkennen.

Tatsächlich findet sich im Mittelalter keine bis zur letzten Konsequenz ausgearbeitete Vertragstheorie. Insbesondere ist Vorsicht geboten, wenn das Wort *pactum* in den Quellen begegnet. Dies kann keineswegs immer als Hinweis auf die Idee eines Gesellschaftsvertrages gedeutet werden, sondern mag durchaus im Feudalwesen und dem mittelalterlichen Gesellschaftsaufbau wurzeln, der auf einer Vielzahl von gegenseitigen Verpflichtungen und damit verbundenen Eiden beruhte. Es war daher der Herrschafts- und Unterwerfungsvertrag, der dem Mittelalter bekannt war und der in der historischen Entwicklung dem Gesellschaftsvertrag vorausging.[981] Gleichwohl sind die Ursprünge der Vertragstheorie, auch der des Mittelalters, bereits in der Antike zu finden. Die Sophisten hatten schon die Lehre vom Gesellschaftsvertrag als Schöpfungsakt bei der Entstehung des Staates ausgebildet, während die römische Rechtswissenschaft zwar keine Vertragstheorie entwickelte, aber den Konsens betonte. So jedenfalls stellt Mohr die Wurzeln der Vertragstheorie dar, welchen er noch als wichtige Quelle den Krönungseid aus der germanischen Rechtsgeschichte hinzufügt, in dessen Tradition er die Wahl- und Konsenstheorie des Nikolaus von Kues verortet.[982] Konsens sei als „aristotelisches Recht der Gesamtheit" die Grundlage nicht nur für Cusanus, sondern auch für Marsilius und Ockham und enthalte bereits den Keim der neuzeitlichen Vertragstheorie.[983] Das Stichwort für Vertragstheorien ist

[978] Goez, Translatio imperii, S. 390.

[979] Augustinus, *De civitate Dei*, IV, 4: *... quia et latrocinia quid sunt nisi parva regna? Manus et ipsa hominum est, imperio principis regitur, pacto societatis astringitur*; Übersetzung bei Voigt, S. 52.

[980] Kern, Gottesgnadentum, S. 216.

[981] Gough, The Social Contract, S. 3.

[982] Mohr, Unitas Christiana, S. 187.

[983] Mohr, Unitas Christiana, S. 186.

neben dem *consensus* das *pactum*. Schon bei Augustinus taucht der Begriff auf und enthält bereits Elemente eines Gesellschafts- und eines Herrschaftsvertrages, wenn auch eine Vereinnahmung für Vertragstheorien übertrieben wäre.[984] Deutlicher tritt dieser Aspekt später bei Aegidius Romanus hervor, der eine Einigung derer zugrunde legt, die eine Stadt oder ein Königreich gründen.[985] Als klaren Anhänger einer Vertragstheorie charakterisiert Mohr Engelbert von Admont, allerdings im Hinblick auf einen Herrschaftsvertrag, da von *pactum subiectionis* die Rede ist.[986] Die ersten Menschen seien an sichern Orten zusammengekommen, so schreibt Engelbert, und hätten sich dort einem, der sie regieren soll, unterworfen.[987]

a) Vertragstheorien und Lehnswesen

Herrschaftsübernahmen wurden im Mittelalter durch Eide und Huldigungen bekräftigt und auf diese Weise rituell konstituiert. Der König verpflichtete sich, den Gebräuchen und Gewohnheiten seines Volkes weiterhin zu folgen, dieses schwor ihm Gehorsam und Gefolgschaft. Das früheste Zeugnis eines solchen Vertrages macht Fritz Kern bei den Westgoten aus, wo auf dem 4. Konzil von Toledo von einem *pactum* zwischen Herrscher und Untertanen die Rede ist.[988] Vertragsähnliche Verhältnisse dieser Art gehörten spätestens seit der Karolingerzeit zum politischen System und tauchten seither immer wieder auf, auch unter der Bezeichnung *pactum*.[989] Schon Kern selbst wies es jedoch zurück, in solchen Fällen von Verträgen zu sprechen. Unter Bezugnahme auf die Verhältnisse im Westgotenreich gestand er zwar zu, dass es nahe liege, in einer Selbstbindung des Königs und in der Huldigung der Untertanen die wechselseitigen Bestandteile eines Vertrages zu erkennen, er musste aber sodann feststellen, dass, auch wenn in der germanischen Auffassung des Untertanenverhältnisses vertragsähnliche Motive anklingen, das staatsrechtliche Band zwischen Herrscher und Untertan keineswegs durch die Vorstel-

[984] Vgl. Gough, The Social Contract, S. 24.

[985] Gough, The Social Contract, S. 43.

[986] Mohr, Unitas Christiana, S. 189.

[987] Engelbert von Admont, *De ortu*, c.2, (ed. Baum, S. 16/17): *homines primae aetatis mundi, quasi natura instigante, et ratione, ac experiantia naturalis indigentiae compellente, in locis et terminis securioribus unum aliquem ex se magis vigentem ratione et intellectu, ad ceteram multitudinem regendam, salvandam et conservandam omnibus praeficiebant: et illi sub pacto et vinculo subiectionis, ad se regendos, salvandos et conservandos obediebant et intendebant, sicut Tullius praeclare scribit in principio primae «Rhetoricae»* .

[988] Kern, Gottesgnadentum, S. 367 f.; Gough, The Social Contract, S. 25 weist zusätzlich noch auf die Gesetze der Burgunder hin; MGH, Leges nat. Germ. II, 1 § 14, S. 34: *Constitutiones vero nostras placuit, etiam adiecta comitum subscriptione firmari, ut definitio, quae ex tractatu nostro et communi omnium voluntate conscripta est, etiam per posteros custodita perpetuae pactionis teneat firmitatem.*

[989] Vgl. Gough, The Social Contract, S. 28.

lung eines Herrschaftsvertrages wiederzugeben sei.[990] Gleichwohl war der im Mittelalter allseits präsente und von gegenseitigen persönlichen Verpflichtungen geprägte Feudalismus ein Nährboden, auf dem Vertragstheorien entstehen konnten.[991] Dies gilt zunächst im Hinblick auf das Gegenseitigkeitsverhältnis, das den persönlichen Bindungen zugrunde lag, welche den Personenverbandsstaat[992] des frühen Mittelalters ausmachten und das rechtliche bzw. verrechtlichte Band bildeten, das die Feudalgesellschaft zu einer staatsähnlichen Gemeinschaft machte. Die Entwicklung zum Herrschaftsvertrag setzt voraus, dass die persönlichen Bindungen auf die Beziehungen gleichrangiger, und zwar aller Menschen einer Gesellschaft beruhen, dass also zunächst vom hierarchischen Modell der Lehnspyramide Abschied genommen wurde, und sei es auch nur, um den Ursprung derselben theoretisch zu erklären. Einer der ersten, denen man dieses unterstellte, war Manegold von Lautenbach (ca.1040–1103).

Manegold von Lautenbach, der im Streit zwischen Gregor VII. und Heinrich IV. für den Papst Partei ergriff, wurde in der Forschung sehr wohl als erster oder zumindest einer der ersten Vertreter einer Vertragstheorie angesehen. Manegold spricht von einem *pactum*, das den Herrscher mit seinen Untertanen verbinde, doch ist damit noch keine Vertragstheorie oder Volkssouveränitätslehre begründet.[993] Dieses *pactum* ist kein Herrschaftsvertrag, sondern der Amtseid, den der König zu schwören hat und aufgrund dessen er eingesetzt wird. Dempf setzt dieser Interpretation noch eine heftige Polemik voran. Manegold sei ein „blind eifernder Parteimann", der unverdient in den Ruf geraten sei, als erster die Idee des Gesellschaftsvertrages ausgesprochen zu haben.[994] Doch wird auch in der gegenwärtigen Forschung die Geburtsstunde des Gesellschaftsvertrages nicht mehr mit Manegold in Verbindung gebracht.[995] Ebenso wenig wird ihm heute noch die Propagierung der Volkssouveränität zugeschrieben. Ihm ging es eher um eine Abwertung der weltlichen Gewalt gegenüber der geistlichen. Die gegenseitigen, ein *pactum* begründenden Treueverpflichtungen lassen auch Struve daran denken, dass Manegold die Verhältnisse des Lehnswesens vor Augen standen.[996]

Im Europa der Zeit Manegolds und auch noch später fanden sich die Menschen zu den verschiedensten Zwecken zusammen, indem sie sich gegenseitig Eide schworen und Gemeinschaften und Kollegien bildeten. Es waren diese Gemeinschaften, *universitates*, welche den regierenden Amtsträger einsetz-

---

990 Kern, Gottesgnadentum, S. 135.

991 Gough, The Social Contract, S. 32.

992 Vgl. dazu Mitteis, Der Staat des hohen Mittelalters. Der Begriff ist heute umstritten.

993 Ottmann, Bd. 2,2, S. 95.

994 Dempf, S. 209 f.

995 Vgl. Luscombe, Ethics and Politics, S. 80.

996 Stürner, Peccatum und Potestas, S. 139.

ten, nicht etwa die einzelnen Mitglieder. Diese Auffassung damaliger Juristen hat aber möglicherweise dazu beigetragen, dass spätere politische Theoretiker einen Gesellschaftsvertrag (contract of society) vor den Herrschaftsvertrag (contract of government) gestellt haben (Tierney).[997] Den Herrschaftsvertrag findet man tatsächlich schon im hohen und späten Mittelalter. Manegold lässt sich wohlwollend dahingehend interpretieren, und Engelbert von Admont umschreibt den Vertragsgegenstand präzise. Die Wahl von Königen erfolge aufgrund ihrer Tüchtigkeit und Redlichkeit und begründe ein vertragliches Band der Unterwerfung: *sub pacto et vinculo subiectionis.*[998]

Die Vertragslehre des Mittelalters, so Jellinek, sei keine Lehre von der Schöpfung des Staates, sondern von der Einsetzung des Herrschers. Es sei der *rex* und nicht der *populus*, der durch Vertrag geschaffen werde. Daher sei die mittelalterliche Lehre eine Lehre vom Unterwerfungsvertrag, der die Verfassung des Staates, nicht aber den Staat selbst schaffe.[999] Vertragliche Bindungen aber waren im Mittelalter ein wesentliches Element der Gesellschaftsstrukturen. Die durch eine gegenseitige Vereinbarung geschaffenen Verpflichtungen wurden als so elementar für die Gesellschaft, ja sogar als heilig angesehen, dass mittelalterliche Juristen den Vertrag als Ausfluss des *ius gentium* und damit als jedem gesetzten Recht vorangehend betrachtet haben, mit der Konsequenz, dass der Kaiser, selbst wenn ihm die alleinige Gesetzgebungskompetenz zugebilligt wurde, doch an vertraglich begründeten Bindungen festgehalten wurde.[1000]

b) Vertrag als Ursprungslegende

Noch Nikolaus von Kues stellt die Unterwerfung als wesentliches Element seiner Vertragstheorie dar. Alle Erscheinungsformen der Herrschaft und alle Ämter seien im Wege freiwilliger Unterwerfung und vertraglicher Vereinbarung über die Regierung begründet worden.[1001] Erkennbar sind Vorläufer neuzeitlicher Vertragstheorien aber schon vor dem Cusaner. Solche Theorien zeichnen sich bereits bei Marsilius von Padua und Wilhelm von Ockham ab, ohne jedoch bereits voll ausgeprägt zu sein (Miethke).[1002] Doch ist zwischen einem Unterwerfungsvertrag und einem Vertrag als Ursprung staatlicher Gemeinschaften zu unterscheiden. Bei Marsilius werden die Gemeinschaft und ihre Ordnung gewissermaßen vertragsmäßig begründet, doch einen Unterwerfungsvertrag im Hobbes'schen Sinne wird man darin wohl noch nicht

---

[997] Tierney, Religion, Laws, . . . , S. 36 f.

[998] Engelbert von Admont, *De ortu et fine Romani Imperii*, cap.2 (ed. Baum, S. 16/17).

[999] Jellinek, S. 204.

[1000] Vgl. Canning, Baldus, S. 83.

[1001] Nikolaus von Kues, *De concordantia catholica*, III,3, § 328 (ed. Kallen, S. 346): *Per viam enim voluntariae subiectionis et consensus in praesidentiam praelationes concordantiales rectae et sanctae constitutae sunt in omni dominandi specie.*

[1002] Miethke, *De potestate papae*, S. 287.

erkennen können.[1003] Der Vertrag, welcher einer menschlichen Gemeinschaft zugrunde liegt, ist zunächst einmal eine Ursprungslegende, welche die bloße Existenz einer staatlichen Ordnung legitimieren soll.

Der Admonter Abt Engelbert lässt die Gemeinschaften, in denen die Menschen zusammenlebten, am Anfang ihrer Geschichte durch einen Gesellschaftsvertrag entstehen.[1004] Anfänge einer Vertragstheorie sind auch bei Johannes Duns Scotus zu sehen.[1005] Der Franziskaner stellte sich den Beginn der Staatlichkeit und des Gemeinwesens so vor, dass eine Menge von bis dahin unverbundenen Fremden zusammen kam. Durch Übereinkunft können diese Fremden sich nun zu einer Gemeinschaft zusammenschließen und sich einer Person oder der ganzen Gemeinschaft unterwerfen.[1006] Gegenstände des Vertrages sind die Bildung einer Gemeinschaft sowie Form und Bindungen für eine solche Herrschaft. Die Gemeinschaft entsteht durch den Willensentschluss ihrer Mitglieder, welche auch die politische Autorität einsetzen.[1007] Duns Scotus erklärt den Ursprung des Staates wie auch die Begründung staatlicher Gewalt und politischer Autoritäten mit einem Vertragsschluss der ersten Mitglieder der Gemeinschaft. Forderungen für die Gegenwart sind damit nicht unmittelbar verbunden, doch verändert sich immerhin die Legitimationsgrundlage gegenüber hierarchisch strukturierten Erklärungsmodellen. Auch gewinnt die auf Aristoteles aufbauende politische Theorie einen anderen Einschlag, als es der Grieche hätte vorhersehen können. Während Aristoteles bei den Menschen einen natürlichen Drang, eine Veranlagung zum gemeinschaftlichen Leben erkennen will, welche zur Bildung staatlicher Gemeinschaften führt, stellen seine ersten mittelalterlichen Leser noch auf den Sündenfall ab. Danach sei ein freiwilliger, aber nach dem Sündenfall notwen-

---

1003 Syros, Die Rezeption, S. 70 f.

1004 Ubl. Engelbert von Admont, S. 165. Besser ist es vermutlich von einem Herrschafts- oder Unterwerfungsvertrag zu sprechen. Die Menschen eines Volkes (gleiche Sprache, gleiche Sitten: *sub conformitate linguae et vitae ac morum*) hätten den klügsten von ihnen zur Herrschaft eingesetzt, dem sie sich *sub pacto et vinculo subiectionis* unterworfen hätten; Engelbert von Admont, *De ortu*, cap. 2 (ed. Baum, S. 16/17).

1005 Vgl. Flüeler, Rezeption, Bd. 1, S. 74 f.

1006 Johannes Duns Scotus, Quaestiones IV. Sent., dist. 15, qu. 2, Nr. 7 (Opera Omnia 18, ed. Paris 1894, S. 266a): *Et prima auctoritas respicit descensum naturalem, quanquam non cohabitantes civiliter; secunda respicit cohabitantes, quantumcumque nulla consanguinitate vel propinquitate conjunctos; utpote si ad civitatem aliquam aedificandum vel habitandam occurrerent extranei aliqui videntes se non posse bene regi sine aliqua auctoritate, poterant concorditer consentire, ut vel uni persona vel communitati committerent illam communitatem …* ; Tierney, Religion, Laws, … , S. 42.

1007 Johannes Duns Scotus, Quaestiones IV. Sent., dist. 15, qu. 2, Nr. 7 (Opera Omnia 18, ed. Paris 1894, S. 266): *Auctoritas vero politca, quae est supra extraneos, sive in una persona resideat, sive in communitate, potest esse justa ex communi consensu et electione ipsius communitatis. … Politica [auctoritas] duplex est, …, et originem habet a consensu et electione civium … .*

diger Vertrag der Ursprung der Gemeinschaft gewesen.[1008] Die Freiwilligkeit der Unterwerfung macht die Freiheit des Volkes zur notwendigen Voraussetzung für die Legitimität von Herrschaft und zum Unterscheidungskriterium gegenüber der Tyrannei, was laut Ubl zum „Grundaxiom des politischen Aristotelismus" gehört.[1009]

c) Vertragstheorien und Volkssouveränität

Wenn auch Johannes Duns Scotus und vor ihm Heinrich von Gent den Gedanken eines auf der Entscheidung freier Menschen beruhenden Staatsvertrages vertreten, so schließt dies keineswegs Säkularisierungstendenzen noch eine Art Volkssouveränität oder ein Eintreten für eine mehr oder weniger demokratische Staatsordnung ein, immerhin aber eine weitgehende Bindung des Herrschers an das Recht und an das Gemeinwohl.[1010] Eine solche Vertragsauffassung geht zumindest insoweit über eine bloße Ursprungslegende hinaus, als daraus Verpflichtungen für den Herrscher der Gegenwart gegenüber seinem Volk abgeleitet werden. Dieser Aspekt fehlt allerdings bei Johannes Quidort, der zwar in Anlehnung an Aristoteles die Entstehung von Gemeinschaften auf die natürliche Veranlagung der Menschen zurückführt, wegen seiner Betonung der Herrscherwahl Züge einer Theorie vom Herrschaftsvertrag aber nicht vermissen lässt.[1011]

Die Vertragstheorie wird unter dem Aspekt der Volkssouveränität allerdings erst dann interessant, wenn sie nicht nur eine Ursprungstheorie für die Entstehung des Staates bereithält, sondern sich aus ihr Forderungen und Folgerungen für die Gegenwart ableiten lassen. Unter Aristoteles-Rezipienten wurde teilweise aus der Ursprungstheorie eine „Maßstabstheorie", nach der ein Staat so betrachtet werden sollte, als sei er so entstanden. Teilweise sollte auch nur die herrschaftliche Autorität aus einem neuen Staatsbewusstsein heraus gestärkt werden.[1012] Sogar bei Ockham, dessen Gedanken über den Rahmen seiner Zeit hinausweisen, vermisst man die letzte zerstörerische Konsequenz (Pleuger). Der Unterschied seines *pactum sociale* zum neuzeitlichen contrat social wird deutlich, wenn man berücksichtigt, dass die Staatsgewalt immer noch von Gott abhängt, selbst wenn sie vom Volk übertragen wird. Ein „revolutionäres Kündigungsrecht" wie im modernen Gesellschaftsvertrag gibt es in der Form nicht.[1013] Denn nach dem *pactum sociale* sind die Bürger zum Gehorsam gegenüber der Obrigkeit verpflichtet.[1014] Eine Absetzung wegen Vertragsbruchs war bei Thomas von Aquin in verhaltener Weise

[1008] Cattin, L'anthropologie politique, S. 119.
[1009] Ubl, Engelbert von Admont, S. 164 f.
[1010] Töpfer, Urzustand und Sündenfall, S. 257.
[1011] Töpfer, Urzustand und Sündenfall, S. 374.
[1012] Berges, Fürstenspiegel, S. 119.
[1013] Pleuger, S. 106 f.
[1014] Pleuger, S. 105.

vorgesehen, als Beispiele nennt er Tarquinius und Domitian. Abhilfe gegen einen vertragsbrüchigen Herrscher sei aber vorrangig bei – falls vorhanden – einem übergeordneten Herrscher, sonst bei Gott zu suchen.[1015] Thomas geht jedenfalls von einem Vertrag zwischen Herrscher und Untertan aus, der ein maßvolles Widerstandsrecht begründet, wenn der Herrscher seine Verpflichtungen nicht einhält, das Volk somit im Gegenzug von seiner Verpflichtung gegenüber dem Herrscher ebenfalls frei wird.[1016] Immerhin findet sich dieses Element bereits im 11. Jahrhundert bei Manegold von Lautenbach, dem aufgrund seines Eintretens für Herrscherwahl und Herrscherbindung vereinzelt zugeschrieben wird, die Basis für eine Volkssouveränitätslehre gelegt zu haben.[1017]

Jean de Meung ist einer der ersten mittelalterlichen Autoren, der die Einsetzung der fürstlichen Gewalt eindeutig auf einen kombinierten Gesellschafts- und Herrschaftsvertrag zurückführt, was er aber nicht zur Entwicklung einer die Herrschaftsausübung an den Willen des Volkes bindenden Staatstheorie nutzt.[1018] Jan van Boendale unterscheidet zwischen einem Herrschaftsvertrag und einem vorgeschalteten Gesellschaftsvertrag. Er verzichtet zudem auf eine sakrale Legitimation der Herrschaft und hebt lediglich die Kontrolle der Machthaber durch Gott hervor, während die Einsetzung allein auf dem Willen des Volkes beruht und der Herrscher an die vom Volk gesetzten Rechtsnormen gebunden bleibt.[1019] Der Volkswille ist auch bei Marsilius von Padua die Basis für die Regierung, das Volk die *causa effectiva* der Gesetzgebung, weshalb ihn Monahan zum Vorläufer der Vertragstheorien von Hobbes und Lockes erklärt.[1020] Auch Miethke erkennt bei Marsilius bereits Anklänge an frühneuzeitliche Vertragstheorien.[1021] Marsilius nimmt an, dass die Menschen aus Gründen des Selbstschutzes Gruppen gebildet hätten. Der Mensch allein nähme Schaden, wenn er den Elementen ausgesetzt sei. Daher bedürfe er Techniken, sich davor zu schützen. Da dies nur in Kooperation möglich sei, hätten sich die Menschen in Gruppen zusammengeschlossen.[1022] Marsilius baut noch auf die aristotelische Theorie vom Menschen als Gemeinschaftswesen. Doch besteht gerade hier ein Gegensatz zu den Vertragstheorien. Die Vertragstheorie wird von Gough als Ausfluss eines übersteigerten Individualismus gesehen, der einzig auf Zwang baut, weil das Gemeinschaftleben nicht als Folge der menschlichen Natur gesehen wird. Gough spitzt dies

[1015] Thomas von Aquin, *De regimine principum*, I, 6, (ed. Mathis, S. 7–8).
[1016] Vgl. Berges, Fürstenspiegel, S. 19.
[1017] So jedenfalls Gough, The Social Contract, S. 30 f.
[1018] Töpfer, Urzustand und Sündenfall, S. 345.
[1019] Töpfer, Urzustand und Sündenfall, S. 534.
[1020] Monahan, Consent, S. 210 f. und S. 226 f.
[1021] Miethke, *De potestate papae*, S. 214.
[1022] Marsilius von Padua, *Defensor Pacis*, I, 4, § 3–4.

zu in der Frage, ob der Staat den Bürgen diene oder die Bürger dem Staat.[1023] Die Vertragstheorien rücken so in den Kontext der philosophischen Richtung des Voluntarismus, als dessen Folge der Individualismus erscheint. Den wirtschaftsgeschichtlichen Hintergrund bildet der aufkommende Kapitalismus, der ebenfalls im Zusammenhang mit dem Individualismus gesehen werden kann. Die theoretische Zuwendung hin zu Vertragstheorien gerade seit dem Spätmittelalter scheint daher Ausdruck eines Zeitgeistes zu sein, der seine Parallelen in Wirklichkeit und Theorie gleichermaßen findet.

Schließlich haben auch die Juristen Vertragskonstruktionen in ihre Staatstheorien übernommen. Nach Black waren Juristen wie Bartolus die ersten, die dies taten.[1024]

3 Repräsentativmodelle

Wesentlich für die Praktikabilität einer Demokratie sind Modelle und Verfahren zur Repräsentation. Kann in räumlich begrenzten Gemeinschaften noch auf direkt-demokratische Verfahren zurückgegriffen werden, so ist dies für größere Gebiete nicht mehr möglich. Für die Beherrschung größerer Gemeinschaften, die sich über weitgestreckte Gebiete verteilten, kannte das Mittelalter verschiedene Möglichkeiten. Bereits die Antike hatte Verwaltungsstrukturen hervorgebracht, mit deren Hilfe das römische Weltreich regiert werden konnte. Die Kirche hat diese Strukturen weitgehend übernommen und die gesamte Christenheit in Provinzen und Diözesen eingeteilt. Instrumente der Sicherung der Rechtseinheit waren dort die Visitation, also der Besuch des Bischofs oder seines Vertreters vor Ort, und die Versammlungen, also Synoden und Konzilien. Das System der Versammlungen ist für die Entwicklung demokratischer Ideen und praktisch handhabbarer Strukturen von großer Bedeutung.

Im weltlichen Bereich bildete das Reisekönigtum ein gewisses Pendant zur kirchlichen Visitation, während sich Parlamente und Ständeversammlungen als Gegenstück zu den Synoden erst allmählich im hohen und späten Mittelalter (abgesehen vom Westgotenreich) zu Formen entwickelten, die Vorläufer demokratischer Institutionen werden konnten. Vorläufer wiederum der Parlamente waren die Hoftage und Gefolgschaftsversammlungen, zu denen der Zugang noch wesentlich vom König bestimmt wurde.

Auf den Konzilen repräsentierten die dort versammelten Bischöfe die Gesamtkirche. Vergleichbare Formen bildeten die international tätigen Orden des Hochmittelalters mit ihren Provinzial- und Generalkapiteln aus. So gab es im Mittelalter eine Vielzahl von Gemeinschaften und verfassten Körperschaften, Gilden, Zünften, Stifts- und Domkapiteln, Kommunen, Synoden,

[1023] Gough, The Social Contract, S. 7.

[1024] Black, Guilds, S. 37.

Konzilien, Räten und Parlamenten, die als Gemeinschaft bzw. als Kollegium, jedenfalls als eine Gesamtheit angesehen wurden oder eine solche repräsentierten.[1025] Repräsentation setzt jedoch voraus, dass der Repräsentant Handlungsvollmacht, *plena potestas*, besitzt, um für die Gemeinschaft, die er vertritt, handeln zu können. Weiterhin muss diese Gemeinschaft auch als solche begriffen werden, als Korporation, die als Einheit zu betrachten ist und nicht als Ansammlung von Individuen, die alle für sich einen Anspruch auf Vertretung haben. Das Modell der Korporation war der entscheidende Schritt hin zur Ausbildung von Repräsentationstheorien. Die *plena potestas* als Voraussetzung für die Funktionsfähigkeit verbreitete sich ab dem 13. Jahrhundert in ganz Europa sowohl im kirchlichen wie auch im weltlichen Bereich.[1026]

Hingegen sei die Verknüpfung von Repräsentation und Wahlmandat eine moderne Assoziation (Hofmann). Immerhin wurden die beiden Aspekte von Repräsentation und Korporation beispielsweise von Lupold von Bebenburg systematisch miteinander verarbeitet.[1027]

3.1 Repräsentation

Auch für repräsentative Formen im Regierungssystem fanden mittelalterliche Autoren Vorbilder in der Bibel. Der Franziskaner Nikolaus de Lyre verweist auf das Alte Testament. Moses habe nicht das gesamte Volk zusammengerufen, sondern nur die Ältesten als Repräsentanten der Gesamtheit.[1028]

Das praktische Erfordernis repräsentativer Verfahren war auch dem mittelalterlichen Menschen bewusst. Marsilius von Padua erläutert das Bedürfnis recht anschaulich. Nach Marsilius soll nur die Regierung die Beschlüsse des Gesetzgebers ausführen, da es zweckmäßiger sei, wenn wenige für alle handeln, damit die anderen nicht von notwendigen Verrichtungen abgehalten würden.[1029] Für ihn folgt die Delegation von Regierungsaufgaben und allgemein gesprochen die repräsentative Wahrnehmung von Gemeinschaftsarbeiten aus der arbeitsteilig organisierten Gesellschaft. Ähnlich sieht dies auch ein Anonymus, der in einer gut geregelten *democratia* nicht allen, sondern nur denjenigen, die nach dem Willen der *populares* regieren, die *potestas coactiva* zuweisen will.[1030] In der Praxis war es zwar durchaus üblich, dass die Könige und Fürsten Räte um sich scharten, die an der täglichen Arbeit der Regierung beteiligt waren. Für diese Räte, die jeder Fürst haben sollte,

---

[1025] Vgl. Post, Roman Law, S. 211.

[1026] Vgl. Post, *Plena Potestas*, S. 369 f.

[1027] Vgl. Hofmann, Repräsentation, S. 231.

[1028] Buc, Radulphus Niger, S. 155.

[1029] Marsilius von Padua, *Defensor Pacis*, I, 15, § 4 (ed. Kusch, Bd. 1, S. 160–161): *Fit enim per ipsum conveniencius execucio legalium quam per universam civium multitudinem, quoniam in hoc sufficit unus aut pauci principantes, in quo frustra occuparetur universa communitas, que eciam ab aliis operibus necessariis turbaretur.*

[1030] Lambertini, Politische Fragen, S. 125.

forderte Nikolaus von Kues in Analogie zu den Kardinälen, die den Papst beraten, dass es sich um *viri perfecti* handeln müsse, die zudem gewählt sein sollten, um verschiedene Teile des Reiches zu repräsentieren.[1031] Bei Cusanus steht also nicht der Aspekt der Arbeitsteilung und der Zweckmäßigkeit im Vordergrund, er legt vielmehr Wert auf eine repräsentative Abbildung der Bevölkerung (nach regionalen Kriterien) im Beratungsgremium. Außerdem soll dieses Gremium aus einer Wahl hervorgehen. Damit kommt er modernen Vorstellungen einer repräsentativen Demokratie näher als die meisten seiner Zeitgenossen.

a) Arten der Repräsentation

Wer die Macht hat, der handelt für die Gesamtheit, der er vorsteht, er verfügt über diese Macht nicht als Privatperson, sondern diese schöpft er aus seiner Identifikation mit der Gesamtheit. So drückt es Tolomeo von Lucca aus und bringt gleich zweierlei zum Ausdruck.[1032] Einerseits die Lösung des Amtes, der Funktion in der Gemeinschaft von der Person, die in dieser konkreten Funktion zur öffentlichen Person, zum Amtsträger wird. Andererseits macht das Handeln für und anstelle der Gesamtheit die Person zum Repräsentanten aller.

In der mittelalterlichen Denkweise kann man laut Tierney drei verschiedene Arten von Repräsentation unterscheiden. Er spricht von einer symbolischen Repräsentation, wenn der Vorsteher einer Gemeinschaft mit dieser identifiziert wird, die Gemeinschaft in ihm personalisiert ist. Um *mimesis* handelt es sich bei einer Versammlung, die in ihrer Zusammensetzung eine Gesamtheit widerspiegelt. Delegation liege dann vor, wenn eine Gemeinschaft einer Einzelperson durch Wahl das Recht überträgt, für sie zu handeln.[1033] Die erste Form der symbolischen Repräsentation entspricht gängiger mittelalterlicher Auffassung und findet sich im 12. Jahrhundert bereits bei Johannes von Salisbury. So wie die Natur alle Sinne im Haupt verankert, so summiere sich im Fürsten die Gewalt der einzelnen Volksgruppen, die ihnen der Substanz nach aber nicht als Amt gehöre. Darüber hinaus repräsentiere der Fürst nicht nur die *potestas publica*, er ist sie selbst.[1034] Diese Denkweise

---

[1031] Nikolaus von Kues, *De Concordantia Catholica*, III, 12, § 378 (ed. Kallen, S.376): *Habere quippe debet princeps ex omnibus de subiectis viros perfectos ad hoc de omni parte regni electos, qui in cotidiano consilio assint regi. Tales quippe consiliarii vicem gerere debent omnium regnicolarum, sicut de cardinalibus quodam loco, qui Romano pontifici astant, supradictum est.* ; vgl. Sigmund, Nicholas of Cusa, S. 214.

[1032] Tholomeo de Lucca, *Determinatio compendiosa*, XVIII (ed. Krammer, S. 38–39): *... sed illi, qui habent dominium, plus vigent in natura entis quam private persone, quia gerunt vice quasi totius entis, cui presunt ...* .

[1033] Tierney, Rights, Laws, ..., XI, 25.

[1034] Johannes von Salisbury, *Policraticus* IV, 1 (Bd. 1, S. 235–236): *Est ergo, ut eum plerique diffiniunt, princeps potestas publica et in terris quaedam diuinae maiestatis imago*; vgl. Berges, Fürstenspiegel, S. 139 f.

findet sich auch drei Jahrhunderte später noch bei Nikolaus von Kues, für den der Bischof als *persona publica* seine Diözese repräsentiert. Repräsentation versteht auch Cusanus als Personifizierung der repräsentierten Körperschaft oder Gruppe.[1035] Gleichwohl dürfen die Untergebenen ihrem Vorsteher und Repräsentanten nicht gegen ihren Willen untergeordnet sein, da die Repräsentanz Nikolaus zufolge die Zustimmung der Repräsentierten voraussetzt.[1036] Korporative Elemente und Repräsentationskonzepte waren im immer noch hierarchischen Denken des Kusaners vorhanden. Wenn er auch in seinen späteren Schriften eher die Spitze einer Hierarchie als den vorrangigen Repräsentanten einer Gemeinschaft ansah, so ging er in seinen früheren Werken davon aus, dass diejenigen, die in der Hierarchie weiter unten stehen, ihre Untergebenen besser repräsentierten, als ihre Vorgesetzten, da sie selbst jenen näher seien.[1037] Baldus begründet die Tatsache, dass der Kaiser das Volk repräsentiere etwas anders, doch läuft seine Argumentation ebenso auf eine Identifikation des Kaisers mit dem Volk hinaus, ohne dass die Repräsentation durch eine aktuelle Wahl vermittelt würde. Durch die unwiderrufliche Übertragung der Souveränität mittels der *lex regia* repäsentiere der Kaiser das Volk, er steht für das Volk.[1038]

Der gewählte Rat einer Stadt wird von Bartolus de Sassoferrato als Repräsentant des ganzen Volkes dieser Stadt gesehen. Der Rat wirke wie der vernünftige Wille des Volkes.[1039] Ähnliches gab ein englischer Richter im 14. Jahrhundert über das Parlament kund. Das englische Parlament repräsentiere den Körper des gesamten Reiches.[1040] Im kirchlichen Bereich wurden die Domkapitel als für den übrigen Klerus handelnd angesehen. Die im hohen Mittelalter entstehenden Orden, insbesondere auch die Mendikanten, wurden von Versammlungen geleitet, die sich aus Delegierten der einzelnen Häuser und Klöster zusammensetzten und die Vollmacht besaßen, diese zu reprä-

[1035] Nikolaus von Kues, *De Concordantia Catholica*, I, 11, (ed. Kallen, S. 69): ... *Petrus pro soliditate ecclesiae petra dictus est. ..., ideo Christus de ecclesia loqui volens ad eum tamquam ipsam firantem loquitur*; I, 13, S. 74: *Deinde habetur Petrum figuram ecclesiae gessisse ...*; vgl. Sigmund, Nicholas of Cusa, S. 165.

[1036] Mohr, Unitas Christiana, S. 44. Nikolaus von Kues handelt über das Verhältnis des Bischofs zu seiner Diözese und bringt den gängigen Vergleich mit der Ehe, *De Concordantia Catholica*, II, 32, § 232 (ed. Kallen, S. 276): *Et facit ad hoc bene 31 q. 2 De neptis, quia si unum corpus spirituale constitui debet ex episcopo et plebe, tunc consensus necessarius videtur, ut ibi de matrimonio carnali dicitur, quoniam non dubium inter episcopum et ecclesiam matrimonium est, 153 q. 2 Audivimus cum similibus.*

[1037] Vgl. Sigmund, Nicholas of Cusa, S. 307.

[1038] Canning, Baldus, S. 73; dort zitiert: C.10.1.Rubr.: *princeps representat illum populum, et ille populus imperium etiam mortuo principe.*

[1039] Bartolus de Saxoferrato, In Digestum vetus,1,3,32, Nr.10 (ed. Lyon 1563, fol.19va/20ra):*Consilium repraesentat mentem populi.* Vgl. Meier, Mensch und Bürger, S. 195; Hofmann, Repräsentation, S. 219 f.

[1040] Tierney, Religion. Laws, ..., S. 21.

sentieren.[1041] Verstärkt Anlass zur Diskussion über die Möglichkeiten und die Bedeutung von Repräsentation boten die Konzile des 15. Jahrhunderts. Die Kanonisten hatten die Frage zu beurteilen, ob der Papst als persönlicher Souverän, anders gesagt als *persona publica* und damit als Personifikation der kirchlichen Gemeinschaft diese repräsentiert oder ob das Konzil als Delegiertenversammlung die Kirche in sich abbildet.[1042] Auch Nikolaus von Kues hatte sich mit dieser Frage beschäftigt und kam zu einer interessanten Folgerung. Papst und Kardinalskollegium könnten nur dann die Gesamtkirche in vollkommener Weise repräsentieren, wenn sie am Ende einer Delegationskette stünden. Nicht nur der Papst, auch die Kardinäle müssten gewählt werden, so dass sie ihr Amt letztlich auf die Zustimmung des Volkes zurückführen könnten.[1043]

b) Repräsentation in Theorie und Praxis

Die Orden waren Vorreiter bei der Ausbildung von Repräsentativsystemen. Beeinflusst von den Orden des 12. Jahrhunderts, aber auch von römischem und kanonischem Recht, bildeten beispielsweise die Dominikaner im 13. Jahrhundert ein Generalkapitel aus, auf dem die Ordensprovinzen durch Bevollmächtigte vertreten waren.[1044] Post relativiert jedoch den repräsentativen Charakter eines dominikanischen Generalkapitels. Auf dem Kapitel des Jahres 1228 waren zwölf Provinzialprioren vertreten, die von *diffinitores* begleitet wurden. Diese wurden von den Provinzialkapiteln gewählt und bevollmächtigt. Obwohl die Prioren und die anderen Delegierten gewählt seien, waren sie doch auch mit ihrer Wahl Verwalter und Richter, so dass ein Generalkapitel damit eher einem Konzil oder einem fürstlichen Rat vergleichbar sei als einer repräsentativen Versammlung.[1045] Gleichwohl wird man in den gestuften Kapitelsystemen der internatonalen Orden Vorstufen repräsentativer Demokratie sehen können. Da es keine Erbfolge innerhalb eines Ordens geben konnte und somit eine Klassenbildung – abgesehen von der Einteilung in Kleriker und Laien – nicht vorgesehen war, liegt hier ein egalitäres Kontrastprogramm zur damaligen Feudal- und späteren Adelsgesellschaft vor. Die jeweils höhere hierarchische Ebene konnte nur durch Wahl aus der unteren Ebene besetzt werden, da niemand in eine bestimmte Ebene hineingeboren werden konnte. Allerdings muss einschränkend hinzugefügt werden, dass die

---

[1041] Sigmund, Nicholas of Cusa, S. 74.

[1042] Vgl. Haubst, „repraesentatio“, S. 145.

[1043] Vgl. Sieben, Traktate, S. 96. Nikolaus von Kues, *De Concordantia Catholica*, II, 18, § 166 (S. 202–203): *Funguntur enim cardinales vice metropolitanorum … Igitur sicut mero politani provinciarum per electionem provincialium constituuntur, ita et cardinales, qui eorum vices gerunt, iuxta praenarrata constitui debent.*

[1044] Vgl. Post, Roman Law, S. 231.

[1045] Post, *Plena Potestas*, S. 369.

gesellschaftliche Hierarchie außerhalb des Ordens oft auch innerhalb des Ordens Beachtung fand und der Stand, in den jemand hineingeboren worden war, auch nach dessen Eintritt in einen Orden noch der Karriere förderlich oder eben hinderlich war. Die regelmäßigen Versammlungen boten ferner ein Beispiel für die Handhabung demokratischer Formen in der Praxis einer räumlich weit gestreuten Gemeinschaft. Nicht von ungefähr soll Benjamin Franklin in Paris die Verfassung der Dominikaner studiert haben, um sich Anregung für den Verfassungsgebungsprozess in den werdenden Vereinigten Staaten zu holen.[1046]

Für die Gesamtkirche besteht seit alters her die Institution des Konzils. Seit dem IV. Laterankonzil war eine Zusammensetzung der mittelalterlichen Generalkonzilien angestrebt, die es erlaubte, das Konzil als Repräsentation der Gesamtkirche zu sehen. Neben dem Papst und den Kardinälen waren nicht nur Bischöfe und Äbte, sondern auch Vertreter der Domstifte und Universitäten, der exemten Orden und der weltlichen Fürsten geladen.[1047] Die Repräsentation ergibt sich aus der ausdrücklichen Delegation der Gemeinschaft, die durch den jeweiligen Konzilsteilnehmer vertreten werden soll.[1048] So fordert auch Ockham für ein die Gesamtkirche vertretendes Konzil die Wahl der Vertreter. Dabei sollen in den Pfarrsprengeln die Vertreter für die Diözesansynoden, dort die Delegierten für das Generalkonzil gewählt werden, damit das Konzil für die Gesamtkirche durch ihre gewählten Vertreter handeln kann.[1049] Ockham betont ausdrücklich den Repräsentativcharakter des Konzils.[1050] Das korporationsrechtliche Prinzip der Identitätsrepräsentation verwirft der Franziskaner dennoch. Vielmehr sind für Ockham alle durch die Kirchenverfassung legitimierten Amtsträger Organe und Werkzeuge der Kirche und damit selbst Instrumente des Heiligen Geistes und repräsentieren somit in ihrer Gesamtheit die Christenheit.[1051] Von Natur aus aber könne nichts repräsentativ für etwas anderes sein. Es bedarf immer der Delegation von Mensch zu Mensch, wie dies durch die kirchlichen Wahlen geschehe.[1052]

[1046] Gilby, Principality and Polity, S. 290.

[1047] Miethke, Die Konzilien, S. 742.

[1048] Krämer, Die wahre Repräsentation, S. 217.

[1049] Wilhelm von Ockham, I. Dial. VI, c.84: *Dicitur quod rationabile esset de qualibus parrochia vel aliqua comitate (qui posset faciliter in unum convenire) mitti aliquem vel aliquos ad concilium episcopale vel ad parlamentum regis ac principis aut alterius publice potestatis que eligeret vel eligerent aliquos mittendos ad concilium generale, qui taliter electi a conciliis episcopalibus vel parlamentis secularium potestatum in unum locum convenientes possunt generale concilium appellari*; vgl. auch I. Dial.VI, c.57.

[1050] Wilhelm von Ockham, I. Dialogus, VI, 84: *concilium generale non videtur esse aliud quam congregatio aliquorum qui vicem gerant totius christianitas.*

[1051] Hofmann, Repräsentation, S. 244 f.

[1052] Ockham, op.theol.II,545, I. sent., d.3, qu.9: *nec est aliquid aliud proprie repraesentativum*; vgl. Hofmann, Repräsentation, S. 246.

Miethke vermutet bei dem englischen Franziskaner die Einflüsse des werdenden Parlamentarismus in Ockhams Heimat sowie das Vorbild der Generalkapitel der Franziskaner.[1053] Johannes Quidort sieht den Papst als Repräsentanten der Gesamtkirche an, eine Funktion, die ihm durch die Kardinäle als Vertreter der Gesamtkirche übertragen worden sei.[1054] Cusanus billigt in seinen frühen Schriften dem Konzil die Repräsentation der Kirche eher zu als dem Papst. Er gibt der *mimesis* also den Vorzug gegenüber der symbolischen Repräsentation. Er begründet dies damit, dass im Konzil nicht nur der höchste Rang innerhalb der Hierarchie vertreten sei und die unteren Ränge, welche näher am Volk seien, eine bessere Gewähr für die Repräsentation der Gesamtkirche böten.[1055] Für den Cusaner ist der Konsens ein wichtiges Grundelement der Repräsentation, das sich in den kirchlichen Wahlen manifestiert.[1056] Durch ein die Gesamtkirche repräsentierendes Konzil konnte dem Grundsatz Genüge getan werden, dass von allen entschieden werden soll, was alle angeht. Gelnhausen ergänzt konsequenterweise: von allen oder anstelle aller.[1057] Er will wie Ockham, der Männer wie Frauen zum Konzil zulassen will, alle Stände in einer solchen Generalversammlung der Kirche vertreten wissen.[1058]

Nikolaus von Kues hat aufbauend auf den Erfahrungen der Kirche und den Reformforderungen an diese auch für den weltlichen Bereich ein Regierungssystem vorgeschlagen, das repräsentativ-demokratische Elemente ent-

---

1053 Miethke, Repräsentation, S. 174.

1054 Bleienstein, Johannes Quidort, S. 37. Bleienstein verweist auf cap. 24 des Traktats (ed. Bleienstein, S. 199–202), wo Johannes Quidort an mehreren Stellen das Kardinalskollegium erwähnt und offenbar als Repräsentation der Gesamtheit auffasst, z. B., S. 200, Z. 26–28: … *debet petere cessionem a populo vel a collegio cardinalium quod in tali casu est loco totius populi et licentia obtenta vel non obtenta cedere tenetur* oder S. 201, Z. 23: … *coram collegio cardinalium quod est ibi loco totius ecclesiae.*

1055 Sigmund, Nicholas of Cusa, S. 166. Nikolaus von Kues, *De Concordantia Catholica*, II, 18, § 158 (ed. Kallen, S. 193–194): *Deinde ex hoc patet quod, sicut Petrus unice et confusissime figurat ecclesiam, qui deviabilis est, quod tunc inter petram et Petrum sunt plures graduationes repraesentationum et significationum, quousque in petram deveniatur a confusissima repraesentatione et figura usque in veritatem per media certiora et veriora. Unam autem ecclesiam significare et repraesentare non potest nisi unus aut una congregatio, quam Graeci synodum dicunt. Ex quo evenit quod in synodis universalibus considerari debet, an sit ordinata congregatio, quae ex unione synodica repraesentare habeat universalem ecclesiam, puta ex papa, patriarchis et provinciarum capitibus.*

1056 Vgl. Hofmann, Repräsentation, S. 301 f.

1057 Konrad von Gelnhausen, *Epistola Concordiae*, col. 1207: … *ut quod omnes tangit ab omnibus vel vice omnium tractetur.* Der repräsentative Charakter kommt bei ihm ebenfalls zum Ausdruck (ed. Bliemetzrieder, S. 118, Z. 21–24): … *sicut tunc omnes personaliter convenerunt ad concilium, ita possunt nunc multi unum vel plures constituere, qui omnium constituencium vel mittencium vices in concilio poterunt representare et pro ipsis incumbencia expedire.*

1058 Vgl. Sigmund, Nicholas of Cusa, S. 100.

hielt und damit seiner Zeit weit voraus war. Nikolaus hatte dabei eine ständisch geordnete Volksvertretung im Auge, welche der Bürgerschaft Mitwirkungsgelegenheiten bietet.[1059] Dabei will er die Monarchie mit einer repräsentativen Regierungsweise verbinden.[1060] Dem Landesherrn, bzw. im Reich dem Kaiser, soll ein Beratungsgremium, welches das Reich repräsentiert, zur Seite gestellt werden. Der Fürst bzw. der Kaiser sollte zu jeder Zeit Leute um sich haben, die ihm beratend zur Seite stehen. Dies sollen ausgezeichnete Männer sein, die aus der Gesamtheit der Untertanen in allen Teilen des Reiches gewählt werden. Der Kusaner zeichnet ausdrücklich eine Parallele zum Kardinalskollegium. Diese Räte müssten immer das Wohl derjenigen im Auge haben, die sie repräsentieren. Dazu seien sie eidlich und öffentlich zu verpflichten, wenn sie in einer allgemeinen Reichsversammlung einträchtig gewählt würden.[1061] Nikolaus legt also ein indirektes Wahlverfahren für das ständige Gremium an der Spitze des Reiches zugrunde. Doch muss man Nikolaus mit Mohr unterstellen, dass der *consensus*, den der Kusaner einfordert, auch ein *consensus taciturnus* sein kann, ein ursprünglicher Konsens also, welcher nicht regelmäßig durch Wahlen erneuert werden muss. In diesem Sinne verkörpern die Kurfürsten, Herzöge und Grafen als Repräsentanten des Volkes bereits den *consensus communis.*[1062]

Die Übertragung von Entscheidungen und Regierungsvollmachten an eine kleine Gruppe schwebt auch dem Aristoteliker Marsilius von Padua vor. Anders als bei der Demokratie der Griechen seien bei ihm die Elemente der Repräsentation und Stellvertretung wichtiger geworden (Ottmann).[1063] Entscheidungsbefugnisse und Vollmachten sollen zu bestimmten Zwecken vom primären Gesetzgeber übertragen werden.[1064] Doch direkt-demokratische Elemente bleiben bei Marsilius weiterhin vorhanden. Gesetze sollen von wenigen ausgearbeitet werden, denen diese Aufgabe stellvertretend über-

[1059] Mohr, Unitas Christiana, S. 215.

[1060] Watanabe, The Political Ideas, S. 143.

[1061] Nikolaus von Kues, *De concordantia catholica*, III, 12, § 378 (ed. Kallen, S. 376): *Habere quippe debet princeps ex omnibus de subiectis viros perfectos ad hoc de omni parte regni electos, qui in cotidiano consilio assint regi. Tales quippe consiliarii vicem gerere debent omnium regnicolarum, sicut cardinalibus ... Et hii tales consiliarii eorum, quos repraesentant, bonum publicum debent continue defensare ... Deberent quidem isti consiliarii in universali congregatione regni concorditer ad hoc deputari et per leges et iuramenta ad bonum publicum persuadendum palam obligari.*

[1062] Mohr, Unitas Christiana, S. 193. vgl. z. B. Nikolaus von Kues, *De Concordantia Catholica*, III, 25, § 471 (ed. Kallen, S. 421–422): *Primi ordinis sunt reges et electores imperii, patricii. Secundi sunt duces, praesides, praefecti et huiusmodi. Tertii marchiones et lantgravii et similes. Omnes illi, qui ceteris eminent et imperio plus approximantur, corpus imperiale, cuius caput est ipse caesar, constituunt. Et dum simul conveniunt in uno compendio repraesentativo, totum imperium collectum est.*

[1063] Ottmann, Bd. 2,2, S, 265.

[1064] Marsilius von Padua, *Defensor Pacis*, I, 12, § 3.

tragen wurde, doch soll der Entwurf dann letztlich von allen beraten und beschlossen werden.[1065] Marsilius stammte aus einer norditalienischen Stadt und bringt die dortigen Verfassungsstrukturen und Praktiken als Hintergrund mit, was sich an seinen Theorien ablesen lässt. Ein Engländer wie Ockham beispielsweise kennt weniger die urbanen Strukturen Italiens, hat aber die Anfänge des Parlamentarismus im England des 13. Jahrhunderts vor Augen.

Marsilius' Zeitgenosse Ockham bleibt seinem Ökonomieprinzip treu und verzichtet darauf, dem Regenten ein ständiges beratendes Gremium zur Seite zu stellen, denn was von wenigen getan werden kann, dafür braucht man nicht mehrere. Schließlich geht es darum Entscheidungen zu treffen, die mit der richtigen Erkenntnis möglich sind. Dies kann der Herrscher, der in sich bereits das Volk repräsentiert.[1066] Der Widerstreit politischer Programme, unterschiedlicher Ansichten und Herangehensweisen, von denen keine den absoluten Wahrheits- oder Erkenntnisgehalt für sich allein beanspruchen kann, war einem mittelalterlichen Menschen wie Ockham noch fremd, es galt, die eine (einzige) richtige Entscheidung zu treffen.

Für Bartolus von Sassoferrato schließlich ist es nicht das Volk, das sich im Herrscher repräsentiert. Wie Marsilius hat auch er die oberitalienische Städtelandschaft vor Augen, als er sein Repräsentationsmodell entwickelt. Die Versammlung des Volkes, das keinen übergeordneten Herrn hat – das bleibt für ihn immer noch Voraussetzung –, wählt einen Rat, also die Regierung und die Richter. Dieser Rat repräsentiert den Verstand oder die Meinung des Volkes: *concilium representat mentem populi.*[1067]

3.2 Korporationen

Für die Verfassung des Staates ebenso wie der Kirche ist die Korporationstheorie grundlegend.[1068] Die Korporation ist die gedachte Person, welche durch Wahl die unmittelbar von Gott herrührende Gewalt auf einzelne konkrete Personen überträgt.

a) Korporationen in der mittelalterlichen Gesellschaft

Für die mittelalterliche Gesellschaft machte Lagarde zwei Zivilisationstypen aus, verbunden mit zwei verschiedenen Wirtschaftsstrukturen und zwei politischen Systemen. Der Großteil der Bevölkerung lebte auf dem Land, das

---

[1065] Marsilius von Padua, *Defensor Pacis*, I, 13, § 8 (ed. Kusch, Bd.1, S. 140–145): *Et propterea … regulas, futuras leges sive statuta … inveniendas et examinandas prudentibus et expertis per universitatem civium committi conveniens et perutile est … Adinvente vero et diligenter examinate huiusmodi regule, future leges, approbande vel reprobande in universitate civium congregata proponi debent … .*

[1066] Vgl. Miethke, Repräsentation, S. 182 f.

[1067] Canning, The political Thought, S. 198; s.o.

[1068] Bleienstein, Johannes Quidort, S. 38.

vom Feudalsystem geprägt wurde. Ein kleiner, aber seit dem hohen Mittelalter wachsender Teil lebte in korporativ verfassten städtischen Gesellschaften.[1069] Die Stadt, „corps de ville“ (Lagarde), handelte und artikulierte sich wie eine Person. Diese Person sprach mit der Stimme derjenigen, welche die Stadtgemeinde repräsentierten, sei es eine Volksversammlung, ein Rat oder ein einzelner Vorsteher.[1070]

Das mittelalterliche Leben, vor allem das städtische, war von korporativ verfassten Gruppen durchdrungen. Mittelalterliche Denker waren daher auch an die alltägliche Beteiligung am Leben von Korporationen gewöhnt, sei es innerhalb einer Universität oder eines Domkapitels. Dadurch wurde auch ihr Denken über die Struktur der menschlichen Gesellschaft im Allgemeinen und der politischen Verfassung im Besonderen beeinflusst.[1071]

Der mittelalterliche Mensch stand nie für sich allein. Selbst das Eremitentum war weitgehend verschwunden und dem koinobitischen Mönchtum gewichen. Wer sich von der Welt abwenden wollte, schloss sich gleichwohl in Gruppen zusammen. Mönche gehörten Klöstern, diese wiederum Orden an, Kleriker bildeten Kapitel, und Lehrer und Schüler fanden sich zu einer Interessengemeinschaft zusammen, die anfangs mit den Zünften und Gilden vergleichbar war, bis sich diese *universitas scholarium* einen Sonderstatus erkämpfte und zur Universität mit besonderen Privilegien und eigener Gerichtsbarkeit wurde. Zünfte und Gilden waren berufsständische Gruppen, die ebenfalls eigene Statuten besaßen und ihre Angelegenheiten selbst verwalteten. Zahlreiche Vereinigungen, Bruderschaften, Gilden oder Gemeinschaften bildeten sich zum Schutz ihrer Mitglieder oder zur Verfolgung von Gruppeninteressen. Ausgestattet mit dem Recht der Selbstverwaltung und dem Recht, ihre Vorsteher selbst zu bestimmen, bildeten sie einen gewissen Kontrast zur sonst hierarchisch strukturierten Gesellschaft des Mittelalters.[1072] Durch eine Vielzahl solcher berufsständischer, aber auch nachbarschaftlicher Verbände entstand in einer Stadt ein Bündel verschiedener Ordnungen, das die Verfassungsstruktur der mittelalterlichen Stadt ausmachte. Insgesamt wurden persönliche Treuebindungen durch die kleineren Verbände dem Ganzen vermittelt.[1073] Nicht ganz vergleichbar waren die Strukturen des Lehnswesen, das aber durch die Ausbildung von Personenverbänden alle Menschen in geordnete Strukturen einband.

b) Entwicklung der Korporation zur juristischen Person

Die Entwicklung von Korporationen zu anerkannten juristischen Personen war dennoch schwierig. Freiwillige Zusammenschlüsse von Menschen zur

[1069] Vgl. Lagarde, Bd. 2, S. 304.

[1070] Lagarde, Bd. 2, S. 318.

[1071] Tierney, Religion, Laws, …, S. 11; vgl. auch Lagarde, Bd. 2,2, S. 311.

[1072] Vgl. Ullmann, Individuum und Gesellschaft, S. 42.

[1073] Vgl. Hofmann, Repräsentation, S. 203 f.

Durchsetzung gemeinsamer Interessen waren, wenn sie außerhalb der bestehenden Ordnung erfolgten, verpönt und störten die Einheit. Die Mitglieder solcher Gruppen verbanden sich durch gegenseitige Eide zu Schwureinungen, zu Verschwörungen. Das Konzil von Chalkedon (451) verurteilte das „Verbrechen der Verschwörungen und der Konspiration" (*coniurationum et conspirationum crimen*) und verbot Klerikern, sich zu solchen Vereinigungen zusammenzuschließen.[1074] Die Rede ist dabei wohl von Verschwörungen und Aufruhr sowie bei Gelegenheit entstehenden Gruppen (Oexle), während im can. 24 der Synode von Orléans (538) geschworene Einungen, soziale Gruppen gemeint sind, deren Mitglieder sich durch Eide zu gegenseitiger Hilfe und christlicher Caritas verbunden hatten.[1075] In der Karolingerzeit tauchten vielerorts Gilden auf, die sich das Misstrauen der Obrigkeit zuzogen, weil sie sich der Kontrolle entzogen und durch gegenseitig zu leistende Eide Personenverbände aufbauten, die ihre eigenen Angelegenheiten, wie beispielsweise die Verteidigung, selbst regelten.[1076] Auch spätere Dekretisten blieben bei ihrer Abneigung gegen *coniurationes*, wobei sie meist die *coniuratio* gegen den bischöflichen Stadtherrn im Auge hatten und sie als „Vertrag des Ungehorsams" ansahen. Erst mit Beginn des 13. Jahrhunderts lässt sich hier eine Differenzierung feststellen.[1077]

Bei diesen verbotenen Verschwörungen handelte es sich allerdings um Gruppen, die sich außerhalb der vorgegebenen Hierarchie gebildet hatten. Die Hierarchie bot hingegen selbst Anlass zur Entwicklung der Rechtsfigur Korporation, die sich auf die Kirche insgesamt oder ihre Teilorganisationen anwenden ließ. Die Kanonisten hatten die institutionelle Kontinuität der Kirche vor Augen und erkannten die korporative Dauerhaftigkeit, was die Legisten für das Zivilrecht übernahmen.[1078] Es waren schließlich die Kanonisten, welche das entscheidende Theorem einer Lehre vom Wesen der Korporation als einer die einzelnen Mitglieder überdauernden Institution entwickelten.[1079] Die eigenständige Persönlichkeit der Korporation, welche die Mitglieder überlebt, weiteren Mitgliederwechsel erlaubt und darüber fortbesteht, war das entscheidende Merkmal, das den Fortschritt von der „Verschwörung" hin zur Korporation, zum Verein bzw. Körperschaft nach heutigem Sprachgebrauch ausmachte. Innozenz III. segnete schließlich die Existenz solcher Korporationen ab. Er gestand den Pariser Scholaren das Recht zu, einen Leiter

[1074] *Decretum Gratiani*, c.11.21 (*Corpus Iuris Canonici*, ed. Friedberg, I, Sp. 632):*Coniurationum et conspirationum crimen, quod apud Grecos dicitur fratria, publicis etiam legibus certum est penitus inhiberi*; vgl. Sydow, Fragen zu Gilde, ..., S. 117.

[1075] Oexle, Conjuratio und Gilde, S. 175.

[1076] Vgl. Oexle, Conjuratio und Gilde, S. 156 f.

[1077] Sydow, Fragen zu Gilde, ..., S. 117 f.

[1078] Gilby, Principality and Polity, S. 256.

[1079] Meier, Mensch und Bürger, S. 136.

und Bevollmächtigten zu wählen, und erkannte sie damit als eigenständige Verwaltungseinheit an.

Gleichzeitig gewann die Ansicht unter Kanonisten Verbreitung, dass in kirchlichen Kollegien der Vorsteher seine Amtsgewalt durch die Wahl erlange.[1080] Personen, die ein Kollegium bildeten, konnten nun ihren Vorsteher, im Idealfall unbeeinflusst von außen, wählen, der damit zur Personifizierung und geborenen Vertretung des Kollegiums als Gesamtheit wurde. Der Dekretalenkommentar des späteren Innozenz IV. geht davon aus, dass über die kirchlichen Gemeinschaften hinaus alle Menschen Gemeinschaften, auch Berufsgenossenschaften mit Selbstverwaltung, bilden können. Bedingung für jede Korporation sei nur, dass sie wegen eines gerechten Grundes gegründet werde und einem gemeinsamen Guten diene.[1081] Anerkannt war mit der Zeit auch die Gesamtbürgerschaft einer Stadt (*universitas civium*) als rechtsfähiger Verband, sofern sie sich nicht als Einung gegen den Stadtherrn zusammenschließt.[1082] Städte und Zünfte, das bestätigte auch Innozenz IV., können Körperschaftsstatus erlangen, und für ihre Angelegenheiten ihre eigenen Vorsteher und Richter einsetzen.[1083] Bartolus schließlich formulierte den allgemeinen Grundsatz, dass alle diejenigen, die zusammen handeln, ein Kollegium gemäß dem Recht bilden können.[1084]

Mittelalterlichen Juristen war die Bedeutung der Konstruktion klar. Bartolus formuliert deutlich, worum es sich bei einer Körperschaft handelt. Es ist nichts weiter als die Summe ihrer Mitglieder, doch mithilfe einer rechtlichen Fiktion werde sie zu einer von ihren einzelnen Mitgliedern abgehobenen und verschiedenen Person.[1085]

c) Korporativmodelle in der Theorie

So wie Korporationen in der Praxis eine große Rolle spielten, so fanden derartige Modelle Eingang in theoretische Überlegungen. Marsilius von Padua war einer der ersten – nach Black der einzige – mittelalterlichen Denker, der die Rolle, welche die Korporationen in mittelalterlichen Stadtstaaten spielten, ernst genommen hat und funktionale Gruppen ins Zentrum seiner Staatstheorie gestellt hat, mit der Idee der Gemeinschaft als Gesamtheit.[1086] Auch bei Albertus Magnus, der wie Marsilius beständig auf Aristoteles zurückgreift und mit dessen Vokabular arbeitet, finden sich funktionale Gruppen als „Staaten im Staate“. Die Berufsgenossenschaften kennzeichnet er als Arten der Demokratie, wovon es ebenso viele gebe, wie es Berufe gibt. Grund

[1080] Black, Guilds, S. 19.
[1081] Sydow, Fragen zu Gilde, ..., S. 119 f.
[1082] Dilcher, Genossenschaftliche Struktur, S. 93.
[1083] Black, Guilds, S. 20.
[1084] Black, Guilds, S. 21.
[1085] Vgl. Hofmann, Repräsentation, S. 134.
[1086] Black, Guilds, S. 86.

dafür ist auch bei Albertus das Erfordernis der Arbeitsteilung.[1087] Nikolaus von Oresme hat ebenso Gebrauch von Korporationstheorien gemacht, um die Beziehungen von Mitgliedern einer Gemeinschaft zueinander zu erfassen, wobei er die Verantwortlichkeiten von Mitgliedern und Vorstehern nicht hinreichend berücksichtigt hat.[1088]

Ansätze von theoretischer Verarbeitung der Korporationen oder zumindest eine Vorbereitung dafür sieht P. Sigmund in den organologischen Staats- oder Gesellschaftstheorien, die eine Analogie von Gesellschaft und menschlichem Körper herstellen. In der Kanonistik schließlich hatten Korporationen ebenfalls Eingang gefunden.[1089] Vor allem seit den Arbeiten Innozenz' IV. wurden Korporationen als eigenständige Subjekte anerkannt, die einerseits eine zusammengesetzte Vielheit von Menschen seien, andererseits aber auch eine abstrakte Einheit darstellten, auch wenn dies in dieser Form nur mit dem Verstand wahrzunehmen war, also eine Fiktion darstellte.[1090] In der Kirchenrechtslehre bewirkte die Entwicklung von Korporationstheorien seit dem 13. Jahrhundert allmählich eine Ausweitung der Rechte der Mitglieder einer Korporation gegenüber ihrem Vorsteher.[1091] Zabarella schließlich beschreibt die Kirche als Hierarchie von Korporationen, deren Mitglieder bestimmte Rechte gegenüber ihren jeweiligen Vorstehern hatten.[1092] Die Kirche insgesamt wurde mit der Zeit allgemein als eine Korporation gesehen.[1093]

Bedeutung hatten Korporationstheorien vor allem für die Möglichkeit der Repräsentation. Wichtig für die Entstehung von Repräsentationsmechanismen ist nämlich die Rolle des Vorstehers oder Vertreters einer Korporation. Die Möglichkeit der Vertretung von Korporationen entwickelte sich in der Kirche erst ab 1150. Bis dahin waren *procuratores*, bevollmächtigte Vertreter, nur für natürliche Personen anerkannt. Als Körperschaften in ihrer Eigenschaft als Gesamtheiten wie eine Person angesehen wurden, konnten auch Korporationen durch ihre Vorsteher oder Bevollmächtigte vertreten werden.[1094] Juristen und Kanonisten entwickelten mit der Zeit eine Theorie von der sozialen Persönlichkeit von Gruppen, welche die korporative Wirklichkeit der Epoche widerspiegelte.[1095] Diesen Schritt geht der Nominalist Ockham nicht mit. Zwar will er Repräsentativfunktionen auf der Grundlage von Delegation anerkennen, nicht aber eine auf dem Korporationsgedanken beru-

1087 Meier, Mensch und Bürger, S. 82.

1088 Babbit, Oresme's *Livre de Politiques*, S. 148.

1089 Sigmund, Nicholas of Cusa, S. 54; vgl. zu den Organvergleichen: Struve, Die Entwicklung der organologischen Staatsauffassung, passim.

1090 Vgl. Canning, The Political Thought, S. 186.

1091 Watanabe, The Politcal Ideas, S. 84 f.

1092 Sigmund, Nicholas of Cusa, S. 112; vgl. auch Sieben, Traktate, S. 23.

1093 Watanabe, The Politcal Ideas, S. 85.

1094 Monahan, Consent, S. 114 ff.

1095 Lagarde, Bd. 2,2, S. 318.

hende Identität von Repräsentant und Repräsentierten.[1096] Die Korporationen bei Ockham gründen sich nach MacGrade eher auf menschliche Solidarität, als dass hier ein Vorrang sozialer oder politischer Gesamtheiten gegenüber dem einzelnen Menschen erkannt werden könne.[1097]

Für den Juristen Baldus hingegen waren Korporationen als Einheit real vorhanden. Die Menschen bildeten dabei das Material, die Korporation die Form, so dass ein Kollegium als solches mehr durch den Verstand wahrzunehmen sei, als durch die Sinne.[1098] Auch das Volk wird von Baldus als ein Ganzes gesehen. Zwar mache eine Ansammlung Einzelner noch kein Volk aus, doch die Verbindung von Menschen zu einem mystischen Körper kann abstrakt als solcher begriffen werden.[1099]

d) Bedeutung von Korporationen

Spätestens seit 1300 brachte es das System der korporativen Repräsentation in Europa zur Blüte, sei es im Parlament (England), in den Cortes (Spanien), den Ständeversammlungen oder in der Kirche mit ihren Synoden und Konzilien. In der Forschung wird der Beginn dieser Entwicklung teilweise bei dem Dominikanerorden mit seinen General- und Provinzialkapiteln gesehen.[1100] Meier hingegen bezeichnet die Ausbildung der mittelalterlichen Korporationstheorie als den folgenreichsten Adaptionsversuch des römischen Rechts. Vom kleinsten Hospital bis zum Königreich konnte nunmehr jeder selbstverwaltete Verband mit eigenen Satzungsrechten unter den Begriff der Korporation gefasst werden.[1101] Die Korporation wurde zur *persona ficta*, zu einer Gesamtperson, die den Wechsel der Mitglieder überdauerte und durch gewählte Vertreter rechts- und handlungsfähig wurde.[1102] Ganz anders hingegen argumentiert Hintze, welcher der Korporationstheorie überhaupt keine Bedeutung, zumindest nicht für die Ausbildung ständischer Verfassungen, zubilligen will. Die Körperschaft als tatsächliche Rechtserscheinung sei älter. Die Korporationslehre als Verschmelzung deutscher und römischer Rechtsgedanken sei zu spät gekommen, um noch einen maßgebenden Einfluss aus-

[1096] Vgl. Miethke, Repräsentation, S. 175.

[1097] MacGrade, Political Thought, S. 113.

[1098] Baldus (ad X.1.31.3), Text bei Canning, The Politcal Thought, Appendix I, S. 265: *Omnis universitas dicitur corpus, quia compositum et aggregatum, ubi corpora sunt tanquam materia, dicitur autem forma, id est formalis status. Est igitur collegium imago quedam, que magis intellectu quam sensu percipitur*; Canning, ebd., S. 188.

[1099] Baldus, Text bei Canning, The Political Thought, Appendix I, S. 265: *Nec obstat quod glossa dicit … quod populus non est aliud quam homines, quia debet intelligi de hominibus collective assumptis, unde homines separati non faciunt populum, unde populus proprie non est homines, sed hominum collectio in unum corpus misticum et abstractive sumptum, cuius significatio est inventa per intellectum*; Canning, ebd., S. 187.

[1100] Post, Roman Law …, S. 212.

[1101] Meier, Mensch und Bürger, S. 135.

[1102] Meier, Mensch und Bürger, S. 146 f.

üben zu können.[1103] Tierney wiederum sieht die Juristen als Vorreiter der politischen Theorie, welche aus dem Privatrecht heraus ihre Theorien zur Repräsentation korporativer Gruppen und dem Verhältnis eines Vorgesetzten zu seinen Untergebenen ausarbeiteten.[1104] Interessanterweise sind einige Korporationen, die Zünfte, von mittelalterlichen Gesellschaftstheoretikern als Mittel politischer Partizipation weitgehend ignoriert worden, wie Meier anmerkt.[1105]

Gleichwohl hatten Korporationen mindestens innerhalb der Kirche eine große Bedeutung für die Besetzung von Repräsentativversammlungen. Seit dem 4. Laterankonzil (1215) wurden Domkapitel und Konvente im Konzil vertreten. Diese Vertretung durch Bevollmächtigte breitete sich im 13. Jahrhundert in Sizilien, dann in Spanien, England und Frankreich aus.[1106]

Neben ihrer Bedeutung für die Repräsentation drang auch der zweite Aspekt der Kontrolle des Vorstehers durch die Mitglieder einer Körperschaft ins Bewusstsein der mittelalterlichen Denker.[1107] In der Theorie fand dies ihren Niederschlag bei Marsilius, der das Volk als korporative Einheit betrachtete, und später im Konziliarismus des 15. Jahrhunderts, als das Konzil als Korporation der Bischöfe, die den Papst kontrollierten, gesehen wurde und das als eine Versammlung von Repräsentanten der Gesamtkirche galt.[1108]

Eine weitere Bedeutung der Korporationstheorie bestand in der Ermöglichung von Mehrheitsbeschlüssen. Solange eine Vielzahl von Individuen nicht als Einheit aufgefasst wurde, war Einstimmigkeit nötig, wenn ein Beschluss für alle Gültigkeit haben sollte. Erst als Korporationen als Einheiten gesehen wurden, die losgelöst von ihren Mitgliedern als existent anerkannt wurden, war der Weg frei für Mehrheitsbeschlüsse, der auch die überstimmte Minderheit unterworfen sein sollte. Der Beschluss wurde nämlich als Willensäußerung der Korporation angesehen, nicht aber als eine Übereinkunft der Einzelpersonen, die nur durch die jeweils individuelle Zustimmung ihre Bindungswirkung für den Einzelnen entfalten kann. Die Übertragung des Korporationsbegriffs auf bereits vorhandene Gremien diente Theoretikern wie Lupold von Bebenburg als Begründung dafür, dass er Mehrheitsentscheidungen in dem jeweiligen Gremium ausreichen lassen wollte. Konkret widerspricht er Hostiensis in Bezug auf die Kurfürsten, welche letzterer als persönlich handelnde Einzelpersonen ansah. Lupold hingegen erkannte in den Kurfürsten keine Individuen, sondern im Kurfürstenkollegium insgesamt eine Korporation, deren Mitglieder mit Mehrheit einen für alle bindenden Beschluss fassen

---

1103 Hintze, Weltgeschichtliche Bedingung, S. 20.

1104 Tierney, Church Law, XV, 12 f.

1105 Meier, Mensch und Bürger, S. 202.

1106 Post, Roman Law, ..., S. 231 f.

1107 Vgl. Sigmund, Nicholas of Cusa, S. 71.

1108 Vgl. Sigmund, Nicholas of Cusa, S. 76 f.

konnte, der anschließend genauso wie ein einstimmiger betrachtet werden sollte.[1109]

3.3 Konziliarismus

Konzilien, Versammlungen der Gesamtkirche, hat es seit der Frühzeit des Christentums gegeben. Im Rückgriff auf das Jesus-Wort „Wo zwei oder drei in meinem Namen zusammen sind, da bin ich mitten unter ihnen" (Mt 18,20) konnte jede Zusammenkunft, jede Synode kraft der Mitwirkung des Heiligen Geistes als Versammlung der Kirche angesehen werden.[1110] Das erste bekannte Konzil ist das sogenannte Apostelkonzil[1111], welches noch in die Anfangszeit der neuentstandenen Religion fällt, die damals noch fest im Judentum verankert war. Es war eben dieses Konzil, das mit der Integration der Heidenchristen die Loslösung von der mosaischen Mutterreligion vorbereitete. In die Zeit der Patristik fallen noch die dogmatischen Konzilien der Spätantike, beginnend mit Nikaia (325) bis hin zu Chalkedon (451).

Im frühen Mittelalter kannte man im Abendland vor allem Landessynoden, die oftmals von jeweiligen König (Westgoten, Franken) einberufen wurden. Im Hochmittelalter schließlich übernahmen die Päpste die Initiative und riefen Bischöfe und Äbte zu Versammlungen ein, welche die Gesamtkirche repräsentieren sollten, womit die lateinische Christenheit gemeint war.

Der Begriff des Konziliarismus bezeichnet hingegen die Krisenzeit der katholischen Kirche im späten Mittelalter, die sich bereits mit dem Umzug der Päpste nach Avignon ankündigte und ihren Höhepunkt mit dem Ausbruch des großen abendländischen Schismas ab 1378 erreichte. Ein Konzil sollte die Lösung bringen. Das Konzil von Pisa erklärte das Schisma für beendet und setzte 1409 einen neuen Papst ein. Da sich die Päpste in Rom und Avignon ihre Obödienzen zumindest teilweise erhalten konnten, verschlimmerte dies die Lage nur, so dass es fortan drei Päpste gab. Mit dem Konzil von Konstanz fünf Jahre später wurde ein neuer, diesmal erfolgreicher Anlauf unternommen. Ein Schisma solchen Ausmaßes oder erwähnenswerte Gegenpäpste (Amadeus von Savoyen blieb ohne Bedeutung) hat es seither nicht mehr gegeben, abgesehen von der Reformation, die aber nicht die Institutionen der Kirche spaltete, sondern eine neue Kirche außerhalb der katholischen ins Leben rief. Solange aber das Papsttum seine unumstrittene Autorität innerhalb der Kirche noch nicht zurückerobert hatte, tobte während des 15. Jahrhunderts in der Kirche ein Richtungskampf um die Frage, wie die Macht zwischen Papst und Konzil zu verteilen sei. Das Konzil sollte zu einer ständigen Einrichtung werden, doch setzte sich schließlich der Papst durch, und Konzile wurden seither in unregelmäßigen Abständen und nach päpstlicher Einberufung abgehalten.

[1109] Watanabe, The Politcal Ideas, S. 167.

[1110] Vgl. Hofmann, Repräsentation, S. 52 f.

[1111] Apg 15, 1–21; Gal 2, 1–10.

Theologen und Kanonisten setzten sich seit dem 13./14. Jahrhundert verstärkt mit der Rolle auseinander, die sie den Konzilien innerhalb der Kirche und vor allem gegenüber dem Papst zubilligen wollten. Hochkonjunktur hatten solche Überlegung naturgemäß im 15. Jahrhundert. Die dort über das Wesen eines allgemeinen Konzils geäußerten Anschauungen mögen von Ockham und Marsilius durchaus beeinflusst worden sein, doch geht der Konziliarismus, wie eingangs beschrieben, auf eine ältere Tradition – auch in der Kanonistik – zurück.[1112] Wenn auch die Konziliaristen ihre Theorien auf Ockham stützen konnten, so war Ockham selbst, worauf Hofmann hinweist, kein Konziliarist. Anders als die Generationen nach 1378 argumentierte Ockham nicht aus der Entgegensetzung von Papst und Konzil, sondern in deren Gegenüberstellung.[1113]

Vorbilder für die Synoden und Konzilien waren die römischen Provinzialversammlungen (*concilia*).[1114] Die Kirche übernahm auch hier Elemente der römischen Reichsverwaltung und tradierte diese bis in unsere Zeit. Solche Anleihen wurden auch in späterer Zeit gemacht, indem man Begriffe der Antike auf Einrichtungen und Organe der mittelalterlichen Gesellschaft übertrug. So wurde das erst im Mittelalter entstandene Kardinalskollegium mit dem Senat gleichgesetzt. Damit sind die drei Organe benannt, deren Kompetenzen und deren Verhältnis zueinander den Gegenstand konziliaristischer Theorien bildeten: Der Papst als monarchisches Element, die Kardinäle als aristokratischer Senat und das Konzil als demokratisches Organ, das die Gesamtkirche repräsentiert.

Manegold von Lautenbach wollte den römischen Primat nicht von den Aposteln, sondern unmittelbar vom Herrn (*ab ipso Domino nostro*) ableiten, woraus er folgerte, dass alle Streitigkeiten und Urteile sowie Entscheidungen in wichtigen kirchlichen Fragen dem Haupt, also dem Papst, dessen Partei er im Streit mit dem Kaiser ergriff, vorbehalten seien.[1115] Doch schon im 13. Jahrhundert gab es Stimmen, wie den Kanonisten Johannes Teutonicus, welche das Konzil in Fragen des Glaubens dem Papst überordneten.[1116] Diese Sicht stellte zwar keine Neuerung mehr dar, doch hatte das Papsttum seit den ersten ökumenischen Konzilien der alten Kirche während des Hochmittelalters seinen Ehrenprimat zu einer monarchischen Stellung ausgebaut.

1112 Sieben, Traktate, S. 16 f; vgl. auch Krämer, Die wahre Repräsentation, S. 214„ der zudem darauf hinweist, dass die papalistischen Ekklesiologen der Konziliarismuszeit in ihren Argumentationen Marsilius und Ockham näher standen als die Konziliaristen.

1113 Hofmann, Repräsentation, S. 251.

1114 Hintze, Weltgeschichtliche Bedingung, S. 6. Dies wird von Hofmann (Repräsentation, S. 56) bestritten. Ein greifbarer Zusammenhang der christlichen Konzilien mit den Provinziallandtagen sei nicht gegeben. Auch seien die Konzilien anfangs keine Repräsentativorgane festabgegrenzter Kirchenprovinzen gewesen.

1115 Manegold von Lautenbach, *Ad Gebehardum Liber*, cap. 7, S. 322 – 325 (ed. Francke).

1116 Ottmann, Bd. 2,2, S. 78.

Die neuerdings wieder postulierte Überordnung des Konzils über den Papst stellt diese monarchische Stellung in Frage. Über die dogmatischen Fragen hinaus will Wilhelm Durandus, ein Ratgeber des französischen Königs Philipps IV., den Papst auch in der Rechtsetzung dem Konzil unterwerfen. Alle zehn Jahre solle ein Konzil abgehalten werden, ohne dessen Zustimmung der Papst kein neues Recht setzen dürfe.[1117] Allein ein solches Generalkonzil solle gesetzgeberische Kraft besitzen, denn das, was alle angeht, muss von allen gebilligt werden, womit Wilhelm auf die *quod omnes tangit*-Formel zurückgreift.[1118] Angesichts solcher Konsequenzen wird die Bedeutung des Konziliarismus für die Entwicklung des Parlamentarismus und der repräsentativen Demokratie deutlich. Es verwundert daher nicht, wenn Dempf – allerdings im Zusammenhang mit Quidort – zu der Schlussfolgerung kommt, dass die Kirchenstaatstheorie ebenso wie die weltliche zu einer postulierten Volkssouveränität führe.[1119] Mit dem Konzil war ein Instrument gefunden, mit dem die Gesamtheit in einem arbeitsfähigen Gremium verkörpert werden konnte, ohne die Repräsentanz zu sehr auf Einzelpersonen, wie beispielsweise die des Monarchen, zu projizieren.

a) Zusammensetzung des Konzils

Den Erörterungen über die Zusammensetzung des allgemeinen Konzils sei zunächst eine Definition vorangestellt, wie sie Konrad von Gelnhausen gegeben hat. Für ihn ist ein Konzil eine Zusammenkunft mehrerer Personen an einem Ort, wobei die Teilnehmer die verschiedenen Ränge, Stände und Geschlechter repräsentieren, sowie Personen von hohem Rang und Ansehen, die zusammen zum Wohle der gesamten Christenheit tätig werden.[1120]

Bei der Beurteilung, welche repräsentative Funktionen einem Konzil zukommen können, ist zunächst ein Blick darauf zu werfen, wie sich mittelalterliche Theoretiker die personelle Zusammensetzung eines allgemeinen Konzils vorstellten. Die weitestgehenden Forderungen stellt der Franziskaner Wilhelm von Ockham auf. Ein Generalkonzil solle von Repräsentanten beschickt werden, die von Kapiteln und Parlamenten zu wählen seien. Darunter sollen Geistliche wie Weltliche sein, ja sogar Frauen will Ockham als Teilnehmerin-

[1117] Guillelmus Durandus, *De modo generalis concilii*, III, 27, 11 (ed. Paris 1671, S. 281); Ottmann, Bd. 2,2, S. 78.

[1118] Vgl. Dempf, S. 421.

[1119] Dempf, S. 430.

[1120] Konrad von Gelnhausen, *Epistola concordiae* (ed. Bliemetzrieder), S. 131–132: … *consilium generale est multarum vel plurium personarum, rite convocatarum, representancium vel gerencium vicem diversorum statuum ordinum et sexuum, et personarum tocius christianitatis venire aut mittere valencium aut potencium, ad tractandum de bono communi universalis Ecclesie in unum locum communem et idoneum convencio seu congregatio*; vgl. Watanabe, The Political Ideas, S. 81.

nen zulassen.[1121] Einberufen wird das Konzil nach Ockham weiterhin vom Papst, wenn dieser der Häresie verfallen ist, auch von den Kardinälen und Bischöfen. Bei deren Säumnis greift Ockham wieder auf das Notfallprinzip zurück und billigt die Einberufung auch jedem anderen Christen zu.[1122] Ähnlich weitgehende Vorstellungen von der Zusammensetzung des Konzils hat auch Ockhams Zeitgenosse Marsilius von Padua. Sein Generalkonzil besteht aus denjenigen, welche die Gesamtheit der Gläubigen vertreten: *vicem universitatis fidelium representantes.* Alle Länder sollen nach der Entscheidung des menschlichen Gesetzgebers entsprechend ihrer Zahl und Bedeutung ihre Repräsentanten wählen, zuerst Priester, dann auch Laien.[1123] Für die Einberufung ist bei Marsilius allerdings nicht der Papst, sondern der menschliche Gesetzgeber oder der von diesem eingesetzte Regent zuständig.[1124] Ottmann zufolge klingt die Konzilstheorie des Marsilius allerdings „demokratischer", als sie es in Wirklichkeit ist. Einerseits habe der Paduaner den Teilnehmerkreis ausgeweitet, andererseits bevorzuge er erneut den gewichtigeren Teil (*valencior pars*).[1125] Auf einen wesentlichen Unterschied zwischen Marsilius und Ockham weist zudem Hofmann hin. Anders als der Aristoteliker aus Padua vermeidet es der Franziskanertheologe von einer Repräsentation der auf dem Konzil vertretenen Pfarrgemeinden, Bischofskonferenzen oder Parlamenten zu sprechen. Für Ockham sei es, so Hofmann, allein die Gesamtkirche, die im Konzil insgesamt repräsentiert werde.[1126]

Gegenüber Marsilius und Ockham schränkt Nikolaus von Kues den Teilnehmerkreis wieder ein. Nur Priester sollen zum Konzil zugelassen sein, diese aber werden mit Zustimmung der Laien gewählt.[1127] Ähnlich klingt dies auch bei Zabarella, obwohl bei ihm das Element der Wahl in den Hintergrund tritt. Die Gemeinschaft der Gläubigen (*congregatio fidelium*) handle durch ein repräsentatives Konzil, das aus Bischöfen und Angehörigen der höheren Geistlichkeit besteht, die aber die Gläubigen mit deren Zustimmung repräsentierten. Das Konzil selbst handelt durch Mehrheitsbeschlüsse (*maior*

1121 Wilhelm von Ockham, I.Dial. V, c.32; I.Dial. VI, c.85; vgl. Sigmund, Nicholas of Cusa, S. 97; Miethke, *De potestate papae*, S. 292.

1122 Vgl. Pleuger, S. 87.

1123 Marsilius von Padua, *Defensor Pacis*, II, 20, § 2 (ed. Kusch, Bd. 2, S. 716–719): *... ut omnes mundi provincie seu communitates notabiles secundum sui legislatoris humani determinacionem, ..., et secundum ipsarum proporcionem in quantitate ac qualitate personarum viros eligant fideles, ..., qui tamen iudices secundum iudicis significacionem primam, vicem universitatis fidelium representantes, iam dicta sibi per universitates auctoritate concessa conveniant ad certum orbis locum, convenienciorem tamen secundum plurime partis ipsorum determinacionem ... .*

1124 Marsilius von Padua, *Defensor Pacis*, III, 2, Folgerung Nr. 33.

1125 Ottmann, Bd. 2,2, S. 268 f.

1126 Hofmann, Repräsentation, S. 248.

1127 Sigmund, Nicholas of Cusa, S. 163 f.; Nikolaus von Kues, *De Concordantia Catholica* II, 18 (ed. Kallen, S. 200–201) und II, 32, S. 278.

pars), denn so wie die Mehrheit denkt, so sollen alle anderen auch denken, weil es so vom Heiligen Geist gelehrt werde.[1128]

b) Aufgaben des Konzils

Die Aufgabe eines Konzils ist traditionell die Entscheidung über das Dogma, den rechten Glauben. Kanonisten wie Johannes Teutonicus und Alanus sahen in Glaubenssachen das Konzil als höherrangig als den Papst an (*synodus est papa*).[1129] Auch für Marsilius von Padua gehört das Dogma zu den Entscheidungen, die allein das allgemeine Konzil oder, wie Marsilius hinzufügt, der bedeutsamere Teil (*valencior multitudo sive pars*) desselben zu treffen hat. Ausdrücklich will er eine solche Entscheidung keinem Teilkollegium oder Einzelperson zubilligen.[1130] Als weitere Aufgabe gibt Marsilius die Ein- oder Absetzung des Bischofs oder der Kirche an, welche als Haupt der gesamten Christenheit, also in der Rolle des Papstes, der bei ihm aber nicht notwendigerweise der Bischof von Rom ist, fungieren soll.[1131] Darüber hinaus weist er auch Entscheidungen über das Zölibat oder Heiligsprechungen dem allgemeinen Konzil zu.[1132] Wilhelm Durandus geht ebenfalls über die bloße Zuständigkeit des Konzils für das Dogma hinaus. In seiner Reformschrift für das Konzil von Vienne aus dem Jahre 1311 beruft er sich auf die *quod omnes tangit*-Formel und will alle generellen Rechtsvorschriften nicht mehr allein durch den Papst erlassen wissen, sondern nur nach Berufung eines allgemeinen Konzils.[1133]

c) Bedeutung des Konziliarismus

Die Bedeutung, welche die Entwicklung der Konzilsidee für die abendländische politische Theorie gehabt hat, darf nicht unterschätzt werden. Ein Konzil konnte Vorbild für ein Parlament werden. Bei Marsilius überschneiden sich die Begrifflichkeiten sogar. Er identifiziert das Generalkonzil mit dem *supremus legislator humanus*, setzt es also in Struktur und Funktion dem höchsten Repräsentativ- und Gesetzgebungsorgan gleich.[1134]

[1128] Sigmund, Nicholas of Cusa, S. 110 f.

[1129] Sigmund, Nicholas of Cusa, S. 79.

[1130] Marsilius von Padua, *Defensor Pacis*, III, 2, Nr. 2 (ed. Kusch, Bd. 2, S. 1090–1091): … *nullumque aliud parciale collegium aut personam singularem cuiuscumque condicionis existat, iam dicte determinacionis auctoritatem habere.*

[1131] Marsilius von Padua, *Defensor Pacis*, III, 2, Nr. 32 (ed. Kusch, Bd. 2, S. 1098–1099): *Episcopum … metropolitanam simpliciter omnium statuere atque privare seu deponere ab huiusmodi officio, ad solum generale concilium fidelium omnium pertinere*, mit Verweis auf II, 22, §§ 9–12.

[1132] Marsilius von Padua, *Defensor Pacis*, III, 2, Nr. 35–36.

[1133] Guillelmus Durandus, *De modo generalis concilii*, III, 27 (ed. Paris 1671, S. 281): *Item quod nulla iura generalia deinceps conderet Romana ecclesia nisi convocato concilio generali, quod de decennio in decennium vocaretur*; vgl. Hofmann, Repräsentation, S. 255.

[1134] Marsilius von Padua, *Defensor minor* XII, 1–5 (ed. Jeudy/Quillet, S. 254–260), insbesondere XII, 1; vgl. Miethke, *De potestate papae*, S. 241.Marsilius muss in diesem Kontext genannt

Das Konzil ist das Bindeglied zwischen den herrschaftsausübenden Schichten, den ausführenden Organen und der Gesamtheit der Herrschaftsunterworfenen. Eine Machtverschiebung vom Monarchen, in diesem Fall dem Papst, hin zum Konzil stellt ein durchaus demokratisches Element dar. Ockham wendet sich als Befürworter des Konzils als oberstes Gremium der Kirche folgerichtig gegen eine *plenitudo potestatis* des Papstes. Er begründet dies bzw. er lässt die in seinem *Dialogus* als Lehrer bezeichnete Person eine Ansicht referieren, die darauf verweist, dass die Aposteln, wenn sie Vorschriften erlassen hätten, dies nie getan hätten, ohne ihre Untergebenen zu befragen und ihre Zustimmung einzuholen.[1135]

Diese Anbindung an die Basis ist der Kern der Konzilstheorie. Bei den verschiedenen Vertretern wird als Konstante der Glaube an das Recht der Gemeinschaft erkennbar, ihren Leiter zu wählen und abzusetzen und auf irgendeine Weise an der Entscheidung über die Gesetze mitzuwirken, denen sie unterworfen ist.[1136] Für Nikolaus von Kues ist der Konsens das entscheidende Leitmotiv. In diesem Zusammenhang ergänzt er noch ein Merkmal, das er untrennbar mit den auf Konsens gerichteten Konzilsberatungen verbunden sieht. Diese müssten nämlich öffentlich sein und – was sehr modern klingen mag – dort müsse Redefreiheit herrschen.[1137] Zwang und Heimlichkeit sind also bei den Beratungen eines Repräsentativorgans unerwünscht.

Im Zusammenspiel mit Papst und Kardinalskollegium vervollständigt das Konzil das Bild einer gemischten Verfassung. Wie schon vor ihm der Franziskaner Petrus Johannis Olivi oder nach ihm Johannes Quidort hat Tolomeo von Lucca unter Verweis auf die mosaische Regierungsweise und die Römische Republik die Kirche als gemischte Verfassung gesehen.[1138]

1415 schien die in der Theorie bereits geforderte Überordnung des Konzils über den Papst Wirklichkeit zu werden. Mit dem Dekret *Haec Sancta* erklär-

werden, da er die Konzilsthematik behandelt hat. Gleichwohl weist Krämer (Die wahre Repräsentation, S. 214) daraufhin, dass Marsilius auf die ekklesiologischen Theorien des 15. Jahrhunderts, die vor dem Hintergrund einer anderen Konfliktlage entstanden, keinen nennenswerten Einfluss gehabt habe.

[1135] Wilhelm von Ockham, III. Dial. I, 1, c.7: … *apostoli plures canones condiderint et preceperint multa propter illa que enumerantur Actuum 15* [Apg 15] *nihil tamen preceperunt subditis minime requisitis et non consentientibus, nisi qui erant de lege divine et iure naturali, et necessitas vel utilitas publica postulabat.* Übers.: Miethke, Dialogus, S. 87.

[1136] Sigmund, Nicholas of Cusa, S. 118.

[1137] Nikolaus von Kues, *De concordantia catholica* II, 3 (ed. Kallen, S. 103): *Ecce nunc essentialia ad universale concilium, ubi universalia tractari debent, quod non secrete, sed publice omnibus liberrima detur audientia, et si tunc concordanti sententia aliquid fuerit diffinitum, per sanctum spiritum censetur inspiratum et per Christum in medio congregatorum eius nomine praesidentem infallibiliter iudicatum*; Sieben, Traktate, S. 91.

[1138] Blythe, Ideal Government, S. 116.

te das Konstanzer Konzil seine Superiorität über den Papst.[1139] Das zu dieser Zeit dreigespaltene Papsttum hatte derart an Autorität verloren, dass die Gelegenheit günstig war und die Konzilsväter hatten keinen ernst zu nehmenden Gegenspieler. Von einigen Forschern wird *Haec Sancta* als der Wendepunkt zwischen dem Mittelalter und der Moderne bezeichnet, mitunter sogar eine direkte Linie vom Konstanzer Konzil bis zur Glorious Revolution des Jahres 1688 gezogen.[1140] Zwischen weltlicher und kirchlicher Sphäre wird in diesem Zusammenhang nicht unterschieden. Kanonisten, aber auch Thomas von Aquin, Johannes Quidort oder Wilhelm von Ockham sahen die Organisationen von Kirche und Welt als analoge Gebilde an.[1141] Später entwickelte auch Nikolaus von Kues Verfassungen für Kirche und Reich, welche er in gleicher Weise strukturierte und ausdrücklich in Analogie zueinander setzte. Theorien für die Kirche und ihre Verfassung hatten fast automatisch auch für den weltlichen Bereich Geltung und wurden auch übernommen.[1142] Bei Nikolaus von Kues ist der Gleichklang offensichtlich. In der Kirche kommt das Recht zustande durch die Zustimmung des Konzils und des Kardinalskollegiums. Das gleiche gilt für die Gesetze eines Königreichs, für Provinzen oder Diözesen, wobei das Parlament an die Stelle des Konzils, der König an die Stelle des Papstes tritt.[1143]

Nach Hintze war es auch die Kirche, welche die Könige (Neapel, England) zur Abhaltung von Parlamenten und zur Einführung ständischer Verfassungen gedrängt hat.[1144]

Konzil und Parlament hatten ihre Wurzeln in mittelalterlichen Theorien und Praktiken, wenn auch das Denken des 17. und der folgenden Jahrhunderte in klassischem Gewande daherkam und seine mittelalterlichen Wurzeln verdeckte.[1145] Aber schon im späten Mittelalter übertrugen John Fortescue in England oder Nikolaus von Oresme das kirchliche Modell mit Kardinalskollegium und Generalkonzil auf die weltlichen Herrschaften ihrer Länder.[1146] Blythe hält bei Fortescue und Oresme den Einfluss konziliarer Ideen für unverkennbar und fügt ein Praxisbeispiel hinzu. In gewisser Weise könne man nämlich auch Savonarolas Florenz der 1490er Jahre in ein derartiges Schema einfügen.[1147]

[1139] Ottmann, Bd. 2,2, S. 300. Zum Konzilsdekrete *Haec Sancta* siehe Thomas Rathmann, Geschehen und Geschichten des Konstanzer Konzils, S. 119 ff.

[1140] Blythe, Ideal Government, S. 258.

[1141] Vgl. Blythe, Ideal Government, S. 117.

[1142] Sigmund, Nicholas of Cusa, S. 121.

[1143] Vgl. Sigmund of Cusa, S. 179.

[1144] Hintze, Weltgeschichtliche Bedingung, S. 43 ff.

[1145] Tierney, Religion, Laws, . . . , S. 105.

[1146] Blythe, Ideal Government, S. 263.

[1147] Blythe, Ideal Government, S. 304.

VII Amt und Person

Im Blickpunkt politischer Theorie stehen ebenso das Amt des Herrschers wie auch die Person desselben, wobei letzterer Aspekt immer schwächer wird und im Laufe der Zeit an Bedeutung verliert. Je weiter man in die Vergangenheit zurückgeht, desto weniger ist es selbstverständlich, dass man zwischen Amt und Person unterschied. Immerhin vollzog sich in der mittelalterlichen Vorstellungswelt bereits eine Trennung von Amt und Person des Herrschenden, eine Unterscheidung, die sich sowohl im kirchlichen als auch im weltlichen Bereich durchsetzte.[1148]

1 Regierungsform und Amtsübertragung

Die mittelalterliche Realität der alltäglichen Herrschaftsausübung war ebenso weit entfernt von einer Demokratie wie von absolutistischen Strukturen, wie sie die Neuzeit hervorbrachte. Tendenzen in beide Richtungen waren aber sowohl in der Theorie als auch im machtpolitischen Bemühen der Regenten erkennbar. Betrachtet man die spanischen Reiche, Frankreich oder die Normannenstaaten in England und Sizilien, so lässt sich im 12. und 13. Jahrhundert ein Erstarken der Monarchie und der Zentralmacht beobachten, wie auch ein Wiedererwachen der Gesetzgebungstätigkeit durch den Monarchen in den genannten Ländern. Diese „Wiedergeburt des Staates" (Luscombe) wurde durch verschiedene Ideen und Theorien beeinflusst und begleitet. Das Königreich war eine *res publica*, deren Volk die Souveränitätsrechte dem *princeps* übertragen hatte, welcher wiederum als Amtsperson das Reich verwaltete.[1149]

Daher soll der Blick nunmehr auf die Staatsform einerseits, verstärkt aber auch auf die zur Herrschaft berufenen Personen andererseits gerichtet werden. Im Mittelpunkt steht dabei die Frage der Wahl in Theorie und Praxis.

[1148] Vgl. dazu Ernst H. Kantorowicz, The King's Two Bodies: A Study in Medieval Political Theory, Princeton 1957, deutsche Ausgabe: Die zwei Körper des Königs, 2. deutsche Aufl. München 1994.

[1149] Luscombe, Ethics and Politics, S. 78 f.

1.1 Anforderungen an die Regierungsform

Dass es bei der Entscheidung für eine Staatsform oder eine bestimmte Herrschaftsstruktur verschiedene Möglichkeiten gibt, war auch dem mittelalterlichen Menschen durchaus bewusst. Die meisten Denker hatten eine gewisse Idealvorstellung, doch neigten die wenigsten dazu, diese zu verabsolutieren, und trugen praktischen Erfahrungen und Erfordernissen Rechnung. In der Regel wurde zugegeben, dass die Wahl der Regierungsform nach Ort und Zeit verschieden ausfallen kann.

Für Thomas von Aquin war der Staat eine Entwicklung, keineswegs eine statische Realität. Je nach Umständen konnte der Staat, den er dem Wesen nach definierte (jenseitige Zielrichtung, Funktion für die Gemeinschaft), verschiedene und wechselnde Formen annehmen.[1150] Leitgedanke bei der Wahl der Herrschaftsform ist für Thomas dabei nicht die Tugendherrschaft. Vielmehr beurteilt er die Qualität einer Verfassung nach ihrer Effizienz im Hinblick auf die Zielerreichung (äußerer und innerer, bzw. irdischer und himmlischer Friede) sowie die Dauerhaftigkeit und die Akzeptanz von Staat und Verfassung durch die Bevölkerung.[1151]

a) Einheit als Ideal

Eine weitverbreitete Idealvorstellung, die im Zusammenhang mit der Wahl noch einmal anzusprechen sein wird, ist die Einheit, besser gesagt die Eintracht. Menschen, die in einer Gemeinschaft leben, sollen als Einheit erscheinen, damit der innere Frieden gewahrt bleibt. Es bedarf daher einer leitenden Instanz, welche die zahlreichen Einzelwesen zu einem großen Ganzen führt. Thomas von Aquin forderte dementsprechend eine Kontrollinstanz, die aus der Verschiedenheit die Einheit ordnet und dafür Sorge trägt, dass ein jedes Individuum in Übereinstimmung mit dem Allgemeinwohl handelt.[1152] Die Aufgabe dieses Kontrollorgans ist demnach die Verpflichtung aller Einzelpersonen auf das Staatsziel, auf das es selbst zum Nutzen aller verpflichtet wurde. Der Mensch braucht dazu, so Thomas, einen Sinn (*ratio*), und zwar einen anderen als den eigenen, der ihn zu den anderen hinführt.[1153] So wie der eigene Verstand den Menschen lenkt, so bedürfe es einer Intelligenz, welche die Gemeinschaft der Menschen leitet.[1154]

[1150] Cattin, L'anthropologie politique, S. 189 f.

[1151] Ubl / Vinx, Die Monarchie, S. 64.

[1152] Hamilton Bleakley, Aquinas' *De regimine principum*, S. 591.

[1153] Thomas von Aquin, Summa theologica, I-II, qu. 72, art.4 (Deutsche Thomas-Ausgabe, Bd. 12, S. 54): … *sed quia homo est naturaliter animal politicum et sociale, ut probatur in I Polit., ideo necesse est quod sit tertius ordo, quo homo ordinetur ad alios homines, quibus convivere debet.*

[1154] Thomas von Aquin, *De regimine principum*, I, 1 (ed. Mathis, S. 1b): *Est autem unicuique hominum naturaliter insitum rationis lumen, quo in suis actibus dirigatur ad finem. Et si quidem homini conveniret singulariter vivere, sicut multis animalium, nullo alio dirigente indigeret ad finem, sed ipse sibi unusquisque esset rex sub Deo summo rege, in quantum*

In seinem Fürstenspiegel macht Thomas die Erreichung von Eintracht und Frieden und die Vermeidung von Zwietracht zum Hauptthema. Ob diese Zielsetzung erfüllt werden kann, will er nicht allein von der Wahl der Verfassung abhängig machen, sondern er sieht einen Großteil der Verantwortung beim Regenten.[1155]

Diese klassische Sichtweise ist dem Genre der Fürstenspiegel eigen, da sich diese Textgattung gerade an einen Regenten wendet, um ihm als Leitfaden für die Regierung zu dienen. Ein Beispiel dafür, wie die Einheit und die Eintracht des Volkes mit einer einheitlichen, unangefochtenen Spitze in Verbindung gebracht wird, bietet ein norwegischer Fürstenspiegel. Ein Regent, so heißt es dort, der seine Macht mit anderen teile, werde im Parteienhader gezwungen, die Ideale der Väter zu verlassen, um sich zu halten. Weiterhin wird die Wahl als Nachfolgeregelung zugunsten der Erbfolge verworfen, weil die Zufälligkeiten und Willkürlichkeiten einer Wahl die Autorität dessen schwäche, der über das Recht wachen soll.[1156] Einheit setzt jedoch nicht für alle Denker Erbfolge voraus. Auch ein Marsilius will Einheit an der Spitze,[1157] doch geht er nicht so weit, aus diesem Grunde die Wahl zu verdammen. Ihm kam es auch eher darauf an, gegen eine geistlich-weltliche Doppelspitze zu argumentieren.

Sehr viel radikaler ist Dante, der eine Weltmonarchie fordert. Der aristotelischen Hoffnung auf die Urteilskraft der Vielen stellt er eine entgegengesetzte Theorie gegenüber, indem er das Ökonomieprinzip Ockhams auf die Politik überträgt. Was durch einen Einzelnen verwirklicht werden könne, so Dante, werde besser durch Einen statt durch Viele verwirklicht.[1158] Dies gilt bei Dante für die ganze Welt. Die Menschheit ist ein Ganzes gegenüber den Königreichen, aber nur ein Teil gegenüber dem Universum. Das Universum werde von Gott als Monarchen gelenkt, analog dazu bedürfe daher die Welt eines Weltmonarchen.[1159] Wenn die Menschheit von einem Herrscher regiert werde, sei sie am meisten mit Gott im Einklang und befinde sich am ehesten in

---

per lumen rationis divinitus datum sibi, in suis actibus se ipsum dirigeret. (S. 2a/b): *Si ergo naturale est homini quod in societate multorum vivat, necesse est in hominibus esse per quod multitudo regatur. Multis enim existentibus hominibus et unoquoque id, quod est sibi congruum, providente, multitudo in diversa dispergeretur, nisi etiam esset aliquis de eo quod ad bonum multitudinis pertinet curam habens; sicut et corpus hominis et cuiuslibet animalis deflueret, nisi esset aliqua vis regitiva communis in corpore, quae ad bonum commune omnium membrorum intenderet. … Propter quod et in omnibus quae in unum ordinantur, aliquid invenitur alterius regitivum.*

1155 Hamilton Bleakley, Aquinas' *De regimine principum*, S. 576 f.

1156 Berges, Fürstenspiegel, S. 9.

1157 Marsilius von Padua, *Defensor Pacis*, III, 2, Nr. 11 (ed. Kusch, Bd. 2, S. 1092–1093): *Solum unum numero supremum principatum esse debere in civitate vel regno*, mit Verweis auf I, 12 und I, 15, §§ 2–4.

1158 Dante Alighieri, *Monarchia*, I, 14, 1 (ed. Shaw, S. 36/37): *Et quod potest fieri per unum, melius est per unum fieri quam per plura*; vgl. Ottmann, Bd. 2,2, S. 239 f.

1159 Dante Alighieri, *Monarchia*, I, 7.

Harmonie mit seinem Absichten.[1160] Nur eine gemeinsame soziale Ordnung des gesamten Menschengeschlechts sei zur Verwirklichung der menschlichen Erkenntnisfähigkeit in der Lage, und nur so ist für Dante Frieden in Freiheit denkbar, zumal der Weltkaiser keinen Konkurrenten mehr habe und die universale Eintracht herstellen könne.[1161]

Der einige Jahrzehnte später für den französischen König schreibende Nikolaus von Oresme diskutiert in einer Glosse zur Politik des Aristoteles ausführlich, ob die gesamte Menschheit unter einem weltlichen Herrscher vereint sein soll.[1162] Während er für die Kirche eine einheitliche Spitze bejaht, weil diese aus einer besonderen göttlichen Gnade geschaffen worden sei und vom Heiligen Geist geleitet werde,[1163] so lehnt er einen Weltmonarchen für den säkularen Bereich ab. Oresme versucht die verschiedenen Argumente für eine Weltmonarchie zu widerlegen. Ein Königreich könne auch zu groß sein, und schließlich habe schon Augustinus festgestellt, dass das Römische Reich an seiner Größe zugrunde gegangen sei. Kein Fürst könne eine so große Menge wie die gesamte Menschheit ordnen, und auch Gott und die von ihm geschaffene Natur wollten keine Einheit, da viele Länder durch Meere und Berge voneinander getrennt seien. Der Verschiedenheit der Weltengegenden und der Sitten der Völker müsse durch regional verschiedenes positives Recht und unterschiedliche Regierungen für die einzelnen Völker Rechnung getragen werden.[1164] Die Menschheit sei anders als das von einem Gott geleitete Universum, das oft als Analogie angeführt wurde, keine perfekte Körperschaft, die unter einem Menschen geordnet werden könnte.[1165] Mit diesen Problemen setzte sich auch Johannes Quidort auseinander. Wegen der Verschiedenheit der Völker verlangt er nicht nach einer Weltmonarchie, jedenfalls nicht nach einer weltlichen. Für den geistlichen Bereich soll es bei der Universalkirche bleiben, denn, so seine pragmatische Argumentation, die geistliche Monarchie (Papstkirche) arbeite mit dem Wort, die weltlichen Mächte (Könige) dagegen mit dem Schwert. Das Wort aber könne leichter in die Ferne wirken

[1160] Dante Alighieri, *Monarchia*, I, 8, 5 (ed. Shaw, S. 18/19): *Ergo humanum genus uni principi subiacens maxime Deo assimilatur, et per consequens maxime est secundum divinam intentionem* … .

[1161] Dante Alighieri, *Monarchia*, I, 12 (ed. Shaw, S. 28–32); Miethke, *De potestate papae*, S. 158.

[1162] Nicolas de Oresme, *Livre de Politiques* 7, 10 (ed. Menut, S. 289b–294b).

[1163] Nicolas de Oresme, *Livre de Politiques* 7, 10 (ed. Menut, S. 293a): *Car celle monarchie esperituele vient de Dieu par grace especial, et le monarche de elle et lieutenant de Dieu et gouverné par le Saint Esperit.*

[1164] Nicolas de Oresme, *Livre de Politiques* 7, 10 (ed. Menut, S. 291b): *Car selon la diversité des regions, des complexions, des inclinations et de meurs de gens, il convient que leur droiz positifs et leur gouvermens soient differens.*

[1165] Nicolas de Oresme, *Livre de Politiques* 7, 10 (ed. Menut, S. 292b): … *multitude de tous les hommes ne est pas un corps ne chose qui puisse estre ordenee sous un homme.*

als das Schwert.[1166] Doch für die einzelnen Königreiche befürwortet Quidort die einheitliche Spitze in Form der Monarchie, denn im Alleinherrscher seien die Kräfte mehr geeint und deshalb stärker. Außerdem sei es für den anzustrebenden Frieden besser, wenn einer als Führer aus der Allgemeinheit herausgehoben werde.[1167]

Zwar nicht für die Weltmonarchie wie Dante, doch immerhin für die Monarchie (als Einmannherrschaft) brachte einige Jahrzehnte vor Quidort auch Thomas von Aquin ein entschiedenes Plädoyer vor. Für Einheit und Eintracht sei sie die beste Verfassung. Auch er zieht eine Parallele zur Lenkung des Alls durch Gott, dem die Herrschaft des Königs entspreche. Die Einheit gehöre zum Wesen des Guten, das Böse aber sei immer vieles.[1168] Schließlich habe jede politische Gewalt zum Ziel, Einheit und Frieden zu schaffen und zu erhalten.[1169] Deshalb ist die Monarchie nach Ansicht des Dominikaners der Aristokratie vorzuziehen, weil sie Einheit und Frieden gewährleiste. Doch berücksichtigt Thomas auch praktische Erfahrungen und die Natur des Menschen. Frieden und die Loyalität der Bürger können nur gesichert werden, wenn alle irgendwie an der Herrschaft teilhaben. Damit weicht Thomas von seinem Ideal ab und ergänzt dieses um ein demokratisches Element.[1170] Um die Eintracht des Volkes zu erhalten, akzeptiert auch der Monarchist Johan-

---

[1166] Johannes Quidort, *De regia potestate et papali*, cap. 3 (ed. Bleienstein, S. 82): *Et ideo ex divino statuto est ordo omnium ministrorum ad unum. Non sic autem fideles laici habent ex iure divino quod subsint supremo monarchae in temporalibus ; sed ex naturali instinctu qui ex Deo est habent ut civiliter et in communitate vivant et per consequens ut ad bene vivendum in communi rectores eligant, diversos quidem secundum diversitatem communitatem ... quia tantum sufficit unus ad dominandum toti mundo in temporalibus sicut unus sufficit in spiritualibus, quia potestas spiritualis censuram suam potest faciliter transmittere ad omnes, propinquos et remotos, cum sit verbalis. Non sic potestas saecularis gladium suum cum effectu potest tam faciliter transmittere ad remotos, cum sit mannualis; facilius enim est extendere verbum quam manum.*

[1167] Johannes Quidort, *De regia potestate et papali*, cap. 1 (ed. Bleienstein, S. 76): *Est autem utilius regimen multitudinis per unum qui praeest secundum virtutem quam per plures vel paucos virtuosos, quod patet tum ex potentia, nam in uno principante magis est virtus unita et ideo fortior est quam in pluribus dispersa, tum ex unitate et pace quae intendi debet in regimine multitudinis.*

[1168] Thomas von Aquin, *Summa Theologica*, I, qu. 103, a.3 (Deutsche Thomas-Ausgabe, Bd. 8, S. 11): *Unitas autem pertinet ad rationem bonitatis*; ders., *De regimine principum*, I, 3 (ed Mathis, S. 4): *Sicut igitur utilius est virtutem operantem ad bonum esse magis unam, ut sit virtuosior ad operandum bonum; ita magis est nocivum, si virtus operans malum sit una, quam divisa. Virtus autem iniuste praesidentis operatur ad malum multitudinis, ... Nam bonum provenit in rebus ex una causa perfectur, quasi omnibus adunatis quae ad bonum iuvare possunt, malum autem singillatim ex singularibus defectibus*; vgl. Ottmann, Bd. 2,2, S. 207.

[1169] Vgl. auch Mikat, Gesetz und Staat, S. 456.

[1170] Vgl. Riklin, Machtteilung, S. 103.

nes Quidort Elemente einer gemischten Verfassung, damit alle einen Anteil an der Herrschaft haben.[1171]

Mit ähnlichen Argumenten wie Thomas befürwortete auch Jakob von Viterbo die Einheit an der Spitze eines Regierungssystems. Konkret meinte er zwar den Papst als Haupt der Kirche, doch gleichen seine Begründungen denen, welche für den weltlichen Bereich vorgebracht wurden. Die Regierung führe zum Ziel des Guten. Aus dem Sinn des Guten folge die Einheit, und Einheit könne nicht von vielen herbeigeführt werden, sondern nur von einem, weshalb die Menge besser von einem Einzelnen geleitet werde, denn mehrere könnten viele nicht einigen.[1172]

Grundsätzlich hielten mittelalterliche Theoretiker an der Monarchie als Herrschaftsform fest, selbst wenn sie nur noch die Hülle einer demokratischen Staatsform dargestellt hätte, denn die Monarchie war das Abbild der Weltregierung Gottes.[1173]

b) Variabilität der Regierungsform

Die Wahl der Herrschaftsform war ausgehend von Idealvorstellungen dennoch von pragmatischen Überlegungen geleitet. Die Möglichkeit, zwischen verschiedenen gleichermaßen legitimen Formen auszuwählen, war weitgehend anerkannt. Trotz der Herleitung aus Parallelen zur göttlichen Allherrschaft und der immer wiederkehrenden Berufung auf die Heilige Schrift, wurde die Regierungsform nicht als durch göttliches Gesetz vorgegeben betrachtet, da Herrschaft vielmehr nur ein durch den Sündenfall notwendig gewordenes und von Gott nicht gewolltes, vielmehr nur geduldetes Übel darstellte. Jean Buridan betonte wie andere auch ausdrücklich, dass die Frage der weltlichen Herrschaft in den Bereich des menschlichen gesetzten Rechts gehört,

---

[1171] Quidort geht in diesem Zusammenhang auf das vielzitierte Beispiel des Moses ein, Johannes Quidort, *De regia potestate*, cap. 19 (ed. Bleienstein, S. 175): *Et tale erat regimen a Deo optime institutum, in populo illo, quia erat regale in quantum unus singulariter praeerat omnibus ut Moyses vel Josue; erat etiam aliquid de aristocratia, quae est principatus aliquorum optimorum principantium secundum virtutem, in quantum sub illo uno septuaginta duo eligebantur seniores; erat etiam aliquid de democratia, id est principatu populi, in quantum septuaginta duo eligebantur de omni et ab omni populo, ut ibidem dicitur, et sic erat optime mixtum in quantum omnes in regimine illo aliquam habebant partem.*

[1172] Jakob von Viterbo, *De regimine Christiano* II,5 (ed. Arquillière, S. 211): ... *Optimum autem regimen multitudinis est ut regatur per unum.* ... *Nam regimen sive gubernatio nichil est aliud quam directio gubernatorum ad finem, qui est aliquod bonum. Unitas autem pertinet ad rationem boni* ... [Verweis auf Boethius] ... *per hoc quod sicut omnia desiderant bonum, ita desiderant unitatem sine qua esse non possunt.* ... *Unde, illud ad quod tendit intentio multitudinem gubernantis, recte est unitas et pax multitudinis, in qua unitate consistit bonum et salus cuiuslibet societatis. Sed per se causa unitatis est unum natura, et plures non possunt unire multa, nisi aliquo modo ipsi uniantur.* ... *ex quo sequitur quod multitudo melius regatur per unum quam per plures, dummodo in illo uno sit bonitas que requiritur in regente.*

[1173] Mohr, Unitas Christiana, S. 207.

nicht in den des göttlichen. Menschliches Recht aber kann nach den Erfordernissen der Vernunft und der Gebräuche geändert werden, weshalb unterschiedliche Völker mit unterschiedlichen Gewohnheiten auch nach unterschiedlichen Gesetzen verlangten.[1174] Schon Ockham kam mit seiner Analogie von Herrschaft und Eigentum (Herrschaft des Menschen über Menschen einerseits und Herrschaft des Menschen über Sachen andererseits) zu einem ähnlichen Schluss. Die Herrschaft, wie Ockham sie in seiner Zeit vorfand, sah er als Ergebnis konkreter menschlicher Entscheidungen, die der historischen Entwicklung und willkürlichen Umkonstruktionen unterliegen. Daher könnten sich die Menschen entscheiden, welche Herrschaftsverfassung sie für ihr Zusammenleben benutzen möchten.[1175] Auch Johannes Quidort hatte in Anlehnung an seinen Ordensbruder Thomas von Aquin die Vielfalt der Staaten und Verfassungen gerechtfertigt und anthropologisch begründet. Anders als die Kirche seien diese nicht unmittelbar von Gott begründet worden. Ihrem natürlichen, von Gott stammenden Instinkt folgend, haben die Menschen sich zu Verbänden zusammengeschlossen und besitzen das Recht, Herrscher einzusetzen. Für verschiedene Gemeinschaften setzen die Menschen nun auch verschiedene Herrschaftsformen ein.[1176] Quidort ist kein reiner Monarchist, er gründet jede Form von Herrschaft letztlich auf die Zustimmung des Volkes und macht die jeweils beste Form von den besonderen Umständen des jeweiligen Volkes abhängig.[1177]

Nicht nur die örtlichen und zeitlichen Umstände relativieren die Wahl der Verfassung, auch die schwache Natur des Menschen macht gelegentlich Abweichungen von einer als ideal erkannten Herrschaftsform notwendig. Der Thomas-Schüler Tolomeo de Lucca bevorzugt zwar das *regimen politicum*, doch unter den Bedingungen der *natura corrupta* hält er eine Monarchie, ein *dominium regale* für zweckmäßiger, um die *natura humana* in Schranken zu halten.[1178] Auf dieser Ebene argumentiert auch Wilhelm von Ockham. Auf

---

[1174] Johannes Buridanus, *Quaestiones super libros Politicorum*, V, qu.9 (fol. 73ra): *... quia lex humana est quedam mensura & regula qua actus humani regulantur... lex humana est rationis ordinatio pro bono communi ... lex humana licite potest mutari & variari quantum est ex parte rationis ... lex humana potest licite variari & iuste mutari ex parte hominum, probatur quia continue consuetudines & dispositiones variantur*; Blythe, Ideal Government, S. 178.

[1175] Miethke, *De potestate papae*, S. 286.

[1176] Johannes Quidort, *De regia potestate*, cap. 3 (ed. Bleienstein, S. 82): *Non sic autem fideles laici habent ex iure divino quod subsint uni supremo monarchae in temporalibus; sed ex naturali instinctu qui ex Deo est habent ut civiliter et in communitate vivant et per consequens ut ad bene vivendum in communi rectores eligant, diversos quidem secundum diversitatem communitatum*; vgl. Miethke, *De potestate papae*, S. 125.

[1177] Blythe, Ideal Government, S. 142.

[1178] Töpfer, Urzustand und Sündenfall, S. 359. Thomas von Aquin, De regimine Principum, II, 9, (ed. Mathis, S. 29): *secundum imitationem talis naturae regimen politicum melius fuit. Sed quia perversi difficile corriguntur, et stultorum infinitus est numerus, ut dicitur in Eccle.*,

der einen Seite findet er Argumente für die Aristokratie, doch entspreche die Monarchie mehr den natürlichen menschlichen Herrschaftsverhältnissen.[1179] Eine Weltmonarchie hingegen sei nicht immer die beste Form, wenn beispielsweise Aufstände Frieden und Eintracht störten, die Herrschaft in eine Tyrannei ausartete oder kein geeigneter Herrscher zu finden sei.[1180]

Ockham geht sogar so weit, dass er für die Kirche die Möglichkeit sieht, ihre Verfassung den Umständen der Zeit anzupassen. Wenn sich die Kirche von einer aristokratischen Verfassung größeren Nutzen versprechen sollte, so kann eine solche Verfassung eingeführt werden. Auch wenn aus der Herrschaft eines Einzigen kein gemeiner Nutzen erwächst, muss wenigstens zeitweise eine solche monarchische Herrschaft wegfallen und durch eine andere Herrschaftsform ersetzt werden.[1181]

c) Mischverfassung als pragmatische Lösung

Die meisten mittelalterlichen Denker kommen zu dem Schluss, es sei am besten, die verschiedenen Verfassungsformen der Monarchie, Aristokratie und der Pòlitie miteinander zu einer Mischverfassung zu verbinden. Albertus Magnus hatte schon die drei Verfassungsformen, wie er sie in der aristotelischen Politik vorfand, nicht als eigenständige Verfassungen, sondern als Bestandteile einer einzigen Verfassung mit einem König im Reich und aristokratischen und demokratischen Regierungen in den Städten gesehen, was ihm in der Forschung teilweise als Missverständnis der aristotelischen Texte ausgelegt wurde. Möglicherweise handelt es sich jedoch nicht um eine Fehlinterpretation, sondern um einen eigenständigen Vorschlag.[1182]

Noch bevor der lateinische Aristotelismus das *regimen mixtum*, die Verbindung der drei Verfassungstypen, in die Diskussion einführte, forderten Fürsten- und Königsspiegel wie auch die Gewohnheit mittelalterlicher Herrschaftspraxis eine Berateraristokratie als Königsgefolgschaft, in welcher das

in natura corrupta regimen regale est fructuosius, quia oportet ipsam naturam humanam sic dispositam quasi ad sui fluxum limitibus refraenare.

1179 Pleuger, S. 58 f. Wilhelm von Ockham, III.Dial.1,2, c.9; vgl. auch *Breviloquium* IV, 13, dort zur Weltmonarchie.

1180 Vgl. Pleuger, S. 59.

1181 Wilhelm von Ockham, III. Dial. I, 2, c.20: *Una est quod expedit comitati fidelium: ut habeat talem potestatem transmutandi principatum aristocraticum in principatum unius summi sacerdotis et econuerso. Secundum quod necessitas et qualitas temporis unum principatum uel alium exigit et requirit. … Sed principatus cui debeant subdi uniuersi fideles inductus est in favorem et utilitatem cunctorum fidelium, ergo si aliqua species principatus incipit esse dispendiosa fidelibus uel minus utilis, expedit ut illa species principatus in aliam utliorem pro tempore transmutetur. Quare ecclesia habet potestatem constituendi aristocraticum super cunctos fideles si prependerunt quam principatus unius incipit esse dispendiosus fidelibus.*

1182 Ubl / Vinx, Die Monarchie, S. 56 f.

Volk seine Vertretung sehen konnte, so dass ein aristokratisches und ein, allerdings nur fiktives, demokratisches Element die Monarchie ergänzen konnte.[1183] Ein solches Bild wird auch Petrus Johannis Olivi vor Augen gestanden haben. Er tritt für eine Monarchie ein, denn es dürfte einfacher sein, eine Person zu finden, die besser und weiser ist als die anderen, insbesondere besser als mehrere, und außerdem beuge die Einherrschaft der Spaltung vor. Doch auch Olivi will die Monarchie durch einen Beraterkreis von mehreren der Besten ergänzen.[1184] Ohne ausdrücklich von einer Mischverfassung zu sprechen, wird Isidor von Sevilla von Thomas von Aquin zitiert, als dieser eine Herrschaftsform erwähnt, welche die Ältesten und das Volk in die Gesetzgebung mit einbezieht.[1185] Thomas begründet die Verbindung der Verfassungen mit der Kumulation der Vorteile und führt das Beispiel des Moses an, der als Monarch 72 Älteste als Aristokratie etabliert hat. Einer soll als Monarch wegen seiner Tugend eingesetzt werden, um über alle zu regieren. Unter ihm sollen mehrere ebenfalls wegen ihrer Tugend regieren. Da diese Regenten von allen aus dem Kreise aller gewählt werden, komme die Regierung auf diese Weise allen zu.[1186] Dabei sichert das monarchische Element die Einheit und persönliche Unparteilichkeit, die Aristokratie eine gute Verwaltung, und das demokratische Element führt beim Volk zu einem Verantwortungsgefühl für die Regierung des Landes.[1187] Die Neuerung bestand darin, dass Thomas das Alte Testament und den Text Isidors von Sevilla mithilfe aristotelischer Denkmuster gedeutet hat. Ebenso wie Aristoteles orientierte sich Thomas bei seinen Überlegungen am Gemeinwohl.[1188] Damit wird die Mischverfas-

---

[1183] Vgl. Berges, Fürstenspiegel, S. 21.

[1184] Petrus Iohannis Olivi, *De renuntiatione papae*, S. 354–354: *Nam sicut unitas caoitis valet contra scismata et scissuras et etiam quia facilius est invenire unum perfecte sapientem et bonum quam plures, propter quod monarchicum regimen est utilius; sic minores fraudes possunt a monarcha committi, quando in quibusdam precipuis oportet eum uti consilio plurium et meliorum.*

[1185] Thomas von Aquin, *Summa Theologica*, I-II, qu. 95,4 (Deutsch Thomas-Ausgabe, Bd. 13, S. 106); Isidor von Sevilla, *Etymologiae*, 2,10 (PL 82, 130): *Lex est constitutio populi, quam majores natu cum plebibus sanxerunt*; fast ebenso: 5,10 (PL 82, 200); vgl. Blythe, Mixed Constitution, S. 558.

[1186] Thomas von Aquin, *Summa Theologica*, I-II, qu. 105,1 (Deutsche Thomas-Ausgabe, Bd. 13, S. 421): … *talis principatus ad omnes pertinet, tum quia ex omnibus eligi possunt, tum quia etiam ab omnibus eliguntur.* Vgl. Tierney, Religion, Laws, …, S. 90; ders., Rights, Laws, …, XIII, 3; Blythe, Mixed Constitution, S. 548; Töpfer, Urzustand und Sündenfall, S. 235.

[1187] Thomas von Aquin, *Summa Theologica* I-II, qu. 105,1 (Deutsche Thomas-Ausgabe, Bd. 13, S. 421–422): *Quorum unum est ut omnes aliquam partem habeant in principatu: per hoc enim conservatur pax populi, et omnes talem ordinationem amant et custodiunt … Talis enim est optima politia, bene commixta ex regno, inquantum unus praeest; et aristocratia, inquantum multi principantur secundum virtutem; et ex democratia, idest potestate populi, inquantum ex popularibus possunt eligi principes, et ad populum pertinet electio principum*; vgl. Gilby, Principality and Polity, S. 298.

[1188] Riklin, Machtteilung, S. 108.

sung zur Idealform, da sie für stabiler gehalten wird als die reine Monarchie, welche zu schnell in die Tyrannis abgleiten kann.[1189] Thomas macht Dempf zufolge die richtige Mischung der drei Verfassungselemente von ihrer politischen Reife und ihrer Haltung zum Gesamtwohl abhängig. Dabei bleibe der Dominikaner, so Dempf, ein konstitutioneller Monarchist, seine Wahlmonarchie sei das völlige Gegenteil des Absolutismus.[1190] Durch die von Thomas postulierte politische Freiheit sei bereits die wie auch immer geartete Teilhabe aller Bürger an der Regierung impliziert (Gilby).[1191] So grenzt Thomas die gemischte Verfassung als Idealtypus des *principatus politicus*, wo die menschlichen Beziehungen in angemessener Weise geregelt seien, vom *principatus regalis* ab.[1192] Ubl macht allerdings deutlich, dass sich das demokratische Element im Modell des Aquinaten nur auf die Wahl der Beratearistokratie beziehe, während über die Berufung des Monarchen nichts ausgesagt werde. Setzt man diese Beratearistokratie mit ständischer Repräsentation gleich, so seien bei Thomas die zeitgenössischen Verhältnisse in etwa abgebildet.[1193] Anders als bei Thomas sei die gleichartige Mischverfassung bei Engelbert von Admont immerhin dem Ideal der Herrschaft der Mittelschicht und der Gleichheit unter den Bürgern in Besitz, Ehre und sozialer Stellung untergeordnet.[1194] Blythe interpretiert auch Engelbert von Admont in der Weise, dass er die Mischform befürworte. Eine reine Monarchie sei eine nicht zu verwirklichende Idealform. Letztlich werde jede Regierung durch die örtlichen Gegebenheiten gerechtfertigt, wobei meist eine Mischverfassung das Ergebnis sei.[1195]

Petrus de Alvernia macht die Regierungsform von der Reife des Volkes abhängig. Wenn die Menge vernünftig ist, soll sie sich selbst regieren. Die Reinformen der Monarchie und der Aristokratie hält er für nicht praktikabel, weil die Menge auch bei diesen Verfassungen an der Regierung teilhaben

---

[1189] Vgl. Ottmann, Bd. 2,2, S. 208, bzw. Monahan, Consent, S. 201 f.

[1190] Dempf, S. 391 f.

[1191] Gilby, Principality and Polity, S. 294 f. Thomas erkennt in der Herrschaft über freie Menschen, die auf das Gemeinwohl gerichtet ist, die richtige Regierungsform, *Sententia Libri Politicorum*, III, 5 (Opera omnia 48, ed. Dondaine/Bataillone, S. 202) Z. 153–157: *Cum enim ita sit quod principatus liberorum sit ordinatus ad utilitatem subditorum, manifestum est quod in quibuscumque politiis principes intendunt communem utilitatem, ille sunt recte politie* ... (Z. 165): *ciuitas est communitas liberorum;* III, 6 (S. 205) Z. 144–151: *Set per accidens est quod hii sint multi, et illi pauci; pauci enim sunt qui habundant divitiis, set omnes participant libertate: et propter hec duo altercantur inuicem, dum pauci volunt preesse propter excessum divitiarum, et multi uolunt preualere paucis quasi equiualentes eis propter libertatem.*

[1192] Gilby, Principality and Polity, S. 197 f.

[1193] Ubl, Engelbert von Admont, S. 96.

[1194] Ubl, Engelbert von Admont, S. 113.

[1195] Blythe, Ideal Government, S. 119.

muss.[1196] Zwei Dinge sind seiner Meinung nach für eine gute Regierung nötig: Erstens die Vernunft, welche die Menge durch ihre weisen Männer habe, und zum Zweiten die Macht, welche die Menge durch das Volk habe.[1197]

Oresme kommentiert die Politik des Aristoteles in ähnlicher Weise. Der Menge komme eine Teilhabe an der Macht insofern zu, als dass sie sich durch Rat und Richtspruch beteilige, nicht aber regiere wie in einer Demokratie; dies tun vielmehr nur die dazu Gewählten.[1198]

Burley schließlich sah die Menge im Königreich durch den König, den Adel und die weisen Männer regieren und sah darin die Elemente einer Mischverfassung repräsentiert.[1199]

Übertragen wurde das Konzept der Mischverfassung auch auf die Kirche, wo es tatsächlich praktiziert wurde. Gerson ordnet die Elemente konkret zu. Der Papst repräsentiert das monarchische Element, die Kardinäle das aristokratische und das Konzil das demokratische.[1200]

Ubl weist darauf hin, dass sich in der aristotelischen Politik im Grunde nur zwei Verfassungsmodelle finden lassen. Zum einen die im 2. Buch abgehandelten Verfassungen Kretas, Spartas und Karthagos, zum anderen die im 4. Buch behandelten Mischverfassungen aus Aristokratie und Demokratie. Die mittelalterlichen Aristoteliker folgten meist dem ersten Modell mit monarchischer Spitze (Thomas von Aquin und seine Schüler), während Tolomeo de Lucca beispielsweise zur Beschreibung der italienischen Kommunen den zweiten Typ für geeigneter hielt.[1201] Deutlich wird dabei, dass die Aristoteles-Rezeption keine revolutionären oder die staatliche Struktur umwälzenden Modelle hervorbrachte, vielmehr nutzten die mittelalterlichen Autoren die aristotelischen Analysen, um sie auf ihre Wirklichkeit anzuwen-

---

[1196] Vgl. Blythe, Ideal Government, S. 81.

[1197] Petrus de Alvernia, *In libros Politicorum*, III, 9. (ed. Spiazzi, S. 153b): *Unum est ratio recta; hoc autem habet ista multitudo per illos sapientes. Aliud est potentia, ut possit coercere et punire malos: hoc autem habet per populum*; Blythe, Ideal Government, S. 79.

[1198] Nicolas de Oresme, *Livre de Politique* 3,13 (ed. Menut, S. 135b): *En la maniere de la question de cest chapitre il veult dire, ce me semble, premierement que ce est miex que un peu de gens vertueux aient non pas toute la seigneurie, mes la souveraine dominacion. Item, que l'autre multitude, se elle ne est bestial, ait dominacion ou auctorité quant a conseiller et a jugier comme dit est. Item, que tous ensemble aient voies en election et en la correction des princes et de leur fais. Et ne s'ensuit pas pour ce que tout le peuple ait la gubernation, si comme il a en democracie, mes seulement les esleus.*

[1199] Blythe, Ideal Government, S. 185.

[1200] Johannes Gerson, *De potestate ecclesiastica*, cons. 13 (Opera Omnia 2, ed. Du Pin, Sp. 254D): *Possumus conformiter ad praedictam Philosophi Politiam tripliciter distinctam, in naturali regimine Politiam Ecclesiasticam dividere, quod alia est Papalis, alia Collegialis, alia Synodalis, seu Concilii generalis. Papalis, imitatur Regalem. Collegialis Dominorum Cardinalium, imitatur Aristocratiam. Synodialis generalis, imitatur Politiam seu Timocratiam: vel potius est perfecta Politia quae resultat ex omnibus.*

[1201] Ubl, Engelbert von Admont, S. 102 f.

den. Neue Ideen, die es zweifellos – spätestens seit Marsilius von Padua – gab, entstanden nicht allein aus philosophischen und geistesgeschichtlichen Entwicklungen und Entdeckungen heraus, sondern waren vielmehr von tatsächlichen, politischen, wirtschaftlichen und gesellschaftlichen Gegebenheiten beeinflusst. Entwicklungen und Praktiken eines gesellschaftlichen Bereichs (Kirche, Kommunen, Gilden, etc.) wurden theoretisch erfasst und auf andere Bereiche übertragen. Die Neuerung entstand so aus dem Vorhandenen. Überlieferte Theorien wurden jeweils anders gelesen und anders interpretiert, je nachdem, über welchen zeitgeschichtlichen Hintergrund und persönlichen Erfahrungshorizont der jeweilige Interpret verfügte.

1.2 Modus der Amtsübertragung

War eine Herrschaft und eine bestimmte Regierungsform einmal errichtet, musste das entsprechende Personal in die vorgesehenen Ämter eingesetzt werden. Ein probates, bereits in der Antike und das ganze Mittelalter hindurch innerhalb der Kirche praktiziertes Verfahren war die Wahl. Die Wahl wurde auch im germanischen Bereich und den Nachfolgestaaten des Römischen Reiches grundsätzlich als Sukzessionsverfahren benutzt, doch suchte die Wahl entweder am Geblütsrecht oder an der kirchlichen Weihe Rückhalt und Bestätigung.[1202] Das Geblütsrecht konnte dabei eine so starke Rolle einnehmen, dass die Wähler mit ihrer Stimme keine Präferenz für den geeigneteren Kandidaten abgaben, sondern vielmehr ihre Einschätzung darüber, wer das Erbrecht auf seiner Seite hat. Gelegentlich ging die Wahlmonarchie in eine Erbmonarchie über, wenn es dem Vater gelang, zu seinen Lebzeiten seinen oftmals noch minderjährigen Sohn zum Mitkönig wählen zu lassen. Bei einer entsprechend starken Stellung des Königs kam dies einer Ernennung des Nachfolgers gleich.

Wahl und Erbrecht schlossen einander nicht aus, waren aber als jeweils eigenständige Legitimationsformen anerkannt. Im zehnten Jahrhundert nannte Atto von Vercelli drei Einsetzungsverfahren, durch welche einer Herrschaft Legitimität verliehen wird: göttliche Berufung, Volkswahl und Erbrecht.[1203] Mittelalterliche Theoretiker fanden Wege, diese drei Optionen miteinander zu verbinden.

a) Von Gott, durch die Menschen – *a Deo per homines*

Letztlich galt Gott als Ursprung aller Herrschaft, doch hat die Theorie der Hochscholastik in vielfältiger Weise zum Ausdruck gebracht, dass dies eine tatsächliche Begründung der Herrschaft durch einen Volksakt nicht aus-, sondern einschließt.[1204] Bei Johannes von Salisbury besteht dieser Volksakt

[1202] Kern, Gottesgnadentum, S. 64.

[1203] Miethke, Mittelalterliche Politiktheorie, S. 14.

[1204] Kern, Gottesgnadentum, S. 43.

allerdings in einer Zuschauer- oder Statistenrolle. In seinem *Policraticus* beschreibt er die Amtseinsetzung vor dem ganzen Volk. Eingesetzt wird aber derjenige, den Gott gewählt hat.[1205] Dieser Wahl wohnt das Volk bei, es erkennt diese an, doch trifft es keine eigene. Bei Petrus Johannis Olivi verschiebt sich dieses Bild zugunsten des Volkes, in dessen Beisein Gott den Herrscher, in seinem Beispiel Moses und Joschua, einsetzt. Dies geschehe mit der Zustimmung des Volkes. Ohne göttliche Einmischung sieht Olivi das Recht, den Monarchen zu wählen, vollends beim Volk.[1206] Petrus Bertrandus weist ausdrücklich auf den vorhandenen Konsens des Volkes hin, als er die Einsetzung Sauls zum König über Israel durch Gott als Beispiel für einen rechtmäßigen Beginn einer Herrschaft anführt.[1207]

Jean Quidort zeigt einen Blick für das Realistische und lässt die transzendenten Aspekte einer Wahl in den Hintergrund treten, aus heutiger Sicht zur Fiktion werden. In letzter Linie ist der Herrscher abhängig vom Volk, das ihn absetzen und einsetzen kann. Die königliche Gewalt mag zwar von Gott sein, doch ist sie zugleich durch Wahl und Zustimmung des Volkes (*a populo consentiente et eligente*) verliehen. Die bestimmte Person des Herrschers wird durch die Mitwirkung der Wähler aufgestellt. Die Wähler sind dabei *cooperatores Dei.* Die menschliche Mitwirkung derer sich Gott bedient, ist hierbei die Wahl durch die Wähler und die Zustimmung des Gewählten.[1208]

Bei Marsilius von Padua gewinnt man fast den Eindruck, dass Gott keine Rolle mehr spielt, da er die Entscheidung aus der Hand gegeben hat. Gott bilde die Regierungen durch den Geist der Menschen, denen er die Entscheidung über eine solche Einsetzung überlassen habe.[1209] Eine solche Kompetenzübertragung Gottes an die Menschen findet sich ebenso bei Ockham, der die kaiserliche Macht als von Gott durch die Menschen übertragen sieht, da Gott den Menschen die Befugnis eingeräumt habe, Leitungsorgane mit Jurisdiktionsgewalt für sich zu bestellen.[1210] Die Übertragung durch den Men-

---

1205 Johannes von Salisbury, *Policraticus*, V, 6 (ed. Webb, I, S. 298): ... *dispositio diuina in arce rei publicae collocauit et eum nunc archano prouidentiae suae misterio ceteris praefert, ... nunc ad eum praeficiendum totius populi uota concurrunt.* Es folgen Beispiele aus dem Alten Testament (Moses, Wahl König Sauls, etc.).

1206 Petrus Iohannis Olivi, *De renuntiatione papae*, S. 355: *Quia vero officium non vite sed sanguini cepit deferri, ideo sacris canonibus institutum est, ne quis querat sui officii successorum, sed populi electione queratur*; vgl. Blythe, Ideal Government, S. 151.

1207 Petrus Bertrandus, *De origine jurisdictionum* I, 7 (fol. 30r): *Saul ... fuit electus auctoritate domini, ut ex consensu populi.*

1208 Dempf, S. 427.

1209 Marsilius von Padua, *Defensor Pacis*, I, 9, § 2 (ed, Kusch, Bd. 1, S. 80–81): ... *ut in pluribus et ubique quasi hos statuit per hominum mentes, quibus talis institucionis concessit arbitrium.*

1210 Böckenförde, Geschichte der Rechts- und Staatsphilosophie, S. 314 f., insbes. S. 315. Wilhelm von Ockham, III.Dial.II,1, c.26 schließt mit dem mehrfach zitierten Satz: *quod potestas imperialis et universalis omnis potestas licita et legitima est a Deo non tamen a solo Deo,*

schen steht dabei an erster Stelle, denn erst nachdem die Herrschererhebung in regulärer Weise erfolgt ist, hängt die Herrschaft von Gott ab.[1211] Gleichwohl unterscheidet Ockham drei Arten, wie die „Herrschaft von Gott sein (*iurisdictio esse a Deo*)“ kann. So habe Mose die Macht unmittelbar von Gott erhalten, ohne dass eine menschliche Mitwirkung hinzugetreten wäre. Durch menschliche Vermittlung geschehe dies bei kirchlichen Weihen, und schließlich könne die Macht auch erst nach ihrer Vergabe von Gott abhängen.[1212] Die kaiserliche Macht wird nach Ockham auf dem dritten Wege vergeben. Nachdem ein Kaiser gewählt und eingesetzt ist, erhält dieser die Macht von Gott.[1213] Eine Abhängigkeit der Macht vom Volk gibt es laut Pleuger bei Ockham also nicht.[1214] Allerdings betont Ockham an der von Pleuger zitierten Stelle zwar, dass die Macht im Regelfall (*regulariter*) von niemandem außer von Gott abhänge, doch wenigstens ausnahmsweise auch von den Menschen, die den Kaiser notfalls ja auch zurechtweisen könnten.[1215] MacGrade betont sogar, dass Ockhams Verständnis des Ausdrucks *a Deo per homines* dem Menschen nicht die Rolle des Gott Gehorchenden zugewiesen sei, sondern die Menschen mit eigenem Willen handeln und sich der kaiserlichen Macht freiwillig unterwürfen, so sie denn einmal aufgerichtet sei.[1216]

Nikolaus von Kues sieht hingegen eine zweifache Abhängigkeit der Herrschaft. Die Zustimmung des Volk ist für ihn eine Vorbedingung für die Übertragung durch Gott, so dass diese der Wahl nachfolgt. Die Autorität des Regenten hängt somit von „oben und von unten“ ab.[1217] Der Cusaner erläutert die beidseitige Abhängigkeit und formuliert damit zugleich eine aus dem christlichen Menschenbild folgende Forderung nach Demokratie: „... dass jedem Volk jene göttliche Schöpferkraft auf Grund der allen Menschen gemeinsamen, gleichen Geschöpflichkeit und der gleichen natürlichen Rechte innewohnt, so dass alle Gewalt, die, wie auch der Mensch selbst, ursprünglich von Gott ist, dann als göttlich anerkannt wird, wenn sie durch allgemeine Übereinstimmung von den Gewaltunterworfenen sich herleitet; so dass ferner der also Eingesetzte gewissermaßen in seiner Person den Willen aller in

---

sed quedam est a Deo per homines et talis est potestas imperialis qui est a Deo sed per homines.

[1211] Töpfer, Urzustand und Sündenfall, S. 455.

[1212] Wilhelm von Ockham, *Breviloquium*, IV, 5.

[1213] Wilhelm von Ockham, *Breviloquium*, IV, 6 (ed. Offler, S. 203): *Sed imperium est a solo Deo tertio modo: quia scilicet, licet fuerit sic a Deo quod humana ordinatio concurrebat – ita, ut homines habentes potestatem conferendi aliter iurisdictionem temporalem ... postquam ista collatio iurisdictionis a Deo et hominibus facta fuit, a nullo regulariter dependebat.*

[1214] Vgl. Pleuger, S. 56 f.

[1215] Wilhelm von Ockham, *Breviloquium*, IV, 6 (ed. Offler, S. 203): *... a nullo regulariter dependebat, nisi a Deo, quamvis casualiter dependeret etiam ab hominibus, eo quod in casu populus habebat potestatem corrigendi imperatorem ... .*

[1216] MacGrade, Political Thought, S. 104 f.

[1217] Sigmund, Nicholas of Cusa, S. 143 f.

der Herrschaft vollstreckt."[1218] Doch auch für Nikolaus ist nicht das Volk, sondern Gott der Handelnde. Er handelt durch das Volk und heiligt die Wahl und die daraus hervorgegangene Regierung.[1219] Dafür gibt der Cusaner die bekannte Formel in eigenen Worten: Von Gott vermittelt durch Menschen und Versammlungen (Konzile), nämlich mittels des durch Wahl erzielten Konsenses."[1220]

Andererseits argumentieren Wilhelm von St. Amour und Nikolaus von Kues auf einer formalen Ebene, die eine Herrschaft dann als von Gott verliehen anerkennen, wenn diese durch eine kirchenrechtlich korrekte Wahl (z. B. im Falle der Bischofswahl) oder allgemein, wenn sie durch allgemeine Zustimmung der Untertanen verliehen wurde.[1221]

b) Legitime Formen der Herrschaftsübertragung

Die theoretischen Überlegungen zu einer Herrschaft, die auf verschiedene Weise von Gott vergeben wird, lassen einen gewissen Spielraum für die konkreten Modalitäten einer rechtmäßigen Herrschaftsübertragung. Der Dominikaner Herveus Natalis engte diesen Spielraum insofern ein, als er politische Macht nur durch die Zustimmung des Volkes übertragen wissen wollte. Keine Gewalt komme irgendeiner Person von Natur aus zu, da alle Menschen von Natur aus gleich seien. Allerdings wollte er auch die Zustimmung für eine Dynastie ausreichen lassen, womit er letztlich auch das Erbrecht akzeptierte.[1222] Ähnlich klingt dies schon gut zwei Jahrhunderte früher bei Manegold von Lautenbach. Niemand könne sich selbst zum König machen, weshalb das Volk einen Einzelnen über sich erhebe, damit er Allen Gerechtigkeit wi-

---

[1218] Nikolaus von Kues, *De Concordantia Catholica*, III, 4, § 331 (ed. Kallen, S. 348): *… ut omnis potestas, quae principaliter a deo est sicut et ipse homo, tunc divina censeatur, quando per concordantiam communem a subiectis exoritur, ut sic constitutus, quasi in se omnium voluntatem gestans in principando …* . Übersetzung nach Voigt, S. 75 f.

[1219] Mohr, *Unitas Christiana*, S. 191.

[1220] Nikolaus von Kues, *De Concordantia Catholica*, II, 34 (ed. Kallen, S. 293): *… a Deo per medium hominis et conciliorum, scilicet mediante consensu electivo.*

[1221] Vgl. Tierney, Religion, Laws, …, S. 62.

[1222] Herveus Natalis, *De iurisdictione* (ed. Hödl), S. 16, Z. 39–44: *… etiam scilicet quod existentiam habeat completive a consensu populi vel aliquo superiore, patet sic, quia illud quod pertinet ad communitatem debet procedere a consensu communitatis vel ab aliquo praesidente communitati, quia tale quidem non debet procedere ab alieno domino, nisi vel a quo regatur communitas, pertinet ad communitatem …* ; S. 17, Z. 4–7: *… quod esset superior ab electione populi vel ab aliquo superiore, quia se ipsum non potest habere, cum sit pars communitatis; si ab electione populi habetur propositum, scilicet quod ab electione populi a principio procedit talis potestas vel a Deo.* Z. 26–29: *Nec obstat hiis quae dicta sunt, quod aliqui principantur hereditario iure, quia a principio oportuit, quod aliquis talem iurisdictionem habuerit a consensu populi pro se primo et posteritate sua, alioquin esset iurisdictio usurpata.* Vgl. Tierney, Religion, Laws, …, S. 45 f.

derfahren lasse.[1223] Doch erst in den Jahrhunderten nach Manegold stellen die Theoretiker verstärkt auf die natürliche Gleichheit ab. Dies ist beispielsweise auch für Aspasius ausschlaggebend, der die Monarchie nicht uneingeschränkt als naturgemäße Herrschaftsform gelten lassen will. Er behilft sich mit der Unterscheidung zwischen der Wahl des Königs und der Ausübung der Herrschaft. Die Wahl einer bestimmten Person gehe auf den Willen des Volkes zurück, während die Ausübung königlicher Herrschaft der Natur entspreche.[1224]

Die Ansicht, dass die Übertragung der Herrschaftsbefugnisse vom Volk ausgeht, war weit verbreitet, doch wurde dieses Erfordernis auch in Erbmonarchien als erfüllt angesehen. So ging Ockham davon aus, dass die Gesetzgebungsgewalt vom Volk auf den Kaiser übertragen wurde, meinte damit aber einen weit in der Vergangenheit liegenden Vorgang.[1225] Jean Quidort leitet zwar die Einsetzung eines Königs aus der Wahl durch das Volk ab, doch lässt er offen, ob auf diese Weise eine einzelne Person oder eine Dynastie gewählt wird.[1226]

Die Wahl als Ideal und die Erbfolge als Wirklichkeit waren für mittelalterliche Denker keine Widersprüche, sondern durchaus miteinander vereinbar. Die Wahl wurde weit in die Vergangenheit zurückprojiziert und hatte Gültigkeit auch für die Erbnachfolger des Gewählten, wobei auch die Erbfolge in der Regel durch mindestens rituelle Wahlakte begleitet wurde. Dempf sieht demgegenüber die Wahl so tief im „germanischen Genossenschaftsgeist“ verwurzelt, dass ein Erbkönigtum bis zum Absolutismus niemals volle, rechtliche Wirklichkeit werden konnte.[1227] Dies mag einseitig zugunsten der germanischen Wurzeln der Wahl interpretiert sein, doch wurde das Wahlprinzip erst allmählich aufgegeben. Die Möglichkeit der Wahl einer Dynastie war allerdings weitgehend anerkannt, so dass Ockham das Recht der Wahl dem Volk nur bei Notwendigkeit (*in casu necessitatis*) zugestehen will, nämlich dann, wenn kein Herrscher bzw. kein Erbe da ist.[1228] Für Lupold von Beben-

[1223] Manegold von Lautenbach, *Ad Gebehardum Liber*, cap. 47 (ed. Francke, S. 391): *Cum enim nullus se imperatorem vel regem creare possit, ad hoc unum aliquem super se populus exaltat, ut iusti ratione inperii se gubernet et regat … omnibus videlicet iustitiam inpendat.*

[1224] Lambertini, Politische Fragen, S. 118.

[1225] Wilhelm von Ockham, *Breviloquium*, III, 14 (ed. Offler, S. 189): *populus potestatem condendi legem transtulit imperatorem.*

[1226] Töpfer, Urzustand und Sündenfall, S. 373.

[1227] Dempf, S. 147.

[1228] Wilhelm von Ockham argumentiert in *Octo Quaestiones*, Opera politica I (ed. Offler, S. 125–130) IV,3, dass ein König von seinem Vorgesetzten, dem Kaiser, eingesetzt werden müsse, nicht vom Volk (S. 128: *Populus Francorum de jure habuit superiorem, scilicet imperatorem, cuius est constituere reges in terris subiectis imperio … Ergo populus Francorum absque auctoritate imperatoris non poterat sibi constituere regem …*), ebenso wenig vom Papst. Im Notfall erst gehe dieses Recht auf das Volk über (S. 129: *Nam institutio regem spectabat ad imperatorem; et si ipse fuit negligens, potestas constituendi regem non de-*

burg ist es ein Grundsatz des Völkerrechts, dass jedes Volk sich einen König wählen dürfe.[1229] Doch akzeptiert auch er gleichwohl die Erbnachfolge, wenn ein König Erben hat. Gleich wie Ockham ist daher auch seine Aussage zu verstehen, jedes Volk, das keinen König (bzw. Königserben) habe, könne einen solchen wählen.[1230] Die Wahlmonarchie in Deutschland begründet er hingegen gewohnheitsrechtlich. Da das Erbrecht in Deutschland keine Anwendung finde, habe das Reich nach des Königs Tod keinen König (d. h. keinen durch Erbfolge bestimmten Nachfolger) mehr, es könne daher ein neuer gewählt werden.[1231] Einzig Marsilius bezieht klar Position für eine Bestellung der Regierung durch Wahl unter Verzicht auf jegliche erbrechtlichen Elemente.[1232]

Eine rechtmäßige Regierung setzt aber auch für mittelalterliche Denker die freiwillige Unterwerfung des Volkes voraus.[1233] Besonders deutlich kommt dies bei Ockham zum Ausdruck. Der Franziskaner erkennt selbst eine unrechtmäßig usurpierte Herrschaft an, nämlich dann, wenn die nachträgliche Zustimmung der Untertanen diese legitimiert.[1234] Dies gelte auch im Falle ei-

volvebatur ad papam . . . , sed . . . ad Romanos. Si ipsi fuerunt negligentes, devoluta fuisset ad Francos in casu necessitatis); Pleuger, S. 52. In *Octo Quaestiones* VIII, 4 zeichnet Ockham den Weg nach, auf dem das Kaiserwahlrecht auf die Kurfürsten übertragen wurde. In beiden Fällen beschreibt er seine Gegenwart als einen rechtmäßigen Zustand und leitet die Rechtfertigung der Herrschaftsnachfolge, wie sie zu seiner Zeit praktiziert wird, aus der Geschichte ab.

1229 Lupold von Bebenburg, *De iuribus regni*, cap. 5 (ed. Miethke, S. 88/89): *Quod facere poterant de iure gencium, ex quo iure eciam regna condita sunt, scilicet quod quilibet populus potest sibi regem eligere . . . .*

1230 Ebd.: *Quilibet populus carens rege potest sibi regem eligere de iure gencium, ex quo iure regna condita sunt . . . et ex consequenti potest electus talis eodem iure ex tali electione populi regnare nomine et re, quod est aliud, nisi nomen regis assumere et iura et bona illius regni amministrare, ut se patet.*

1231 Ebd.: *Sed in regno et imperio, cum non habeat locum hodie successio generis, mortuo rege vel imperatore, populus Germanie, Ytalie ac aliarum provinciarum regni et imperii caret rege, et principes electores racione iam dicte institucionis habent eligere regem seu imperatorem represantes in hoc omnes principes et populum . . . , quasi vice omnium eligendo . . . .*

1232 Marsilius von Padua, *Defensor Pacis*, III, 2, Nr. 10 (ed. Kusch, Bd. 2, S. 1092–1093): *Cuiuslibet principatus aut alterius officii per eleccionem instituendi, precipue vim coactivam habentis, eleccionem a solius legislatoris expressa voluntate pendere.*

1233 Z. B. Marsilius von Padua, *Defensor Pacis*, I, 9, § 5 (ed. Kusch, Bd. 1, S. 84–87): *. . . omnis principatus vel est voluntariis subditis vel involuntariis. Primum est genus bene temperatorum principatuum . . . Participat autem quilibet dictorum modorum tanto amplius de vero regali, quanto magis est ad voluntarios et secundum legem latam ad commune conferens subditorum . . . Hec igitur duo predicta principatum temperatum et viciosum separant, .., simpliciter autem aut magis subditorum consensus .*

1234 Wilhelm von Ockham, *Breviloquium*, IV, 11 (ed. Offler, S. 216): *Et ita patet, quod principatus tyrannicus et usurpatus ac permissus tantummodo poterat in principatum verum et legitimum transmutari. Quod per multa declarari posset exempla. . . . Nonnumquam*

nes gerechten Krieges. Entgegen der allgemeinen Ansicht, dass durch einen gerechten Krieg der Eroberer rechtmäßig zur Herrschaft über die Besiegten gelangt, will Ockham eine so begründete Herrschaft erst dann als legitim anerkennen, wenn die Unterworfenen einer solchen Herrschaftsbegründung wenigstens nachträglich zustimmen.[1235] Ähnliche konsensuale Elemente trifft man auch bei Ockhams Zeitgenossen. Engelbert von Admont will die Legitimität des Römischen Reiches mit der freiwilligen Unterwerfung der Völker beweisen, welche die kriegerisch errungene Herrschaft erst nachträglich legitimiert habe.[1236] Doch allzu demokratische Tendenzen darf man Engelbert nicht unterstellen. Zu den drei rechtmäßigen Herrschaftsübertragungen, die er anerkennt, gehört die Wahl ebenso wie die Erbfolge oder ein gerechter Krieg. Ernüchternd ist auch seine Argumentation für den Fall der freiwilligen Unterwerfung. Ein Volk ohne König könne sich einem Herrscher unterwerfen, wofür er immerhin Freiwilligkeit auf Seiten der sich Unterwerfenden

igitur principatus tyrannici et usurpati in iustos et legitimos transmutantur, sicut interdum secundum Aristotelem in Politicis principatus regalis transmutatur in tyrannicum principatum; vgl. Pleuger, S. 48 f.

[1235] Wilhelm von Ockham, *Breviloquium*, IV, 11 (ed. Offler, S. 215) verweist auf die Römer, die sich ihr Reich durch gerechte Kriege rechtmäßigerweise unterworfen hätten (*quod Romani valebant contra eos iustum bellum movere et eos licite suo imperio subiugare*). Aber sogar eine gewaltsam erlangte Herrschaft wird durch Zustimmung der Unterworfenen rechtmäßig (ed. Offler, S. 217): *Quia enim illi, qui primo per violentiam opprimuntur, postea voluntatem suam mutare possunt, se sponte subiciendo opprimentibus, ideo tunc non est spectandum initium, sed magis finis: sicut in matrimonio non semper spectatur initium, quia saepe matrimonium, quod in principio non est propter defectum consensus legitimi, postea per consensum legitimum matrimonium verum efficiter.* Ockham hatte im Satz zuvor bereits klargstellt, dass der Charakter der Herrschaft vom Willen der Herrschenden wie auch der Beherrschten abhängt: *quia voluntas et etiam qualitas principantium et subiectorum, ex quibus dominia et principatus dependent, variari possunt*; ähnlich auch im Dialogus (III. Dial. I,1, c.27): ... *tamen postquam alii coeperunt consentire dominio Romanorum, Romani super ipsos verum imperium acceperunt*; vgl. Pleuger, S. 30.

[1236] Engelbert von Admont, *De ortu*, c.11 (ed. Baum, S. 48–55); vgl. Ubl, Engelbert von Admont, S. 164. Ubl weist auf ähnliche Aussagen bei Thomas von Aquin u. a. hin: II.Sent., d.44, q.2, a.2 (Opera Omnia 8, ed. Fretté/Maré, S. 590b): ... *qui enim per violentiam dominium surripit non efficitur vere praelatus vel dominus; et ideo cum facultas adest, potest aliquis tale dominium repellere: nisi forte postmodum dominus verus effectus sit vel per consensum subditorum, vel per auctoritatem superioris*; Aegidius Rom. II.Sent., d.44, q.2, a.2 (S. 690b) geht auf die Römer ein, die andere Völker ungerechterweise unterworfen hätten, dann aber deren nachträgliche Zustimmung erlangten: ... *incipiebat esse uoluntarium, et esse iustum, quod prius fuerat inuoluntarium, et iniustum. Nam si uoluntas subiectorum potest quis talibus iuste dominari subiectis*; Vinzenz v.Beauvais, *De morali principis* c.4 (ed. Schneider, S. 23, Z. 35–40): *Si qui tamen etiam infidelium de communi consensensu populorum in reges assumuntur et fines proprios non excedunt, illorum regna iure stabilita sunt. Sic igitur arbitrandum est de regno uel imperio Romanorum, quod etsi a principio cupiditate dominandi terminos suos per diuersas naciones debachando dilatauerunt, postea tamen accessit consensus populorum, qui et ab eis leges ex diuersis sapientum dictis collectas spontanee receperunt.*

voraussetzt. Dies sei nach Naturrecht deshalb rechtmäßig, weil das königlose Volk als *res nullius* dem ersten Besitzer anheimfalle.[1237]

2 Wahl

Wesentliches Element der Demokratie ist die Wahl. Damit unterscheidet sich unsere heutige Auffassung von der des Aristoteles, auf den sich die spätmittelalterlichen Politiktheoretiker bezogen. Kennzeichen der Demokratie war nach Ansicht des Stagiriten nicht die Wahl, sondern das Los, während die Wahl typisch für die Aristokratie sei.[1238]

Die Wahl als Verfahren bei der Nachfolgeregelung wurde bereits in der Antike praktiziert und blieb insbesondere in der Kirche, für deren Ämter eine Erbnachfolge nicht in Frage kam, gängige Praxis. In den germanischen Nachfolgereichen des Römischen Reiches wurden die Könige (z. B. Westgoten) gewählt oder durch Erbfolge (z. B. Merowinger) bestimmt, was ein Wahlelement aber nicht ausschloss. So kommt es, dass Ockham die Einsetzung der weltlichen Gewalt nicht auf göttliches, sondern auf menschliches Recht zurückführt und sodann fortfährt mit der Feststellung, dass die Einsetzung der Regierungen auf Grund einer Wahl durch Menschen die Regel sei.[1239] In ähnlicher Weise schreibt auch Durandus a S. Porciano, dass im Gegensatz zur

---

1237 Ubl, Engelbert von Admont, S. 157, *De ortu* c.11 (ed. Baum, S. 54/55): *Tertio consecutum est Romanum imperium alia mundi regna ac dominia per subiectionem voluntariam. Quia sicut aliquis etiam solo animo possidendi fit et est dominus ac possessor rei alicuius, quam diu habet et non deponit animum possidendi, ita etiam aliquis animo se subiciendi fit possessio alterius in eo, quod vel assumit vel assumptum non deposuit animum, ut sit possessio alterius. Et per hanc causam et modum illis, qui a principio vi bellica sunt subacti, postquam senserunt Romanum imperium super se tolerabile et modestum et aequum, necessitas subiectionis conversa est in voluntatem ita, quod non iam coacti, sed voluntarii facti sunt obedientes et subiecti et Romanas leges sibi impositas sponte susceperunt, quas susceptas de iure tenebantur in reliquum observare …* Insgesamt zu dieser Thematik vgl. schon cap. 10 (ed. Baum, S. 46ff).

1238 Aristoteles, Politik, lib. 2 (1273a18 und 1294b7).

1239 Wilhelm von Ockham, Breviloquium III, 11 (ed. Offler, S. 184): *Potestas autem iudicis in civitate vel regno aut regione, cui subiecti sunt alii quam uxor et liberi, non est universaliter ex iure divino seu naturali, sed est interdum ex iure humano.* Denn Menschen sei es nämlich aufgrund des göttlichen Rechts erlaubt, sich ihr Führungspersonal selbst zu geben: *Licet enim sit data hominibus a iure divino et naturali potestas instituendi iudicem et rectorem, qui potestatem habeat cohercendi sibi subiectos, tamen,* es sei keineswegs immer so, vielmehr eher selten, dass die Macht einzig durch göttliche Anordnung übertragen wird: *quod aliquis super illos talem habeat potestatem , non est semper a iure divino; unde et pauci talem a sola divina ordinatione habuerunt potestatem.* Allenfalls Moses und Josua wurden von Gott direkt eingesetzt, demgegenüber seien viele andere durch Menschen gewählt: *Moyses enim et Iosue et quidam alii a sola ordinatione divina fuerunt super alios iudices constituti; ceteri vero per electionem et constitutionem hominum vel alio modo obtinuerunt iurisdictionem super alios.* Vgl. Töpfer, Urzustand und Sündenfall, S. 453.

seltenen göttlichen Auswahl die Wahl und die Zustimmung des Volkes üblich sei.[1240]

Wenn der Franziskaner die Wahl auch als Normalfall darstellt, so hatte sich doch im beginnenden 14. Jahrhundert weitgehend die faktische Erbfolge in den meisten europäischen Königreichen durchgesetzt, mit der bleibenden Ausnahme des Heiligen Römischen Reiches. Das Wahlprinzip war aber noch keineswegs in Vergessenheit geraten, was man schon daran erkennen kann, dass die Frage, ob Wahl oder Erbfolge vorzuziehen sei, in den Politikkommentaren weiterhin diskutiert wurde.[1241] In der Kirche blieb das Wahlprinzip zwar grundsätzlich erhalten, doch suchten die Päpste immer mehr Stellen nach eigenen Vorstellungen zu besetzen. Dagegen betont Nikolaus von Kues, dass auch ein Vorgesetzter, der ein solches Recht für sich in Anspruch nimmt, keineswegs auf den Konsens der Untergebenen verzichten darf, da dies zum unveräußerlichen Naturrecht gehöre.[1242]

2.1 Grundlegendes

„Wahlen und Einsetzungsakte boten für Herrschaftsträger und Herrschaftsunterworfene gleichermaßen, jeweils unter unterschiedlichem Blickwinkel Chancen zur Selbstdarstellung und zur Manifestation sozialer Positionen; letztlich waren sie also Medium der Herrschaftsideologie auf der einen Seite, Schrittmacher zur Bildung und Emanzipation einer sozialen Gemeinschaft auf der anderen Seite."[1243] Zu den genannten Funktionen von Wahlen sind

[1240] Durandus a S. Porciano, *De origine iurisdictionum*, ed. Vanderjagt, S. 66 f.: *Igitur primus modus perveniendi debite ad auctoritatem regiminis est per eleccionem Dei vel hominum. Et ille qui est per electionem specialem Dei rarus fuit et quasi privilegatus; ille autem qui est per electionem et consensum populi est communis.*

[1241] Flüeler, Rezeption, Bd. 1, S. 122 ff.

[1242] Nikolaus von Kues, *De Concordantia Catholica* II, 32,§ 233 (ed. Kallen, S. 278): *Unde in constituendis rectoribus ecclesiasticis, qui invitis dari non debent, divina praecepta sunt, ut per electionem procedatur.*, Nikolaus betont mehrfach, dass die Bestellung kirchlicher Amtsträger durch auf göttliches Recht zurückgeht: § 237 (ed. Kallen, S. 281): *Ecce ergo electiones de divino iure esse, praesertim quod invitus non detur populo, et consequenter est contra omnem rationem dare non expetitum.*, Er widerspricht ausdrücklich der Rechtmäßigkeit einer zu seiner Zeit geübten Praxis, wonach der Papst sich die Entscheidung über die Besetzung von Bischofsstühlen mehr und mehr zu reservieren sucht: § 238 (ed. Kallen, S. 283) *... tamen omnia iura electionis tollere penitus et suae dispositioni reservare ecclesiasticarum dispositionem puto papam non posse, quoniam electio divini et humani iuris est et praeceptum dei est cui papa oboedire tenetur.* Die päpstlichen Entscheidungen, welche die Wahlen ersetzen, gingen, so erläutert der Cusaner, auf die Idee zurück, dass eine konkludente Zustimmung der sonst Wahlberechtigten zu unterstellen sei, wenn kein ausdrücklicher Widerspruch erfolge (§ 239), doch habe es, so fährt er fort, Auswüchse und Missbräuche gegeben, weshalb diese Praxis letztlich doch abzulehnen sei (§ 240). Nikolaus schließt mit einem klaren Plädoyer für die Wahl, § 241 (ed. Kallen, S.286): *Nihil enim potest tunc ipsi populo imputari, quare salus publica exigit per electionem et consensum praesides fieri.* Vgl. Mohr, Unitas Christiana, S. 65.

[1243] Battenberg, Dinggenossenschaftliche Wahlen, S. 283.

noch weitere hinzuzufügen. In erster Linie ist ein Amt zu besetzen, für das die beste Person gefunden werden soll. Darüber hinaus soll das Wahlverfahren die Beteiligung der Untertanen gewährleisten und bei diesen für eine möglichst breite Akzeptanz der Entscheidung sorgen.

Es wurde schon mehrfach darauf hingewiesen, dass die Verfahren der Wahl und der Beratung aus germanischen, was vor allem Dempf und andere Forscher seiner Generation betonten, aber auch aus kirchlichen Traditionen stammten. Es handelt sich um eine Vielzahl von Einflüssen, die aus christlichen, römischen und germanischen Quellen stammen. Im Spätmittelalter kamen mit den Gilden und ihren internen Strukturen weitere Vorbilder für Wahlverfahren hinzu.[1244] So hielt die allgemeine Ansicht im Mittelalter an der Notwendigkeit der Volkszustimmung zu einer Herrschererhebung fest. Gegner und Befürworter waren darin einig, dass ein König, wenn schon kein Gewählter, so doch ein Erwählter sein müsse, denn das Volk könne, so beschreibt Berges die mittelalterliche Denkweise, nur dem huldigen, den es als den Besten anerkennt.[1245] Doch es gab auch andere Stimmen. Recht wenig erbaut von demokratischen *congregationes* aller Art zeigte sich der aus dem Königshaus von Aragón stammende Infant Peter. Die einzige Wahl, die er zu akzeptieren gewillt war, war die Wahl Gottes, wenn er dem König einen Erben schenkt.[1246]

Bei der Entwicklung der Wahl und der Wahlverfahren kam im lateinischen Abendland der Kirche sicherlich eine Vorreiterrolle zu.[1247] Bischöfe wurden schon in der alten Kirche von ihrer Gemeinde gewählt. Im frühen Mittelalter erinnerte Papst Leo I. an das Ideal, dass der Bischof von allen gewählt werden solle, über die er regiert, und so fordern die kirchenrechtlichen Sammlungen durchgängig die Wahl als Sukzessionsverfahren.[1248] Die Wahl fand dadurch auch im monastischen Bereich Verbreitung, was durch die Entstehung von klosterübergreifenden Ordensverbänden mit ihren Kapitelsystemen und Repräsentationsmechanismen noch verstärkt wurde.[1249] Eine Wiederbelebung fanden die teilweise in die Willkür des Adels geratenen Bischofswahlen im 11. Jahrhundert, während zur gleichen Zeit Wahlen auch in den Städten und Gilden zur Bestellung der dortigen Amtsträger in Gebrauch kamen.[1250] Gleichwohl war die Wahl nicht Selbstzweck, sondern diente der Ermittlung des würdigsten Kandidaten, was im Abschnitt über das Mehrheitsprinzip bereits besprochen wurde. Es galt also das Idoneitätsprinzip, was

[1244] Vgl. Black, Guilds, S. 60 f.
[1245] Berges, Fürstenspiegel, S. 16.
[1246] Berges, Fürstenspiegel, S. 16.
[1247] Monahan, Consent, S. 135.
[1248] Monahan, Consent, S. 86 ff.
[1249] Vgl. Monahan, S. 143 ff.
[1250] Black, Guilds, S. 60.

laut Ubl innerhalb des Kirchenrechts die Zurückdrängung des Geblütsrechts rechtfertigte, bevor die Wahl schließlich auch das Idoneitätsprinzip ersetzte, dadurch dass die Wahl nicht mehr aufgrund höherer Würde angefochten werden konnte.[1251]

Im kirchlichen Bereich fand allerdings eine Verringerung der Volksbeteiligung statt. Bei den Bischofswahlen wurden mit der Zeit die ursprünglich noch beteiligten Laien von der Wahl ausgeschlossen. Als Wahlgremium bildete sich immer mehr das Domkapitel heraus. Auf dem IV. Laterankonzil 1215 wurde die Teilnahme von Laien an der Wahl schließlich verboten.[1252] Dies war zwar weniger gegen eine Volksbeteiligung als vielmehr gegen die starken Einflussnahmen von Königen und Adligen gerichtet. Doch diese Zurückdrängung der Wahl bzw. die Einschränkung des Wählerkreises kritisiert Marsilius von Padua ausdrücklich, der dabei allerdings die Bevölkerung als Wähler im Auge hat. So seien früher auch die Diakone gewählt worden, ferner seien zur Bischofswahl nicht mehr alle Priester des Landes, wie es sein sollte, zugelassen, sondern mit den Kanonikern nur noch einige unerfahrene und unwissende Leute.[1253] Außerdem fordert Marsilius die Wahl des Papstes und der Kardinäle durch das Konzil, was bislang nicht der Fall sei, so seine Kritik.[1254] Lupold von Bebenburg rechtfertigt hingegen die Zurückdrängung der Laien bzw. des Volkes bei der Bischofswahl. Der Grundsatz, Bischöfe würden von Klerus und Volk gewählt, sei dahingehend auszulegen, dass das Volk der vollzogenen Wahl lediglich zustimme, nicht aber an der Wahl selbst teilnehme.[1255]

Im weltlichen Bereich ist vor allem das Heilige Römische Reich hervorzuheben, das sich anders als Frankreich oder England nicht zu einem Erbreich entwickelte, sondern ein Wahlreich blieb. Der König wurde seit dem späten Mittelalter von den Kurfürsten mit Mehrheit gewählt. Einige Theoretiker mögen das Wahlsystem für das Kaisertum auch deswegen bevorzugt haben, weil es für die Päpste viele Eingriffsmöglichkeiten bereithielt, doch gab es wie Tolomeo de Lucca auch echte Anhänger republikanischer Staatsformen.[1256]

[1251] Thomas von Aquin, Summa Theologica, I-II, qu.185, a.3 (Deutsche Thomas-Ausgabe, Bd. 24, S. 73): *Et ideo ille qui debet aliquem eligere in episcopum, vel de eo providere, non tenetur assumere meliorem simpliciter, quod est secundum caritatem, sed meliorem quoad regimen Ecclesiae, qui scilicet possit Ecclesiam et instruere et defendere et pacifice gubernare*; Ubl, Engelbert von Admont, S. 163 f.

[1252] Sigmund, Nicholas of Cusa, S. 72 f.

[1253] Marsilius von Padua, *Defensor Pacis*, II, 24, § 2.

[1254] Marsilius von Padua, *Defensor Pacis*, II, 24, § 9.

[1255] Lupold von Bebenburg, *De iuribus regni*, cap. 12 (ed. Miethke, S. 211): *Dicitur enim in canone LXIII. Di. Sacrorum, quod episcopi per electionem cleri et populi sunt eligendi, quod exponi oportet quo ad electionem populi de consensu tantum in electione prestando. Populus enim non habet episcopum eligere ... sed tantum electioni facte consentire ...* .

[1256] Töpfer, Urzustand und Sündenfall, S. 357 f.

2.2 Sinn und Zweck

Die Wahl ist eine der Methoden, wie das Volk an der Herrschaft beteiligt werden kann. Buridanus erwähnt mehrere Arten, wie Beratung, Teilhabe an der Gesetzgebung, aber auch Wahl und Kontrolle des Königs.[1257] Obgleich auch andere Autoren die Wahl befürworteten, erkannten sie zugleich die praktischen Schwierigkeiten. Petrus Bertrandus, der mutmaßliche Verfasser eines *Tractatus de legibus*, hat anders als viele seiner Zeitgenossen nicht den städtischen Bereich im Blick, sondern das Königreich Frankreich, einen Flächenstaat, den zu durchqueren mehrere Tage und Wochen erforderte. Daher kommt er trotz seiner Präferenz für die Wahl, die er eher als mit dem Naturrecht übereinstimmend betrachtet als die Erbfolge, zu der Schlussfolgerung, dass in größeren Reichen die Bewohner schwerlich zu einer Versammlung zusammenkommen könnten und somit die Erbfolge die zweckmäßigere Lösung sei.[1258]

Die Wahl war im Mittelalter also nichts Unverzichtbares, vielmehr eine Möglichkeit der Amtseinsetzung, der verschiedene Funktionen zukommen konnten und deren Für und Wider gegen die Vor- und Nachteile anderer Verfahrensarten, vor allem der Erbfolge, abgewogen wurde. Für den Franziskaner Bonaventura gehört sie gleichwohl zu einem vollendeten Staatswesen hinzu. Das Wahlrecht der Bürger vollende die Harmonie des Staates.[1259]

a) Wahl als konstitutiver Akt

Die Wahl ist zunächst einmal ein konstitutiver, die Herrschaft begründender Akt. Die Abhängigkeit der Herrschaft von der Wahl wird schon im frühen Mittelalter hervorgehoben. Ludwig der Stammler nennt sich im Jahre 877 den „durch Erbarmen unseres Herrn und Wahl des Volkes König."[1260] Damit bringt der Karolinger zum Ausdruck, dass seine Legitimation auf der Wahl beruht, er durch die Entscheidung des Volkes (Fiktion) in sein Amt berufen wurde. Gleichzeitig erinnert er die Großen des Volkes daran, dass sie ihn erhoben haben, und beschwört damit ihre Loyalität. Nach Ausbruch des Schismas 1159 zwischen Alexander III. und seinem Gegenpapst Viktor IV. beriefen sich die Anhänger beider Seiten auf die Wahl als den ausschlaggebenden Akt, nicht zuletzt deshalb, weil die Jurisdiktionsgewalt des Papstes – anders

---

[1257] Blythe, Ideal Government, S. 191. Vgl. dazu Buridanus, *Quaestiones super octo libros Politicorum*, III, 12–13.

[1258] Töpfer, Urzustand und Sündenfall, S. 409; Tierney, Public Expediency, 174 ff.

[1259] Mohr, Unitas Christiana, S. 278.

[1260] MGH, Cap. II, Nr. 283, S.364: *Ego Hlodowicus, misericordia domini Die nostri et electione populi rex constitutus …* ; vgl. Ottmann, Bd. 2,2, S. 50. Hinkmar von Reims bezieht sich auf diese Passage und gibt damit zu erkennen, dass er die Wahl durch das Volk als gültige Form der Herrschaftserhebung anerkennt. Doch gibt Schmidt zu Bedenken, dass wohl auch die Herrschaftsnachfolge durch Testament oder nach Geblütsrecht für Hinkmar rechtens waren (Schmidt, Verfassungslehren, S. 46).

als die bischöfliche Weihegewalt – allein schon durch die Wahl übertragen wurde.[1261]

Dass der Wahl eine konstitutive Komponente innewohnt, die gleichberechtigt neben andere Akte wie die kirchliche Weihe oder die Krönung tritt oder sogar als alleiniges Herrschaft begründendes Ritual angesehen wird, kommt am deutlichsten bei Marsilius von Padua zum Ausdruck. In seinen Schlussfolgerungen stellt er klar, dass ein Wahlamt einzig und allein von der Wahl abhänge und keiner anderen Bestätigung mehr bedürfe.[1262] Marsilius hebt damit, wie es Barisch ausdrückt und auch für Lupold von Bebenburg behauptet, den Eigenwert menschlicher Handlungen hervor.[1263] Anders ausgedrückt: Allein die Manifestation des menschlichen Willens begründet Herrschaftsverhältnisse zwischen bestimmten Personen.

Auch Ockham will zumindest bei der Kaiserwahl die Wahl als einziges konstitutives Element ausreichen lassen, während Krönung oder Salbung keinerlei Rechtswirkung entfalten.[1264] Tolomeo de Lucca schränkt dies etwas ein. Allein durch die bloße Wahl und ohne die päpstliche Bestätigung sei der König in Italien und Burgund nicht regierungsfähig. Immerhin in Deutschland könne er sofort nach der Wahl die Regierungsgeschäfte übernehmen. Aufgrund der Selbstbindung der deutschen Fürsten hätte sich diese Gewohnheit verfestigt, doch könnten sie dies nicht für die anderen beiden Reichsteile bestimmen.[1265] Dass sich die Wahl gegenüber der Erbfolge in Deutschland durchgesetzt hat, dem stimmt auch Lupold von Bebenburg zu und führt dies auf die Wahl Heinrichs I. durch die Herzöge zurück. Nunmehr wählten die Kurfürsten, die stellvertretend für alle Fürsten die Wahl vollziehen und dabei das Volk repräsentieren.[1266]

Der Jurist Huguccio lässt ebenfalls die Wahl zur vollständigen Herrschaftsübertragung ausreichen. Der Kaiser habe das Schwert und die kaiserliche Würde durch die Wahl der Fürsten und des Volkes.[1267] Die Kirchenjuristen jedoch begannen seit dem Ende des 12. Jahrhunderts in eine andere Richtung zu diskutieren. Sie setzten sich mit der Frage auseinander, ob die Wahl be-

---

[1261] Schimmelpfennig, Das Papsttum im hohen Mittelalter, S. 212.

[1262] Marsilius von Padua, *Defensor Pacis*, III, 2, Nr.9 (ed. Kusch, Bd. 2, S. 1090–1091): *Prinicipatum eletum aut alterum qualecumque officium a sola eleccione auctoritatem habentis ad illam, nullaque alia confirmacione seu approbacione pendere*, mit Verweis auf I, 12, § 9 und II, 26, §§ 4–7.

[1263] Barisch, Lupold von Bebenburg, S. 347.

[1264] Vgl. Pleuger, S. 65 f; Bayley, Pivotal Concepts, S. 211.

[1265] Miethke, *De potestate papae*, S. 92.

[1266] Lupold von Bebenburg, *De iuribus regni*, cap. 5 (ed. Miethke, S. 86/89): *Quo genere deficiente principes et natu maiores Francorum, Alamannorum, Barbarorum et Saxonum, qui representatabant totum populum Germanie, elegerunt Heinricum primum ducem Saxonie in regem Germanie … .*

[1267] Tierney, Religion, Laws, …, S. 41.

reits ein *ius in re* oder nur ein *ius ad rem* vermitteln würde, also ob die Wahl bereits konstitutiv sei oder nur eine Anwartschaft auf ein bestimmtes Amt begründe.[1268] Immerhin bestimmte Innozenz III. für die entfernter gelegenen Metropolitansitze, dass der Gewählte sogleich sein Amt antreten dürfe, was offensichtlich praktische Gründe hatte, denn wenn die Amtseinsetzung von einem päpstlichen Einsetzungsakt abhinge, dann verlängerte sich die Vakanz aufgrund der Reisedauer mit der Entfernung nach Rom.

Gleichwohl tritt der hohe Stellenwert, welchen mittelalterliche Denker der Wahl beigemessen haben, in aller Deutlichkeit zu Tage, wenn beispielsweise ein Albertus Magnus die Wahl von Vorgesetzten nicht im menschlichen Recht, sondern im *ius naturale* verortet, so dass dies vom Menschen nicht in Frage zu stellen ist.[1269] Ebenso äußert sich später Nikolaus von Kues. Die freie Wahl habe ihren Ursprung nicht im positiven Recht, sondern beruhe auf natürlichem und göttlichem Recht.[1270]

b) Akzeptanz der Herrschaft wegen der Wahl

Schon für Coelestin I. (Papst 422–432) war klar, dass der Bischof von der Gemeinde, der er vorstehen sollte, akzeptiert werden musste.[1271] Die Wahl ist das Mittel, durch die eine solche Akzeptanz abgefragt und hergestellt werden kann. Augustinus hält somit die Ämterbesetzung durch Wahl für gerecht und geeignet, einen Wächter des gemeinen Nutzens zu finden, wenigstens für ein Volk, das *bene moderatus* ist.[1272] Diese in der alten Kirche verbreitete Ansicht macht einige Funktionen der Wahl deutlich. Einerseits werden die Untergebenen des zu Wählenden als mündige, selbstverantwortliche Subjekte geschätzt, die an der Auswahl zu beteiligen sind. Andererseits verfestigt die Wahl ein zwischen dem Vorgesetzten und den Untertanen gedachtes Band und erhöht dadurch die Akzeptanz der und den Respekt vor der Herrschaft.

1268 Vgl. Barisch, Lupold von Bebenburg, S. 285 ff.

1269 Albertus Magnus, De Bono (Opera Omnia 28, ed. Kühle u. a., S. 270b): *Tertio modo est naturalis ratio aeque ratio et natura, et sic pertinet ad ius naturale, quod ex ratione recta ad commodum hominis et utilitatem est provisum, et semper est in genere secundum semina iuris universalia et non secundum casus vel consulta determinata, sicut est providere domui, dispensare familiam, eligere praelatos ad vindictam malorum et laudem bonorum et custodire propria et huiusmodi.* Töpfer, Urzustand und Sündenfall, S. 227 f.

1270 Nikolaus von Kues, *De concordantia catholica*, III, 4, § 332 (ed. Kallen, S. 348): *Sufficit scire quod electio libera a naturali et divino iure dependens non habet ortum a positivo iure aut homine …* .

1271 Monahan, Consent, S. 47.

1272 Augustinus, *De libero arbitrio*, I, 14, Z. 17–20: *Ergo, si populus sit bene moderatus et gravis communisque utilitatis diligentissimus custos, in quo unusquisque minoris rem privatam quam publicam pendat, nonne recte lex fertur, qua huic ipsi populo liceat creare sibi magistratus, per quos sua res, id est publica, administretur?*; Böckenförde, Geschichte der Rechts- und Staatsphilosophie, S. 207.

Dies wiederum sichert die Eintracht und den Frieden innerhalb der Gemeinschaft.

Diesen letzteren Aspekt hatte auch Thomas von Aquin im Auge, als er die Zulässigkeit des Losverfahrens bei zwiespältigen Wahlen zu begutachten hatte. Bei weltlichen Wahlen hielt er das Los für erlaubt, wenn anders Spaltungen im Volk nicht zu vermeiden sind. Bei kirchlichen Würdenträgern sei jedoch unbedingt auf Eintracht bei der Wahl zu achten.[1273] Oresme sah dies ein Jahrhundert später anders. In seinem Politikkommentar gibt er zu bedenken, dass eine Wahlentscheidung oft des Geldes wegen oder aus anderen schlechten Motiven getroffen wird. Sogar bei der Papstwahl gingen oftmals weniger gute Prälaten aus der Wahl hervor, wenn die Wähler korrupt wären, was bei einem Losentscheid in Konvent oder Kapitel nicht geschehen könne, weshalb Oresme gegen ein Losverfahren nichts einzuwenden hat.[1274] Albertus Magnus ging wohl noch davon aus, dass die Wahl dem Ziel zu dienen imstande sei, den geeignetsten Kandidaten auszuwählen. Als er in seinem Politikkommentar die Grundmerkmale der Demokratie referiert, beschreibt er diese Staatsform als eine solche, in der jeder zur Regierung gelangen könne und sich alle Bürger jeweils für eine begrenzte Zeit in den Regierungsämtern abwechselten. Diese Rotation werde durch das Los vermittelt. Daran schließt Albert seine Kritik an. Durch das Los würden nicht diejenigen erwählt, welche die nötigen Fertigkeiten hätten. Das aber sei gefährlich, wobei er als Beispiel einen im Krieg unfähigen Regenten nennt. Nicht das Los, sondern die Kunst(fertigkeit) solle regieren.[1275] Ganz andere Überlegungen stellt Thomas von Aquin an. Ein Losverfahren, das Zwietracht zur Voraussetzung hat, da zunächst eine zwiespältige Wahl stattgefunden haben muss, sei daher nicht erlaubt.[1276] Die Bindung zwischen Wählern und Gewähltem bestärkt das Volk

---

[1273] Thomas von Aquin, *Liber de Sortibus*, cap. 5 (Opera Omnia 43): … *ad ecclesiasticas dignitates sunt homines promovemdi per concordiam electionis, quam spiritus sanctus facit : et ideo illicitum esset in huiusmodi electionibus sorte uti. … Et quia terrenae dignitatis officium ad temporalia dispensanda ordinatur, potest etiam licite ad huiusmodi sortes haberi recursus, si aliter electio concors esse non posset: … tolerabilis tamen est sorte saecularem rectorem quaerere quam populum dissensionibus laborare.*

[1274] Nicolas de Oresme, *Livre de Politiques* 5,5 (ed. Menut, S. 210b): *Et les princes eslisoient telz gens as grans offices et as princeys pour pecune ou pour autre malvese faveur. Et par ce appert que election par sort vault miex que ne fait election de malvese science. Et a parler familiairement de nostre policie: se le pape estoit deceu par aucuns qui ont affection corrumpue, il esliroit souvent moins bon prelat que ne feroit le chapitre ou le couvent par sort, si comme l'en fait le roy a la feive*; vgl. Babbit, Oresme's *Livre de Politiques*, S. 111.

[1275] Albertus Magnus, *Commentarius* VI, 1 (Opera Omnia 8, ed. Borgnet, S. 564): … *Sortiales esse principatus, id est, sorte eligibiles, vel omnes, vel quicumque non indigent experientia et arte, ut scilicet quilibet possit eligi ad talem principatum. Quia si indiget experientia et arte, sicut bellicis, tunc periculosum esset quemlibet eligere sorte : arte enim talia gubernantur, et non sorte, sicut gubernator navis et gubernator civitatis.*

[1276] Wieland, Praktische Philosophie, S. 77.

im Gefühl, an der Regierung beteiligt zu sein, auch wenn eine wirkliche Beteiligung im aristotelischen Sinne, d. h. mit Ämterrotation nach Losverfahren innerhalb der gesamten Bürgerschaft, nicht stattfindet.[1277] Diese gefühlte Beteiligung ist für Thomas von Aquin entscheidend für den Frieden in der Gemeinschaft. Die Partizipation des Volkes übe eine mäßigende Wirkung aus, weil dadurch die Bereitschaft wachse, die staatliche Ordnung zu akzeptieren und den Frieden zu sichern.[1278] Der Hauptgrund, warum alle an der Macht beteiligt werden sollten, ist für ihn der, dass ansonsten das Volk unzufrieden werden könnte und anfange zu rebellieren.[1279] Davon scheint auch Marsilius von Padua auszugehen. Gewählte Monarchen, so schreibt er, herrschten über willigere Untertanen.[1280] Dies mag auch damit zusammenhängen, dass die Erkenntnis, von einem schlechten Herrscher regiert zu werden, nichts anderes bedeutet, als dass die Wähler bei der Wahl einen Fehler gemacht haben. Petrus de Alvernia begründet die stabilisierende Funktion, die er der Wahl zuschreibt, damit, dass die Menschen ihre eigenen Werke wie Söhne liebten und daher einem von ihnen selbst gewählten Herrscher mehr gehorchen werden.[1281] Daraus ergibt sich die Notwendigkeit des allgemeinen aktiven und passiven Wahlrechts, denn wenn alle irgendwie Anteil an der Regierung haben, bleibt der Volksfriede gewahrt, und alle stützen und bewahren die Verfassung.[1282] Die praktische Seite dieser Überlegungen muss zudem zwei Aspekte einschließen, die zwar schon genannt wurden, aber doch von einer anderen Seite beleuchtet werden müssen. Die Wahl setzt laut Petrus de Alvernia die Suche nach und Beratungen über den besten Regenten voraus, andererseits sichert die an der Wahl beteiligte Menge die Durchsetzung des Ergebnisses. Denn die Akzeptanz muss gegebenenfalls mit Macht durchgesetzt werden.[1283] Außerdem, und darauf weist Nikolaus von Kues in Bezug

[1277] Vgl. Blythe, Mixed Constitution, S. 560. Das Losverfahren lehnt Thomas auch in seinem Politikkommentar ab und spricht sich gegen eine darauf beruhende Verfassung aus, die Aristoteles beschrieb. Das Auswahlverfahren durch Los sei geradezu kindisch, *Sententia in libri politicorum*, II, 14 (*Opera omnia* 48, S. 168): *set modus eligendi erat valde puerilis, quia forte per sortes vel alio inconvenienti modo eligebant: ita quod deveniebat quandoque ad inopes.*

[1278] Thomas von Aquin, *In libros Politicorum* II, 14 (ed. Spiazzi, S. 103): *Et tamen iste principatus quantum ad aliquid erat utilis, quia continebat civitatem in pace: quiescebat enim populus a seditione propter hoc quod habebant partem in magno principatu*; Mikat, Gesetz und Staat, S. 457.

[1279] Blythe, Mixed Constitution, S. 562.

[1280] Marsilius von Padua, *Defensor Pacis*, I, 9, § 6: *Electi vero magis voluntariis presunt* … .

[1281] Petrus de Alvernia, *Questiones supra libros Politicorum*, III, 17 (ed. Flüeler, S. 215): *Et iterum homines diligunt sua opera ut filios, … Et multitudo principi, quem eligit, magis obediet*; vgl. Meier, Mensch und Bürger, S. 93 f.

[1282] Dempf, S. 393.

[1283] Petrus de Alvernia, *Questiones supra libros Politicorum*, III, 17 (ed. Flüeler, S. 215): … *quia electio principis duo requirit, scilicet consilium de principe bono investigando et potencia*

auf Priester hin, welche er ebenfalls gewählt sehen will, verschiebt sich die Verantwortung für eine Unzufriedenheit mit den Gewählten. Wenn das Volk das Recht der Zustimmung oder Ablehnung hat, könne es bei Versagen der Gewählten für sich keine Entschuldigung beanspruchen.[1284]

Dem Zweck der Akzeptanz dient aber schon die Öffentlichkeit der Amtseinsetzung. Aus dieser Überlegung heraus empfahl im 12. Jahrhundert Johannes von Salisbury, die Wahl vor dem Volk durchzuführen. Gemeint ist nicht die Wahl durch das Volk, sondern die Wahl Gottes. Das Volk ist nicht Wähler, nur Zeuge.[1285] Er stellt im Anschluss sogleich klar, dass er eindeutig der Erbfolge den Vorzug vor der Wahl gibt, da es nach dem *ius gentium* so vorgesehen ist, dass die Kinder nachfolgen, vorausgesetzt allerdings, diese folgen der Gerechtigkeit Gottes.[1286]

c) Wahl als Willensäußerung

In der Wahl kommt der Wille der Wähler zum Ausdruck. Dies war für mittelalterliche Denker keineswegs das vorrangige Ziel des Wahlaktes. Vielmehr war es der Heilige Geist, welcher die Wahl leitete, so dass nicht die Menschen die Wahl trafen, sondern nur als Werkzeuge Gottes eingesetzt wurden, dessen Willen zu artikulieren. So lehnt Thomas von Aquin bei kirchlichen Wahlen das Losverfahren deshalb ab, weil man sich ganz dem auf Eintracht zielenden Wirken des Heiligen Geistes überlassen müsse.[1287] Dieser beeinflusse aber nicht das Los, sondern die Wähler,[1288] deren mehrheitliches Votum als Zeichen dafür gelte, dass der Heilige Geist seine Wahl getroffen habe. In der Wahl, so auch Jakob von Viterbo, wird Gottes Urteil erwartet.[1289]

Wesentlich profaner stellte ein normannischer Anonymus wie andere bereits zitierte Autoren fest, ein Bischof dürfe nicht gegen den Willen seiner

ad cogendum electum . . .; vgl. Blythe, Ideal Government, S. 84.

1284 Mohr, Unitas Christiana, S. 38 f.

1285 Johannes von Salisbury, *Policraticus* V, 6 (ed. Webb, I, S. 299): *Gubernatio vero populi illi tradenda est, quem Deus elegerit, homini scilicet tali qui habet Spiritum Dei in se et praecepta Dei in conspectu eius sunt . . .* .

1286 Johannes von Salisbury, *Policraticus* V, 6 (ed. Webb, I, S. 299–300): *Nec tamen licitum est fauore nouorum recedere a sanguine principum quibus priuilegio diuinae promissionis et iure generis debetur successio liberorum, si tamen (. . .) ambulaverit in iustitiis Domini.*

1287 Thomas von Aquin, *Liber de Sortibus* (Opera Omnia 43), cap. 5: *. . . si id quod est per divinam inspirationem faciendum, aliquis forte velit sorti committere, sicut ad ecclesiasticas dignitates sunt homines promovendi per concordiam electionis, quam spiritus sanctus facit: et ideo illicitum esset in huiusmodi electionibus sorte uti*; vgl. Wieland, Praktische Philosophie, S. 79.

1288 Für Thomas lenkt Gott nicht das Los sondern den Verstand der Menschen, *Liber de Sortibus* (Opera Omnia 43), cap. 4: *Divina autem dispositone non solum moventur corpora, sed etiam hominum mentes ad proprias actiones.*

1289 Jakob von Viterbo, *De regimine Christiano* II,8 (ed. Arquillière, S. 259): *Primo enim quantum ad modum eligendi statuit, ut in electione regis exspectaretur Dei iudicium . . .* .

Gemeinde eingesetzt werden, womit er schlicht den freien Willen der Untergebenen zum Anknüpfungspunkt nimmt.[1290] Dieser Grundsatz hatte ohnehin Eingang ins allgemeine Kirchenrecht gefunden und wurde weiterhin vertreten, beispielsweise von Nikolaus von Kues, der mehrfach für kirchliche und weltliche Ämtervergaben den Konsens und das Einverständnis der jeweiligen Untergebenen einfordert.[1291] Ockham weitet dies allgemein auf Prälaten und Fürsten aus. Die Vorgesetzten sind von denen zu wählen, denen sie vorzusetzen sind, denn niemand darf ihnen gegen ihren Willen vorgesetzt werden. Dabei nimmt der Franziskaner Bezug auf die *quod omnes tangit*-Formel: Was alle betrifft, muss von allen verhandelt werden.[1292] Sein Ordensbruder Bonaventura begreift in Abkehr von der auf Schuld und dem Sündenfall beruhenden Abhängigkeit des *servus* vom *dominus* die Unterordnung unter die staatliche Gewalt als zum Wesen der menschlichen Natur gehörig, was zu dem Bestreben führt, die Verfassung so zu gestalten, dass die Rechte der Angehörigen der staatlichen Gemeinschaft nicht missachtet werden, etwa durch Einführung einer Wahlmonarchie.[1293]

d) Wahl als Auswahlverfahren

Die wichtigste und im Zusammenhang mit der Frage nach Wahl oder Erbfolge während des Mittelalters durchgängig diskutierte Funktion der Wahl war die Auswahl des besten Kandidaten. Gesucht wurde ein Verfahren, das dem Zweck dienen sollte, die geeignetste Person für ein bestimmtes Amt zu finden. Die Wahl bot ein Verfahren, von dem sich viele Autoren eben dieses Ergebnis erhofften. Marsilius lobt die Wahl gar in den höchsten Tönen. Verglichen mit der Erbfolge sei sie besser und beständiger, mehr noch, sie könne niemals versagen, so die optimistische Prognose des Paduaners.[1294] Thomas von Aquin spekulierte auf eine Verhütung der Tyrannis, denn bei der Wahl könne man denjenigen wählen, von dem man wegen seines Charakters ein Abgleiten in die Tyrannei am wenigsten zu erwarten habe.[1295] Brunetto Lati-

[1290] Monahan, Consent, S. 70 f.

[1291] Nikolaus von Kues, *De Concordantia Catholica*, III, 4, § 328 (ed. Kallen, S. 346): *Per viam enim voluntariae subiectionis et consensus in praesidentiam praelationes concordantiales rectae et sanctae constitutae sunt in omni dominandi specie*; vgl. Watanabe, The Political Ideas, S. 38, S. 131.

[1292] Wilhelm von Ockham, III. Dial. II, 3, c.6: … *quod uniuersitati mortalium nullus prefici debet, nisi per electionem et consensum eorum. Amplius, quod omnes tangit debet tractari per omnes, quod autem debeat aliquis prefici aliis omnes tangit, igitur per omnes tractari debet.*

[1293] Töpfer, Urzustand und Sündenfall, S. 221.

[1294] Marsilius von Padua, *Defensor Pacis*, I, 9, § 7 (ed. Kusch, Bd.1, S. 88–89): … *que siquidem eleccio deficere numquam potest, generacione hominum indefiniciente. Amplius, hoc solo modo institucionis habetur principans optimus.*

[1295] Thomas von Aquin, *De regimine principum*, I, 6: … *promovetur in regem, quod non sit probabile in tyrannidem decinare*; vgl. Blythe, Mixed Constitution, S. 555.

ni, ein Zeitgenosse des Dominikaners, ging davon aus, dass in den Kommunen nur der zum Podestà gewählt würde, von dem seine Wähler annähmen, dass er am nützlichsten für das gemeine Beste der Stadt sei. Die Wahl und das Gemeinwohl werden so in ein enges Wechselverhältnis gerückt (Meier).[1296]

Bonaventura greift in die Geschichte zurück. Als die Römer ihre Anführer noch gewählt haben, wurden sie gut regiert, als sie zur Erbfolge übergingen, wurde das Reich zerstört. Schließlich setze man niemanden als Kapitän eines Schiffes ein, der nichts von der Schifffahrt verstehe, so könne man denn auch niemanden zum Regenten machen, der vom Regieren nichts versteht, worauf man bei der Erbfolge keinen Einfluss habe.[1297] Für Thomas von Aquin ist es der Würdigste, der gewählt werden soll. Er geht sogar so weit, die Zustimmung des Gewählten für entbehrlich zu erklären. In seinem Politikkommentar verurteilt er ein Wahlsystem, bei dem nur diejenigen gewählt würden, die es selbst wollen. Vielmehr solle jemand auch gegen seinen Willen zum Nutzen der Gemeinschaft in ein Amt gewählt werden können, wenn er der Herrschaftsaufgabe würdig ist.[1298] Wichtiger als das Verfahren war dem mittelalterlichen Menschen das Ergebnis. So kann denn auch Petrus de Bosco vom Missbrauch des Wahlrechts sprechen, den er den Kurfürsten unterstellt, wenn sie jemanden wählten, welcher der kaiserlichen Aufgabe, die Kirche zu schützen, nicht gerecht wird.[1299]

Der Charakter der Wahl als Auswahlverfahren kommt auch in den wenigen mittelalterlichen Vorschlägen für ein Wahlsystem zum Tragen. Raimundus Lullus und Nikolaus von Kues hatten beide Wahlverfahren entwickelt, die der Ermittlung des Besten dienen sollten. Beide basieren dementsprechend auf der Idee, dass alle Kandidaten direkt oder indirekt miteinander verglichen werden sollen, was bei Raimundus Lullus noch nach verschieden Eigenschaften gestaffelt ist.[1300]

[1296] Meier, Mensch und Bürger, S. 13 f.

[1297] Bonaventura, Hexaemeron coll. V, 19 (Opera Omnia V, ed. Quaracchi, S. 357a): *Unde quando per successionem praesunt, male regitur respublica. … Unde quamdiu Romani illos qui praeessent, elegerunt, sapientissimos elegerunt; et tunc bene gubernata est respublica; sed postquam ad successionem venerunt, totum fuit destructum*; vgl. Cattin, L'anthropolgie politique, S. 207.

[1298] Thomas von Aquin, *Sententia libri politicorum*, II, 14 (Opera Omnia 48, S. 169): … *quod electio seniorum que fiebat apud eos, erat ualde puerilis; erat enim apud eos ordinatum ut illi digni uiderentur tali principatu, peterent ipsum. Quod non se recte habet, quia secundum hoc nullus assumeretur ad principatum nisi volens; oportet autem aliquem qui dignus est principatu, assumi ad principatum siue uelit siue non uelit, quia utilitas communis est preferenda proprie uoluntati ipsius.*

[1299] Marius Krammer, Tholomeo de Lucca, *Determinatio compendiosa*, praefatio, S. XXXVII; Peter de Bosco, MG Const.IV, Nr.245 (S. 209): … *quoniam multis modis abusi fuistis eligendi potestate.*

[1300] Vgl. Honecker, Ramon Lulls Wahlvorschlag, S. 569.

Interessant ist in diesem Zusammenhang, dass Engelbert von Admont das Losverfahren als Unterfall des Wahlverfahrens angesehen hat. In Verfassungen, in welchen die Ämter durch Volkswahl vergeben werden, könne die Wahl auf vier verschiedene Arten erfolgen: offene oder geheime Stimmabgabe, durch allgemeines Los oder durch Los innerhalb einer vom Volk bestimmten Anzahl von Bürgern.[1301] Hier wird deutlich, dass die Wahl eine Auswahl darstellt, mit der aus mehreren Kandidaten einer in einem friedlichen Verfahren ermittelt werden soll. Dass dabei der Wähler die Auswahl zwischen verschiedenen Kandidaten hat, tritt völlig in den Hintergrund.

2.3 Wahl oder Erbfolge

Im Mittelalter bestanden zwei große Linien nebeneinander, was die Nachfolgeregelung angeht: Einerseits die Erbfolge, andererseits die Wahl, welche eine Art Vertrag zwischen Wählern und Gewähltem suggeriert. Insbesondere die Kirche war der Wahl sehr zugetan und favorisierte diese auch im weltlichen Bereich gegenüber der Erbfolge, nicht zuletzt deshalb, weil das eigene Personal ausschließlich auf diesem Wege rekrutiert wurde.[1302]

a) Entwicklung von Wahl und Erbfolge

Es wurde bereits mehrfach dargestellt, dass Wahl und Erbrecht einander nicht ausschlossen und im Mittelalter nebeneinander existierten und praktiziert wurden. In der germanischen Tradition hatte die Wahl den Zweck, den rechten Mann zu finden, dem die Krone von Rechts wegen, d. h. aufgrund Erbrechts, gebührt (Hintze). Durch die Einwirkung der Kirche wurde dann das Geblütsrecht zurückgedrängt und das Wahlprinzip bevorzugt.[1303] Auch Berges vertritt die Ansicht, das abendländische Mittelalter habe zumindest der Theorie nach immer an der *electio populi* festgehalten, selbst dann noch, als sich die Erbmonarchie längst gewohnheitsrechtlich durchgesetzt hatte. Die Tatsache, dass die Primogenitur in manchen Ländern erst spät in der Neuzeit gesetzmäßig verankert wurde, verrate, so Berges, die große Scheu, den Grundsatz der Wahl anzugreifen.[1304]

Die Theoretiker des späten Mittelalters waren jedoch gespalten und entschieden sich aus verschiedenen Gründen für Wahl oder Erbfolge. Petrus Bertrandus nennt sowohl die Wahl als auch die Erbfolge als legitime Nachfolgeregelungen, wohingegen die Machtergreifung durch Gewalt nicht erlaubt sei. Der „erste Modus“ sei die Wahl, dann erst die Erbfolge, weil dem Erben ja ein anderer vorausgegangen sein muss. Die Wahl könne durch Gott,

[1301] Ubl, Engelbert von Admont, S. 105; Edition der Quelle bei Ubl, Zur Entstehung der Fürstenspiegel, S. 541.
[1302] Contamine, Le royaume de France ..., S. 203.
[1303] Hintze, Weltgeschichtliche Bedingung, S. 13.
[1304] Berges, Fürstenspiegel, S. 15.

was selten sei, oder durch die Menschen vorgenommen werden, was allgemein üblich sei.[1305] Uneingeschränkt für die Wahl plädieren beispielsweise Bonaventura, Duns Scotus und Gottfried von Fontaines. Thomas von Aquin tendiert in seinem Fürstenspiegel eher zur Wahl, in der *Summa* aber zur Erbfolge, während sich Heinrich von Gent, Aegidius Romanus, Peter de Alvernia und Jean Quidort eindeutig für die Erbfolge aussprechen.[1306] Johannes Buridanus unterschied zwischen einer unvernünftigen und einer gut geordneten Menge, von denen es nur letzterer erlaubt sein soll, den Fürsten zu wählen.[1307] Einer der ersten Theoretiker, welcher der Wahl den Vorrang gab, war Gottfried von Fontaines, der sich davon bessere Ergebnisse erhoffte. Er selbst stammte aus Lüttich, einer Bischofsstadt, die aber quasi-republikanisch regiert wurde, so dass ihm Wahlen von dort vertraut gewesen sein dürften.[1308] Sehr stark betont auch Bonaventura die Notwendigkeit der Wahl. Der Wahlgedanke war schließlich das Vorbild für die Papst- und Bischofswahlen, und dabei war maßgeblich die Idee der Übertragung der Gewalt nicht auf fleischlichem, sondern auf geistlichem Wege, eben der Wahl (Dempf).[1309]

b) Formen der Amtseinsetzung in der Theorie

Trotz des Nebeneinanders von Erbrecht und Wahl gewann die Erbfolge immer mehr an Bedeutung. Auch diejenigen unter den Philosophen und Juristen, welche für eine Wahlmonarchie oder gar eine Demokratie eintraten, waren in der Wirklichkeit ihrer Gegenwart gefangen und mussten sich mit den Realitäten auseinandersetzen. Für Johannes von Salisbury war klar, dass ein Königreich durch Erbfolge übertragen wird.[1310] Selbst ein Marsilius von Padua geht von der Realität der Erbfolge aus. Denn, so führt er aus, selbst ein Vater könne seine Söhne nicht von der Erbfolge ausschließen.[1311] Marsilius unterscheidet dann weiter zwischen einem gewählten und einem nicht

[1305] Petrus Bertrandus, *De origine jurisdictionum* I, 3 (fol. 29v): *Modus autem debitus perueniendi ad potestatem seu auctoritatem regendi populum, est duplex, videlicet per haereditariam successionem, et per electionem. Sed modus perueniendi per hereditariam successionem non potest esse primus, qui n. succedet alii non est primus, quia ille alius praecedit, igitur primus modus perueniendi debite ad auctoritatem regiminis est per eletionem Dei vel hominum. Et ille qui est per spezialem electionem Dei rarus fuit … Ille autem qui est per electionem et consensum populi est communis. Omnis autem alius modus perueniendi ad auctoritatem regiminis, puta per violentiam potentie, wel astutiam fraudulentiae est illicitus.*

[1306] Lagarde, Bd. 2, S. 310.

[1307] Johannes Buridanus, *Quaestiones super libros Politicorum*, III, qu.12 (fol. 40rb): *Non est licitum multitudinem videlicet bestialem eligere principem … expediens est multitudinem bene ordinatam eligere principem.*

[1308] Vgl. Monahan, Consent, S. 184 ff.

[1309] Dempf, S. 374; vgl. auch Lagarde, Bd. 2, S. 103.

[1310] Johannes von Salisbury, *Policraticus*, IV, 11.

[1311] Marsilius von Padua, *Defensor Pacis*, I, 11, § 7.

gewählten Monarchen. Letzterer gebe sein Amt nach Erbfolge weiter, der gewählte Monarch nicht immer.[1312] Dies führt er weiter aus und unterscheidet zwischen verschiedenen Wahlverfahren. Ein Monarch kann mitsamt seiner Nachkommenschaft und Erbfolge gewählt werden oder eben nicht. Drei Fälle sind denkbar. Erstens kann er ausschließlich für seine eigene Lebenszeit gewählt werden, zweitens könne die Wahl darüber hinaus für einen einzigen Nachfolger (Erben) mit erfolgen und drittens auch für mehrere solcher Nachfolger, also für eine Dynastie. Weiter gebe es auch die Möglichkeit, statt für die Lebenszeit für einen begrenzten Zeitraum zu wählen oder statt für die gesamte Machtfülle nur für ein begrenztes Amt, beispielsweise das des Heerführers.[1313] Letztlich entscheidet sich Marsilius für die Wahl einer Person auf Zeit. Diesbezüglich hatte Thomas von Aquin in seinem Politikkommentar noch eine andere Ansicht vertreten. Es sei besser, der König werde auf Lebenszeit gewählt, damit er durch seine Macht den Staat besser sichern könne. Ansonsten müsse er sich ständig vor denen fürchten, gegen die er vorgehen muss.[1314] Für das Beratergremium, welches dem König zur Seite gestellt werden soll, vertritt Thomas allerdings die gegenteilige Auffassung, dieses solle nur auf Zeit gewählt werden.[1315]

Nikolaus von Kues hält die Erbmonarchie für eine erlaubte Möglichkeit, wenn er auch eine Präferenz für die Wahl durch das gesamte Volk oder wenigstens seine Repräsentanten zeigt.[1316] Wie weit der Begriff der Wahl gefasst ist, zeigt die folgende Schilderung des Cusaners zur Übertragung des Kaisertums. Otto I. war nach seinem Italienzug als Sieger über die Römer auch deren Befreier geworden. Diese gaben ihr Einverständnis, dass Otto Kaiser sein solle. Damit hätten sie mit ihrer Willensübereinstimmung, bekräftigt durch Beschluss der Synode von Klerus und Volk, ihm und seinen Nachfolgern die ordentliche Reichsgewalt übertragen.[1317] Nikolaus berichtet diesen Sachverhalt als Legitimation der kaiserlichen Macht in seiner vier Jahrhunderte später liegenden Gegenwart.

c) Vorzugswürdigkeit der Wahl

Im Werk des Thomas von Aquin findet man sowohl eine Präferenz für die Erbfolge (*De regimine principum*) als auch für die Wahl (*In libros politicos*

[1312] Marsilius von Padua, *Defensor Pacis*, I, 9, § 11

[1313] M arsilius von Padua, *Defensor Pacis*, I, 9, § 5.

[1314] Thomas von Aquin, *Sententia in libri politicorum*, II, 14 (Opera Omnia 48, 170): *Set melius est quod unusquisque habeat iudicium regium per totam uitam suam, quia rex est utilis ciuitati ut sua potestate efficaciter conseruet statum ciuitatis; quod fieri non potest nisi per uitam regnauerit, quia et ipse timebit alios offendere et alii minus eum timebunt.*

[1315] Thomas von Aquin, *Sententia in libri politicorum*, II, 14 (Opera Omnia 48, 170): *Secus autem est de senioribus qui ad consilia uel ad iudicia quedam eligebantur.*

[1316] Sigmund, Nicholas of Cusa, S. 149 f.

[1317] Nikolaus von Kues, *De concordantia catholica*, III, 3, § 322.

I,1). Die Argumentation für die Erbfolge zeichnet Cattin nach. Theoretisch sei das Wahlsystem am besten geeignet, den Staat als Repräsentation des Volkes zu etablieren. Doch werde durch die Wahl nicht der ausgewählt, der am würdigsten ist, denn wenn – so die Voraussetzung – das Volk vernünftig wäre, so könnte es sich selbst regieren und brauchte keinen Monarchen. So aber diene die Wahl Partikularinteressen, statt der Vernunft zu gehorchen. Thomas optiere daher, so Cattin, für eine Lösung außerhalb des Volkes, welche er im Erbrecht entdecken zu können glaubt.[1318] Anders hingegen liest sich eine Passage im Politikkommentar des Dominikaners, wo er klar für die Wahl Stellung zu beziehen scheint. Der Mensch trage eine Vernunft in sich, der folgend er durch Beratung und durch Wahl handele.[1319] Darüber hinaus aber kenne er auch die Fortpflanzung (*generare*), welche zur Erbfolge und nicht zur Wahl führt. Doch die Fortpflanzung habe der Mensch auch mit den Tieren und den Pflanzen gemein.[1320] Damit ist es die Wahl, welche den Menschen über die übrigen Lebewesen heraushebt.

Dass es Gründe für die Erbmonarchie gegenüber einer Wahlmonarchie gibt, erkennt auch Marsilius von Padua durchaus an. In seinem *Defensor Pacis* stellt er die Argumente für Erbfolge wie auch für die Wahl ausführlich dar und entscheidet sich dann, nachdem er die Gründe für das Erbrecht entkräftet hat, für die Wahl. So entgegnet Marsilius den Befürwortern der Erbmonarchie, es zügele den Ehrgeiz der übrigen Bürger keineswegs, wenn sie wegen der Erbfolgeregelung von der Nachfolge ausgeschlossen seien, da es eher zum Bürgerkrieg führen könne, wenn die Bürger von einem Untüchtigen regiert würden, ohne die Chance zu sehen, jemals selbst zur Macht gelangen zu können.[1321] Mächtige Opponenten des Monarchen hätten ebenso viel Angst vor dem Wahlmonarchen, da ihnen auch von einem gewählten Nachfolger Strafen drohen könnten.[1322] Auch wenn ein überragendes Geschlecht zur Regierung berufen sein sollte, so wisse doch niemand, was für Menschen die Söhne eines so überragenden Monarchen sein werden.[1323] Bei der Wahl gelangten hingegen fertige Persönlichkeiten an die Macht, nicht solche, die von ihren Erbanlagen her nur die Veranlagung dazu haben bzw. bei denen

[1318] Cattin, L'anthropologie politique, S. 198.

[1319] Thomas von Aquin, *Sententia in libri politicorum*, I, 1, lect.10 (Opera Omnia 48, 73): *Ubi considerandum est quod in homine est aliquid quod est proprium eius, scilicet ratio secundum quam ei competit quod et consilio et electione agat.*

[1320] Thomas von Aquin, *Sententia in libri politicorum*, I, 1, lect.10 (Opera Omnia 48, 73): *Inveniuntur etiam aliquid in homine quod est commune ei et aliis, et huiusmodi est generare; hoc igitur non competit ei ex electione, id est secundum quod habet rationem eligentem, set competit ei secundum rationem communem sibi et animalibus et etiam plantis.*

[1321] Marsilius von Padua, *Defensor Pacis*, I, 16, § 21.

[1322] Marsilius von Padua, *Defensor Pacis*, I, 16, § 22.

[1323] Marsilius von Padua, *Defensor Pacis*, I, 16, § 17.

man solche Anlagen vermutet.[1324] Dem Argument, dass die Regierung einer Dynastie über mehrere Generationen hinweg den Gehorsam der Untertanen durch Gewohnheit festige, stellt Marsilius die These entgegen, dass die Neuheit der Person die Bewunderung und die Ehrfurcht der Untergegebenen steigere.[1325] Bei den Argumenten für und gegen die Wahl sind für Marsilius und seine Zeitgenossen immer wieder zwei Aspekte entscheidend. Das Ergebnis des Auswahlverfahrens soll einerseits ein tugendhafter und tüchtiger Monarch sein, andererseits muss die Regierung bei der Bevölkerung auf die höchstmögliche Akzeptanz stoßen. Das Ergebnis einer wie auch immer ausgestalteten Nachfolgeregelung (also beispielsweise ein kluger Monarch) sei aber, so versichert Marsilius optimistisch, mit der Wahl immer zu erreichen, während man bei Erbmonarchien auf die zufällige Geburtsfolge angewiesen sei.[1326] Außerdem könne der Erbe, wenn er denn tüchtig ist, ebenso gewählt werden wie jeder andere.[1327] Das Problem, dass die Wahl ein solches Ergebnis nur dann hervorbringen kann, wenn die Wähler klug und tüchtig sind, damit sie eine verantwortliche Entscheidung treffen können, löst Marsilius, indem er nur den Klugen und Tüchtigen das Wahlrecht zugestehen will.[1328] Doch Marsilius ist gleichwohl der Realität seiner Gegenwart verhaftet. Vom Wahlmonarchen sei deswegen eine gewissenhaftere Staatsführung zu erwarten, weil er den Tadel des Nachfolgers fürchte und die Wahl seines Erben sichern wolle.[1329] Marsilius erkennt die damalige Praxis in vielen Monarchien an, nach der zwar der König gewählt wurde, dieser aber versuchte, seinen Sohn bereits zu seinen Lebzeiten wählen zu lassen, um damit eine quasi-dynastische Erbfolge zu sichern.

Auch Petrus de Alvernia hatte sich in seiner Fortsetzung des Politikkommentars von Thomas von Aquin diesen Argumenten nicht verschlossen. Bei einem Wahlsystem seien die Chancen für einen glücklichen Ausgang der Wahl größer, da man unter mehreren zu wählen hat, so dass ein guter Kan-

[1324] Marsilius von Padua, *Defensor Pacis*, I, 16, § 18 (ed. Kusch, Bd. 1, S. 192–193): … *dicendum, quod hiis amplius in disposicione assumendi monarche dare potest eleccio nova successione natali, quoniam non solum inclinatum ad prudenciam et virtutem, qualem dat natalis successio, verum eciam iam perfectum et actualiter operantem secundum virtutem …* .

[1325] Marsilius von Padua, *Defensor Pacis*, I, 16, § 16.

[1326] Marsilius von Padua, *Defensor Pacis*, I, 16, § 11 (ed. Kusch, Bd. 1, S. 182–183): *Quoniam secundum hunc quem pociorem diximus modum instituendi monarcham, semper aut raro deficiens erit sumere monarcham, haberi tunc possibilium optimum, vel saltem sufficientem sive perfectum. Ab eleccione namque legislatoris humani quasi semper, raro deficiens, intenditur et perficitur commune conferens civium …* .

[1327] Marsilius von Padua, *Defensor Pacis*, I, 16, § 12 (ed. Kusch, Bd. 1, S. 182–183): *Eundem enim heredem et successorem monarche prioris potest civilis multitudo per eleccionem assumere, si fuerit studiosus et prudens.*

[1328] Marsilius von Padua, *Defensor Pacis*, I, 16, § 19 (ed. Kusch, Bd. 1, S. 194–195): *Esto rursum cum disputante ad solos prudentes et studiosos eleccionem hanc pertinere.*

[1329] Marsilius von Padua, *Defensor Pacis*, I, 16, § 13.

didaten besser zu finden ist, als bei der Erbfolge, bei der es von vornherein nur einen oder wenigstens eine geringere Zahl von Bewerbern gäbe.[1330] Der Thomas-Schüler Aegidius Romanus attestiert der Erbfolge ein höheres Maß an Zufall und hält daher die Wahlmonarchie für besser.[1331] Gottfried von Fontaines hält die Wahl ebenfalls für besser geeignet, gute Fürsten hervorzubringen, als dies bei der Erbfolge der Fall ist.[1332] In gleicher Weise äußert sich auch Bonaventura, der die Wahlmonarchie auch deshalb bevorzugt, um eine Tyrannei zu verhindern.[1333] Der Autor des *Tractatus de legibus*, möglicherweise Durandus a S. Porciano, hat ebenso die Auswahl des besten Mannes im Auge. Da es natürlicher sei, dass der Beste regiert, sei auch die Wahl die natürlichere Nachfolgeregelung.[1334] Jakob von Viterbo warnte gar davor, einen Herrscher nach anderen Kriterien als seiner Tugend auszuwählen. Wer einen Regenten wegen seiner edlen Geburt aussuche, mache einen schrecklichen Fehler.[1335]

Ein neuer Aspekt taucht im 15. Jahrhundert bei Nikolaus von Kues auf, der in der Wahl die beste Möglichkeit sieht, die beste Person auszusuchen, die dem Allgemeinwohl zu dienen bereit ist. Diese sei durch den Willen aller zu wählen. Jeder Herrschaftswechsel erfordere eine neue Wahl durch alle Bürger oder deren Mehrheit, zumindest aber durch die Adligen, welche die

[1330] Petrus de Alvernia, *In libros Politicorum*, III, 14, lect.16 (ed. Spiazzi, S. 176): *Melius est assumi principantem illo modo, quo per se contingit ipsum accipi meliorem; sed per electionem contingit assumi meliorem quam per successionem generis, quia melior ut in pluribus invenitur in tota multitudine quam sit unus. Et electio per se est appetitus ratione determinatus.* Antoniades, Entstehung und Verfassung, S. 26.

[1331] Aegidius Romanus, *De regimine principum*, III, 2, cap. 5 (ed. Rom 1607, S. 464): *… quod ire per haereditatem, dignitatem regiam, est exponere fortunae …* (S. 461): *Nam si per electionem praeficiatur aliquis in Regem, videtur tale regnum non esse expositum casui & fortunae, sed factum esse per artem, eo quod praeficietur melior & industrior. Sed si per haereditatem hoc fiat, exponetur regnum quasi forti, casui, & fortunae : nam incertum est qualis debeat esse filius, ad quem spectabit habere regiam dignitatem. Absolute ergo loquendo, melius est Principem praestituendum esse per electionem, quam per haereditatem.* Vgl. Monahan, Consent, S. 194.

[1332] Godefroi de Fontaines, Quodlibets, 11, 17 (Bd.5, S. 76): *Et quia secundum naturalem originem, non oportet quod optimus generet optimum, ideo convenientius esset quod principes instituerentur a populo per electionem, ut semper melior praeficeretur. Licet enim quandoque propter malitiam communem et eligentes in eligendo deficiant, tamen electio secundum se magis est via ad habendum bonum principem quam generatio naturalis*; vgl. Lagarde, Bd. 2, S. 196.

[1333] Bonaventura, Hexaemeron coll. V, 19 (Opera Omnia V, ed. Quaracchi, S.357a): *Unde quando per successionem praesunt, male regitur respublica. … Unde quamdiu Romani illos qui praeessent, elegerunt, sapientissimos elegerunt; et tunc bene gubernata est respublica; sed postquam ad successionem venerunt, totum fuit destructum*; vgl. Töpfer, Urzustand und Sündenfall, S. 221.

[1334] Tierney, Rights, Laws, …, VI, 175 f.

[1335] Hamilton Bleakley, Aqinas' *De regimine principum*, S. 579.

Bürger mit deren Zustimmung repräsentierten.[1336] Die Idee, dass sich in der Wahl der Volkswille niederschlägt, gewinnt hier an Gewicht und tritt neben die Bedeutung der Wahl als Auswahlverfahren des besten Kandidaten. Dies klingt auch schon zwei Jahrhunderte vorher bei dem Dominikaner Guilelmus Peyraut an, der seine Präferenz für die Wahl mit dem Verweis auf eine bekannte Formel rechtfertigt: Was alle angeht, in diesem Falle die Wahl eines Vorstehers, solle auch von allen entschieden werden.[1337] Neu ist dies auch bei ihm nicht, denn eine ähnliche Begründung findet sich schon im *Decretum Gratiani.* [1338]

d) Gründe für die Erbfolge

Für die Erbfolge wurden ebenfalls Gründe angeführt. Interessanterweise waren es einige derjenigen, die oben als Befürworter der Wahl aufgeführt wurden, die sich letztlich doch für die Erbfolge als bessere Nachfolgeregelung aussprachen. Wie dieser Schwenk vollzogen wurde, zeigt das Beispiel des Katalanen Francisco Eximenes (14. Jahrhundert). Damit die politische Mitbestimmungsfreiheit des Volkes so weit als möglich gewahrt bleibe, wolle er sich für die Wahl entscheiden, wenn nicht Staatsräson und politische Psychologie dagegen sprächen und die Erbfolge nicht eine größere Dauerhaftigkeit des Regiments garantierte.[1339] Aegidius Romanus hielt die Wahl eigentlich für besser, doch auch er entschied sich dennoch für die Erbmonarchie, die erfahrungsgemäß vorzuziehen sei – eine Einstellung, die auch verschiedene Aristoteles-Kommentatoren teilten: Die Wahlmonarchie sei besser *per se*, doch *per accidens* sei die Erbmonarchie besser.[1340] Mit der Erbfolge habe man mehr Erfahrungen, und sie sei verbreiteter, was den korrupten Begierden des Volkes geschuldet sei, so argumentieren Aegidius Romanus und Petrus de Alvernia. Der König ist an die Macht gewöhnt, das Volk an die Dynastie, so dass die Erbmonarchie weniger Gefahren (z. B. Aufruhr) berge als die Wahlmonarchie.[1341] Buridanus sieht das ähnlich. Eigentlich sei die Wahl gegenüber der

---

[1336] Nikolaus von Kues, *De concordantia catholica*, III (Vorwort), §283 (ed. Kallen, S.321 f.): *Unde etsi multae etiam rationes praegnantes et fortes pro successorio monarchatu existant, nihilominus ut optimus omnium voluntate ad commune conferens praesit rei publicae semper, non est melior quisquam statuendi modus, quam per novam electionem aut maioris partis vel saltem eorum procerum, qui omnium vices ex consensu habent*; vgl. Sigmund, Nicholas of Cusa, S. 193.

[1337] Contamine, Le royaume de France …, S. 203.

[1338] *Decretales Gregorii IX*, I.11.6. (ed. Friedberg, Bd.2, Sp. 119).

[1339] Probst, Francesch Eximeniç, S. 13; Berges, Fürstenspiegel, S. 15.

[1340] Flüeler, Rezeption, Bd. 1, S. 127. Ein Beispiel ist Nikolaus von Oresme, *Livre de Politiques* 3,23 (ed. Menut, S. 154b): *… il preuve seulement que la voie de election vault miex soubs condicion, mes absolument l'autre [succession] vault miex.*

[1341] Blythe, Ideal Government, S. 73 und S. 85; vgl. auch Dempf, S. 462, zu Aegidius Spiritalis von Perugia. Petrus de Alvernia, befürchtet eine Spaltung unter den Wählern,… *tamen per accidens est melius assumere principantem per generis successionem, quia in electione*

Erbfolge der bessere Weg, den besten Fürsten zu finden. Doch müsse man auch die edle Abkunft, den Gehorsam der Untertanen, Spaltung unter den Wählern und die drohende Vakanz an der Spitze des Reiches bedenken.[1342] Solche Argumente führt auch Augustinus von Ancona an, wenn er die Gewohnheit des Gehorsams als Stabilitätskriterium nennt, das für die Erbfolge spreche.[1343] Außerdem warnt er vor der Uneinigkeit der Wähler nach dem Tod des Kaisers.[1344] Auch Oresme traut dem Wahlvolk nicht. Korruption und Meinungsunterschiede bei der Wahl sorgten für Spaltung und Aufruhr.[1345] Auch Oresme bringt das Gewohnheitsargument in abgewandelter Form. Die Vater-Sohn-Folge sei als Nachfolgeregelung in nahezu allen Ländern verbreitet.[1346] Diese Form der Amtsnachfolge sichere eine größere Kontinuität. Es sei fast so, als sei der Vater nicht gestorben, da der Sohn ihm so ähnlich sei.[1347] Einen neuen König zu wählen, wäre zu viel Veränderung. Es würde nicht nur die Person, sondern auch die Dynastie ausgetauscht. Jede Neuerung aber ist nach Ansicht Oresmes zu vermeiden.[1348] Der Franzose stellt die Änderungen in der personellen Besetzung der Staatsspitze neben die Änderung von

---

contingit esse dissensionem inter eligentes (Sententia in libros Politicorum, Continuatio, III, 14, lect. 16).

1342 Johannes Buridanus, *Quaestiones super libros Politicorum*, III, qu. 23 (fol. 47rb): ... *simpliciter est melius est regem vel principem assumi per electionem quam per generis successionem ... quia per illam viam contingit meliorem accipi melius est per accidens ... principem assumi per successionem generis quam per electionem. Primo considerando paternalem nobilitatem, secundo obedientiam subditorum, tertio inspiciendo eligentium dissentionum, quarto inspeciendo regni vacationem.*

1343 Augustinus Triumphus, *Summa de potestate ecclesiastica*, II, qu. 35, 7 (fol. 144r): *Secundum est populi obedientisnaturalis subiecto. Consuetudo namque est quasi altera natura.*

1344 Ebd., fol. 144v: ... *ex discordia electorum magno turpe caret* ... .

1345 Nicolas de Oresme, *Livre de Politique* 3,23 (ed. Menut, S. 154a): *Item, se election estoit faicte par la multitude adonques seroit peril de sedicion et de division. ... Item, se elle estoit faicte par electeurs en aucun nombre, adonques seroit peril que il n'i eust fabriqués corruptions, deceptions, dissenciones et telz mals, qui ne sunt pas quant le royalme va par succession.*

1346 Nicolas de Oresme, *Livre de Politique* 3,23 (ed. Menut, S. 154b): *Et en la Saincte Escripture, si comme ou livre des Roys, est souvent dit que le filz regna apres le pere ... Et donques, puisque ceste voie a esté ainsi gardee et a esté commune en tous paiz, ce est bien signe que elle est la plus expediente.*

1347 Nicolas de Oresme, *Livre de Politique* 3,23 (ed. Menut, S. 154a/b): *Or est ainsi apres unité de personne mortele qui ne peut tousjours durer, l'en peut faire continuation par plus grande unité que par celle qui est en succession de pere a filz. ... Le pere est aussi comme se il ne estoit pas mort quant il lesse apres soy son filz sembable a lui.*

1348 Nicolas de Oresme, *Livre de Politique* 3,23 (ed. Menut, S. 154a): *Et eslire nouvel roy, ce est mutation trop plus grande qu'avoir le par succession; car l'en mue et la personne et le lignage, et en succession le lignage ne se mue. Item, toute nouvelté est a eviter tant que l'en peut bonnement, mesmement en si grant chose qu'est le gouvernement du bien publique; car nouvelté engendre descorde et en viennent commotions. ... Mes quant il succede, ce ne est pas grant nouvelté, car chescun savoit devant que il devoit estre roy.*

Gesetzen, welche ebenfalls zu vermeiden seien, da durch die Änderung die Autorität des Gesetzes wie auch – im Falle des Dynastiewechsels – die des Fürsten geschwächt würde.[1349] Die beiden Varianten des Gewohnheitsarguments zitiert auch Marsilius von Padua. Einerseits sei der Erbmonarch an das Regieren gewöhnt, so dass er weniger zu Übermut neige und die Gefahr eines Abgleitens in die Tyrannei daher geringer sei.[1350] Andererseits sei das Volk an eine bestimmte Dynastie gewöhnt. Die Menschen gehorchten dem Erbmonarchen williger, weil sie bereits den Vorgängern gehorcht hätten.[1351] Ein ganz praktisches Argument dafür, dass die Erbmonarchie weitere Verbreitung gefunden hat, ist dasjenige, dass dann, wenn das Volk nicht zur Wahl zusammenkommen könne, es kopflos bleiben müsse, griffe man nicht auf die Erbfolge zurück.[1352]

Das Volk, besser ausgedrückt: die potentiellen Wähler, sind für Thomas von Aquin ein Grund, von der Wahl Abstand zu nehmen. Die Wahl, die vom Verfahren her eine Art Wettkampf darstellt, könne Zwiespalt unter den Bürgern erregen, außerdem war auch Thomas der Ansicht, dass nicht alle Wähler die nötige Redlichkeit und Zuverlässigkeit besäßen, um eine vernünftige Wahlentscheidung treffen zu können.[1353] Aegidius sieht einen weiteren Vorteil der Erbfolge darin, dass der Thronfolger bereits für seine künftige Rolle erzogen wird, das Volk andererseits an die Herrschaft einer bestimmten Familie gewöhnt sei.[1354] Dem Erbmonarchen gehorchten die Untertanen also besser, weil sie schon seinen Vorgängern gehorcht hätten.[1355]

Die Argumentation mit der Gewöhnung des Volkes an die Herrschaft und die herrschende Dynastie stellt auf die Akzeptanz der Herrschaft und den

---

1349 Nicolas de Oresme, *Livre de Politiques* 3,23 (ed. Menut, S. 153b–154a): *Item, mutation de prince et de lays est cause de debiliter et affeiblir la reverence qui leur est deue et l'auctorité que il doivent avoir, si comme il fu dit de mutation de lays ou XV.e chapitre du secunt.*

1350 Marsilius von Padua, *Defensor Pacis*, I, 16, § 2 (ed. Kusch, Bd. 1, S. 172–175).

1351 Marsilius von Padua, *Defensor Pacis*, I, 16, § 2 (ed. Kusch, Bd. 1, S. 174–175. So auch Nicolas de Oresme, *Livre de Politiques* 3,23 (ed. Menut, S. 153b): *Subjection deue et bonne obeissance au prince est tres necessaire a royalme, et le peuple aussi comme par acoustumance et naturelement est plus obeissant a celui qui vient par succession que a autre; car eulz et leur peres ont obey a ses predecesseurs et il ne est pas ainsi du nouvel esleu.*

1352 Tierney, Rights, Laws, ..., VI, 176. zum *Tractatus de legibus* (möglicher Verfasser: Durandus a S. Porciano).

1353 Antoniades, Entstehung und Verfassung, S. 25. Marsilius referiert diese Argumente in seinem *Defensor Pacis*, I, 16, § 5; vgl. Flüeler, Rezeption, Bd. 1, S. 125 f., der Petrus de Alvernia als weiteren Vertreter dieser Argumentation anführt. Antoniades dürfte hier Thomas und Petrus verwechselt haben, da Petrus in seiner Fortsetzung von Thomas' Politikkommentar in III, 14 das skizzierte Argument anführt.

1354 Aegidius Romanus, *De regimine principum* III, 2, cap. 5 (ed. Rom 1607, S. 463): *Populus ergo si per diuturnam consuetudinem obedivit patribus, filiis, & filiorum filiis, quasi naturaliter inclinantur ut voluntarie obediant ...* . Vgl. Berges, Fürstenspiegel, S. 226.

1355 Vgl. Flüeler, Rezeption, Bd. 1, S. 124, der als Vertreter für diese Argumentation auch Petrus de Alvernia und einen Mailänder Anonymus nennt.

dadurch zu erwartenden inneren Frieden des Staates ab. Petrus de Alvernia maß der Gewohnheit einen hohen Stellenwert bei. Für einen Untertan sei es befremdlich, wenn jemand, der heute noch auf der gleichen Stufe stehe, durch Wahl morgen schon über ihn herrsche.[1356] Bei einer Erbmonarchie wüssten die Untertanen, dass sie selbst niemals zur Regierung gelangen könnten, und seien daher besonnener, neigten weniger zu Anmaßung und versuchten nicht, die Regierung an sich zu reißen.[1357] Da der Erbmonarch ans Herrschen gewöhnt sei, so gibt Marsilius die Ansicht von Erbmonarchisten wie Petrus de Alvernia wieder, sei er weniger despotisch.[1358] Weiterhin habe es eine Dynastie, die dem Volk Gutes erwiesen habe und alle anderen Bürger an Tugend übertrifft, verdient, weiter zu herrschen.[1359] Diese Konsequenz folgt aus der aristotelischen These, dass Erbmonarchen eher zu edler Gesinnung neigen, weil sie von tugendhaften Eltern abstammten.[1360]

Zugunsten der Erbmonarchie wird auch mit dem erwarteten Verhalten des Monarchen argumentiert. Der Erbmonarch werde Gerechtigkeit walten lassen, da er nichts zu befürchten habe, während der Gewählte die Regierung nicht an seinen Sohn weitergibt und es daher nicht wage, sich mit den Mäch-

[1356] Petrus de Alvernia, *In libros Politicorum*, III, 14, lect.16 (ed. Spiazzi, S. 176): *Iterum valde durum et extraneum est, quod ille qui est hodie aequalis alicui cras dominetur et sit princeps illi*; vgl. Antoniades, Entstehung und Verfassung, S. 25, der die entsprechenden Passagen des Kommentars noch Thomas von Aquin zuschreibt.

[1357] Marsilius von Padua, *Defensor Pacis*, I, 16, § 7 verweist auf Cicero, De officiis. Ähnlich argumentiert am Ende des 14. Jahrhunderts Nicolas de Oresme, *Livre de Politiques* 3,23 (ed. Menut, S. 154a): *Et pour ce, nul ne espere ou aspire au royalme fors ceulz qui y porroient succeder; mes la ou il seroit fait par election, pluseurs y tendroient.*

[1358] Marsilius von Padua, Defensor Pacis, I, 16, § 1 (ed. Kusch, S. 174–175): … *quoniam successores monarche minus despotizare videbuntur subditis, quam nuper electi, propter principatum ipsos assuevisse nilque sibi novum evenisse putantes, propter quod amplius extolli debeant et contempnere subditos*; vgl. Flüeler, Rezeption, Bd. 1, S. 123 f.

[1359] Flüeler, Rezeption, Bd. 1, S. 124 f.; Mailänder Anonymus, f.34ra; Nicolas de Oresme, *Livre de Politique* 3,23 (ed. Menut, S. 154b): … *quant un lignage excede tous les autres en vertu, ce est juste et droit que tel lignage soit roial et ait domination du tout.*

[1360] Marsilius von Padua, *Defensor Pacis*, I, 16, § 4; vgl. Flüeler, Rezeption, Bd. 1, S. 125, der hierfür den Mailänder Anonymus (f.34rb) und Petrus de Alvernia (cap. 4) zitiert. So argumentiert auch Oresme (*Livre de Politiques* 3,23, ed. Menut, S. 154a): *Et donques l'en doit supposer, qui ne voit clerement du contraire, que le filz du bon roy soit bon et melleur et plus noble que un autre de tant comme il est issu de melleurs et de plus nobles racines.*

tigen anzulegen und diese notfalls zu bestrafen.[1361] Außerdem betreue jemand, der den Staat als Eigentum und Erbgut habe, diesen sorgsamer.[1362]

Schließlich wird noch behauptet, die Erbmonarchie sei natürlicher, weil sie in der Mehrzahl der Länder vorkomme,[1363] oder sie sei der Lenkung des Universums ähnlich, weil Vater und Sohn als Einheit gesehen werden, und deshalb sei die Erbfolge vorzuziehen.[1364]

Interessanterweise eröffnet einer der Befürworter der Erbmonarchie, Nikolaus von Oresme, seine Erörterung zur Frage Erb- oder Wahlmonarchie mit der Feststellung, dass ein Staatswesen bzw. dessen höchste Ämter nicht wie privater Besitz weitervererbt werden könnten.[1365] Diesen Gedanken nimmt er auch später wieder auf, um die reine Erbfolge als *desraisonnable* abzulehnen.[1366] Da er aber auch die Wahlmonarchie für zu gefährlich erachtet, entscheidet er sich für eine „Mischform" zwischen Wahl- und Erbnachfolge.[1367] Dieser Mittelweg besteht darin, dass zu Beginn einer dynastischen Erbfolge der erste Monarch gewählt wird, dem dann sein Sohn und schließlich seine weiteren Nachfahren folgen.[1368] Aus dem Charakter als öffentliches Amt fol-

---

1361 Marsilius von Padua *Defensor Pacis*, I, 16, § 8; Nicolas de Oresme, *Livre de Politiques* 3,23 (ed. Menut, S. 153b): *Item, le nouvel esleu ne oseroit pas si bien faire justice en punissant les grans du royalme, car il doubteroit que ceulz que il avroit courciés ne grevassent ses hers apres sa mort, car il ne avroient grant puissance. Mes celui dont les hers succederoient au royalme feroit plus hardiment justice, laquelle est souverainement necessaire et conferm ou afferme le trone du roy selon l'Escripture..*

1362 Flüeler, Rezeption, Bd. 1, S. 122 f zitiert: Marsilius von Padua, *Defensor Pacis*, I, 16, § 1; Mailänder Anonymus, f.33vb; Petrus de Alvernia, cap. 4; Nicolas de Oresme, *Livre de Politiques* 3,23 (ed. Menut, S. 153b): ... *chescun met plus grant diligence et plus grant peine a garder, emmender ou accroistre ce qu'est sien propre que ce ne est pas si propre ... Or est le royalme trop miex propre de celui qui ne le a fors a vie et ne est fors aussi comme garde a temps.* Ähnlich auch Augustinus Triumphus, *Summa de potestate ecclesiastica*, II, 35,7 (fol. 144r): *Ex quo ergo imperator sciret imperium sibi deberi non solum ad vitam sed per hereditariam successionem in propriis filiis permanere magis conaretur ad iustitie observationem et ecclesie defensionem et protectionem.*

1363 Marsilius von Padua, *Defensor Pacis*, I, 16, § 9.

1364 Marsilius von Padua, *Defensor Pacis*, I, 16, § 10.

1365 Nicolas de Oresme, *Livre de Politique* 3,23 (ed. Menut, S. 153a): ... *princey royal ne est pas une possession privee ne une chose familiare a laquelle l'en doie succeder par lignage selon les lays et les coustumes des heritages des citoiens, et ne est pas chose vendable ne portable ne de quoi l'en doit faire testament.*

1366 Nicolas de Oresme, *Livre de Politique* 3,23 (ed. Menut, S. 155a): *Mes si comme il fu touchié devant, royalme ne est pas de tele nature comme sunt heritages que l'en peut eschangier ou vendre; car ce ne est pas chose familiaire ne possession priveé, mes est dignité et honorableté publique qui requiert habilité de personne pour gouverner la chose publique. ... Et donques ceste voie de pure succession ne est pas acceptable (156a:desraisonnable).*

1367 Nicolas de Oresme, *Livre de Politique* 3,23 (ed. Menut, S. 156a): *Apres je di pour expedier ceste matiere que il appert que des III voies touchees la premiere est desraisonnable, la secunde est perileuse et la tierce est bonne.*

1368 Nicolas de Oresme, *Livre de Politique* 3,23 (ed. Menut, S. 155a): *La tierce est moienne en*

ge nach Aristoteles, dass der Amtsinhaber gewählt werden müsse, und zwar nur für seine Lebenszeit oder für sein Leben und seine dynastischen Nachfolger.[1369] Oresme verschließt sich dabei keineswegs den Gegenargumenten, welche gegen die Erbfolge vorgebracht werden. Als einfache Regeln stellt er zunächst das Erfordernis der männlichen Erbfolge auf und will außerdem keine Landfremden zur Regierung zulassen.[1370] Die Tatsache, dass der Sohn und Nachfolger eines Königs möglicherweise schlechter ist als sein Vorgänger, benutzt er als Argument für eine strenge Gesetzesbindung, welche die negativen Folgen einer derartigen Ämterbesetzung ausgleichen soll.[1371] Hat der Erstgeborene des Monarchen jedoch schwere körperliche oder geistige Gebrechen, die ihn als unwürdig erscheinen lassen, so ist er von der Thronfolge ausgeschlossen.[1372] Sollte der Thronerbe noch minderjährig sein, wenn der Erbfall eintritt, so müssten eben die Gesetze für diesen Fall Vorsorge treffen. Da jedoch das ganze Reich dem Erben eine natürliche Liebe entgegenbringe und ihn als Oberhaupt anerkenne, sei dies das Beste für das Reich.[1373] Offenbar scheinen für Oresme die Unzulänglichkeiten der Erbfolge eher beherrschbar zu sein als die Gefahren, die er von der Wahl ausgehen sieht. Möglicherweise ist Oresme auch nur der Realität seiner Zeit verhaftet oder er fühlt sich seinem Auftraggeber, dem französischen Erbkönig, verpflichtet. Für Oresme geht es allerdings offenbar nicht in erster Linie darum, ein Verfahren zu finden, sondern den besten Kandidaten für ein zu besetzendes Amt zu ermitteln. Eine hervorragende Dynastie ist ihm ausreichend Gewähr

participant as II autres et est ainsi comme composee de election et de succession. Et est election de lignage tres excellent en bien, et ceste voie approve Aristote ou XXIe chapitre du secunt.

[1369] Nicolas de Oresme, *Livre de Politique* 3,23 (ed. Menut, S. 153a): *Mes princey royal est une noble office publique et une dignité et honorableté qui requiert excellence en vertu et en prudence et en aucunes autres choses, et requiert industrie de bien gouverner le peuple. Et pour ce, de sa nature elle doit estre establie, donnee ou distribuee par election de certainne personne a sa vie seulement, ou a sa vie et a ses successeurs par lignage.*

[1370] Nicolas de Oresme, *Livre de Politique* 3,23 (ed. Menut, S. 155b): *Et pour cause de exemple, je diray aucunes regles de ce qui semblent raisonnables. Une est que femme ne doit succeder ne tenir royalme, car naturelement femme ne a pas vertu principative. … Une autre regle, lay ou coustume est que nul ne succede qui est de estrange paiz et d'autre nation.*

[1371] Nicolas de Oresme, *Livre de Politique* 3,24 (ed. Menut, S. 160b): *Item, en ce present chapitre est determiné que miex est estre gouverné par bonne lay que par bon prince, car le prince ou son successor peut estre deceu, etc. Item, … appert que nulle chose ne doit demourer en la volenté du prince qui puisse estre determinee par lay.*

[1372] Nicolas de Oresme, *Livre de Politique* 3,23 (ed. Menut, S. 156a): *Une autre regle est wue nul ne succede qui a en soy vice en ame ou en corps qui est repugnant a dignité royal … .*

[1373] Nicolas de Oresme, *Livre de Politique* 3,23 (ed. Menut, S. 155a): *Et se il avenoit que le roy morust et son hoir demourast petit enfant, je di qu'il devroit avoir garde par la lay, comme dit est. Et ce que tous ceulz du royalme communelment ont a lui naturele amour et reverence et esperance, et qu'il sunt unis et ont resgart a lui comme a leur chief, ce est une chose tres profictable a toute la policie.*

für würdige Thronfolger. Für schlechte Könige soll aber dergestalt vorgesorgt werden, dass es nicht mehr auf die Person ankommt, welche die Regierung führt. Jedenfalls ist dies die Vorstellung, welche hinter der Forderung nach einer strikten Gesetzesbindung steht. Entscheidend für ihn ist vielmehr die Eintracht und die Einheit der Gemeinschaft, die sich in Nachfolgekämpfen zu verlieren droht, sollte kein Erbe im Vorhinein feststehen. Das Funktionieren des Gemeinwesens steht über den handelnden Personen.

2.4 Wahlverfahren

Wenn auch zahlreiche Theoretiker für die Wahl der Herrschaftsträger eintraten, so fehlen doch häufig genauere Angaben zum Verfahren, mit dem die Wahl durchzuführen ist. Jean Quidort beispielsweise plädiert für eine Wahlmonarchie, die auf den Konsens des Volkes baut, doch ohne Auskunft über das Wahlverfahren zu geben.[1374] Hinweise und Regelung für ein Wahlverfahren finden sich dort, wo Wahlen praktiziert wurden, also im kirchlichen und im kommunalen Bereich. Von den Theoretiker sind lediglich Raimundus Lullus und Nikolaus von Kues[1375] hervorzuheben, die jeweils ein detailliertes Stimmgebungs- und Auszählungsverfahren entworfen hatten.

a) Stimmgebung und Auszählung

Die Wahl soll, so bestimmt es eine Entscheidung Coelestins III. (1191–98) für die kirchlichen Wahlen, die Eingang in den *Corpus Iuris Canonici* gefunden hat, von den Wählern in voller Freiheit abgehalten werden. Sie sollen an einem Ort zusammenkommen und unter Anrufung des Heiligen Geistes eine würdige Person ohne simonistische Einwirkung einstimmig oder wenigstens mit Mehrheit wählen.[1376] Genaueres zum Verfahren erfährt man aus dieser Entscheidung noch nicht, erst zwanzig Jahre später wurden präzise Festlegungen getroffen. Im kirchlichen Bereich gab es seit dem IV. Laterankonzil (1215) drei erlaubte Formen der Bischofswahl: *scrutinii, compromissi et inspirationis*. Andere Verfahren wurden für ungültig erklärt.[1377] Ein Sinn dieser Verfahren, insbesondere des letzteren, bestand darin, unter dem Wirken des

[1374] Vgl. Monahan, Consent, S. 196.

[1375] Einen Vorschlag zum Verfahren bei der Kaiserwahl unterbreitet Nikolaus von Kues in *De Concordantia Catholica*, III, 37 (ed. Kallen, S. 448).

[1376] *Corpus Iuris Canonici*, Dekretalen Gregors IX., I, 6, cap.14 (ed. Friedberg, Bd. II, Sp. 54): *Electio debet esse in libertate eligentium, nec valet contraria consuetudo … electores in unum locum, in quo fuerit electio celebranda, conveniant, et invocata Spiritus sancti gratia personam solemniter nominent, in qua omnes, vel [maior] pars sanioris consilii potuerint convenire, et ea sine ullius contradictione, dummodo persona idonea fuerit, et electio sine simoniaca pravitate celebrata, ad illius regimen ecclesiae admittatur.*

[1377] *Corpus Iuris Canonici*, Dekretalen Gregors IX., I, 6, cap. 42 (ed. Friedberg, Bd. II, Sp. 88–89): *Per aliquam de tribus formis hic contentis, scilicet scrutinii, compromissi et inspirationis, procedi debet ad electionem in ecclesiis cathedralibus; aliter electio celebrata non valet, et contra facientes privandi sunt ea vice potestate eligendi.*

Heiligen Geistes den von Gott für das jeweilige Amt auserwählten Kandidaten zu ermitteln. Ferner soll der würdigste und fähigste Mann gefunden werden. Dies ist auch der tragende Gedanke bei Nikolaus von Kues und den von ihm entwickelten Wahlverfahren. Wichtig war, dass die Wähler imstande sind, völlig frei und unbeeinflusst, nur auf das Gemeinwohl bedacht, denjenigen zu wählen, der nach aller Urteil als der Geeignetste anzusehen ist.[1378] Die Würde und Eignung des Kandidaten galt im frühen Mittelalter noch als ein so hohes Gut, dass damit Mehrheitsentscheidungen überwunden werden konnten, wenn beispielsweise der zuständige Bischof bei einer strittigen Abtwahl den Kandidaten einer Minderheit dem der Mehrheit vorzog und die vom Konvent getroffene Wahl zu Gunsten des Minderheitskandidaten umdeutete. Dieser Gedanke lebt auch im päpstlichen Anspruch auf Prüfung des Aspiranten für die Kaiserkrone fort, auch wenn es hier in Wirklichkeit hauptsächlich um Machtfragen ging. Innozenz III. nahm anlässlich einer zwiespältigen Königswahl in Deutschland im März 1202 ein Prüfungsrecht für sich in Anspruch. Der von den Kurfürsten gewählte Kandidat könne vom Papst gekrönt und geweiht werden, wenn er ihn für würdig hält, aber auch zurückgewiesen werden, wenn er ihn für unwürdig hält.[1379]

Die von Lullus und Cusanus vorgeschlagenen Wahlmodi schließen insofern an diese Tradition an, als dass sie bewusst so gestaltet sind, dass sie den direkten oder indirekten Vergleich aller Kandidaten miteinander verbürgen.[1380] Bei dem Vorschlag, den Raimundus Lullus in seinem Roman *Blanquerna* schildert, werden zudem mehrere für die Aufgaben des zu vergebenden Amtes erforderliche Eigenschaften abgefragt. Dort werden alle Kandidaten direkt miteinander verglichen, während er in *De arte electionis* eine Abkürzung favorisiert, wo jeweils nur der Gewinner eines Wahlgangs gegen den nächsten Kandidaten antritt.[1381] Nikolaus von Kues ist wahrscheinlich von Lullus beeinflusst, bewahrt aber dennoch seine Originalität.[1382] Der Cusaner vereinfachte den direkten Vergleich der Kandidaten untereinander, indem er die Wähler eine Rangfolge erstellen lassen will, bei der die Kandidaten unterschiedlich viele Stimmen erhalten, beginnend mit einer Stimme für den unbeliebtesten, dann aufsteigend jeweils eine Stimme mehr, so dass bei zehn Kandidaten der meistbevorzugte zehn Stimmen bekäme. Dieses Verfahren wurde später als Borda-Verfahren bekannt, während der Vorschlag Lulls als Condorcet-Verfahren bezeichnet wird.

[1378] Honecker, S. 564.

[1379] Potth. 1653; Dekretalen Gregors IX., ed. Friedberg, *Corpus iuris canonici* (Bd. II, S. 79–82), I, 6, 34.

[1380] Honecker, Ramon Lulls Wahlvorschlag, S. 569.

[1381] Vgl. Honecker, Ramon Lulls Wahlvorschlag, S. 567–569.

[1382] Honecker, Ramon Lulls Wahlvorschlag, S. 574.

Bei Nikolaus von Kues ist trotz aller Neuerungen ein mittelalterlicher, genauer gesagt kirchenrechtlicher Grundsatz erhalten geblieben: das Verbot der Selbstwahl. Sollte bei dem von ihm erarbeiteten Verfahren einer der Wähler zugleich Kandidat sein, so soll ihm der Stimmzettel mit seinem Namen, auf dem er die Anzahl der Stimmen hätte vermerken müssen, erst gar nicht gegeben werden, damit er seine eigene Wahl nicht durch die Vergabe der Höchststimmenzahl fördern kann.[1383] Um jeden Versuch einer Selbstwahl auszuschließen, hatte der Deutsche Orden in seinen Statuten den Wahlmodus entsprechend geregelt. Die Wahl wurde an ein Wahlmännergremium übertragen. Trugen diese Wahlmänner sich nun mit dem Gedanken, einen der ihren zum Großmeister des Ordens zu wählen, so wurde der Kandidat hinausgeschickt und durch einen anderen Wahlmann ersetzt, damit das neu zusammengesetzte Gremium die Wahl des neuen Meisters ohne dessen Mitwirkung vornehmen konnte.[1384] Jenseits solch klarer Regelungen war der Umgang mit Wahlmännern, die sich selber wählten bzw. von Gewählten, die einem Wahlmännergremium angehörten, durchaus umstritten. Eine Entscheidung Innozenz' III., die Aufnahme in den *Corpus iuris canonici* gefunden hat, zeugt von dieser Unsicherheit. Ein Domkapitel hatte zur Wahl des Bischofs ein siebenköpfiges Wahlmännergremium eingesetzt. Drei von ihnen wählten jemanden, der nicht dem Gremium angehörte, die anderen drei wählten den verbliebenen siebten, welcher dieser Wahl zustimmte. Schon die Sachverhaltsschilderung will den Eindruck vermeiden, hier habe sich jemand selbst gewählt. Nach Stimmen steht es drei gegen drei, die Zustimmung des siebten zu seiner eigenen Wahl wird nicht als vierte Stimme mitgezählt, vielmehr hat er die Wahl nur angenommen, nicht aber für sich selber votiert. Die Entscheidung dieser zwiespältigen Wahl traf nun der Papst, welcher für den Kandidaten entschied, der dem Wahlgremium angehörte.[1385]

Wie bereits im Abschnitt über das Mehrheitsprinzip angeklungen, stellt sich die Frage, wann eine ausreichende Mehrheit vorliegt. Bei den Papstwahlen etablierte sich das Erfordernis der Zweidrittelmehrheit, von der man annahm, dass eine solche Mehrheit nicht nur mit der *maior pars*, sondern auch

[1383] Nikolaus von Kues, *De Concordantia Catholica*, III, 37, § 541 (ed. Kallen, S. 450): *Verum, ne quis ex electoribus propria affectione decipiatur, habeatur ista cautela, quod si est aliquis aut plures, qui ex laicis communi tractatu inter eligendos conscripti sunt, cedula proprii nominis eidem non detur, sed aliae omnes, illa dempta, ut tollatur occasio suspicionis, qua se ipsum optimum omnium aestimare posset maiorem numerum nominis sui signando*; vgl. Honecker, Ramon Lulls Wahlvorschlag, S. 565.

[1384] Perlbach, Statuten, Nr. 5 (S. 94–95): *Consedentes igitur prefati tredecim ad eligibilium discussionem personarum, si de numero suo aliquem eligibilem reperint, possunt unus vel plures dicere preceptori, quod faciat talem secedere paulisper, eoque semoto videant, si velint de ipso conferre; si nolunt, revocetur statim ille frater ille; si volunt de eo conferre, mittant eum conventui, petentes alium, sicut petendus est ...* .

[1385] Dekretalen Gregors IX., ed. Friedberg, *Corpus iuris canonici* (Bd. II, S. 79), I, 6, 33.

mit der *sanior pars* gleichzusetzen sei. Mit der Zurückdrängung des Idoneitätsprinzips trat der Gesichtspunkt der *sanior pars* in den Hintergrund. Doch ist damit noch nicht geklärt, ob bei mehr als zwei Kandidaten die relative Mehrheit ausreicht oder die absolute Mehrheit erforderlich ist. Die Bestimmungen aus den Templerstatuten zur Wahl des Ordensmeisters lassen vermuten, dass man eine absolute Mehrheit für erforderlich ansah. Dort ist von einem Schisma die Rede, welches bei drei oder mehr Kandidaten auftreten könne.[1386] Dass dies bei zwei Kandidaten nicht geschehen kann, wird daran liegen, dass bei einem 13er Gremium immer einer von zwei Kandidaten die Mehrheit (*la plus grant partie*) erreicht, während dies bei dreien nicht zwingend der Fall ist. Ausdrücklich setzt sich Lupold von Bebenburg mit dem Problem der erforderlichen Mehrheit auseinander. Anknüpfungspunkt ist für ihn die Kaiserwahl durch das siebenköpfige Kurfürstenkollegium. Hier kommt er auf einen juristischen Meinungsstreit zu sprechen, für den Fall, dass eine Stimmenverteilung von 3 zu 2 zu 2 entsteht. Lupold verweist zunächst auf Hostiensis, der die Ansicht vertritt, die Wahl stünde den Kurfürsten als Einzelpersonen zu, und demzufolge sei der Kandidat mit drei Stimmen gewählt. Geht man jedoch davon aus, so Lupold weiter, die Wahl stünde den Kurfürsten als Kollegium zu, so hat keiner der drei Kandidaten die Mehrheit im Siebenergremium. Es müsse daher ein weiterer Wahlgang stattfinden.[1387]

b) Geheime Wahl

Ein bedeutsames Element im Vorschlag des Cusaners war die geheime Stimmabgabe. Um das Wahlgeheimnis sicherzustellen, sollten alle Wähler mit derselben Tinte den Wahlzettel beschreiben. Notwendig war die Geheimhaltung, damit zwischen Kandidaten und Wählern keine Absprachen getroffen werden konnten.[1388] Dort, wo man bereits Erfahrungen mit Wahlen gesammelt hat-

1386 Curzon, Règle du Temple, § 217.

1387 Lupold von Bebenburg, *De iuribus regni*, cap. 12 (ed. Miethke, S. 180–183): *Et idem esset secundum ea, que notant Innocencius et Hostiensis predicto c. Licet, quando incideret probabile dubium iuris, puta si unus esset electus a duobus principibus et alius ab aliis duobus, tercius vero a tribus reliquis principibus. Hic enim est dubium iuris, nam si dicamus, quod electio pertinet ad eos ut singulares secundum opinionem Hostiensis, de qua dixi supra c. VI°, valet electio, que facta fuit a tribus tamquam a maiori parte respectu aliorum secundum ea, que notat Vincencius de presentacione plurium patronorum Extra de iure patronatus Quoniam et Compostellanus Extra de Electione Ecclesia I. Si autem dicamus, quod pertineat ad eos ut ad collegium seu universitatem secundum alium opinionem, que michi placet, ut in predicto c. VI° dixi, tunc nulla ex hiis tribus valeret, quia nulla esset facta a maiori parte collegii principum secundum ea, que notant predicti doctores in capitulis preallegatis, et sic aliam electionem denuo fieri oportet.*

1388 Vgl. Honecker, Ramon Lulls Wahlvorschlag, S. 565; Sigmund, Nicholas of Cusa, S. 211 f. Nikolaus von Kues, De concordantia catholica, III, 37, § 538: *Et est bonum, quod de eodem incausto et per aequales pennas et aequalia simplicia longa aut brevia puncta, secundum quod concordabunt, signent, ne cuiusquam signatura prae ceteris notari possit ad hoc, ut libertas maior in electoribus et pax inter omnes conservetur.*

te, war man zur geheimen Stimmabgabe übergegangen. Es waren die Städte und die kirchlichen Orden, welche die Gefahren und Probleme einer offenen Wahl zuerst erkannten. In den Statuten der Ritterorden ist für Wahlen des Ordensmeisters vorgesehen, dass die 13 Wahlmänner sich zurückziehen, untereinander zwar offen beraten, jedoch schwören müssen, dass alles, was besprochen wurde, geheim gehalten wird, damit kein Zwist und keine Unruhe im Orden entstehe.[1389] Ähnlich wurde bei den Wahlen der untergeordneten Amtsträger verfahren. Zwei oder drei Brüder wurden als Kandidaten bestimmt, diese dann vom Versammlungsleiter hinausgeschickt, damit sie bei der Beratung über ihre Wahl nicht zugegen sind. Die Beratungen waren ebenfalls von allen Beteiligten geheim zu halten.[1390] Auch bei den Dominikanern war man zur Geheimhaltung übergegangen, da es in der Vergangenheit bereits zu Streitigkeiten und Unruhen gekommen war.

Hinzu kommt, dass es im Vorfeld von Abstimmungen zu Einschüchterungen der Wähler kommen kann. Neu war dies keineswegs. Engelbert von Admont berichtet davon, dass in den Städten geheime Stimmzettel zur Wahl benutzt wurden, weil Angst und Irrtum die beiden Dinge seien, welche die richtige Wahlentscheidung am meisten behinderten.[1391] Er berichtet konkret von Erfahrungen aus dem kommunalen Bereich mit Abstimmungen über Gesetze, welche geheim durchgeführt wurden, um Einschüchterungen durch mächtige Personen zu unterbinden.[1392] Eine Verordnung, die Papst Innozenz III. auf dem IV. Laterankonzil (1215) verkündet hatte, wurde von Gregor IX. in seinen *Liber Extra* aufgenommen. Bei kirchlichen Wahlen ist demnach zwischen einem geheimen und einem öffentlichen Teil zu unterscheiden. Nachdem die Wahl im Geheimen vollzogen wurde, wird das Ergebnis feierlich veröffentlicht.[1393]

1389 Templer: Curzon, Règle du Temple, § 223: *De toutes les choses qui ont estée dites et retraites entre les freres esliseors doit estre tenue silence, a celer come chapistre; quar grant ecandre et grant haine en porroit sordre, qui souffreroit a retraire les paroles qui entre les freres ont estée dites et retraites*; Johanniter: Delaville, Cartulaire. Bd. II, Nr. 1193, S. 36: *Les paroles et les controversions et les inquisitions qui auront esté à l'eslection dou maistre doivent estre secretes, et que ne soient revelées doit estre deffendu en peril des armes*; Deutscher Orden: Statuten, Gewohnheiten, cap. 5, ed. Perlbach, S. 94 (vgl. Sterns, Nr.6, S. 287): *Si quis econtra diceret postea, se vel alium non consensisse vel contradixisse, foret idem tamquam capituli proditor ab ordine repellendus.*

1390 Curzon, Règle du Temple, § 550: *Et aussi quand les baillis sefont par chapitre, ils ne doivent pas raconter sur lequel un tel et un tel s'est accordé, car se serait découvrir le chapitre et une grande haine pourrait surgir*; Upton-Ward, The Catalan Rule, Nr. 125:*E cant hom fa baylius per chapitre o per consyl, ne deit dire a ceus qui seran defors ne autres, 'Aitel ffrere ne s volguie atorguar a vós'.*

1391 Blythe, Ideal Government, S. 127.

1392 Engelbert von Admont, *De regimine principum*, I, 7; vgl. auch Ubl, Engelbert von Admont, S. 136.

1393 *Liber Extra*, I, 6, cap. 42, § 2 (*Corpus Iuris Canonici*, ed. Friedberg, Bd. II, Sp. 89): *Electiones quoque clandestinas reprobamus, statuentes, ut, quam cito electio fuerit celebrata,*

c) Fiktion der Wahl

Viele mittelalterliche Autoren sprechen von einer Wahl des Herrschers, doch bei näherer Betrachtung entpuppt sich das entworfene theoretische Konstrukt als eine Fiktion. Von einer wirklichen Wahl, die man nach heutiger Anschauung auch noch als eine solche bezeichnen würde, wird man zumeist nicht reden können.

Die schwächste Form der „Wahl", wenn man den Begriff in diesem Zusammenhang überhaupt gebrauchen kann, ist sicherlich die anlässlich einer Inthronisation oder Krönung übliche Akklamation des Volkes. Eine solche Akklamation wurde in Byzanz immerhin vor der Kaiserkrönung vollzogen, während bei der Erhebung Karls des Großen zum Kaiser die Krönung der Akklamation vorangestellt wurde,[1394] was den rein rituellen Charakter deutlich macht, an den offensichtlich keinerlei rechtlich verbindliche Auswirkungen geknüpft waren. Zumindest theoretisch war hingegen in Byzanz die Weihe des Kaisers durch den Patriarchen kein ausreichend legitimierender Akt. Eine wenn auch nur fiktive „Wahl" durch das Volk blieb Voraussetzung für die Herrschererhebung.[1395] Gleichwohl wurde diese Theorie auch unter den Nachfolgern Karls des Großen gepflegt. Lothars Mitkaisertum unter seinem Vater Ludwig dem Frommen wurde ausdrücklich im Willen des *populus* begründet, und die *Ordinatio imperii* von 817 sah bei Königswahlen vor, dass die Versammlung des *populus* denjenigen auswählt, den Gott gewählt hat.[1396] Einschränkend muss erwähnt werden, dass mit *populus* natürlich nur die „Großen" des Reiches, die Gefolgsleute des Kaisers bzw. des jeweiligen Königs gemeint waren, welche das Gesamtvolk repräsentierten. Ferner ging es bei einer solchen „Wahl" nicht darum, den Willen des Volkes kundzutun, sondern nur die Wahl Gottes anzuerkennen, zu bestätigen oder zu bezeugen. Auch in der späteren Zeit wurde die „Wahl" neben Weihe oder Krönung beibehalten, doch datierten die Herrscher ihre Urkunden nach der Krönung, was wiederum die untergeordnete Bedeutung der „Wahl" deutlich macht.[1397]

Auch ein Theoretiker wie Duns Scotus, der eine *auctoritas politica* nur dann akzeptieren will, wenn sie auf Konsens und Wahl beruht, anerkennt die erbliche Übertragung der Herrschaft, wenn sie ihren Ursprung in einer Wahl habe.[1398] Die Wahl des Dynastiegründers genügt ihm also zur Legitimierung der Dynastie, wodurch die Wahl bezogen auf die Nachfolger zur Fiktion wird. Ockham, der die Wahl für besser hält als die Erbfolge, fingiert aber auch bei

solenniter publicetur.

1394 Ottmann, Bd. 2,2, S. 49.

1395 Ottmann, Bd. 2,2, S. 71.

1396 MGH, Cap.I, Nr. 136,c.14 (S. 272): ... *sed potius populus pariter conveniens unum ex eis, quem Dominus voluerit, eligat*; vgl. Hannig, *Consensus fidelium*, S. 253.

1397 Vgl. Kern, Gottesgnadentum, S. 86.

1398 Johannes Duns Scotus, Reportata Parisiensia, lib. IV, dist. 15, qu. 4 (ed. Lyon 1639, S. 723b); Töpfer, Urzustand und Sündenfall, S. 256.

der Erbfolge eine Wahl. Die Söhne des Kaisers würden durch Wahl zum Kaiser gemacht,[1399] zwar nicht durch die Wahl derer, die *regulariter* dazu berufen wären, wohl aber durch die Wahl des Kaisers, dessen Wahlrecht nicht schlechter sein könne als das seiner Untergebenen.[1400] Ockham folgt einer damals üblichen Argumentation, das Volk habe dem Kaiser dereinst das Recht der Wahl ebenso wie das Gesetzgebungsrecht übertragen.[1401] Erst wenn der Kaiser selbst keine Wahl getroffen habe, gehe das Wahlrecht auf das Volk über (bzw. falle wieder an dieses zurück), das für die Wahl auch Repräsentanten einsetzen könne.[1402] Diese Volksvertreter sieht er in den Kurfürsten. Immerhin greift Ockham die Frage auf, ob denn die Kurfürsten, welche nur das Volk Deutschlands und Italiens vertreten, den Kaiser wählen könnten, der doch dem gesamten Römischen Reich vorstehen soll. Der Franziskaner setzt beim ursprünglichen Zustand an und geht zunächst davon aus, dass im antiken Römischen Reich die Wahl vom Volk oder vom Heer rechtmäßigerweise vorgenommen wurde. Auf Grund der Tatsache, dass dieses Wahlrecht in der Zeit Karls des Großen durch die *successio generis*, d. h. die Weitergabe innerhalb des Karolingergeschlechts ersetzt wurde, diese wiederum in späterer Zeit durch die Kurfürstenwahl, kommt Ockham zu dem Schluss, dass die Kurfürsten auch andere Fürsten repräsentierten, die nicht aus den Ländern Karls des Großen stammen,[1403] und legitimiert damit das Kurfürstenkollegium als Wahlgremium. In den Argumentationen, die Ockham in seinen *Octo Quaestiones* verfolgt, tritt der Gedanke des *consensus populi* und der alleinigen Legitimation durch die Zustimmung der Untergebenen hinter ju-

---

1399 Wilhelm von Ockham, *Octo Quaestiones*, Opera politica I, (ed. Offler, S. 143), IV, 7: *Unde etiam filii imperatorum facti fuerunt imperatores per electionem; sed non semper per electionem illorum, quibus regulariter erat eligendi data potestas vacante imperio, sed saepe per electionem ipsorum imperatorum.*

1400 Wilhelm von Ockham, *Octo Quaestiones*, Opera politica I, (ed. Offler, S. 143), IV, 7: *Nam ipsimet imperatores habentes potestatem eligendi elegerunt saepe proprios filios vel alios in imperatores, quia non minorem potestatem habet imperator super imperium quam quincunque alii inferiores eo*; Pleuger, S. 65.

1401 Wilhelm von Ockham, *Octo Quaestiones*, Opera politica I, (ed. Offler, S. 194), VIII, 4: … *quia populus huiusmodi ius et potestatem eligendi, sicut et potestatem condendi leges, transtulit in imperatorem* … .

1402 Wilhelm von Ockham, *Octo Quaestiones*, Opera politica I, (ed. Offler, S. 194), VIII, 4: *Si tamen … imperator prius nulli vel nullis commisisset in speciali ius eligendi imperatorem, populus Romanaus … haberet ius eligendi imperatorem: qui non sloum tunc posset eligere imperatorem, sed etiam aliis vices suas committere … ut illi tunc tanquam repraesentantes universitatem mortalium habeant ius eligendi imperatorem, quando imperator nullum eligit.*

1403 Wilhelm von Ockham, *Octo Quaestiones*, Opera politica I, (ed. Offler, S. 191–192), VIII, 4: *Ex isto concluditur quod, … principes electores, qui modo sunt, non tantum repraesentant .principes et populum Germaniae et Italiae et aliarum provinciarum, … sed etiam repraesentant principes et populos aliarum provinciarum, quae non erant subiectae Karolo Magno* … .

ristisch und historisch-fiktiven Begründungen und Rechtfertigungen zurück. Die Wahl erfolgt durch ein exklusives Gremium oder gar durch den Amtsvorgänger selbst. Gleichwohl grenzt er letzteres Verfahren klar von der Erbfolge ab. Niemals, so Ockham, sei ein Kaiser seinem Vorgänger nach Erbrecht gefolgt, immer durch Wahl. Die Söhne von Kaisern folgten diesen durch deren Wahl.[1404] Die auf Wahl beruhende Monarchie käme einer gemäßigten Alleinherrschaft, einem guten Königtum (*regalis monarchia*) näher als die Erbfolge.[1405] Der Gegensatz zwischen Erbfolge und einer derartigen Wahl ist für den heutigen Leser kaum noch zu verstehen. Für einfache Könige, die Ockham als dem Kaiser untergeordnet ansieht, will er eine Wahl ohne Zustimmung des Kaisers, dem die Befugnis zur Amtseinsetzung zustehe, ohnehin nicht gelten lassen.[1406]

Die *lex regia*, also die Theorie von der Übertragung der Macht durch das römische Volk an den Kaiser, wurde vor allem von Juristen in ihrer Argumentation vertreten. Nicht alle gingen dabei von der Unwiderruflichkeit dieser Übertragung aus. Baldus de Ubaldis beispielsweise war der Ansicht, anfänglich sei die Gesetzgebungskompetenz und das Recht, den Kaiser zu wählen und abzusetzen, beim Volk verblieben. Doch in seiner Gegenwart läge diese Befugnis bei den Kurfürsten, woraus er folgert, das Volk habe im Laufe der Zeit auf seine Macht verzichtet, so dass die *lex regia* letzten Endes doch zu einer unwiderruflichen Machtübertragung geführt habe, da die Kurfürsten an die Stelle des Volkes getreten seien.[1407] Interessant ist aber, dass Baldus die Ansicht vertritt, das Wahlrecht sei den Kurfürsten vom Apostolischen Stuhl verliehen worden, womit die Wahl durch die Kurfürsten ihrer, wenngleich ohnehin nur fiktiven, demokratischen Basis gänzlich beraubt wird.[1408]

Nikolaus von Kues greift ebenfalls zu Fiktionen. Die Kurfürsten sieht er als Repräsentanten des Reichsvolkes an. Sie seien zur Zeit Heinrichs II. durch ein

---

1404 Wilhelm von Ockham, *Octo Quaestiones*, Opera politica I, (ed. Offler, S. 148), II, 9: *Huic respondetur quod nunquam fuit aliquis factus imperator Romanorum, nisi per electionem, et non proprie loquendo per successionem generis. Filii enim imperatorum, qui fuerunt facti imperatores, per electionem patrum suorum vel aliorum ad imperii fastigium promoti fuerunt.*

1405 Wilhelm von Ockham, *Octo Quaestiones*, Opera politica I, (ed. Offler, S. 148), II, 9: … *In hoc enim, quod imperium seu regnum Romanorum nemo assequitur per successionem, sed per electionem, ipsum optimo modo regalis monarchiae magis appropinquat quam regnum, quod per generis successionem habetur*.

1406 Wilhelm von Ockham, *Octo Quaestiones*, Opera politica I, (ed. Offler, S. 128), IV, 3: *Populus autem Francorum de iure habuit superiorem, scilicet imperatorem, cuius est constituere reges in terris subiectis imperio … Ergo populus Francorum absque auctoritate imperatoris non poterat sibi constituere regem.*

1407 Canning, Baldus, S. 57 f.

1408 Canning, Baldus, S. 34.

Übereinkommen aller Reichsangehörigen vertraglich eingesetzt worden.[1409] Dieses angebliche, zu seiner Zeit bereits 400 Jahre alte Übereinkommen reicht für den Cusaner aus, die Kurfürsten als für das Volk und durch das Volk legitimiert anzusehen. Eine regelmäßige Erneuerung dieser Legitimation, wie dies in heutigen Demokratien gefordert wird, steht für ihn noch nicht zur Diskussion.

d) Indirekte Wahlverfahren

Soweit tatsächlich gewählt wurde, griff man in Theorie und Praxis aus verschiedenen Gründen gerne auf indirekte Verfahren zurück. Das theoretische Konstrukt, das die Wahl des Kaisers als durch das Volk legitimiert ansah, arbeitete mit dem Modell der Repräsentation und damit ebenfalls mit einem indirekten Verfahren, wenn auch die Vermittlung der Legitimation vom Volk an die Kurfürsten fingiert war. Der Kaiser wurde tatsächlich von den Kurfürsten gewählt. Ockham sah diese als Nachfolger des römischen Senats und damit als Repräsentanten der Fürsten und des Volkes an, die an Stelle aller handelten.[1410] Lupold von Bebenburg sieht die Kurfürsten ebenfalls an Stelle aller anderen die Wahl vornehmen.[1411] Lupold konstruiert diese Vertretung damit, dass jedem das Recht zustünde, über die eigenen Angelegenheiten zu entscheiden. Daher habe Otto III. mit Zustimmung von Fürsten und Volk die Einrichtung des Kurfürstenkollegs als Wahlgremium geschaffen. Seitdem haben die Kurfürsten das Recht, den König für die anderen zu wählen.[1412] Im Namen des römischen Volkes, so schreibt auch Nikolaus von Kues, träfen die Kurfürsten ihre Wahl, und damit übernimmt der Cusaner die Repräsentationstheorie.[1413]

[1409] Nikolaus von Kues, *De concordantia catholica*, III, 4, § 332 (ed. Kallen, S.348): *Unde electores, qui communi consensu omnium Alemannorum et aliorum, qui imperio subiecti erant, tempore secundi Henrici constituti sunt, radicalem vim habent ab ipso communi omnium consensu, qui sibi naturali iure imperatorem constituere poterant.*

[1410] Wilhelm von Ockham, *Octo Quaestiones*, Opera politica I, (ed. Offler, S. 189–196), VIII, 4 (S. 191–192): *... principes electores ... non tantum repraesentant principes et populum Germaniae. Italiae ... sed etiam repraesentant principes et populos aliarum princiarum ... Nam principes, qui modo sunt electores, ... in eligendo succeduntpopulo Romano ...*; Sigmund, Nicholas of Cusa, S. 98; Pleuger, S. 63 und 84 f.

[1411] Lupold von Bebenburg, *De iuribus regni*, cap. 5 (ed. Miethke, S. 88/91): *Ergo concluditur, quod electus per eos concorditer ex electione huiusmodi potest de iure gencium licite nomine ac re ipsa regnare, quod non videtur aliud, nisi nomen regis assumere ac iura et bona regni et imperii amministrare.*

[1412] Lupold von Bebenburg, *De iuribus regni*, cap. 12 (ed. Miethke, S. 190/191): *Iustum est enim, ut unicuique.res sua disponenda committatur, ut iam supra dictum est. Ergo pari vel forciori racione potuit, idem Otto imperatur de consensu principum et populi predictorum expresso vel saltem tacito instituere, ut ad certos principes perpetuis temporibus perveniret ius et potestas eligendi regem ... .*

[1413] Nikolaus von Kues, *De concordantia catholica*, III, 4, § 325.

Die Vorstellung, nach der die Angehörigen einer kleineren Gruppe aus in der sozialen oder verfassungsmäßigen Hierarchie höherstehenden Personen als geborene Repräsentanten des ganzen Volkes angesehen werden, taucht auch im kommunalen Bereich auf. Ein anonymer Mailänder Politikkommentar greift erkennbar auf die Praxis der italienischen Städte zurück. Dabei beschreibt er eine Mischung aus Akklamation und einem indirekten Wahlverfahren. Wählen sollten nur bestimmte Personen aus den führenden Geschlechtern und den oberen Zünften der Stadt. Allerdings muss der von ihnen Gewählte anschließend der Menge zur Akklamation präsentiert werden. Die Menge hat dann noch die Möglichkeit, die Wahl zu verhindern und den Kandidaten abzulehnen.[1414] Eine aristokratische Gruppe, die nicht mit der Gesamtbevölkerung identisch ist und die wählt oder wichtige Entscheidungen trifft, kann man auch hinter dem Begriff *valentior pars* des Marsilius von Padua vermuten.[1415]

Eine ähnliche Theorie wie bei der Kaiserwahl, die zum Konstrukt eines indirekten Wahlsystems führt, wurde auch bei der Papstwahl angenommen. Der radikale Franziskaner Petrus Johannis Olivi führte die Gefahren einer Volkswahl als Begründung dafür an, dass nur die Kardinäle an Stelle des gesamten Kirchenvolkes den Papst wählten.[1416] Sie handeln dabei, so auch Johannes Quidort, für den gesamten Klerus und das gesamte Volk und können in dieser Funktion den Papst wählen oder absetzen.[1417] Pierre d'Ailly bringt hierfür ein praktisches Argument. Der Bischof von Rom könne schon deshalb nicht durch alle gewählt werden, da es schlicht nicht möglich ist, dass sich alle Kirchenmitglieder zur Wahl versammeln. Daher sei das Wahlrecht auf das Volk von Rom übergegangen, dann auf den römischen Klerus und schließlich auf das Kardinalskollegium. Allerdings könne das Konzil als Versammlung der Repräsentanten der Gesamtkirche das Wahlrecht wieder zurückfordern.[1418]

Eine weitere im Mittelalter weit verbreitete Variante der indirekten Wahl war die Wahl *per compromissum*. Bei diesem Verfahren setzten die eigentlich zur Wahl berufenen und zu diesem Zweck versammelten Personen ein kleineres Gremium aus ihrer Mitte ein, das die Wahl vornehmen sollte. In einigen

[1414] Meier, Mensch und Bürger, S. 95.

[1415] Vgl. Segall, Der „Defensor Pacis“, S. 65.

[1416] Petrus Iohannis Olivi, *De renuntiatione papae*, S. 355–356: *Quod vero si in electione papae plebis assensus necessario preexigeretur; multa pericula et incomoda possent contingere, ideo congrue ordinatum est, quod vicem omnium in hoc gererent aliqui precipue, qui nunc communiter cardinales vocantur*; vgl. Blythe, Ideal Government, S. 152.

[1417] Johannes Quidort, *De regia potestate*, cap. 24 (ed. Bleienstein, S. 201–202) … *coram collegio cardinalium quod est ibi loco totius ecclesiae. … Credo tamen quod simpliciter sufficeret ad depositionem collegium cardinalium, quia ex quo consensus eorum facit papam loco ecclesiae …* ; Sigmund, Nicholas of Cusa, S. 84.

[1418] Sigmund, Nicholas of Cusa, S. 104 f.

italienischen Städten wurde daraus ein vielstufiges Verfahren, das zahlreiche Einsetzungsakte von Zwischengremien per Wahl oder per Los kombinierte.[1419] In kirchlichen Orden, aber auch in Domkapiteln war dieses Verfahren allgemein üblich.

3 Persönliche Qualitäten und Teilhabe

Wie auch immer der Herrscher in sein Amt gelangt und wer bzw. wie viele ihn wählen, die Ausübung der Regierungsgewalt ist auf einige wenige beschränkt, ebenso wie die aktive Teilnahme am Wahlvorgang. Welche Rolle also den „Vielen", die in der aristotelischen Demokratie regieren, in der mittelalterlichen Wirklichkeit oder der Theorie mittelalterlicher Denker zukommt, ist oft unklar. Bei Ockham ist diese Rolle fraglich, denn zur Regierung berufen sind nur wenige, Könige, Edle und Weise, ohne dass Ockham Anlass zu der Vermutung gäbe, die Edlen und Weisen gingen aus einer Wahl aller hervor. Der König repräsentiert die Gesamtheit in seiner Person. In ähnlicher Weise ist die Rolle der Vielen auch bei anderen Autoren zurückgedrängt.[1420] Die Aristoteles-Rezipienten des Mittelalters haben den Stagiriten nach den Bedürfnissen ihrer Zeit uminterpretiert. Nach Aristoteles gehört die aktive Teilnahme am politischen Leben, mithin an der Regierung, zum wesentlichen Bestandteil des Lebens gleicher und freier Männer.[1421]

Diese Zurückdrängung der „Vielen" und die Beschränkung von deren politischer Aktivität auf die Teilnahme an – teilweise fingierten – direkten, meist jedoch indirekten Wahlverfahren folgt dabei bis heute praktischen Erwägungen, war in Antike und Mittelalter aber auch vom Idealbild einer guten Regierung bestimmt. Denn nicht jeder hatte die gleichen Fähigkeiten und nicht jeder war in gleicher Weise zur Übernahme von Regierungsämtern geeignet. Auch einem Aristoteles waren solche Gedanken nicht fremd. Denn für ihn gab es neben den gleichen und freien Männern noch eine große Gruppe anderer Personen, die er von vornherein ausschloss. Das christliche Mittelalter, das die Ungleichheit der Menschen wenigstens in der Theorie immer weniger akzeptieren wollte, verschob die aristotelische Perspektive. Doch auch wenn die Gesellschaft von mittelalterlichen Theoretikern wie beispielsweise Jean Quidort auf das gesamte Volk gegründete wurde, so wurde eine politische Teilhabe nicht allen Menschen, sondern nur denen zugestanden, die kompetent und dessen würdig erachtet wurden.[1422] Engelbert von Admont zieht die Aristokratie der Monarchie deshalb vor, weil die Tugend und Würde, welche das tragende Prinzip der Aristokratie darstellen, dem Willen Einzelner

[1419] Vgl. dazu Keller, Wahlformen und Gemeinschaftsverständnis; Maleczek, Abstimmungsarten.
[1420] Blythe, Ideal Government, S. 186 f.
[1421] Hamilton Bleakley, Aquinas' *De regimine principum*, S. 584 f.
[1422] Blythe, Ideal Government, S. 143 f.

vorzuziehen seien. Demokratie ist natürlich noch besser, da der Wille vieler besser ist als der weniger.[1423] Gleichwohl ist die Hervorhebung der Tugend, also der persönlichen Qualitäten der Regierenden, bemerkenswert. Auch Petrus de Alvernia betonte in seinem Politikkommentar mehrfach, dass eine Herrschaft nur dann gerecht sei, wenn die politischen Kompetenzen nach Verdiensten für das Gemeinwesen verteilt werden, die durch die Tugenden erworben werden.[1424]

Daher sollen die Fähigkeiten, die man nach mittelalterlicher Sichtweise brauchte, um am politischen Leben teilhaben zu können, näher beleuchtet werden.

3.1 Standeseinteilung nach Fähigkeiten

Aristoteles hatte die Menschen in zwei Gruppen eingeteilt, diejenigen, die große Körperkräfte besitzen und daher zur körperlichen Arbeit bestimmt sind, und diejenigen, welche mehr an Verstand besitzen und demzufolge die Leitung des Gemeinwesens übernehmen sollen. Ganz in dieser Tradition steht auch der Augustinereremit Augustinus Triumphus (1243–1328), für den jene, die an Verstand hervorragend sind, natürlicherweise Herren sind über die anderen, welche über Körperkräfte, aber weniger über geistige Gaben verfügen. Eine so begründete Herrschaft entspreche voll dem Naturrecht.[1425] Ebenso folgt Engelbert von Admont den Ausführungen des Aristoteles und hält es für richtig, dass Menschen, die mehr Verstand besitzen, über die anderen herrschen.[1426] Dante zitiert Aristoteles und kommt damit ebenfalls zu dem Schluss, dass die Klügeren über die anderen herrschten.[1427] Sogar bei Ockham findet sich zuweilen diese Zweiteilung. Knechte, Tagelöhner und Handwerker sind auch ihm keine Stadtbürger in dem Sinne, dass sie an der Herrschaft teilhätten. Andere sind mit der Herrschaft zumindest in gewisser Weise befasst, sei es, dass sie zu Gericht und Rat gerufen werden oder

---

[1423] Blythe, Ideal Government, S. 125.

[1424] Petrus de Alvernia, *In libros Politicorum (continuatio)*, III,16 (ed. Spiazzi, S. 184b): *... quod si contingat unum totum genus vel unum inter alios sic differre in genere ab aliis secundum virtutem, ut virtus eius excedat virtutem omnium aliorum, iustum est hoc genus esse regale*; Ubl, Engelbert von Admont, S. 100.

[1425] Augustinus Triumphus, *Summa de potestate ecclesiastica*, I, qu. 23, 3 (fol. 97); vgl. Töpfer, Urzustand und Sündenfall, S. 402.

[1426] Engelbert von Admont, *De ortu*, cap. 1 (ed. Baum, S. 14–17): *Et hoc est, quod .dicit Philosophus in principio « politicorum », quod homines magis vigentes intellectu et ratione naturaliter sunt dominio aliorum... .*

[1427] Dante Alighieri, *Monarchia*, I, 3, 10 (ed. Shaw, S. 10): *... ex quo iam innotescit illud Politice: intellectu, scil., vigentes aliis naturaliter principari.* Shaw (S. 11, Anm. 10) merkt an, dass Aristoteles die von Dante ziterte Aussage so nicht gemacht habe, verweist aber stattdessen auf Politik I, 2 (1252a31). An dieser Stelle weist Shaw darauf hin, dass es umstritten sei, ob Dante unmittelbare Kenntnis von der Politik des Aristoteles hatte.

den eigentlich Herrschenden oder dessen Wähler wählen.[1428] Auch Marsilius von Padua zitiert Aristoteles mit einer Textstelle, wo der Grieche in einer bestimmten Form von Demokratie zwar allen Bürgern das aktive Wahlrecht zugestehen, die Wählbarkeit für hohe Regierungsämter aber an einen Zensus binden will.[1429] Bürger, so jedenfalls Meier, ist bei Marsilius jemand, der an der beratenden oder richtenden Gewalt teilhat, während vom Herrschen im eigentlichen Sinne nicht die Rede sei.[1430] Marsilius zitiert Aristoteles bei der Aufzählung der wichtigsten Tugenden, die er bei den Bürgern voraussetzt. Neben der Liebe zum Staat, der Befähigung für die höchsten Aufgaben der Regierung sowie Tüchtigkeit und Gerechtigkeit sieht er die Klugheit als Grundtugend an, ohne die man nicht gut sein könne.[1431] Unklar ist die Haltung von Albertus Magnus. Er sah alle Menschen als gleich an, erkannte aber auch Unterschiede infolge des Sündenfalls. Für die Herrschaft war eine bestimmte Befähigung erforderlich, welche daran zu messen sei, inwieweit das Wohl der Gemeinschaft gefördert würde. Doch wollte Albertus die große Menge wohl durchaus an der Herrschaft beteiligt sehen.[1432]

Der Mittelpunkt der mittelalterlichen theoretischen Auseinandersetzungen ist nach Meier nicht der „herrschende Bürger“, sondern der Bürger, der rät, richtet und wählt. Die Aussage, dass Herrschen nicht alle Bürger anginge, sei, so Meier, in zahlreichen Politikkommentaren zur *opinio communis* geworden.[1433] So unterscheidet auch Petrus de Alvernia zwischen aktiven und passiven Bürgern, von denen letztere lediglich bestimmte Wahl- und Akklamationsrechte haben.[1434] Diejenigen, die nicht herrschen, sondern nur beraten und richten, weil sie nicht so vollkommen an Tugend sind wie die Herrschenden, schätzt Petrus nicht gering. Unter ihnen seien Kluge und weniger Kluge, zusammengenommen aber besäße die Menge die für Wahlen und Kon-

[1428] Meier, Mensch und Bürger, S. 124 f.; Wilhelm von Ockham, III. Dial. 1,2, c.5. Meier führt Ockhams Definition des Bürgerbegriffs auf Petrus de Alvernia zurück.

[1429] Marsilius von Padua, *Defensor Pacis*, I, 8, § 3; Meier, Mensch und Bürger, S. 121 f.

[1430] Meier, Mensch und Bürger, S. 120 f., unter bezug auf Marsilius, *Defensor Pacis*, I, 12, § 4. Dempf problematisiert den Mehrheitsbegriff bei Marsilius nicht. Auf lange Sicht sei die Mehrheit bei Marsilius vom gesunden Menschenverstand geleitet. Eine Standeseinteilung scheint Dempf (S. 436) bei dem Paduaner nicht erkennen zu wollen. Bei Marsilius sei die politische Absicht wichtiger als das bildungsaristokratische Standesinteresse.

[1431] Marsilius von Padua, *Defensor Pacis*, I, 14, § 10.

[1432] So jedenfalls Schmidt, Politische Theorie, S. 349f. Albertus Magnus, Super Ethica VIII, lect.11 (Opera Omnia XIV,2, S. 636): *Dicendum, quod cum homines sint per naturam ordinati ad aliquod unum bonum perticipandum, oportet, quod per aliquod unum regulenter ad illud, sicut ad omnes conclusiones unius artis regulantur per unum habitum. Et ad hoc quidem ordinatum est naturale lumen rationis inditum homini, per quod hoc bonum consequi possit.*

[1433] Meier, Mensch und Bürger, S. 88 f.

[1434] Meier, Mensch und Bürger, S. 89.

trollen der Regierung erforderliche Klugheit.[1435] Noch Nikolaus von Kues, der im 15. Jahrhundert schreibt, greift auf Aristoteles zurück und hält es für natürlich, dass nur die Intelligenten herrschten, während die Dummen ihrem natürlichen Instinkt folgend gehorchten.[1436]

Die ständische Gesellschaft wird also auch im Spätmittelalter noch weitgehend akzeptiert und durch entsprechende theoretische Konstrukte legitimiert. Doch finden sich bereits erste Brüche. Oresme hat bei aller Akzeptanz der ständischen Ordnung immerhin die Möglichkeit des sozialen Aufstiegs ausdrücklich anerkannt.[1437] Buridanus wollte einen Adel nur aufgrund der Tugend, nicht aber von Natur aus anerkennen,[1438] wenngleich dies eher ein Idealbild und eine Mahnung an den Adel ist als eine sozialrevolutionäre Forderung. Vieles ist auch Sache der Interpretation. Das „demokratische Volksrecht" der Wahl erkennt Dempf bei Thomas von Aquin, und bei Marsilius sieht er die Volkssouveränität die Oberhand über bildungsaristokratische Standesinteressen gewinnen.[1439] Doch bis weit ins Spätmittelalter blieb sogar das Recht, auch nur Kritik an der Herrschaft zu üben, ein Vorrecht weniger. Eine öffentliche Meinungsbildung, an der sich jeder unabhängig von seinem Stande hätte beteiligen können, gab es nicht. Politische Vorgänge und Entscheidungen zu kritisieren stand dem gebildeten Klerus, fürstlichen Räten sowie ständischen Korporationen und kommunalen Organen zu, während gehorsamspflichtige Untertanen die Grenzen ihres Standes überschritten, wenn sie es wagten, Kritik zu äußern. Erst spätmittelalterliche Kirchen- und Gesellschaftskritiker wie John Wycliff oder Jan Hus vertreten in diesem Punkt andere Auffassungen.[1440]

3.2 Persönliche Eignung

Ein zentraler Punkt für die mittelalterliche Politiktheorie war die persönliche Eignung der Herrschenden für ihr Amt. Erbrecht und Wahl waren dagegen nur Vorfragen und Instrumente, um den bestmöglichen Kandidaten zu ermitteln. Wichtiger war das Anforderungsprofil des bestmöglichen Kandidaten. Erste Voraussetzung für den Herrscher war eine die anderen überragende

[1435] Petrus de Alvernia, *In libros Politicorum Expositio (Continuatio)* III, 9 (ed. Spiazzi, S. 151b): *... tamen tota multitudo sufficienter virtutem habet, et discretionem in eligendo et corrigendo: in ista enim multitudine sunt sapientes et virtuosi aliqui, et aliqui non; et plus valet quod sumantur isti omnes simul*; Meier, Mensch und Bürger, S. 92.

[1436] Sigmund, Nicholas of Cusa, S. 190 f., auch S. 151 f.

[1437] Meier, Mensch und Bürger, S. 106.

[1438] Johannes Buridanus, *Quaestiones super libros Politicorum*, I, qu. 9 (fol. 12r): *Arguitur primo quod non nullus est nobilis seu ingenuus a natura nisi a virtute sed virtus non est a natura* ... (fol. 13r): *Nulla nobilitas est nisi illa que est a virtute. Conceditur de vera nobilitate. Et cum dicitur virtus non est a natura.*

[1439] Dempf, S. 392 und S. 436.

[1440] Schreiner, Correctio principis, S. 252.

Begabung an Tugenden. Ein König muss das christliche Lebensideal verkörpern, seine Macht gründet sich auf persönliches Heil und Gerechtigkeit.[1441] Herrscher wird, so schreibt im 11. Jahrhundert Manegold von Lautenbach, wer den anderen an Stand und Würde, Weisheit, Gerechtigkeitssinn und Frömmigkeit überlegen sei.[1442] Johannes von Salisbury beschreibt den idealen Fürsten ein Jahrhundert später: Reich dürfe er sein, nicht aber habgierig, vielmehr müsse er sich in Bescheidenheit und Demut üben.[1443] Außerdem müsse ein König weise sein, schließlich könne niemand andere vernünftig regieren, wenn er selbst dem Irrtum verfallen ist.[1444] Wesentliche Eigenschaften seien weiterhin Gottesfürchtigkeit, Selbstdisziplin und Liebe zu den Untertanen, wohingegen ein schlechter König in den Ruin führe.[1445] Als positives Beispiel führt Johannes den römischen Kaiser Trajan an, der wegen seiner Tugend allen anderen vorzuziehen gewesen sei.[1446]

Eine ausführliche Übersicht dessen, was von einem Herrscher erwartet wird, gibt auch der Franziskaner Wilhelm von Ockham. Der Herrscher müsse gläubig sein und eine allgemeine Übersicht über die Gesetze haben, ferner über eine hervorragende Befähigung in weltlichen Geschäften, über natürlichen Menschenverstand und Urteilskraft verfügen. Das Naturrecht müsse er kennen, gleichwohl müsse er regelmäßig viele Ratgeber zu seinen Entscheidungen hinzuziehen. Gerechtigkeit, Lebenserfahrung, Verschwiegenheit und Wahrhaftigkeit runden das Profil ab. Da es in der praktischen Politik auf die Durchsetzungsfähigkeit ankommt, erwartet Ockham, dass er außerdem über Reichtum und Macht verfügt. Tapferkeit hält Ockham ebenfalls für erforderlich, körperliche Kriegstauglichkeit hingegen nicht, wenn dies auch wünschenswert wäre.[1447] Bei alledem bevorzugt Ockham den Macher und Pragmatiker. Natürliche Auffassungsgabe und Urteilskraft sind für ihn wichtiger

---

[1441] Schmidt, Verfassungslehren, S. 32 f und S. 40, über die Vorstellung des Jonas von Orléans (9. Jahrhundert).

[1442] Manegold von Lautenbach, *Ad Gebehardum*, cap. 30.

[1443] Johannes von Salisbury, *Policraticus*, IV, 5: *Quod principem castum esse oportet et avaritiam declinare*; IV, 7: *Quod timorem Dei doceri debet et humilis esse, et sic servare humilitatem, quod auctoritas principis non minuatur.*

[1444] Johannes von Salisbury, *Policraticus*, V, 7 (ed. Webb, I, S. 308): *Et impossibile est ut alios utiliter regat, quem proprius subuertit error. Ait enim : Ubi non est gubernator, populus corruet. Et alibi : Rex insipiens perdet populum suum, et ciuitates inhabitabuntur super sensum prudentium.*

[1445] Johannes von Salisbury, *Policraticus*, V, 3 (ed. Webb, I, S. 284): *In summa ergo quattuor sunt quae nititur rei publicae principibus inculcare: reuerentiam Dei, cultum sui, disciplinam officialium et potestatum, affectum et protectionem subditorum*; V, 7 (ed. Webb, I, S. 308, s.o.): *Rex insipiens perdet populum suum ...* .

[1446] Johannes von Salisbury, *Policraticus*, V, 8 (ed. Webb, I, S. 315): *Quare Traianus videatur omnibus praeferendus.*

[1447] Wilhelm von Ockham, III. Dial. II, 1, c.14–17, insbes. 15, zur Tapferkeit, c.17; vgl. Pleuger, S. 96 ff.

als Gelehrsamkeit, Beredsamkeit, Erfahrung und Gedächtniskraft.[1448] Anders als Ockham und in Widerspruch zum vielzitierten Aristoteles hält es Marsilius von Padua nicht für notwendig, dass der Regent bereits vor Regierungsantritt über Macht verfügt; zu diesem Zeitpunkt komme es nur auf die inneren Eigenschaften an.[1449] Marsilius trennt das Anforderungsprofil auch ausdrücklich von der Legitimation der Herrschaft. Weder Klugheit noch Tüchtigkeit seien entscheidend, allein die Ermächtigung durch den Gesetzgeber schaffe den regierenden Bestandteil und berufe die Kandidaten in ihre Ämter.[1450] Doch auch für ihn gibt es einen idealen Fürsten, den zu finden die Wahl das einzig taugliche Mittel sei.[1451] Der Regent müsse schon deshalb der Beste sein, weil er die Angelegenheiten aller anderen zu regeln habe.[1452] Daher widmet Marsilius einige Abschnitte der Frage, was für ein Mensch der sein muss, der zweckmäßigerweise in die Regierung gewählt werden soll.[1453] Zwei Eigenschaften stellt er dabei in den Vordergrund: Klugheit (*prudencia*) und sittliche Tüchtigkeit, besonders Gerechtigkeit *(moralis virtus, maxime iusticia)*.[1454] Die Klugheit sei deshalb nötig, weil nicht alles Handeln der Regierung durch Gesetz festgelegt werden kann. Soweit eine solche Festlegung nicht existiert, muss sich der Regent von seiner Klugheit leiten lassen.[1455] Sittliche Tugend, insbesondere Gerechtigkeit ist erforderlich, da ein böser Charakter den Staat schwer schädigen könne.[1456]

Der Stand, in den jemand hineingeboren wird, scheint für den Paduaner keine Rolle zu spielen. Doch in einer Passage, in der er Kaiser Ludwig den Bayer, dem der Traktat gewidmet ist, direkt anspricht, rühmt er dessen Herkunft in einer Weise, die andeutet, dass auch ein Marsilius von Padua die hohe Geburt eines Herrschers als legitimierendes Merkmal anerkennt, sich also letztlich nicht völlig vom Denken seiner Zeit lösen kann.[1457] Das Mittel-

---

[1448] Wilhelm von Ockham, III. Dial. II, 1, c. 15.

[1449] Marsilius von Padua, *Defensor Pacis*, I, 14, § 8: *Hanc vero coactivam potestatem futurum principari ante ipsius ad principatum eleccionem non necessarium est habere ...* .

[1450] Marsilius von Padua, *Defensor Pacis*, I, 15, § 1: *Hac enim auctoritate fit princeps secundum actum, non per legum scienciam, prudenciam aut moralem virtutem ...* .

[1451] Marsilius von Padua, *Defensor Pacis*, I, 9, § 7: *Amplius, hoc solo modo institucionis [eleccio] habetur principans optimus.*

[1452] Marsilius von Padua, *Defensor Pacis*, I, 9, § 7: *Nam eum expedit optimum esse illorum qui versantur in policia, debet enim regulare actus civiles omnium aliorum.*

[1453] Marsilius von Padua, *Defensor Pacis*, I, 14, § 1 ff.

[1454] Marsilius von Padua, *Defensor Pacis*, I, 14, § 2.

[1455] Marsilius von Padua, *Defensor Pacis*, I, 14, § 3: *In quibus namque humanis actibus civilibus actus ipse vel modus non determinatur a lege, per prudenciam dirigitur principans in iudicando et eciam exequendo, facto vel modo aut horum utroque, in quibus ipsum peccare contingeret absque prudencia.*

[1456] Marsilius von Padua, *Defensor Pacis*, I, 14, § 6.

[1457] Marsilius von Padua, *Defensor Pacis*, I, 1, § 6: ... *inclitissime Ludovice Romanorum imperator, cui sanguinis antiquo, speciali quasi quodam iure ...* .

alter wies dem Fürsten eine überragende Stellung in der Gesellschaft zu, was die Bedeutung seiner Fähigkeiten erklärt. Das göttliche Recht, an welches der Herrscher gebunden war, legte ihm bestimmte ethische Normen auf, denen gerecht zu werden eine besondere moralische Qualifikation erfordert, so dass die Vorbildlichkeit des Herrschenden Teil seiner Legitimität als Träger von Herrschaft ist (Ubl). Ubl führt die Bedeutung, die dem Charakter des Fürsten zugemessen wurde, auch darauf zurück, dass während des Mittelalters in erster Linie personale Treuebindungen und persönliche Machtausübung die Grundlage für die beginnende Staatlichkeit bildeten, weshalb dem Charakter des Fürsten ein großer Einfluss auf die politische Entscheidungspraxis zukam.[1458] Denjenigen, der die anderen an Geisteskraft und Vernunft überragt, sah auch Engelbert von Admont als den geborenen Herrscher an, zu dem ihn die Auslese der Natur bestimmt hat.[1459] Doch trotz dieser mittelalterlichen Sichtweise fehlt dem Admonter Abt nicht der Blick für das Verfahren, den andere so oft vermissen lassen. Denn die naturgegebene Persönlichkeit bedingt noch keinen Automatismus. Schließlich muss der Beste und Vernünftigste von den anderen auch als solcher erkannt werden, wenn er denn herrschen soll. Engelbert will ihm diese Stellung nicht von selbst zugestehen, erst durch Vertrag könne er vom Volk in seine Stellung berufen werden.[1460] Zwar gibt auch er keine weiteren Ausführungen zum Verfahren, doch tritt zur das Königtum begründenden charakterlichen Eignung immerhin das formale Element des Vertrages, der vom Volk eingegangen wird.

3.3 Eignung und Verfahren

Am Zurücktreten materieller Kriterien wie Eignung und Charakter hinter formalen Kriterien wie dem des Auswahlverfahrens lässt sich ein Wandel in der Denkweise erkennen. Herrschen sollte derjenige, welcher von Gott dazu auserkoren war oder schlicht der beste und tugendhafteste Mann, was je nach Interpretation als identisch betrachtet werden kann. Der Glaube, Eignung und Tugend seien nicht nur Personen, sondern einer ganzen Sippe zu eigen, begünstigte das Geblütsrecht. Entweder wurden Herrschaftsfunktionen vererbt, oder die Zugehörigkeit zu einer bestimmten Familie war bei der Wahl das ausschlaggebende Argument. Der hohe Stellenwert verwandtschaftlicher

[1458] Ubl, Engelbert von Admont, S. 58.

[1459] Engelbert von Admont, *De ortu*, cap. 1–2 (ed. Baum, S. 14–21); vgl. Schmidinger, *Romana regia potestas*, S. 9.

[1460] Engelbert von Admont, *De ortu*, cap.2 (ed. Baum, S. 16–17): … *quod homines primae aetatis mundi quasi natura instigante et ratione ac experientia naturalis indigentiae compellente in locis et terminis securioribus, in quibus sub conformitate linguae et vitae ac morum simul in unum congregati cohabitant multitudinem regendam, salvandam ac conservandam omnibus praeficiebant et ita sub pacto vinculo subiectionis ad se ergendos, salvandos et conservandos oboediebant et intendebant* … Engelbert beruft sich hierbei auf Cicero: *sicut Tullius praeclare scribit*; vgl. Schmidinger, *Romana regia potestas*, S. 9.

Bindungen, der hier zum Ausdruck kommt, kennzeichnet vor allem das vom Stammesdenken geprägte frühe und auch noch das hohe Mittelalter, in dem ein Leben, das sich nicht im Sippenverband abspielte und dort organisiert wurde, nicht denkbar war. Es kann kein Zufall sein, dass in einer allmählich urbanisierten Welt, deren neue Wirtschaftsweisen andere Lebenskonzeptionen ermöglichten, die den einzelnen Menschen mehr und mehr aus dem Sippenverband zu lösen vermochten, zugleich Geblütsheiligkeit und die Legitimität der Erbnachfolge in der Herrschaft auch in der Theorie zu verblassen beginnen.

Der erste Schritt von den rein materiellen Anforderungen an einen Herrschaftsträger wie göttliche Berufung oder Tugend und Befähigung ist die Erkenntnis, dass das Vorliegen solcher Anforderungen zunächst einmal nicht für jedermann offensichtlich sein muss und daher einer Feststellung bedarf. Ein Mittel, zu einer solchen Feststellung zu kommen, war die Wahl, wobei für den weltlichen Bereich insoweit einzuschränken ist, als hier nicht Einzelpersonen, sondern Dynastien gewählt wurden. Argumentativ eignete sich die Wahl als Vermittlung des göttlichen Willens wie auch als Auswahlkriterium für den besten Kandidaten. Da der Heilige Geist auf den Geist und Verstand der Menschen einwirkt, so dass sich in der kumulierten Willensäußerung einer Vielzahl von Menschen zugleich Gottes Willen offenbart, so konnten mittelalterliche Theoretiker sagen, Gott handle durch die Menschen. Die Wahl transportierte somit den Willen Gottes und manifestierte ihn als sichtbares Zeichen in der diesseitigen Welt. Dass auch die Wahl ein geeignetes Verfahren zur Bestenauswahl darstellt, ist eine auf antike Vorbilder zurückgehende Annahme. Schon Aristoteles ging davon aus, dass die Menge insgesamt das Beste für die Gesamtheit im Auge haben müsse. Abweichende Ansichten hingegen verlieren sich in der Masse, die wenigstens mit ihrer Mehrheit zum besten Ergebnis kommt.

Die Eignung allein konnte in dem Moment als Legitimation für eine Herrschaftsergreifung nicht mehr ausreichen, in dem die Eignung bezweifelt wurde. Diese Zweifel wurden umso stärker, je mehr die Tatsache ins Bewusstsein rückte, dass alle Menschen von Natur aus gleich seien. Herveus Natalis bringt dieses Problem auf den Punkt. Eignung allein stehe einem Fürsten zwar gut an, doch da alle Menschen gleich seien, müsse Herrschaft auf dem Konsens des Volkes beruhen, auch wenn der Fürst der Beste sei. Die Eignung allein reicht keineswegs, im Gegenteil, ein solcher Anspruch eines Herrschaftsaspiranten, der Beste zu sein, stelle die Eignung von sich aus in Frage und könne zudem zu Konflikten führen, wenn jeder die Eignung von sich behaupte.[1461]

[1461] Herveus Natalis, *De iurisdictione* (ed. Hödl), S. 17, Z. 20–26: *Si dicatur, quod immo a se, quia sapientior et melior inter omnes, dicendum primo, quod quia eminentia scientiae et vitae licet det decentiam, non tamen dat existentiam iurisdictionis; secundo, quia iam non esset bonus praesumtuose attribuendo sibi talia, tertio quia periculosum esset, quod in*

Ubl weist allerdings darauf hin, dass auch für Herveus die Erbfolge damit nicht ausgeschlossen ist.[1462] Doch ist hier das Problem klar angesprochen, dass unklar formulierte materielle Anforderungen an die Herrscherpersönlichkeit im Sinne einer Legitimationsgrundlage immer eines allgemeinen Anerkenntnisses seitens der Herrschaftsunterworfenen bedürfen, allein schon deshalb, um ihr Vorliegen für alle verbindlich festzustellen.

Auf der anderen Seite verlieren die materiellen Anforderungen an Bedeutung, je präziser die formalen Richtlinien für das Verfahren formuliert sind, welches angewandt werden soll, um festzustellen, ob die materiellen Anforderungen vorliegen oder nicht. Das Verfahren wird dadurch zur eigentlichen Legitimationsgrundlage. Die materiellen Anforderungen stehen dementsprechend regelmäßig in Relation zur Einbindung der Herrscherpersönlichkeit in eine Gesamtstruktur. Während der König bei Aegidius Romanus einem Halbgott gleicht und über alle Tugenden verfügen muss, benötigt er bei Thomas von Aquin und Herveus Natalis nur Tugend und Wissen, kann aber daraus kein Recht auf Herrschaft ableiten. Marsilius von Padua schließlich verlangt nur Klugheit und Gerechtigkeit vom Herrscher, doch sind bei Marsilius die Befugnisse des Herrschers, innerhalb derer er von seinen Fähigkeiten Gebrauch machen kann und muss, eng begrenzt.[1463] Die Frage, die von einigen mittelalterlichen Theoretikern gestellt und erörtert wurde, ob die Herrschaft des besten Mannes oder die des Gesetzes vorzuziehen sei, deutet diese Tendenz schon an. Je mehr Spielraum dem Herrscher für seine Entscheidungen verbleibt, ohne dass sie von außen vorgegeben wären, umso mehr kommt es auf seine Persönlichkeit an. Je enger jedoch der verfassungsmäßig vorgegebene Rahmen ist, in dem er sich bewegt, je weniger ist sein Charakter von Bedeutung. Einen Zusammenhang zwischen fortschreitender Institutionalisierung und Minimierung der Herrscherethik stellt Ubl fest und verweist aber auf Ockham, der eine Verringerung der Herrscherethik gegen den Trend ablehnt. Als Korrektiv hält Ockham an der Gemeinwohlverpflichtung des Fürsten fest und legitimiert den Widerstand, falls der Fürst seine Kompetenzen überschreitet.[1464]

Ein weiterer Aspekt, der allerdings auch bei Ockham anklingt, führt zur stärkeren Gewichtung des Verfahrens gegenüber materiellen Gesichtspunkten. Denn auch Ockham hält es für vertretbar, wenn nicht der Beste regiert. Ist eine Wahl bereits getroffen, so könne deren Rücknahme zu Unruhen führen, wodurch das Gemeinwohl Schaden nähme. Daher sei es auch vertretbar,

iudicio alicuius de se ipso vel aliquorum de communitate et non consensu communitatis stetur quantum ad illum qui debet praeesse communitati. Nam secundum affectionem vel praeponet se ipsum vel amicum.

1462 Ubl, Engelbert von Admont, S, 164.

1463 Ubl, Engelbert von Admont, S. 74.

1464 Ubl, Engelbert von Admont, S. 74 f.

jemanden zu wählen, der nicht durch seine Eignung besonders hervorragt, wenn die Wahl dringend vorzunehmen sei.[1465] Nicht mehr die Person steht im Mittelpunkt der Argumentation, auch nicht das Verfahren, sondern das Ergebnis in einer gesamtgesellschaftlichen Betrachtungsweise. Entscheidend für die Wahl der Verfassung und wohl auch für die Auswahl der Person ist zumindest auch die Stabilität der Gesellschaft und des inneren Friedens der Gemeinschaft. Verfassung und Herrschaft werden zunehmend losgelöst von der Persönlichkeit an der Spitze gesehen. Nicht allein die Eignung ist Leitlinie im Auswahlverfahren, sondern die durch das Verfahren selbst zu erzielende Ruhe und Ordnung innerhalb der Gesellschaft. Durch das Verfahren werden die Untertanen beteiligt. Die Herrschaftsunterworfenen werden zu Handelnden und damit zu Mitverantwortlichen, die als solche weniger Anlass hatten, zu Opposition und Aufruhr Zuflucht zu nehmen. War das eigentliche Ziel, eine Person mit einer bestimmten Qualifikation auszuwählen, so mussten von diesem Ziel Abstriche gemacht werden, wenn dadurch das übergeordnete Ziel des Gemeinwohls und des gesellschaftlichen Friedens in Gefahr geriet. Thomas von Aquin und Aegidius Romanus richteten ihr Augenmerk denn auch auf die Stabilität der Herrschaft und auf ihre Effizienz im Hinblick auf die Durchsetzung von Gesetzen. Im Gegensatz dazu stützten Petrus de Alvernia und Tolomeo de Lucca die politischen Kompetenzen noch auf durch die Tugend erworbene Verdienste. Nach Ubl machen diese beiden Linien die beiden Anschauungen aus, die sich nach der Aristoteles-Rezeption verbreiteten und den beiden aristotelischen Gerechtigkeitsprinzipien (dem „kontraktualistischen" und dem „meritorischen") folgten.[1466]

Die Aristoteles-Rezeption wird hier wieder zum Schnittpunkt in der Geschichte der politischen Theorie im Mittelalter. Nicht vergessen werden dürfen die aufkeimenden städtischen Strukturen und der Aufschwung im Handel sowie in der Geld- und Kreditwirtschaft. Die Glaube an überragende Personen oder Dynastien schwand, die institutionelle Einbindung von Herrschaft in Kontrollinstrumentarien und das wachsende Bewusstsein für die Schwierigkeiten, die eine Herrschereinsetzung begleiten konnten, ließen das Verfahren, das zur Regierungsbildung führen sollte, gegenüber den ursprünglich favorisierten materiellen Kriterien wie Fähigkeit und Charakter stärker in den Vordergrund treten. Nüchterner Pragmatismus hat damit im Laufe des Spätmittelalters die frühere Mystifizierung von Herrschaft und Herrschern verdrängt und einer rationaleren Staatsauffassung Platz gemacht.

[1465] Wilhelm von Ockham, III.Dial. I,1 und 15–16; vgl. Ubl, Engelbert von Admont, S. 167.
[1466] Ubl, Engelbert von Admont, S. 102.

VIII Zusammenfassung

Für die Entwicklung moderner Demokratietheorien und moderner demokratischer Verfassungen haben verschiedene Elemente eine Rolle gespielt, deren Vorläufer sich in unterschiedlichen Formen und Intensität im Mittelalter zurückverfolgen lassen. Althergebrachte Strukturen wie die Kirche oder das Lehnswesen haben ebenso wie Gesetzeswerke und Gewohnheiten oder wirtschaftliche Strukturen das Denken der Menschen geprägt. Vor diesem Hintergrund entstanden Gedanken und Philosophien oder wurden wieder aufgenommen oder weiterentwickelt. Ullmann ist der Ansicht, dass das mittelalterliche Lehnswesen zum Entstehen politischer Ideen ebenso viel beigetragen habe wie die Lehren von Scholastikern und Juristen.[1467] Nicht zu vergessen sind aber auch die Kirche, der Konziliarismus und die Veränderung der Wirtschaftsstruktur im Spätmittelalter, die alle ihre je eigenen Einflüsse auf die Vorstellungswelt der Intellektuellen ausübten, aus der heraus alte Ideen rezipiert, verarbeitet und weiterentwickelt wurden.

1 Struktureller Wandel der Gesellschaft

Ein wichtiger Bestandteil der Vorstellungswelt eines mittelalterlichen Theoretikers war die Gesellschaftsstruktur seiner Lebensumwelt. Auf dem Boden des vergehenden Römischen Reiches entstanden aus den Germanenreichen, die sich während der Völkerwanderung dort gebildet hatten, die Herrschaftsstrukturen, die im Frühmittelalter in das für das Mittelalter als charakteristisch geltende Feudalsystem übergingen, welches gleichermaßen auf persönliche Treuebindungen wie auch auf Grundbesitz als herrschaftskonstituierenden Elementen aufbaute. Als tragende Ideologie wurde das Christentum übernommen, dem sich seit dem 6. Jahrhundert alle Nachfolgestaaten des Weströmischen Reiches zugewandt hatten. Nach Hintze war das die entscheidende Kombination, die im Abendland die Voraussetzungen für die Entstehung des Ständewesens schuf. Der Gemeinschaftsgeist der christlichen Gemeinden und die Ablösung der Sklaven durch die Hörigen seien dabei wichtige Elemente gewesen.[1468]

[1467] Ullmann, Individuum und Gesellschaft, S. 7.

[1468] Hintze, Weltgeschichtliche Bedingungen, S. 35.

Die Herrschaftsstrukturen waren noch relativ einfach konstruiert. Ein König stützte sich auf seine Gefolgschaft, diese wiederum stützte den König. Dem König oblag die Sicherung des inneren und des äußeren Friedens, also der Schutz seiner Untertanen. Mittel waren die Rechtsprechung und der Krieg. Der König war nicht viel mehr als ein Richter und ein Feldherr. Den Lebensunterhalt sicherten der Gesellschaft die fast ausschließlich landwirtschaftlich tätigen Untertanen. Der einzelne Mensch war dabei immer Teil einer Gemeinschaft, in aller Regel seiner Sippe, die wiederum dem Herrschaftsverband eines Königs angeschlossen war. Das Band zwischen dem König und seinen Gefolgsleuten waren gegenseitige Treueverpflichtungen, die das Lehnswesen kennzeichneten. Obwohl dieses pyramidal aufgebaute System im Gegensatz zur modernen Repräsentativverfassung steht, sieht Hintze hier gleichwohl eine historische Entwicklungslinie.[1469] Auch Ullmann weist auf einen gewissen Gegensatz hin, glaubt aber dennoch in der kollektiven mittelalterlichen Gesellschaftsstruktur die Wurzel für die moderne Gesellschaft mit ihrer Auffassung vom Einzelnen als Inhaber unabhängiger, angeborener Rechte zu sehen.[1470] Er folgt sogar dem amerikanischen Mediävisten Painters und zieht eine „unmittelbare Verbindung von Locke erstens zurück zum lehnsrechtlichen Vertrag und Konsens im Mittelalter und zweitens nach vorn zur amerikanischen Unabhängigkeitserklärung.[1471]

Technische Veränderungen und bessere Produktionsbedingungen ermöglichten im Hochmittelalter eine weitere Ausdifferenzierung der Gesellschaft. Die Kirche war inzwischen mit Grund und Boden sowie mit Herrschaftsrechten ausgestattet, die Könige stützten sich nicht nur auf ihre Vasallen, sie griffen auch auf Dienstleute zurück. Die Städte blühten auf und Handel und Handwerk begannen das landwirtschaftlich geprägte Bild der Zeit zu ergänzen. Die Sippe als den Einzelnen haltender und stützender Personalverband wurde abgelöst oder ergänzt durch Verbände anderer Art wie kirchliche Orden, aber auch Bruderschaften, Gilden, Zünfte oder andere Korporationen. Derartige Vereinigungen prägten im späten Mittelalter vollends das Bild der menschlichen Gesellschaft, die inzwischen neben der Landbevölkerung auch Städte kannte, die eigene Herrschaftsbefugnisse wahrnahmen und damit aus dem Feudalsystem heraus fielen. Der Handel hatte einen spürbaren Aufschwung genommen und die ökonomische Struktur der Gesellschaft verändert. Banken und Geldwirtschaft traten neben die bäuerliche Naturalwirtschaft. Die Herrscher begannen bereits Bürokratien aufzubauen. Mit der Veränderung der ökonomischen und sozialen Struktur der Gesellschaft war das Aufgabenfeld der Herrschaft gewachsen. Nicht mehr die bloße militäri-

---

[1469] Hintze, Weltgeschichtliche Bedingungen, S. 1.

[1470] Ullmann, Individuum und Gesellschaft, S. 39.

[1471] Ullmann, Individuum und Gesellschaft, S. 106.

sche Friedenssicherung, die umfassende Regelung des gesamten, vor allem des wirtschaftlichen Lebens war Sache des Fürsten.

2 Wandel in der politischen Theorie

Vor diesem Hintergrund vollzog sich der Wandel der politischen Theorie. Diese, sei es nun politische Philosophie oder Theologie, entwickelt sich immer mit der sie hervorbringenden Gesellschaft, Veränderungen der Wirklichkeit lassen sich immer auch in der Theorie nachzeichnen. Interessant ist dabei zunächst der Zweck, dem die Theorie in der jeweiligen historischen Situation diente, oder besser gesagt der Konflikt, der die Rechtfertigungsschriften für die Protagonisten hervorrief.

2.1 Zweck der politischen Theorie

Auf die paulinischen Briefe und eine bis in die Verfolgungszeit des Christentums zurückreichende Patristik gehen die ersten christlichen Auffassungen von Herrschaft und Gesellschaft zurück. Als Ergebnis des Sündenfalls sei Herrschaft notwendig geworden, damit die Menschen ein geordnetes Leben führen können. Mit Augustinus, der das Christentum schon als Staatsreligion erlebte, trat eine eschatologische Erwartung an die staatlich organisierte Gemeinschaft heran, die Staat und Herrschaft in das heilsgeschichtliche Geschehen einordnete. Der Herrscher war nicht mehr nur eine Strafe Gottes für die sündigen Menschen, sondern sollte seinen Untertanen dem ewigen Heil entgegenführen. Dem einfachen Gläubigen, um den sich der Herrscher zu kümmern hatte, blieb seinerseits nur eines zu tun: gehorchen.[1472] Für den König jedoch entwickelte die christliche Lehre eine Herrscherethik, der er gerecht zu werden hatte, wollte er akzeptiert werden. Natürlich konnte sich auch der Herrscher des christlichen Mittelalters noch auf die altbewährte mitlitärische Weise durchsetzen und Anerkennung verschaffen. Die theoretische Unterfütterung seiner Ansprüche stützte sich jedoch auf das Idealbild des tugendhaften, um das Seelenheil seiner Untertanen besorgten Königs.

Damit ist bereits das Thema der frühmittelalterlichen „politischen" Schriften angesprochen. Der König, der sich vor seinen Gefolgsleuten zu beweisen und gegen rebellierende Vasallen durchzusetzen hatte, war Adressat von Fürstenspiegeln, mit denen ihre Verfasser dem Herrscher Ratschläge erteilten, wie er eine gottgefällige Herrschaft auszuüben hatte, die ihm aber gleichzeitig die theoretische Legitimation seiner Herrschaft und seiner Stellung verschafften. Hier wird bereits deutlich, dass die politische Literatur des Mittelalters ein zutiefst zweckbestimmtes und situationsabhängiges Genre war. Erst im

[1472] So wurde es übrigens noch vereinzelt im Spätmittelalter vertreten, z. B. von Aegdius Romanus, vgl. dazu Krüger, Der Traktat, S. 353.

Hochmittelalter, als dem weltlichen Herrscher, dem Kaiser oder König, eine neue Konkurrenz erwuchs, gegen deren Herrschaftsansprüche er sich behaupten musste, entstand ein neuer Typ politischer Literatur. In Streitschriften wurde das Verhältnis der weltlichen Gewalt zum Papsttum erörtert. Die Kirche war inzwischen so mächtig geworden, dass sich der Papst Machtbefugnisse anmaßen konnte, die ihn über den Kaiser erhoben. Beide Seiten, Kaiser und Papst, hatten ihre Unterstützer, und Autoren von Streitschriften ergriffen Partei für die eine oder die andere Seite. Da der Kaiser eine von der Kirche unabhängige Legitimation benötigte, begann jetzt die Bevölkerung, seine Untertanen, eine neue Rolle in der Herrschaftslegitimation zu spielen. Aus deren unterstellter Zustimmung zog der Herrscher nunmehr die Rechtfertigung seiner Stellung.

Nach dem abendländischen Schisma rückte ein anderes Problem ins Bewusstsein der Menschen. Diesmal war es kein König, der sich seiner Untertanen oder Gefolgsleute erwehren musste, oder weltliche und geistliche Gewalt, die miteinander stritten. In einem innerkirchlichen Konflikt mussten die Machtverhältnisse innerhalb der Institution Kirche geklärt werden. Die Frage, ob Papst oder Konzil die übergeordnete Instanz sei bzw. welche Funktion das Konzil als Verkörperung der Gesamtkirche wahrnahm, reichte in ihrer Bedeutung über die Kirche hinaus, waren hier doch bereits Vorläufer des Parlamentarismus zu erkennen. Tierney führt die Entstehung des europäischen Parlamentarismus zu einem guten Teil auch auf die Verfassung und Entwicklung der lateinischen Kirche West- und Mitteleuropas zurück. Traktate, die in diesem Zusammenhang entstanden, behandelten die Positionen von Papst und Konzil und nahmen angesichts der Zusammensetzung der Konzilien zu der Frage der Repräsentation und der Legitimation von Repräsentanten Stellung. Ideen, die schon bei Ockham und Marsilius angeklungen waren, wurden nun von den Konziliaristen aufgenommen und gewannen an Aktualität.[1473] Am Ende des 15. Jahrhunderts hatte sich jedoch das Papsttum als oberste Instanz der Kirche gegenüber dem Konzil durchgesetzt. Sigmund stellt daran anknüpfend die spekulative Frage, was denn geschehen wäre, hätte das Konzil das Ringen mit dem Papst für sich entschieden. Da auf den Konzilien des 15. Jahrhunderts bereits nationale Gefühlsregungen und Nationalidentitäten sichtbar wurden, glaubt er, dass es letztlich zu einer Aufspaltung in Nationalkirchen gekommen wäre.[1474] Interessant wäre dann jedoch die Frage gewesen, wie sich dann das Vorhandensein nationaler Teil-Konzilien in den jeweiligen Ländern auf die dortigen Verfassungsverhältnisse ausgewirkt hätte.

Neben den genannten Literaturtypen der politischen Theorie, die jeweils einem bestimmten Zweck dienten und in einer ganz bestimmten Situation

[1473] Heinz-Mohr, Unitas Christiana, S. 136.

[1474] Sigmund, Nicholas of Cusa, S. 305.

entstanden, trat im 13. Jahrhundert eine neue Art hervor, sich mit der Politik und der Gesellschaftsverfassung theoretisch auseinander zu setzen. Die „Politik“ des Aristoteles wurde ins Lateinische übersetzt und von mittelalterlichen Theologen und Philosophen kommentiert. Derartige Kommentare sind nicht automatisch für einen bestimmten Zweck geschrieben und stellen somit die einzige zweckfreie Literaturgattung in diesem Bereich dar. Wenn auch bei einigen Autoren eine bestimmte Intention vorhanden gewesen sein mag, so war dies doch zumindest nicht bereits durch den Literaturtypus vorgezeichnet. Die Autoren wandten vielmehr die Begriffe, die ihnen die aristotelische Staatsformenlehre bereitstellte, auf die Umstände ihrer eigenen Zeit an und gaben diesen dadurch einen theoretischen Unterbau, auf dem weitere theoretische Arbeit möglich war.

2.2 Wenden des Spätmittelalters

a) Die Aristoteles-Rezeption und die Wiederentdeckung des Römischen Rechts

Die Rezeption der aristotelischen Schriften war sicherlich ein Grund, warum man das Spätmittelalter als Wendezeit für die politische Theorie bezeichnen kann. Das Entstehen der Universitäten, die ein neues Publikum und neue Produzenten theoretischer Traktate hervorbrachten und die Gelehrsamkeit aus den Klosterschulen hervorholte und ihr eine neue Heimat gab, trug dazu bei, dass die philosophisch-theoretische Arbeit einen deutlichen Aufschwung erfuhr. Im Hochmittelalter wurde neben den philosophischen Schriften des Aristoteles auch das alte römische Kaiserrecht neu bearbeitet und gelehrt.

Sowohl das philosophische Werk des Aristoteles wie auch die Rechtssammlung des Kaisers Justinian vermochten der politischen Theorie zu dienen. Einerseits waren diese Texte dazu geeignet, als Legitimationsgrundlage für die Handlungen oder auch nur die bloße Existenz von Herrschaftsträgern herzuhalten. Andererseits boten sowohl Recht als auch Philosophie Theoriegebäude und ein begriffliches Instrumentarium, um die Wirklichkeit zu erfassen und gedanklich zu strukturieren. Auf dieser Grundlage konnten die nächsten theoretischen Schritte getan werden. Das reine Faktum des einen Herrschers mit seinen ihn beratenden Vasallen konnte in den Kategorien der Staatsformenlehre des Aristoteles als monarchisch-aristokratische Mischverfassung erkannt und nach Sinn und Zweck gedeutet werden. Aus den gewachsenen wurden gewollte Strukturen. Die positiven und negativen Aspekte, die Aristoteles den verschiedenen Elementen einer Staatsform zuwies, wurden ebenfalls von mittelalterlichen Theoretikern übernommen. Petrus de Alvernia war einer der ersten Aristoteliker, der dem Volk eine positive Rolle zumaß. Die Rolle diente nicht nur der Beschwichtigung und Befriedung der Massen, sie wurden nunmehr als eine Größe wahrgenommen, die etwas zu bieten hatte.[1475] Die Beherrschten wurden in der Theorie vom Objekt zum Akteur,

[1475] Blythe, Ideal Government, S. 91.

der zur Legitimierung der Herrschaft von wachsender Bedeutung war. Oresme schließlich setzte mit seiner Kombination der bei Aristoteles vorgefundenen Elemente und ihrer Anwendung auf die Wirklichkeit des spätmittelalterlichen Frankreichs einen Meilenstein zwischen Thomas von Aquin und den Konziliaristen mit ihren Theorien von der gemäßigten Monarchie und der gemischten Verfassung, was in den nächsten Jahrhunderten weiterentwickelt werden sollte.[1476] Für die Entwicklung moderner politischer Theorien war es zudem förderlich, dass mittelalterlichen Theoretiker bei der Ausarbeitung ihrer Konzepte durchaus realitätsbezogen vorgingen. Nicht selten wurden Idealverfassungen durch einen Hinweis auf die Wirklichkeit relativiert. Unterschieden wurde zwischen der besten Verfassung in der Theorie und der besten in der Realität.[1477]

Gleichwohl darf man im Mittelalter noch keine Demokraten suchen. Der oft als fortschrittlich und weit über seine Zeit hinausweisend gefeierte Marsilius von Padua wird von Hofmann wieder auf seine durch und durch mittelalterliche Sichtweise reduziert. Ein seltsamer Demokrat sei, wer Hörige kenne und die Bürger nur je nach ihrem Stand an den öffentlichen Angelegenheiten beteiligen will.[1478] Erst recht nicht zur Demokratie führten die Arbeiten der Juristen. Dempf weist darauf hin, dass schon die juristische Betrachtung darüber, wer die Entscheidungsinstanz sei, die Bahnen des mittelalterlichen Genossenschaftswesens verlasse und in Richtung Absolutismus weise.[1479] Doch hier zeigt sich, dass nicht ein Theoriegebäude allein die künftige Richtung weisen kann. Hinzu kommen müssen eine bestimmte Absicht und ein bestimmter Erfahrungshorizont des Interpreten. Die *quod omnes tangit*-Formel wurde aus ihrem ursprünglichen Zusammenhang herausgerissen und zur Rechtfertigung eines allumfassenden Konsensprinzips genutzt, wie auch die Korporationslehre die Ideen von Repräsentation beförderte und vor allem auch zur Etablierung von Mehrheitsentscheidungen beitrug, entstammten ebenso dem Römischen Recht, wie die Vorstellung des von den Gesetzen losgelösten Herrschers, welcher dereinst vom Volk unwiderruflich sämtliche Herrschaftsbefugnisse übertragen bekam.

b) Mensch und Gesellschaft

Es wurde schon mehrfach betont, dass politische Theorien immer in einem bestimmten historischen und gesellschaftlichen Zusammenhang entwickelt wurden. Eine isolierte Betrachtung der Theorie allein vermag ihre historische Entwicklung nicht nachzuzeichnen. Ebenso wenig lassen sich Veränderungen in der Theorie auf eine einzelne historische Entwicklungslinie zurückführen. Ullmann betont sehr nachdrücklich die Rolle des Lehnswesens bei der

[1476] Blythe, Ideal Government, S. 207.
[1477] Vgl. Blythe, Ideal Government, S. 161.
[1478] Hofmann, Repräsentation, S. 196.
[1479] Dempf, S. 443.

Verwandlung des Untertanen zum Staatsbürger. Immerhin erwähnt er neben dem Lehnswesen noch „andere Kräfte", die den Einzelnen aus der Vormundschaft befreit hätten.[1480] Das auf gegenseitigen persönlichen Bindungen beruhende Lehnswesen führte sicherlich zu einer anderen Sicht des Menschen, als es juristische oder philosophische Theorien alleine vermocht hätten. Der Rat, den ein König bei seinen Gefolgsleuten zu suchen hatte, ließ sich mit der *quod omnes tangit*-Formel umschreiben und auf diese Weise institutionalisieren. Die kanonistische Korporationslehre ließ sich auf die zahlreichen Personenverbände und Vereinigungen anwenden. Gerade die Korporationslehre enthielt Erörterungen, die später in der Staatslehre fortgebildet wurden und einen Umschwung in der staatswissenschaftlichen Theorie bewirkten.[1481] Neben die frühmittelalterlichen Sippenverbände waren längst kirchliche Orden und Kapitel sowie städtische Gilden, Zünfte und Bruderschaften getreten. Black vermag hingegen im politischen Denken der Renaissance keine Rolle der Zünfte und Gilden mehr auszumachen.[1482]

Zweifellos hatte die Veränderung der Agrargesellschaft mit dem Anwachsen des städtischen Elements und neuartigen Personenverbänden, wie eben den Gilden und Zünften, die politischen Strukturen und nicht weniger das Denken stark beeinflusst. Verbunden war dies mit einem Aufschwung des Handels und in der Folge mit einer stärkeren Gewichtung der Geldwirtschaft gegenüber der Naturalwirtschaft. Geldverleih und Banken kamen auf und veränderten das ökonomische System des Mittelalters grundlegend. Der Kapitalismus begann im späten Mittelalter seine hässliche Fratze am Horizont der Geschichte emporzuheben. Das Individuum und seine persönlichen Beziehungen zu Gruppen und Personen wurden mehr und mehr von wirtschaftlichen Transaktionen bestimmt und durch Anspruch und Verpflichtung nicht mehr persönlicher, sondern pekuniärer Natur charakterisiert. Reichtum war für Einzelpersonen erreichbar. Die Gegenbewegung blieb nicht aus. Zu Beginn des 13. Jahrhunderts wurden die Bettelorden als eine Antwort auf die Degeneration und Dekadenz kirchlicher Institutionen gegründet, die selbst erst ein Jahrhundert zuvor entstanden waren, um zum wahren christlichen Leben zurückzufinden, weil die Klöster zu reich und damit zu sehr dem irdischen Leben und dem Laster zugetan waren. Zu Beginn des 14. Jahrhunderts, in einer Zeit, als die beschriebenen wirtschaftlichen Entwicklungen sichtbar wurden, brach ein Streit zwischen Papsttum und dem radikalen Flügel der Franziskaner aus, der nur oberflächlich betrachtet eine innerkirchliche Angelegenheit, in Wirklichkeit jedoch ein Symptom der Zeit war. Die Eigentumsordnung und damit auch die Herrschaftsordnung wurden radikal in Frage

[1480] Ullmann, Individuum und Gesellschaft, S. 11 f.
[1481] Jellinek, S. 57.
[1482] Black, Guilds, S. 97.

gestellt. Beides widersprach dem Ideal der herrschafts- und eigentumslosen Gesellschaft vor dem Sündenfall.

Ockham war einer der Theoretiker des Armutsstreits und griff nach seiner Flucht aus Avignon für Ludwig den Bayern in dessen Auseinandersetzung mit Papst Johannes XXII. zur Feder. Das tat auch Marsilius von Padua, der zuvor aus Paris an den Hof des Kaisers geflohen war. Marsilius bevorzugte die Wahlmonarchie und gründete seine Staatsvorstellung auf die Gesamtheit der Bürger als entscheidende und legitimierende Instanz. Dies führe, so Töpfer, bei Marsilius jedoch nicht zu einer Akzentuierung der Rechte des Einzelnen. Der Konsens werde in erster Linie als die staatliche Ordnung konsolidierendes Moment genutzt, wenn auch der Gesamtheit der Bürger bis zur Absetzung des Regenten reichende Kontrollbefugnisse zugestanden werden.[1483] Ockham schließlich leitet die Herrschergewalt von Gott ab, was kein Schritt in die Moderne zu sein scheint. Doch es war Ockham, der Rechte des Individuums anerkannte und diese sogar zur Grenze für staatliche Machtausübung erhob. Die Freiheit des Einzelnen dürfe nicht beeinträchtigt werden.[1484] Der Nominalist Ockham betonte das Individuelle gegenüber dem Allgemeinen, was auch in seiner politischen Theorie zum Ausdruck kommt. Diese Betonung des Einzelnen und dessen Willens kann auch auf den Herrscher und dessen Willen angewandt werden. In dieser Perspektive führen derartige Überlegungen, unterstützt vom römischen Recht, zum Absolutismus. Das römische Recht habe über Aristoteles gesiegt, so drückt es Dempf aus und bringt diese Entwicklung in Verbindung mit dem Voluntarismus, den er den „natürlichen Bruder des Nominalismus“ nennt.[1485] In der Tat ist das Individuelle im Denken des Mittelalters erst spät zum Tragen gekommen. Die Geschichte galt lange Zeit einzig als Heilsgeschichte, die Menschen als Werkzeuge Gottes. Individualität war weder in der Kunst noch in der Literatur und der Geschichtsschreibung in nennenswertem Maße erkennbar.[1486]

3 Mittelalterliche Wurzeln moderner Demokratie

Es gilt nun anhand der dargestellten ereignis- und geistesgeschichtlichen Hintergründe nachzuvollziehen, wo sich erste Ansätze dessen entwickeln konnten, was später in Theoriegebäuden verarbeitet werden konnte, welche die juristische oder philosophische Grundlage für heutige demokratische Verfassungen bilden.

[1483] Töpfer, Urzustand und Sündenfall, S. 393.
[1484] Töpfer, Urzustand und Sündenfall, S. 464.
[1485] Dempf, S. 468.
[1486] Vgl. Ullmann, Individuum und Gesellschaft, S. 35 f.

3.1 Rechte und Pflichten von Herrscher und Untertan

Wann sich eine Gesellschaftsstruktur entwickelt hat, in der es Herrscher und Beherrschte gibt, lässt sich historisch nicht ermitteln. Ein Blick ins Tierreich zu anderen Herdentieren, die meist auch einen „Leitwolf" oder „Silberrücken" kennen, lässt erahnen, dass eine derart gegliederte Gesellschaft aus Führern und Geführten so lange wie die Menschheit selbst existiert.

Der Mensch bedarf seiner Artgenossen, um in seiner Umwelt zu bestehen, er benötigt die Unterstützung und die Ergänzung durch seine Artgenossen zur Nahrungsbeschaffung und zum Schutz gegen die Naturgewalten. Auch gegen äußere Feinde und Störer der Ordnung innerhalb der Gruppe mussten Maßnahmen zum Schutze der Gesamtheit ergriffen werden, wie es beispielsweise Marsilius von Padua anschaulich darlegt.[1487] Sein Zeitgenosse Wilhelm von Ockham rechtfertigt den Zusammenschluss von Menschen unter einem Herrscher in ähnlicher Weise, doch mit einer eigenen Note. Für ihn, so Stürner, „legitimierte sich die Herrschaft vielmehr primär als ein von Gott stammendes Hilfsmittel zur Sicherung der jedem einzelnen Menschen von Gott [...] um seines äußeren Wohls willen gewährten positiven Rechte, vor allem des Rechts auf Eigentum",[1488] das erst das wenig ideale Ergebnis des Sündenfalls war.

Ockhams Einstellung gibt schon Auskunft darüber, wie das Verhältnis zwischen Herrscher und Beherrschtem ausgestaltet sein sollte. Für den Franziskaner und Nominalisten war jeder Einzelne mit vom Herrscher zu respektierenden Rechten ausgestattet. Über die Stellung des Herrschers ist damit noch nichts gesagt, und diese ist für die politische Theorie von besonderer Bedeutung. Ein erneuter Blick ins Tierreich lehrt, dass ein Führer niemals unumstritten ist, sich vielmehr ständiger Herausforderungen erwehren und seine Sonderstellung immer wieder neu rechtfertigen muss. Kommt ein Stärkerer, so wird er abgelöst. Das ist auch in der menschlichen Gesellschaft nicht anders, und so gilt es bis heute für jede Form von Gesellschaften, nur dass sich die Definition von Stärke und das Verfahren, mit dem diese festgestellt wird, verändert hat. Stärke bedeutet hautsächlich Akzeptanz durch die Untergebenen, das Verfahren ist in heutigen Demokratien die Wahl, war in der Vergangenheit häufig die Erbfolge und ist noch heute in vielen Staaten der Erde der regelmäßige Militärputsch, was dem eingangs erwähnten Bild des Tierreichs mit seinen „Leitwölfen" und „Silberrücken" noch am nächsten kommt.

Politische Systeme mögen inzwischen komplizierter geworden sein, als dass man sie mit der einfachen Zweiteilung des einen Herrschers und der vielen Beherrschten beschreiben könnte. Doch auch der historische Vorgang, der zu diesem Ergebnis geführt hat, ist im Grunde nichts anderes als das Resultat dieses ständigen Ringens um die Spitze. Den Wettkampf hält Black für

---

[1487] Marsilius von Padua, *Defensor Pacis*, I, 4, §§3–4.

[1488] Stürner, Peccatum und Potestas, S. 233.

ein Grundelement modernen westlichen Demokratieverständnisses im Unterschied zum Korporationswesen in mittelalterlichen Städten.[1489] Dagegen ist einzuwenden, dass der Wettkampf letztlich ein naturgegebenes Element jeder Gesellschaft ist. Demokratie ist dabei nur die Bezeichnung für ein ganz bestimmtes Regelwerk, das diesen ständigen Kampf in geordnete Bahnen lenkt. Doch beginnen wir mit unseren Überlegungen im Frühmittelalter, so standen sich zuerst der König und seine Gefolgschaft gegenüber, so bedurfte der König einer Legitimation praktischer Natur in Form von militärischer Stärke, was noch Marsilius von Padua von einem Regenten erwartet. Aber darüber hinaus musste er seine Gefolgsleute davon überzeugen, der Beste zu sein. Diesem Zweck dienten die Fürstenspiegel, welche das vorherrschende Genre der politischen Literatur des frühen Mittelalters waren. Der Herrscher wurde verklärt, die Anforderungen an seine Fähigkeiten und vor allem an seinen Charakter waren hoch, musste er doch im Auftrage Gottes seine Untertanen zur ewigen Glückseligkeit führen bzw. der Geistlichkeit dabei helfen, es zu tun. Die Autoren, meist Kleriker, nutzten ihr Werk zu Ermahnungen an den Fürsten, dem von ihnen propagierten christlichen Herrscherethos zu entsprechen.

Da das Herrscherethos als konstitutive Größe angesehen wurde, verlor der Herrscher im Verständnis der Zeitgenossen seine Legitimation, wenn er diesem Ethos des christlichen Regenten nicht mehr gerecht wurde. Auch wenn den Untergebenen gewöhnlich Gehorsam gegenüber ihrem Fürsten abverlangt wurde, so war die Idee des Tyrannenmordes bereits im Altertum geboren und wurde im Mittelalter spätestens von Johannes von Salisbury wieder aufgenommen. Die Untertanen waren berechtigt, den Tyrannen zu beseitigen. Aufstände, Rebellionen und Machtkämpfe, wie sie in der Realität zur Genüge vorkamen, fanden auf diese Weise ihre Legitimation. Allerdings war ein Vorgehen gegen einen König nur mit dessen Fehlverhalten zu begründen. Der bloße Wille der Untertanen wurde nicht als Absetzungsgrund in Betracht gezogen. Ein demokratisches Element kann hier noch nicht gesehen werden, wenn auch die Idee der Rechenschaftslegung und der Möglichkeit der Amtsenthebung den Keim für eine theoretische Fortentwicklung in diese Richtung enthielt.

Ausgehend von der ständigen Herausforderung der Herrschaft, ist nun auf die nächste im Hochmittelalter voll zum Tragen kommende Front einzugehen, an der weltliche Herrscher dieser Zeit ihre Stellung zu verteidigen hatten. Anders etwa als Byzanz oder erst recht der islamische Bereich wies West- und Mitteleuropa eine Besonderheit auf, was sich etwa ab dem 11. Jahrhundert im Machtgefüge bemerkbar machte, mit der Folge eines neuen Impulses für die politische Theorie. Nach dem Zusammenbruch des Römischen Rei-

[1489] Black, Guilds, S. 68.

ches füllten Westgoten, Franken und Langobarden das entstehende Machtvakuum in den heutigen Staaten Spanien, Frankreich, Italien und Deutschland. Eine Institution aus römischer Vergangenheit blieb jedoch erhalten: die Kirche. Anders als in Byzanz war die Kirche nicht dem Kaiser unterstellt und fest in die staatlichen Strukturen eingegliedert. In der lateinischen Christenheit konnte die Kirche trotz aller Eingriffe von Königtum und Adel eine eigenständige Rolle bewahren. Die Kirche blieb auch dank des erstarkenden Papsttums, das sich erst im Laufe des Mittelalters zur hierarchischen Spitze aufschwang, eine grenzüberschreitende, das gesamte Abendland umfassende Institution. Dabei trafen Papst und Kaiser, später auch Könige, also geistliche und weltliche Macht aufeinander. Dieses neue Gegensatzverhältnis, das sich idealer Weise zu einem Miteinander ergänzen sollte, beschwor erneut eine Situation herauf, in der sich beide Seiten beweisen mussten, einer Legitimation bedurften und Machtkämpfe praktischer wie theoretischer Natur ausfochten. Gerade im Hochmittelalter auf dem Höhepunkt des Investiturstreits entstand eine Vielzahl politischer Schriften, die sich mit dem Verhältnis der beiden Gewalten zueinander befassten. Durch die Verbindung römisch-rechtlicher und germanisch-rechtlicher Gedanken wurden das Herrscheramt und seine Funktionen schließlich entsakralisiert.[1490] Mit dem neuen Genre in der politischen Literatur kamen auch neue Ideen, und neue Legitimationsstrategien und neue Verbündete traten auf. Um den König von der göttlichen Legitimation, deren Vermittlung die Kirche für sich in Anspruch nahm, zu lösen bzw. die Vermittlung derselben in andere Hände zu legen, bedurfte es eines neuen Verbündeten. Das Volk wurde so wieder zum Königsmacher, wenn auch oftmals nur die Adligen als „Volksvertreter" zu den tatsächlichen oder theoretisch handelnden Personen zählten. Gleichwohl fand die Idee, dass sich die Herrschaft auf das Volk gründete, Eingang in die politische Literatur.

Die Kirche ihrerseits wurde später selbst Gegenstand politisch-theoretischer Erörterungen. Denn auch die internen Machtstrukturen der Kirche bedurften einer Legitimation. In der Machtfrage tauchten letztlich die gleichen Probleme auf wie im weltlichen Bereich. Wegen des höheren Grades an Institutionalisierung verlagerte sich die Fragestellung allerdings etwas, zumal auch militärische Stärke in der Theorie keine Rolle spielen konnte. Die Ursache der Überlegungen liegt auch hier im Kampf um die Spitze. Nachdem während des großen abendländischen Schismas zwei, für kurze Zeit sogar drei Päpste miteinander konkurrierten, ohne dass der Kaiser hätte Abhilfe schaffen können, bedurfte es einer einigenden Instanz, des Konzils. Die Institution war nicht neu, doch nun erst bestand Anlass, das Verhältnis des Konzils zum Papst zu erörtern. Die Tatsache, dass jetzt das Konzil zur Entscheidungsinstanz wurde, machte es notwendig, über Entscheidungsfindung,

[1490] Vgl. Ullmann, Schranken der Königsgewalt, S. 19.

Kompetenzen und Zusammensetzung des Konzils neue Überlegungen anzustellen. Sowohl der Repräsentationsgedanke als auch die Korporationstheorien wirkten befruchtend auf die Debatte und schufen so wichtige Grundlagen für die Weiterentwicklung des Parlamentarismus in den folgenden Jahrhunderten. Die Parallele zum weltlichen Bereich wird bei Nikolaus von Kues deutlich, der sowohl für das reformbedürftige Reich als auch für die Kirche eine Struktur vorschlägt, die nach den aristotelischen Denkkategorien ein monarchisches Element (Papst/Kaiser), ein aristokratisches (Kardinäle/Kurfürsten bzw. gewählte Berater) und ein demokratisches (Konzil oder Reichstag als Repräsentativversammlung) enthielt.

Die Parallelität zum weltlichen Bereich bestand keineswegs nur in der Theorie. Die Hoftage und Gefolgschaftsversammlungen der Könige begannen sich zu institutionalisieren und zu Ständeversammlungen und zu Parlamenten weiterzuentwickeln. Die Repräsentativverfassung wurzelt daher trotz gewisser Gegensätze im mittelalterlichen Feudalsystem.[1491] Die Kämpfe um die Spitze richteten sich nun nicht mehr auf die Erringung der Spitzenposition, sondern vielmehr auf eine Begrenzung der Macht des Monarchen und eine Beteiligung breiterer Schichten an derselben. Diese in der Wirklichkeit in den Ständestaat mündende Entwicklung spiegelt sich in der Theorie als Idee der gemischten Verfassung wieder. Schon von Thomas von Aquin beschrieben gewann sie an Einfluss in Westeuropa und überlebte bis in die Neuzeit.[1492] In der Kontrollfunktion, welche der gemischten Verfassung zugeschrieben wurde, zeichnet sich eine Tendenz ab, die über die widerstandsrechtliche Komponente hinausgeht und mithilfe der Teilhabe weiterer Kreise an der Macht und institutionalisierter Kontrolle zu einer „ständestaatlichen Präventive" (Fritz Kern – im Gegensatz zur „widerstandsrechtlichen Repressive") führt, die wiederum eine der Grundlagen für die konstitutionelle Monarchie und darüber hinaus für die moderne Demokratie ist.[1493]

Bei allen Entwicklungen und ihren theoretischen Rechtfertigungen geht es letztlich um die eingangs beschriebene Situation der umstrittenen Herrschaft. Der Kampf um die Spitze musste rechtfertigt und reguliert werden. Voraussetzung und Verfahren wurden beschrieben und theoretisch erfasst. Den handelnden Personen und Personengruppen wurden Grenzen gesetzt, Rechte und Pflichten auferlegt. Willkür sollte ausgeschaltet und Rechtssicherheit gewährleistet werden, was auf unterschiedliche Art und Weise geschehen konnte. Die widerstandsrechtlich gezügelte Monarchie eines Ockham, die Institutionalisierung des Konsensrechtes in einer konstitutionellen Monarchie wie bei

[1491] Hintze, Weltgeschichtliche Bedeutung, S. 1.
[1492] Blythe, Mixed Constitution, S. 564 f.
[1493] Vgl. Ubl, Engelbert von Admont, S. 117.

Thomas von Aquin oder die ausgereifte Theorie der Volkssouveränität eines Marsilius von Padua waren Lösungsvorschläge mittelalterlicher Denker.[1494]

Die Gruppen, welche um die Herrschaft oder um eine Beteiligung an dieser rangen, wechselten im Laufe der Zeit und hatten ihren je eigenen Einfluss auf die politische Theorie. War die Person des Herrschers als Stellvertreter Christi noch überhöht, so beschränkte sich der Kreis derer, denen gegenüber er sich behaupten musste, noch auf seine unmittelbaren Gefolgsleute, als Oberhäupter der wichtigsten Sippen. Mit der zunehmenden Auflösung der Sippenverbände entstanden anderer Gruppen und andere Loyalitäten. Bedingt durch neue ökonomische Bedingungen traten andere Lebensformen und Personenvereinigungen ins Licht der Geschichte. Die Kirche als Institution wurde bereits erörtert. In den Städten übernahmen Berufs- und Standesgenossenschaften die meisten Herrschaftsfunktionen. Spätestens dann, als Personenverbände Bedeutung erlangten, die auf freiwilligem Zusammenschluss beruhten, also nicht mehr bloße Abstammungsgemeinschaften waren, erhielten Theorien, welche die Entstehung des Staates auf einen solchen Zusammenschluss zurückführten, ihr Vorbild in der Wirklichkeit. Zugleich wurde der einzelne Angehörige einer Gruppe, dessen Willen zu der Willensbildung der Gemeinschaft beitrug, aufgewertet. Das Volk wurde als Legitimationsbasis für die Herrschaft wichtiger, ebenso wie sich auch der Kreis der Teilhaber an der Macht vergrößerte und immer weitere Teile der Bevölkerung mit einbezog.

Der Einzelne war als Untertan sehr wohl Gegenstand politischer Theorie. Einerseits war er Objekt der guten Regierung, andererseits war er seit dem Hochmittelalter auch immer wieder eine zu respektierende Persönlichkeit mit eigenen Rechten, die der Ausübung der Herrschaft eine Grenze setzten. Zunehmend wurde der Untertan als aktiv handelnde Person im politischen Geschehen wahrgenommen. Zunächst – meist nur fiktiv – als Königswähler, als schweigend Zustimmender, aber auch als aktiv an der Gesetzgebung Beteiligter. Verfolgt man die Elemente des modernen Verfassungsstaates zurück in die Vergangenheit, so ist eines der wichtigsten im Mittelalter vorfindlichen Bestandteile das Gesetz und der Umgang damit. An das göttliche Recht war ein Herrscher gebunden, die Einhaltung desselben war Bedingung der Rechtmäßigkeit seiner Herrschaft. Andererseits setzt er selbst durch seine Gesetzgebung Maßstäbe für das Verhalten der Untertanen. Das Gesetz wird damit zum Steuerungsinstrument. Der Herrscher steuert seine Untertanen mittels der Gesetze. Doch gleichzeitig wird auch er in seinem Regierungshandeln von den Gesetzen, an die er selber gebunden ist, gesteuert und kontrolliert, was so weit geht, dass manche Theoretiker die Herrschaft des Gesetzes der Herrschaft des besten Mannes vorziehen wollten. Soweit breitere Gesellschaftsschichten nunmehr an der Gesetzgebung beteiligt wurden

[1494] Ubl, Engelbert von Admont, S. 172.

und Gesetze nicht mehr allein als gottgegeben, sondern zumindest ergänzend dazu auch als menschliche Schöpfungen begriffen wurden, ermöglichte die Gesetzesbindung des Herrschers, diesen zum Werkzeug des Gesetzgebers zu machen. Dass Gottes Gesetze, wie sie in der Heiligen Schrift überliefert waren, nicht mehr ausreichten, ist das Ergebnis einer technisch und wirtschaftlich veränderten und komplizierter gewordenen Welt und einer sich ständig weiter differenzierenden Gesellschaft. Entscheidend für die Entwicklung demokratischer Strukturen ist in diesem Zusammenhang die Veränderung der Institution des Gesetzgebers. Kaum ein mittelalterlicher Autor geht so weit wie Marsilius von Padua, der die gesamte Bevölkerung an der Gesetzgebung mitwirken lassen will, zumal die praktische Umsetzbarkeit auf den städtischen Bereich beschränkt bliebe. Hierzu bot aber bereits der Konziliarismus mit seinen Repräsentationsmechanismen eine mögliche Lösung. Interessant ist in diesem Zusammenhang die Rolle des Gewohnheitsrechts. Denn der Herrscher war nach weitverbreiteter Auffassung auch an solches Recht gebunden. Thomas von Aquin begründet dies damit, dass Gewohnheit durch wiederholtes Handeln einer Vielzahl von Personen entstehe, deren Willen sich in den die Gewohnheit begründenden Handlungen manifestiert. Der Wille vieler aber, so Thomas, wiege schwerer als der Wille eines Einzelnen, und sei es auch der des Regenten. Damit gewinnt der Wille der Untertanen, so er sich denn in großer Zahl äußert, einen entscheidenden Einfluss auf die Gestaltung des gesellschaftlichen Lebens.

Zusammenfassend lässt sich sagen, dass die Beschränkungen der Herrschaft schon im Verlauf des Mittelalters deutlich zunehmen. Beginnend mit dem christlichen Herrscherethos, das dem Herrscher klare Pflichten auferlegt und das Ziel seines Handelns vorgibt, wurde das Widerstandsrecht wiederentdeckt, das bei Pflichtverletzungen des Herrschers zum Tragen kam. Im Verhältnis zu Herrschaftskonkurrenten wurden gesetzliche Schranken errichtet und Machtteilungen vorgenommen. Das Gesetz wurde Schranke und Steuerungsinstrument. Der Untertan wurde vom Objekt königlicher Fürsorge zum Bürger mit eigenen Rechten. Solange sich im ständigen Kampf um die Herrschaft die nicht-monarchischen Elemente (Kirche, Adel, Bürger) einen Platz erkämpfen konnten, war ein Abgleiten in den von Legisten zunehmend befürworteten Absolutismus verhindert. Dabei spielte nicht nur die tatsächliche Schwäche der meisten mittelalterlichen Monarchien eine Rolle, auch der allgemeinen Rechtsüberzeugung widerstrebte es, den König aus seinen Verpflichtungen zu entlassen.[1495] Erst der Aufbau von Bürokratie und stehenden Heeren schuf ein Ungleichgewicht zugunsten der Monarchen, in dem der Absolutismus das Feudalwesen überlagern konnte.[1496]

[1495] Kern, Gottesgnadentum, S. 120.

[1496] Vgl. Hintze, Weltgeschichtliche Bedeutung, S. 27.

3.2 Vom Inhalt zum Verfahren

Demokratie ist immer formal. Sie stellt die Spielregeln für den ständigen Wettkampf um die politische Hackordnung in der Gesellschaft dar. Eine materielle Ausrichtung, eine Zielvorgabe, die bereits Aussagen über die konkrete Ordnung des Gemeinwesens verlangt, ist schon eine Einschränkung der Demokratie, da bereits die Zielsetzung als Gegenstand demokratischer Auseinandersetzung ausscheidet. In der Zeit des Mittelalters sind klare Tendenzen erkennbar, die von einer inhaltlich-substantiellen Schwerpunktsetzung hin zu einer eher formal-verfahrenstechnischen weisen.

Inhaltlich meint in diesem Zusammenhang die konkret vorgegebene Zielvorstellung weltlicher und geistlicher Herrschaft als Legitimationsgrund, während in der Demokratie die Legitimation im korrekt durchgeführten Verfahren ihrer Einsetzung gesehen wird. Ähnliches gilt für die Person des Herrschers. Es wurde immer wichtiger, wie jemand zur Herrschaft gelangte, während es bis ins Hochmittelalter allein von Bedeutung war, wer, was für ein Mensch mit welchen Qualitäten die Macht ausübte. Hinsichtlich der Zielsetzung von Herrschaft war seit der Patristik eine eschatologische Ausrichtung vorgegeben. Das einzig legitime Ziel der staatlich und kirchlich organisierten Gemeinschaft war die umfassende Sorge für das Seelenheil der Untertanen und die Hinführung zum jenseitigen Leben bei Gott, also die Erfüllung der Heilsgemeinschaft im Reiche Gottes. Diese eschatologische Ausrichtung verschwindet zwar auch im Spätmittelalter nicht, doch tritt sie deutlich in den Hintergrund. Friedenswahrung und Allgemeinwohlverpflichtung bleiben erste Herrscherpflichten, doch sie erfahren eine sehr irdische Konkretisierung in Form einer Allzuständigkeit für die Regelung des wirtschaftlichen und gesellschaftlichen Lebens und der Regulierung der Arbeitswelt. Aus dem Herrschaftsprogramm wurde eine Kompetenzbeschreibung.

Bedingt war diese Entwicklung von der wirtschaftsgeschichtlichen Entwicklung in Europa. Die agrarische Gesellschaft des Frühmittelalters war im Spätmittelalter um das urbane Spektrum ergänzt worden. Die göttlichen Gesetze der Bibel waren nicht mehr ausreichend, um die differenzierter werdende Lebenswirklichkeit zu erfassen, so dass es menschlicher Gesetze als Konkretisierungen und Ergänzungen bedurfte. Zielsetzungen und Gesetze wurden zur menschlichen Schöpfung. Die politische Theorie bedurfte daher statt einer Festlegung darauf, was denn das Ziel der menschlichen Gesellschaft oder was der Inhalt von Gesetzen sei, eines Verfahrens, wie dieses Ziel oder ein bestimmtes Gesetz gefunden werden könnte.[1497] Dies umso mehr, als um die konkreten Inhalte gestritten wurde, womit sichtbar wurde, dass es Alternativen gab, so dass es künftig auf das Auswahlverfahren ankam.

[1497] Deutlich kommt dies bei Marsilius von Padua zum Ausdruck (Defensor Pacis, I, 12, § 6). Ein Gesetz muss von der Mehrheit akzeptiert werden, dann ist es gültig, ob es nun gut ist oder nicht, ist nicht von Bedeutung. Vgl. Syros, Rezeption, S. 175.

Was die Einsetzung der Herrschaft angeht, so galt sie als von Gott legitimiert. Die spätmittelalterliche Formulierung der Verleihung der Herrschaft „von Gott durch die Menschen" macht hier die Verschiebung der Schwerpunktsetzung deutlich. Die Menschen transportieren den anders nicht erkennbaren göttlichen Willen, sie vermitteln ihn in einem bestimmten Verfahren. Das Postulat der gottesunmittelbaren Einsetzung bleibt zwar erhalten, doch wird es erst als Ergebnis eines formalen Vorganges sichtbar. Die materielle Anforderung der Gottesunmittelbarkeit wird zum theoretischen Konstrukt, die theoretische Bindung der Herrschaft an den Willen des Volkes wird praktisch bedeutsam.

Diese formalisierenden Tendenzen werden bestätigt, wenn man nicht mehr die Herrschaft an sich, sondern die Person des Herrschers ins Auge fasst. Die einst so hochgeschraubten Anforderungen an die körperliche, geistige und charakterliche Eignung des Herrschers wurden auf das Wesentliche reduziert, je mehr offenbar wurde, dass die Fürsten in der Wirklichkeit trotz vermeintlich bester Voraussetzungen von den Idealvorstellungen der Zeitgenossen abwichen. Um wenigstens Aufstände und Rivalitäten einzudämmen, wurde das Volk an der Personalauswahl mittels eines Wahlverfahrens beteiligt, oder der Herrscher wurde durch die Gesetze gebunden, so dass es auf die Person nicht mehr ankam. Die Herrschaft des Gesetzes ersetzte die des besten Mannes. Das Verfahren der Personalauswahl sowie das Kontroll- und Widerstandsinstrument der Absetzung wurden erst im Hochmittelalter zum Thema. Interessanterweise wurde der Widerstand früher thematisiert. Die Verfahren der Personalauswahl (meist eine Kombination aus Wahl und Erbfolge) waren etabliert und bedurften keiner Rechtfertigung. Anders die Absetzung oder im Extremfall der Tyrannenmord. Johannes von Salisbury tat den ersten Schritt und erklärte die Tötung eines Herrschers dann für legitim, wenn er zum Tyrannen wird, wenn er also seine Pflichten verletzt, dem Allgemeinwohl zuwiderhandelt und die Untertanen drangsaliert. Der Begriff des Tyrannen war definiert, und sobald ein König diese inhaltlich bestimmte Definition erfüllte, war ein Widerstandsrecht gegeben. Darüber, wer wie rechtsverbindlich feststellen konnte, dass der König zum Tyrannen geworden war, darüber schweigen die Theoretiker. Für Autoren, die während des Investiturstreites für die Seite der Kirche Partei ergriffen hatten, war es der Papst, der eine Absetzung verfügen konnte. Aber erst Thomas von Aquin erkannte das Problem. Auch er will im Zweifel nur die Anrufung eines Vorgesetzten als Widerstandsmaßnahme der Untertanen zulassen, wobei man nur vermuten kann, dass er den Papst als Vorgesetzten des Kaisers oder eines Königs ansieht. Dem Tyrannenmord steht er skeptisch gegenüber, denn dafür sei ein allgemeiner Beschluss notwendig. Ein Einzelner könne unmöglich entscheiden, dass eine Tyrannei zu beseitigen sei, denn gerade derartige Personen, die zu einem solchen Mittel greifen, seien kaum geeignet, die Entscheidung

darüber zu treffen, ob der König zum Tyrannen geworden sei. Schon eine Generation später gehen Ockham, Marsilius oder Lupold von Bebenburg genauer darauf ein, wie vorzugehen sei. Für Marsilius ist es der Gesetzgeber, der jegliche gegen den Regenten zu ergreifende Maßnahmen verfügen kann, während Lupold die Kurfürsten im Falle des Kaisers in der Pflicht sieht. Bei Ockham sind Kurfürsten, ersatzweise das Volk, dann der Papst gefragt.

Was die Amtseinsetzung angeht, so gewinnt die Wahl in der Theorie eine größere Bedeutung, während sie in der weltlichen Herrschaftspraxis eher zurückgedrängt wird. Gleichzeitig verändert die Wahl ihren Charakter. Im frühen Mittelalter galt es bei kirchlichen Wahlen, den würdigsten und besten Kandidaten auszuwählen, während im weltlichen Bereich zumeist nur das Erbrecht bestätigt wurde. Die materielle Anforderung an den Kandidaten wurde dabei so hoch bewertet, dass damit sogar die Mehrheit überstimmt werden konnte. War eine Wahl nicht einstimmig getroffen, so galt sie unabhängig von den Mehrheitsverhältnissen als zwiespältig und wurde von einem Vorgesetzten entschieden. Das Mehrheitsprinzip setzte sich aber zunehmend durch, und das Erfordernis, den Würdigsten auszuwählen ging so weit zurück, dass einige Autoren ausdrücklich zugestanden, dass es eben nicht unbedingt erforderlich sei, den absolut Besten zu wählen. Wichtig war vielmehr die Wirkung auf die Bevölkerung und die Gefolgschaft, die von dem Verfahren als solches ausging. Bei Erörterungen über das Für und Wider von Wahl und Erbfolge, argumentierte man zwar immer noch dahingehend, das Ziel des Verfahrens sei es, den Besten zu finden, doch fallen andere Aspekte wie Akzeptanz der Herrschaft deutlich mehr ins Gewicht. Dass die Möglichkeit von Aufständen in die Überlegungen miteinbezogen wurde, ist einerseits der im späten Mittelalter immer realitätsnaher werdenden Betrachtung geschuldet, andererseits zeigt sich, dass das Bild des der gottgegebenen Herrschaft treu ergebenen und gehorsamen Untertanen offenbar verblasst ist.

Nachdem sich das Mehrheitsprinzip durchgesetzt hatte, gingen im 14. und 15. Jahrhundert bereits einige Denker daran, neue Entwürfe für Stimmgebungs- und Auszählungsverfahren zu erarbeiten. Raimundus Lullus und Nikolaus von Kues waren die Ersten, die derartige Verfahren entwickelten, die später unter den Namen Condorcet- und Borda-Verfahren bekannt wurden.

Ein weiteres Beispiel für die Hinwendung zur Formalisierung ist die Institutionalisierung der Mitbestimmung und der Herrschaftspraxis allgemein. Ständeversammlungen und Parlamente entstanden aus Hoftagen und Gefolgschaftsversammlung. Immer mehr gesellschaftliche Gruppen erkämpften sich den Zugang zu diesen Gremien, zu denen ursprünglich allein der König die Teilnehmer zuließ. Einen Testlauf in Sachen Parlamentarismus stellte der Konziliarismus in Theorie und Praxis dar. Hier wurden Verfahren und Mechanismen erprobt und entwickelt, die in den späteren parlamentarischen Systemen voll zur Geltung kamen. Ferner wurde hier, wenigstens für eine

kurze Zeit in der Theorie, dem Konstitutionalismus der Neuzeit vorgegriffen, indem klare Kompetenzabgrenzungen zwischen Papst, Kardinalskollegium und Konzil festgelegt wurden.[1498] Sogar Gewaltenteilung war angedacht, wenn gesagt wurde, derjenige, der Gesetze auszuführen habe, dürfe diese nicht selbst erlassen.

Insgesamt lässt sich in einer komplizierter werdenden Gesellschaft ein Trend hin zum Formalen erkennen, gleichzeitig verbunden mit einer stärkeren Individualisierung. Aus der zeitlichen Entfernung heraus betrachtet, breitet sich die Individualität in der hierarchischen Gesellschaft des Mittelalters gewissermaßen von oben nach unten aus. Die Protagonisten des frühen Mittelalters sind der König und seine Gefolgsleute als Häupter der Sippenverbände. Je mehr sich jedoch die Sippenverbände auflösen und andere Gruppenzugehörigkeiten eine Rolle spielen, je mehr der Einzelne seine Gruppe wählen kann, um so mehr treten weitere Individuen aus dem Dunkel der Geschichte heraus und werden wahrnehmbar. Gilden und Zünfte ersetzen allmählich die Sippen[1499], und auch die Kirche schafft neue Gruppen in Form von Orden und Stiften. Die ökonomische Entwicklung ermöglicht es den Menschen zunehmend, ihr Leben individuell und losgelöst von Gruppenzugehörigkeiten zu führen, wenn die neuentstehenden Gruppen das Individuum auch wieder einzufangen versuchen. Parallel dazu verschwindet die Verklärung der Person des Königs, wie sie in der frühmittelalterlichen Fürstenspiegelliteratur üblich war. Die Anforderungen an die Persönlichkeit schwinden, durch die Gesetzesherrschaft soll die Herrschaft völlig entpersonalisiert werden. Die Kämpfe um die Spitze und die Herausforderungen, derer sich ihr Inhaber erwehren muss, verlagern sich innerhalb der gesellschaftlichen Hierarchie nach unten, da immer neue Protagonisten auf der Bühne erscheinen, je mehr die Bedeutung neuer Gruppen und schließlich des Individuums steigt und wahrgenommen wird.

Die geringeren Anforderungen an die Person des Regenten bei gleichzeitig zunehmender Individualitätswahrnehmung erklärt sich aus dem daraus resultierenden Unvermögen, das Individuum in die für den Regenten vorgesehene Schablone einzufügen, und aus den praktischen Erfahrungen, welche diese Unmöglichkeit bereits vor Augen geführt haben. Insgesamt nimmt der Realitätsbezug in der politischen Theorie vor allem nach der Aristoteles-Rezeption stark zu. Wenn der Verzicht auf die Auswahl des besten Regenten bei gleichzeitiger Verstärkung der Kontrollmechanismen vorgeschlagen wird, schwingt fast schon Desillusionierung und Resignation, oder positiv ausgedrückt Pragmatismus mit.

[1498] Vgl. Ottmann, Bd. 2,2, S. 298.

[1499] Dilcher, Genossenschaftliche Struktur, S. 103.

4 Widersprüche und weitere Entwicklungen

Die Entwicklungen der politischen Theorie und Praxis weisen gewisse Widersprüche auf. Erst recht gilt dies für die auf das Mittelalter folgenden Jahrhunderte, denn obwohl sichtbare Tendenzen in der Theorie und in der Wirklichkeit in Richtung Demokratie oder Verfassungsstaat mit entsprechend wohlwollendem Blick durchaus zu beobachten waren, folgten Jahrhunderte erstarkender Fürstenherrschaft, und erst die Französische Revolution brachte merkliche und nicht mehr umkehrbare Veränderungen. Und das obwohl Dempf die Zeit des Spätmittelalters mit ihren Umbrüchen im Feudalsystem sogar mit der Französischen Revolution vergleicht, eine Parallele, die wir nur deshalb nicht erkennen, so Dempf, weil die spätmittelalterliche „Revolution gegen den Feudalismus" nicht siegreich war.[1500] Doch sowohl der demokratische Staat wie auch der monarchische Absolutismus bauten auf demselben Fundament auf, das im 13. Jahrhundert gelegt wurde.[1501] In der Theorie wurden Aristoteles und das antike römische Kaiserrecht rezipiert, zwei eher gegenläufige Richtungen, wenn man berücksichtigt, dass die Begründungen für den Absolutismus vorrangig dem Recht entnommen wurden.[1502] Dies wurde dadurch verstärkt, dass sich die Fürsten zunehmend Juristen dienstbar machten, um ihre Ansprüche theoretisch zu legitimieren. Außerdem wurden Juristen im neu entstehenden Verwaltungsapparat eingesetzt. Die Berufsjuristen und das entstehende Beamtentum in Deutschland und Frankreich haben die theokratische Herrschaft im Sinne absolutistischer Theorien eher befördert, als dies in England der Fall war.[1503]

Ebenso gegenläufig ist die Entwicklung des Wahlrechts in Theorie und Praxis. Die mittelalterlichen Königreiche wurden im Laufe des Spätmittelalters von Wahl- zu reinen Erbmonarchien.[1504] Auch innerhalb der Kirche, aus der heraus die Verrechtlichung und die Propagierung des Wahlprinzips stattfanden, wurden Wahlen zurückgedrängt, da die päpstliche Ernennung auch auf Bistumsebene die Wahl mehr und mehr zu ersetzen begann.[1505] Und dennoch gehört es zu den dauerhaftesten Leistungen des kanonischen Rechts (Landau), das Wahlrecht mit klaren Verfahrensregeln ausgestaltet zu haben, was auch auf den weltlichen Bereich ausgestrahlt hat.[1506]

[1500] Dempf, S. 10.

[1501] Boureau, Pierre de Jean Olivi, S. 166.

[1502] Zugleich bediente sich die juristische Literatur der Formel von der *translatio imperii a populo in principem*, die laut Goez im 16. und 17. Jahrhundert allein herrschend wurde und von Suarez und Althusius gelehrt wurde. „Dass auf ihr die moderne Demokratie beruht, ist allbekannt" so Goez weiter (Goez, Translatio imperii, S. 392).

[1503] Ullmann, Individuum und Gesellschaft, S. 68 ff.

[1504] Kern, Gottesgnadentum, S. 40 ff.

[1505] Vgl. Sigmund, Nicholas of Cusa, S. 117.

[1506] Landau, Die Durchsetzung neuen Rechts, S. 154.

Gerade im 16. Jahrhundert begannen einige Autoren wieder, sich verstärkt dem absoluten, auf göttlichem Recht beruhenden Königtum zuzuwenden. Gleichwohl, so Blythe, habe das aus der Zeit der Aristoteles-Rezeption stammende konstitutionalistische Denken überlebt und im 17. und 18. Jahrhundert wieder Geltung erlangt.[1507] Die wiederentdeckte Gottesunmittelbarkeit jedoch erinnert an frühmittelalterliche Fürstenspiegel. Doch damals führte die theokratische Stellung des Königs keineswegs in ein absolutistisches System, da dem König durch die kirchliche Herrschaftsdoktrin Schranken auferlegt waren, die als direkte Konsequenz aus seiner heilsgeschichtlichen Funktion erschienen.[1508] Diese Schranken aber hemmten laut Ullmann die Entwicklung der „verfassungsmäßig-politischen Entwicklung des untertanen Volkes".[1509] Dies lag daran, dass die Schranken ebenso im göttlichen Auftrag wurzelten, wie die überhöhte Stellung des Königs. Vermittelt wurde diese Lehre durch die Kirche, die auch die Einhaltung der Schranken anmahnte. Bei den Beschränkungen handelte es sich also nicht um solche, die das Volk erkämpft hatte, sondern um Fürsorge für das unmündige Volk.

Mit der fortschreitenden Säkularisierung und dem Ansehensverlust kirchlicher Autoritäten durch Schisma und Verweltlichung verloren auch die Schranken ihre Wirkung. Hinzu kam der wirtschaftliche und technische Fortschritt, der sich auf eine Bürokratisierung der Herrschaft auswirkte, die damit ihrem allumfassenden Regelungsanspruch gerecht zu werden suchte. Die Tendenzen einer stärkeren Konzentration der Macht fanden ihre theoretische Stütze im römischen Recht.[1510] Bleibt man bei der Sichtweise von der Entwicklung politischer Theorie entlang der ständigen Kämpfe um die Herrschaft und die Herausforderungen, derer sie sich erwehren musste, so sind es immer nur die militärisch und finanziell leistungsfähigen Schichten der Bevölkerung, auf die der Fürst angewiesen ist und denen er infolgedessen eine Beteiligung an der Herrschaft zugesteht.[1511] Das vermag auch die Ausweitung der politischen Beteiligung von der obersten hierarchischen Ebene auf die unteren zu erklären, in dem Maße, in dem sich die ökonomischen und gesellschaftlichen Voraussetzungen änderten und anderen Personen und Personengruppen als den Sippen und ihren Oberhäuptern ein größeres Gewicht verschafften. Mit dem Aufbau von Bürokratien und stehenden Heeren verschob sich nun wieder das Gewicht zugunsten der monarchischen Spitze, während die Stände immer dann eine Rolle spielen konnten, wenn der Fürst ihrer zur Erhaltung seiner Zahlungsfähigkeit bedurfte.

Hinzu kam die Allkompetenz des Staates. Der Staat war für alles zuständig und war dank der neuentstandenen Verwaltungsapparate auch in der Lage,

1507 Blythe, Ideal Government, S. 243.
1508 Ullmann, Schranken der Königsgewalt, S. 6 f.
1509 Ullmann, Schranken der Königsgewalt, S. 20.
1510 Wilfert, Philipp von Leyden, S. 10.
1511 Hintze, Weltgeschichtliche Bedeutung, S. 41.

alles zu regeln. Haben sich im frühen Mittelalter noch Gilden und Einungen gebildet, um Angelegenheiten des täglichen Lebens zu regeln, weil die königliche Gewalt dazu nicht umfassend imstande war,[1512] so mussten Gilden und Zünfte im Spätmittelalter das komplexer werdende Wirtschaftsleben regulieren. Doch war der Beamtenstaat mehr und mehr in Lage, diese Aufgaben zu übernehmen.

Dennoch blieben die Ideen aus dem 13. Jahrhundert, der Zeit, als ein wirtschaftlicher und gesellschaftlicher Umbruch begann, gleichzeitig mit der Rezeption der Werke des Aristoteles und einer neuerwachenden Wissenschaftlichkeit, weiterhin lebendig. Savonarola soll mit seinem Verfassungsexperiment in Florenz nach Blythe von Tolomeo de Lucca unmittelbar beeinflusst gewesen sein, ebenso wie viele Autoren der Renaissance.[1513] Auch der Einfluss des Konziliarismus wurde bereits hervorgehoben. Doch zeigt sich gerade an diesem Beispiel die Problematik. In der Zeit des Schismas schien nur das Konzil die erhoffte Einheit zu bringen. Als aber die Einheit an der Spitze wiederhergestellt war, wog das Gewicht der Tradition und des Kirchenrechts jedoch so schwer, dass es bei der starken, um nicht zu sagen gestärkten monarchischen Spitze in Gestalt des Papsttums blieb.[1514]

Die Frage, warum das Feudalsystem des Mittelalters in den absolutistischen Staat der Neuzeit, der, wie man einschränken muss, doch oftmals ein Ständestaat war, führte und sich nicht etwa unmittelbar zur repräsentativen Demokratie weiterentwickelte, ist keine Frage des intellektuellen Fort- oder Rückschritts. Wie die Macht verteilt wurde, war in der Regel eine Frage der Stärke. Welche Personen oder Gruppen welche Rolle im Herrschaftsgefüge spielen konnten, richtete sich nach deren Gewicht und Ansehen. Die Theorie folgte diesen durch die Wirklichkeit vorgegebenen Trendlinien, wobei sie in aller Regel von der Rechtmäßigkeit des bestehenden Systems ausging. Fehler wurden allenfalls bei Personen gesucht. Selbst Neuerungen, wie die bis ins 13. Jahrhundert unbekannten Schriften des Aristoteles, führten nicht zu völlig neuen Entwürfen. Die Begriffe des Aristoteles wurden zur Beschreibung des Bestehenden verwandt. Doch bewirkte die Lektüre des Aristoteles immerhin eine Ausweitung des Blickfeldes, da nun Staatsformen diskutiert wurden, anstatt nur die Rechte und Pflichten der handelnden Personen. Dennoch zitierten mittelalterliche Autoren Bibel, Rechtstexte und antike philosophische Werke und gaben ihnen den Sinn, der sich aus der Erfahrungswelt der Rezipienten her anbot.[1515] Das Beispiel der *quod omnes tangit*-Formel wurde schon in der Einleitung erwähnt.

Erklärungsbedürftig ist allerdings, warum sich die repräsentative Demokratie nur im Abendland entwickelt hat. Die Aristoteles-Rezeption vermag als

[1512] Vgl. Oexle, Conjuratio und Gilde, S. 212.

[1513] Blythe, Ideal Government, S. 103.

[1514] Vgl. Sigmund, Nicholas of Cusa, S. 304.

[1515] Vgl. auch Tierney, Religion, Laws, . . . , S. 104.

Begründung nicht herzuhalten, denn Aristoteles war auch in Byzanz und im Orient bekannt und geschätzt. Hintze macht die „eigenartige Form der Staatenbildung“ im Abendland als einen möglichen Erklärungsgrund aus. Der ständige Wettbewerb der einzelnen Territorien führte zu einer „Rationalisierung des staatlichen Anstaltsbetriebs“, was laut Hintze wieder eine „Reaktion im körperschaftlichen Sinne“ ausgelöst habe.[1516] Es ist die Tradition der sippenunabhängigen Personenverbände, die Hintze im Auge hat. Hier spielt die Kirche eine entscheidende Rolle, die als Institution eine Besonderheit der lateinischen Christenheit darstellt.[1517] Die Kirche selbst wurde als Körperschaft begriffen, ebenso wie ihre Untergliederungen oder Orden und Stifte. Der Zölibat schloss die Vererbung von Ämtern aus, was wiederum die Wahl zur Regel machte. Ihre bis heute erhalten gebliebene Transnationalität machte zudem Instrumente der Repräsentation unentbehrlich. Paradoxerweise entwickelte sich gerade die Kirche zu einer zentralistischen Hierarchie, während die Staaten Europas langfristig den Weg des Konstitutionalismus beschritten.

Wirft man einen Blick auf die Konflikte, so wurde bereits ausführlich auf die Rivalität zwischen der weltlichen Gewalt und der reich und mächtig gewordenen Kirche hingewiesen. Später rangen der Monarch und die Stände miteinander um die Macht. Es fehlte bisher der „kleine Mann“, der Untertan, der sich nicht emanzipieren konnte. Aufstände und Rebellionen häuften sich gegen Ende des Mittelalters. Meist richteten sich diese nicht unmittelbar gegen den König, sondern gegen dessen Lehnsleute oder Amtspersonen, der König selbst wurde nicht selten als Verbündeter gesehen. Interessanterweise wurde das Volk zuvor schon in der politischen Theorie als fiktive Stütze des Königs entdeckt. Etwa zur gleichen Zeit wurde in Avignon um die Armut gestritten. In der gleichen Zeit, als der Kapitalismus sich anzudeuten begann, setzte die Gegenbewegung der Bettelorden ein, die Reichtum konsequent ablehnten. Ein Zusammenhang besteht mit dem englischen Aufstand 1381. Hier lassen sich erstmalig theoretische Rechtfertigungen für die untersten Gesellschaftsschichten ausmachen, verbunden mit einer noch nie da gewesenen Kritik am bestehenden System. Der gehorsame Untertan war Geschichte.

5 Schluss

Herrschaft bedurfte stets einer Rechtfertigung. Herrscher werden stets in ihrer Stellung herausgefordert. Die Regeln, nach denen dieses geschieht haben sich geändert und wurden nicht zuletzt in der hier untersuchten Epoche

[1516] Hintze, Weltgeschichtliche Bedeutung, S. 4 f.

[1517] Vgl. Tierney, Church Law, ..., XV, 7; zur Rolle der Kirche im Unterschied zu Byzanz, vgl. Link, Kirchliche Rechtsgeschichte, S. 20.

grundgelegt. Die theoretischen Anknüpfungspunkte für die Legitimation eines Herrschers oder gar eines Herrschaftssystems waren einerseits irdischer Natur, sofern sich die Herrschaft auf die Zustimmung der ihr Untergebenen stützte, andererseits war sie transzendenter Natur, sofern Gott als Quelle der Legitimation angesehen wurde. Bei der Frage, wie sich der göttliche Wille den Sterblichen offenbarte, konnten sich nicht selten beide scheinbar gegensätzlichen Argumentationsstrategien verbinden. Soweit die Untertanen als Überträger des göttlichen Willens, der im mehrheitlich oder einheitlich geäußerten Willen eben dieser Untertanen zum Ausdruck kam, anerkannt wurden, kam ihnen in der politischen Theorie eine bedeutende Rolle zu, welche ihrer Stellung in der Lebenswirklichkeit nahe kam, da ein Herrscher sich auf die Anerkennung durch die Beherrschten stützen musste, die er einzuwerben hatte, so er sie nicht erzwingen konnte. Auch im Falle des Zwangs blieb die Fiktion der Legitimation durch den Willen der Untergebenen erhalten, so dass die in späteren Zeiten erfolgte Einforderung demokratischer Strukturen letztlich nicht wie eine Neuerung, sondern lediglich wie eine Beseitigung der Fiktion und eine Umsetzung der Theorie in die Praxis wirkt.

Bemerkenswert ist eine Entwicklung hin zur Individualisierung, die sich auch in der politischen Theorie niederschlägt, begleitet von einer fortschreitenden Ausbildung von Strukturen und Verfahren, die wiederum von Personen und Persönlichkeiten losgelöst sind. Das Bild von den „zwei Körpern des Königs" erleichtert das Verständnis. In dem Maße, in dem das Königtum als Amt begriffen wird, das von Amtsträger als Person zu unterscheiden ist, kann der konkrete Mensch, welcher das Amt bekleidet um so mehr als Individuum und weniger als Verkörperung eines Idealtypus begriffen werden, was mit der in vielen Bereichen zu beobachtenden Individualisierung während des Spätmittelalters korreliert. Das Amt jedoch als Teil eines Herrschafts- und Regierungssystems wird zunehmend von der Person gelöst. Die politische Theorie widmet sich verstärkt diesem „Körper des Königs" und befasst sich fortan mit Verfahren und Strukturen, um der in vieler Hinsicht komplexer werdenden Welt gerecht zu werden.

An diesem Punkt scheinen sich weitere Forschungsfelder aufzutun. Einerseits deutet sich im späten Mittelalter bereits die Entstehung des Kapitalismus an, andererseits sind Gegenbewegungen wie der Armutsstreit zu verzeichnen, welche den Neuerungen auf wirtschaftlichem Gebiet ablehnend gegenüberstehen. Eine interessante Frage ist nun, in welcher Weise die Entwicklung der politischen Theorie mit derartigen tatsächlichen und geistesgeschichtlichen Entwicklungen in Beziehung steht, da politische Theorie immer sowohl die Wirklichkeit verarbeitet, als auch einem bestimmten Menschenbild folgt.

IX Quellen- und Literaturverzeichnis

(Abkürzungen: *DA*: Deutsches Archiv für Erforschung des Mittelalters; *HZ*: Historische Zeitschrift; *JHI*: Journal of the History of Ideas; *MGH*: Monumenta Germaniae Historica; *RS*: Rolls Series; *ZRG GA*: Zeitschrift für Rechtsgeschichte, Germanistische Abteilung)

1 Quellen

Aegidius Romanus, De ecclesiastica potestate, hrsg. von R. Scholz, Weimar 1929.

- Egidio Colona (Aegidius Romanus), De regimine principum libri III, ed. Hieronymus Samaritanius, Rom 1607 (Nachdruck Aalen 1967).

Albertus Magnus, Opera Omnia 8, Politicorum lib. VIII. ed. August Borgnet. Commentarii in octo libros Politicorum Aristotelis, Paris 1891.

- Super Ethica: Commentum et Quaestiones, Opera Omnia 14,1 (1972) und 2 (ed. Wilhelm Kübel, Münster 1987).
- Postilla super Isaiam, Opera Omnia 19, ed. Heinrich Ostlender, Münster 1952.

Alvarus Pelagius, De statu et planctu ecclesiae, ed. Instituto Nacional de Investigação Cientifíca, Lissabon 1988–1994: Álvaro Pais, Estado e Pranto da Igreja, Bd. 1–4.

- Speculum regis in: Gerhard Schrick, Der Königsspiegel des Alvaro Pelayo, Bonn 1953, S. 177–259.

Aristoteles, Politik. Politik, 4 Bände, ed. Eckart Schütrumpf, Darmstadt 1991–2005 (Werke, Bd. 9, Teile 1–4).

Aurelius **Augustinus**, De civitate Dei, hrsg. von Dombart / Kalb, Turnholt 1955 (Corpus Christianorum, series latina 48).

- De libero arbitrio – Der freie Wille. Zweisprachige Ausgabe, ed. Johannes Brachtendorf, Opera – Werke, B. Frühe philosophische Schriften, 9. Band, Paderborn 2006.

Augustinus Triumphus von Ancona, Summa de potestate ecclesiastica, Köln 1475.

Azo, Quaestiones Azonis (Die Quaestiones des Azo, ed. Ernst Landsberg), Freiburg im Breisgau 1888.

Baldus de Ubaldis, In primam digesti veteris partem, Commentaria Omnia I, Lyon 1599, Nachdruck 2004.

Bartolus de Saxoferrato, In Digestum vetus, Lyon 1563.

Berthold von Regensburg, Vollständige Ausgabe seiner Predigten, hrsg. von F. Pfeiffer, Wien 1862.

Bonaventura, Commentaria in quatuor libros Sententiarum Magistri Petri Lombardi, Opera Omnia 2, ed. Quaracchi 1885.

– Hexaemeron, Opera Omnia 5, ed. Quaracchi 1891.

Chronicon Angliae, ed. Thompson, Edward Maunde, London 1874.

Corpus Iuris Civilis, ed. Okko Behrends, Rolf Knütel, Berthold Kupisch, Hans Hermann Seiler, Bd. I: Institutionen (Heidelberg, 1997, 2. Auflage), Bd. II. Digesten 1–10, Heidelberg 1995.

Curzon, Henri de, **La Règle du Temple**, Paris 1886.

Dante Alighieri, Monarchia, ed. Prue Shaw, Cambridge 1995 (Cambridge medieval classics 4).

– Monarchia, hrsg. und übersetzt von Imbach / Flüeler, Stuttgart 1989.

Dekrete, s. Wohlmuth (ed.)

Delaville LeRoulx, Joseph, **Cartulaire générale de l'ordre des Hospitaliers** de Saint-Jean de Jérusalem (1100–1310), 2. Band (1201–1260), Paris 1897.

Deutsche Reichstagsakten, Bd. 16: unter Kaiser Friedrich III., zweite Abteilung 1441–1442, Göttingen 2. Aufl. 1957.

Durandus a S. Porciano, Circa originem potestatum et iurisdictionum, quibus populus regitur, in: A.J. Vanderjagt, Laurens Pignon, OP, confessor of Philip the Good, Venlo 1985.

– De origine et usu iurisdictionum sive de spirituali et temporali potestate tractatus, in : Maxima Bibliotheca veterum Patrum, Bd. 26, Lyon 1677.

Engelbert von Admont, De ortu et fine Romani imperii, ed. Wilhelm Baum, Vom Ursprung und Ende des Reiches und andere Schriften, Graz 1998 (Grazer Beiträge zur Theologiegeschichte und kirchlichen Zeitgeschichte 11).

– De regimine principum, ed. Johann G.G. Huffnagl, Regensburg 1725.

– Speculum virtutum, Die Schriften des Alexander von Roes und des Engelbert von Admont, Teil 2, ed. Karl Ubl, Hannover 2004 (MGH-Staatsschriften des späteren Mittelalters I).

Epistolae Karolini Aevi, tomus II, ed. Ernst Dümmler, MGH ep. IV (Karolini Aevi II).

Gilbert von Tournai, De eruditio regum et principum, in: Hans-Hubert Anton, Die Fürstenspiegel des frühen und hohen Mittelalters, Darmstadt 2006, S. 288–447.

Giraldus Cambrensis (Girald von Wales), De principis instructione liber, ed. George F. Warner, London 1891.

Gottfried (Godefroi) **de Fontaine**, Les Quodlibets, Bd. 5, Löwen 1932.

Guilelmus Durandus, Tractatus de modo generalis concilii celebrandi, Paris 1671, Nachdruck 1964.

Guillaume de Lorris et Jean de Meun, Der Rosenroman, 3 Bände , übers. Karl August Ott, München 1979

Heinrich von Gent, Opera Omnia, ed. Raymond Macken, Leuven 1979–... .

Heller, Emmy, Zur Frage des kurialen Stileinflusses in der sizilischen Kanzlei Friedrichs II., in: DA 19 (1963), S. 434–450.

Herveus Natalis, De iurisdictione. Ein unveröffentlichter Traktat des Herveus Natalis O.P. (†1323) über die Kirchengewalt, ed. Ludwig Hödl, München 1959 (Mitteilungen des Grabmann-Instituts der Universität München 2).

Hinnkmar von Reims, De ordine palatii, hrsg. und übersetzt von Thomas Gross und Rudolf Schieffer, Hannover 1980 (MGH, Fontes iuris Germanici antiqui in usum scholarum separatim editi, 3).

Hugolinus, Dissensiones dominorum: sive Controversiae veternum iuris Romani interpretum qui glossatores vocantu, ed. Gustav Friedrich Hänel, Leipzig 1834 (Nachdruck Aalen 1964).

Jakob von Viterbo, De regimine christiano, hrsg. von Arquillière, Les plus ancien traité de l'église, Paris 1926.

– Le plus ancien traité de l'Eglise. Jacques de Viterbe – De Regimine Christiano (1301–1302), ed: Henri-Xavier Arquillère, Paris 1926 (Etudes de Théologie Historique).

Johannes Branchazolus, in: Nova Alamannia, hrsg. von Edmund E. Stengel, 1. Hälfte, Berlin 1921.

Johannes Buridanus, Quaestiones super octo libros politicorum Aristotelis, Paris 1513 (Nachdruck Frankfurt 1969).

Johannes Duns Scotus, Quaestiones in quartum librum Sententiarum, Opera Omnia 18 und 20, ed. Paris 1894.

– Reportata Parisiensia, Opera Omnia 24, ed. Paris 1894.

Johannes Jandunus, Quaestiones in XII libros Metaphysicae, Venedig 1560.

Johannes Quidort, Tractatus de regia potestate et papali, hrsg. und übersetzt von F. Bleienstein, Stuttgart 1969.

Johannes von Salisbury, Episcopi Carnotensis Policratici, Band I und II, London 1909.

– Policraticus, hrsg. von Katherine Keats-Rohan, 1993;

– Policraticus, in: Opera Omnia II/III, hrsg. von J.A. Giles, London 1848, Nachdruck 1969.

John Wyclif, Tractatus de Civili Dominio, hrsg. von R. Lane Pool, London 1885.

– De Dominio Divino Libri Tres, hrsg. von R. Lane Pool, London 1890.

– Tractatus de ecclesia, hrsg. von Johann Loserth, London 1886.

– Tractatus de Officio Regis, hrsg. von A.W. Pollard / C. Sayle, London 1887.

Konrad von Gelnhausen, Epistola concordiae, in: Franz Bliemetzrieder, Literarische Polemik zu Beginn des grossen abendländischen Schismas, Wien 1910, S. 111–140.

Lucifer von Cagliari, Opuscula, ed. Wilhelm Hartel, Wien 1886 (Corpus Scriptorum Ecclesiaticorum Latinorum 14).

Lupold von Bebenburg, Politische Schriften, hrsg. von Jürgen Miethke / Christoph Flüeler, Stuttgart 2004.

Manegold von Lautenbach, Ad Gebehardum Liber, MGH LdL (Libelli de Lite) 1, S. 300–430, hrsg. von K. Francke, Hannover 1891.

– Liber Contra Wolfelmum, MGH QG (Quellen zur Geistesgeschichte) 8, hrsg. von Wilfried Hartmann, Weimar 1972

Manzalaoui, Mahmoud (hrsg.), **Secretum Secretorum**, Nine English Versions, vol. I, Oxford 1977.

Marsilius von Padua, Der Verteidiger des Friedens (Defensor Pacis), 2 Bände, hrsg. von Horst Kusch, übersetzt von Walter Kunzmann, Darmstadt 1958.

– Defensor pacis, ed. Richard Scholz (MGH, Fontes iuris 7) Hannover 1932.

– Œuvres Mineures, Defensor Minor de Translatione Imperii, Paris 1979.

Nikolaus von Kues, Concordantia catholica, Opera Omnia 14, hrsg. von Gerhard Kallen, Hamburg 1959–1968.

Ockham, s. Wilhlem von Ockham

Perlbach, Max, **Die Statuten des Deutschen Ordens** nach den ältesten Handschriften, Halle 1890.

Petrus Abaelard, Theologia Christiana, ed. Eligius Bytaert (Petri Abaelardi Opera Theologica II), Turnholt 1969 (Corpus Christianorum, Continuatio Mediaevalis 12).

Petrus Bertrandus, De Origine jurisdictionum, seu de duabuus potestatibus temporali, scilicet, ac spirituali, quibus universus Christianitatis poplus regitur, in: Tractatus illustrium in utraque tum pontificii, tum caesarei iuris facultate Iurisconsultorum, De contractibus licitis, ex multis in hox volumen congesti 3.1, S. 29–32.

Petrus de Alvernia, Questiones supra Libros politicorum, in: Flüeler, Christoph. Rezeption und Interpretation der Aristotelischen Politica, Teil 1, S. 169–227.

– In libros Politicorum Aristotelis Expositio (continuatio S. Thomae Aquinati), ed. Raymund Spiazzi, Turin 1951.

Philippus de Leyden, *De Cura reipublicae* et sorte principantis, hrsg: Philippus Christianus Molhuysen, ´s-Gravenhage 1915.

Pierre de Jean Olivi, Pensée scolastique, dissidence spirituelle et société, ed. Alain Boureau, Paris 1999.

Ptolemäus von Lucca (Tholomeus de Lucca), Determinatio compendiosa. De iurisdictione imperii – auctore anonymo ut videtur Tholomeo Lucensi OP. Accedit: Tractatus anonymus de origine ac translatione et statu romani imperii. ed. Marius Krammer, MGH, Hannover 1909.

– De regimine principium, siehe Thomas von Aquin.

Register Innozenz' III. über den deutschen Thronstreit. Regestum domni Innocentii tertii papae super negotio Romani imperii, 1. Teil, ed. Walther Holtzmann, Bonn 1947.

Registres Boniface VIII, ed. Georges Digard, Paris 1907–1939.

Sachsenspiegel, Landrecht, hrsg. von K.A. Eckhardt, Göttingen 1955.

Schwabenspiegel, Langform, hrsg. von K.A. Eckhardt, Aalen 1973.

Sinibaldus Fliscus (Innozenz IV.), Commentaria, Apparatus in V Libros Decretalium, Frankfurt 1570, Nachdruck 1968.

Thomas von Aquin

– Commentum in libro II sententiarum, De rerum corporalium et spiritualium creatione et formatione, Opera Omnia 8, ed. Stanislaus Fretté / Paul Maré, Paris 1873.

– Sententia libri Politicorum , hrsg. von Dondaine / Bataillon, Opera Omnia 48, Rom 1971.
– In librum Politicorum Aristotelis Expositio, ed. Raimondo Spiazzi, Turin 1951.
– De regimine principum ad regem Cypri, hrsg. Dondaine, Opera Omnia 42, Paris 1979, mit der Fortsetzung von Tholomaeus Lucensis, hrsg. von Mathis, Rom 1948.

Thomas Walsingham, Historia Anglicana, ed. H.T. Riley, 2 Bände, London 1863, 1864 (RS 28, I, 1 und 2).

Thietmar von Merseburg, Die Chronik des Bischofs Thietmar von Merseburg und ihre Korveier Überarbeitung, ed. Robert Holtzmann, Berlin 2. Aufl. 1955 (MGH SS 9).

Tolomeo von Lucca, siehe Ptolemäus von Lucca.

Vinzenz von Beauvais, De morali principis institutione, ed. Robert J. Schneider, Turnholt 1995 (Corpus Christianorum, Continuatio mediaevalis 137).

Wilhelm von Ockham
– Breviloquium de principatu tyrannico, ed. R. Scholz, Leipzig 1944.
– Breviloquium de principatu tyrannico, ed. H. S. Offler, in: Opera politica 4 (1997).
– Dialogus inter Militem et Clericum, ed. John Trevisa (Nachdruck), London 1925.
– Dialogus, Opera plurima I, Lyon 1494–1496, Nachdruck Farnborough 1962; in Auszügen übersetzt von Jürgen Miethke, Darmstadt 1992.
– Opera Politica, 4 Bände, ed. Bennett/Offler, Manchester 1956–1997.
– Opus Nonaginta Dierum, in: Opera politica 2 (1963).

Wohlmuth, Josef (ed.), **Dekrete der ökumenischen Konzilien**, Bd. 2: Konzilien des Mittelalters. Vom ersten Laterankonzil (1123) bis zum fünften Laterankonzil (1512–17), Paderborn 2000.

2 Literatur

Anton, Hans Hubert, Fürstenspiegel und Herrscherethos in der Karolingerzeit, Bonn 1968 (Bonner Historische Forschungen 32).

Antonetti, Pierre, Savonarola. Die Biographie, Düsseldorf 1992 (Taschenbuch 2007, französisches Original 1991).

Antoniades, Basilikus, Entstehung und Verfassung des Staates nach Thomas von Aquin, Kahla 1889.

Babbit, Susan M., Oresme´s Livre de Politiques and the France of Charles V, (in: Transactio of the American Philosophical Society, Vol. 75, Part 1, S. 1–158; 1985).

Barisch, Gerhard, Lupold von Bebenburg. Zum Verhältnis von politischer Praxis, politischer Theorie und abgewandter Politik. Eine Studie über den Eigenwert politischen Handelns in der Geschichte und der Gegendwart des 14. Jahrhunderts, (in: 113. Bericht des Historischen Vereins Bamberg 1977, S. 219–432;).

Baum, Wilhelm (Hrsg.), Engelbert von Admont. Vom Ursprung und Ende des Reiches und andere Schriften, (Grazer Beiträge zur Theologiegeschichte und kirchlicher Zeitgeschichte), Graz 1998.

Bayley, Charles, Pivotal Concepts in the Political Philosophie of William of Ockham, in: JHI 10 (1949), S. 199–218.

Bazán, B. Carlos / **Audújar**, Eduardo / **Sbrocchi**, Léonard, Les Philosophies morales de politiques au Moyen Age, New York / Ottawa 1995.

Beestermöller, Gerhard / **Justenhoven**, Heinz-Gerhard (Hrsg.), Friedensethik im Spätmittelalter, Theologie im Ringen um die gottgegebene Ordnung, Stuttgart 1999.

Berges, Wilhelm, Die Fürstenspiegel des hohen und späten Mittelalters, Stuttgart, 1938, (Schriften des Rechtsinstituts für ältere deutsche Geschichtskunde (MGH) 2).

Berman, Harold J., Recht und Revolution. Die Bildung der westlichen Rechtstradition, übers. v. Hermann Vetter, 2. Aufl. Frankfurt am Main 1991.

Bertelloni, Francesco, Die Anwendung von Kausalitätstheorien im politischen Denken von Thomas von Aquin und Aegidius Romanus, in: Martin Kaufhold (Hrsg.), Politische Reflexion in der Welt des späten Mittelalters, S. 85–108.

Beyer de Ryke, Benoît, L´apport Augustinien. Augustin et l'Augustinisme politique, in: Renaut (Hrsg.), Histoire de la Philosophie politique t.2: Naissance de la modernité, S. 43–86.

Bezold, Friedrich von, Die Lehre von der Volkssouveränität während des Mittelalters, HZ 36 (1876), S. 313–367.

Black, Antony, Guilds and Civil Society in European political thoughts from the twelfth century to the present: London 1984.

Blanchard, Joël, Représentation, Pouvoir et Royauté à la fin du moyen âge, (Actes du colloque organisé par l´université de Maine les 25 et 26 mars 1994), Paris 1995.

Bleienstein, Fritz, Johannes Quidort von Paris, Über königliche und päpstliche Gewalt, Stuttgart 1969 (Frankfurter Studien zur Wissenschaft von der Politik, Band 4).

Blythe, James, Ideal governement and the mixed constitution in the middle ages, Princeton, 1992.

Blythe, James, The mixed constitution and the destinction between regal and political power in the work of Thomas Aquinas, in: JHI 47 (1986), S. 547–565.

Böckenförde, Ernst-Wolfgang, Geschichte der Rechts- und Staatsphilosophie. Antike und Mittelalter, Tübingen 2. Aufl. 2006.

– Die verfassungstheoretische Unterscheidung von Staat und Gesellschaft als Bedingung der individuellen Freiheit", Opladen 1973

Boockmann, Hartmut / **Moeller**, Bernd / **Stackmann**, Karl (Hrsg.), Lebenslehren und Weltentwürfe im Übergang vom Mittelalter zur Neuzeit, Politik – Bildung – Naturkunde – Theologie, Göttingen 1989.

Bornhak, Otto, Staatskirchliche Anschauungen und Handlungen am Hofe Kaiser Ludwigs des Bayern, Weimar 1939 (Quellen und Studien zur Verfassungsgeschichte des Deutschen Reiches 7, Heft 1).

Borst, Arno, Der Turmbau zu Babel, Geschichte der Meinungen über Ursprung und Vielfalt der Sprachen und Völker, Bd. II, Teil 2, Stuttgart 1959.

Bos, Egbert Peter / **Krop**, Henri Adrien (Hrsg.), Ockham and Ockhamists, Acts of the Symposium organized by the Dutch Society for the Medieval Philosophy "*Medium Aevum*" on the Occasion of its 10th Anniversary, Nimwegen 1987.

Breuer, Stefan, Das Legitimationskonzept Max Webers, in: Dietmar Willoweit (Hrsg.), Die Begründung des Rechts als historisches Problem, München 2000, S. 1–17.

Buc, Philippe, Exégèse et pensée politique. Radulphus Niger (vers 1190) et Nicholas de Lyre (vers 1330), in Blanchard, Joël, Représentation, Pouvoir et Royauté à la fin du moyen âge, S. 145–164.

Bultot, Robert / **Génicot**, Léopold (Hrsg.), Les genres littéraires dans les sources théologiques et philosophiques médiévales. Définition, critique et exploitation, Louvain-la-Neuve 1982.

Burns, J.H. (Hrsg.), The Cambridge History of Medieval Political Thought, c. 350 – c. 1450, Cambridge 1988.

Canning, Joseph / **Oexle**, Otto Gerhard (Hrsg.), Politisches Denken und die Wirklichkeit der Macht im Mittelalter, Göttingen 1998.

Canning, Joseph, A History of Medieval Political Thought 300 – 1450, London 1996.

Canning, Joseph, The political Thought of Baldus de Ubaldis, Cambridge 1987.

Caparello, Adriana, Neo-Platonismo e Aristotelismo. Dualismo etico in Sigieri di Brabante o unità di percorso?, in: Bazán/Adújar/Sbrocchi, Les philosophies morales, I, 1, S. 342–349.

Carlyle, R.W. und A.J., A History of Mediaeval Political Theory in the West, 6 Bände, Edinburgh 1903/36.

Carstens, Ronald W., The Medieval Antecedents of Constitutionalism, New York 1992 (American University Studies, Band 115).

Cattin, Yves, L´anthropologie politique de Thomas d´Aquin, Paris 2001.

Cheneval, Francis, Die Rezeption der Monarchia Dantes bis zur Editio Princeps im Jahre 1559. Metamorphosen eines philosophischen Werkes, München 1995.

Chodorow, Stanley, Christian Political Theory and Church Politics in the Mid-Twelfth Century, London 1972.

Chung, Sun-Young, Politischer Aristotelismus und Legitimitätsprobleme politischer Ordnung, Mannheim 1990.

Ciccia, Carmelo, Dante e Gioacchino da Fiore, Rom 1997.

Colomer, Eusebio, Nikolaus von Kues und Raimundus Llull. Aus Handschriften der Küser Bibliothek, Berlin 1961.

Contamine, Philippe, "Le royaume de France ne peut tomber en fille". Une théorie politique à la fin du Moyen Âge, in: Melville, Institutionen und Geschichte, S. 187–207.

Couloubaritsis, Lambros, La tradition Chrétienne. Des Evangelistes à Saint Thomas d´Aquin, in: Histoire de la philosophie politiques, t.1, La liberté des anciens, S. 399–459.

Dempf, Alois, Sacrum Imperium. Geschichts- und Staatsphilosophie des Mittelalters und der politischen Renaissance, München/Berlin 1929.

Denis, H., Le Suicide et la Corrélation des Phénomènes moraux en Belgique", Brüssel 1904

D´Entrèves, Alexander (Hrsg.), Aquinas selected writings, Oxford 1948.

Dilcher, Gerhard, Die genossenschaftliche Struktur von Gilden und Zünften, in: Schwineköper, Gilden und Zünfte, Sigmaringen 1985.

Dirlmeier, Ulrich, Die hochmittelalterliche Expansionsphase. 11. – 13. Jahrhundert, in: Schäfer (Hrsg.), Ploetz-Wirtschaftsgeschichte, S. 17–23.

Dose, Gerd, Adel und Gemeinwesen. Studien zur Beurteilung des Adels in spätmittelalterlicher und humanistischer englischer Literatur, Frankfurt am Main 1977.

Ehlers, Joachim (Hrsg.), Ansätze und Diskontinuität deutscher Nationsbildung im Mittelalter, Sigmaringen 1989.

Elm, Kaspar (Hrsg.), Stellung und Wirksamkeit der Bettelorden in der städtischen Gesellschaft, Berlin 1981.

Ennen, Edith, Die europäische Stadt des Mittelalters, Göttingen 3. Aufl. 1979.

Flüeler, Christoph, Rezeption und Interpretation der Aristotelischen Politica im späten Mittelalter. Teil 1 und 2, Amsterdam 1992.

Fortin, Ernest, Politique et Philosophie au Moyen Age: La révolution Aristotelicienne, in: Bazán/Audújar/Strocchi, Bd. I, 1, S. 148–166.

Fuhrmann, Horst, Volkssouveränität und Herrschaftsvertrag bei Manegold von Lautenbach, in: Sten Gagnér / Hans Schlosser / Wolfgang Wiegand (Hrsg.), Festschrift für Hermann Krause, Köln 1975, S. 21–42.

Gagnér, Sten / **Schlosser**, Hans / **Wiegand**, Wolfgang (Hrsg.), Festschrift für Hermann Krause, Köln 1975.

Gagnér, Sten, Studien zur Ideengeschichte der Gesetzgebung, Uppsala 1960.

Gierke, Otto von, Das deutsche Genossenschaftsrecht, Bd. 1–4, 1868–1913, Nachdruck Graz 1954.

Gilby, Thomas, Principality and polity. Aquinas and the rise of state-theory in the West, London 1957.

Gimore, Byron Piper, Argument from Roman law in political thought. 1200–1600, New York, 1941.

Goez, Werner, Translatio Imperii. Ein Beitrag zur Geschichte des Geschichtsdenkens und der politischen Theorien im Mittelalter und in der frühen Neuzeit, Tübingen 1958.

– Geschichte Italiens in Mittelalter und Renaissance, Darmstadt 1984

Gough, John W., The social contract. A critical study of its development, 2. Auglage, Oxford 1957.

Grabmann, Martin, Das Defensorium ecclesiae des Magister Adam, eine Streitschrift gegen Marsilius von Padua und Wilhelm von Ockham, in: Festschrift Albert Brackmann, S. 569–581.

Graus, František (Hrsg.), Mentalitäten im Mittelalter, Methodische und inhaltliche Probleme, Sigmaringen 1987 (Vorträge und Forschungen 35).

Grewe, Constance / **Gusy**, Christoph (Hrsg.), Französisches Staatsdenken, Baden-Baden 2002.

Guth, Klaus, Johannes von Salisbury (1115/20–1180), St. Ottilien 1978.

Hamilton-Bleakley, Holly, The art of ruling in Aquinas´ De Regimine Principum, in: History of Political Thought 20 (1999), S. 575–602.

Hanning, Jürgen, Consensus Fidelium. Frühfeudale Interpretation des Verhältnisses von Königtum und Adel am Beispiel des Frankenreiches, Stuttgart 1982 (Monographien zur Geschichte des Mittelalters 27).

Haubst, Rudolf, Wort und Leitidee der "Repraesentatio" bei Nikolaus von Kues, in: Zimmermann, Der Begriff der Repraesentatio, S. 139–162.

Heinig, Paul-Joachim / **Jahns**, Sigrid / **Schmidt**, Hans-Joachim / **Schwings**, Rainer-Christoph / **Wefers**, Sabine (Hrsg.), Reich, Regionen und Europa in Mittelalter und Neuzeit, Festschrift für Peter Moraw, Berlin 2000.

Heinz-Mohr, Gerd, Unitas Christiana. Studien zur Gesellschaftsidee des Nikolaus von Kues, Trier 1958.

Helmrath, Johannes / **Müller**, Heribert (Hrsg.), Studien zum 15. Jahrhundert, Festschrift für Erich Meuthen, München 1994.

Hengsbach, Achim Wilhelm, Die Vertragstheorie als Staatslegitimation, Münster 1998 (Juristische Schriftenreihe Band 102).

Hennis, Wilhelm / **Maier**, Hans / **Voigt**, Alfred (Hrsg), Der Herrschaftsvertrag, Neuwied 1965 (Politica – Abhandlungen und Texte zur politischen Wissenschaft, Band 16).

Hibst, Peter, Utilitas Publica – Gemeiner Nutz – Gemeinwohl. Untersuchungen zur Idee eines politischen Leitbegriffs von der Antike bis zum späten Mittelalter, Frankfurt am Main 1991.

Hintze, Otto, Weltgeschichtliche Bedingungen der Repräsentativverfassung, in: HZ 143 (1931), S. 1–47.

Hlavácek, Ivan / **Patchovsky**, Alexander (Hrsg.), „Reform von Kirche und Reich" zur Zeit der Konzilien von Konstanz (1414–1418) und Basel (1431–1449), Konstanz 1996.

Hofmann, Hasso, Repräsentation. Studien zur Wort- und Begriffsgeschichte von der Antike bis ins 19. Jahrhundert, Berlin 3. Aufl. 1998.

Hofmann, Hasso, Repräsentation. Studien zur Wort- und Begriffsgeschichte von der Antike bis ins 19. Jahrhundert, Berlin 3. Aufl. 1998.

Homann, Eckhard, Totum posse, quod est in ecclesia, reservatur in summo pontifice. Studien zur politischen Theorie bei Aegidius Romanns, Würzburg 2004 (Contradictio. Studien zur Philosophie und ihrer Geschichte, Bd. 2).

Honecker, Martin, Ramon Lulls Wahlvorschlag Grundlage des Kaiserwahlplanes bei Nikolaus von Cues?, in: Jahrbuch der Görresgesellschaft, Bd. 57, S. 563–574.

Horn, Christoph / **Neschke-Hentschke**, Ada (Hrsg.), Politischer Aristotelismus: Die Rezeption der aristotelischen „Politik" von der Antike bis zum 19. Jahrhundert, Weimar 2008.

Hudson, Anne / **Wilks**, Michael J. (Hrsg.), From Ockham to Wyclif. Oxford 1987.

Huizinga, Johan, Herbst des Mittelalters. Studien über Lebens- und Geistesformen des 14. und 15. Jahrhunderts in Frankreich und in den Niederlanden, Stuttgart 11. Auflage 1975.

Irsigler, Franz, Spätmittelalter und frühe Neuzeit (14. – 16/17. Jahrhundert), in: Schäfer (Hrsg.), Ploetz-Wirtschaftsgeschichte, S. 25–42.

Jellinek, Georg, Allgemeine Staatslehre, Berlin 3. Aufl. 1914.

Kantorowicz, Ernst H., The King's Two Bodies: A Study in Medieval Political Theory, Princeton 1957. Deutsche Ausgabe: Die zwei Körper des Königs, München 2. Aufl. 1994.

Kaufhold, Martin (Hrsg.), Politische Reflexion in der Welt des späten Mittelalters – Political Thought in the Age of Scholasticism. Essays in Honour of Jürgen Miethke, Leiden 2004.

Kaufhold, Martin, Politische Reflexion in der Welt des späten Mittelalters. Political Thought in the Age of Scholasticism. Essays in Honour of Jürgen Miethke, Leiden 2004.

Kern, Fritz, Recht und Verfassung im Mittelalter, in: HZ 120 (1919), S. 1–79.

– Gottesgnadentum und Widerstandsrecht im frühen Mittelalter. Zur Entwicklungsgeschichte der Monarchie, 6. Auflage, Darmstadt 1973.

Kleineke, Wilhelm, Englischer Fürstenspiegel vom Policraticus Johanns von Salisbury bis zum Basilikon Doron König Jakobs I., Halle an der Saale 1937.

Klinckenberg, Hans Martin, Die Theorie der Veränderbarkeit des Rechts im frühen und hohen Mittelalter, in: Paul Wilpert (Hrsg.), Lex et Sacramentum im Mittelalter, Berlin 1969, S. 157–188.

Koch, Joseph, Durandus de S. Porciano. Forschungen zum Streit um Thomas von Aquin zu Beginn des 14. Jahrhunderts. Erster Teil, Literaturgeschichtliche Grundlegung, Münster 1927.

Köbler, Gerhard, Das Recht im frühen Mittelalter. Untersuchungen zu Herkunft und Inhalt frühmittelalterlicher Rechtsbegriffe im deutschen Sprachgebiet, Köln 1971.

Koepgen, Georg, Wilhelm von Ockham: Anfang und Ende der Reformation, Regensburg 1972.

Kölmel, Wilhelm, Wilhelm Ockham und seine Kirchenpolitischen Schriften, Essen 1962

Krämer, Werner, die Ekklesiologische Auseinandersetzung um die wahre Repräsentation auf dem Basler Konzil, in: Zimmermann, Der Begriff der Repraesentatio im Mittelalter, S. 202–237.

Krause, Hermann, Dauer und Vergänglichkeit im mittelalterlichen Recht, in: ZRG GA 75 (1958), S. 206–251.

– Königtum und Rechtsordnung in der Zeit der sächsischen und salischen Herrscher, in: ZRG GA 82 (1965), S. 1–98.

Krieger, Gerhard, Vom *charisma* zur *ratio*. Zur Legitimation politischer Herrschaft im Spätmittelalter, in: Rychterová/Seit/Veit, Das Charisma, S. 405–421.

Krüger, Elmar, Der Traktat „de ecclesiastica potestate" des Aegidius Romanus. Eine spätmittelalterliche Herrschaftskonzeptiopn des päpstlichen Universalimus, Köln 2007.

Krynen, Jacques / Stolleis, Michael (Hrgs.), Science politique et droit public dans les facultés de droit européennes (XIIIIe – XVIIIe siècle), Frankfurt am Main 2008 (Studien zur europäischen Rechtsgeschichte, Veröffentlichungen des Max-Planck-Instituts für europäische Rechtsgeschichte Frankfurt am Main, Band 229).

Kys, Franz Walter, Die Lehre über das Widerstandsrecht in den politischen Werken des Meisters Wilhelm von Ockham, Köln 1967.

Lagarde, Georges de, La naissance de l´esprit laïque. Au déclin du moyen âge, Band I: Bilan Du XIII Siecle, Paris 1956.

– La naissance de l´esprit laïque. Au déclin du moyen âge, Band II: Selecteur Social de la Scolastique, Paris 1958.

– La naissance de l´esprit laïque. Au déclin du moyen âge, Band III: Le Defensor pacis, Paris 1970.

– La naissance de l´esprit laïque. Au déclin du moyen âge, Band IV: Guillaume d´Ockham: Défense de L´Empire, Paris 1962.

– La naissance de l´esprit laïque. Au déclin du moyen âge, Band V: Guillaume D´Ockham: Critique des structures ecclésiales, Paris 1963.

Lambertini, Roberto, Politische Fragen und politische Terminologie in mittelalterlichen Kommentaren zur Ethica Nicomachea, in: Kaufhold, Politische Reflexion, 107–127.

Lambertini, Roberto, Politische Fragen und Politische Terminologie in mittelalterlichen Kommentaren zur Ethica Nicomachea, in: Kaufhold (Hrsg.), Politische Reflexionen in der Welt des Spätmittelalters, S. 109–127.

Landau, Peter, Die Durchsetzung neuen Rechts im Zeitalter des klassischen kanonischen Rechts, in: Melville (Hrsg.), Institutionen und Geschichte, S. 137–155.

Lange, Hermann, Römisches Recht im Mittelalter, Bd. 1, München 1997.

Lansing, Richard, u. a. (Hrsg.), The Dante Encyclopedia, New York 2000.

Lerner, Ralph, Averroes on Plato´s Republic, Ithaca und London 1974.

Lewis, Warren, Peter John Olivi: Prophet of the Year 2000. Ecclesiology and Eschatology in the Lectura super Apocalipsim. Introduction to a Critical Edition of the Text, Tübingen 1975.

Leonardi, Claudio, La philosophie morale et politique au Haut Moyen Âge, in: Bazán/ Adújar/ Sbrocchi, Les philosophies morales, I,1, S. 88–101.

Lhotta, Roland (Hrsg.), Die Integration des modernen Staates. Zur Aktualität der Integrationslehre von Rudolf Smend, Baden-Baden 2005.

Lieber, Hans-Joachim (Hrsg.), Politische Theorien von der Antike bis zur Gegenwart, Bonn 2. Aufl. 1993.

Link, Christoph, Kirchliche Rechtsgeschichte, München 2008.

Lippert, Stefan, Recht und Gerechtigkeit bei Thomas von Aquin, Eine rationale Rekonstruktion im Kontext der Summa Theologiae, Marbug 2000.

Lücking-Michel, Claudia, Konkordanz und Konsens. Zur Gesellschaftstheorie in der Schrift „De concordantia catholica" des Nicolaus von Cues. Würzburg 1994.

Luscombe, David, Ethics and Politics in the eleventh and twelth centuries, in: Bazán/Adújar/Sbrocchi, Les philosophies morales, I, 1, S. 75–87.

Markus, R. A., The Latin Fathers, in: Burns (Hrsg.), The Cambridge History of Medieval Political Thought, S. 92–122.

Martinez Lorca, Andrés, el concepto de civitas en la teoria politica de Tomas de Aquino, in: Bazán/Adújar/Sbrocchi – Les philosophies morales de politiques en Moyen Âge, Bd.3, S. 1555–1563.

McGrade, A.S., The Political Thought of William of Ockham. Personal and Institutional Principles. Cambridge 1974.

– The Cambridge Companion to Medieval Philosophy, Cambridge 2003.

Meier, Ulrich, Mensch und Bürger. Die Stadt im Denken spätmittelalterlicher Theologen, Philosophen und Juristen, München 1994.

Melamed, Abraham, Medieval Jewish Political Philosophy: Between Plato and Aristotle, in: Bazán/Adújar/Sbrocchi – Les philosophies morales de politiques en Moyen Âge, Bd. I, 1, S. 411–419.

Melville, Gert (Hrsg.), Institutionen und Geschichte, Theoretische Aspekte und mittelalterliche Befunde, Köln 1992.

Mensching, Günther (Hrsg.), Gewalt und ihre Legitimation im Mittelalter, Symposium des Philosophischen Seminars der Universität Hannover vom 26.–28. Februar 2002, Würzburg 2003.

Miczka, Georg, Das Bild der Kirche bei Johannes von Salisbury, Bonn 1970

Miethke, Jürgen / **Flüeler**, Christoph (Hrsg.), Die politischen Schriften des Lupold von Bebenburg, Stuttgart 2004.

Miethke, Jürgen, De potestate papae. Die päpstliche Amtkompetenz im Widerstreit der politischen Theorie von Thomas von aquin bis Wilhelm von Ockham, Tübingen 2000. Titel der textgleichen Wiederauflage: Politiktheorie im Mittelalter, Tübingen 2008.

– Die Konzilien als Forum der öffentlichen Meinung im 15. Jahrhundert, in: DA 37 (1981), S. 736–773.

– Mittelalterliche Politiktheorie, Baden-Baden 2007.

– Mittelalterliche Politiktheorie. Vier Entwürfe des Hoch- und Spätmittelalters, Baden-Baden 2007 (Würzburger Vorträge zur Rechtsphilosophie, Rechtstheorie und Rechtssoziologie, Heft 35).

– Ockhams Weg zur Sozialphilosophie, Berlin 1969.

– (Hrsg.), Das Publikum politischer Theorien im 14. Jahrhundert, München 1992.

– Das Reich Gottes als politische Idee im späteren Mittelalter, in: Jakob Taubes (Hrsg.), Theokratie, München 1987, S. 267–278.

– *De potestate papae*. Die päpstliche Amtskompetenz im Widerstreit der politischen Theorie von Thomas von Aquin bis Wilhelm von Ockham, Tübingen 2000.

– Der Abschluß der kritischen Ausgabe von Ockhams akademischen Schriften, in: DA 47 (1991), S. 175–185.

– Der Kampf Ludwigs des Bayern mit Papst und avignonesischer Kurie in seiner Bedeutung für die deutsche Geschichte, in: Hermann Nehlsen / Hans-Georg Hermann (Hrsg.), Kaiser Ludwig der Bayer. Konflikte Weichenstellungen und Wahrnehmung seiner Herrschaft, Paderborn 2002, S. 39–74.

– Der Tyrannenmord im späteren Mittelalter, Theorien über das Widerstandsrecht gegen ungerechte Herrschaft in der Scholastik, in: Gerhard Beestermöller / Heinz-Gerhard Justenhoven (Hrsg.), Friedensethik im Spätmittelalter, Theologie im Ringen um die gottgegebene Ordnung, Stuttgart 1999, S. 24–48.

– Die „Wahldekrete“ bei der Wahl eines *rex Romanorum* im spätmittelalterlichen Deutschland, in: Paul-Joachim Heinig / Sigrid Jahns, Hans-Joachim Schmidt /

Rainer-Christoph Schwings / Sabine Wefers (Hrsg.), Reich, Regionen und Europa in Mittelalter und Neuzeit, Festschrift für Peter Moraw, Berlin 2000, S. 89–113.

– Die Frage der Legitimität rechtlicher Normierung in der politischen Theorie des 14. Jahrhunderts, in: Dietmar Willoweit (Hrsg.), Die Begründung des Rechts als historisches Problem, München 2000, S. 171–202.

– Die kleineren politischen Schriften des Marsilius von Padua in neuer Präsentation, Bemerkungen zu einer Edition und zu einem Kommentar, in: Mittellateinischen Jahrbuch 17 (1982), S. 200–211.

– Die Legitimität der politischen Ordnung im Spätmittelalter, Theorien des frühen 14. Jahrhunderts (Aegidius Romanus, Johannes Quidort, Wilhelm von Ockham), in: Burkhard Mojsisch / Olaf Pluta (Hrsg.), *Historia philosophiae medii aevi*, Studien zur Geschichte der Philosophie des Mittelalters, Festschrift für Kurt Flasch zum 60. Geburtstag, Amsterdam 1991, S. 642–674.

– Die Rolle der Bettelorden im Umbruch der politischen Theorie an der Wende zum 14. Jahrhundert, in: Kaspar Elm (Hrsg.), Stellung und Wirksamkeit der Bettelorden in der städtischen Gesellschaft, Berlin 1981, S. 119–153.

– Die Traktate „*De potestate pape*", ein Typus politiktheoretischer Natur im späteren Mittelalter, in: Robert Bultot / Léopold Génicot (Hrsg.), Les genres littéraires dans les sources théologiques et philosophiques médiévales. Définition, critique et exploitation, Louvain-la-Neuve 1982, S. 198–211.

– Ein neuer Text zur Geschichte der politischen Theorie im 14. Jahrhundert, der „*Tractatus de potestate summi pontificis*" des Guilelmus de Sarzano aus Genua, in: Quellen und Forschungen aus italienischen Archiven und Bibliotheken 54 (1974), S. 509–538.

– Ein neues Selbstzeugnis Ockhams zu seinem „*Dialogus*", in: Anne Hudson / Michael J. Wilks (Hrsg.), From Ockham to Wyclif. Oxford 1987, S. 19–30.

– Eine unbekannte Handschrift von Petrus de Paludes Traktat „*De potestate pape*" aus dem Besitz Juan de Torquemadas in der Vatikanischen Bibliothek, in: Quellen und Forschungen aus italienischen Archiven und Bibliotheken 59 (1979), S. 468–475.

– Herrscherliche Gewalt und gewaltsamer Widerstand in der politischen Theorie Wilhelms von Ockham, in: Günther Mensching (Hrsg.), Gewalt und ihre Legitimation im Mittelalter, Würzburg 2003, S. 266–285.

– Historischer Prozeß und zeitgenössisches Bewusstsein. Die Theorie des monarchischen Papats im hohen und späteren Mittelalter, in: HZ 226 (1978), S. 564–599.

– Kirchenreform auf den Konzilien des 15. Jahrhunderts, Motive – Methoden – Wirkungen, in: Johannes Helmrath / Heribert Müller (Hrsg.), Studien zum 15. Jahrhundert, Festschrift für Erich Meuthen, München 1994, Bd. 1, S. 13–42.

– Kommentar: Die institutionelle Demokratie, in: Constance Grewe / Christoph Gusy (Hrsg.), Französisches Staatsdenken, Baden-Baden 2002, S. 113–128.

– Konziliarismus – die neue Doktrin einer neuen Kirchenverfassung, in: Ivan Hlavácek / Alexander Patchovsky (Hrsg.), „Reform von Kirche und Reich" zur Zeit der Konzilien von Konstanz (1414–1418) und Basel (1431–1449), Konstanz 1996, S. 26–61.
– Marsilius und Ockham – Publikum und Leser ihrer politischen Schriften im späteren Mittelalter, in: Medioevo, Rivista di storia della filosofia medievale 6 (1980), S. 534–558.
– Marsilius von Padua, Die politische Theorie eines lateinischen Aristotelikers des 14. Jahrhunderts, in: Hartmut Boockmann / Bernd Moeller / Karl Stackmann (Hrsg.), Lebenslehren und Weltentwürfe im Übergang vom Mittelalter zur Neuzeit, Politik – Bildung – Naturkunde – Theologie, Göttingen 1989, S. 52–76.
– Ockhams Theorie des politischen Handelns, in: Erhard Mock / Georg Wieland (Hrsg.), Rechts- und Sozialphilosophie, Frankfurt am Main 1990, S. 103–114.
– Politische Theorie in der Krise der Zeit, Aspekte der Aristotelesrezeption im früheren 14.Jahrhundert, in: Gert Melville (Hrsg.), Institutionen und Geschichte, Theoretische Aspekte und mittelalterliche Befunde, Köln 1992, S. 157–186.
– Politische Theorie und die „Mentalität" der Bettelorden, in: Frantisek Graus (Hrsg.), Mentalitäten im Mittelalter, Methodische und inhaltliche Probleme, Sigmaringen 1987, S. 157–176.
– Politische Theorien im Mittelalter, in: Hans-Joachim Lieber (Hrsg.), Politische Theorien von der Antike bis zur Gegenwart, Bonn, 2. Aufl. 1993, S. 47–156.
– Politisches Denken und monarchische Theorie, Das Kaisertum als supranationale Institution im späteren Mittelalter, in: Joachim Ehlers (Hrsg.), Ansätze und Diskontinuität deutscher Nationsbildung im Mittelalter, Sigmaringen 1989, S. 121–144.
– Rahmenbedingen der politischen Philosophie im Italien der Renaissance, in: Quellen und Forschungen aus italienischen Archiven und Bibliotheken 63 (1983), S. 92–124.
– Repräsentation und Delegation in den politischen Schriften Wilhelms von Ockham, in: Albert Zimmermann (Hrsg.), Der Begriff der *repraesentatio* im Mittelalter, Stellvertretung – Symbol – Zeichen – Bild, Berlin 1971, S. 163–265.
– Wilhelm von Ockham und die Institutionen des späten Mittelalters, in: Egbert Peter Bos / Henri Adrien Krop (Hrsg.), Ockham and Ockhamists, Nimwegen 1987, S. 127–144.
– Wilhelm von Ockham: Dialogus, Auszüge zur Politischen Theorie, Darmstadt, 2. Aufl. 1994.
– Wirkungen politischer Theorie auf die Praxis der Politik im Römischen Reich des 14. Jahrhunderts, Gelehrte Politikberatung am Hofe Ludwigs des Bayern, in: Joseph Canning / Otto Gerhard Oexle (Hrsg.), Politisches Denken und die Wirklichkeit der Macht im Mittelalter, Göttingen 1998, S. 173–210.
– Zeitbezug und Gegenwartsbewusstsein in der politischen Theorie der ersten Hälfte des 14. Jahrhunderts, in: Albert Zimmermann (Hrsg.), *Antiqui* und *mo-*

derni, Traditionsbewusstsein und Fortschrittsbewußtsein im späten Mittelalter, Berlin 1974, S. 262–292.

- Zur Bedeutung der Ekklesiologie für die politische Theorie im späteren Mittelalter, in: Albert Zimmermann (Hrsg.), Soziale Ordnungen im Selbstverständnis des Mittelalters, Berlin 1980, S. 369–388.
- Zur Bedeutung von Ockhams politischer Philosophie für Zeitgenossen und Nachwelt, in: Wilhelm Vossenkuhl / Rudolf Schönberger (Hrsg.), Die Gegenwart Ockhams, Weinheim 1990, S. 305–324.
- Politische Theorien – vom 5. Bis 15. Jahrhundert (Berichtszeitraum: 1956 – 1988), in: Contemporary philosophy. A new survey, ed. G. Fløisbad / Kilbansky, Bd. 6: Philosophy and Science in the Middle Ages, Bd. 2, S. 832–882.
- Repräsentation und Delegation in den politischen Schriften Wilhelms von Ockham, in: Zimmermann, Der Begriff der Repraesentatio im Mittelalter, S. 161–185.

Mikat, Paul, Gesetz und Staat nach Thomas von Aquin unter besonderer Berücksichtigung der Lehre vom Gesetz in der Summa Theologiae, in: "Beiträge zur Rechtsgeschichte", Gedächtnisschrift H. Conrad, S. 439–465.

Mitteis, Heinrich, Der Staat des hohen Mittelalters, Weimar 8. Aufl. 1968

Mock, Erhard / **Wieland**, Georg (Hrsg.), Rechts- und Sozialphilosophie, Frankfurt am Main 1990.

Mojsisch, Burkhard / **Pluta**, Olaf (Hrsg.), *Historia philosophiae medii aevi*, Studien zur Geschichte der Philosophie des Mittelalters, Festschrift für Kurt Flasch zum 60. Geburtstag, Amsterdam 1991.

Monaham, Arthur P., Consent, Coercion and Limit. The Medieval Origins of Parliamentary Democracy, Leiden 1987

Monahan, Arthur, Consent, Coercion and Limit. The medieval origin of Parliamentary Democracy, Leiden 1987.

Moraw, Peter, Von offener Verfassung zu gestalteter Verdichtung Zusatz das Reich im späten Mittelalter ; 1250 bis 1490, Berlin 1985.

Morlok, Martin / **Gröschner**, Rolf (Hrsg.), Recht und Humanismus. Kolloquium für Gerhard Haney zum 70. Geburtstag, Baden-Baden 1997.

Morlok, Martin / **Schindler**, Alexandra, Smend als Klassiker – Rudolf Smends Beitrag zu einer modernen Verfassungstheorie, in: Roland Lhotta (Hrsg.), Die Integration des modernen Staates. Zur Aktualität der Integrationslehre von Rudolf Smend, Baden-Baden 2005.

Morlok, Martin, Rezension: Ulrich Matz: Politik und Gewalt. Zur Theorie des demokratischen Verfassungsstaates und der Revolution, Freiburg/München 1975, in: AöR (Archiv des öffentlichen Rechts) 102 (1977), 651.

- Was heißt und zu welchem Ende studiert man Verfassungstheorie?, Berlin 1988.
- Demokratie und Wahlen, in Peter Badura / Horst Dreier (Hrsg.), Festschrift 50 Jahre Bundesverfassungsgericht, Bd. 2, S. 559–608.

Morrall, John B., Political Thought in Medieval Times, London 1962.

Müller, Franz Walter, Der Rosenroman und der lateinische Averroismus des 13. Jahrhunderts, Frankfurt a.M. 1947.

Nederman, Cary, Nature, Sin and the Origin of Society: The Ciceronian Tradition in Medieval Political Thought, in: JHI 49, S. 3–26, 1988.

Nehlsen, Hermann / **Hermann**, Hans-Georg (Hrsg.), Kaiser Ludwig der Bayer. Konflikte Weichenstellungen und Wahrnehmung seiner Herrschaft, Paderborn 2002.

Oexle, Otto Gerhard, Conjuratio und Gilde im frühen Mittelalter. Ein Beitrag zum Problem der sozialgeschichtlichen Kontinuität zwischen Antike und Mittelalter, in: Berent Schwineköper, Gilden und Zünfte, Kaufmännische und gewerbliche Genossenschaften im frühen und hohen Mittelalter, Sigmaringen 1985, S. 151–213.

Ott, Karl August, Der Rosenroman, Darmstadt 1980

Ottmann, Henning, Geschichte des politischen Denkens. Bd. 2: Römer und Mittelalter. Teilband 2: Das Mittelalter, Stuttgart 2004.

– Geschichte des politischen Denkens, Band 3: Neuzeit, Teilband 1: Von Machiavelli bis zu den großen Revolutionen, Stuttgart 2006.

Pennington, Kenneth, The Prince and the Law, 1200–1600: Sovereignty and Rights in the Western Legal Tradition, Berkeley 1993.

Peters, Edward, The Shadow King, Yale 1970.

Pierpauli, Jose Ricardo, Ordo naturae et ordo politicus – unter ontotheologischer Perspektive bei Albert dem Großen, in: Senner, Walter, OP (Hrgs.), Albertus Magnus – Zum Gedenken nach 800 Jahren: Neue Zugänge, Aspekte und Perspektiven, S. 327–341, Berlin 2001.

Pincin, Carlo, Marsilio, Turin 1967.

Pironet, Fabienne, Logique et droit au XIVe siècle, in: Bazán/Adújar/Sbrocchi – Les philosophies morales de politiques en Moyen Âge, Bd.1, 1, S. 548–554.

Pleuger, Gunter, Die Staatslehre Wilhelms von Ockham, Köln 1966.

Post, Gaines, Plena Potestas and consent in medieval assemblies. A study in Romano-Canonical procedure and the rise of representation, 1150 – 1325, in: Traditio 1 (1943), S. 355–408.

Post, Gaines, Roman law and early representation in Spain and Italy, 1150 – 1250, in: Speculum 18 (1943), S. 211–232.

Probst, J.H., *Francesch Eximenic*: Ses idees politiques et sociales, in: Revue hispanic 39 (1917), S. 1–82.

Prodi, Paolo, Der Eid in der europäischen Verfassungsgeschichte, München 1992 (Schriften des Historischen Kollegs, Vorträge 33).

Quillet, Jeannine, La Philosophie Politique de Marsile de Padoue, Paris 1970.

– Remarques sur les théories politiques du XIVe siècle, in: Bazan/Adújar/Sbrocchi, Les Philosophies morales, Bd. 3, S. 1571–1581.

Quillet, Jeannine, Universitas populi et représentation au XIVe siécle, in: Zimmermann, Der Begriff der Repraesentatio im Mittelalter, S. 186–201.

Rathmann, Thomas, Geschehen und Geschichten des Konstanzer Konzils. Chroniken, Briefe. Lieder und Sprüche als Konstituenten eines Ereignisses, München 2000 (Forschungen zur Geschichte der älteren deutschen Literatur 20).

Renaut, Alain, Histoire de la philosophie politique. Bd. 1, la liberté des anciens, 1999.

– les deux christianismes, in: Renaut. Histoire de la philosophie politique, Bd. 2 : naissances de la modernité, 1999, S. 27–41.

Riklin, Alois, Machtteilung. Geschichte der Mischverfassung, Darmstadt, 2006.

Röd, Wolfgang, Der Weg der Philosophie – von den Anfängen bis ins 20. Jahrhundert, Band I, München 1994.

Runge, Matthias, Marsilius von Padua. Politik und Tugend im politischen Denken des ausgehenden Hochmittelalters, Hannover 1996.

Rychterová, Pavlina / **Seit**, Stefan / **Veit**, Raphaela (Hrsg.), Das Charisma: Funktionen und symbolische Repräsentationen, Berlin 2008 (Beiträge zu den Historischen Kulturwissenschaften, Bd.2).

Santifaller, Leo, **Festschrift** Albert **Brackmann**, Weimar 1931.

Schäfer, Hermann (Hrsg.), Ploetz-Wirtschaftsgeschichte der deutschsprachigen Ländern vom Frühmittelalter bis zur Gegenwart, Freiburg 1989.

Scherz, Luis Tomás, Das Naturgesetz bei Thomas von Aquin und die tentatio stoicorum. Heutige Auffassungen eines umstrittenen Begriffs, Tübingen 2006.

Schlinker, Steffen, Fürstenamt und Rezeption. Reichsfürstenstand und gelehrten Literatur im späten Mittelalter, Köln 1999 (Forschungen zur deutschen Rechtsgeschichte 18).

Schmidinger, Heinrich, Romana regia potestas, Staats- und Reichsdenken bei Engelbert von Admont und Enea Silvio Piccolomini, Basel 1978.

Schmidt, Hans-Joachim, Politische Theorie und politische Praxis. Albertus Magnus und die städtische Gemeinde, in: Senner, Walter, OP (hrsg.), Albertus Magnus, S. 343–357.

Schmugge, Ludwig, Johannes von Jandun (1285/89 – 1328). Untersuchungen zur Biographie und Sozialtheorie eines lateinischen Averroisten, Stuttgart 1966.

Schneider, Jakob Hans Josef, Le parallélisme de la raison pratique et théorique. S. Thomas d´Aquin et Al-Farabi, in: Bazán/Adújar/Sbrocchi – Les philosophies morales de politiques en Moyen Âge, Bd.1, 1, S. 567–580.

Schnith, Karl, Gedanken zu den Königsabsetzungen im Spätmittelalter, in: Historisches Jahrbuch 91 (1971), S. 309–326.

Scholz, Richard, Wilhelm von Ockham als politischer Denker und sein Breviloquium de principatu tyrannico, Leipzig 1944.

Schreiner, Klaus, "Correctio principis". Gedankliche Begründung und geschichtliche Praxis spätmittelalterlicher Herrscherkritik, in: František Graus (Hrsg.), Mentalitäten im Mittelalter, S. 203–256.

Schrick, Gerhard, Der Königsspiegel des Alvaro Pelayo (Speculum regum), Bonn 1953.

Schwoebel, Hermann Otto, Der Diplomatische Kampf zwischen Ludwig dem Bayern und der römischen Kurie im Rahmen des kanonischen Absolutionsprozesses 1330 – 1346, Weimar 1968 (Quellen und Studien zur Verfassungsgeschichte des Deutschen Reiches in Mittelalter und Neuzeit 10).

Segall, Hermann, Der "Defensor Pacis" des Marsilius von Padua. Grundfragen der Interpretation, Wiesbaden 1959 (Historische Forschungen, Bd. 2).

Seibt, Ferdinand: Geistige Reformbewegung zur Zeit des Konstanzer Konzils, in: Hermann Heimpel, Die Welt zur Zeit des Konstanzer Konzils, Stuttgart 1965, S. 31–46

Sieben, Hermann Josef, Traktate und Theorien zum Konzil. Vom Beginn des großen Schismas bis zum Vorabend der Reformation (1378 – 1521), Frankfurt am Main 1983 (Frankfurter Theologische Studien, Bd. 30).

Sigmund, Paul E., Konsens, Repräsentation und die Herrschaft der Mehrheit bei Marsilius und Cusanus, in: Mitteilungen der Cusanus-Gesellschaft 24 (1998), S. 195–204.

Sigmund, Paul, Nicholas of Cusa and Medieval Political Thought, Cambridge/Massachusetts 1963.

Silkes, J.G., A Possible Marsilian Source in Ockham, in: English Historical Review 51 (1936), S. 496–504.

Speck, Tobias, Quod omnes tangit. Rezeption als ekklesiologisches Phänomen bei Matthäus Romanus und Wilhelm von Ockham, Freiburg 2009.

Stratenwerth, Günter, Die Naturrechtslehre des Johannes Duns Scotus, Göttingen, 1951.

Struve, Tilman, Die Entwicklung der organologischen Staatsauffassung im Mittelalter, Stuttgart 1978.

Stürner, Wolfgang, Die Gesellschaftsstruktur und ihre Begründung bei Johannes von Salisbury, Thomas von Aquin und Marsilius von Padua, in: Albert Zimmermann (Hrsg.), Soziale Ordnungen im Selbstverständnis des Mittelalters, Berlin 1979, 1. Halbband, S. 162–178.

Stürner, Wolfgang, Peccatum und Potestas: Der Sündenfall und die Entstehung der herrscherlichen Gewalt im mittelalterlichen Staatsdenken, Sigmaringen 1987 (Beiträge zur Geschichte und Quellenkunde des Mittelalters, Bd. 11).

Sydow, Jürgen, Fragen zu Gilde, Bruderschaft und Zunft im lichte von Kirchenrecht und Kanonistik, in: Berent Schwineköper, Gilden und Zünfte, Kaufmännische und gewerbliche Genossenschaften im frühen und hohen Mittelalter, S. 113–126.

Syros, Vasileios, Die Rezeption der aristotelischen politischen Philosophie bei Marsilius von Padua. Eine Untersuchung zur ersten Diktion des Defensor Pacis, Leiden 2007.

Taubes, Jakob (Hrsg.), Theokratie, München 1987.

Theilmann, John M., Caught between Political Theory and Political Practice: the Record of Process of the Deposition of Richard II, in: History of Political Thought 25 (2004), S. 599–619.

Tierney, Brian, Church Law and Constitutional Thought in the Middle Ages, Collected Studies series (CS 90), Variorum Reprints, London, 1979.

- Ockham, The Conciliar Theory and the Canonists, in: JHI 15 (1954), S. 40–70.
- Public Expediency and natural law: A fourteenth Century discussion on the origins of Government and Property, in: B. Tierney / P. Linchom (ed.), Authority and Power: Studies on Medieval Law and Government presented to Walter Ullmann on his Seventieth Birthday, New York 1980.

  in: B. Tierney, Rights, laws and infallibility in Medieval Thought, Variorum, Collected Studies, Aldershot 1997.
- Religion, law, and the growth of constitutional thought 1150 – 1650, New York 1982.

Töpfer, Bernhard, Urzustand und Sündenfall in der mittelalterlichem Gesellschafts- und Staatstheorien, Stuttgart 1999 (Monographien zur Geschichte des Mittelalters, 45).

Ubl, Karl / Vinx, Lars, Die Monarchie von Aristoteles zu Ockham, in: Vivarium 40 (2002), S. 41–74.

Ubl, Karl, Die Genese der Bulle Unam Sanctam: Anlass, Vorlagen, Intention, in: Kaufhold (Hrsg.), Politische Reflexion in der Welt des späten Mittelalters, S. 129–149.

– Zur Entstehung der Fürstenspiegel Engelberts von Admont, in: DA 55 (1999), S. 499–548.

– Engelbert von Admont, Ein Gelehrter im Spannungsfeld von Aristotelismus und christlicher Überlieferung, Wien 2000 (Mitteilungen des Instituts für Österreichische Geschichtsforschung, Ergänzungsband 37).

Ullmann, Walter, Individuum und Gesellschaft im Mittelalter, Göttingen 1974 (engl. Original 1966).

– Scholarship and Politics in the Middle Ages (Collected Studies), London 1978.

– Schranken der Königsgewalt im Mittelalter, in: Historisches Jahrbuch 91 (1971), S. 1–21.

Vanderjagt, Arie Johan, Laurens Pignon, OP, confessor of Philip the Good, Venlo 1985.

Vogel, Christian, Das Recht der Templer: Ausgewählte Aspekte des Templerrechts unter besonderer Berücksichtigung der Statutenhandschriften aus Paris, Rom, Baltimore und Barcelona, Münster 2007 (Vita Regularis 33).

Voltaire, Über den Geist und die Sitten der Nationen (Deutsch von K.F. Wachsmuth, 3. Teil), Leipzig 1867.

Vossenkuhl, Wilhelm / **Schönberger**, Rudolf (Hrsg.), Die Gegenwart Ockhams, Weinheim 1990.

Walther, Helmut G., Imperiales Königtum, Konziliarismus und Volkssouveränität, München 1976.

Walther, Helmuth G., Aegidius Romanus und Jakob von Viterbo – oder: Was vermag Aristoteles, was Augustinus nicht kann? in: Martin Kaufhold (Hrsg.), Politische Reflexion in der Welt des späten Mittelalters, Leiden 2004, S. 151–169.

Watanabe, Morimichi, The political ideas of Nicholas of Cusa. With special reference to his De Concordantia Catholica, Genf 1963.

Weber, Max, Wirtschaft und Gesellschaft. Die Wirtschaft und die gesellschaftlichen Ordnungen und Mächte. Nachlaß, Teilband 4: Herrschaft, Tübingen 2005 (Max Weber, Gesamtausgabe, Bd. 22, hrsg. von Edith Hanke und Thomas Kroll).

Wieland, Georg, Praktische Philosophie und Politikberatung bei Thomas von Aquin, in: Martin Kaufhold (Hrsg.), Politische Reflexion in der Welt des späten Mittelalters, Leiden 2004, S. 65–83.

Wilfert, Hans, Philipp von Leyden. Ein Beitrag zur Vorgeschichte des Modernen Staates, (Beiheft zur Vierteljahresschrift für Sozial- und Wirtschaftsgeschichte, 5. Heft, hrsg. v. Graf von Below), Berlin 1925.

Wilks, Michael, The World of John of Salisbury, Oxford 1984

Willoweit, Dietmar (Hrsg.), Die Begründung des Rechts als historisches Problem, München 2000

Winterswyl, Ricarda, Beiträge zum politischen Aristotelismus und Neuplatonismus in der mittelalterlichen Rechtslehre, mit besonderer Berücksichtigung des Hostiensis, München 1958.

– Das neue Recht – Untersuchungen zur frühmittelalterlichen Rechtsphilosophie, in: Historisches Jahrbuch 81 (1962), S. 58–79.

Wyduckel, Dieter, Princeps Legibus Solutus, Eine Untersuchung zur frühmodernen Rechts- und Staatslehre, Berlin 1979 (Schriften zur Verfassungsgeschichte, Band 30).

Zimmermann, Albert (Hrsg.), *Antiqui* und *moderni*, Traditionsbewusstsein und Fortschrittsbewußtsein im späten Mittelalter, Berlin 1974.

– (Hrsg.), Der Begriff der *repraesentatio* im Mittelalter, Stellvertretung – Symbol – Zeichen – Bild, Berlin 1971.

– (Hrsg.), Soziale Ordnungen im Selbstverständnis des Mittelalters, 2 Halbbände, Berlin 1979/1980.

– La valeur de la personne comme norme de la société dans la pensée médiévale, in: Bazán/Adújar/Sbrocchi – Les philosophies morales de politiques en Moyen Âge, Bd.1, 1, S. 33–41.

Zippelius, Reinhold, Rechtsphilosophie, München 5. Aufl. 2007.

Namensindex

K

L

M

N

O

P

R